高等学校经济管理类专业实验实践课程系列教材

福建师范大学教材建设基金出版资助

U0514603

审计理论与案例

林丽端　秦晓东　江婷婷　王平　陈雯◎主编

中国财经出版传媒集团

经济科学出版社

Economic Science Press

图书在版编目（CIP）数据

审计理论与案例/林丽端等主编 . -- 北京：经济科学出版社，2023.7

高等学校经济管理类专业实验实践课程系列教材

ISBN 978 - 7 - 5218 - 4944 - 8

Ⅰ.①审⋯　Ⅱ.①林⋯　Ⅲ.①审计学 – 高等学校 – 教材　Ⅳ.①F239.0

中国国家版本馆 CIP 数据核字（2023）第 131635 号

责任编辑：纪小小
责任校对：杨　海
责任印制：范　艳

审计理论与案例

林丽端　秦晓东　江婷婷　王　平　陈　雯　主编

经济科学出版社出版、发行　新华书店经销

社址：北京市海淀区阜成路甲 28 号　邮编：100142

总编部电话：010 - 88191217　发行部电话：010 - 88191522

网址：www. esp. com. cn

电子邮箱：esp@ esp. com. cn

天猫网店：经济科学出版社旗舰店

网址：http：//jjkxcbs. tmall. com

北京密兴印刷有限公司印装

787×1092　16 开　27.75 印张　670000 字

2023 年 7 月第 1 版　2023 年 7 月第 1 次印刷

ISBN 978 - 7 - 5218 - 4944 - 8　定价：96.00 元

（图书出现印装问题，本社负责调换。电话：010 - 88191545）

（版权所有　侵权必究　打击盗版　举报热线：010 - 88191661

QQ：2242791300　营销中心电话：010 - 88191537

电子邮箱：dbts@ esp. com. cn）

前　　言

　　《审计理论与案例》是在《审计理论·实训·案例》的基础上改编而成，是一本融审计的基本概念、基本方法、基本操作技能和经典案例为一体的教材。本教材是以新颁布和新修订的《中国注册会计师审计准则》和《企业会计准则》为参考编写的，可以作为审计理论和案例课程的教材，适于本科生学习使用。

　　2022年1月5日，中国注册会计师协会修订了《中国注册会计师鉴证业务基本准则》等11项准则，于发布之日起施行。同时，对《〈中国注册会计师鉴证业务基本准则〉应用指南》等15项应用指南进行了一致性修订。在此基础上，我们编写了本教材。

　　本教材以注册会计师审计为主线，兼顾国家审计和内部审计。近年来，随着我国社会主义市场经济的不断发展，审计监督体系也逐步完善，无论是注册会计师审计，还是国家审计或内部审计，其地位和作用日益被人们重视和关注。

　　本教材基本保留《审计理论·实训·案例》中每章的体系结构，具体包括引导案例、基本理论、拓展案例三大模块，增加本章思政元素梳理模块，并对案例进行更新，融入思政元素，同时增加风险评估、风险应对、注册会计师职业道德、内部控制审计和大数据时代审计五个章节。采用新形态教材的形式，并借助新形态教材的优势，以二维码的方式嵌入所更新的内容，含【审计案例和思政元素】【本章思维导图】【审计故事】【审计准则】【前沿资讯】【名师答疑】【知识拓展】【本章中英文关键词汇】【习题演练】【本章推荐阅读书目】等内容。形式新颖，使学生在学习审计理论的同时也能从案例分析中激发兴趣，从习题演练中加以巩固。本教材宣扬国家情怀和责任担当，培养服务国家良治的各行业审计监督人才；强化道德观念和社会主义法治精神，培养坚守职业底线的各类会计、审计人才；重视审计思维和业务逻辑，培养驾驭复杂问题的专业性创新型人才。

　　本教材由林丽端担任主编，秦晓东、江婷婷、王平和陈雯担任副主编。具体编写分工如下：林丽端编写了第一、四、八、九、十三和十五章；秦晓东编写了第二、三和十二章；江婷婷编写了第五、十、十一章；王平编写了第六、七章；陈雯编写了第十四章。最后一起修订定稿。

　　由于编者水平有限，加之编写时间仓促，存在不当之处在所难免，敬请广大读者与同仁不吝指教。

编者

目　　录

二维码目录

第一章 审计概述

审计的重要作用

小张手上有几万元闲散资金，听说最近股市行情不错，同事们也赚了不少钱，决定投资购买股票，但却不知购买哪家股票，于是非常虚心地请教同事小徐，小徐自信地告诉他，当然购买报表显示效益好的公司股票。

小张按小徐的指点，经过比较购买了P公司的股票。但没过多久，所持股票大跌。小张吃了哑巴亏，回头找小徐讨教所持股票大跌之理由，徐表示无可奈何。张又去请教会计老陈，老陈告诉他在选股时一定要看注册会计师审计报告的意见，小张迫不及待查询P公司当年审计报告，发现其审计报告的意见是否定意见，并就P公司的信息与老陈交换了意见，但小张还是百思不得其解。何为注册会计师？何谓审计报告与否定意见？后来通过老陈的讲解，小张频频点头，豁然开朗。

第一节 审计的产生和发展

审计的英文"audit"一词源于拉丁文"听"的意思。最早主要用于描述各地官员向国王或皇帝口头报告时，有专门的官员在一旁进行听证，而后确证此报告的准确性。这种现象西方是出现在公元前5世纪的古波斯帝国，我国则出现在春秋战国时期。

审计概述
思维导图

一、审计产生的动因

审计作为一种社会现象，是为了满足社会的特定需求而产生和发展起来的。原始社会初期没有这种现象，但到了原始社会末期，随着社会分工的出现，社会生产力有了很大发展，于是出现了剩余产品，产生了私有制，伴随着生产资料所有权和经营权的分离，出现了所有者与经营者之间的受托责任关系，这种受托责任关系就是早期审计的产生。所谓的受托责任关系，就是财产所有者把财产委托至经营管理者后委托受托双方相关权利、义务和责任的契约关系。在这种关系下，委托人为保护自身的经济利益，需要对受托人提供的报告的真实性和履行受托责任的情况进行审核、检查，实现监督，以便确认或解除受托责任。但是，由于经济关系的日益复杂和经营管理的客观需要，财产所有者受能力、检查技术、法律、地域或经济等方面的限制，不能或无法亲自核查受托经管者的活动，这就需要一个具有相对独立的第三方对其加以检查和评价，这个独立第三方的身份就是审计人员。因此，理论界普遍接受的审计产生的客观动因就是这种受托责任观。当审计人员介入受托责任关系之后，审计人员与受托责任双方就构成了如图 1-1 所示的审计关系。

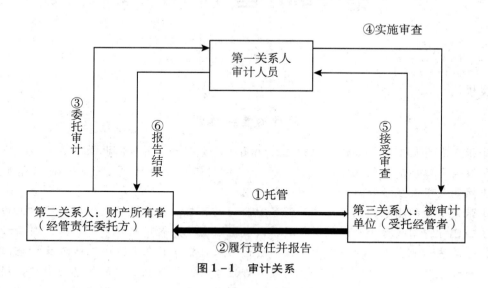

图 1-1　审计关系

历史地看，由奴隶主和封建主阶级掌管的国家，为了维护他们的统治，必须向被统治者征收税赋，以满足国家机器运转的需要。国家统治者必须逐级委派一批大小官吏征收、经营税赋，国家统治者作为授权人，征收、经营税务官员作为受权人，他们之间就存在着一种委托受托责任关系。授权人为了考核受权人是否认真负责、诚实守信地履行受托责任，就有必要委派另一些独立于税务官员之外的官吏，对其收支活动和记录进行监督审查，进行审计活动。这种受托责任关系在现代社会更广泛地存在。古今中外普遍存在的受托责任关系，也就是古今中外审计产生和发展的根本动因，构成审计产生和发展的客观基础。

【知识拓展】

审计需求理论：代理理论

代理理论（agency theory）是由现代产权理论经济学家迈克尔·詹森提出的。代理理论认为，企业是一系列契约（包括与股东的，与经营者、债权人、雇员的，还有与供应商和客户等的契约关系）的联结。企业中相关各方存在相互抵触的利益冲突。詹森和麦克林叙述的代理理论由三部分构成：委托人的监督成本、代理人的保证成本和剩余损失。为了减少代理关系下的代理成本，委托人、代理人之间签订了一系列契约。而这些契约的实施需要外部独立第三方的监督，具有良好声誉的独立审计师在审计工作中被称为双方的桥梁，促使股东利益和管理人员利益达到最大化。

理性的投资者会意识到代理问题对自身权益的侵害，因而会在委托时事先考虑这部分损失并将其反映在职业经理人的收益中。职业经理人就会以自身的报酬给投资者作出保证，甚至主动提供信息，以建立机制来协调互相冲突的利益。其中，审计就是一种协调和监督机制，同时也能够检验代理人提供的信息质量。

二、国家审计的产生和发展

（一）西方国家审计的产生和发展

随着生产力进步、社会经济的发展和经济关系的不断变革，西方国家审计的产生拥有悠久的历史，并经历了一个漫长的发展过程。

据史料记载，早在奴隶制时期，古埃及、古罗马和古希腊就有了官厅审计机构。如古埃及政府机构中设置监督官，行使审查监督权，会计官员的收支记录、各级官吏尽职守法与否等都处于监督官的严格监督之下。监督官的职权大、地位高，管理权限也不限于经济监察，但此时尚未形成独立的审计机构，审计还处于萌芽时期。此外，在古罗马和古希腊，也有相应的负责经济监察的机构，通过"听证"方式，对掌握国家财物和赋税的官吏进行审查和考核。在世界各国封建社会时期，历代封建王朝大都设有审计机构对国家的财政收支进行审计监督，但当时的官厅审计无论是组织机构还是方法，都还处于很不完善的初始阶段。

名师答疑
对世界政府审计（国家审计）模式的几点讨论之美国

在资本主义时期，随着资本主义国家经济的发展和资产阶级国家政权组织形式的完善，国家审计有了进一步的发展。西方实行立法、行政、司法三权分立，议会为国家最高立法机关，并对政府行使包括财政监督在内的监督权。为了监督政府的财政收支，保护公共资金的安全和合理使用，大多在议会下设有专门的审计机构，由议会或国会授权对政府及其各部门的财政、财务收支进行独立的审计监督。例如，美国于1921年成立了国家会计总署；此外，英国的国家审计总署、加拿大的审计公署等，都是隶属于国家立法部门的独立审计机关，享有独立的审计监督权，其审计结果向议会报告。除了立法型的国家审计模式之外，世界上还出现了司法型、独立型、行政型这三种国家审计模式。

名师答疑
对世界政府审计（国家审计）模式的几点讨论之英国

1. 立法模式

在立法模式下，国家审计机关，包括最高审计机关和地方审计机关，都隶属于立法部门，与政府保持独立，负责向立法部门报告工作。该模式最早产生于英国，此后，在美国、加拿大、澳大利亚、埃及和以色列等国得到了应用和推广。美国是采用立法模式的典型国家。美国国家最高审计机关会计总署隶属于国会，向国会负责。地方审计机关主要对当地的立法机构负责，其在实现各自的审计职能及向各州和地方议会报告方面所起的作用与会计总署基本相同。采用立法模式的国家在政治体制上都属于立法、司法和行政两权分立的国家，有比较完善的立法机构和立法程序。在立法模式下，审计机关的独立性比较强。

2. 司法模式

在司法模式下，国家审计机关以审计法院的形式存在，拥有司法权，审计机关有司法地位，因此政府审计的独立性和权威性都很高。该模式起源于法国，此后，意大利、西班牙、土耳其等国也采用了这一模式。司法型审计模式的典型代表是法国。特点是：在隶属关系上，审计法院是介于行政和立法之间的独立机构，每年要向总统提出报告，但总统无权强制它进行某项审计，审计法院应将给总统的年报及时报送议会，但议会只有建议审计权；在审计职权上，审计法院拥有调查决定权，自行制定审计计划，审计官拥有审查和追究当事人的财务责任，并根据审查结果进行判决；在中央与地方审计机关的关系上，审计法院可以对地方审计法庭的判决做出终审判决，这种体制能够保证地方审计法庭有效地行使其职权，并保证审计的高质量和判决的合法性。

3. 独立模式

独立模式的主要特征是国家审计机关独立于立法、司法和行政部门，按照法律赋予的职责独立地开展工作。在独立模式下，国家审计机关的独立性最强。采用独立模式的典型国家为德国和日本。以德国为例，其国家最高审计机关——联邦审计院仅对法律负责，依法向立法部门提供咨询和提出审计报告。地方审计机关——州审计院也依据法律独立审计，向地方立法部门、行政部门及司法部门提供有价值的建议和意见。

4. 行政模式

在行政模式下，国家审计机关隶属于政府或政府某一部门，根据政府所赋予的职责权限实施审计。在行政模式下，通常国家审计机关的独立性比较差。瑞典、瑞士、巴基斯坦、泰国和中国等都隶属于这一类型。例如：泰国和中国的审计署在总理的领导下工作，巴基斯坦审计长公署隶属于财政部门，瑞典国家审计局则向政府负责报告工作。不过，在这些国家中，瑞典又比较特殊，其地方审计机关在审计职责和隶属关系上与国家最高审计机关有所不同，仅对地方立法部门负责并向其报告工作。以前，瑞典是行政型国家审计的成功代表，2004 年 7 月 1 日其审计体制改革后，瑞典现在的国家审计体制已经不是纯粹意义上的行政型体制了。

（二）我国国家审计的产生和发展

审计案例与思政元素
会计审计始祖大禹

名师答疑
对世界政府审计（国家审计）模式的几点讨论之中国

我国国家审计经历了一个漫长的发展过程，大体上可以分为 6 个阶段：西周初期初步形成阶段；秦汉时期最终确立阶段；隋唐至宋日臻健全阶段；元明清停滞不前阶段；中华民国不断演进阶段；新中国振兴阶段。

我国国家审计的起源，基于西周的宰夫。《周礼》云："宰夫岁终，则令群吏正岁会。月终，则令正月要。旬终，则令正日成。而考其治，治以不时举者，以告而诛之。"[①] 即年终、月终、旬终的财计报告先有宰夫命令督促各部门整理上报，宰夫就地稽核，发现违法乱纪者，可越级向周王报告，加以处罚。由此可见，宰夫是独立于财计部门之外的职官，从事具有审计性质的财政经济监督工作，标志着我国国家审计从西周开始步入了萌芽时期。

秦汉时期是我国审计的确立阶段，主要表现在以下三个方面。一是初步形成可统一的审计模式。秦汉时期是我国封建社会的建立和成长时期，封建社会经济的发展，促使秦汉时期逐渐形成全国审计机构与监察机构相结合，经济法制与审计监督制度相统一的审计模式。秦朝，中央

---

① 彭林.《周礼》史话 [M]. 国家图书馆出版社，2019.

设"三公""九卿"辅佐政务。御史大夫为"三公"之一，执掌弹劾、纠察之权，专司监察全国的民政、财政以及财物审计事项，并协助丞相处理政事。汉承秦制，西汉初中央仍设"三公""九卿"，仍由御史大夫掌握监督审计大权。二是"上计"制度日趋完善。所谓"上计"，就是皇帝亲自参加听取和审核各级地方官吏的财政会计报告，以决定赏罚的制度。这种制度始于周朝，至秦汉时期日趋完善。三是审计地位提高，职权扩大。御史制度是秦汉时期审计建制的重要组成部分，秦汉时期的御史大夫不仅行使政治、军事的监察之权，还行使经济的监督之权，控制和监督财政收支活动。伴随着统一封建集权国家的建立和发展，秦汉时期的审计组织形成了一个上下贯通、中央控制地方、自成体系的监察系统，不论从审计机构，还是从官职、地位、权力、职掌、法制等方面来看，都有长足的进步。但此时的审计只被视为御史监察事务的分支，尚未设置专门机构及官员，加之"上计"内容包罗万象、含混不清，决定了其仍处于审计建制的初始阶段，但无疑为唐宋时期的审计进步与发展奠定了坚实的基础。

隋唐时代是我国封建社会的鼎盛时期，宋代是我国封建社会经济的持续发展时期。隋唐及宋，中央集权不断加强，官僚系统进一步完善，审计在制度方面也随之日臻健全。隋开创一代新制，设置比部，隶属于都官或刑部，掌管国家财计监督，行审计职权。唐改设三省六部，六部之中，刑部掌天下律令、刑法、徒隶等政令，比部仍隶属于刑部。凡国家财计，不论军政内外，无不加以勾稽，无不加以审核审理。比部审计之权通达国家财经各领域，而且一直下伸到州、县。由此可见，唐代的比部审查范围极广，项目众多，而且具有很强的独立性和较高的权威性。宋代的审计曾经一度停滞不前。元丰改制后，财计官制复唐之旧，审计之权重归刑部之下的比部执掌，审计机构重获生机。此外，还专门设置"审计司"，隶属于太府寺。北宋时又曾将这个机构改称为"审计院"。南宋时，湖、广还设有审计院，四川也设有审计院。宋审计司（院）的建立，是我国"审计"的正式命名，从此，"审计"一词便成为财政监督的专用名词，对后世中外审计建制具有深远的影响。

元明清各朝，君主专制日益强化。审计虽有发展，但总体上停滞不前。元代取消比部，户部兼管会计报告的审核，独立的审计机构即告消亡。明初设比部，不久即取消，洪武十五年设置都察院，以左右都御史为长官，审察中央财计。清承明制，设置都察院，"对君主进行规谏，对政务进行评价，对大小官吏进行纠弹"[1]，成为最高的监察、监督、弹劾和建议机关。虽然明清时期的都察院制度有所加强，但其行使审计职能却具有"一揽子"性质。由于取消了比部这样的独立审计组织，其财计监督和政府审计职能被削弱，与唐代行使司法审计监督职能的比部相比，后退了一大步。

辛亥革命结束了清王朝的封建统治，成立了中华民国。1912 年在国务院下设审计处，1914 年北洋政府改为审计院，同年颁布了《审计法》。国民党政府根据孙中山先生五权分立的理论，设立司法、立法、行政、考试、监察五院。在监察院下设审计部，各省（市）设审计处，不能按行政区域划分的企事业单位，如国库、铁路局、税务机关等，则根据需要与可能设审计办事处。国民党政府也于 1928 年颁布过《审计法》和实施细则，次年还颁布了《审计组织法》，审计人员有审计、协审、稽查等职称。与此同时，我国资

---

① 秦荣生．我国历代审计制度的演变、利弊及其对我国现行审计制度改革的启示［J］．当代财经，1991（10）．

本主义工商业有所发展，随之民间审计应运而生。1929 年公司法的公布以及有关税法和破产法的施行，也对职业会计师事业的发展起了推动作用。自 20 世纪 30 年代以来，在一些大城市中相继成立了会计师事务所，接受委托人委托办理查账等业务，民间审计得到了发展。这一时期，我国审计日益演进，有所发展，但由于政治不稳定，经济发展缓慢，审计工作一直没有进步。

中华人民共和国成立以后，国家没有设立独立的审计机构。对企业的财税监督和货币管理是通过不定期的会计检查进行的。党的十一届三中全会以来，党和政府把工作重点转移到经济建设上来，并采取一系列的方针政策。我国于 1983 年 9 月成立了审计署，在县以上各级人民政府设置审计机关。1985 年 8 月发布了《国务院关于审计工作的暂行规定》；1988 年 11 月颁布了《中华人民共和国审计条例》；1995 年 1 月 1 日《中华人民共和国审计法》的实施，从法律上进一步确立了政府审计的地位，为其进一步发展奠定了良好的基础。为了全面开展审计工作，完善审计监督体系，加强部门、单位内部经济监督和管理，我国于 1984 年在部门、单位内部成立了审计机构，实行内部审计监督。1985 年 10 月发布了《审计署关于内部审计工作的若干规定》，在各级政府审计机关、各级主管部门的积极推动下，内部审计蓬勃发展。《审计法实施条例》于 2010 年 2 月 2 日经国务院第 100 次常务会议修订通过，2010 年 2 月 11 日国务院总理签署国务院令予以公布，自 2010 年 5 月 1 日起施行。

中华人民共和国第十届全国人民代表大会常务委员会第二十次会议于 2006 年 2 月 28 日通过《全国人民代表大会常务委员会关于修改〈中华人民共和国审计法〉的规定》，自 2006 年 6 月 1 日起施行。从 1995 年起我国开始制定国家审计准则，2000 年进行了一次修改。2010 年 9 月 1 日，中华人民共和国审计署发布《中华人民共和国国家审计准则》，自 2011 年 1 月 1 日起施行。

三、内部审计的产生与发展

（一）西方内部审计的产生与发展

国外内部审计产生的准确时间已无从考证，一般认为，内部审计师是伴随着政府审计的产生而产生和发展的，在 11～12 世纪，西方国家产生了"行会审计"，类似于内部审计工作。当时的行会每年要召开几次总会，议事内容包括选举产生理事和审计人员。理事会是行会的执行机关，它必须在召开总会时将行会账户提交审计人员审查。审计人员审查的重点是作为委托人的理事在处理经济业务方面的诚实性，体现了内部审计的本质是由于"两权分离"即生产资料所有权和管理权分离而产生的受托责任关系。到了中世纪，内部审计进一步发展，主要标志是出现了独立的内部审计人员，这一时期，内部审计主要采取寺院审计、城市审计、行会审计、银行审计和庄园审计等形式。

近代内部审计产生于 19 世纪末期，随着资本主义经济的发展，企业之间的竞争日益激烈，跨国公司也迅速崛起，使企业内部的管理层人数增加，从而产生了对企业内部经济管理控制和监督的需要。

现代西方内部审计是自 20 世纪 40 年代，随着大型企业管理层次的增多和管理人员控制范围的扩大，基于企业内部经济监督和管理的需要而产生的。进入 20 世纪 40 年代以来，资本主义企业的内部结构和外部环境进一步复杂化，跨国公司迅速崛起，管理层次快速分解。如此巨变的经济环境对内部审计提出了更高的要求，内部审计也因此有了长足的发展。1941 年，维克多·Z. 布瑞克（Victor Z. Brink）出版了第一步内部审计著作《内部审计学》，宣告内部审计学科的诞生。约翰·B. 瑟斯顿（Joho B. Thurston）联合一群有识之士在美国纽约创立了"内部审计师协会"（the Institute of Internal Auditors），后来发展为国际性的内部审计组织，为推动内部审计事业的发展做了大量有益的工作。这两件大事的完成，促使内部审计发生了翻天覆地的变化。内部审计已成为一支社会力量且有了自身的理论体系，由此揭开了现代内部审计的序幕。现代内部审计增加了事前审计，审计内容也从财务审计转为经营/管理及经济效益审计，审计方法也从详细审计发展为以评价内部控制制度为基础的抽样审计。

（二）我国内部审计的产生与发展

内部审计的历史几乎与政府审计一样悠久，奴隶社会是内部审计的萌芽时期。我国内部审计的萌芽始于西周时期。西周时期的司会虽然主要负责政府会计工作，但也行使内部审计之权，《周礼》中所记载的"凡上之用，必考于司会"，就是指无论是日常的会计核算还是所有的会计报告，均需经过司会之手进行考察。这可以说是原始意义上的内部审计。

我国现代内部审计起步于 1984 年。在各级政府审计机关、各级主管部门的积极推动下，我国的内部审计得到蓬勃发展。1985 年 8 月，国务院发布《关于审计工作的暂行规定》，要求政府部门，大中型企事业单位实行内部审计监督制度。1994 年颁布的《中华人民共和国审计法》第二十九条要求国务院各部门和地方政府各部门、国有金融机构和企事业组织应当按国家规定建立健全内部审计制度。目前在大多数政府部门、企事业单位均设置了内部审计机构，实行内部审计制度。随着现代企业制度的建立和发展，我国内部审计在强化内部控制、深化企业改革等方面发挥着巨大的作用。审计署公布了新修订的《审计署关于内部审计工作的规定》，自 2018 年 3 月 1 日起施行。新规定特别强调要积极推动有关单位建立健全内部审计制度，促进被审计单位规范内部管理、完善内部控制、防范风险。这对于进一步深入学习贯彻二十大精神，落实《审计法》和《审计法实施条例》《国务院关于加强审计工作的意见》等法规政策的要求意义重大。根据 2021 年 10 月 23 日第十三届全国人民代表大会常务委员会第三十一次会议《关于修改〈中华人民共和国审计法〉的决定》（第二次修正），新修订《审计法》自 2022 年 1 月 1 日起施行，第三十二条规定："被审计单位应当加强对内部审计工作的领导，按照国家有关规定建立健全内部审计制度。"

四、注册会计师审计的产生与发展

（一）西方注册会计师的产生与发展

注册会计师审计起源于 16 世纪的意大利。在文艺复兴时期，地中海沿岸的商品交易

审计故事
牛顿与南海公司

日益繁荣，独资企业的资金有限，已不能满足其发展的要求，为了筹集所需的大量资金，合伙制企业应运而生。尽管当时的合伙企业的合伙人都是出资者，但并不是所有的合伙人都参与企业的经营管理，出现了所有权与经营权的分离。没有参与企业经营管理的合伙人需要了解掌握企业的财务情况，而参与经营管理的合伙人也有责任向他们证明，合伙契约得到认真的履行，利润也是正确计算和合理分配的。于是，客观上需要一批精通复式簿记且与任何一方都没有利害关系的独立第三方对其合伙企业的经济活动进行鉴证。因此，16 世纪意大利的商业城市中出现了一批具有良好会计知识，专门从事查账与公证工作的专业人员。这可以说是世界上注册会计师审计的萌芽。

然而，具有现代意义的注册会计师始自英国的产业革命。在产业革命的推动下，股份制企业得到迅速发展，股份公司组织形式导致财产所有权和经营权在更大程度上得到分离，不可避免会出现经营管理者为了牟取私利而损害财产所有者利益的风险。作为沟通公司内部和外部信息桥梁的财务报表，必须由独立于财产所有者和经营管理者的专业人员加以鉴证，这已经成为一种客观需要。

1721 年，英国的"南海公司事件"则是注册会计师产生的催产剂，促使世界上第一位注册会计师诞生。南海公司以欺骗手段虚构经营业绩和发展前景，吸引了大量投资，最后经营失败导致破产，使成千上万人遭受了损失。英国议会聘请会计师查尔斯·斯奈尔（Charles Snell）对南海公司欺诈案进行审计。查尔斯·斯奈尔以"会计师"的名义提出了"查账报告书"，这是世界上第一份审计报告，从而宣告了具有现代意义的注册会计师审计的诞生。

1844 年英国颁布的《公司法》要求股份公司必须设置一名以上的股东作为监察人，负责对公司账目进行审查。1856 年，英国又对《公司法》进行修订，规定股份公司账目必须经董事以外的人员进行审计。1862 年，对有限责任公司进行年度审计成为法定要求。1853 年，在苏格兰成立了爱丁堡会计师协会，这是世界上第一个执业会计师团体，它的成立标志着注册会计师职业的诞生。从此，注册会计师职业迅速发展，注册会计师队伍也日益壮大。

随着资本主义生产力的不断发展，注册会计师审计大致经历了如下四个发展时期。

1. 查错防弊阶段（英国式审计）

18 世纪末至 20 世纪初，当时英国的民间审计还没有科学系统的审计程序和方法，只是根据查错防弊的目的对被审企业在被审查期内发生的每一笔经济业务从头到尾全面地进行逐笔复查与核对，发现问题、寻找线索，追踪至相关的会计凭证，以证实账目记录是否真实可靠，交易过程是否有营私舞弊现象。这种审计方法的实质是对会计工作的简单重复（可以说相当于"第二次会计"），约 3/4 的时间花在过账和核账上，工作量大、效率低、成本高。随着企业经营规模日益扩大，交易事项日益复杂化，这种审计方法的局限性也越来越明显，迫切期待新的审计方法出现。

2. 资产负债表审计阶段（美国式审计）

20 世纪初期，金融资本对产业资本的渗透更为广泛，企业同银行之间的关系更为密切。与此同时，银行为了维护自身的利益，要求企业提供经审计的资产负债表证明其偿债能力，这样资产负债表逐渐成为了解企业信用的重要依据，于是，在美国产生了以证明企业偿债能力的资产负债表审计，即信用审计。鉴于这种审计首先在美国推行，又被称为美国式审计。资产负债表审计完全有别于早期的详细审计，首先，就审计目的而言，它不仅仅限于查错防弊，同时注重查证报表，以提供信用证明；其次，在审计方法上，从详细审计转向抽样审计，从而使审计真正区别于"第二次会计"，大大提高了审计效率，降低了审计成本，也提高了审计人员的专业技术水平。

3. 财务报表审计阶段

1929～1933年，资本主义世界经历了历史上最为严重的经济危机，大批企业破产倒闭，成千上万的投资者和债权人蒙受巨大的经济损失。这在客观上促使企业相关利益者从关心企业的财务状况转为更加关心企业的盈利水平。纯粹的资产负债表审计难以满足客户的需求。美国政府于1933年和1934年分别颁布了《证券法》和《证券交易法》，规定在证券交易所上市的公司，其财务报表必须经过注册会计师的审计，并向社会公众公布审计报告。至此，资产负债表审计演进为财务报表审计，而且，在这一阶段，随着审计准则的制定与实施，审计方法与程序更加标准化、规范化。

审计故事
经济危机、国家
领导人与审计

4. 现代审计（"二战"以后）

普遍应用抽样审计，制度基础审计也得到推广，计算机辅助审计广泛采用，事务所的规模也日益扩大，出现了国际上的四大会计公司（简称"四大"），即普华永道（Pricewaterhouse Coopers，PWC）、安永（Ernst & Young，E&Y）、毕马威（Klynveld Peat Marwick Goerdeler，KPMG）、德勤（Deloitte Touche Tohmatsu，DTT）。

（二）我国注册会计师的产生与发展

中国的注册会计师始于辛亥革命之后。当时，一批爱国学者积极倡导创建中国的注册会计师审计事业。1918年，北洋政府颁布了我国第一批注册会计师审计法规——《会计师暂行章程》。同年，谢霖先生获准成为我国第一位注册会计师，并创立了第一家注册会计师审计机构——正则会计师事务所。1925年上海首先成立了会计师公会，经过30余年的缓慢发展，到1947年，中国的注册会计师审计事业已经初具规模。然而，由于政治经济的落后，旧中国的注册会计师审计业务发展缓慢，远未能发挥注册会计师审计的应有作用。新中国成立初期，在我国国民经济恢复过程中注册会计师审计曾发挥了积极作用。在社会主义改造完成以后，由于照搬苏联高度集中的计划经济模式，我国的注册会计师审计陷入了长时期的停滞状态。

改革开放以后，我国逐渐从计划经济体制转向市场经济体制，并出现了国有、集体、外资以及个体私营经济等多种所有制经济形式，股票、债券等资本市场也得到了快速发展，注册会计师审计随着经济的发展而得到了恢复和发展，其发展大致分为以下四个阶段。

1. 恢复重建阶段（1980～1991年）

党的十一届三中全会作出实行改革开放的历史性决策，为了吸引外资，改善投资环境，按照国际通行做法，我国建立了注册会计师独立审计制度。1980年颁布的《中外合资经营企业所得税法实施细则》规定，合资经营企业向税务机关报送所得税申报表和会计决算报表时，应附送注册会计师查账报告。1980 年 12 月，财政部发布了《关于成立会计顾问处的暂行规定》，标志着我国注册会计师制度得到了恢复重建。1986 年 7 月，国务院颁布《中华人民共和国注册会计师条例》，确立了注册会计师行业的法律地位，到 1988 年底，我国注册会计师发展到 3 000 人，会计师事务所达 250 家，业务领域仍以外商投资企业为主。① 1988 年 11 月，中国注册会计师协会成立，注册会计师行业开始步入政府监督和指导、行业协会自我管理的轨道。

在注册会计师事业发展的同时，我国另一支注册会计师审计队伍——注册审计师也从无到有发展壮大起来，1986 年，全国有审计事务所 189 家，从业人员 1 600 人；1990 年，有审计事务所 2 322 家，注册审计师 7 273 人，1993 年 11 月中国注册审计师协会成立；1995 年，审计事务所已发展到 3 828 家。②

2. 规范发展阶段（1991～1998 年）

1990 年 11 月和 1991 年 7 月，上海证券交易所和深圳证券交易所相继成立，标志着我国资本市场的初步形成。1991 年 12 月，首次举办注册会计师全国统一考试，为注册会计师专业化、规范化发展奠定了坚实的人才基础。1991～1993 年，中国注册会计师协会先后发布检查验证会计报表规则等 7 个执业规则，规范注册会计师执业行为。1993 年 10 月 31 日，八届全国人大四次会议通过了《中华人民共和国注册会计师法》（以下简称《注册会计师法》），财政部和中国注册会计师协会先后制定发布了注册会计师注册、事务所审批、境外所临时执业等 14 项行业管理制度，注册会计师行业在法制化的轨道上大步向规范化方向发展。

1995 年 6 月，中国注册会计师协会与中国注册审计师协会实现联合（简称"中注协"），开创了统一法律规范、统一执业标准、统一监督管理的行业发展新局面，为行业的规范发展奠定了良好的基础。"两会"联合后，注册会计师行业的规范化发展主要体现在四个方面：一是 1997 年拉开了行业清理整顿工作的序幕；二是 1998 年启动了行业体制改革工作；三是中注协分别于 1996 年 10 月和 1997 年 5 月加入亚太会计师联合会（CAPA）和国际会计师联合会（IFAC），并与 50 多个境外会计师职业组织建立了友好合作和交往关系；四是注册会计师审计准则制定工作基本完成，执业规范体系基本形成。1995～2003 年，中注协先后制定了 6 批注册会计师审计准则，包括 1 个准则序言、1 个注册会计师审计基本准则、28 个注册会计师审计具体准则和 10 个注册会计师审计实务公告、5 个执业规范指南，此外，还包括 3 个相关基本准则（职业道德基本准则、质量控制基本准则和后续教育基本准则），共计 48 个项目。

3. 体制创新阶段（1998～2004 年）

1998～1999 年底，在财政部领导下，注册会计师行业全面开展并完成了会计师事务所的脱钩改制工作，会计师事务所实现了与挂靠单位在"人事、财务、业务、名称"四个方面的彻底脱钩，改制成为以注册会计师为主体发起设立的自我约束、自我发展、自主经营、自担风险的真正意义上的市场中介组织。会计师事务所脱钩改制，彻底改变了行业的权责利关系，为注册会计师实现独立、客观、公正执业奠定了体制基础，极大地释放和激发了会计师事务所的活力。

---

①②　注册会计师审计的起源与发展［EB/OL］. 中华会计网校，https：//www.chinaacc.com/new/15/18/2002_3/20816181505510. htm，2002－3－26.

4. 国际发展阶段（2005 年以来）

2004 年底，中国注册会计师协会召开第四次会员代表大会，会议明确提出开放国内市场和进军国际市场并举的国际化发展思路。一是以培养国际化人才为重点，全面实施行业人才战略。二是以实现国际趋同为目标，深入推进准则国际战略。三是以会计师事务所"走出去"为标志，大力推进做大做强战略。

2005 年开始，按照财政部领导关于着力完善我国注册会计师审计准则体系，加速实现与国际准则趋同的指示，中国注册会计师协会拟订了 22 项准则，对 26 项准则进行了必要的修订和完善，并于 2006 年 2 月 15 日由财政部发布，自 2007 年 1 月 1 日起在所有会计师事务所实行。这些准则的发布，标志着我国已建立起一套适应社会主义市场经济发展要求，顺应国际趋同大势的中国注册会计师执业准则体系。

2007 年，财政部启动注册会计师行业做大做强战略，发布《关于推动会计师事务所做大做强的意见》和《会计师事务所内部治理指南》，并协调 9 部委发布《关于支持会计师事务所扩大服务出口的若干意见》；发布《中国注册会计师胜任能力指南》；促成会计师事务所民事侵权责任司法解释的发布实施；在布鲁塞尔举行中国注册会计师统一考试欧洲考区的首次考试；签订内地与香港审计准则等效的联合声明。

2008 年，建立行业诚信信息监控系统；与英格兰及威尔士特许会计师协会签署两会间职业资格考试部分科目互免协议；发布注册会计师考试制度改革方案；制定发布《关于规范和发展中小会计师事务所的意见》和《关于进一步改进和加强协会管理和服务工作的意见》；研究推进行业党建工作。

2009 年 10 月 3 日，国务院办公厅正式转发财政部《关于加快发展我国注册会计师行业的若干意见》，明确提出了加快发展注册会计师行业的指导思想、基本原则、主要目标和具体措施。这是改革开放以来经国务院办公厅转发的关系注册会计师行业改革与发展全局的第一个文件。这一纲领文件有力地推动了注册会计师行业跨越式发展。

2019 年 2 月 20 日，财政部发出《关于印发〈中国注册会计师审计准则 1101 号——注册会计师的总体目标和审计工作的基本要求〉等 18 项基本准则的通知》，中注协于 2019 年 3 月 29 日针对 18 项修订的审计准则发布了 24 项审计应用指南，并自 2019 年 7 月 1 日起施行。

2022 年 1 月 5 日，财政部修订发布了《中国注册会计师鉴证业务基本准则》等 11 项准则；1 月 17 日，中注协修订发布了《〈中国注册会计师鉴证业务基本准则〉应用指南》等 15 项应用指南，均自发布之日起施行。本次修订为一致性修订，对相关准则及应用指南作出文字调整，不涉及实质性修订。

五、审计方法的演进

随着审计环境的不断变化和审计理论水平的不断提高，促进了审计方法的不断发展和完善。截至目前，一般认为，审计方法的演进经历了账项基础审计、制度基础审计和风险导向审计阶段。

（一）账项基础审计

该阶段大致从 19 世纪中叶到 20 世纪 40 年代。最初的账项基础审计以查错防弊为主要目标，详细审查公司的全部账簿和凭证，即检查各项分录的有效性和准确性、账簿记录的加总和过账正确与否、总账与明细账是否账账相符。经过一段时期后，企业规模日渐增大，审计范围也不断扩大，审计师已无法全面审查企业的会计账目，客观上要求改变原有的审计方法。注册会计师审计开始转向以财务报表为基础进行抽查，审计方式由顺查法改为逆查法，即通过先审查资产负债表有关项目，再有针对性地抽取凭证进行详细检查，在此阶段，抽查的数量仍然很大，但由于以判断抽样为主，审计师难以有效揭示企业财务报表中可能存在的重大错弊。

（二）制度基础审计

20 世纪 40 年代后，随着经济的发展，财务报表的外部使用者越来越关注企业的经营管理活动，日益希望审计师全面了解企业的内部控制情况，审计目标逐渐从查错防弊发展到对财务报表发表审计意见。经过长期的审计实践，审计师们也发现内部控制制度与财务信息质量具有很大的相关性。如果内部控制制度健全且设计合理、执行有效，那么财务报表发生错误和舞弊的可能性很小，财务信息的质量就更有保证，审计测试范围也可以相应缩小；反之，就必须扩大审计测试范围，抽查更多的样本。为顺应这种要求并提高审计工作效率，账项基础审计逐渐发展为以内部控制制度为基础的审计，即通过了解和评价被审计单位的内部控制制度，评估审计风险，制订审计计划并确定审计实施的范围和重点，在此基础上进行实质性测试，获取充分、适当的审计证据，从而提出合理的审计意见。通过实施制度基础审计，大大提高了审计工作的效率和质量，但客观上也增加了审计风险。

（三）风险导向审计

随着经济环境的变化，社会公众日益对审计人员赋予更高的期望，要求审计人员负更大的责任。20 世纪 70 年代以来，审计诉讼案数量有增无减，深入研究、防范和降低审计风险成为审计职业界的重要任务。为合理地防范和降低审计风险并降低审计成本，注册会计师审计逐渐从制度基础审计发展到风险导向审计。在此阶段，审计人员在考虑审计风险时，不仅要考虑会计系统和控制程序，还要考虑控制环境。换句话说，风险导向审计既关注和评估企业内部控制风险，又关注和评估企业经营所面临的外部风险。通过审计风险的量化和模型化，确定审计证据的数量，使审计风险的控制更加科学有效。风险导向审计是适应现代社会高风险的特性，为量化审计风险、减轻审计责任、提高审计效率和审计质量所做的一种尝试。风险导向审计的出现，有助于审计人员有效地控制审计风险，提高审计工作的效率和效果，因而越来越受到注册会计师的青睐，标志着注册会计师审计发展到了一个新阶段。

第二节　审计的基本概念

一、审计的定义

审计的定义是人们对审计实践的科学总结，它揭示了审计这一客观事物的特有属性。

人们对审计的认识随着实践的发展不断深化，审计的定义也在不断丰富发展着，趋向更加科学化。"审计"这个词从字面进行拆分，可以理解为"审查会计"。民间对"审计"也有两种通俗的看法：在我国，人们认为审计是社会主义市场经济的"忠实卫士"；在西方，人们则把审计戏谑地称为有钱人的"看门狗"。从这两种通俗的看法中可以总结出，审计实质上是一项监督活动，可以被称为证券市场上的"经济警察"。

美国会计学会基本审计概念委员会于1973年在《基本审计概念说明》中对审计所下的定义是：审计是一个系统化过程，即通过客观地获取和评价有关经济活动与经济事项认定的证据，以证实这些认定与既定标准的符合程度，并将结果传达给有关使用者（见图1-2）。

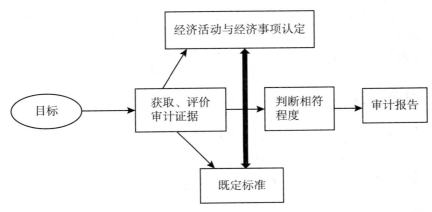

图1-2 审计是一个系统化过程

从上述定义可以看出：

第一，审计的主体是具有专业胜任能力的独立审计人员，独立性是审计的灵魂。

第二，审计的对象是"经济活动与经济事项认定"。

第三，审计的依据是"既定标准"，会计与审计的关联就是这个"既定标准"。会计工作是会计人员遵循"既定标准"对"交易记录与报表的编制"，而审计工作是审计人员遵循审计准则、参照"既定标准"对"经济活动与经济事项认定进行再认定"，从而发表审计意见出具审计报告的过程。这里的"既定标准"，在年报审计中就是企业会计准则和企业会计制度。

第四，审计目标是审计人员对"经济活动与经济事项认定"与"既定标准"的符合程度进行审计证据的获取和评价。

第五，审计报告就是审计人员把审计结果传递给有关使用者。

第六，审计的本质是一个系统化的过程。

财务报表审计是注册会计师审计的核心业务。财务报表审计是注册会计师对财务报表是否不存在重大错报提供合理保证，以积极方式提出意见，增强除管理层之外的预期使用者对财务报表信赖的程度。

上述定义的审计是一个狭义概念，特指"注册会计师的财务报表审计"，我们可以从以下几个方面加以理解：

第一，审计的用户是财务报表的预期使用者，即审计可以用来有效满足财务报表预期使用者的需求。

第二，审计的目的是改善财务报表的质量，增强预期使用者对财务报表的信赖程度，即以合理保证的方式提高财务报表的质量，而不涉及为如何利用信息提供建议。

第三，合理保证是一种高水平保证。当注册会计师获取充分、适当的审计证据将审计风险降至可接受的低水平时，就获取了合理保证。由于审计存在固有限制，注册会计师据以得出结论和形成审计意见的大多数审计证据是说服性而非结论性的，因此，审计只能提供合理保证（量化的话，一般高达95%或98%），不能提供绝对保证。

第四，审计的基础是独立性和专业性，通常由具备专业胜任能力和独立性的注册会计师来执行，注册会计师应当独立于被审计单位和预期使用者。

第五，审计的最终产品是审计报告。注册会计师针对财务报表是否在所有重大方面按照财务报告编制基础编制并实现公允反映发表审计意见，并以审计报告的形式予以传达。注册会计师按照审计准则和相关职业道德要求执行审计工作，能够形成这样的意见。

二、审计的分类

审计的分类有很多方法，其中以能体现审计的本质属性的标准进行的分类（如按审计主体、内容、目的等的分类）称为审计的基本分类，除此之外的分类称为审计的其他分类。我们在这里只介绍审计的基本分类。

（一）按审计主体分类

审计按主体进行分类，可以分为政府审计、内部审计和民间审计。

政府审计（government audit）也叫国家审计，是由国家审计机关依法对各级政府的财政预算收支、国有企业的经营活动和财务决算所进行的审计，并对查出的问题予以纠正。在我国，国家审计署、各地的审计局、审计署派驻国务院各部门和各地的特派员办事处都属于国家审计机关。政府审计的特点是带有强制性，其具体审计内容主要包括以下三方面：第一，政府财政收支审计，是指对与各级政府财政收支有关的机关、事业单位的财政收支和会计资料进行审计，监督检查其财政收支和公共资金的收支、运用情况；第二，政府绩效审计，是指以评价与监督政府部门所管理的公共资源和公共资金支出的经济性、效率性和效果性为目标和内容的审计；第三，国有企业财务审计，是指对国家拥有、控制或经营的企业进行财务或管理上的审计。

内部审计（internal audit）是指由企事业单位内部相对独立的专职审计机构或职员，对本单位部门及其下属组织进行的一种审计。内部审计实际上是协调最高管理部门对下属组织进行的一种控制和监督，属于内部管理制度的一部分，主要服务于本单位的最高管理当局并向其报告。内部审计机构或人员独立于财会部门之外，直接接受本单位主要负责人的领导。一些大型的企业或其他经济组织一般都设有内部审计机构，对本组织内部的业务活动定期进行检查，揭露工作中的薄弱环节或错误弊端，监督经营目标的实施，提高管理效率。

民间审计（private audit）又称独立审计、注册会计师审计、社会审计。它是由民间审计组织（即会计师事务所这类非官方的审计机构）接受委托而实施的审计。它是根据公认会计原则和公认审计准则，对被审企事业单位的财务报告和会计信息进行客观的评价和鉴证。民间审计的最大特点在于由外部的独立审计人员执行，并服务于作为第三方的财务报表使用者。由于国际上民间审计发展较早、最快，在长期实务中已形成了一套较为成熟的审计理论与方法。所以，在大部分的国家中，都以民间审计模式来开展各种形态的审计，甚至包括政府审计，如美国的政府审计就是如此模式。也正因为如此，本书的以后各章节均以民间审计为例展开讨论，其中大多数的审计技术与方法也适用于其他各种形态的审计。

就审计主体和被审计单位之间的关系而言，政府审计和民间审计都称为外部审计，以对应于由单位内部专职审计机构执行的内部审计。

1. 政府审计、注册会计师审计与内部审计的区别

（1）审计主体不同。

这是三者最本质的区别：政府审计的主体是政府审计机关，代表政府依法进行审计；注册会计师审计由经政府有关部门审核批准的会计师事务所进行；内部审计则由单位内部的审计机构及人员进行。

（2）开展工作的法律依据和标准不同。

政府审计主要依据《中华人民共和国审计法》和国家审计准则；注册会计师审计主要依据《中华人民共和国注册会计师法》和财政部批准发布的中国注册会计师审计准则；内部审计则依据的是《审计署关于内部审计工作的规定》和内部审计准则。

（3）独立性不同。

外部审计也就是政府审计和注册会计师审计的独立性较强且是双向独立，独立于授权（委托）单位及被审计单位；而内部审计的独立是相对独立，主要是独立于所审的其他职能部门，所以独立性相对较弱。

（4）审计方式不一样。

一般情况下，政府审计和内部审计都是授权审计，只不过政府审计的授权单位为同级政府，内部审计由单位主要领导或者其相应管理机构授权；而注册会计师审计主要是委托审计。

（5）审计目标各异。

就内部审计而言，其主要目的是为单位内部管理服务，以加强单位内部控制、减少管理风险为其主要审计目标；政府审计是对单位的财政收支或财务收支的真实性、合法性和效益性进行审计；注册会计师审计主要是对财务报表是否按照适用的会计准则和相关会计制度编制发表审计意见。

（6）审计服务的对象有别。

这是由三者实施审计的领域不同决定的。一般情况下，内部审计的服务对象为本单位主要领导及其相应管理层，为其提供有关业务工作信息并对其负责；政府审计的服务对象为同级政府及其相关管理机构；而注册会计师审计是为委托单位服务的，其报告对投资者、债权人及社会公众负责。可以说后两种审计都不是为被审计单位服务的，但其审计结果客观上会促进被审计单位管理工作的改进和完善。

（7）审计的取证权限不同。

审计机关就审计事项的有关问题向有关单位和个人进行调查、取证时，有关单位和个人应当支持配合，如实反映情况、提供证明材料；但注册会计师在获取证据时很大程度上有赖于被审计和相关单位的配合与协助，对被审计单位和相关单位均没有行政强制力；而内部审计在完成工作任务时，虽然没有审计机关的行政强制性，但往往是受单位主要领导授权开展审计，配合和支持力度相对注册会计师审计要好一些。

（8）发现问题的处理方式不同。

审计机关审定审计报告，对审计事项做出评价，出具审计意见书；对违反国家规定的财政、财务收支行为，依法予以处理、处罚，在法定职权内做出审计决定或者向有关主管单位提出处理处罚意见。注册会计师在遇到审计范围受到限制，或就审计发现的问题提请被审计单位调整有关数据或进行披露，但被拒绝时，没有行政强制力，只能按照审计准则的规定，根据具体情况做出专业性的处理，包括出具非无保留意见的审计报告，必要时解除业务约定或向监管机构报告。内部审计在发现问题的处理上比上述外部审计要相对灵活，一切以促进单位规范管理、提高单位运行效能为基准。

（9）审计结果效力不一样。

因不同的审计对发现问题的处理方式不同，所以效力也不一样。一般情况下，外部审计的效力远远大于内部审计，尤其是政府审计，其结果要向同级政府或人大进行报告因而具有较强的权威性，所以备受被审计单位重视。而由会计师事务所参与的社会审计往往是财政关注的重点资金或项目，所以其结果也不能小觑。对于内部审计，因其监督的对象同属于一个领导决策层，审计的结果只对本部门、本单位负责，只能作为本部门、本单位改进管理的参考，对外不起鉴证作用，并向外界保密，效力相对较弱。

（10）审计服务的有偿性不同。

一直以来，审计工作是以监督作为自己的第一面目。但是监督的目的不是拮过拿错，而是促进管理的改善和机构效能的提高，所以笔者认为审计工作的实质是一种服务。那么是不是所有的服务都是有偿的呢？不是。对于政府审计和内部审计而言，其履行职责的经费纳入财政预算（内部审计则纳入本单位预算），开展审计工作本是审计机关、内部审计机构及其审计人员的工作职责，是分内的事，所以被审计单位只需配合其完成工作任务就好，不需要单独为完成某个审计项目而付费，因而可以说是无偿的。但对于会计师事务所而言，审计是其生存的基本业务，审计客户是其收入的主要来源。对被审计单位而言，天下没有免费的午餐，所以这种审计往往是要付费的，是有偿的服务。

（11）被审计单位的主动性不同。

对被审计单位而言，内部审计往往是自身加强风险防范的主动措施，在审计项目及其时间的选择、审计结果的运用等诸多方面较少受到外部环境的影响，因而主动性较强。而外部审计呢？政府审计由政府审计机关拟订项目计划，什么时候、审计什么项目则完全不由被审计单位说了算，因而被审计单位往往是被动接受审计，主动性较差，情绪比较紧张；注册会计师审计往往是定期审计（一般是一年一次），因其是有偿服务似乎在结果的表述方面有一定的商量余地，而委托人也可自由地选择会计师事务所。

2. 政府审计、注册会计师审计与内部审计的联系

第一，不论是政府审计、注册会计师审计还是内部审计，都是审计工作，这是三者最本质的联系。对整个国民经济而言，政府审计、注册会计师审计和内部审计三者共同构成完整的审计监督体系，相互不可替代，没有主导与从属的关系。

第二，工作的方法具有一致性。不论是何种审计，尽管依据的法律和审计标准不同，关注的重点也不尽一致，但作为审计业务操作者，不论是内部审计师还是注册会计师，其审计的方法大体是一致的。

第三，外部审计的结果对内部审计工作具有指导作用。通常，外部审计（不论是政府审计还是注册会计师审计）因其接触的社会面广、业务种类多，比内部审计更容易了解业内动态、掌握新的规则及其运作方式，所以其审计结果有时会起到为内部审计指点方向的作用，从而对内部审计具有较强的指导作用，特别是政府审计，其结果往往会作为一个单位内部控制不可逾越的标杆、作为单位内部审计的标准和依据。

第四，三种审计结果可以互相参考，提高审计工作效率。通常，内部审计作为单位内部控制的重要组成部分，外部审计在对被审计单位的内部控制进行测评时，需要对内部审计的设置及其工作进行了解，还可利用内部审计结果。同样，政府审计与注册会计师审计之间的审计结果也可以互相参考，以提高工作效率。

如果把审计比喻成看病，对于这三类审计，我们可以这样形象地区分它们：在国有医院看病——相当于政府审计；在自己单位的医务室看病——相当于内部审计；找江湖郎中看病——相当于注册会计师审计（民间审计）。

（二）按审计内容、目的分类

按审计内容分类，审计可以分为财务报表审计、经营审计和合规性审计。

财务报表审计（financial statements audit）主要是对被审计单位的财务报表与会计资料进行审计。这是传统查账实务的发展，亦是当代市场经济中最主要的审计。它着重审查财务报表是否符合公认会计原则，公允地表述财务状况和经营成果，因此能满足外部利益集团的大部分需要。财务报表审计是最重要的审计形态之一。

经营审计又称为绩效审计（performance audit），是对企事业经营业务与管理活动有关方面的审计，其审计内容是根据该企业特定的经营目标与制度，对被审计单位的内部控制制度、人事管理制度等方面的效果与效率进行考核、评价，提出改进措施。绩效审计是在西方财务报表审计基础上发展起来的。随着市场经济中竞争加剧，这种审计的作用已显得越来越重要，审计的对象远远超出了会计信息系统的范围，涉及审查单位的组织结构、计算机操作、生产方法、市场营销以及审计人员能胜任的其他领域。对不同的行业、部门或企业所进行的绩效审计很难有一个统一的既定标准，对经营效率与效果的评价也很难有统一的规范。

合规性审计（compliance audit）是审查某个经济主体或个人的财务或经营活动，以确定其是否遵循有关的法律、法规、业务合同或其他规定要求。合规性审计的既定标准是多方面的，既可以是管理部门规定的内部控制程序，也可以是债权人规定的准则，更普遍的是政府某机构的各种规章制度，如对企业执行环境保护法的审计，以及对企业或个人遵循税法申报纳税情况的税收审计。这种审计着重向政府执法机构或者合同契约当事人报告被审计企业或个人遵守既定法规或者执行合同的状况，近年来它在西方审计中所占的比重日趋上升。

表1-1列举了三种审计类型的实例。具体如下：

表 1–1   财务报表审计、经营审计与合规性审计示例

审计类型	实例	信息	既定标准
财务报表审计	青岛海尔股份有限公司年度财务报表审计	青岛海尔股份有限公司财务报表	企业会计准则和《企业会计制度》
经营审计	评价某分公司处理工资的电算系统的效率和效果	每月处理的工资的记录数，该公司的工资成本和出现错误的数量	公司为分公司或部门的工作效率和效果所制定的标准
合规性审计	确定贷款存续期是否符合银行的要求	公司记录	贷款协议条款

三、会计师事务所的组织形式

纵观注册会计师行业在各国的发展，会计师事务所主要有独资、普通合伙制、有限责任公司制、有限责任合伙制 4 种组织形式。

（一）会计师事务所的类型及特点

1. 独资会计师事务所

独资会计师事务所由具有注册会计师执业资格的个人独立开业，承担无限责任。它的优点是：对执业人员的需求不多，容易设立，执业灵活，能够在代理记账、代理纳税等方面很好地满足小型企业对注册会计师服务的要求，虽然承担无限责任，但实际发生风险的可能性相对较小。缺点是无力承担大型业务，缺乏发展后劲。

2. 普通合伙制会计师事务所

普通合伙制会计师事务所是由两位或两位以上注册会计师组成的合伙组织。合伙人以各自的财产对事务所承担无限连带责任。它的优点是：风险的牵制和共同利益的驱动，促使事务所强化专业发展，扩大规模，提高规避风险的能力。缺点是建立一个跨地区、跨国界的大型会计师事务所要经历一个漫长的过程。同时，任何一个合伙人执业中的失误或舞弊行为，都可能给整个会计师事务所带来灭顶之灾，使之一日之间土崩瓦解。

3. 有限责任公司制会计师事务所

有限责任公司制会计师事务所（Limited Liability Companies，LLCs），由注册会计师认购会计师事务所股份，并以其所认购股份对会计师事务所承担有限责任。会计师事务所以其全部资产对其债务承担有限责任。它的优点是：可以通过公司制形式迅速聚集一批注册会计师，建立规模型大所，承办大型业务。缺点是降低了风险责任对执业行为的高度制约，弱化了注册会计师的个人责任。

4. 有限责任合伙制会计师事务所

有限责任合伙制会计师事务所（Limited Liability Partnerships，LLPs）最明显的特征是合伙人只需承担有限责任。无过失的合伙人对其他合伙人的过失或不当执业行为以自己在事务所的财产为限承担责任，不承担无限责任，除非该合伙人参与了过失或不当执业行为。它的最大特点在于，既融入了合伙制和有限责任公司制会计师事务所的优点，又摒弃

了它们的不足。这种组织形式是为顺应经济发展对注册会计师行业的要求，于 20 世纪 90 年代初兴起的，许多国家和地区的大中型会计师事务所也陆续开始转型，有限责任合伙制会计师事务所已成为当今注册会计师职业界组织形式发展的趋势。我国自 2007 年 6 月 1 日起施行的新修订的《合伙企业法》，明确了特殊的普通合伙这一新合伙企业组织形式适用于会计师事务所，为会计师事务所等专业服务机构之改制、发展提供了法律支持。

会计师事务所必须经过行业主管机关或注册会计师协会的批准登记并由注册会计师协会予以公告。独资会计师事务所和合伙制会计师事务所经过这个程序即可开业，有限责任公司制会计师事务所一般还应当进行公司登记。

（二）我国会计师事务所的发展历程

会计师事务所是注册会计师依法承办业务的机构。我国《注册会计师法》规定，我国会计师事务有合伙会计师事务所、有限责任会计师事务所和特殊普通合伙制会计师事务所三种形式。

我国会计师事务所组织形式变革经历了如下几个阶段：改革开放初期会计师事务所基本挂靠政府部门或事业单位；1998 年，会计师事务所改制成为独立承担责任的法律主体；此后 10 年间会计师事务所大多采用了"有限责任制"组织形式；2006 年特殊普通合伙制会计师事务所出现；2014 年开始"四大"中外合作会计师事务所本土化转制。

早期的会计师事务所基本挂靠政府部门或事业单位，资产归挂靠单位所有，人员归挂靠单位管理，业务承揽往往依赖挂靠单位行政资源，法律责任也由挂靠单位承担。这一时期的会计师事务所，在本质上属于挂靠单位的附属机构，而非自主经营的经济实体。

从 1998 年开始，会计师事务所全面实行脱钩改制，即与挂靠单位脱钩，改制成为独立承担责任的法律主体，从而拉开了会计师事务所组织形式发展和演变的序幕。

从 1998 年开始，改制后的事务所大多采用了"有限责任制"组织形式并且其后 10 年间始终维持着这样的发展格局。在当时的历史条件下，偏重采用有限责任制有其客观性和合理性。但是，我国会计师事务所采用有限责任制却存在诸多弊端。有限责任制的决策机制不适应注册会计师行业的"人合"特性（所谓"人合"是相对"资合"而言，人合公司是以股东个人条件作为公司信用基础而组成的公司，人合公司的股东对公司债务承担无限连带责任，公司资不抵债时，股东必须以个人的全部财产清偿公司债务。资合公司是一个或数个以达到法律规定的最低注册资金作为资本金的自然人或法人注册成立的公司，资本组合公司以出资为条件，强调资本的结合）；有限责任制对股东人数有所限制，以 50 人为限，限制了会计师事务所增资扩股以及扩大经营规模的机会；有限责任制因其只承担有限责任，不利于会计师事务所提升质量控制。

2006 年修订的《中华人民共和国合伙企业法》将合伙企业分为有限合伙和无限合伙（普通合伙、特殊普通合伙）两类三种，增加了有限合伙企业，引入了特殊普通合伙概念。自此，特殊普通合伙制会计师事务所开始出现。

2010 年，财政部、国家工商行政管理总局联合发布了《关于推动大中型会计师事务所采用特殊普通合伙组织形式的暂行规定》（以下简称《暂行规定》）。《暂行规定》的发布不仅标志着我国会计师事务所组织形式向合伙制的转型，更推动了特殊普通合伙制在我国会计师事务所中的应用。

2012 年 5 月，财政部会同相关部门发布《中外合作会计师事务所本土化转制方案》。本土化转制，是指中外合作所根据合作设立时所作承诺时限本土化，并在合作到期日之后（或自愿在合作到期日之前）采用符合中国法律法规规定的组织形式。本土化的本质，是将合作到期后的中外合作事务所转型为由具备中国注册会计师执业资格的合伙人管理和控制、以人合为特征、符合行业发展规律和国际惯例的特殊普通合伙事务所。第一阶段："四大"中外合作所在合作到期后转制为特殊普通合伙组织形式。以解决"四大"在华持续经营问题。第二阶段：转制后的"四大"在过渡期内逐步实现本土化目标，即至特殊普通合伙事务所设立批准日，不具有中国注册会计师执业资格的合伙人占合伙人总数的比例及其在合伙人管理委员会中的比例不超过 40%。截至 2014 年 12 月 31 日，该比例不超过 35%；截至 2016 年 12 月 31 日，该比例不超过 25%；截至 2017 年 12 月 31 日，该比例不超过 20%。①

知识拓展
审计机构及资格
考试

审计准则
中国注册会计师
审计准则第 1101
号——注册会计
师的总体目标和
审计工作的基本
要求（2022 年 12
月 22 日修订）

第三节 审计目标

一、财务报表审计总目标

根据我国审计准则的规定，财务审计的总目标是注册会计师通过执行审计工作，对被审计单位财务报表的下列方面发表审计意见：

第一，对财务报表整体是否不存在由于舞弊或错误导致的重大错报获取合理保证，使得注册会计师能够对财务报表是否在所有重大方面按照适用的财务报告编制基础编制发表审计意见；

第二，按照审计准则的规定，根据审计结果对财务报表出具审计报告，并与管理层和治理层沟通。

这实际上是注册会计师对财务报表的合法性和公允性发表审计意见。

二、审计工作前提

财务报表是由被审计单位管理层在治理层的监督下编制的。管理层和治理层（如适用）认可与财务报表相关的责任，是注册会计师执行审计工作的前提，构成注册会计师按照审计准则的规定执行审计工作的基础。与管理层和治理层责任相关的执行审计工作的前提，是指管理层和治理层（如适用）认可并理解其应当承担下列责任，这些责任构成注册会计师按照审计准则的规定执行审计工作的基础：

第一，按照适用的财务报告编制基础编制财务报表，并使其实现公允反映（如适用）；

第二，设计、执行和维护必要的内部控制，使得编制的财务报表不存在由于舞弊或错

---

① 关于印发《中外合作会计师事务所本土化转制方案》的通知［EB/OL］. http://kjs. mof. gov. cn/zhengcefabu/201205/t20120509_649853. htm，2012 - 05 - 09.

误导致的重大错报；

第三，向注册会计师提供必要的工作条件。这些必要的工作条件包括允许注册会计师接触与编制财务报表相关的所有信息，向注册会计师提供审计所需的其他信息，允许注册会计师在获取审计证据时不受限制地接触其认为必要的内部人员和其他相关人员。

三、管理层认定

财务报表审计具体目标是总目标的具体化。由于具体审计目标是基于对被审计单位管理当局认定的考虑而具体确立的，注册会计师的基本职责就在于确定被审计单位管理层对其财务报表的认定是否恰当。因此，我们首先介绍管理层的认定。

认定是指管理层针对财务报表要素的确认、计量和列报（包括披露）作出一系列明确或暗含的意思表达。注册会计师在识别、评估和应对重大错报风险过程中，将管理层的认定用于考虑可能发生的不同类型的错报。管理层的认定主要是通过财务报表体现出来的，管理层财务报表上的认定有些是明示性的，有些则是暗示性的。例如，某公司 2017 年 12 月 31 日资产负债表上列示着：

固定资产　　　　　70 000 000

明示性的认定包括固定资产是存在的；固定资产的正确余额是 7 000 万元。暗示性的认定包括所有应报告的固定资产；上述固定资产全部归被审计单位所有；固定资产的使用不受任何限制。

财务人员平时做账包括两个流程：平时处理交易，期末结转余额。因此，如果报表出错，那么既可能是平时处理交易出错，也可能是在期末结转余额时出了错。具体到每一个环节，又有如下具体认定出了错，结果就导致该环节出错。因此，管理当局对财务报表的认定一般分为两类：与所审计期间各类交易和事项及相关披露的认定，与期末账户余额及相关披露的认定。

（一）关于所审计期间各类交易和事项及相关披露的认定

（1）发生：记录的交易和事项已确实发生，且与被审计单位有关；

（2）完整性：所有记录的交易和事项均已记录；

（3）准确性：与交易和事项有关的金额及其他数据已恰当记录，相关披露已得到恰当计量和描述；

（4）截止：交易和事项已记录于正确的会计期间；

（5）分类：交易和事项已记录于恰当的账户。

（6）列报：交易和事项已被恰当地汇总或分解且表述清楚，相关披露在适用的财务报告编制基础下是相关、可理解的。

（二）关于期末账户余额及相关披露的认定

（1）存在：记录的资产、负债和所有者权益是存在的；

（2）权利与义务：记录的资产由被审计单位拥有或控制，记录的负债是被审计单位应当履行的偿还的义务；

（3）完整性：所有应当记录的资产、负债和所有者权益均已记录，所有应当包括在财务报表中的相关披露均已包括；

（4）准确性、计价和分摊：各项资产、负债、所有者权益以恰当的金额包括在财务报表中，与之相关的计价或分摊调整已恰当记录，相关披露已得到恰当计量和描述。

（5）分类：资产、负债和所有者权益已记录于恰当的账户；

（6）列报：资产、负债和所有者权益已被恰当地汇总或分解且表述清楚，相关披露在适用的财务报告编制基础下是相关的、可理解的。

四、具体审计目标

在确定了被审计单位的会计认定后，根据审计的总目标就可以确定财务审计的具体审计目标，并以此作为评估重大错报风险以及设计和实施进一步审计程序的基础。与管理层认定分类相对应，具体审计目标也分为两类。

（一）与所审计期间各类交易和事项及相关披露相关的审计目标

（1）发生：确认已记录的交易是真实的，该目标是由发生认定推导而来的。如果没有发生销售交易，但在销售明细账中记录了这笔销售，这种把未曾发生的交易记录于账户中，则违反了发生目标。发生认定所要解决的问题是管理层是否把不曾发生的项目列入财务报表，它主要与财务报表组成要素的高估有关。

（2）完整性：确认已发生的交易确实已经记录，该目标是由完整性认定推导而来的。例如，如果发生了销售交易，但在销售明细账和总账中却没有记录，则违反了该目标。发生和完整性两者强调的是相反的关注点。发生目标多针对交易的虚列、高估问题，而完整性目标则针对交易漏记（低估）。

（3）准确性：确认已记录的交易是按正确金额反映，该目标是由准确性认定推导而来的。例如，在销售交易中，发出商品的数量与账单上记录数量不符，或是账单中使用了与价格清单不一致的销售价格，或账单中乘积或加总有误，或是在销售明细账中记录了错误的金额，均属违反了准确性目标。

准确性与发生、完整性之间是有区别的。例如，若已记录的销售交易是不应当记录的，则即使发票金额是准确计算的，仍违反了发生目标。再比如，若已入账的销售交易是对正确发出商品的记录，但金额计算错误，则违反了准确性目标，没有违反发生目标。同样地，完整性和准确性之间也存在这种关系。

（4）截止：由截止认定推导出的审计目标是确认接近于资产负债表日的交易记录于恰当的期间。无论是本期交易推迟到下期，还是下期交易提前到本期确认，都是违反了截止目标。

（5）分类：由分类认定推导出的审计目标是确认被审计单位记录的交易经过适当分类。例如，如果将现销记录为赊销，将出售经营性固定资产所得记录为营业收入，则导致交易分类出错，这就违反了分类目标。

（6）列报：由列报认定推导出的审计目标是确认被审计单位的交易和事项已被恰当地汇总或分解且表述清楚，相关披露在适用的财务报告编制基础下是相关的、可理解的。

审计期间与各类交易和事项相关的认定和具体审计目标如表 1-2 所示。

表 1 - 2　　　　　　　审计期间与各类交易和事项相关的认定与具体审计目标

认定分类	认定的含义	具体审计目标（注册会计师确认的）
发生	记录的交易或事项已发生，且与被审计单位有关	已记录的交易是真实的（没有多记、虚构交易）
完整性	所有应当记录的交易和事项均已记录	已发生的交易确实已经记录（没有漏记交易）
准确性	与交易和事项有关的金额及其他数据已恰当记录	已记录的交易是按正确金额反映的（金额正好）
截止	交易和事项已记录于正确的会计期间	接近于资产负债表日的交易记录于恰当的期间
分类	交易和事项已记录于恰当的账户	被审计单位记录的交易经过适当分类
列报	被审计单位的交易和事项已被恰当地汇总或分解且表述清楚，相关披露在适用的财务报告编制基础下是相关的、可理解的	确认被审计单位的交易和事项已被恰当地汇总或分解且表述清楚，相关披露在适用的财务报告编制基础下是相关的、可理解的

（二）与期末账户余额及相关披露相关的审计目标

（1）存在：确认已记录的金额确实存在，该目标是由存在认定推导而来的。如果不存在某顾客的应收账款，在应收账款明细账中却列入了对该顾客的应收账款，则违反了存在目标。

（2）权利和义务：由权利和义务认定推导的审计目标是确认资产归属于被审计单位，负债属于被审计单位的义务。例如，将他人寄售商品列入被审计单位的存货中，违反了权利目标；将不属于被审计单位的债务计入账内，违反了义务目标。

（3）完整性：由完整性认定推导的审计目标是确认已存在的金额均以记录。例如，如果存在某顾客的应收账款，在应收账款明细账内却没有列入对该顾客的应收账款，则违反了完整性目标。

（4）准确性、计价和分摊：资产、负债和所有者权益以恰当的金额包括在财务报表中，与之相关的计价或分摊调整已恰当记录。

（5）分类：资产、负债和所有者权益已被记录于恰当的账户；

（6）列报：确认资产、负债和所有者权益已被恰当地汇总或分解且表述清楚，相关披露在适用的财务报告编制基础下是相关的、可理解的。

与期末账户余额相关的认定与具体审计目标如表 1 - 3 所示。

表 1 - 3　　　　　　　　与期末账户余额相关的认定与具体审计目标

认定类别	认定的含义	具体审计目标（注册会计师确认的）
存在	记录的资产、负债和所有者权益是存在的	记录的金额确实存在（没有多记、虚构交易）
权利和义务	记录的资产由被审计单位拥有或控制，记录的负债是被审计单位应当履行的偿还义务	资产归属于被审计单位，负债属于被审计单位的义务

续表

认定类别	认定的含义	具体审计目标（注册会计师确认的）
完整性	所有应当记录的资产、负债和所有者权益均已记录	已存在的金额均已记录（没有漏记交易）
准确性、计价和分摊	资产、负债和所有者权益以恰当的金额包括在财务报表中，与之相关的计价或分摊调整已恰当记录	资产、负债和所有者权益以恰当的金额包括在财务报表中，与之相关的计价或分摊调整已恰当记录
分类	资产、负债和所有者权益已记录于恰当的账户	资产、负债和所有者权益已被记录于恰当的账户
列报	资产、负债和所有者权益已被恰当地汇总或分解且表述清楚，相关披露在适用的财务报告编制基础下是相关的、可理解的	确认资产、负债和所有者权益已被恰当地汇总或分解且表述清楚，相关披露在适用的财务报告编制基础下是相关的，可理解的

五、认定、审计目标和审计程序之间的关系

通过上面的介绍可知，认定是确定具体审计目标的基础。注册会计师通常将认定转化为能够通过审计程序予以实现的审计目标。针对财务报表每一项目所表现出来的各项认定，注册会计师相应地确定一项或多项审计目标，然后通过执行一系列审计程序获取充分、适当的审计证据以实现审计目标。认定、审计目标和审计程序之间的关系举例如表1-4所示。

表1-4 认定、审计目标和审计程序之间的关系举例

认定	具体审计目标	审计程序
存在	资产负债表列示的存货存在	实施存货监盘程序
完整性	销售收入包括所有已发货的交易	检查发货单和销售发票的编号以及销售明细账（"顺查"）
准确性、计价和分摊	应收账款反映的销售业务是否基于正确的价格和数量，计算是否准确	比较价格清单与发票上的价格、发货单与销售订购单上的数量是否一致，重新计算发票上的金额
截止	销售业务记录在恰当的期间	比较上一年度最后几天和下一年度最初几天的发货单日期与记账日期
权利和义务	资产负债表中的固定资产确实为公司拥有	查阅所有权证书、购货合同、结算单和保险单
准确性、计价和分摊	以净值记录应收款项	检查应收账款账龄分析表、评估计提的坏账准备是否充分

审计证据是为审计目标服务的，而审计程序又依赖于需要满足特定审计目标的审计证据的性质与数量。因此，审计程序的计划与执行在本质上也应该服从于审计目标，审计程

序和审计目标并不需要一一对应，有时一项审计程序可以满足多项审计目标，而有时为了满足一个特定的审计目标，也许需要一系列的审计程序。审计程序是围绕着审计目标设计的，审计目标是审计程序的宗旨。审计程序是通过收集审计证据来实现的，审计证据是审计程序的基础。

总之，当管理层声明财务报表已按照适用的财务报告编制基础进行编制，在所有重大方面做出公允反映时，就意味着管理层对财务报表各组成要素的确认、计量列报以及相关的披露做出了认定。审计目标就是对被审计单位的认定进行再认定，围绕着审计目标设计实施审计程序，审计目标是审计程序的宗旨，通过实施审计程序收集审计证据实现具体审计目标，从而对财务报表整体发表审计意见，得出审计结论。

第四节　审 计 风 险

根据《中国注册会计师审计准则第 1101 号——注册会计师的总体目标和审计工作的基本要求》的规定，历史财务信息审计中要求注册会计师将审计风险降至可接受的低水平，对审计后的历史财务信息提供合理保证，在审计报告中对历史财务信息采用积极方式提出结论。合理保证意味着审计风险始终存在，注册会计师应当通过计划和实施审计工作，获取充分、适当的审计证据，将审计风险降至可接受的低水平。

知识拓展
审计基本要求

审计准则
中国注册会计师审计准则第 1231 号——针对评估的重大错报风险采取的应对措施（2022 年 12 月 22 日修订）

一、审计风险的定义、特征及其成因

（一）审计风险的定义

风险（risk），在一般意义上是指未来事项发生的不确定性，尤其是发生损失的可能性。我国 2006 年颁布的《中国注册会计师审计准则第 1101 号——财务报表审计的目标和一般原则》对审计风险给出定义："财务报表存在重大错报而注册会计师发表不恰当审计意见的可能性。"

对审计风险这一概念的正确理解要注意以下两个方面：第一，审计风险与审计失误是不同的，前者是以切实遵循中国注册会计师执业准则为前提的一种风险，后者则是因为审计人员没有遵循中国注册会计师执业准则而造成的工作失误；第二，审计风险虽然在最终意义上是针对整个财务报表而言，但与各个账户余额也紧密相关。这是因为审计人员要对财务报表整体发表审计意见，必须通过核实各个账户余额而取得相关的审计证据。只要审计人员在审计计划和审计程序实施过程中有效地控制各账户的审计风险，就可以在审计结束时使总的审计风险保持在可接受的水平之下。

（二）审计风险的特征

审计风险一般具有以下几个方面的特征：

1. 审计风险是客观存在的

从审计发展的历史来看，审计风险是审计发展到一定阶段的产物，与特定的经济条件相联系。审计风险不以人的意志为转移，是独立于审计人员意识之外的客观存在。对于审计风险，人们只能认识它和控制它，只能在有限的空间和时间内改变审计风险存在和发生的条件，降低其发生的概率，而不可能完全消除它。

2. 审计风险贯穿于审计过程的始终

尽管审计风险是通过最终的审计结论与预期的偏差表现出来的，但这种偏差是由多方面的因素造成的，审计程序的每一个环节都可能导致审计风险的产生。因此，不同的审计计划和审计程序会产生与之相应的审计风险，并会影响最终的审计风险。

3. 审计风险是审计人员的非故意行为引起的

审计风险是审计人员在审计过程中无意识造成的，并非故意行为。审计人员的舞弊行为不属于审计风险，而是必须要负法律责任的违法行为。认识到审计风险的无意性，对研究与控制审计风险是非常重要的。

4. 审计风险是可以控制的

虽然审计风险的产生及其后果是难以预料的，但人们仍然可以通过主观努力对其进行适当的控制，将其控制在可接受的范围之内。由于审计风险是可以控制的，审计人员不必对其产生惧怕心理，在审计过程中可以通过识别风险领域和种类，采取相应的措施，将审计风险降低至可接受水平。

综上所述，审计风险是一种不可完全避免的客观存在，是由审计人员的非故意行为引起的，存在于审计过程的各个阶段，但它又是可以适当控制的。审计人员只有了解审计风险的这些特征，才能更好地运用审计风险模型指导审计实务，以提高审计工作效率。

（三）审计风险的成因

为了更好地理解、分析和控制审计风险，我们有必要探究审计风险的成因。审计风险的成因有很多，归纳起来主要有以下几个方面：

1. 审计风险形成的客观原因

审计风险形成的直接原因是审计活动所处的法律环境。审计活动是社会经济活动的一个组成部分，法律在赋予审计职业的法定鉴证权利的同时，也让其承担着相应的法律责任。假如审计人员对其工作失误不承担法律责任，当然就不存在审计风险。因此，审计责任尤其是法律责任的存在是审计风险存在的直接原因。在现代经济生活中，人们的经济决策对审计意见的依赖程度越来越高，而且审计意见的影响范围也越来越大，依赖审计意见的人越来越多，一旦他们在市场中遭受损失就要求从审计人员那里得到补偿，使审计风险也随之增大。

现代审计对象的复杂性和审计内容的广泛性，是审计风险产生的另一个客观原因。首先，随着社会经济的发展，企业规模的日益扩大，生产经营过程越来越复杂，与之相应的会计信息系统也日益复杂，财务报表出现错误的可能性大大增加；其次，审计范围也呈不断扩大的趋势，远远超过了传统审计，增加了许多不确定因素。审计的对象越复杂，审计的内容越广泛，审计的难度就越大，审计的风险也就越大。

此外，现代审计方法所存在的缺陷也是审计风险形成的重要客观原因。现代审计方法十分重视审计成本的降低，强调审计成本与审计风险的平衡，所采用的审计程序也允许存在一定的审计风险，并且抽样审计方法和分析程序贯穿于审计的全过程，因而，审计的结果必然会带有一定的偏差。

2. 审计风险形成的主观原因

首先，审计人员的经验和能力直接导致了审计风险的形成。由于审计对象的复杂性和审计内容的广泛性，以及人们对审计意见的依赖程度越来越高，社会上对审计人员提出了非常高的要求，而在审计过程中，许多方面又要由审计人员作出专业判断。因此，要求审计人员必须具有丰富的经验和较高的判断能力。可是经验和能力总是有限的，审计人员不可避免地会在审计过程中发表不恰当的审计意见，形成审计风险。

其次，审计人员的工作责任心不强，没有保持应有的职业谨慎态度也是形成审计风险的主观原因。中国注册会计师执业准则不仅要求审计人员具有专业技术能力，还应有较强的责任心，在审计过程中保持应有的职业谨慎。如果审计人员责任心差，工作马马虎虎，会造成许多不必要的差错，使本来能够发现的问题不能及时发现；如果审计人员没有保持应有的职业谨慎，就会使本应进行的审计程序没有进行，导致审计风险产生。

二、审计风险的构成要素及其相互关系

审计风险可进一步分解为两个基本的构成要素：重大错报风险（Risk of Material Misstatement，MMR）和检查风险（Detection Risk，DR）。《中国注册会计师审计准则第 1101 号——财务报表审计的目标和一般原则》第十七条定义了审计风险的这两个构成要素。

（一）重大错报风险

重大错报风险是指财务报表在审计前存在重大错报的可能性。重大错报风险包括两个层次：财务报表层次和各类交易、账户余额、列报与披露层次认定。其中财务报表层次重大错报风险通常与控制环境有关，并与财务报表整体存在广泛联系，可能影响多项认定，但难以限于某类交易、账户余额、列报与披露的具体认定。它很可能源于薄弱的控制环境。认定层次的重大错报风险由固有风险和控制风险构成，但审计人员基于技术或方法偏好和实务考虑，可以单独或合并评估固有风险和控制风险。因此，重大错报风险由固有风险（Inherent Risk，IR）和控制风险（Control Risk，CR）构成，但它并不是两者的简单合并，会计报表层次的重大错报风险并非一定要从固有风险和控制风险两方面评估。

固有风险，是指假定不存在相关内部控制时，某一账户或交易类别单独或连同其他账户、交易类别产生重大错报或漏报的可能性。固有风险与被审计单位管理当局的诚信程度、管理当局对财务报告可靠性的态度、被审计单位业务的复杂程度以及所在行业的特性等因素有关。如果审计人员认为管理人员是高度诚信的，真正关注财务报告的正确性，虚假财务报告出现的可能性将大大降低。如果被审计单位所在行业具有一些独特行业特性，会增加审计的复杂性和不确定性，从而增加了财务报表中存在未发现错报或漏报的可能性，导致固有风险增加。例如，对于石油、天然气勘探和灾害保险行业中的客户，由于收益决定需采用特殊的会计方法，与典型的制造业、商业和服务业客户相比，审计复杂性更大，固有风险也就更高。夕阳行业中客户与稳定行业和朝阳行业中的客户相比，固有风险

更高。一方面，由于行业的衰退，客户可能难以持续经营下去，审计人员就需要特别关注客户的持续经营能力，如果客户的持续经营能力存在不确定性，则应依据不确定性程度的高低修正审计意见；另一方面，处于衰退行业中的客户更容易出现欺诈性财务报告，当经营业务下滑时，为了维持报告经营收益的稳定性，管理当局可能会采用能最大化每股收益的会计政策，或将正常经营亏损归入非常损失类。收入下滑也可能会带来流动性问题，导致客户违反贷款协议中限制性条款（如最低现金余额和/或营运资本要求）的可能性增加，促使客户的管理当局进行虚假财务报告。

控制风险，是指某一账户或交易类别单独或连同其他账户、交易类别产生错报或漏报，而未能被内部控制防止、发现或纠正的可能性。现代企业为了保证经营管理活动顺利而有效地进行都建立了内部控制，内部控制的存在有利于防范和检查交易或事项的发生及其处理过程中的查错。但是，内部控制的这种能力是有限的，主要原因在于：第一，在决策时人为判断可能出现错误和由于人为失误而导致内部控制失效；第二，可能由于两个或更多的人员进行串通或管理层凌驾于内部控制之上而被规避。因此，内部控制的局限性是控制风险产生的主要原因。

认定层次的固有风险和控制风险之间的关系可以用数学模型表示：

$$重大错报风险 = 固有风险 \times 控制风险$$

（二）检查风险

检查风险是指某一认定存在错报，该错报单独或连同其他错报是重大的，但审计人员没有发现这种错报的可能性。检查风险是由于现代审计方法本身的局限性造成的，同时也受审计程序的性质、时间和范围的影响，取决于审计程序设计的合理性和执行的有效性。比如，详查检查法比抽查法更能减少检查风险，但是由于成本效益原则的限制，检查风险并非越低越好，审计人员必须通过审计程序的合理安排将检查风险调整到适当的水平。

在审计风险的两个构成要素中，重大错报风险为"客户风险"（the entity's risks），它与被审计单位有关，直接受被审计单位的经营活动及内部控制等情况的影响，审计人员对此无能为力。但是，审计人员可以通过加深对被审计单位的了解，对其重大错报风险的高低做出合理的评估，并在此基础上确定实质性程序的性质、时间和范围，以便将重大错报风险降到可接受的水平。重大错报风险和检查风险两者之间的相互关系可以从定性和定量两个方面加以考察。

从定性的角度看，审计风险的两个构成要素之间不是孤立存在的，而是相互联系、相互作用的，主要体现在：第一，审计风险各要素是相互独立的，是审计风险形成的两个不同的环节。第二，审计风险各要素的排列是有序的，重大错报风险先发生，其次才是检查风险出现。第三，审计风险各要素只有同时发生才会构成审计风险，审计风险是各要素共同作用的结果，假如其中的一个要素不存在，审计风险也就不存在。第四，审计风险各要素与审计人员的关系不同，审计人员对于重大错报风险只能评估不能控制，然后根据评估的重大错报风险水平来控制检查风险。第五，审计风险各要素之间存在如表1-5所示的变动关系。即在既定的审计风险水平下，可接受的检查风险与认定层次重大错报风险的评估（包括固有风险的评估和控制风险的评估）呈反向关系。评估的重大错报风险越低，可接受的检查风险越高。

表1-5   审计风险各要素之间的变动关系

审计人员对报表层次重大错报风险的评估	审计人员对认定层次重大错报风险的评估		
	高	中	低
	审计人员可接受的检查风险		
高	最低	较低	中等
中	较低	中等	较高
低	中等	较高	最高

从定量的角度看，根据概率论原理，总体审计风险可以看成重大错报风险和检查风险的联合概率，具体审计风险模型如下：

$$审计风险 = 重大错报风险 × 检查风险$$

总体审计风险是审计人员认为可以承受的风险水平，即按照审计人员的职业判断，就财务报表发表意见而言，是适当的水平，中国注册会计师执业准则要求审计人员将审计风险限定在低水平。例如，如果审计人员将总体审计风险设定为5%，则审计人员发表的无保留意见的真实含义可被表述为：审计人员有95%的把握保证财务报表不存在重大错报或漏报。经验表明，将总体审计风险设为小于或等于10%比较合适。重大错报风险的评估则以了解被审计单位及其环境为基础，值得注意的是，审计人员虽然可以通过分析、研究被审计单位经营环境和评价其内部控制等程序，降低审计人员对重大错报风险的评估水平，但这并不能改变实际的重大错报风险水平。换言之，审计人员无法改变实际的重大错报风险，因此它对审计人员来说是不可控的。所以，为谨慎起见，审计人员在进行编制审计计划时，除非有充分的证据表明重大错报风险不高，否则，审计人员不应该将重大错报风险水平评估为低水平。

在上述审计风险模型中，检查风险是审计人员的可控变量，它是重大错报风险的函数。一方面，审计人员评估的重大错报风险水平以及审计人员可接受的总体审计风险水平共同决定了检查风险水平。另一方面，实际检查风险水平又和特定环境下实施实质性程序的范围相关，即审计人员可以通过增加实质性程序来降低检查风险，以使得它与重大错报风险的联合概率能够达到预期的、审计人员可接受的总体审计风险水平。根据审计风险模型，检查风险的计算如下式所示：

$$检查风险 = 审计风险 ÷ 重大错报风险$$

上式中计算出的检查风险是审计人员可接受的检查风险，它不同于实际检查风险。

第五节　审　计　过　程

一、审计过程的定义

审计过程是审计机构和审计人员在审计活动中，办理审计事项时始终必须遵循的工作顺序，也就是审计工作从开始到结束的基本工作步骤及其内容。注册会计师的审计过程，以重大错报风险识别、评估和应对为主线。在确定了审计目标以后，审计人员就需要收集各种审计证据，以实现审计目标。而收集审计证据和实现审计目标都必须借助于一定的（程序）审计过程来实现。因此，审计过程是实现审计目标的重要手段。

不论是国家审计、注册会计师审计还是内部审计都要按一定的程序进行。尽管其审计过程存在一些差异，但一般都包括三个主要阶段：计划阶段、实施阶段和完成阶段。本书主要叙述注册会计师审计三个阶段的五个基本程序。

二、注册会计师审计的过程

注册会计师审计与国家审计和内部审计不同，它是一种委托审计，其过程包括以下五个基本程序：接受业务委托、计划审计工作、实施风险评估程序、实施控制测试和实质性程序、完成审计工作和编制审计报告。

（一）接受业务委托

注册会计师审计属于有偿审计，只有客户委托业务，会计师事务所接受客户委托后才能够执行审计，因此，注册会计师审计过程的第一阶段是接受客户。在接受客户阶段：主要工作是考虑客户的诚信，没有信息表明客户缺乏诚信，具有执行业务必要的素质、专业胜任能力、时间和资源，能够遵守相关职业道德要求。

1. 考虑客户的诚信，没有信息表明客户缺乏诚信

会计师事务所在接到委托人的委托审计要求之后，首先需要对被审计单位的基本情况进行初步了解，然后在此基础上决定是否接受委托。如果注册会计师发现潜在的客户正面临财务困难，那么可以认为接受该客户的风险非常高，甚至不承接这项业务。

2. 具有执行业务必要的素质、专业胜任能力、时间和资源

会计师事务所除考虑客户施加的风险外，还需要符合执行业务的能力要求，如当工作需要时能否获得合适的具有相应资格的员工，是否获得专业化协助，是否存在任何利益冲突，能否对客户保持独立性等；另外还需要考虑事务所是否能够有足够的时间和相关的资源完成该项业务。

3. 能够遵守相关职业道德要求

注册会计师应当遵守与财务报表审计相关的职业道德要求，包括遵守有关独立性的要求。

一旦决定接受业务委托，注册会计师应当与客户就签订审计约定条款达成一致意见。对于连续审计，注册会计师应当考虑是否需要根据具体情况修改业务约定条款，以及是否需要提醒客户注意现有的业务约定书。审计业务约定书，是会计师事务所与委托人共同签订的，据以确认审计业务的委托与受托关系，明确委托目的、审计范围及双方责任与义务等事项的书面合约。会计师事务所同意接受委托后，双方应签订审计业务约定书。

审计业务约定书具有经济合同的性质，一经约定双方签字认可，即成为会计师事务所与委托人之间在法律上生效的契约，具有法定约束力。审计业务约定书具有以下几个方面的作用；第一，增进会计师事务所和客户之间的了解并加强合作；第二，是客户签订审计业务完成情况及会计师事务所检查被审计单位义务履行情况的依据；第三，是确定会计师事务所和客户双方应负责任的重要证据。

审计业务约定书的格式和内容，可因每一个被审计单位而有所不同，但一般应包括以下基本内容：

（1）财务报表审计的目标和范围；

（2）注册会计师的责任；

（3）管理层的责任；

（4）管理层编制财务报表采用的财务报告编制基础；

（5）提及注册会计师拟出具的审计报告的预期形式和内容，以及在特定情况下出具的审计报告可能不同于预期形式和内容的说明。

如果情况需要，注册会计师还应当考虑在审计业务约定书中列明下列内容：

（1）详细说明审计工作范围，包括提及使用的法律、法规、审计准则以及注册会计师协会发布的职业道德守则和其他公告；

（2）对审计业务结果的其他沟通形式；

（3）说明由于审计和内部控制的固有局限，即使审计工作按照审计准则的规定得到恰当的计划和执行，仍不可避免地存在某些重大错报未被发现的风险；

（4）计划和执行审计工作的安排，包括审计项目组的构成；

（5）管理层确认将提供书面声明；

（6）管理层同意向注册会计师及时提供财务报表草稿和其他所有附带信息，以使注册会计师能够按照预定的时间表完成审计工作；

（7）管理层同意告知注册会计师在审计报告日至财务报表报出日之间注意到的可能影响财务报表的事实；

（8）收费的计算基础和收费安排；

（9）管理层确认收到审计业务约定书并同意其中的条款；

（10）在某些方面对利用其他注册会计师和专家工作的安排；

（11）对审计涉及的内部审计人员和被审计单位其他员工工作的安排；

（12）在首次审计的情况下，与前任注册会计师（如存在）沟通的安排；

（13）说明对注册会计师责任可能存在的限制；

（14）说明对注册会计师与被审计单位之间需要达成进一步协议的事项；

（15）向其他机构或人员提供审计工作底稿的义务。

（二）计划审计工作

为了保证现场审计工作能够有序地进行，降低审计工作成本，提高审计工作效率，审计人员应当合理地计划审计工作并制订书面的审计计划。

一般来说，计划审计工作阶段一般包括以下几项中心工作：执行分析程序；了解客户及其环境（包括内部控制）进行风险评估；确定重要性水平；制定总体审计策略和具体审计计划。

1. 执行分析程序

分析程序是指注册会计师通过研究不同财务数据之间以及财务数据与非财务数据之间

的内在关系，对财务信息作出评价。在计划审计工作阶段执行初步的分析程序的目的在于了解被审计单位及其环境并评估财务报表层次和认定层次的重大错报风险，帮助注册会计师识别存在潜在重大错报风险的领域，或识别那些表明被审计单位持续经营能力问题的事项。

2. 了解客户及其环境（包括内部控制），进行风险评估

注册会计师应当从客户行业状况和外部环境因素、经营业务和交易流程、治理结构及组织结构、目标和战略、财务业绩的衡量和评价五个方面了解客户，据以评估客户的经营风险，然后根据客户的具体情况考虑经营风险是否可能导致财务报表发生重大错报，并根据评估结果确定恰当的审计范围。

审计人员在了解客户及其环境时，必须关注客户的内部控制，了解客户的内部控制并初步评估客户的控制风险，因为财务报表中存在的大量重大错报往往与客户的内部控制失效有关。

3. 确定重要性水平

确定重要性水平是计划审计工作阶段的一项重要工作。确定重要性水平是审计人员在具体环境下对错报金额和性质的一种职业判断，如果一项错报单独或连同其他错报可能影响财务报表使用者依据财务报表作出的经济决策，则该项错报是重大的。在审计开始时，就必须对重大错报的规模和性质做出一个判断，包括制定财务报表层次的重要性和特定交易类别、账户余额和披露的重要性水平。

出于审计成本和审计效率的考虑，注册会计师不可能将财务报表中的所有错报都揭露出来，从报表的使用者角度看，也无必要耗费有限的审计资源去检查对其经济决策不产生影响的错报，注册会计师的责任是确定客户财务报表中是否存在重大错报。

4. 制订总体审计策略和具体审计计划

制订总体审计策略和具体审计计划是计划审计工作阶段中的最后一项工作，审计计划包括初步业务活动和总体审计策略。

（1）初步业务活动。

在制订审计计划之前，应当做一些必要的准备工作，即开展初步业务活动。初步业务活动的内容主要包括针对保持客户关系和具体审计业务实施相应的质量控制程序，评价遵守职业道德规范的情况，包括评价独立性，进一步确认与被审计单位不存在对业务约定条款的误解。

（2）总体审计策略。

初步业务活动之后，注册会计师应当首先制定总体审计策略，总体审计策略是对审计的范围、时间和方向所作的规划，它指导制订具体审计计划。具体审计计划是依据总体审计策略制订的，对实施总体审计计划所需要的审计过程的性质、时间和范围所作的详细规划与说明。

（三）实施风险评估程序

审计准则规定，注册会计师必须实施风险评估程序，以此作为财务报表层次和认定层次重大错报风险的基础。风险评估程序是指注册会计师为了了解被审计单位及其环境，以识别和评估财务报表层次和认定层次的重大错报风险（无论该错报是由于舞弊或者错误导致）而实施的审计程序。实施风险评估程序的主要工作包括：了解被审计单位及其环境；识别和评估财务报表层次以及各类交易、账户余额和披露认定的重大错报风险，包括确定需要特别考虑的重大错报风险（即特别风险）以及仅通过实施实质性程序无法应对的重大错报风险等。

（四）实施控制测试和实质性程序

审计计划一经制订，一切审计工作必须严格按照既定计划进入执行控制测试和实质性程序阶段，也称实施阶段。

所谓控制测试，是指为了支持较低估计控制风险而对内部控制的有效性进行测试的程序；所谓实质性程序，是指注册会计师针对评估的重大错报风险（包括固有风险和控制风险）实施的直接用以发现认定层次重大错报的审计程序，实质性程序具体包括对各类交易、账户余额、列报的细节测试以及实质性分析程序，而细节测试又具体分为交易的细节测试和余额的细节测试。

此阶段是审计人员实施审计程序、搜集审计证据的重要步骤，也是审计过程的核心阶段。一般来说，审计实施阶段一般包括以下几项中心工作：执行控制测试、执行实质性分析程序、执行交易的细节测试和执行余额的细节测试。

1. 执行控制测试

注册会计师对客户内部控制进行了解，初步评估控制风险。如果认为客户控制设计合理并得到执行，能够有效防止或发现并纠正重大错报就是可以信赖的，可以减少拟实施的实质性程序。注册会计师必须对拟信赖的内部控制执行控制测试，以取得充分、适当的审计证据证明这些内部控制得到有效的执行。

注册会计师一般采用询问、观察、检查、穿行测试和重新执行等程序进行控制测试。经过测试后，如果控制测试的结果证明注册会计师初步评估的控制风险水平是正确的，客户的内部控制在整个会计期间都得到了有效执行，注册会计师就可以使用初步评估的控制风险水平，减少拟实施的实质性程序，以节省审计成本，提高审计效率；如果测试的结果表明控制没有得到有效执行，控制风险水平高于初步评估的控制风险水平，注册会计师就应当降低对客户内部控制的信赖程度，重新考虑估计控制风险，并执行扩大的、更为有效的实质性程序。

2. 执行实质性分析程序

所谓分析程序，是指注册会计师通过研究不同财务数据之间以及财务数据与非财务数据之间的内在关系，对财务信息作出评价。按照准则要求，在计划工作阶段和完成审计工作阶段必须执行分析程序，而在实施阶段分析程序不是必要的审计程序，注册会计师可以将分析程序作为实质性程序的一种，单独或结合其他细节测试，收集充分适当的审计证据，将分析程序用于实质性程序，也可称其为实质性分析程序。

3. 执行交易的细节测试

所谓交易的细节测试，是指注册会计师为确定与交易相关的六项审计目标均已实现而执行的审计程序。例如，注册会计师要执行交易的细节测试来验证已入账的交易是否确实发生以及已发生的交易是否均已入账。

4. 执行余额的细节测试

所谓余额的细节测试，是注册会计师针对资产负债表账户、利润表账户的期末余额执行的审计程序，多数余额细节测试更侧重于资产负债表账户。例如，向顾客函证应收账款余额、盘点存货、监盘现金、向银行函证客户银行存款余额都是余额的细节测试。余额的细节测试取得的证据多数来自客户的渠道，具有高度的可靠性，因此，余额的细节测试被认为是最有效的、最可靠的实质性程序，但是，获取审计证据的审计成本也相对较高。

需要注意的是，在三种实质性程序中，获取证据的成本是不一样的，分析程序成本最低，其次是交易的细节测试，余额的细节测试成本最高。而这三种实质性程序获取证据的可靠性则正好与其审计成本相对应，余额的细节测试获取的审计证据最可靠，交易的细节测试获取的证据次之，分析程序获取的证据可靠性最低。

在选择实质性程序时，要充分考虑控制风险的评估结果。

如果注册会计师在计划阶段通过了解内部控制和初步的控制风险评估，将控制风险水平评估为低于最高值之下，拟信赖内部控制，那么他就需要执行控制测试以确定内部控制是否得到有效执行，如果测试结果证明控制风险是中或低，不高于初步的评估水平，说明内部控制值得信赖，那么，计划的实证性程序就可以减少，而且更多地依靠分析程序和交易的细节测试获取审计证据，执行尽量少的余额的细节测试，以降低审计成本。

相反，如果被审计单位内部控制设计不恰当，或虽然恰当但根本没有得到执行，或控制测试的结果表明内部控制风险水平高于初步评估的控制风险水平，那么，注册会计师应当降低对被审计单位内部控制的信赖程度，并执行扩大范围的实质性程序，更多依靠交易的细节测试和余额的细节测试，执行尽量多的余额的细节测试。

除控制风险的评估结果影响实质性程序的组合之外，实质性分析程序的分析结果也会影响交易的细节测试和余额的细节测试两种程序的运用水平。当通过分析程序发现异常波动时，表明可能存在重大错报，注册会计师应执行扩大范围的交易的细节测试和余额的细节测试来确定错报是否已实际发生；反之，当通过分析程序发现发生错报的可能性较小时，则可以减少交易的细节测试和余额的细节测试程序。

（五）完成审计工作和编制审计报告

此阶段是实质性程序的结束，是对被审计单位的财务报表、收支项目及其他有关经济活动审计结果的资料进行筛选、归类、分析、整理，做出综合评价，并出具审计报告的过程。这一阶段的主要工作包括：检查期后事项；检查或有事项；评估客户持续经营能力；评价审计证据，形成审计意见并编制审计报告。

1. 检查期后事项

期后事项是资产负债表日至审计报告日之间发生的事项以及审计报告日后发现的事实。两类期后事项可能对财务报表和审计报告产生影响：一类是资产负债表日后调整事项，属于对资产负债表日已经存在的情况提供了新的或进一步证据的事项；另一类是资产负债表日后非调整事项，是表明资产负债表日后发生的情况的事项。注册会计师应当考虑期后事项对财务报表和审计报告的影响，并实施必要的审计程序检查期后事项，获取充分、适当的审计证据，以确定截至审计报告日发生的，需要在财务报表中调整或披露的事项是否均已得到识别。

2. 检查或有事项

或有事项是过去的交易或者事项形成的，其结果须由某些未来事项的发生或不发生才能决定的不确定事项。注册会计师有责任对客户的或有事项予以关注，尤其要关注财务报表反映的或有事项的完整性。在完成阶段，注册会计师需要再专门设计和实施一些具体的审计程序验证或复核或有事项的完整性。

3. 评估客户持续经营能力

持续经营假设是客户编制财务报表的重要基础之一。客户管理层有责任根据适用的财务报告编制基础的规定评估其持续经营能力，并以恰当的方式在财务报表中予以反映。注册会计师的责任是考虑客户管理层在编制财务报表时运用持续经营假设的适当性，并考虑是否存在需要在财务报表中披露的有关持续经营能力的重大不确定性。因此，注册会计师应当实施必要的审计程序，获取充分、适当的审计证据，确定可能导致对持续经营能力产生重大疑虑的事项或情况是否存在重大不确定性，并考虑对审计报告的影响。

4. 评价审计证据，形成意见并编制审计报告

注册会计师应当首先整理、评价收集到的所有审计证据，复核审计工作底稿，复核重点内容主要有：计划确定的重要审计过程是否恰当并得以实施，是否实现了审计目标，审计证据是否充分恰当；审计范围是否充分；提出的建议是否恰当等问题；然后，汇总审计差异，提请被审计单位调整或作适当披露；最后，在以上工作的基础上形成审计意见，签发审计报告，审计报告应由注册会计师签字，并由事务所签章。

拓展案例

潘序伦先生与立信

潘序伦（1893～1985），会计学家，江苏宜兴人。1921年毕业于圣约翰大学，后留学美国，获哈佛大学管理学硕士及哥伦比亚大学经济学博士学位。1924年回国，任商科大学教务主任兼会计系主任、暨南大学商学院院长。20年代后期起在上海先后创办立信会计师事务所、立信会计专科学校和立信会计图书用品社。新中国成立后任立信会计专科学校名誉校长。著译有《会计学》《审计学》《劳氏成本会计》等。

1927年，潘序伦在上海创办了潘序伦会计师事务所。后来，他借用《论语》中的"民无信不立"之意，将事务所更名为"立信"。1937年，潘序伦创建立信会计专科学校。该校最盛时，仅上海一地就设有11所分校。而立信会计专科学校的品牌也一直延续至今，发展成为如今的"上海立信会计金融学院"。

1942年，国民党当局强令各大学不准聘经济学家、人口学家马寅初任教，潘序伦却独自敦请马寅初登上"立信"的讲台。国民政府教育部要求潘序伦立即解聘马寅初，他寥寥数语予以回击：

"立信者，立信于人也。既已下聘书，就不能无故解聘！"

上海沦陷后，潘序伦和立信会计专科学校一同迁往重庆，为抗战服务，直到1946年才迁回上海。

1980年，立信会计专科学校复校，潘序伦为立信复校捐出毕生积蓄。

他是会计学家、教育家，但在他心里，自己首先是个老师。有学生想出国深造，请潘序伦为推荐信签名，那时，潘序伦已经病危。长女潘屺瞻这样回忆"父亲对学生的最后一次关怀"：

"他还是奋力从床上起身，走到床头一个小圆柜，我用手电筒给他照光，他提起笔来，用力地签下了中、英文名字。"

他告诫学生："学识经验及才能，在会计师固无一项可缺，然根本上终究不若道德之重要。"对潘序伦而言，"立信"是最重要的事业。

作为一名会计从业人员，他拥有丰富扎实的会计知识、信字为本的职业道德；作为一名教育家，他散尽家产办学校、呕心沥血搞教育。

潘老用自己的一言一行教导着每一位立信人"勿忘立信，当必有成"的道理；"诚信为本，勤俭节约"的传统在一代又一代的立信人手中传承。

资料来源：礼赞大师｜潘序伦：现代会计学宗师，职业教育之楷模［EB/OL］．文汇报，https：//wenhui. whb. cn/third/baidu/202110/14/428618. html，2021 – 10 – 14.

本章思政梳理

审计作为一种社会现象，是为了满足社会的特定需求而产生和发展起来的。随着生产力的进步、社会经济的发展和经济关系的不断变革，西方国家审计的产生拥有悠久的历史，并经历了一个漫长的发展过程。我国国家审计经历了一个漫长的发展过程，大体上可以分为6个阶段：西周初期初步形成阶段；秦汉时期最终确立阶段；隋唐至宋日臻健全阶段；元明清停滞不前阶段；中华民国不断演进阶段；新中国振兴阶段。

国外内部审计产生的准确时间已无从考证，一般认为，内部审计是伴随着政府审计的出现而产生和发展的，我国内部审计的历史几乎与政府审计一样悠久，奴隶社会是内部审计的萌芽时期。

国外注册会计师审计的产生起源于16世纪的意大利。中国的注册会计师始于辛亥革命之后。

随着审计环境的不断变化和审计理论水平的不断提高，促进了审计方法的不断发展和完善。截至目前，一般认为，审计方法的演进经历了账项基础审计、制度基础审计和风险导向审计阶段。

审计的定义是人们对审计实践的科学总结。它揭示了审计这一客观事物的特有属性。审计按主体进行分类，可以分为政府审计、内部审计和民间审计。按审计内容分类，审计可以分为财务报表审计、经营审计以及合规性审计。

纵观注册会计师行业在各国的发展，会计师事务所主要有独资、普通合伙制、有限责任公司制、有限责任合伙制四种组织形式。

根据我国审计准则的规定，财务审计的总目标是注册会计师通过执行审计工作，对被审计单位财务报表的下列方面发表审计意见。财务报表审计具体目标是总目标的具体化。由于具体审计目标是基于对被审计单位管理当局认定的考虑而具体确立的，注册会计师的基本职责就在于确定被审计单位管理层对其财务报表的认定是否恰当。

合理保证意味着审计风险始终存在，注册会计师应当通过计划和实施审计工作，获取充分、适当的审计证据，将审计风险降至可接受的低水平。

注册会计师审计与国家审计和内部审计不同，它是一种委托审计，注册会计师审计过程包括以下五个阶段：接受业务委托、计划审计工作、实施风险评估程序、实施控制测试和实质性程序、完成审计工作和编制审计报告。

引导案例之审计的重要作用告诉我们审计能增强除管理层之外的预期使用者对财务报表的信赖程度。

从潘序伦先生与立信的案例我们看到，潘老用自己的一言一行教导着每一位立信人"勿忘立信，当必有成"的道理；"诚信为本，勤俭节约"的传统在一代又一代的立信人手中传承。

通过学习本章，学生应该学习潘老的坚定理想和百折不挠的奋斗精神；看到审计在资本市场作为"守门人"的重要作用，秉承对工作专注执着、精益求精、持之以恒的工匠精神。

本章中英文
关键词汇

习题演练

本章推荐
阅读书目

第二章 审计计划

"重要性水平" 为何如此重要

H 公司于 2004 年上市，主要从事环保机械设备的生产和销售以及新能源技术的研究开发。随着中国经济的持续快速发展，城市化进程和工业化进程的不断增加，环境污染日益严重，国家对环保的重视程度越来越高。空气净化、污水处理、新能源开发利用等是当前亟须解决的全球性问题，也是环保行业势在必行的重要工作。H 公司在环保行业有较高的知名度，在国内外都有比较稳定的客户群。

2013 年 10 月，H 公司聘请 JH 会计师事务所为其提供 2013 年度财务报表审计服务。审计师在具体审计时发现：（1）H 公司与其出资者 J 公司之间的预付货款 10 万元，其他应收款 15 万元，这两笔业务均没有实质经济内容支持。审计师认为均低于重要水平，没有继续查证，也没有适当披露。（2）审计师发现 H 公司 2013 年度一笔资产减值恢复，冲回了原来计提的资产减值准备，由于该笔资金金额不大（低于重要性水平），审计师发表了无保留意见的审计报告。然而，实际情况是 H 公司故意在盈利年度多计提资产减值准备，以备出现亏损时恢复资产进行盈余管理。因为重要性水平的数据标准，导致 H 公司管理层的财务舞弊行为未能被审计师识破！

随着审计方法由详细审计转变为抽样审计，"重要性"在注册会计师的审计中运用得越来越频繁。重要性作为注册会计师在审计计划阶段须运用职业判断并做出决策的关键指标，在整个审计工作中发挥着不可替代的作用。那么何为重要性水平？应该如何确定重要性水平才能避免案例中的审计失败出现？

审计计划
思维导图

第一节 初步业务活动

一、初步业务活动的目的和内容

（一）初步业务活动的目的

在本期审计业务开始时，注册会计师需要开展初步业务活动，以实现三个主要目的：
（1）保持执行业务所需要的独立性和能力；（2）确定不存在因管理层诚信问题而可

能影响注册会计师保持该项业务意愿的事项；（3）确定与被审计单位之间不存在对业务约定条款的误解。

（二）初步业务活动的内容

注册会计师应当在本期审计业务开始时开展下列初步业务活动：（1）针对保持客户关系和具体审计业务实施相应的质量控制程序；（2）评价遵守相关职业道德要求（包括独立性要求）的情况；（3）就审计业务约定条款与被审计单位达成一致意见。

针对保持客户关系和具体审计业务实施相应的质量控制程序，并且根据实施相应程序的结果作出适当的决策是注册会计师控制审计风险的重要环节。《中国注册会计师审计准则第 1121 号——对财务报表审计实施的质量控制》及《质量控制准则第 5101 号——会计师事务所对执行财务报表审计和审阅、其他鉴证和相关服务业务实施的质量控制》含有与客户关系和具体业务的接受及保持相关的要求，注册会计师应当按照其规定开展初步业务活动。

审计准则
中国注册会计师审计准则第 1111 号——就审计业务约定条款达成一致意见（2022年1月5日修订）

评价遵守相关职业道德要求的情况也是一项非常重要的初步业务活动。质量控制准则含有包含独立性在内的有关职业道德要求，注册会计师应当按照其规定执行。虽然保持客户关系及具体审计业务和评价道德的工作贯穿审计业务的全过程，但是这两项活动需要在开展本期审计业务的其他重要活动之前完成，以确保注册会计师已具备执行业务所需要的独立性和业务胜任能力，且不存在因管理层诚信问题而影响会计师保持该项业务的意愿等情况。在连续审计的业务中，这些初步业务活动通常是在上期审计工作结束后不久或伴随着上期审计工作的完成就开始了。

审计准则
《中国注册会计师审计准则第 1111 号——就审计业务约定条款达成一致意见》应用指南（2022 年 1月 17 日修订）

在作出接受或保持客户关系及具体审计业务的决策后，注册会计师应当按照《中国注册会计师审计准则第 1111 号——就审计业务约定条款达成一致意见》的规定，在审计业务开始前，与被审计单位就审计业务约定条款达成一致意见，签订或修改审计业务约定书，以避免双方就审计业务的理解产生分歧。

二、确定审计的前提条件

审计的前提条件，是指管理层在编制财务报表时采用可接受的财务报告编制基础，以及管理层对注册会计师执行审计工作的认同。

承接鉴证业务的条件之一是《中国注册会计师鉴证业务基本准则》中提及的标准适当，且能够为预期使用者获取。标准是指用于评价或计量鉴证对象的基准，当涉及列报时，还包括列报与披露的基准。适当的标准使注册会计师能够运用职业判断对鉴证对象作出合理一致的评价或计量。就审计准则而言，适用的财务报告编制基础为注册会计师提供了用以审计财务报表（包括公允反映，如相关）的标准。如果不存在可接受的财务报告编制基础，管理层就不具有编制财务报表的恰当基础，注册会计师也不具有对财务报表进行审计的适当标准。

1. 确定财务报表编制基础的可接受性

在确定编制财务报表所采用的财务报告编制基础的可接受性时，注册会计师需要考虑下列相关因素：第一，被审计单位的性质（例如，被审计单位是商业企业、公共部门实体还是非营利组织）；第二，财务报表的目的（例如，编制财务报表是用于满足广大财务报表使用者共同的财务信息需求，还是用于满足财务报表特定使用者的财务信息需求）；第三，财务报表的性质（例如，财务报表是整套财务报表还是单一财务报表）；第四，法律法规是否规定了适用的财务报表编制基础。

按照某一财务报表编制基础编制，旨在满足广大财务报表使用者共同的财务信息需求的财务报表，称为通用目的财务报表。按照特殊目的编制基础编制的财务报表，称为特殊目的财务报表，旨在满足财务报表特定使用者的财务信息需求。对于特殊目的财务报表，预期财务报表使用者对财务信息的需求，决定适用的财务报告编制基础。《中国注册会计师审计准则第 1601 号——对按照特殊目的编制基础编制的财务报表审计的特殊考虑》规范了如何确定旨在满足财务报表特定使用者的财务信息需求的财务报告编制基础的可接受性。

2. 通用目的编制基础

如果财务报告准则由经授权或获取认可的准则制定机构制定和发布，供某类实体使用，只要这些机构遵循一套既定和透明的程序（包括认真研究和仔细考虑广大利益相关者的观点），则认为财务报告准则对于这类实体编制通用目的财务报表是可接受的。这些财务报告准则主要有：国际会计准则理事会发布的国际财务报告准则、国际公共部门会计准则理事会发布的国际公共部门会计准则和某一国家或地区经授权或获得认可的准则制定机构，在遵循一套既定和透明的程序（包括认真研究和仔细考虑广大利益相关者的观点）的基础上发布的会计准则。

在规范通用目的财务报表编制的法律法规中，这些财务报告准则通常被界定为适用的财务报告编制基础。

3. 就管理层的责任达成一致意见

按照审计准则的规定执行审计计划的前提是管理层已认可并理解其承担的责任。审计准则不能超越法律法规对这些责任的规定。然而，独立审计的理念要求注册会计师不对财务报表的编制或被审计单位的相关内部控制承担责任，并要求注册会计师合理预期能够获取审计所需要的信息（在管理层能够提供或获取的信息范围内）。因此，管理层认可并理解其责任，这一前提对执行独立审计工作是至关重要的。

（1）按照适用的财务报告编制基础编制财务报表，并使其实现公允反映（如适用）。大多数财务报告编制基础包括与财务报表列报相关的要求，对于这些财务报告编制基础，在提到"按照适用的财务报告编制基础编制财务报表"时，编制包括列报。实现公允列报的报告目标非常重要，因而在与管理层达成一致意见的执行审计工作的前提中需要特别提及公允列报，或需要特别提及管理层负有确保财务报表根据财务报告编制基础编制并使其实现公允反映的责任。

（2）设计、执行和维护必要的内部控制，以使财务报表不存在由于舞弊或错误导致的重大错报。由于内部控制的固有限制，无论其如何有效，也只能合理保证被审计单位实现其财务报告目标。注册会计师按照审计准则的规定执行的独立审计工作，不能代替管理层维护编制财务报表所需的内部控制。因此，注册会计师需要就管理层认可并理解其与内部控制有关的责任与管理层达成共识。

（3）向注册会计师提供必要的工作条件。包括允许注册会计师接触与编制财务报表相关的所有信息（如记录、文件和其他事项），向注册会计师提供审计所需要的其他信息，允许注册会计师在获取审计证据时不受限制地接触其认为必要的内部人员和其他相关人员。

按照《中国注册会计师审计准则第 1341 号——书面声明》的规定，注册会计师应当要求管理层就其履行的某些责任提供书面声明。因此，注册会计师需要获取针对管理层责任的书面声明、其他审计准则要求的书面声明，以及在必要时需要获取用于支持其他审计证据（用于支持财务报表或者一项或多项具体认定）的书面声明。注册会计师需要使管理层意识到这一点。

如果管理层不认可其责任，或不同意提供书面声明，注册会计师将不能获取充分、适当的审计证据。在这种情况下，注册会计师承接此类审计业务是不恰当的，除非法律法规另有规定。如果法律法规要求承接此类审计业务，注册会计师可能需要向管理层解释这种情况的重要性及其对审计报告的影响。

三、签订审计业务约定书

审计业务约定书是指会计师事务所与被审计单位签订的，用以记录和确认审计业务的委托关系、审计目标和范围、双方的责任以及报告的格式等事项的书面协议。会计师事务所承接任何审计业务，都应与被审计单位签订审计业务约定书。

（一）审计业务约定书的作用

签订审计业务约定书的目的是明确委托人与受托人的责任与义务，敦促双方遵守约定事项并加强合作，以保护会计师事务所和被审计单位双方的利益。签订审计业务约定书具有以下几方面作用：（1）增进了解，加强合作。签订审计业务约定书的过程就是业务双方相互了解的过程，有利于加强双方的合作。在审计工作开始前，通过签订审计业务约定书，有助于避免管理层对审计产生误解。（2）明确义务，划分责任。审计业务约定书应对双方的责任和义务作出明确的规定，尽可能减少双方的误解，减少审计业务中涉及处理事项的相互推诿现象。如果出现法律诉讼，审计业务约定书是明确会计师事务所和委托人双方应负责任的重要依据。（3）为检查业绩提供依据。利用审计业务约定书可以鉴定审计业务的完成情况，也可用于检查双方义务的履行情况。

（二）审计业务约定书的基本内容

审计业务约定书的具体内容和格式可能因被审计单位的不同而不同，但应当包括以下主要内容：

1. 财务报表审计的目标和范围

对于财务报表审计工作而言，其审计目标主要是对财务报表整体是否不存在由于舞弊或错误所导致的重大错报获取合理保证，使得注册会计师能够对财务报表是否在所有重大方面按照适用的财务报告编制基础

审计案例与
思政元素
审计费用纠纷对
簿公堂

编制发表审计意见。除此之外，在审计业务约定书中应明确审计范围，即审计工作属于财务报表审计还是其他专项审计，如是财务报表审计，审计范围指财务报表名称及其相应所属年份或时点。

2. 注册会计师的责任

在审计业务约定书中应当说明，尤其对注册会计师和管理层的责任作出明确界定是十分必要的。按照审计准则的规定对财务报表发表审计意见是注册会计师的责任。为履行这一职责，注册会计师应当遵守相关职业道德要求，按照审计准则的规定计划和实施审计工作，获取充分、适当的审计证据，并根据获取的审计证据得出合理的审计结论，发表恰当的审计意见。此外，如果审计业务的特殊知识和技能超出了注册会计师的能力，注册会计师可以利用专家协助执行审计业务。这种情况下，注册会计师应当确信包括专家在内的项目组整体已具备执行该项审计业务所需的知识和技能，并充分参与了该项审计业务和了解专家所承担的工作。

3. 管理层的责任

管理层要对建立和维护公司内部控制以及所提供资料的真实性、完整性及合法性负责。在审计业务约定书中约定被审计单位对财务报表的责任可以使被审计单位理解审计人员工作的性质，明确自身的责任，也能在将来发生法律纠纷时在一定程度上保护审计人员。

4. 管理层编制财务报表适用的财务报告编制基础

适用的财务报告编制基础为注册会计师提供了用以审计财务报表（包括公允反映，如相关）的标准。在确定编制财务报表所采用的财务报告编制基础的可接受性时，注册会计师需要考虑下列相关因素：（1）被审计单位的性质（例如，被审计单位是商业企业、公共部门实体还是非营利组织）；（2）财务报表的目的（例如，编制财务报表是用于满足广大财务报表共同的财务信息需求，还是满足财务报表特定使用者的财务信息需求）；（3）财务报表的性质（例如，财务报表是整套财务报表还是单一财务报表）；（4）法律法规是否规定了适用的财务报告编制基础。一般在业务约定书中需要明确管理层是按照企业会计准则和企业会计制度编制财务报表，还是按照民间非营利组织会计制度或小企业会计制度编制财务报表。

5. 注册会计师拟出具的审计报告的预期形式和内容

业务约定书中应当提及注册会计师拟出具的审计报告的预期形式和内容，如有特殊情况，还应当在特定情况下出具的审计报告可能不同于预期审计形式和内容作出说明。

（三）审计业务约定书的特殊考虑

1. 考虑特定需要

如果情况需要，注册会计师还应当考虑在审计业务约定书中列明下列内容：

（1）详细说明审计工作的范围，包括提及适用的法律法规、审计准则，以及注册会计师协会发布的职业道德守则和其他公告；

（2）对审计业务结果的其他沟通形式；

（3）关于注册会计师按照《中国注册会计师审计准则第 1504 号——在审计报告中沟通关键审计事项》的规定，在审计报告中沟通关键审计事项的要求；

（4）说明由于审计和内部控制的固有限制，即使审计工作按照审计准则的规定得到恰当的计划和执行，仍不可避免地存在某些重大错报未被发现的风险；

（5）计划和执行审计工作的安排，包括审计项目组构成；

（6）预期管理层将提供书面声明；

（7）预期管理层将允许注册会计师接触管理层知悉的与财务报表编制相关的所有信息（包括与披露相关的所有信息）；

（8）管理层同意向注册会计师及时提供财务报表草稿和其他所有附带信息，以使注册会计师能够按照预定的时间表完成审计工作；

（9）管理层同意告知注册会计师在审计报告日至财务报表报出日之间注意到的可能影响财务报表的事实；

（10）收费的计算基础和收费安排；

（11）管理层确认收到审计业务约定书并同意其中的条款；

（12）在某些方面对聘用其他注册会计师和专家工作的安排；

（13）对涉及审计的内部审计人员和被审计单位其他员工工作的安排；

（14）在首次审计的情况下，与前任注册会计师（如存在）沟通的安排；

（15）说明对注册会计师责任可能存在的限制；

（16）注册会计师与被审计单位之间需要达成进一步协议的事项；

（17）向其他机构或人员提供审计工作底稿的义务。

2. 组成部分的审计

如果母公司的注册会计师同时也是组成部分注册会计师，需要考虑下列因素，决定是否向组成部分单独致送审计业务约定书：

（1）组成部分注册会计师的委托人；

（2）是否对组成部分单独出具审计报告；

（3）与审计委托相关的法律法规的规定；

（4）母公司占组成部分的所有权份额；

（5）组成部分管理层相对于母公司的独立程度。

3. 连续审计

对于连续审计，注册会计师应当根据具体情况评估是否需要对审计业务约定条款作出修改，以及是否需要提醒被审计单位注意现有的条款。

注册会计师可以决定不在每期都致送新的审计业务约定书或其他书面协议。然而，下列因素可能导致注册会计师修改审计约定条款或提醒被审计单位变更现有的业务约定条款：

（1）有迹象表明被审计单位误解审计目标和范围；

（2）需要修改约定条款或增加特别条款；

（3）被审计单位高级管理人员近期发生变动；

（4）被审计单位所有权发生重大变动；

（5）被审计单位业务的性质或规模发生重大变化；

（6）法律法规的规定发生变化；

（7）编制财务报表采用的财务报告编制基础发生变更；

（8）其他报告要求发生变化。

4. 审计业务约定条款的变更

（1）变更审计业务约定条款的要求。在完成审计业务前，如果被审计单位或委托人要求将审计业务变更为保证程度较低的业务，注册会计师应当确定是否存在合理理由予以变更。下列原因可能导致被审计单位要求变更业务：①环境变化对审计服务的需求产生影响；②对原来要求的审计业务的性质存在误解；③无论是管理层施加的还是其他情况引起的审计范围受到限制。上述第①和第②项通常被认为是变更业务的合理理由，但如果有迹象表明该变更要求与错误的、不完整的或者不能令人满意的信息有关，注册会计师不应认为该变更是合理的。

如果没有合理的理由，注册会计师不同意变更审计业务约定条款，而管理层又不允许继续执行原审计业务，注册会计师应当：①在适用的法律法规允许的情况下，解除审计业务约定；②确定是否有约定义务或其他义务向治理层、所有者或监管机构等报告该事项。

（2）变更为审阅业务或相关服务业务的要求。在同意将审计业务变更为审阅业务或相关服务业务前，接受委托按照审计准则执行审计工作的注册会计师，除考虑上述（1）中提及的事项外，还需要评估变更业务对法律责任或业务约定的影响。

如果注册会计师认为将审计业务变更为审阅业务或相关服务业务具有合理理由，截至变更日已执行的审计工作可能与变更后的业务相关，相应地，注册会计师需要执行的工作和出具的审计报告适用于变更后的业务。为避免引起报告使用者的误解，对相关服务业务出具的报告不应提及原审计业务和在原审计业务中已执行的程序。只有将审计业务变更为执行商定程序业务，注册会计师才可在报告中提及已执行的程序。

第二节　总体审计策略和具体审计计划

计划审计工作是对审计预期的性质、时间和范围制定的一个总体战略和一套详细方案。计划审计工作对于审计人员顺利完成审计工作和控制审计风险具有重要意义。合理的审计计划有助于审计人员关注重点审计领域、及时发现和解决潜在问题以及恰当地组织和管理审计工作，以有效的方式执行审计业务，并且充分的审计计划不仅可以帮助注册会计师对项目组成员进行恰当分工和指导监督并复核其工作，还有助于协调其他注册会计师和专家的工作，由此可见计划审计工作的重要性。

审计计划分为总体审计策略和具体审计计划两个层次。图 2-1 列示了计划审计工作的两个层次。注册会计师应当针对总体审计策略中所识别的不同事项，制订具体审计计划，并考虑通过有效利用审计资源以实现审计目标。值得注意的是，虽然制定总体审计策略的过程通常在具体审计计划之前，但是两项计划具有内在紧密联系，对其中一项的决定可能会影响甚至改变对另一项的决定。例如，注册会计师在了解被审计单位及其环境的过程中，注意到被审计单位对主要业务的处理依赖复杂的自动化信息系统，因此计算机信息系统的可靠性及有效性对其经营、管理、决策以及编制可靠的财务报告具有重大影响。对此，注册会计师可能会在具体审计计划中制定相应的审计程序，并相应调整总体审计策略的内容，作出利于信息风险管理专家工作的决定。

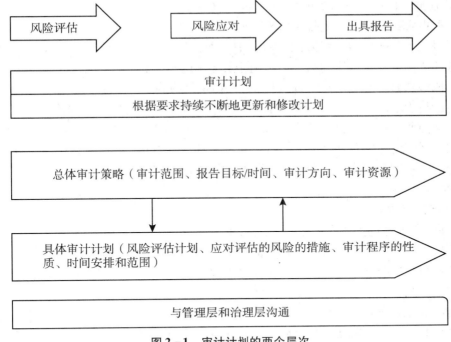

图 2-1　审计计划的两个层次

一、制定总体审计策略

注册会计师应当为审计工作制定总体审计策略。总体审计策略用于确定审计工作的范围、时间安排和方向，并指导具体审计计划的制订。在制定总体审计策略时，应当考虑以下主要事项：

审计准则
中国注册会计师审计准则第 1201号——计划审计工作（2022 年12 月 22 日修订）

1. 确定审计范围

在确定审计范围时，需要考虑下列具体事项：编制拟审计的财务信息所依据的财务报告编制基础，包括是否需要将财务信息调整至按照其他财务报告编制基础编制；特定行业的报告要求，如某些行业监管机构要求提交的报告；预期审计工作涵盖的范围，包括应涵盖的组成部分的数量及所在地点；母公司和集团组成部分之间存在的控制关系的性质，以确定如何编制合并财务报表；由组成部分注册会计师审计组成部分的范围；拟审计的经营分部的性质，包括是否需要具备专门知识；外币折算，包括外币交易的会计处理、外币财务报表的折算和相关信息的披露；除为合并目的执行的审计工作之外，对个别财务报表进行法定审计的需求；内部审计工作的可获得性及注册会计师拟信赖内部审计工作的程度；被审计单位使用服务机构的情况，以及注册会计师如何取得有关服务机构内部控制设计和运行有效性的证据；对利用在以前审计工作中获取的审计证据（如获取的与风险评估程序和控制测试相关的审计证据）的预期；信息技术对审计程序的影响，包括数据的可获得性和对使用计算机辅助审计技术的预期；协调审计工作与中期财务信息审阅的预期涵盖范围和时间安排，以及中期审阅所获取的信息对审计工作的影响；与被审计单位人员的时间协调和相关数据的可获得性等。

2. 计划报告目标、时间安排及所需沟通的性质

为计划报告目标、时间安排及所需沟通，需要考虑下列事项：被审计单位对外报告的时间表，包括中间阶段和最终阶段；与管理层和治理层举行会谈，讨论审计工作的性质、时间安排和范围；与管理层和治理层讨论注册会计师拟出具的报告的类型和时间安排以及沟通的其他事项（口头沟通或书面沟通），包括审计报告、管理建议书和向治理层通报的其他事项；与管理层讨论预期就整个审计业务中审计工作的进展进行的沟通；与组成部分注册会计师沟通拟出具的报告的类型和时间安排，以及与组成部分审计相关的其他事项；项目组成员之间沟通的预期性质和时间安排，包括项目组会议的性质和时间安排，以及复核已执行工作的时间安排；预期是否需要和第三方进行其他沟通，包括与审计相关的法定或约定的报告责任等。

3. 确定审计方向

总体审计策略的制定应当包括影响审计业务的重要因素，以确定项目组工作方向，包括确定适当的重要性水平，初步识别可能存在较高的重大错报风险的领域，初步识别重要的组成部分和账户余额，评价是否需要针对内部控制的有效性获取审计证据，识别被审计单位、所处行业、财务报告要求及其他相关方面最近发生的重大变化等。

在确定审计方向时，注册会计师需要考虑重要性水平（具体包括为计划目的确定重要性、为组成部分确定重要性且与组成部分的注册会计师沟通、在审计过程中重新考虑重要性、识别重要性的组成部分和账户余额）、重大错报风险较高的审计领域、评估的财务报表层次的重大错报风险对指导和监督以及复核的影响、项目组人员的选择（在必要时包括项目质量控制复核人员）和工作分工、项目预算（包括考虑为重大错报风险可能较高的审计领域分配适当的工作时间）、如何向项目组成员强调在收集和评价审计证据过程中保持职业怀疑的必要性、以往审计中对内部控制运行有效性进行评价的结果（包括识别的控制缺陷的性质及应对措施）、管理层重视设计和实施健全的内部控制的相关证据（包括这些内部控制得以适当记录的证据）、业务交易量规模、管理层对内部控制重要性的重视程度、影响被审计单位经营的重大发展变化（包括信息技术和业务流程的变化、关键管理人员的变化，以及收购、兼并和分立）、重大的行业发展情况、会计准则及会计制度的变化及其他重大变化等。

4. 规划和调配审计资源

制定总体审计策略可以帮助注册会计师确定所执行审计业务的性质、时间、范围和所需资源，为此，注册会计师应当在总体审计策略中清楚地说明下列内容：（1）向具体审计领域调配的资源，包括向高风险领域分派有适当经验的项目组成员、就复杂的问题利用专家工作等；（2）向具体审计领域分配资源的多少，例如，分派到重要地点进行存货监盘的项目组成员的人数、在集团审计中复核组成部分注册会计师工作的范围、向高风险领域分配的审计时间预算等；（3）何时调配这些资源，包括是在期中审计阶段还是在关键的截止日期调配资源等；（4）如何管理、指导、监督这些资源，如预期何时召开项目组预备会和总结会、预期项目合伙人和经理如何进行复核等。

总体审计策略是对注册会计师做出的关键决策的记录，这些关键决策是为恰当计划审计工作和与项目组沟通重大事项而做出的。例如，注册会计师可能采用备忘录的形式记录总体审计策略，包括对审计工作的总体范围、时间安排及执行做出的关键决策。

二、形成具体审计计划

注册会计师应当为审计工作制订具体审计计划。总体审计策略指导具体审计计划的执行，具体审计计划又是对总体审计策略的细化和延伸。具体审计计划比总体审计策略更加详细，其内容包括为获取充分、适当的审计证据以将审计风险降至可接受的低水平，项目组成员拟实施的审计程序的性质、时间安排和范围。可以说，为获取充分、适当的审计证据，而确定审计程序的性质、时间安排和范围是具体审计计划的核心。

（一）具体审计计划的内容

具体审计计划应当包括风险评估程序、计划实施的进一步审计程序和计划其他审计程序。

1. 风险评估程序

风险评估程序是指注册会计师为了了解被审计单位及其环境以识别和评估财务报表层次及认定层次的重大错报风险而实施的审计程序。在具体审计计划中，风险评估以及重点审计领域的确定是一个重要的内容。《中国注册会计师审计准则第 1211 号——重大错报风险的识别和评估》规定，注册会计师应该实施风险评估程序，为充分识别和评估财务报表层次和认定层次的重大错报风险提供基础。但是，风险评估程序本身并不能为形成审计意见提供充分、适当的审计证据。

风险评估程序应当包括：询问管理层以及被审计单位内部其他人员、分析程序、观察和检查。其中，需要询问的被审计单位内部其他人员是注册会计师根据判断认为可能拥有某些信息的人员，这些信息有助于识别由于舞弊或错误导致的重大错报风险。

2. 计划实施的进一步审计程序

具体审计计划应当包括按照《中国注册会计师审计准则第 1231 号——针对评估的重大错报风险采取的应对措施》的规定，针对评估的认定层次的重大错报风险，注册会计师计划实施的进一步审计程序的性质、时间安排和范围。进一步审计程序包括控制测试和实质性程序。

需要强调的是，随着审计工作的推进，对审计程序的计划会一步步深入，并贯穿于整个审计过程。例如，计划风险评估程序通常在审计过程的较早阶段进行，而计划进一步审计程序的性质、时间安排和范围则需要依据风险评估程序的结果进行。因此，为达到制订具体计划的要求，注册会计师需要完成风险评估程序，识别和评估重大错报风险，并针对评估的认定层次的重大错报风险，计划实施进一步审计程序的性质、时间和范围。

通常，注册会计师计划的进一步审计程序可以分为进一步审计程序的总体方案和拟实施的具体审计程序（包括进一步审计程序的具体性质、时间安排和范围）两个层次。进一步审计程序的总体方案主要是指注册会计师针对各类交易、账户余额和披露决定采用的总体方案（包括实质性方案和综合性方案）。具体审计程序是对进一步审计程序的总体方案的延伸和细化，它通常包括控制测试和实质性程序的性质、时间安排和范围。在实务中，注册会计师通常单独制定一套包括这些具体程序的"进一步审计程序表"，待具体实施审计程序时，注册会计师将基于所计划的具体审计程序，进一步记录所实施的审计程序及结果，并最终形成有关进一步审计程序的审计工作底稿。

另外，完整、详细的进一步审计程序的计划包括对各类交易、账户余额和披露实施的具体审计程序的性质、时间安排和范围，包括抽样的样本量等。在实务中，注册会计师可以统筹安排进一步审计程序的先后顺序，如果对某类交易、账户余额和披露已经做出计划，则可以先行安排工作，与此同时再制定其他交易、账户余额和披露的进一步审计程序。

3. 计划其他审计程序

具体审计程序应当包括根据审计准则的规定，注册会计师对审计业务需要实施的其他审计程序，计划的其他审计程序可以包括上述进一步程序的计划中没有涵盖的、根据其他审计准则的要求注册会计师应当执行的既定程序。

在审计计划阶段中，除了按照《中国注册会计师审计准则第 1211 号——重大错报风险的识别和评估》进行计划工作外，注册会计师还需要兼顾其他准则中规定的、针对特定项目在审计计划阶段应执行的程序及记录要求。例如，《中国注册会计师审计准则第 1141 号——财务报表审计中与舞弊相关的责任》《中国注册会计师审计准则第 1324 号——持续经营》《中国注册会计师审计准则第 1142 号——财务报表审计中对法律法规的考虑》《中国注册会计师审计准则第 1323 号——关联方》等准则中对注册会计师针对这些特定项目在审计计划阶段应当执行的程序及其记录作出了规定。当然，由于被审计单位所处行业、环境各不相同，特别项目可能也有所不同。例如，有些企业可能涉及环境事项、电子商务等，在实务中注册会计师应根据被审计单位的具体情况确定特定项目并执行相应的审计程序。

（二）审计过程中对计划的更改

计划审计工作并非审计业务的一个孤立阶段，而是一个持续的、不断修正的过程，贯穿于整个审计业务的始终。由于未预期事项、条件的变化或在实施审计程序中获取的审计证据等原因，在审计过程中，注册会计师应当在必要时对总体审计策略和具体审计计划作出更新和修改。

审计过程可以分为不同阶段，通常前面阶段的工作结果会对后面阶段的工作计划产生一定的影响，而在后面阶段的工作过程中又可能发现需要对已制订的相关计划进行相应的更新和修改。通常来说，这些更新和修改可能涉及比较重要的事项。例如，对重要性水平的修改，对某类交易、账户余额和披露的重大错报风险的评估和进一步审计程序（包括总体方案和拟实施的具体审计程序）的更新和修改等。一旦计划被更新和修改，审计工作就应当进行相应的修正。

例如，如果在制订审计计划时，注册会计师基于对材料采购交易的相关控制的设计和执行获取的审计证据，认为相关控制设计合理并得以执行，因此未将其评价为高风险领域并且计划执行控制测试。但是在执行控制测试时获得的审计证据与审计计划阶段获得的审计证据相矛盾，注册会计师认为该类交易的控制没有得到有效执行，此时，注册会计师可能需要修正对该类交易的风险评估，并基于修正的评估风险修改计划的审计方案，如采用实质性方案。

（三）指导、监督与复核

注册会计师应当制订计划，确定对项目组成员的指导、监督以及对其工作进行复核的性质、时间安排和范围。项目组成员的指导、监督以及对其工作进行复核的性质、时间安排和范围主要取决于被审计单位的规模和复杂程度、审计领域、评估的重大错报风险以及执行审计工作的项目组成员的专业素质和胜任能力等因素。

注册会计师应在评估重大错报风险的基础上，计划对项目组成员工作的指导、监督与复核的性质、时间安排和范围。当评估的重大错报风险增加时，注册会计师通常会扩大指导与监督的范围，增强指导与监督的及时性，执行更详细的复核工作。在计划复核的性质、时间安排和范围时，注册会计师还应考虑单个项目组成员的专业素质和胜任能力。

第三节　重要性水平的确定与应用

一、重要性的含义

审计重要性作为一个非常重要的概念贯穿于审计全过程，正确理解审计重要性的含义并加以有效运用对于审计质量的保证和审计目标的实现都非常重要。国际会计准则委员会（IASC）对重要性的定义是："如果合理预期错报（包括漏报）单独或汇总起来可能影响财务报表使用者依据财务报表做出的经济决策，则通常认为错报是重大的。重要性提供的是一个开端或截止点，对重要性的判断是根据具体环境做出的，并受错报的金额或性质的影响，或受两者共同作用的影响。"美国财务会计准则委员会（FASB）对重要性的定义是："一项会计信息的错报或漏报是重要的，指在特定环境下，一个理性的人依赖该信息所做出的决策可能因为这一错报或漏报得以变化或修正。"《中国注册会计师执业准则》中对重要性规定如下：重要性是指鉴证对象信息中存在错报的严重程度，重要性取决于在具体环境下对错报金额和性质的判断。如果一项错报单独或连同其他错报可能影响财务报表使用者依据财务报表作出的经济决策，则该项错报是重大的。

审计准则

中国注册会计师审计准则第 1221 号——计划和执行审计工作时的重要性（2019 年 2 月 20 日修订）

审计准则

《中国注册会计师审计准则第 1221 号——计划和执行审计工作时的重要性》应用指南（2019 年 3 月 29 日修订）

财务报表编制基础通常从编制和列报财务报表的角度阐释重要性概念。财务报表编制基础可能以不同的术语解释重要性，但通常而言，重要性概念可从下列方面进行理解：

（1）如果合理预期错报（包括漏报）单独或汇总起来可能影响财务报表使用者依据财务报表作出的经济决策，则通常认为错报是重大的；

（2）对重要性的判断是根据具体环境作出的，并受错报的金额或性质的影响，或受两者共同作用的影响；

（3）判断某事项对财务报表使用者是否重大，是在考虑财务报表使用者整体共同的财务信息需求的基础上作出的。由于不同财务报表使用者对财务信息的需求可能差异很大，因此不考虑错报对个别财务报表使用者可能产生的影响。

注册会计师在制定总体审计策略时，必须对重大错报的规模和性质作出一个判断，包括确定财务报表整体的重要性和特定交易类别、账户余额和披露的一个或多个重要性水平。当错报金额高于整体重要性水平时，就很可能被合理预期将对使用者根据财务报表作出的经济决策产生影响。

注册会计师还应当确定实际执行的重要性，以评估重大错报风险并确定进一步审计程序的性质、时间安排和范围。在整个业务过程中，随着审计工作的进展，注册会计师应当根据所获得的新信息更新重要性，并考虑进一步审计程序是否仍然恰当。在形成审计结论阶段，要使用整体重要性水平和为了特定交易类别、账户余额和披露而确定的较低金额的重要性水平来评价已识别的错报对财务报表的影响和对审计报告中审计意见的影响。

【知识拓展 2 –1】

对重要性的几点说明

（1）注册会计师使用整体重要性水平（将财务报表作为整体）的目的有：①决定风险评估程序的性质、时间安排和范围；②识别和评估重大错报风险；③确定进一步审计程序的性质、时间安排和范围。

（2）识别和评估重大错报风险需要运用职业判断，以识别各类交易、账户余额和披露（包括定性披露）中可能存在的重大错报（即如果合理预期错报可能影响财务报表使用者依据财务报表整体作出的经济决策，则该错报通常被认为是重大的）。

（3）注册会计师运用职业判断来合理评估重要性时，对财务报表使用者做出下列假设是合理的：①拥有经营、经济活动和会计方面的适当知识，并有意愿认真研究财务报表中的信息；②理解财务报表是在运用重要性水平基础上编制、列报和审计的；③认可建立在对评估和判断的应用以及对未来事项的考虑的基础上的会计计量具有固有的不确定性；④依据财务报表中的信息作出合理的经济决策。

（4）在考虑定性披露中存在的错报是否重大时，注册会计师可能需要识别的相关因素包括：①报告期内被审计单位的具体情况，例如，被审计单位在报告期内可能实施了一项重大的企业合并；②适用的财务报告编制基础及其变化，例如，一项新的财务报告准则可能要求作出新的定性披露，该披露对于被审计单位而言是重大的；③由于被审计单位的性质而对财务报表使用者而言是重要的定性披露，例如，就金融机构的财务报表使用者而言，对流动性风险的披露可能是重要的。

二、重要性水平的确定

在计划审计工作时，注册会计师应当确定一个合理的重要性水平，以发现在金额上重大的错报。注册会计师在确定计划的重要性水平时，需要考虑对被审计单位及其环境的了解、审计的目标、财务报表各项目的性质及其相互关系、财务报表项目的金额及其波动幅度。

（一）财务报表整体的重要性

1. 含义

（1）如果合理预期错报单独或连同其他错报可能影响财务报表使用者的决策，则该项错报是重大的。

（2）注册会计师通过执行审计工作对财务报表发表审计意见，因此应当考虑财务报表整体的重要性。

2. 确定过程

（1）确定原则。

确定多大的错报会影响财务报表使用者所作决策，是注册会计师运用职业判断的结果。注册会计师确定重要性需要运用职业判断。很多注册会计师根据所在会计师事务所的惯例及自己的经验考虑重要性。

（2）具体方法。

通常先选定一个基准，再乘以某一百分比作为财务报表整体的重要性，使用公式可以将其表示为：

$$财务报表整体的重要性＝基准×百分比$$

（3）选择基准的考虑因素。

①财务报表要素（如资产、负债、所有者权益、收入和费用）；

②是否存在特定会计主体的财务报表使用者特别关注的项目（如为了评价财务业绩，使用者可能更关注利润、收入或净资产）；

③被审计单位的性质、所处的生命周期阶段以及所处行业和经济环境；

④被审计单位的所有权结构和融资方式（例如，如果被审计单位仅通过债务而非权益进行融资，财务报表使用者可能更关注资产及资产的索偿权，而非被审计单位的收益）；

⑤基准的相对波动性。

适当的基准取决于被审计单位的具体情况，包括各类报告收益（如税前利润、营业收入、毛利和费用总额）以及所有者权益或净资产。对于以营利为目的的实体，通常以经营性业务的税前利润作为基准。如果经常性业务的税前利润不稳定，选用其他基准可能更加合适，如毛利或营业收入。就选定的基准而言，相关的财务数据通常包括前期财务成果和财务状况、本期最新的财务成果和财务状况、本期的预算和预测结果。当然，本期最新的财务成果和财务状况、本期的预算和预测结果需要根据被审计单位的重大变化（如重大的企业并购）和被审计单位所处行业及经济环境情况的相关变化等作出调整。例如，当按照经常性业务的税前利润的一定百分比确定被审计单位财务报表整体的重要性时，如果被审计单位本年度税前利润因情况变化出现意外增加或减少，注册会计师可能认为按照近几年经常性业务的平均税前利润确定财务报表整体的重要性更加合适。

（4）选取基准的示例。

表2－1举例说明了一些实务中较为常用的基准。

表2－1   **常用的基准**

被审计单位的情况	可能选择的基准
（1）企业的盈利水平保持稳定	经常性业务的税前利润
（2）企业近年来经营状况大幅度波动，盈利和亏损交替发生，或者由正常盈利变为微利或微亏，或者本年度税前利润因情况变化而出现意外增加或减少	过去3～5年经常性业务的平均税前利润或亏损（取绝对值），或其他基准，如营业收入

被审计单位的情况	可能选择的基准
（3）企业为新设企业，处于开办期，尚未开始经营，目前正在建造厂房及购买机器设备	总资产
（4）企业处于新兴行业，目前侧重于抢占市场份额，扩大企业知名度和影响力	营业收入
（5）开放式基金，致力于优化投资组合、提高基金净值，为基金持有人创造投资价值	净资产
（6）国际企业集团设立的研发中心，主要为集团下属各企业提供研发服务，并以成本加成的方式向相关企业收取费用	成本与营业费用总额
（7）公益性质的基金会	捐赠收入或捐赠支出总额

（5）基准的确定方法。

在通常情况下，对于以营利为目的的企业，利润可能是大多数财务报表使用者最为关注的财务指标，因此，注册会计师可能考虑选取经常性业务的税前利润作为基准。但是在某些情况下，例如企业处于微利或微亏状态时，采用经常性业务的税前利润为基准确定重要性可能影响审计的效率和效果。注册会计师可以考虑采用以下方法确定基准：

①如果微利或微亏状态是由宏观经济环境的波动或企业自身经营的周期性所导致，可以考虑采用过去 3 ~ 5 年经常性业务的平均税前利润作为基准；

②采用财务报表使用者关注的其他财务指标作为基准，如营业收入、总资产等。

注册会计师需要注意的是，如果被审计单位的经营规模较上年度没有重大变化，通常使用替代性基准确定的重要性不宜超过上年度的重要性。

注册会计师为被审计单位选择的基准在各年度中通常会保持稳定，但是并非必须保持一贯不变。注册会计师可以根据经济形势、行业状况和被审计单位具体情况的变化对采用的基准做出调整。例如，被审计单位处在新设立阶段时注册会计师可能采用总资产作为基准，被审计单位处在成长期时注册会计师可能采用营业收入作为基准，被审计单位处在经营成熟期后注册会计师可能采用经常性业务的税前利润作为基准。

（6）百分比的确定方法（实务中通常为 1% ~ 5%）。

为选定的基准确定百分比需要运用职业判断。百分比和选定的基准之间存在一定的联系，如经常性业务的税前利润对应的百分比通常比营业收入对应的百分比要高。例如，对以营利为目的的制造行业实体，注册会计师可能认为经常性业务的税前利润的 5% 是适当的，而对非营利组织，注册会计师可能认为总收入或费用总额的 1% 是适当的。百分比无论是高一些还是低一些，只要符合具体情况，都是适当的。

在确定百分比时，需要考虑的因素（包括但不限于）有：

①被审计单位是否为上市公司或公众利益实体；

②财务报表使用者的范围；

③被审计单位是否由集团内部关联方提供融资或是否有大额对外融资（如债券或银行贷款）；

④财务报表使用者是否对基准数据特别敏感（如具有特殊目的的财务报表使用者）。

需要说明的是，注册会计师在确定重要性水平时，不需要考虑与具体项目计量相关的固有不确定性。例如，财务报表含有高度不确定性的大额估计，注册会计师并不会因此而确定一个比不含有该估计的财务报表更高或更低的财务报表整体重要性。

（二）特定类别交易、账户余额或披露的重要性水平

1. 含义

特定类别交易、账户余额或披露发生错报时，即使错报金额低于财务报表整体的重要性，但如果能够合理预期该错报可能影响财务报表使用者依据财务报表作出的经济决策，应确定该认定的重要性水平。

2. 确定方法

根据被审计单位的特定情况，下列因素表明存在一个或多个特定类别的交易、账户类别或披露，其发生的错报金额虽然低于财务报表整体的重要性，但合理预期将影响财务报表使用者依据财务报表作出的经济决策。

（1）法律法规或适用的财务报表编制基础是否影响财务报表使用者对特定项目（如关联方交易、管理层和治理层的薪酬及对具有较高估计不确定性的公允价值会计估计的敏感性分析）计量或披露的预期；

（2）与被审计单位所处行业相关的关键性披露（如制药企业的研究与开发成本）；

（3）财务报表使用者是否特别关注财务报表中单独披露的业务的特定方面（如关于分部或重大企业合并的披露）。

在根据被审计单位的特定情况考虑是否存在上述交易、账户余额或披露时，了解治理层和管理层的看法和预期通常是有用的。

需要说明两点，一是特定类别交易、账户余额或披露的重要性水平应低于财务报表整体的重要性；二是与财务报表整体的重要性相同，认定层次的重要性也需要相应确定实际执行的重要性。

以下举例说明账户或交易层次重要性水平的确定方法。

（1）分配的方法。采用分配方法时，分配的对象一般是资产负债表账户。假设某公司总资产的构成详见下表，审计人员初步判断的财务报表层次的重要性水平为资产总额的1%，即140万元，也就是资产账户可容忍的错报为140万元，现审计人员按这一重要性水平分配给各资产账户，详见下表。

重要性水平的分配　　　　　　　　　　　　　　　　　　单位：万元

项目	金额	甲方案	乙方案
现金	700	7	2.8
应收账款	2 100	21	25.2

续表

项目	金额	甲方案	乙方案
存货	4 200	42	70
固定资产	7 000	70	42
总计	14 000	140	140

在上表中，甲方案是按 1% 进行同比例分配，一般来说，这并不可行，审计人员必须对其进行修正。由于应收账款和存货错报的可能性较大，故分配较高的重要性水平，以节省审计成本，如乙方案。假定审计存货后仅发现错报 40 万元，且审计人员认为所执行的审计程序已经足够，则可将剩下的 30 万元再分配给应收账款。

（2）不分配的方法。这里介绍两种不分配的方法。一种方法是某著名国际会计师事务所采用的方法。假设财务报表层次的重要性水平为 100 万元，则可根据各账户各类交易的性质及错报的可能性，将各账户或交易的重要性水平确定为财务报表层次重要性水平的 20%~50%。审计时，只要发现该账户或交易的错报超过这一水平，就建议被审计单位调整。最后，编制未调整事项汇总表，若未调整的错报超过 100 万元就应建议被审计单位调整。

另一种方法是境外某会计师事务所采用的方法。该会计师事务所规定，各账户或交易的重要性水平为财务报表层次重要性水平的 1/6~1/3。假设财务报表层次的重要性水平为 90 万元，应收账款的重要性水平为这一金额的 1/3，存货为 1/5，应付账款为 1/5，则其重要性水平的金额分别为 30 万元、18 万元和 18 万元。

必须指出，在实际工作中，往往很难预测哪些账户可能发生错报，也无法事先确定审计成本的大小，所以，重要性水平的确定是一个非常困难的专业判断过程。

（三）实际执行的重要性

1. 实际执行的重要性的含义

实际执行的重要性，是指注册会计师确定的低于财务报表整体重要性的一个或多个金额，旨在将财务报表中未更正和未发现错报的汇总数超过财务报表整体的重要性的可能性降至适当的低水平。如果适用，实际执行的重要性还指注册会计师确定的低于特定类别的交易、账户余额或披露的重要性水平的一个或多个金额。

仅为发现单项重大的错报而计划审计工作将忽视这样一个事实，即单项非重大错报的汇总数可能导致财务报表出现重大错报，更不用说还没有考虑可能存在的未发现错报。

2. 确定方法

（1）确定实际执行的重要性并非简单机械的计算，需要注册会计师运用职业判断。

（2）考虑因素。

①对被审计单位的了解（这些了解在实施风险评估程序的过程中得到更新）；

②前期审计工作中识别出的错报的性质和范围；

③根据前期识别出的错报对本期错报作出的预期。

（3）实务操作。

在实务中，实际执行的重要性直接影响注册会计师的审计工作量及需要获取的审计证据，对于审计风险较高的审计项目，需要确定较低的实际执行的重要性，反之亦然。实际执行的重要性应当低于财务报表整体重要性，如何确定实际执行的重要性需要注册会计师的职业判断。通常而言，实际执行的重要性通常为财务报表整体重要性的 50% ~ 75%（见表 2 - 2）。

表 2 - 2   实际执行的重要性

比例	情形
较高（接近 75%）	①连续审计项目，以前年度审计调整较少； ②项目总体风险为低等到中等，如处于非高风险行业、管理层有足够能力、面临较低的市场竞争压力和业绩压力等； ③以前期间的审计经验表明内部控制运行有效
较低（接近 50%）	①首次接受委托的审计项目； ②连续审计项目，以前年度审计调整较多； ③项目总体风险较高，如处于高风险行业、管理层能力欠缺、面临较大市场竞争压力或业绩压力等； ④存在或预期存在值得关注的内部控制缺陷。

审计准则要求注册会计师确定低于财务报表整体重要性的一个或多个金额作为实际执行的重要性，注册会计师无须通过将财务报表整体的重要性平均分配或按比例分配至各个报表项目的方法来确定实际执行的重要性。例如，根据以前期间的审计经验和本期审计计划阶段的风险评估结果，注册会计师认为可以以财务报表整体重要性的 75% 作为大多数报表项目的实际执行的重要性；与营业收入项目相关的内部控制缺陷，而且以前年度审计中存在审计调整，因此考虑以财务报表整体重要性的 50% 作为营业收入项目的实际执行的重要性，从而有针对性地对高风险领域执行更多的审计计划。

3. 在审计中运用实际执行的重要性

实际执行的重要性在审计中的作用主要体现在以下几个方面：

（1）注册会计师在计划审计工作时可以根据实际执行的重要性确定对哪些类型的交易、账户余额和披露实施进一步的审计程序，即通常选取金额超过实际执行的重要性的财务报表项目，因为这些财务报表项目有可能导致财务报表出现重大错报。但是，这不代表注册会计师可以对所有金额低于实际执行的重要性的财务报表项目不实施进一步的审计程序，这主要出于以下考虑：

①单个金额低于实际执行的重要性的财务报表项目汇总起来可能金额重大（可能远远超过财务报表整体的重要性），注册会计师需要考虑汇总后的潜在错报风险；

②对于存在低估风险的财务报表项目，不能仅仅因为其金额低于实际执行的重要性而不实施进一步审计程序；

③对于识别出存在舞弊风险的财务报表项目，不能因为其金额低于实际执行的重要性而不实施进一步审计程序。

（2）运用实际执行的重要性确定进一步审计程序的性质、时间安排和范围。例如，在实施实质性分析程序时，注册会计师确定的已记录金额与预期值之间的可接受差异额通常不超过实际执行的重要性；在运用审计抽样实施细节测试时，注册会计师可以将可容忍错报的金额设定为等于或低于实际执行的重要性。

（四）审计过程中修改的重要性

由于存在下列原因，注册会计师可能需要修改财务报表整体的重要性和特定类别的交易、账户余额或披露的重要性水平（如适用）：

（1）审计过程中情况发生重大变化（如决定处置被审计单位的一个重要组成部分）。

（2）获取新信息。

（3）通过实施进一步审计程序，注册会计师对被审计单位及其经营所了解的情况发生变化。例如，注册会计师在审计过程中发现，实际财务成果与最初确定财务报表整体的重要性时使用的预期本期财务成果相比存在着很大差异，则需要修改重要性。

在确定审计程序后，如果注册会计师决定接受更低的重要性，审计风险将增加，注册会计师应当选用下列方法将审计风险降至可接受的低水平：

（1）如有可能，通过扩大控制测试范围或实施追加的控制测试，降低重大错报风险，并支持降低后的重大错报风险水平；

（2）通过修改计划实施的实质性程序的性质、时间和范围，降低检查风险。

三、错报

在整个审计过程中，注册会计师的责任是将财务报表中未更正和未识别错报的汇总数超过财务报表整体重要性的可能性降至适当的水平。运用审计重要性评价审计过程中识别出的错报的主要目标在于：一是评价识别出的错报对审计的影响，二是评价未更正错报对财务报表的影响。在审计工作结束时，财务报表整体重要性将被用于评价识别出的错报对财务报表的影响以及审计意见的恰当性。例如，假设财务报表整体重要性被设定为200万元。在执行审计程序后，可能出现下列几种情形：一是没有识别出错报，出具无保留意见的审计报告；二是识别出一些显著微小且未更正的错报，出具无保留意见的审计报告；三是发现超过重要性（200万元）的未更正错报而且管理层不愿作出必要的调整，出具保留或否定意见的审计报告；四是财务报表存在超过重要性（200万元）的未更正错报但未被注册会计师发现，注册会计师可能会出具不适当的无保留意见的审计报告。

（一）错报的定义及错报的来源

错报，是指某一财务报表项目的金额、分类、列报，与按照适用的财务报告编制基础应当列示的金额、分类或列报之间存在的差异；或根据注册会计师的判断，为使财务报表在所有重大方面实现合法、公允反映，需要对金额、分类或列报作出的必要调整。错报可能是由于错报或舞弊导致的。

错报可能由下列事项导致：

（1）收集或处理用以编制财务报表的数据时出现错误；

（2）遗漏某项金额或披露，包括不充分或不完整的披露，以及为满足特定财务报告编制基础的披露目标而被要求作出的披露（如适用）；

（3）由于疏忽或明显误解有关事实导致作出不正确的会计估计；

（4）注册会计师认为管理层对会计估计作出不合理的判断或对会计政策不恰当的选择和运用；

（5）信息的分类、汇总或分解不恰当。

（二）累积识别出的错报

注册会计师应当累积审计过程中识别的错报，除非错报明显微小。注册会计师可能将低于某一金额的错报界定为明显微小的错报，对这类错报不需要累积，因为注册会计师认为这些错报的汇总数明显不会对财务报表产生重大影响。"明显微小"不等同于"不重大"。明显微小错报的金额的数量级，与按照《中国注册会计师审计准则第1221号——计划和执行审计工作时的重要性》确定的重要性的数量级相比，是完全不同的（明显微小错报的数量级更小，或其性质完全不同）。这些明显微小的错报，单独或者汇总起来，无论从规模、性质或其发生的环境来看都是明显微不足道的。如果不确定一个或多个错报是否明显微小，就不能认为这些错报是明显微小的。

注册会计师需要在制定总体审计策略和具体审计计划时，确定一个明显微小错报的临界值，低于该临界值的错报视为明显微小的错报，可以不累积。《中国注册会计师审计准则第1251号——评价审计过程中识别的错报》第十六条规定，注册会计师应当在审计工作底稿中记录设定的某一金额，低于该金额的错报视为明显微小。确定该临界值需要注册会计师运用职业判断。在确定明显微小错报的临界值时，注册会计师可能考虑以下因素：以前年度审计识别出的错报（包括已更正和未更正错报）的数量和金额；重大错报风险的评估结果；被审计单位治理层和管理层对注册会计师与其沟通错报的期望；被审计单位的财务指标是否勉强达到监管机构的要求或投资者的期望。

注册会计师对上述因素的考虑，实际上是在确定审计过程中对错报的过滤程度。注册会计师的目标是确保不累积的错报（即低于临界值的错报）连同累积的未更正错报不会汇总成为重大错报。如果注册会计师预期被审计单位存在数量较多、金额较小的错报，可能考虑采用较低的临界值，以避免大量低于临界值的错报积少成多构成重大错报。如果注册会计师预期被审计单位错报数量较少，则可能采用较高的临界值。

注册会计师可能将明显微小错报的临界值确定为财务报表整体重要性的3%~5%，也可能低一些或高一些，但通常不超过财务报表整体重要性的10%，除非注册会计师认为有必要单独为重分类错报确定一个更高的临界值。如果注册会计师不确定一个或多个错报是否明显微小，就不能认为这些错报是明显微小的。

为了帮助注册会计师评价审计过程中累积的错报的影响以及与管理层和治理层沟通错报事项，将错报区分为事实错报、判断错报和推断错报可能是有用的。

（1）事实错报。事实错报是毋庸置疑的错报。这类错报产生于被审计单位收集和处理数据的错误、对事实的忽略或误解，或故意舞弊行为。例如，注册会计师在审计测试中发现购入存货的实际价值为15 000元，但账面记录的金额却为10 000元。因此，存货和应付账款分别被低估了5 000元，这里被低估的5 000元就是已识别的对事实的具体错报。

（2）判断错报。由于注册会计师认为管理层对财务报表中的确认、计量和列报（包括对会计政策的选择或运用）作出不合理或不恰当的判断而导致的差异。这类错报产生于两种情况：一是管理层和注册会计师对会计估计值的判断差异，例如，由于包含在财务报表中的管理层作出的估计值超出了注册会计师确定的一个合理范围，导致出现判断差异；二是管理层和注册会计师对选择与运用会计政策的判断差异，由于注册会计师认为管理层选用会计政策造成错报，管理层却认为选用会计政策适当，导致出现判断差异。

（3）推断错报。注册会计师对整体存在的错报作出的最佳估计数，涉及根据在审计样本中识别出的错报来推断总体的错报。推断错报通常是指通过测试样本估计出总体的错报减去在测试中发现的已经识别的具体错报。例如，应收账款年末余额为 2 000 万元，注册会计师测试样本发现样本金额有 100 万元被高估，高估部分为样本账面金额的 20%，据此注册会计师推断总体的错报金额为 400 万元（即 2 000×20%），那么上述 100 万元就是已识别的具体错报，其余 300 万元即推断错报。

（三）对审计过程识别出的错报的考虑

错报可能不会孤立发生，一项错报的发生还可能表明存在其他错报。例如，注册会计师识别出由于内部控制失效而导致的错报，或被审计单位广泛运用不恰当的假设及评估方法而导致的错报，均可能表明还存在其他错报。

抽样风险和非抽样风险可能导致某些错报未被发现。审计过程中累积错报的汇总数接近按照《中国注册会计师审计准则第 1221 号——计划和执行审计工作时的重要性》的规定确定的重要性，则表明存在比可接受的低风险水平更大的风险，即未被发现的错报连同审计过程中累积错报的汇总数，可能超过重要性。

注册会计师可能要求管理层检查某类交易、账户余额或披露，以使管理层了解注册会计师识别出的错报的产生原因，并要求管理层采取措施以确定这些交易、账户余额或披露实际发生错报的金额，以及对财务报表作出适当的调整。例如，在从审计样本中识别出的错报推断总体错报时，注册会计师可能提出这些要求。

（四）错报的沟通和更正

及时与适当层级的管理层沟通错报事项是重要的，因为这能使管理层评价这些事项是否为错报，并采取必要行动，如有异议则告知审计人员。适当层级的管理层通常是指有责任和权限对错报进行评价并采取必要行动的人员。法律法规可能限制审计人员向管理层或被审计单位内部的其他人员通报某些错报。例如，法律法规可能专门规定禁止通报某事项或采取其他行动，这些通报或行动可能不利于有关权力机构对实际存在的或怀疑存在的违法行为展开调查，在某些情况下，审计人员的保密义务与通报义务之间存在的潜在冲突可能很复杂。此时，审计人员可以考虑征询律师的意见。

管理层更新所有错报（包括审计人员通报的错报），能够保持会计账簿和记录的准确性，降低由于与本期相关的非重大且尚未更正的错报的累积影响而导致未来期间财务报表出现重大错报的风险。

审计人员应评价财务报表是否在所有重大方面按照适用的财务报告编制基础编制。这项评价包括考虑被审计单位会计实务的质量（包括表明管理层的判断可能出现偏向的迹象）。审计人员对管理层不更正错报的理由，可能影响其对被审计单位出具审计报告的类型。

（五）评价未更正错报对重要性的影响

未更正错报，是指审计人员在审计过程中累积的且未被审计单位予以更正的错报。审计人员在确定重要性时，通常依据对被审计单位财务结果的估计，因为此时可能尚不知道实际的财务结果。因此，在评价未更正错报的影响之前，审计人员可能有必要依据实际的财务结果对重要性做出修改。如果在审计过程中获知了某项信息，而该信息可能导致审计人员确定与原来不同的财务报表整体重要性或者特定类别交易、账户余额或披露的一个或多个重要性水平，如适用，审计人员应当予以修改。因此，在审计人员评价未更正错报的影响之前，可能已经对重要性或重要性水平作出重大修改。但是如果审计人员对重要性或者重要性水平进行的重新评价导致需要确定较低的金额，则应重新考虑实际执行的重要性和进一步审计程序的性质、时间安排和范围的适当性，以获取充分、适当的审计依据，作为发表审计意见的基础。

审计人员需要考虑每一单项错报，以评价其对相关类别的交易、账户余额或披露的影响，包括评价该项错报是否超过特定交易类别的交易、账户余额或披露的重要性水平。如果审计人员认为某一项错报是重大的，则该项错报不太可能被其他错报抵销。例如，如果收入存在重大高估，即使这项错报对收益的影响完全可被相同金额的费用高估所抵销，审计人员仍认为财务报表整体存在重大错报。对于同一账户金额或同一类别的交易内部的错报，这种抵销可能是适当的。然而，在得出抵销非重大错报是适当的这一结论之前，需要考虑可能存在其他未被发现的错报的风险。

确定一项分类错报是否重大，需要进行定性评估。例如，分类错报对负债或其他合同条款的影响、对单一财务报表项目或小计数的影响，以及对关键比率的影响。即使分类错报超过了在评价其他错报时运用的重要性水平，审计人员可能仍然认为该分类错报对财务报表整体不产生重大影响。如资产负债表项目之间的分类错报金额相对于影响的资产负债表项目金额较小，并且对利润表或所有关键比率不产生影响，审计人员可以认为这种分类错报在将其单独或连同在审计过程中累积的其他错报一并考虑时，审计人员也可能将这些错报评价为重大错报。

审计重要性的
总结

【知识拓展 2 - 2】

审计报告中应该披露重要性吗？

英国财务汇报局（Financial Reporting Council，FRC）认为审计报告应当包括以下内容，以向报告使用者提供更多关于审计的信息，从而缩小预期差距：（1）由注册会计师识别的对总体审计策略、审计资源分配和指导审计项目组工作方向有重要影响的重大错报风险；（2）注册会计师在审计计划和审计执行的过程中如何考虑重要性水平；（3）审计范围的总结，包括该审计范围如何应对上述重大错报风险，以及如何受重要性水平应用的影响。

但值得注意的是，在2017年9月由FRC组织关于重要性水平披露的圆桌会议上，投资者表示其普遍对重要性水平的概念缺乏理解，甚至存在误读。有的投资者明确表示："如果你问投资者的看法，那么他们不会对一串数字的披露表示赞赏。"不过，他们对于重要性水平选择的基准表示在意，因为这可能是上市公司的关键业绩指标，同时，他们关注的是商业驱动因素和行业环境，他们认为这些也最好考虑进审计方法当中。

在我国，2021 年 3 月 9 日证券监督管理委员会（以下简称"证监会"）在其发布的《监管规则适用指引——审计类第 1 号》中明确要求：注册会计师应在非标准审计意见专项说明中，披露使用的合并财务报表整体的重要性水平，包括选取基准及百分比、计算结果、选取依据。若本期重要性水平内容较上期发生变化，应披露变化原因。该指引自 2021 年 3 月 23 日起施行。

资料来源：https：//mp. weixin. qq. com/s/jOIBFPoiX13UJ8eZBwH1_A；http：//www. csrc. gov. cn/pub/newsite/ztzl/jggzsyzy 202103/t20210309 393897. html.

拓展案例

审计计划严密查出"小金库"？

S 集团，中国煤炭行业的"巨无霸"。

看着眼前一张张漂亮的利润报表和财务账单，第一次走进 S 集团，30 岁的审计员李某为这个"煤业航母"巨大的体量而感到震撼。

2009 年，煤炭市场行情高涨，煤炭企业经营顺风顺水。当年，审计署启动了对该集团的审计。本是一项例行的常规审计，可审计署某特派员办事处的审计人员却不敢有丝毫麻痹大意。此间，一条若隐若现的"黑金"交易利益链，引起了李某和同事的警觉。紧盯错综复杂的利益交换网，审计小组辗转北京、新疆、湖南三地。经过反复调查审计，意外发现了 S 集团的"小金库"。

一、子公司业绩不正常

利润报表一片红，财务账单件件清晰规范，置身于 S 集团庞大的财务体系中，虽然"睁大了眼睛找漏洞"，可进驻一段时间以来，李某和同事还是没发现什么大问题。突然，一个奇怪的现象引起了审计人员的注意。当年，S 集团下属公司大都业绩较好、利润丰厚，唯有一家北京的 G 公司收益平平，甚至还有亏损（G 公司主要负责为 S 集团相关单位提供技术及后勤支持，除主业经营外，近几年还开展了其他业务）。

"这不符合常理，不是正常情况。"丰富的审计经验提醒李某和他的同事，在煤炭行业全线飘红的情况下，G 公司业绩如此之差，十有八九存在其他情况。他们决定进驻 G 公司，一探究竟。

进驻 G 公司之初，情况千头万绪，审计小组既要围绕主营业务，查看其为集团公司提供服务的情况，又要对其他业务进行调查。为尽快打开局面，他们研究决定审计计划，以资金为主线，通过调查 G 公司近几年业务经营情况，寻找审计线索。

二、来路不明的巨款

起初，并没有异常情况，可随着审计不断深入，李某和同事还是发现了破绽：在既没有借款合同，也没有对应业务的情况下，同是 S 集团下属的 S 新疆公司莫名其妙地向 G 公司汇款 2 000 万元。

这到底是一笔什么钱？为什么从新疆公司来？G 公司这笔来路不明的巨款，引起了审计人员的格外关注，随即决定继续追踪，查个水落石出。

向 G 公司了解情况，有关人员均讳莫如深，称不知情，且相互推诿责任。财务经理推给财务总监，财务总监推给分管的副总经理，而副总经理却称"这件事只有总经理清楚，可是他出国了"。

怎么办？是等知情人回来，还是尽快找到新的突破口，李某和同事面临选择。

"不能等，得想办法自己动手，尽快查清来源！"大伙儿知道，如果等下去，意味着给当事人更多的应对时间，如果其中有猫腻，有限的线索可能都会失去。他们一致决定，直赴新疆，从S新疆公司入手查账。

三、计划严密，步步为营

审计人员在S新疆公司展开调查。很快查明G公司所得的2 000万元汇款的确来自S新疆公司，且是S新疆公司的一笔账外资金。与此同时，更有价值的发现是，S新疆公司董事长竟然还是C公司的法人代表。

进一步调查后，审计人员发现，这笔神秘的汇款先是从S新疆公司的账外资金户以往来款名义汇到S新疆公司账户，再由S新疆公司汇入C公司账户，都以C公司资金供应紧张、暂时借给其用于资金周转为由，由S新疆公司董事长指令汇出。

李某和同事趁热打铁，开始全面清理这2 000万元的源头——S新疆公司账外资金户。他们发现，该账户中往来资金不但数额巨大，而且出入频繁。此外，根据资金流向，审计小组还发现，其中有4 000万元资金来自两家无业务往来的民营企业。

那么，在S新疆公司账外资金户中，来自民营企业的4 000万元又有何来路？

四、真相查明

经过对两家民营企业的调查，真相逐步浮出水面。原来，在2007年10月和2008年3月，S新疆公司先后与两家民营企业签订协议，将S集团一宗储量近12亿吨的优质工业动力用煤的采矿权进行了低价转让，仅收取了4 000万元转让费。这笔转让费没有汇入其公司账户，而是直接汇入了S新疆公司的账外资金户。

从一笔莫名其妙的资金入手，李某和同事咬定线索不放松，经过反复论证调查，终于在新疆有了重大发现，一个庞大的"小金库"及资金流动链初步呈现出来。

本章思政元素梳理

本章内容为审计项目开始前对业务承接需考虑的事项，以及准备承接业务后业务约定书的签订。为了有效地完成这一项目，审计人员需要制订审计计划，以此帮助审计人员节约时间、成本而且有质量地出具审计报告。学习以上内容，了解《"十四五"国家审计工作发展规划》和《注册会计师行业发展规划（2021－2025年）》的内容，熟悉国家审计和注册会计师行业未来几年的发展目标与愿景，培养投身党和国家各领域审计、监督事业的坚定信念。深刻体会习近平总书记关于"不忘初心，牢记使命"的系列论述，谨记不是为了计划而计划，并将之贯穿计划工作的全过程。

审计重要性包括计划审计工作中确定的重要性和实际执行的重要性。对重要性的评估需要运用注册会计师的职业判断。注册会计师应该查找财务报表中舞弊导致的重大错报，积极履行注册会计师的社会责任，更好地服务社会工作。习近平总书记治国理政的关键词中，有一个词是"关键少数"，自2015年2月首次正式提出以来，他在多次讲话中都强调必须抓住"关键少数"。在审计重要性学习中应深刻体会"关键少数"思维，并在日常学习和工作中予以应用。

附录 制定总体审计策略时需要考虑的事项的示例

本附录提供了注册会计师在项目层面实施业务质量管理时可能考虑的事项的示例。其中的很多事项可能影响总体审计策略和具体审计计划。这些示例广泛涵盖了适用于许多审计业务的事项。其中部分事项来源于其他审计准则的要求。但并非所有事项均与每项审计业务相关。本附录并非对所有事项的完整示例。

一、业务的特点

（1）编制拟审计的财务信息所依据的财务报告编制基础，包括是否需要将财务信息调整至按照其他财务报告编制基础编制；

（2）特定行业的报告要求，如某些行业监管机构要求提交的报告；

（3）预期审计工作涵盖的范围，包括应涵盖的组成部分的数量及所在地点；

（4）母公司和集团组成部分之间存在的控制关系的性质，已确定如何编制合并财务报表；

（5）由组成部分注册会计师审计组成部分的范围；

（6）拟审计的经营分部的性质，包括是否需要具体专门知识；

（7）外币折算，包括外币交易的会计处理、外币财务报表的折算和相关信息的披露；

（8）除为合并目的执行的审计工作之外，对个别财务报表进行法定审计的需求；

（9）被审计单位是否设计了内部审计，如有设立，注册会计师是否能够利用内部审计的工作或利用内部审计人员提供协助以实现审计目的，如果能够利用，在哪些领域利用以及在多大程度上利用；

（10）被审计单位使用服务机构的情况，及注册会计师如何取得有关服务机构内部控制设计和运行有效性的证据；

（11）对利用在以前审计工作中获取的审计证据（如获取的与风险评估程序和控制测试相关的审计证据）的预期；

（12）信息技术对审计程序的影响，包括数据的可获得性和对使用计算机辅助审计技术的预期；

（13）协调审计工作与中期财务信息审阅的预期涵盖范围和时间安排，以及中期审阅所获取的信息对审计工作的影响；

（14）与被审计单位人员的时间协调和相关数据的可获得性。

二、报告目标、审计的时间安排和沟通的性质

（1）被审计单位对外报告的时间表，包括中间阶段和最终阶段；

（2）与管理层和治理层举行会谈，讨论审计工作的性质、时间安排和范围；

（3）与治理层和管理层讨论注册会计师拟出具的报告的类型和时间安排以及沟通的其

他事项（口头或书面沟通），包括审计报告、管理建议书和向治理层通报的其他事项；

（4）与管理层讨论预期就整个审计业务中对审计工作的进展进行的沟通；

（5）与组成部分注册会计师沟通拟出具的报告的类型和时间安排，以及与组成部分审计相关的其他事项；

（6）项目组成员之间沟通的预期的性质和时间安排，包括项目组会议的性质和时间安排，以及复核已执行工作的时间安排；

（7）预期是否需要和第三方进行其他沟通，包括与审计相关的法定或约定的报告责任。

三、重要因素、初步业务活动和其从其他业务获得的经验

（1）按照《中国注册会计师审计准则第 1221 号——计划和执行审计工作时的重要性》的规定确定重要性，并在适用的情况下考虑下列事项：

①按照《中国注册会计师审计准则第 1401 号——对集团财务报表审计的特殊考虑》的规定，为组成部分确定重要性并就此与组成部分注册会计师进行沟通；

②初步识别重要组成部分及重要的交易账户余额和披露。

（2）初步识别的可能存在较高重大错报风险的领域。

（3）评估的财务报表层次的重大错报风险对指导、监督和复核的影响。

（4）就项目组成员在收集和评价审计证据过程中保持质疑的思维方式和职业怀疑的必要性，向项目组成员进行强调所采用的方式。

（5）以前审计中对内部控制运行有效性评价的结果，包括识别出的缺陷的性质和应对措施。

（6）与会计师事务所内部向被审计单位提供其他服务的人员讨论可能对审计产生影响的事项。

（7）有关管理层对设计、执行和维护健全的内部控制重视程度的证据，包括有关这些证据得以适当记录的证据。

（8）适用的财务报告编制基础发生的变化，如会计准则的变化，该变化可能涉及做出重大的新披露或对现有披露做出重大的修改。

（9）交易量规模，以确定注册会计师信赖内部控制是否使审计工作更有效率。

（10）就审计单位全体人员对内部控制对于业务成功运行的重要性的认识。

（11）管理层用于识别和编制适用的财务报告编制基础所要求的披露（包括从总账和明细账之外的其他途径获取的信息）的流程。

（12）影响被审计单位的重大业务发展变化，包括信息技术和业务流程的变化、关键管理人员变化以及收购、兼并和处置。

（13）重大的行业发展情况，如行业法规和报告要求的变化。

（14）其他相关重大变化，如影响被审计单位的法律环境的变化。

四、资源的性质、时间安排和范围

（1）分配给项目组或项目组能够获取的人力资源、技术资源和知识资源。例如对项目组的分派以及对项目组成员审计工作的分配，包括向可能存在较高重大错报风险的领域分派具体适当经验的人员；

（2）项目预算，包括为可能存在较高重大错报风险的领域预算适当的工作时间。

本章中英文
关键词汇

习题演练

本章推荐
阅读书目

第三章 审计证据

引导案例

审计证据不足引发的官司

助理人员小张经注册会计师王玲的安排，前去广生公司验证存货的账面余额。在盘点前，小张在过道上听几个工人在议论，得知存货中可能存在不少无法出售的变质产品。对此，小张对存货进行实地抽点，并比较库存量与最近销量。抽点结果表明，存货数量合理，收发也较为有序。由于该产品技术含量较高，小张无法鉴别出存货中是否有变质产品，于是，他不得不询问该公司的存货部高级主管。高级主管的答复是，该产品绝无质量问题。

小张在盘点工作结束后，开始编制工作底稿。在备注中，小张将听说有变质产品的事填入其中，并建议在下一阶段的存货审计程序中，应特别注意是否存在变质产品。王玲在复核工作底稿时，再一次向小张详细了解了存货盘点情况，特别是有关变质产品的情况。对此，还特别向当时议论此事的工人进行询问。但这些工人矢口否认了此事。于是，王玲与存货部高级主管商讨后，得出结论，认为"存货价值公允且均可出售"。底稿复核后，王玲在备注栏后填写了"变质产品问题经核实尚无证据，但下次审计时应加以考虑"。由于广生公司总经理抱怨王玲前几次出具了有保留意见的审计报告，使得他们贷款遇到了不少麻烦，审计结束后，注册会计师王玲对该年的财务报表出具了无保留意见的审计报告。

两个月后，广生公司资金周转不灵，主要是存货中存在大量变质产品无法出售，致使到期的银行贷款无法偿还。银行拟向会计师事务所索赔，认为注册会计师在审核存货时，具有重大过失。债权人在法庭上出示了王玲的工作底稿，认为注册会计师明知存货高估，但迫于总经理的压力，没有揭示财务报表中存在的问题，因此，应该承担银行的贷款损失。

注册会计师应当获取充分、适当的审计证据，以得出合理的审计结论，作为形成审计意见的基础。因此，注册会计师需要确定什么构成审计证据、如何获取审计证据、如何确定已收集的证据是否充分适当、收集的审计证据如何支持审计意见。上述内容构成了注册会计师审计工作的基本要求。

第一节 审计证据的含义、特征、分类和其他要求

审计人员为形成审计意见，必须通过执行一系列的审计程序来获取

审计证据
思维导图

审计准则
中国注册会计师
审计准则第 1301
号——审计证据
（2022 年 12 月
22 日修订）

充分、适当的审计证据。从某种意义上来说，审计的过程就是收集、鉴定和评价审计证据的过程。

一、审计证据的含义

审计证据是指注册会计师为了得出审计结论、形成审计意见而使用的所有信息。审计证据包括构成财务报表基础的会计记录所含有的信息和其他信息。注册会计师必须在每项审计工作中获取充分、适当的审计证据，以满足发表审计意见的要求。

审计证据的内容及举例如表 3-1 所示。

表 3-1　　　　　　　　　审计证据的内容及举例

审计证据	会计记录中含有的信息	总账和明细（日记）账	如主营业务收入总账和明细账
		原始凭证	如支票存根、电子转移支付记录、发票、入库单、制造费用分配表、成本计算单
		记账凭证	如记录销售交易的记账凭证
		其他支持性凭证	如银行对账单、银行存款余额调节表、合同
	其他的信息	从被审计单位外部获取的会计记录以外的信息	如询证函的回函、分析师的报告、与竞争者的比较数据等
		从被审计单位内部获取的会计记录以外的信息	如被审计单位会议记录、内部控制手册等
		通过询问、观察和检查等审计程序获取的信息	如通过检查存货获取存货存在的证据等
		自身编制或获取的可以通过合理推断得出结论的信息	如注册会计师编制的各种计算表、分析表等

（一）会计记录中含有的信息

会计记录是编制财务报表的基础，构成注册会计师执行财务报表审计业务所需获取的审计证据的重要部分。这些会计记录通常是电子数据，因而要求注册会计师对内部控制予以充分关注，以获取这些记录的真实性、准确性和完整性。进一步说，电子形式的会计记录可能在特定时间获取，如果不存在备份文件，特定期间之后可能无法再获取这些记录。

会计记录取决于所记录交易的性质，它既包括被审计单位内部生成的手工或电子形式的凭证，也包括从被审计单位进行交易的其他企业收到的凭证。将这些会计记录作为审计证据时，其来源和被审计单位内部控制的相关强度（对内部生成的证据而言）都会影响注册会计师对这些原始凭证的信赖程度。

（二）其他信息

会计记录中含有的信息本身并不足以提供充分的审计证据作为对财务报表发表审计意见的基础，注册会计师还应当获取用作审计证据的其他信息。

财务报表依据的会计记录中包含的信息和其他信息共同构成了审计证据，两者缺一不可。如果没有前者，审计工作无法进行；如果没有后者，可能无法识别重大错报风险。只有将两者结合在一起，才能将审计风险降至可接受水平，为注册会计师发表审计意见提供合理基础。

注册会计师要获取不同来源和不同性质的审计证据，不过，审计证据很少是结论性的，从性质上看大多是说服性的，并能佐证会计记录中所记录信息的合理性。因此，在确定财务报表公允反映时，注册会计师最终评价的正是这种累计的审计证据。注册会计师将不同来源和不同性质的审计证据综合起来考虑，这样能够反映结果的一致性，从而佐证会计记录中记录的信息。

二、审计证据的特征

《中国注册会计师审计准则第 1301 号——审计证据》第九条规定："注册会计师的目标是，通过适当的方式设计和实施审计程序，获取充分、适当的审计证据，以得出合理的审计结论，作为形成审计意见的基础。"由此可见，审计意见作为审计意见形成的基础，应具备两方面的特征：充分性和适当性。

1. 审计证据的充分性

（1）含义：审计证据的充分性是对审计证据数量的衡量，主要与注册会计师确定的样本量有关。

例如，对某个审计项目实施某一选定的审计程序，从 200 个样本项目中获得的审计证据要比从 100 个样本项目中获得的证据更充分。获取的审计证据应当充分，足以将与每个重要认定相关的审计风险限制在可接受水平。

（2）影响因素如表 3－2 所示。

表 3－2　　　　　　　　　　　审计证据充分性的影响因素

因素	关系
对重大错报风险评估结果	评估的被审计单位的重大错报风险越高，需要的审计证据可能越多
审计证据质量	审计证据质量越高，需要的审计证据可能越少
	注册会计师仅靠获取更多的审计证据可能无法弥补其质量上的缺陷

2. 审计证据的适当性

（1）含义：审计证据的适当性是对审计证据质量的衡量，即审计证据在支持审计意见所依据的结论方面具有的相关性和可靠性。相关性和可靠性是审计证据适当性的核心内容，只有相关且可靠的审计证据才是高质量的。

（2）审计证据的相关性是指用作审计证据的信息与审计程序的目的和所考虑的相关认定之间的逻辑联系（见表 3 - 3）。

表 3 - 3 相关性的影响因素

影响因素		阐述
测试方向	逆查	"由账到证"→测试高估→存在或发生认定
	顺查	"由证到账"→测试低估→完整性认定
审计程序		①特定的审计程序可能只为某些认定提供相关的审计证据，而与其他认定无关。例如，检查期后应收账款收回的记录和文件可以提供有关存在和计价的审计证据，但未必提供与截止测试相关的审计证据；②有关某一特定认定（如存货的"存在"认定）的审计证据，不能替代与其他认定（如该存货的"准确性、计价和分摊"）相关的审计证据；③不同来源或不同性质的审计证据可能与同一认定相关

审计案例
未能获取审计证据怎么办?

控制测试旨在评价内部控制在防止或发现并纠正认定层次重大错报方面的运行有效性。设计控制测试以获取相关审计证据，包括识别一些显示控制运行的情况（特征或属性），以及显示控制未恰当运行的偏差情况。然后，注册会计师可以测试这些情况是否存在。

实质性程序旨在发现认定层次重大错报，包括细节测试和实质性分析程序。设计实质性程序包括识别与测试目的相关的情况，这些情况构成相关认定的错报。

（3）审计证据的可靠性是指证据的可信程度。

用作审计证据的信息的可靠性，以及审计证据本身的可靠性，受其来源和性质的影响，并取决于获取审计证据的具体环境，包括与编制和维护该信息相关的控制。

注册会计师在判断审计证据的可靠性时，通常应当考虑以下因素：①证据的来源。审计人员通过亲自进行实地检查、观察、计算等程序直接获得的审计证据比从被审计单位间接获取或推论（如通过询问某项控制）得出的审计证据更加可靠；审计人员从独立于被审计单位来源（如来自第三方的询证函回函、分析师报告、有关竞争对手的可比数据）获取的审计证据比从其他来源获取的审计证据更可靠，其中未经由被审计单位持有的外部证据比经由被审计单位持有的外部证据更为可靠，在外部流转已获独立第三者确认的内部证据比未获独立第三者确认的内部证据更为可靠。②内部控制的有效性。如果被审计单位有着健全的内部控制且在日常管理中得到一贯的执行，则其提供的内部证据比内部控制较差时提供的内部证据更为可靠。③证据的类型。以文件、记录形式（无论是纸质、电子或其他介质）存在的审计证据比口头形式的审计证据更可靠（如会议的同步书面记录比对讨论事项事后的口头表述更可靠）；从原件获取的审计证据比从复印、传真或通过拍摄、数字化或其他方式转化成电子形式的文件获取的审计证据更可靠，后者的可靠性可能取决于与编制和维护信息相关的控制。④证据间的相互印证。从不同来源获取的相互一致的审计证据，以及性质不同但相互一致的审计证据，通常比单一的审计证据提供更高的保证程度。例如，从独立于被审计单位的来源获取的佐证信息可以提高注册会计师依据被审计单位内部产生的审计证据（如会计记录、会计纪要、管理层声明书中存在的证据）所获得的保证程度。

注册会计师在按照上述原则评价审计证据的可靠性时，还应当注意出现的重要例外情况。例如，审计证据虽然是从独立的外部来源获得，但如果该证据是由不知情者或不具备资格者提供，审计证据也可能是不可靠的。同样，如果注册会计师不具备评价证据的专业能力，那么即使是直接获取的证据，也可能不可靠。

3. 充分性和适当性之间的关系

充分性和适当性是审计证据的两个重要特征，两者缺一不可，只有充分且适当的审计证据才是有证明力的。

注册会计师需要获取的审计证据的数量也受审计证据质量的影响。审计证据质量越高，需要的审计证据数量可能越少。也就是说，审计证据的适当性会影响审计证据的充分性。例如，被审计单位内部控制健全时生成的审计证据更可靠，注册会计师只需获取适量的审计证据，就可以为发表审计意见奠定合理的基础。

需要注意的是，尽管审计证据的充分性和适当性相关，但如果审计证据的质量存在缺陷，那么注册会计师仅靠获取更多的审计证据可能无法弥补其质量上的缺陷。例如，注册会计师应当获取与销售收入完整性相关的证据，实际获取的却是有关销售收入真实性的证据，审计证据与完整性目标不相关，即使获取的证据再多，也证明不了收入的完整性。同样地，如果注册会计师获取的证据不可靠，那么证据数量再多也难以起证明作用。

4. 评价充分性和适当性的特殊考虑

（1）对文件记录可靠性的考虑。

审计工作通常不涉及鉴定文件记录的真伪，注册会计师也不是鉴定文件记录真伪的专家，但应当考虑用作审计证据的信息的可靠性，并考虑与这些信息生成和维护相关控制的有效性。

如果在审计过程中识别出的情况使其认为文件记录可能是伪造的，或文件记录中的某些条款已发生变动，注册会计师应当做出进一步调查，包括直接向第三方询证，或考虑利用专家的工作以评价文件记录的真伪。例如，如发现某银行询证函回函有伪造或篡改的迹象，注册会计师应当做进一步的调查，并考虑是否存在舞弊的可能性。必要时，应当通过适当方式聘请专家予以鉴定。

（2）使用被审计单位生成信息时的考虑。

注册会计师为获取可靠的审计证据，实施审计程序时使用的被审计单位生成的信息需要足够完整和准确。例如，通过用标准价格乘以销售量来对收入进行审计时，其有效性受到价格信息准确性和销售量数据完整性和准确性的影响。类似地，如果注册会计师打算测试总体（如付款）是否具备某一特性（如授权），若选取测试项目的总体不完整，则测试结果可能不太可靠。

如果针对这类信息的完整性和准确性获取审计证据是所实施审计程序本身不可分割的组成部分，则可以与对这些信息实施的审计程序同时进行。在其他情况下，通过测试针对生成和维护这些信息的控制，注册会计师也可以获得关于这些信息准确性和完整性的审计证据。然而，在某些情况下，注册会计师可能需要确定有必要实施追加的审计程序。

在某些情况下，注册会计师可能确定打算将被审计单位生成的信息用于其他审计目的，例如，注册会计师可能打算将被审计单位的业绩评价用于分析程序，或利用被审计单位用于监控活动的信息，如内部审计报告等。在这种情况下，获取的审计证据的适当性受到该信息对于审计目的而言是否足够精确和详细的影响。例如，管理层的业绩评价对于发现重大错报可能不够精确。

（3）证据相互矛盾时的考虑。

如果针对某项认定从不同来源获取的审计证据或获取的不同性质的审计证据能够相互印证，与该项认定相关的审计证据则具有更强的说服力。例如，注册会计师通过检查委托加工协议发现被审计单位有委托加工材料，且委托加工材料占存货比重较大，经发函询证后证实委托加工材料确实存在，委托加工协议和询证函回函这两个不同来源的审计证据相互印证，证明委托加工材料真实存在。

如果从不同来源获取的审计证据或获取的不同性质的审计证据不一致，表明某项审计证据可能不可靠，注册会计师应当追加必要的审计程序。引导案例中，如果注册会计师发函询证后证实委托加工材料已加工完成并返回被审计单位，委托加工协议和询证函回函这两个不同来源的证据不一致，委托加工材料是否真实存在受到质疑。这时，注册会计师应追加审计程序，确认委托加工材料收回后是否未入库或被审计单位收回后予以销售而未入账。

（4）获取审计证据时对成本的考虑。

注册会计师可以考虑获取审计证据的成本与所获取信息的有用性之间的关系，但不应以获取审计证据的困难程度和成本为由减少不可替代的审计程序。在保证获取充分、适当的审计证据的前提下，控制审计成本也是会计师事务所增强竞争能力和获取能力所必需的，但为了保证得出的审计结论、形成的审计意见是恰当的，注册会计师不应将获取审计证据的成本高低和难易程度作为减少不可替代的审计程序的理由。例如，在某些情况下，存货监盘是证实存货存在认定的不可替代的审计程序，注册会计师在审计中不得以检查成本高和难以实施为由而不执行该程序。

【知识拓展】

对审计证据的几点理解：

（1）审计证据主要是通过实施审计程序获取的，也可通过其他渠道获取，比如利用以前审计获取的信息（例如评估的重大错报风险、评价的控制有效性）、利用承接或保持业务决策（即初步业务活动）中获取的信息以及履行法律法规或相关职业道德要求下的某些额外责任（如关于被审计单位的违反法律法规行为）。

（2）审计证据既包括支持管理层认定的信息，也包括与管理层认定相矛盾的信息。在某些情况下，信息的缺乏（如管理层拒绝提供注册会计师要求的声明）本身也构成审计证据，可以被注册会计师利用。

（3）审计证据通常是说服性的，而不是结论性的。

（4）审计证据可能以电子数据形式存在。

三、审计证据的分类

（一）审计证据按其形式不同分类

1. 实物证据

实物证据是指以实物存在并且以其外部特征和内在本质证明审计事项的证据。通常包括固定资产、存货、有价证券和现金等。实物证据是通过实际观察或盘点取得的，用来确定实物资产的存在性，但是资产的所有权归属、资产的质量和分类还需要取得其他的审计证据。

2. 书面证据

书面证据是指以书面形式存在，并以其记载内容证明审计事项的证据。书面证据是审计证据中主要的组成部分，数量多、来源广。

3. 口头证据

口头证据是指与审计事项有关的人员提供的言辞材料。口头证据的证明力较差，因为它往往夹杂着个人的观点和意见，不足以证明事情的真相。但是，审计人员往往可以在口头证据中发掘出一些重要线索，这有利于对某些需审核的情况做进一步的调查，也有助于收集到更加可靠的证据。在取得口头证据的时候，应将其转换成书面记录，并取得提供证据者的签字盖章。一般情况下，口头证据需要得到其他相应证据的支持。

4. 视听或电子证据

视听或电子证据，是指以录音带、录像带和磁盘以及其他电子计算机储存形式存在的，用以证明审计事项的证据。随着科学技术和审计技术方法的发展，视听或电子证据将成为经常运用的审计证据。

5. 鉴定和勘验证据

鉴定和勘验证据是指因特殊需要，审计机关指派或聘请专门人员对某些审计事项进行鉴定而产生的证据，是书面证据的特殊形式。

6. 环境证据

环境证据是指对审计事项产生影响的各种环境状况，包括地理位置、内部控制状况、管理状况、管理人员素质、国内外政治经济形势等。环境证据是审计人员必须掌握的资料，因为它不仅可以帮助审计人员了解被审计单位和审计事项所处的环境，而且为审计人员分析判断审计事项提供了有效的信息。

（二）审计证据按其来源不同分类

1. 亲历证据

亲历证据是指审计人员在被审计单位执行审计工作时亲眼目击、亲自参加或亲自动手取得的证据，如审计人员监督财产物资盘点取得的证据。

2. 内部证据

内部证据是指审计人员在被审计单位内部取得的审计证据，如采购合同、销售订单、委托加工合同、租赁合同及主管部门审批的文件等。

3. 外部证据

外部证据是指审计人员从被审计单位以外的其他单位取得的审计证据，包括其他单位陈述和外来资料。其他单位陈述是指其他单位（被审计单位以外的）应审计人员的要求对被审计单位的债权、债务，在被审计单位寄存的财物或者接受被审计单位所寄存的财物的说明，其他单位关于被审计单位经济业务往来情况的说明等。外来资料是指审计人员从其他单位取得的证明审计事项的凭证、账目、报表、合同、文件的摘录等。

（三）审计证据按其相互关系分类

1. 基本证据

基本证据是指对基本事项的某一审计目标有重要的、直接证明作用的审计证据。基本证据与所要证实的目标有极为密切的关系。取得基本证据对审计证据来说是最为重要的。不过基本证据虽重要，但未必可靠，所以单靠基本证据是不够的。

2. 辅助证据

辅助证据是指对审计事项的某一审计目标具有间接证明作用、能支持基本证据证明力的证据。经常作为辅助证据的是环境证据。

四、审计证据的其他要求

（一）利用专家工作

1. 利用注册会计师的专家的工作

专家，即注册会计师的专家，是指在会计或审计以外的某一领域具有专长的个人或组织，并且其工作被注册会计师利用，以协助注册会计师获取充分、适当的审计证据。注册会计师对发表的审计意见独立承担责任，这种责任并不因利用专家的工作而减轻。

如果在会计或审计以外的某一领域的专长对获取充分、适当的审计证据是必要的，注册会计师应当确定是否利用专家的工作。为此，注册会计师应当开展以下工作：（1）评价专家是否具有实现审计目的所必需的胜任能力、专业素质和客观性。在评价外部专家的客观性时，注册会计师应当询问可能对外部专家客观性产生不利影响的利益和关系。（2）充分了解专家的专长领域，以能够确定专家工作的性质、范围和目标，以及评价专家的工作是否足以实现审计目的。（3）与专家就专家工作的性质、范围和目标，注册会计师和专家各自的角色和责任，注册会计师和专家之间沟通的性质、时间安排和范围（包括专家提供的报告的形式），专家遵守保密规定的要求，达成一致意见，并根据需要形成书面协议。

2. 利用管理层的专家的工作

管理层的专家是指在会计、审计以外的某一领域具有专长的个人或组织，其工作被管理层利用以协助编制财务报表。如果用作审计证据的信息在编制时利用了管理层专家的工作，注册会计师应当考虑管理层的专家的工作对实现注册会计师目的的重要性，并在必要的范围内实施下列程序：

（1）评价管理层的专家的胜任能力、专业素质和客观性。

关于管理层的专家的胜任能力、专业素质和客观性的信息可能来源于多种不同的渠道，如以前与该专家交往的个人经验；与该专家进行的讨论；与熟悉该专家工作的其他机构或人员进行的讨论；对该专家的资格、会员身份、执业资格或其他形式的外部认证的了解；该专家发表的论文或出版的书籍；会计师事务所的质量管理体系。

（2）了解管理层的专家工作，包括了解管理层的专家专长的相关领域。

注册会计师对专家的专长领域的了解可能包括下列方面：与审计相关的、管理层的专家专长领域的进一步细分信息；职业准则或其他准则以及法律法规是否适用；管理层的专家使用哪些假设和方法，及其在该专家的专长领域是否得到普遍认可，对实现财务报告目的是否适当；管理层的专家使用的内外部数据或信息的性质。

（3）评价将管理层的专家的工作用作相关认定的审计证据的适当性。

在评价将管理层的专家的工作用作相关认定的审计证据的适当性时，注册会计师需要考虑的因素可能包括：该专家的发现和结论的相关性和合理性，与其他审计证据的一致性，以及是否在财务报表中适当反映；如果该专家的工作涉及使用重要的假设和方法，这些假设和方法的相关性和合理性；如果该专家的工作涉及使用相当程度的原始数据，该原始数据的相关性、完整性和准确性。

（二）职业怀疑态度

职业怀疑态度（又称"职业谨慎"），是指注册会计师以质疑的思维方式评价所获取证据的有效性，并对相互矛盾的证据，以及引起对文件记录或责任方提供的信息的可靠性产生怀疑的证据保持警觉。

职业怀疑对于审慎评价审计证据是必要的。审慎评价审计证据包括质疑相互矛盾的审计证据、文件记录和对询问的答复，以及从管理层和治理层获得的其他信息的可靠性；同时，包括考虑已获取的审计证据在具体情形下（例如存在舞弊风险）的充分性和适当性。除非存在相反的理由，注册会计师可以将文件和记录作为真品。尽管如此，注册会计师仍需要考虑用作审计证据的信息的可靠性。在怀疑信息的可靠性或存在舞弊迹象时，注册会计师应当作出进一步调查，并确定需要修改哪些审计程序或实施哪些追加的审计程序以解决疑问。若存在下列情形之一，注册会计师应当确定需要修改或追加哪些审计程序予以解决，并考虑存在的情形对审计其他方面的影响：（1）从某一来源获取的审计证据与从另一来源获取的不一致；（2）注册会计师对用作审计证据的信息的可靠性存在疑虑。

第二节 审 计 程 序

一、审计程序的作用

注册会计师面临的主要决策之一，就是通过实施审计程序，获取充分、适当的审计证据，以满足对财务报表发表意见。受到成本的约束，注册会计师不可能检查和评价所有可能获取的证据，因此对审计证据充分性、适当性的判断是非常重要的。注册会计师利用审计程序获取审计证据涉及以下四个方面的决策：（1）选用何种审计程序；（2）对选定的审计程序，应当选取多大的样本规模；（3）应当从总体中选取哪些项目；（4）何时执行这些程序。

审计程序是指注册会计师在审计过程中的某个时间，对将要获取的某类审计证据如何进行收集的详细指令。在设计审计程序时，注册会计师通常使用规范的措辞或术语，以使审计人员能够准确理解和执行。例如，注册会计师为了验证 Y 公司应收账款 2016 年 12 月 31 日的存在，取得 Y 公司编制的应收账款明细账，对应收账款进行函证。注册会计师在选定了审计程序后，确定的样本规模可能在所测试的总体规模内随机变化。假定应收账款明细账合计有 500 家客户，注册会计师对应收账款明细账中 300 家客户进行函证。

在确定样本规模之后，注册会计师应当确定测试总体中的哪个或哪些项目。例如，注册会计师对应收账款明细账中余额较大的前 200 家客户进行函证，其余客户按一定比例抽取函证。抽取方法是从第 10 家客户开始，每隔 20 家抽取一家，与选取的大额客户重复的顺序递延。注册会计师执行函证程序的时间可选择在资产负债表日（2016 年 12 月 31 日）后任意时间，但通常受审计完成时间、审计证据的有效性和审计项目组人力充足性的影响。

二、审计程序的种类

在形成审计意见的过程中，注册会计师的工作是获取和评价审计证据。在审计过程中，注册会计师可根据需要单独或综合运用以下审计程序，以获取充分、适当的审计证据。

（一）检查

检查是指注册会计师对被审计单位内部或外部生成的，以纸质、电子或其他介质形式存在的记录和文件进行审查，或对资产进行实物审查。检查记录或文件可以提供不同可靠程度的审计证据，审计证据的可靠性取决于记录或文件的性质和来源，而在检查内部记录或文件时，其可靠性则取决于生成该记录或文件的内部控制的有效性。将检查用作控制测试的一个例子，是检查记录以获取关于授权的审计证据。

审计案例与
思政元素
审计证据：ZL
审计案例

某些文件是表明一项资产存在的直接审计证据，如构成金融工具的股票或债券，但检查此类文件并不一定能提供有关所有权或计价的审计证据。此外，检查已执行的合同可以提供与被审计单位运用会计政策（如收入确认）相关的审计证据。

检查有形资产可为其存在提供可靠的审计证据，但不一定能够为权利和义务或准确性、计价和分摊等认定提供可靠的审计证据，对个别存货项目进行的检查，可与存货监盘一同实施。

（二）观察

观察是指注册会计师查看相关人员正在从事的活动或实施的程序。例如，注册会计师对被审计单位人员执行的存货盘点或控制活动进行观察。观察可以提供执行有关过程或程序的审计证据，但观察所提供的审计证据仅限于观察发生的时点，而且被观察人员的行为可能因被观察而受到影响，这也会使观察提供的审计证据受到限制。

存货监盘（即监督盘点并进行适当的抽查）是其中一种代表性的观察程序，也是实务中使用最广泛、出错最频繁的审计程序之一。如果存货对财务报表是重要的，注册会计师应当实施下列审计程序，对存货的存在和状况获取充分、适当的审计证据：（1）在存货盘点现场实施监盘（除非不可行）；（2）对期末存货记录实施审计程序，以确定其是否准确反映实际的存货盘点结果。

1. 存货监盘的内涵

注册会计师需要恰当区分被审计单位对存货盘点的责任和注册会计师对存货监盘的责任，在执行存货监盘过程中不应协助被审计单位的存货盘点工作。通过存货监盘，注册会计师将直接获取关于存货数量的审计证据，从而为测试"存在"认定提供审计证据，并结合检查存货账面记录的结果为测试"完整性"认定提供部分审计证据；监盘中通常还会获取有关存货状况（例如毁损、陈旧等）的审计证据，从而为测试"准确性、计价和分摊"认定提供部分审计证据。此外，注册会计师还可能在存货监盘中获取有关存货所有权的部分审计证据。

2. 存货监盘的流程

（1）计划存货监盘。在计划存货监盘时，注册会计师需要考虑：与存货相关的重大错报风险；与存货相关的内部控制的性质；对存货盘点是否制定了适当的程序，并下达了正确的指令；存货盘点的时间安排；被审计单位是否一贯采用永续盘存制；存货的存放地点（包括不同存放地点的存货的重要性和重大错报风险），以确定适当的监盘地点；是否需要专家协助。

（2）现场存货监盘。在存货盘点现场实施监盘时，注册会计师应当实施下列审计程序：

其一，评价管理层用以记录和控制存货盘点结果的指令与程序。注册会计师应考虑这些指令和程序是否包括：适当控制活动的运用，例如，收集已使用的存货盘点记录、清点未使用的存货盘点表单、实施盘点和复盘程序；准确认定在产品的完工程度，流动缓慢、过时或毁损的存货项目，以及第三方拥有的存货，如寄存货物；在适用的情况下用于估计存货数量的方法，如可能需要估计煤堆的重量；对存货在不同存放地点之间的移动以及截止日前后期间出入库的控制。

其二，观察管理层制定的盘点程序的执行情况，该程序，如对盘点时及其前后的存货移动的控制程序的实施情况，有助于注册会计师获取有关管理层指令和程序是否得到适当设计和执行的审计证据。此外，注册会计师可以获取有关截止性信息，如存货移动的具体情况的复印件，有助于日后对存货移动的会计处理实施审计程序。

其三，检查存货。检查存货有助于确定存货的存在，以及识别是否存在过时、毁损或陈旧的存货。

其四，执行抽盘。注册会计师可以从存货盘点记录中选取项目追查至存货实物以及从存货实物中选取项目追查至盘点记录，以获取有关盘点记录完整性和准确性的审计证据。除记录注册会计师对存货盘点结果进行的测试情况外，获取管理层完成的存货盘点记录的复印件也有助于注册会计师日后实施审计程序。

（三）询问

询问是指注册会计师以书面或口头方式，向被审计单位内部或外部的知情人员获取财务信息和非财务信息，并对答复进行评价的过程。作为其他审计程序的补充，询问广泛应用于整个审计过程中。

知情人员对询问的答复可能为注册会计师提供尚未获悉的信息或佐证证据。另外，对询问的答复也可能提供与注册会计师已获取的其他信息存在重大差异的信息，例如，关于被审计单位管理层凌驾于控制之上的可能性的信息。在某些情况下，对询问的答复为注册会计师修改审计程序或实施追加的审计证据提供了基础。

尽管对通过询问获取的审计证据予以佐证通常特别重要，但在询问管理层意图时，获取的支持管理层意图的信息可能是有限的，在这种情况下，了解管理层过去所声称意图的实现情况、选择某项特别措施时声称的原因以及实施某项具体措施的能力，可以为佐证通过询问获取的证据提供相关信息。

针对某些事项，注册会计师可能认为有必要向管理层和治理层（如适用）获取书面声明，以证实对口头询问的答复。

需要强调的是，尽管询问可以提供重要的审计证据，甚至可以提供某项错报的证据，但询问本身通常并不能为认定层次不存在重大错报和内部控制运行的有效性提供充分、适当的审计证据。

（四）函证

函证是指注册会计师直接从第三方（被询证者）获取书面答复以作为审计证据的过程，书面答复可以采用纸质、电子或其他介质等形式。当针对的是与特定账户余额及其项目相关的认定时，函证常常是相关的程序。但是，函证不必仅仅局限于账户余额。例如，注册会计师可能要求对被审计单位与第三方之间的协议和交易条款进行函证。注册会计师可能在询证函中询问协议是否做过修改，如果做过修改，要求被询证者提供相关的详细信息。此外，函证程序还可以用于获取不存在某些情况的审计证据，如不存在可能影响被审计单位收入确认的"背后协议"。

（五）重新计算

重新计算是指注册会计师通过手工方式或电子方式对记录或文件中的数据计算的准确性进行核对。例如，加总明细账和日记账、计算存货总额、检查折旧费用的计算等。

（六）重新执行

重新执行是指注册会计师独立执行原本作为被审计单位内部控制组成部分的程序或控制。例如，根据被审计单位的银行存款日记账和银行存款对账单重新编制银行存款余额调节表，并与被审计单位编制的银行存款余额调节表进行对比。

（七）分析程序

分析程序是指注册会计师通过分析不同财务数据之间以及财务数据与非财务数据之间

的内在关系，对财务信息作出评价。分析程序还包括在必要时对识别出的、与其他相关信息不一致或与预期值差异重大的波动或关系进行调查。

上述审计程序基于审计的不同阶段和目的单独或组合起来，可用作风险评估程序、控制测试和实质性程序。

第三节 函 证

一、函证决策

注册会计师应当确定是否有必要实施函证以获取认定层次的充分、适当的审计证据。在作出决策时，注册会计师应当考虑以下三个因素。

审计准则
中国注册会计师
审计准则第 1312
号——函证
（2010 年 11 月 1
日修订）

（一）评估的认定层次重大错报风险

评估的认定层次重大错报风险水平越高，注册会计师对通过实质性程序获取的审计证据的相关性和可靠性的要求越高。因此，随着评估的认定层次重大错报风险的增高，注册会计师就要设计实质性程序获取更加相关和可靠的审计证据，或者更具说服力的审计证据。在这种情况下，函证程序的运用对于提供充分、适当的审计证据可能是有效的。

评估的认定层次重大错报风险水平越低，注册会计师需要从实质性程序中获取的审计证据的相关性和可靠性的要求越低。例如，被审计单位可能有一笔正在按照商定还款计划时间表偿还的银行借款，假设注册会计师在以前年度已对其条款进行了函证，如果注册会计师实施的其他工作（包括必要时进行的控制测试）表明借款的条款没有改变，并且这些工作使得未偿还借款余额发生重大错报风险被评估为低水平时，注册会计师实施的实质性程序可能只限于测试还款的详细情况，而不必再次

审计准则
《中国注册会计师
审计准则第 1312
号——函证》应
用指南（2010 年
11 月 1 日修订）

向债权人直接函证这笔借款的余额和条款。

如果认定某项风险属于特别风险，注册会计师需要考虑是否通过函证特定事项以降低检查风险。例如，与简单的交易相比，异常或复杂的交易可能导致更高的错报风险。如果被审计单位从事了异常的或复杂的、容易导致较高重大错报风险的交易，除检查被审计单位持有的文件凭证外，注册会计师可能还需考虑是否向交易对方函证交易的真实性和详细条款。

（二）函证程序针对的认定

函证可以为某项认定提供审计证据，但是对不同的认定，函证的证明力是不同的。在函证应收账款时函证可能为存在、权利和义务认定提供相关可靠的审计证据，但是不能为计价与分摊认定（应收账款涉及的坏账准备计提）提供证据。

对特定认定，函证的相关性受注册会计师选择函证信息的影响。例如，在审计应付账

款完整性认定时，注册会计师需要获取没有重大未记录负债的证据。相应地，向被审计单位主要供应商函证，即使记录显示应付余额为零，相对于选择大金额的应付账款进行函证，这在检查未记录负债方面通常更有效。

（三）实施除函证以外的其他审计程序

针对同一项认定可以从不同来源获取审计证据或获取不同性质的审计证据。

这里的其他审计程序是指除函证程序以外的其他审计程序。注册会计师应当考虑被审计单位的经营环境、内部控制的有效性、账户或余额的性质、被询证者处理询证函的习惯做法及回函的可能性等，以确定函证的内容、范围、时间和方式。例如，如果被审计单位与应收账款存在有关的内部控制设计良好并有效运行，注册会计师可适当减少函证的样本量。

除上述三个因素外，注册会计师还可以考虑下列因素以确定是否选择函证程序作为实质性程序：

（1）被询证者对函证事项的了解。如果被询证者对所函证的信息具有必要的了解，其提供的回复可靠性更高。

（2）预期被询证者回复询证函的能力或意愿。例如，在下列情况下，被询证者可能不会回复，也可能只是随意回复或可能试图限制对其回复的依赖程度：

①被询证者可能不愿承担回复询证函的责任；

②被询证者可能认为回复询证函成本太高或消耗太多时间；

③被询证者可能对因回复询证函而可能承担的法律责任有所担心；

④被询证者可能以不同币种核算交易；

⑤回复询证函不是被询证者日常经营的重要部分。

（3）预期被询证者的客观性。如果被询证者是被审计单位的关联方，则其回复的可靠性会降低。

二、函证的内容

（一）函证的对象

1. 银行存款、借款及与金融机构往来的其他重要信息

注册会计师应当对银行存款（包括零余额账户和在本期内注销的账户）、借款及与金融机构往来的其他重要信息实施函证程序，除非有充分证据表明某一银行存款、借款及与金融机构往来的其他重要信息对财务报表不重要且与之相关的重大错报风险很低。如果不对这些项目实施函证程序，注册会计师应当在审计工作底稿中说明理由。

2. 应收账款

注册会计师应当对应收账款实施函证程序，除非有充分证据表明应收账款对财务报表不重要，或函证很可能无效。如果认为函证很可能无效，注册会计师应当实施替代审计程序，获取相关、可靠的审计证据。如果不对应收账款函证，注册会计师应当在审计工作底稿中说明理由。

3. 函证的其他内容

注册会计师可以根据具体情况和实际需要对下列内容（包括但不限于）实施函证：

①往来款项：应收票据、其他应收款、预付账款、应付账款、预收款项等；

②涉及第三方的其他资产：交易性金融资产，长期股权投资，由其他单位代为保管、加工或销售的存货等；

③相关事项：保证、抵押或质押、或有事项、重大或异常的交易等。

可见，函证通常适用于账户余额及其组成部分（如应收账款明细账），但是不一定限于这些项目。例如，为确认合同条款是否发生变动及变动细节，注册会计师可以函证被审计单位与第三方签订的合同条款。注册会计师还可向第三方函证是否存在影响被审计单位收入确认的背后协议或某项重大交易的细节。

（二）函证程序实施的范围

如果采用审计抽样的方式确定函证程序的范围，无论采用统计抽样方法，还是非统计抽样方法，选取的样本都应当足以代表总体。根据对被审计单位的了解、评估的重大错报风险以及所测试总体的特征等，注册会计师可以确定从总体中选取特定项目进行测试。选取的特定项目可能包括金额较大的项目、账龄较长的项目、交易频繁但期末余额较小的项目、重大关联方交易、重大或异常的交易、可能存在争议、舞弊或错误的交易等。

（三）函证的时间（见表3-4）

表3-4 函证的时间

截止日	说明	
资产负债表日	注册会计师通常以资产负债表日为截止日，在资产负债表日后适当时间内实施函证	
资产负债表日前	条件	评估的重大错报风险评估为低水平
	程序	对所函证项目自该截止日起至资产负债表日止发生的变动实施实质性程序

根据评估的重大错报风险，注册会计师可能会决定函证非期末的某一日的账户余额，例如，当审计工作将在资产负债表日之后很短的时间内完成时，可能会这么做。对于各类在年末之前完成的工作，注册会计师应当考虑是否有必要针对剩余期间获取进一步的审计证据。

以应收账款为例，注册会计师通常在资产负债表日后某一天函证资产负债表日的应收账款余额。如果在资产负债表日前对应收账款余额实施函证，注册会计师应当针对询证函指明的截止日期与资产负债表日之间实施进一步的实质性程序，或将实质性程序和控制测试结合使用，以将期中测试得出的结论合理延伸至期末。实质性程序包括测试该期间发生的影响应收账款余额的交易或实施分析程序等。控制测试包括测试销售交易、收款交易及与应收账款冲销有关的内部控制的有效性等。

（四）管理层要求不实施函证时的处理

当被审计单位管理层要求对拟函证的某些账户余额或其他信息不实施函证时，注册会计师应当考虑该项要求是否合理，并获取审计证据予以支持。如果认为管理层的要求合理，注册会计师应当实施替代审计程序，以获取与这些账户余额或其他信息相关的充分、适当的审计证据。如果认为管理层的要求不合理，且被其阻挠而无法实施函证，注册会计师应当视为审计范围受到限制，并考虑对审计报告可能产生的影响。

分析管理层要求不实施函证的原因，注册会计师应当保持职业怀疑态度，并考虑以下三点：

（1）管理层是否诚信；

（2）是否可能存在重大的舞弊或错误；

（3）替代审计程序能否提供与这些账户余额或其他信息相关的充分、适当的审计证据。

三、询证函的设计

（一）设计询证函的总体要求

注册会计师应当根据特定审计目标设计询证函。询证函的设计服从于审计目标的需要。通常，在针对账户余额的存在认定获取审计证据时，注册会计师应当在询证函中列明相关信息，要求对方核对确认。但在针对账户余额的完整性认定获取审计证据时，注册会计师则需要改变询证函的内容设计或者采用其他审计程序。

例如，在函证应收账款时，询证函中不列出账户余额，而是要求被询证者提供余额信息，这样才能发现应收账款低估错误。再如，在对应收账款的完整性获取审计证据时，根据被审计单位的供货商明细表向被审计单位的主要供货商发出询证函，就比从应付账款明细表中选择询证对象更容易发现未入账的负债。

（二）设计询证函需要考虑的因素

在设计询证函时，注册会计师应当考虑所审计的认定以及可能影响函证可靠性的因素。可能影响函证可靠性的因素主要包括：

（1）函证的方式。函证的方式有两种：积极式函证和消极式函证。不同的函证方式，其提供审计证据的可靠性也不同。

（2）以往审计或类似业务的经验。在判断实施函证程序的可靠性时，注册会计师通常会考虑以前年度审计或类似审计业务的经验，包括回函率、以前年度审计中发现的错报以及回函所提供信息的准确程度等。当注册会计师根据以往经验认为，即使询证函设计恰当，回函率仍很低时，应考虑从其他途径获取审计证据。

（3）拟函证信息的性质。信息的性质是指信息的内容和特点。注册会计师应当了解被审计单位与第三方之间交易的实质，以确定哪些信息需要进行函证。例如，对那些非常规合同或交易，注册会计师不仅应对账户余额或交易金额作出函证，还应当考虑对交易或合同的条款实施函证，以确定是否存在重大口头协议、客户是否有自由退货的权利、付款方式是否有特殊安排等。

（4）选择被询证者的适当性。注册会计师应当向所询证信息知情的第三方发送询证函。例如，对短期投资和长期投资，注册会计师通常向股票、债券专门保管或登记机构发函询证或向接受投资的一方发函询证；对应收票据，通常向出票人或承兑人发询证函；对其他应收款，向形成其他应收款的有关方发询证函；对预付账款、应付账款，通常向供货单位发函询证；对委托贷款，通常向有关的金融机构发函询证；对预收账款，通常向购货单位发函询证；对保证、抵押或质押，通常向有关金融机构发函询证；对或有事项，通常向律师等发函询证；对重大或异常的交易，通常向有关的交易方发函询证。

函证所提供的审计证据的可靠性还受到被询证者的能力、独立性、客观性、回函者是否有权回函等要素的影响。注册会计师在设计询证函、评价函证结果以及确定是否需要实施其他审计程序时，应当考虑回函者的能力、知识、动机、回函意愿等方面的信息或有关回函者是否保有客观和公正的信息。当存在重大、异常、在期末前发生的、对财务报表产生重大影响的交易，而被询证者在经济上依赖于被审计单位时，注册会计师应当考虑被询证者可能被驱使提供不正确的回函。

（5）被询证者易于回函的信息类型。询证者所函证信息是否便于被询证者回答，将影响回函率和所获取审计证据的性质。例如，某些被询证者的信息可能便于对形成账户余额的每笔交易进行函证，而不是对账户余额本身进行函证。此外，被询证者可能并不总是能够证实特定类型的信息，如应收账款余额，但是却可能能够证实余额当中的单笔发票的余额。

询证函通常应当包括被审计单位管理层的授权，授权被询证者向注册会计师提供有关信息。对获得被审计单位管理层授权的询证函，被询证者可能更愿意回函，在某些情况下，如果没有被授权，被询证者甚至不能够回函。

（三）函证的方式

注册会计师可采用积极或消极的函证方式，也可将两种方式组合使用（见表3-5）。

表3-5 函证的方式

维度	积极的函证方式	消极的函证方式
含义和适用性	注册会计师应当要求被询证者在所有情况下必须回函，确认询证函所列示信息是否正确，或填列询证函要求的信息	注册会计师要求被询证者仅在不同意询证函列示信息的情况下才予以回函；当同时存在下列情况时，注册会计师可考虑采用消极的函证方式： （1）重大错报风险评估为低水平； （2）涉及大量余额较小的账户； （3）预期不存在大量的错误； （4）没有理由相信被函证者不认真对待函证
未回函原因分析	（1）被询证者根本不存在； （2）被询证者没有收到询证函； （3）被询证者没有理会询证函	（1）被询证者根本不存在； （2）被询证者没有收到询证函； （3）被询证者没有理会询证函； （4）被询证者同意函证所列信息

对于积极的函证方式，又分为两种：一种是在询证函中列明拟函证的账户余额或其他信息，要求被询证者确认所函证的款项是否正确。通常认为，对这种询证函的回复能够提

供可靠的审计证据。但是，其缺点是被询证者可能对所列示信息根本不加以验证就予以回函确认。注册会计师通常难以发觉是否存在这种情形。为了避免这种风险，注册会计师可以采用另外一种询证函，即在询证函中不列明账户余额或其他信息，而要求被询证者填写有关信息或提供进一步信息。由于这种询证函要求被询证者作出更多的努力，可能会导致回函率降低，进而导致注册会计师执行更多的替代程序。

在采用积极的函证方式时，只有注册会计师收到回函，才能为财务报表认定提供审计证据。如果注册会计师没有收到回函，就无法证明所函证信息是否正确。

就消极式询证函而言，未收到回函并不能明确表明预期的被询证者已经收到询证函或已经证实了询证函中包含的信息的准确性。因此，未收到消极式询证函的回函提供的审计证据，远不如积极式询证函的回函提供的审计证据有说服力。如果询证函中的信息对被询证者有利，回函的可能性就会相对较小。例如，被审计单位的供应商如果认为询证函低估了被审计单位的应付账款余额，则其更有可能回函；如果高估了该余额，则回函的可能性很小。因此，注册会计师在考虑这些余额是否可能被低估时，向供应商发出消极式询证函可能是有用的程序，但是，利用这种程序收集该余额高估的证据就未必有效。

在实务中，注册会计师也可将这两种方式结合使用。以应收账款为例，当应收账款的余额是由少量的大额应收账款和大量的小额应收账款构成时，注册会计师可以对所有的或抽取的大额应收账款样本项目采用积极的函证方式，而对抽取的小额应收账款样本项目采用消极的函证方式。

四、函证的实施与评价

（一）对函证过程的控制

注册会计师应当对函证的全过程保持控制。

1. 函证发出前的控制措施

询证函经被审计单位盖章后，应当由注册会计师直接发出。

为使函证程序能有效实施，在询证函发出前，注册会计师需要恰当地设计询证函，并对询证函上的各项资料进行充分核对，注意事项可能包括：

（1）询证函中填列的需要被询证者确认的信息是否与被审计单位账簿中的有关记录保持一致。对于银行存款的函证，需要银行确认的信息是否与银行对账单等保持一致。

（2）考虑选择的被询证者是否适当，包括被询证者对被询证信息是否知情、是否具有客观性、是否拥有回函的授权等。

（3）是否已在询证函中正确填列被询证者直接向注册会计师回函的地址。

（4）是否已将部分或全部被询证者的名称、地址与被审计单位有关记录进行核对，以确保询证函中的名称、地址等内容的准确性。可以执行的程序包括但不限于：通过拨打公共查询电话核实被询证者的名称和地址；通过被询证者的网站或其他公开网站核对被询证者的名称和地址；将被询证者的名称和地址信息与被审计单位持有的相关合同等文件核对；对于供应商或客户，可以将被询证者的名称、地址与被审计单位收到或开具的增值税专用发票中的对方单位名称、地址进行核对。

2. 通过不同方式发出询证函时的控制措施

根据注册会计师对舞弊风险的判断，以及被询证者的地址和性质、以往回函情况、回函截止日期等因素，询证函的发出和收回可以采用邮寄、跟函、电子形式函证（包括传真、直接回访网站等）等方式。

（1）通过邮寄方式发出询证函时采取的控制措施。

为避免询证函被拦截、篡改等舞弊风险，在邮寄询证函时，注册会计师可以在核实由被审计单位提供的被询证者的联系方式后，不使用被审计单位本身的邮寄设施，而是独立寄发出询证函（如直接在邮局投递）。

（2）通过跟函的方式发出询证函时采取的控制措施。

如果注册会计师认为跟函的方式（即注册会计师独自或在被审计单位员工的陪伴下亲自将询证函送至被询证者，在被询证者核对并确认回函后，亲自将回函带回的方式）能够获取可靠信息，可以采取该方式发送并收回询证函。如果被询证者同意注册会计师独自前往执行函证程序，注册会计师可以独自前往。如果注册会计师跟函时需要被审计单位员工陪同，注册会计师需要在整个过程中保持对询证函的控制，同时，对被审计单位和被询证者之间串通舞弊的风险保持警觉。

在我国目前的实务操作中，由于被审计单位之间的商业惯例还比较认可印章原件，所以邮寄和跟函方式更为常见。

（3）通过电子函证的方式发出询证函时采取的控制措施。

随着信息技术的不断发展，电子函证已成为趋势。如果注册会计师根据具体情况选择通过电子方式发送询证函，在发函前就可以基于对特定询证方式所存在的风险的评估，考虑相应的控制措施。例如，通过经权威认证的第三方电子函证平台（如会银通）办理数字函证业务等。

（二）积极式函证未收到回函时的处理

如果在合理的时间内没有收到询证函回函，注册会计师应当考虑必要时再次向被询证者寄发询证函。

如果未能得到被询证者的回应，注册会计师应当实施替代审计程序，在某些情况下，注册会计师可能识别出认定层次重大错报风险，且取得积极式函证回函是获取充分、适当的审计证据的必要程序。这些情况可能包括：

（1）可获取的佐证管理层认定的信息只能从被审计单位外部获得；

（2）存在特定舞弊风险因素，例如，管理层凌驾于内部控制之上、员工和（或）管理层串通使注册会计师不能信赖从被审计单位获取的审计证据。

如果注册会计师认为取得积极式函证回函是获取充分、适当的审计证据的必要程序，则替代程序不能提供注册会计师所需要的审计证据。在这种情况下，如果未获取回函，注册会计师应当确定其对审计工作和审计意见的影响。

（三）评价函证的可靠性

函证所获取的审计证据的可靠性主要取决于注册会计师设计询证函、实施函证程序和评价函证结果等程序的适当性。评价函证的可靠性时，注册会计师应当考虑：（1）对询证函的设计、发出及回收的控制情况；（2）被询证者的胜任能力、独立性，授权回函情况、对函证项目的了解及其客观性；（3）被审计单位施加的限制或回函中的限制。

1. 回函方式的评价（见表3-6）

表3-6   回函方式的评价

方式	注册会计师为验证回函可靠性而实施的审计程序
邮寄回函	（1）验证回函原件、被询证者名称、地址、邮戳等； （2）如果被询证者将回函寄到被审计单位，被审计单位将其转交注册会计师，该回函不能视为可靠的审计证据；在这种情况下，注册会计师可以要求被选询证者直接书面回复
跟函	（1）了解被询证者处理函证的通常流程和处理人员； （2）确认处理询证函人员的身份和处理行政的权限（如索要名片、观察员工卡或姓名牌等）； （3）观察处理询证函的人员是否按照处理函证的正常流程认真处理询证函（例如，该人员是否在其计算机系统或相关记录中核对相关信息）
电子回函	（1）注册会计师和回函者采用一定的程序为电子形式的回函创造安全环境，可以降低电子形式回函可靠性存在的风险； （2）向被询证者核实回函的来源及内容； （3）必要时，注册会计师可以要求被询证者提供回函原件
口头答复	不能作为可靠的审计证据，可以要求被询证者提供直接书面回函；如果仍未收到书面回函，注册会计师需要实施替代程序

2. 评价回函的限制性条款

无论是采用纸质还是电子介质，被询证者的回函中都可能包含免责或其他限制条款。回函中存在免责或其他限制条款是影响外部函证可靠性的因素之一，但这种限制不一定使回函失去可靠性。注册会计师是否依赖回函信息以及依赖的程度取决于免责或限制条款的性质和实质。

（1）对回函可靠性不产生影响的条款。

回函格式化的免责条款可能并不会影响所确认信息的可靠性，实务中常见的这种免责条款的例子包括：

①"提供的本信息仅出于礼貌，我方没有义务必须提供，我方不因此承担任何明示或暗示的责任、义务和担保。"

②"本回复仅用于审计目的，被询证方、其员工或代理人无任何责任，也不能免除注册会计师做其他询问或执行其他工作的责任。"

其他限制条款如果与所测试的认定无关，也不会导致回函失去可靠性。例如，当注册会计师的审计目标是投资是否存在，并使用函证来获取审计证据时，回函中针对投资价值的免责条款不会影响回函的可靠性。

（2）对回函可靠性产生影响的限制条款。

一些限制条款可能使注册会计师对回函中所包含信息的完整性、准确性或注册会计师能够信赖其所含信息的程度产生怀疑。实务中常见的此类限制条款的例子包括：

①"本信息是从电子数据库取得，可能不包括被询证方所拥有的全部信息。"

②"本信息既不保证准确，也不保证是最新的，其他方可能会持有不同的意见。"

③"接收人不能依赖函证中的信息。"

（四）对不符事项的处理

询证函回函中指出的不符事项可能显示财务报表存在错报或潜在错报。当识别出错报时，注册会计师需要评价该错报是否表明存在舞弊。不符事项可以为注册会计师判断来自类似的被询证者回函的质量及类似账户回函质量提供依据。不符事项还可能显示被审计单位与财务报告相关的内部控制存在缺陷。

当然，某些不符事项并不一定表明存在错报。例如，注册会计师可能认为询证函回函的差异是由函证程序的时间安排、计量或书写错误造成的。具体情况包括：询证函发出时，债务人已经付款，而被审计单位尚未收到货款；询证函发出时，被审计单位的货物已经发出并做销售记录，但货物仍在途中，债务人尚未收到货物；债务人由于某种原因将货物退回，而被审计单位尚未收到等；债务人对收到的货物的数量、质量及价格等方面有异议而全部或部分拒付货款等。

（五）关注舞弊风险迹象

在函证过程中，注册会计师需要始终保持职业怀疑，对舞弊风险迹象保持警觉。针对异常情况，注册会计师可以根据具体情况实施审计程序，如以下几个方面：（1）验证被询证者是否存在，是否与被审计单位之间缺乏独立性，其业务性质和规模是否与被询证者和被审计单位之间的交易记录相匹配。（2）与从其他来源得到的被询证者的地址（如与被审计单位签订的合同上签署的地址、网络上查询到的地址）相比较，验证寄出方地址的有效性。（3）将被审计单位档案中有关被询证者的签名样本、公司公章与回函核对。（4）要求与被询证者相关人员直接沟通讨论询证事项，考虑是否有必要前往被询证者工作地点以验证其是否存在。（5）分别在期中和期末寄发询证函，并使用被审计单位账面记录和其他相关信息核对相关账户的期间变动。（6）考虑从金融机构获得被审计单位的信用记录，加盖该金融机构公章，并与被审计单位会计记录相核对，以证实是否存在没有被审计单位记录的贷款、担保、开立银行承兑汇票、信用证、保函等事项。

第四节 分析程序

审计准则
中国注册会计师
审计准则第 1313
号——分析程序
（2022 年 12 月 22
日修订）

一、分析程序的目的

分析程序，是指注册会计师通过分析不同财务数据之间以及财务数据与非财务数据之间的内在关系，对财务信息做出评价。分析程序还包括在必要时对识别出的、与其他相关信息不一致或与预期值差异重大的波动或关系进行调整。

注册会计师实施分析程序的目的包括：

（1）用作风险评估程序，以了解被审计单位及其环境。注册会计师实施风险评估程序的目的在于了解被审计单位及其环境并评估财务报表层次和认定层次的重大错报风险。在风险评估过程中使用分析程序就是服务于这一目的。分析程序可以帮助注册会计师发现财务报表中的异常变化，或者预期发生而未发生的变化，识别存在潜在重大错报风险的领域。分析程序也可以帮助审计人员发现财务状况和盈利能力发生变化的信息与征兆，从而识别出一些表明被审计人员持续经营能力问题的事项。

（2）当使用分析程序比细节测试能更有效地将认定层次的检查风险降至可接受的水平时，分析程序可以用作实质性程序。在针对评估的重大错报风险实施进一步审计程序时，注册会计师可以将分析程序作为实质性程序的一种，单独或结合其他细节测试，收集充分、适当的审计证据。此时运用分析程序可以减少细节测试的工作量，节约审计成本，降低审计风险，使审计工作更有效率和效果。

（3）在审计结束或临近结束时对财务报表进行总体复核。在审计结束或临近结束时，注册会计师应当运用分析程序，在已收集的审计证据的基础上，对财务报表整体的合理性作最终把握，评价财务报表仍然存在重大错报而未被发现的可能性，考虑是否需要追加审计程序，以便为发表审计意见提供合理基础。

分析程序运用的不同目的，决定了分析程序运用的具体方法和特点。值得说明的是，注册会计师在风险评估阶段和审计结束时的总体复核阶段必须运用分析程序，在实施实质性程序阶段可选用分析程序。

二、用作风险评估程序

1. 总体要求

注册会计师在实施风险评估程序时，应当运用分析程序，以了解被审计单位及其环境。如前所述，在实施风险评估程序时，运用分析程序的目的是了解被审计单位及其环境并评估重大错报风险，注册会计师应当围绕这一目的运用分析程序。在这个阶段运用分析程序是强制要求。

2. 在分析程序中的具体运用

注册会计师在将分析程序用作风险评估程序时，应当遵守《中国注册会计师审计准则第1211号——重大错报风险的识别和评估》的相关规定。注册会计师可以将分析程序与询问、检查和观察程序结合运用，以获得对被审计单位及其环境的了解，识别和评估财务报表层次及具体认定层次的重大错报风险。

在运用分析程序时，注册会计师应当重点关注关键的账户余额、趋势和财务比率关系等方面，对其形成一个合理的预期，并与被审计单位记录的金额、依据记录金额计算的比率或趋势相比较。如果分析程序的结果存在异常，并且被审计单位管理层无法作出合理的解释，或者无法取得相关的支持性文件证据，注册会计师应当考虑是否表明被审计单位的财务报表存在重大错报风险。

例如，注册会计师根据对被审计单位及其环境的了解，得知本期在生产成本中占较大比重的原材料成本大幅上升。因此，注册会计师预期在销售收入未有较大变化的情况下，由于销售成本的上升，毛利率应相应下降。但是，注册会计师通过分析程序发现，本期与上期的毛利率变化不大。注册会计师可能据此认为销售成本或销售收入存在重大错报风险，应对其给予足够的关注。

需要注意的是，注册会计师无须在了解被审计单位及其环境的每一方面时都实施分析程序。例如，在对内部控制的了解中，注册会计师一般不会运用分析程序。

风险评估过程中运用的分析程序的特点。风险评估程序运用分析程序的主要目的在于识别那些可能表明财务报表存在重大错报风险的异常变化。因此，所使用的数据汇总性比较强，其对象主要是账户余额及其相互关系；所使用的分析程序通常包括对账户余额变化的分析，并辅之以趋势分析和比率分析。

与实质性分析程序相比，在风险评估程序中使用的分析程序所进行比较的性质、预期值的精确程度，以及所进行分析和调查的范围都并不足以提供充分、适当的审计证据。

三、用作实质性程序

1. 总体要求

注册会计师应当针对评估的认定层次重大错报风险设计和实施实质性程序。实质性程序包括对各类交易、账户余额和披露的细节测试以及实质性分析程序。

实质性程序是指用作实质性程序的分析程序，它与细节测试都可用于收集审计证据，以识别财务报表认定层次的重大错报。当使用分析程序比细节测试能更有效地将认定层次的检查风险降至可接受的水平时，注册会计师可以考虑单独或结合细节测试，运用实质性分析程序。实质性分析程序不仅是细节测试的一种补充，在某些审计领域，如果重大错报风险较低且数据之间具有稳定的预期关系，注册会计师可以单独使用实质性分析程序获取充分、适当的审计证据。

尽管分析程序有特定的作用，但并未要求注册会计师在实施实质性程序时必须使用分析程序。这是因为针对认定层次的重大错报风险，注册会计师实施细节测试而不实施分析程序，同样可能实现实质性程序的目的。另外，分析程序有其运用的前提和基础，它并不适用于所有的财务报表认定。

需要强调的是，相对于细节测试，实质性分析程序能够达到的精确度可能受到种种限制，所提供的证据在很大程度上是间接证据，证明力相对较弱。从审计过程整体来看，注册会计师不能仅依赖实质性分析程序，而忽略对细节测试的运用。

在设计和实施实质性分析程序时，无论单独使用或与细节测试结合使用，注册会计师都应当：

（1）考虑针对所涉及认定评估的重大错报风险与实施的细节测试（如有），确定特定实质性分析程序对这些认定的适用性；

（2）考虑可获得信息的来源、可比性、性质和相关性以及与信息编制相关的控制，评价在对已记录的金额或比率作出预期时使用数据的可靠性；

（3）对已记录的金额或比率作出预期，并评价预期值是否足够精确以识别重大错报（包括单项重大的错报和单项虽不重大但连同其他错报可能导致财务报表产生重大错报的错报）；

（4）确定已记录金额与预期值之间可接受的，且无须作进一步调查的差异额。

2. 确定实质性分析程序对特定认定的适用性

（1）适用前提：实质性分析程序通常更适用于在一段时期内存在预期关系的大量交易。分析程序的运用建立在这种预期的基础上，即数据之间的关系存在且在没有反证的情况下继续存在。即交易或事项是频繁的，不是偶发的；是有规律的、可推算的，而不是个性的、随机的。例如，审计非流动资产利得或损失等非经常性损益项目，通常不适合运用实质性分析程序。然而，某一分析程序的适用性，取决于注册会计师评价该分析程序在发现某一错报单独或连同其他错报可能引起财务报表存在重大错报时的有效性。

（2）影响因素：

①认定的性质。

在某些情况下，不复杂的预测模型也可以用于实施有效的分析程序。例如，如果被审计单位在某一会计期间对既定数量的员工支付固定工资，注册会计师可利用这一数据非常准确地估计该期间的员工工资总额，从而获取有关该重要的财务报表项目的审计证据，并降低对工资成本实施细节测试的必要性。一些广泛认同的行业比率（如不同类型零售企业的毛利率）通常可以有效地运用实质性分析程序，为已记录金额的合理性提供支持性证据。

不同类型的分析程序提供不同程度的保证。例如，根据租金水平、公寓数量和空置率，可以测算出一幢公寓大楼的总租金收入。如果这些基础数据得到恰当的核实，上述分析程序能提供具有说服力的证据，从而可能无须利用细节测试再作出进一步验证。相比之下，通过计算和比较毛利率，对于某些收入数据的确认，可以提供说服力相对较弱的审计证据，但如果结合实施其他审计程序，则可以提供有用的佐证。

②重大错报风险评估的影响。

对特定实质性分析程序适用性的确定，受到认定的性质和注册会计师对重大错报风险评估的影响。例如，如果针对销售订单处理的内部控制存在缺陷，对与应收账款相关的认定，注册会计师可能更多地依赖细节测试，而非实质性分析程序。

③针对同一认定实施细节测试。

在针对同一认定实施细节测试时，特定的实质性分析程序也可能视为是适当的。例如，注册会计师在对应收账款余额的计价认定获取审计证据时，除了对期后收到的现金实施细节测试外，也可以对应收账款的账龄实施实质性分析程序，以确定账龄应收账款的可收回性。

3. 数据的可靠性

注册会计师对已记录的金额或比率作出预期时，需要采用内部或外部的数据。

来自被审计单位内部的数据包括：（1）前期数据，并根据当期的变化进行调整；（2）当期的财务数据；（3）预算或预测；（4）非财务数据等。

外部数据包括：（1）政府有关部门发布的信息，如通货膨胀率、利率、税率，有关部门确定的进出口配额等；（2）行业监管者、贸易协会以及行业调查单位发布的信息，如行业平均增长率；（3）经济预测组织，包括某些银行发布的预测信息，如某些行业的业绩指标等；（4）公开出版的财务信息；（5）证券交易所发布的信息等。

数据的可靠性直接影响根据数据形成的预期值。数据的可靠性越高，预期的准确性也将越高，分析程序将更有效。注册会计师计划获取的保证水平越高，对数据可靠性的要求也就越高。

数据的可靠性受信息来源和性质的影响，并取决于获取该数据的环境。因此，在确定数据的可靠性是否能够满足实质性分析程序的需要时，下列因素是相关的：

（1）可获取信息的来源。例如，从被审计单位以外的独立来源获取的信息可能更加可靠。

（2）可获取信息的可比性。例如，对于生产和销售特殊产品的被审计单位，可能需要对宽泛的行业数据进行补充，使其更具可比性。

（3）可获取信息的性质和相关性。例如，预算是否作为预期的结果，而不是作为将要达到的目标。

（4）与信息编制相关的控制，用以确保信息完整、准确和有效。例如，与预算的编制、复核和维护相关的控制。

当针对评估的风险实施实质性分析程序时，如果使用被审计单位编制的信息，注册会计师可能需要考虑测试与信息编制相关的控制（如有）的有效性。当这些控制有效时，注册会计师通常对该信息的可靠性更有信心，进而对分析程序的结果更有信心。对与非财务信息有关的控制运行有效性进行的测试，通常与对其他控制的测试结合在一起进行。例如，被审计单位对销售发票建立控制的同时，也可能对销售数量的记录建立控制。在这种情况下，注册会计师可以把两者的控制有效性测试结合在一起进行。或者，注册会计师可以考虑该信息是否需要经过测试。

上述测试的结果有助于注册会计师就该信息的准确性和完整性获取审计证据，以更好地判断分析程序使用的数据是否可靠。如果注册会计师通过测试获知与信息编制相关的控制运行有效，或信息在本期或前期经过审计，该信息的可靠性将更高。

4. 评价预期值的准确程度

准确程度是对预期值与真实值之间接近程度的度量，也称精确度。分析程序的有效性很大程度上取决于注册会计师形成的预期值的准确性。预期值的准确性越高，注册会计师通过分析程序获取的保证水平将越高。

在评价作出预期的准确程度是否足以在计划的保证水平上识别重大错报时，注册会计师应当考虑下列主要因素：

（1）对实质性分析程序的预期结果作出预测的准确性。例如，与各年度的研究开发和广告费支出相比，注册会计师通常预期各期的毛利率更具有稳定性。

（2）信息可分解的程度。信息可分解的程度是指用于分析程序的信息的详细程度，如按月份或地区分部分解的数据。通常，数据的可分解程度越高，预期值的准确性越高，注册会计师将相应获取较高的保证水平。当被审计单位经营复杂或多元化时，分解程度高的详细数据更为重要。

数据需要具体到哪个层次受被审计单位性质、规模、复杂程度及记录详细程度等因素的影响。如果被审计单位从事多个不同的行业，或者拥有非常重要的子公司，或者在多个地点进行经营活动，注册会计师可能需要考虑就每个重要的组成部分分别取得财务信息。但是，注册会计师也应当考虑分解程度高的数据的可靠性。例如，季度数据可能因为未审计或相关控制相对较少，其可靠性将不如年度数据。

（3）财务和非财务信息的可获得性。在设计实质性分析程序时，注册会计师应考虑是否可以获得财务信息（如预算和预测）以及非财务信息（如已生产或已销售产品的数量），以有助于运用分析程序。

5. 已记录金额与预期值之间可接受的差异额

预期值只是一个估计金额，大多数情况下与已记录金额并不一致。为此，在设计和实施实质性分析程序时，注册会计师应当确定已记录金额与预期值之间可接受的差异额。在实施实质性分析程序时，注册会计师确定的已记录金额与预期值之间的可接受差异额通常不超过实际执行的重要性。

影响可接受的差异额的因素包括：（1）重要性；（2）计划的保证水平；（3）评估的重大错报风险。具体来说，注册会计师在确定已记录金额与预期值之间可接受的，且无须作进一步调查的差异额时，受重要性和计划的保证水平的影响。在确定该差异额时，注册会计师需要考虑一项错报单独或连同其他错报导致财务报表发生重大错报的可能性。注册会计师评估的风险越高，越需要获取有说服力的审计证据。因此，为了获取具有说服力的审计证据，当评估的风险增加时，可接受的、无须作进一步调查的差异额将会降低。

如果在期中实施实质性程序，并计划针对剩余期间实施实质性分析程序，注册会计师应当考虑实质性分析程序对特定认定的适用性、数据的可靠性、评价预期值的准确程度以及可接受的差异额，并评估这些因素如何影响针对剩余期间获取充分、适当的审计证据的能力。注册会计师还应当考虑某类交易的期末累计发生额或账户期末余额在金额、相对重要性及构成方面能否被合理预期。如果认为仅实施实质性分析程序不足以收集充分、适当的审计证据，注册会计师还应测试剩余期间相关控制运行的有效性或针对期末实施细节测试。

四、用于总体复核

1. 总体要求

在审计结束或临近结束时，注册会计师运用分析程序的目的是确定财务报表整体是否与其对被审计单位的了解一致，注册会计师应当围绕这一目的运用分析程序。即在总体复核阶段实施的分析程序主要在于强调并解释财务报表项目自上个会计期间以来发生的重大变化，以证实财务报表中列报的所有信息与注册会计师对被审计单位及其环境的了解一致，与注册会计师取得的审计证据一致。这时运用分析程序是强制要求，注册会计师在这个阶段应当运用分析程序。

2. 总体复核阶段分析程序的特点（见表3－7）

表3－7　　　　　　　　　　　　总体复核阶段分析程序的特点

对比	项目	内容
风险评估程序	相同点	使用的手段与风险评估程序中使用的分析程序基本相同
	不同点	时间和重点不同，以及所取得的数据的数量和质量不同
实质性程序	不同点	不如实质性分析程序详细和具体且往往集中在财务报表层次

3. 再评估重大错报风险

在运用分析程序进行总体复核时，如果识别出以前未识别的重大错报风险，注册会计师应当重新考虑对全部或部分各类交易、账户余额和披露评估的风险是否恰当，并在此基础上重新评价之前计划的审计程序是否充分，是否有必要追加审计程序。

拓展案例

电商企业审计证据难获取

网购更新了线下交易形式，买卖双方在电商平台完成下单、在线支付及确认付款等一系列活动，相应的凭证全部以电磁化形式存储在电子凭证中。基于此，对于电商企业的审计，审计人员需要对电子审计证据尤为关注，以便实现对交易行为真实性、交易金额准确性的认知。

电商平台需要全天候保持运营，交易数据时间横跨全天 24 小时，因此审计人员需要获取的数据内容变多，审计范围扩大，需要对平台实行动态的全流程持续审计取证，确保审计风险疑点的全覆盖。除此之外，网购交易的审计范围不单局限于财务交易数据本身，同样涉及包括企业的内部控制系统有效性在内的文档或网站等非数字类审计资源，这也是电商行业审计区别于以往零售实体业务审计的一大特征。

另外，网购交易的所有数据信息均以电磁化的形式存储于企业的 ERP 系统中。然而不能否认的是，数据舞弊在面对篡改、删除或修改失误时，相较于纸质存储形态，电子存储格式下的数据漏洞被察觉的可能性降低——去痕迹化是电商审计证据区别于传统审计证据的最大变化特点。由此为审计证据的真实完整性的确认增添了难度系数。

由此可见，电商企业的审计范围已经脱离了纯粹的财务交易数据的审计，拓展到内部系统控制为原点的整体经营状况的审计。由于审计数据的无纸化以及审计证据的时效性，电商审计证据难以获取。

资料来源：宋彦君 M 云审计在电商审计风险防范中的运用研究 ［D］. 北京：北京交通大学，2019.

本章思政元素梳理

审计证据是指注册会计师为了得出审计结论和形成审计意见而使用的信息，包括构成财务报表基础的会计记录所含有的信息和从其他来源获取的信息。审计证据应具备充分性和适当性两方面的特征。在形成审计意见的过程中，注册会计师的大部分工作是获取和评价审计证据。获取审计证据的审计程序包括检查、观察、询问、函证、重新计算、重新执行和分析程序。注册会计师通常是将这些程序进行组合运用。通过审计学习了解审计人员工作的内容，掌握审计证据的特性及获取的方法，在审计工作当中要保持谨慎且敬业的工作态度，提高职业判断能力，培养自身正义、独立的品质，并加强沟通协作能力，让自身具备敬业、专业胜任能力以及维护社会主义市场经济秩序、保护社会公共利益、促进企业现代制度的完善等社会责任感。

本章中英文
关键词汇

习题演练

本章推荐
阅读书目

第四章 审计抽样方法

引导案例

F 公司审计案例[①]

2021 年 3 月,F 公司向 E 公司发放一笔 10 万美元的贷款,E 公司是一家主要从事应收账款业务的金融公司。E 公司过去曾和 F 公司发生过几笔小额业务往来,所以对 F 公司比较熟悉。但这次鉴于贷款数额较大,E 公司要求 F 公司的管理当局出具一份经过审计的资产负债表,以决定是否同意向其发放这笔贷款。

事实上,几个月前,F 公司已经请了著名的 D 会计师事务所对该公司 2020 年的资产负债表进行了审计。该事务所在对 F 公司 2020 年 12 月 31 日的资产负债表审计后,签署了无保留审计意见审计报告,并应 F 公司的要求,向它提供了审计报告副本。F 公司出具的审计过的资产负债表显示,它的总资产已超过了 250 万美元且有近 100 万美元的净资产。

在看了这份资产负债表和审计报告后,E 公司向 F 公司提供了 10 万美元贷款。随后,E 公司又向其发放了两笔总计 65 000 美元的贷款。在同一时间内,F 公司还以同样的手法,从其他两家当地银行,得到了超过 30 万美元的贷款。

对 E 公司和这两家贷款给 F 公司的银行来说,不幸的事终于发生了。2022 年 1 月,F 公司宣告破产,法庭证词表明,就在资产负债表报告 F 公司拥有 100 万美元净资产的 2020 年底,公司已处于资不抵债的状态。F 公司的一名会计,以虚构公司巨额会计分录的方法,向审计人员隐瞒了公司濒临破产的事实。其中,虚构的金额最大的一笔会计分录,是将超过 70 万美元的虚假销售收入,计入应收账款账户的借方。手段是将伪造的 17 张发票计入了 12 月的销售收入,共 70.6 万美元。

D 会计师事务所的律师为此项疏忽辩护说,审计主要是"抽样测试",而不是对所有账目进行详细检查。随后又辩解说这 17 张假发票并未包含在被检查的 200 多张发票之内是不足为奇的。

法庭对此裁决指出:虽然通常审计工作是建立在以抽样为基础的原则上的,但鉴于 F 公司登记的 12 月大额销售收入性质可疑,D 会计师事务所有责任对其进行特别检查。对于在日常商业过程中记入账簿的账户来说,用抽样和测试的方式来进行查账就已经足够了……然而,由环境所决定,被告必须对 12 月的应收账款进行仔细的审查。

抽样技术和方法运用于审计工作,是审计理论和实践的重大突破,实现了审计工作从详细审计到抽样审计的历史性飞跃。但如何正确运用审计抽样,需要对抽样技术有一个深刻了解。

---

① 笔者根据相关资料整理。

第一节 审计抽样原理

审计抽样方法
思维导图

审计准则
中国注册会计师
审计准则第 1314
号——审计抽样
（2020 年修订）

一、审计抽样的定义、特征及范围

（一）审计抽样的定义

审计抽样（简称"抽样"）是指注册会计师对具有审计相关性的总体中低于百分之百的项目实施审计程序，使所有抽样单元都有被选取的机会，为注册会计师针对整个总体得出结论提供合理基础。

（二）审计抽样的基本特征

（1）对某类交易或账户余额中低于百分之百的项目实施审计程序。

（2）所有抽样单元都有被选取的机会。

（3）审计测试的目的是评价该账户余额或交易类型的某一特征。

（三）审计抽样的适用范围

（1）风险评估程序通常不涉及审计抽样。

（2）当控制的运行留有轨迹时，注册会计师可以考虑使用审计抽样实施控制测试。

（3）实施细节测试时，注册会计师可以使用审计抽样获取审计证据。

（4）实施实质性分析程序时，注册会计师的目的不是根据样本项目的测试结果推断有关总体的结论，此时不宜使用审计抽样。

二、其他选取测试项目的方法

注册会计师可以根据具体情况，单独或者综合使用选取测试项目的方法，但所使用的方法应当能够有效地提供充分、适当的审计证据，以实现审计程序的目标。

（一）三种选取测试项目的方法

在设计审计程序时，注册会计师应当确定用以选取测试项目的适当方法，以获取充分、适当的审计证据，实现审计程序的目标。

注册会计师选取测试项目的方法有三种，即选取全部项目测试方法、选取特定项目测试方法和审计抽样。

（二）选取全部项目测试方法

当存在下列情形之一时，注册会计师应当考虑选取全部项目进行测试。

（1）总体由少量的大额项目构成。某类交易或账户余额中所有项目的单个金额都较大时，注册会计师可能需要测试所有项目。

（2）存在特别风险且其他方法未提供充分、适当的审计证据。某类交易或账户余额中所有项目虽然单个金额不大但存在特别风险，则注册会计师也可能需要测试所有项目。存在特别风险的项目主要包括：

①管理层高度参与，或错报可能性较大的交易事项或账户余额；

②非常规的交易事项或账户余额，特别是与关联方有关的交易或余额；

③长期不变的账户余额，例如滞销的存货余额或账龄较长的应收账款余额；

④可疑或非正常的项目，或明显不规范的项目；

⑤以前发生过错误的项目；

⑥期末人为调整的项目；

⑦其他存在特别风险的项目。

（3）由于信息系统自动执行的计算或其他程序具有重复性，对全部项目进行检查符合成本效益原则。注册会计师可运用计算机辅助审计技术选取全部项目进行测试。

（三）选取特定项目测试方法

（1）选取特定项目测试的方法，是指注册会计师从总体中的特定项目中选取一部分进行针对性测试（不属于审计抽样）。

（2）根据对被审计单位的了解，评估的重大错报风险以及所测试总体的特征等，注册会计师可以确定从总体中选取特定项目进行测试。

（3）选取的特定项目可能包括：大额或关键项目；超过某一金额的全部项目；被用于获取某些信息的项目；被用于测试控制活动的项目。

三、抽样的分类

审计抽样的种类很多，其常用的分类方法是：按抽样决策的依据不同，将审计抽样划分为统计抽样和非统计抽样；按抽样所了解的总体特征不同，分为属性抽样和变量抽样。

（一）统计抽样和非统计抽样

统计抽样是指同时具备下列特征的抽样方法。第一，随机选取样本；第二，运用概率论评价样本结果。不同时具备上述两个特征的抽样方法为非统计抽样。注册会计师在执行审计测试时，既可以运用统计抽样，也可以运用非统计抽样，还可以结合使用这两种抽样技术。不论采用哪种抽样技术，都要求注册会计师在设计、执行抽样计划和评价抽样结果时合理运用专业判断。这两种技术只要运用得当，都可以获取充分、适当的证据。

注册会计师应当根据具体情况结合职业判断，确定究竟是使用统计抽样还是使用非统计抽样，以获取最有效的审计证据。非统计抽样可能会比统计抽样投入的成本小，但统计抽样的效果可能比非统计抽样要好，也比较精确。

在非统计抽样中，注册会计师全凭主观判断和个人经验来确定样本规模和评价样本结果。但是，非统计抽样只要运用得当，也可以达到和统计抽样一样的效果。统计抽样的产生并不意味着非统计抽样的消亡。

当然，运用统计抽样具有下列优势：

（1）统计抽样能够科学地确定抽样规模。

（2）采用统计抽样，总体各项目被抽中的机会是均等的，可以防止主管臆断；

（3）统计抽样能够量化，计算抽样误差在预定的范围内的概率有多大，并可以根据抽样推断的要求，把这种误差控制在预先给定的范围之内。

（4）相对于非统计抽样，统计抽样更有利于促使审计抽样工作规范化。

（二）属性抽样和变量抽样

统计抽样在实务中具体可以分为属性抽样和变量抽样两种。

属性抽样是一种用来对总体中某一事项发生率得出结论的统计抽样方法，在审计中的用途是测试某一控制的偏差率（即是否违背内部控制），以支持注册会计师评估的控制的有效性。因此，根据控制测试的目的和特点所采用的审计抽样通常称为属性抽样。

审计案例与
思政元素

变量抽样是指用来估计总体金额或者总体中错误金额而采取的一种方法。根据实质性的目的和特点所采用的审计抽样称为变量抽样。在实务中，经常存在同时进行控制测试和实质性测试的情况，此审计抽样称为双重目的抽样。属性抽样和变量抽样的主要区别如表4－1所示。

表4－1　　　　　　　　　　　　　　属性抽样和变量抽样的区别

抽样方法	测试环节	测试特征和目的
属性抽样	控制测试	对总体中某一事件发生率得出结论的统计抽样方法，其目的是测试控制的偏差率
变量抽样	细节测试	对总体金额得出结论的统计抽样方法，其目的是测试错报金额

四、抽样风险和非抽样风险

使用审计抽样时，审计风险既可能受抽样风险的影响，又可能受非抽样风险的影响。注册会计师在运用抽样技术进行审计时，有两方面的不确定因素，其中一方面的因素与抽样有关，另一方面的因素则与抽样无关。

（一）抽样风险

抽样风险是指注册会计师根据样本得出的结论，和对总体全部项目实施与样本相同的审计程序得出的结论存在差异的可能性。

抽样风险分为两种类型。

1. 影响审计效果的抽样风险

在控制测试中，主要面临信赖过度风险。所谓信赖过度风险，指的是在实施控制测试时，注册会计师推断的控制有效性高于实际有效性的风险。

在细节测试中，主要面临误受风险。所谓误受风险，主要指的是在实施细节测试中，注册会计师推断某一重大错报不存在而实际上却存在的风险。

此类抽样风险能够影响审计效果，并可能导致注册会计师发表不恰当审计意见，是最危险的抽样风险。

2. 影响审计效率的抽样风险

在控制测试中，主要面临信赖不足风险。所谓信赖不足风险，是指在实施控制测试时，注册会计师推断的控制有效性低于其实际有效性的风险。

在细节测试中，主要面临误拒风险。所谓误拒风险，指的是在实施细节测试时，注册会计师推断存在某一重大错报而实际上不存在的风险。

此类抽样风险一般会导致注册会计师执行额外的审计程序，因而影响审计效率。信赖不足风险和误拒风险属于保守型风险，出现这两种风险时，审计效率虽然不高，但其效果往往都可以得到保证。

（二）非抽样风险

非抽样风险是指由于某些与样本规模无关的因素而导致注册会计师得出错误结论的可能性。

注册会计师的人为错误如未能发现样本中的偏差或错报，采用不适当的审计程序或误解审计证据而没有发现偏差或错报，都有可能导致非抽样风险。

抽样风险与非抽样风险对审计工作的影响具体如表4-2所示。

表4-2   抽样风险、非抽样风险对审计工作的影响

审计测试	抽样风险的种类	对审计工作的影响
控制测试	信赖过度风险	效果
	信赖不足风险	效率
细节测试	误受风险	效果
	误拒风险	效率

注：两种测试中的非抽样风险对审计效率和效果都有影响。

（三）对抽样风险和非抽样风险的控制

由于抽样风险与样本量呈反方向关系，样本量越大，抽样风险越低，所以，无论是控制测试还是细节测试，注册会计师都可以通过扩大样本量降低抽样风险。非抽样风险虽然无法量化，但可以通过培训、对业务进行指导、监督与复核等措施降低非抽样风险。

五、审计抽样的基本步骤

在使用审计抽样时，注册会计师的目标是，为得出有关抽样总体的结论提供合理基础。注册会计师在控制测试和细节测试中使用审计抽样，主要分为3个阶段进行。第一阶段是样本设计阶段；第二阶段是选取测试项目阶段；第三阶段是实施审计程序阶段。

（一）样本设计阶段

注册会计师在设计样本时，应当考虑以下基本因素。

1. 审计程序的目的

审计抽样必须紧紧围绕审计测试程序的目的而展开。一般而言，控制测试是为了获取关于某项控制运行是否有效的证据；而细节测试则是为了确定某类交易或账户余额的金额是否正确，获取与存在的错报有关的证据。

2. 抽样总体

界定抽样总体时，应当确保抽样总体的适当性和完整性。适当性是指抽样总体必须符合特定审计程序的目的。例如，假定审计程序的目的是检查应收账款余额是否多计，抽样总体应为应收账款明细账；假定审计程序的目的是审查应付账款余额是否少计，则抽样总体不仅应包括应付账款明细账，还应包括期后付款、未付发票以及能够提供应付账款少计证据的其他项目。完整性是指抽样总体必须包括符合审计目标的某类交易或账户余额的全部项目。

界定抽样总体后，注册会计师应当考虑抽样总体的特征。对于控制测试，注册会计师在考虑总体特征时，需要根据对相关控制的了解或对总体中少量项目的检查来评估预期偏差率。注册会计师作出这种评估，旨在设计审计样本和确定样本规模。例如，如果预期偏差率高得无法接受，注册会计师通常决定不实施控制测试。同样，对于细节测试，注册会计师需要评估总体中的预期错报，如果预期错报很高，注册会计师在实施细节测试中对总体进行百分百的检查或使用较大的样本规模可能较为适当。

3. 分层

分层是指将一个总体划分为多个子总体的过程，每个子总体由一组具有相同特征（通常为货币金额）的抽样单位组成。分层可以降低每层各项目的变异性，从而在抽样风险没有成比例增加的前提下减小样本规模。

4. 抽样单位

抽样单位是指构成总体的个体项目，注册会计师应当根据审计程序的目的和客户的具体情况确定抽样单位。注册会计师依据不同的要求和方法，从总体中选取若干抽样单位，便构成不同的样本。

在实施细节测试时，特别是测试高估时，将构成某类交易或账户余额的每一货币单位（如人民币）作为抽样单元，采用金额加权选样方法，通常效率很高。在这种方法下，注册会计师通常从总体中选取特定货币单位，然后检查包含这些货币单位的特定项目。这种方法可与系统选样方法结合使用，且在使用计算机辅助审计技术选取测试项目时效率最高。

5. 样本规模

注册会计师可以运用统计公式或运用职业判断，确定样本规模（即样本量）。无论使用哪种方法确定样本规模，注册会计师都应当确定足够的样本规模，以将抽样风险降至可接受的低水平。

样本规模受可接受的抽样风险水平的影响。当注册会计师可接受的抽样风险水平越低，需要的样本规模就越大。在确定样本规模时，注册会计师应当考虑能否将抽样风险降至可接受的低水平。

注册会计师对总体的预计偏差率或错报金额的评估，对设计样本规模和确定样本规模也有影响。在实施控制测试时，注册会计师通常根据对相关控制的设计和执行情况的了解，或根据从总体中抽取少量项目进行检查的结果，对拟测试总体的预计偏差率进行评估。在实施细节测试时，注册会计师通常对总体的预计错报金额进行评估。注册会计师评估的总体的预计偏差率或错报金额越高，需要的样本规模就越大。

可容忍误差与样本规模存在反向关系。在实施控制测试时，可容忍误差即可容忍偏差率是指注册会计师设计的偏离规定的内部控制程序的比率，注册会计师试图对总体中的实际偏差率不超过该比率获取适当水平的保证。在实施实质性程序时，可容忍误差即可容忍错报，是指注册会计师设定的货币金额，注册会计师试图对总体中的实际错报不超过该货币金额获取适当水平的保证。

（二）选取测试项目

在选取测试项目时，注册会计师应当使总体中的所有单元均有被选取的机会，以使样本能够代表总体，从而保证由抽样结果推断的总体特征具有合理性和可靠性。在统计抽样中，注册会计师应当随机选取样本项目，以使每一个抽样单元以已知概率被选中。抽样单元可能是实务项目（例如发票），也可能是货币单位。在非统计抽样中，注册会计师应当运用职业判断选取样本项目。由于抽样的目的是对整个总体得出结论，注册会计师应当尽量选取具有总体典型特征的样本项目，并在选取测试项目时避免偏见。

这里介绍三种选取测试项目的方法，分别是随机选样法、系统选样法以及随意选样法。

1. 随机选样法

随机选样法是指对总体或次级总体的所有项目，按随机规则选取样本。例如，采用随机数表来选取样本。随机数表的实例如表 4 - 3 所示。

表 4 - 3   随机数表（部分列示）

行号	（1）	（2）	（3）	（4）	（5）
1	10480	15011	01536	02011	81647
2	22368	46573	25595	85313	30995
3	24130	48360	22527	97265	76393
4	42167	93093	06243	61680	07856
5	37570	39975	81837	16656	06121
6	77921	06907	11008	42751	27756
7	99562	72905	56420	69994	98872
8	96301	91977	05463	07972	18876
9	89759	14342	63661	10281	17453

行号	（1）	（2）	（3）	（4）	（5）
10	85475	36857	53342	53988	53060
11	28018	69578	88231	33276	70997
12	63553	40961	48235	03427	49626
13	09429	93069	52636	92737	88974
14	10365	61129	87529	85689	48237
15	07119	97336	71048	08178	77233

表 4-3 中的每一个数都是运用随机方法选出的随机 5 位数。假定注册会计师对某公司连续编号为 500～5000 的现金支票进行随机选样，希望选取一组样本量为 20 的样本。首先，注册会计师确定只用随机数表的前 4 位数来与现金支票一一对应。其次，确定第（5）列第 1 行为起点，选好路线为第（5）列，第（4）列，第（3）列，第（2）列，第（1）列，依次进行。最后按照规定的一一对应关系和起点及选号路线，选出 20 个数码：3099，785，612，2775，1887，1745，4962，4823，1665，4275，797，1028，3327，817，2559，2252，624，1100，546，624，1100，546，4823。凡前 4 位数在 500 以下或 5000 以上的，因为支票号码没有一一对应关系，均不入选。选出 20 个数码后，按此数码选取号码与其对应的 20 张支票作为选定样本进行审查。

2. 系统选样法

系统选样法又称等距选样法，是指首先计算选样间隔，确定选样起点，然后再根据间隔顺序选取样本的一种选样方法。例如，注册会计师希望采用系统选样法从 2 000 张凭证中选出 100 张作为样本，首先计算出选样间隔为 20（2 000÷100），假定注册会计师确定随机起点为 542，则注册会计师每隔 20 张凭证选取一张，共选取 100 张凭证作为样本即可。如 542 为第一张，则往下的顺序为 522，502，……；往上的顺序为 562，582，……

系统选样法使用方便，并可用于无限总体，但使用系统选样法要求总体必须是随机排列的。否则容易发生较大的偏差。

3. 随意选样法

随意选样法是指不考虑金额大小、资料取得的难易程度以及个人偏好，以随意的方式选取样本。随意选样的缺点在于很难完全无偏见地选取测试项目。

（三）实施审计程序

注册会计师应当针对选取的每个项目，实施适合于特定审计目的的审计程序。

如果选取的项目不适合实施审计程序，注册会计师通常使用替代项目。例如，在测试付款授权时选取了一张作废的支票，并确信支票已经按照适当程序作废，因而不构成偏差，注册会计师需要适当选择一个替代项目进行检查。

如果未能对某个选取的项目实施设计的审计程序或适当的替代程序，注册会计师应当将该项目视为控制测试中对规定的控制的一项偏差，或者细节测试中的一项错报。

（四）评价抽样结果

注册会计师在对样本实施计划审计程序后，需要对样本结果进行评价，具体步骤为分析样本偏差或错报，推断总体偏差或错报，形成审计结论。

1. 分析样本偏差或错报

注册会计师应当调查识别出的所有偏差或错报的性质和原因，并评价其对审计程序的目的和审计的其他方面可能产生的影响。

2. 推断总体偏差或错报

在实施控制测试时，由于样本的偏差率就是整个总体的推断偏差。因此，无须推断总体偏差率。

在实施细节测试时，注册会计师应当根据样本中发现的错报金额推断总体错报金额，并考虑推断错报对特定审计程序的目的及审计的其他方面产生的影响。如果某项错报被确认为异常，注册会计师在推断总体错报时，可以将其排除在外。但是，如果某项错报没有更正，注册会计师除需推断异常错报外还需要考虑所有异常错报的影响。

3. 形成审计结论

在计算偏差率、考虑抽样风险、分析偏差的性质和原因之后，注册会计师需要运用职业判断得出结论。如果样本结果及其他相关审计证据支持计划评估的控制有效性，从而支持计划的重大错报风险水平，注册会计师可能不需要修改计划的实质性程序。如果样本结果不支持计划的控制运行有效性和重大错报风险水平，注册会计师通常有两种选择：第一，进一步测试其他控制，以支持计划的控制运行有效性和重大错报风险的评估水平；第二，提高重大错报风险评估水平，并修改计划的实质性程序的性质、时间安排及范围。

第二节　审计抽样在控制测试中的运用

内部控制是被审计单位为了合理保证财务报告的可靠性、经营的效率和效果以及对法律法规的遵守，由治理层、管理层和其他人员设计与执行的政策及程序。有效的内部控制制度在运行过程中，有些会留下运行轨迹，如书面证据；而有的不会留下运行轨迹。对于留下运行轨迹的内部控制制度，且当审计人员拟信赖该内部控制时，可以采用审计抽样——属性抽样方法进行控制测试。

审计人员在了解被审计单位的内部控制之后，识别出留下运行轨迹的内部控制部分，并识别出控制有效运行的质量特征（即属性），然后运用属性抽样方法对所识别的特征是否存在进行测试，即将被审计单位的业务活动运行情况与该业务活动所制定的内部控制既有标准相比，判断被测试控制的偏差发生率或控制未有效运行的频率，如某项业务是否经批准或某一凭证是否有规范性签章等。因此，抽样结果只有两种："对"与"错"或"是"与"否"，再通过样本偏差率水平的计算对总体的某种属性的发生频率进行统计推断，以支持注册会计师评估内部控制的有效性。

一、属性抽样的基本概念

属性抽样是指在一定的可容忍偏差率水平和可接受的信赖过度风险的条件下，通过计算样本差错率来对总体的某种"差错"（属性）的发生率进行推断的统计抽样审计方法。

（一）偏差

审计人员对拟信赖的控制进行测试时，识别出某项控制留下的轨迹，并将该轨迹与既有的内部控制制度进行符合性测试，以识别出该项活动偏离既定控制的情况。注册会计师应根据实际情况，恰当地定义偏差。例如，可将"偏差"定义为赊销合同未经授权批准、采购付款业务的验收手续不全、会计记录复核程序未执行等。

在控制测试中，主要以比率的形式来评价偏差情况，主要有可容忍偏差率和预计的总体偏差率两个指标。

（二）可容忍偏差率

可容忍偏差率是指注册会计师设定的最大偏差数与样本量的比值，如果在控制测试中实际发现的偏差数超过这一比率，则减少或取消对内部控制的信赖。可容忍偏差率的设定受测试项目的重要程度影响，是职业判断的结果。测试项目越重要，则发生偏差代表的情况越严重，可容忍的偏差率越低。在进行控制测试时，当总体偏差率超过可容忍偏差率时，注册会计师将降低对内部控制的可信赖程度。

前面提及，注册会计师一般对其拟信赖的内部控制才实施控制测试。因此，在实务中，可容忍偏差率较高就被认为不恰当。通常认为，当偏差率为3%～7%时，控制有效性的估计水平较高；当偏差率超过20%时，由于估计控制运行无效，注册会计师不需要进行控制测试。

（三）预计的总体偏差率

预计的总体偏差率的确定有两种方法：第一种方法通过上年测试结果、内部控制的设计和控制环境等因素对预计总体偏差率进行评估；第二种方法则是通过在抽样总体中选取一个较小的初始样本，以初始样本的偏差率作为预计总体偏差率的估计值。预计总体偏差率与可容忍偏差率的关系为，预计的总体偏差率不应超过可容忍偏差率，如果预计的总体偏差率高于可容忍偏差率，意味着控制有效性很低，注册会计师通常决定不实施控制测试，而实施更多的实质性程序。

（四）总体属性

总体属性，指的是总体本身所固有的某种质的特征或质的规定性，一般只能用质量指标例如发生次数或发生频率来表示。运用属性抽样时，注册会计师应保证总体的同质性，即属性相同的才归为一个总体。如果被审计单位是一家贸易公司，其出口和内销业务的处理方式不同，则在对被审计单位进行控制测试时，应分别评价出口和内销两种不同的控制情况，因而出现两个独立的总体。

（五）可接受的信赖过度风险

可接受的信赖过度风险是抽样风险之一，与信赖不足风险相对。由于控制测试是控制是否有效运行的主要证据来源，因此，可接受的信赖过度风险应确定在相对较低的水平上。在控制测试中，通常将信赖过度风险定为 5% ~ 10% 的区间是可接受的。即实务中，注册会计量师一般将信赖过度风险确定为 10%，特别重要的测试则可以将信赖过度风险确定为 5%。可信赖程度与风险是互补的。如注册会计师认为 5% 的信赖过度风险是可接受的，即认为从样本推断总体的内部控制是有效的可靠性为 95%。而实际上内部控制制度是无效的风险为 5%，注册会计师可以接受该风险（见表 4 - 4）。

表 4 - 4 属性抽样风险矩阵

抽样结果	实际运行状况达到 预期信赖程度	实际运行状况未达到 预期信赖程度
肯定	正确的决定	信赖过度风险
否定	信赖不足风险	正确的决定

资料来源：刘明辉，史德刚. 审计（第七版）［M］. 大连：东北财经大学出版社，2019：7.

二、属性抽样的方法

属性抽样的最终任务是要在一定的可信赖程度下，测定和估计总体差错率不超过可容忍偏差率水平。属性抽样的方法主要有固定样本规模抽样、停—走抽样和发现抽样三种。

（一）固定样本规模抽样

固定样本规模抽样是一种使用最为广泛的属性抽样，常用于估计审计对象总体中某种偏差发生的比率。

一般情况下，固定样本规模抽样的基本步骤如下：

（1）确定控制测试的目标。注册会计师实施控制测试的目的一般是检查某一循环中控制程序的运行情况。注册会计师必须首先确定是针对哪项认定而实施测试程序，明确控制测试的目标。

（2）基于测试目标定义偏差。注册会计师在执行控制测试前，首先必须结合被审计单位的情况，针对某项认定详细了解控制目标和内部控制政策与程序之后，识别出内部控制有效运行的特征（属性），同时识别控制未得到有效运行时可能出现的异常情况。如果测试中发现某项交易或程序偏离了对设定控制的预期执行，即确认为一项偏差。

以购货付款业务为例，设定的内部控制要求每笔支付都应附有发票、收据、验收报告和订购单等证明文件，且均盖上"已付"戳记。因此，对于每张发票、收据、验收报告和订购单，凡企业款项支付中出现下列特征的，均可以定义为偏差：

①缺乏盖有"已付"戳记的发票和验收报告等证明文件；

②发票、验收报告等证明文件之间的内容不相符；

③发票、验收报告等证明文件的计算有误；

④要素不全的发票；

⑤涂改、伪造的发票。

（3）定义审计对象总体。审计对象总体就是作为样本来源的全部被审计事项的整个数据集合。在确定审计对象总体时，首先要确保总体的适当性，即符合特定的审计目标。如对发运商品的设定控制为必须开单才可发运，则测试的总体不能仅包含已开单的项目，而应包含所有的发运商品，无论是否已开单。其次要确保总体的完整性，即项目内容完整，测试期间完整。如注册会计师从档案中选取付款证明，前提是所有的付款证明已归档，这样的总体才是完整的。最后要确保总体的同质性，即总体中的所有项目应该具有同样的特征。

（4）确定抽样方法。选取样本时，应首先保证样本的代表性，才能根据样本的测试结果推断有关总体的结论是可靠的。因此，在选取样本项目时，应当使总体中所有项目被选取的概率是相同的。统计抽样方法包括简单随机选样、系统选样等。计算机辅助审计技术可以提高选样的效率。

（5）确定样本规模。样本规模是指从总体中选取样本项目的数量。样本规模过小，注册会计师就无法获取充分的审计证据；样本规模过大，就会增加审计工作量，降低审计效率，也就失去了审计抽样的意义。因此，恰当的样本规模是实施审计抽样得出可靠审计结论的前提。

样本量（n）＝可接受的信赖过度风险系数（R）÷可容忍偏差率（TR）

控制测试中常用的风险系数如表4－5所示。

表4－5　　　　　　　　　　　控制测试中常用的风险系数

发现差错数	10%	5%
0	2.4	3.0
1	3.9	4.8
2	5.4	6.3
3	6.7	7.8
4	8.0	9.2
5	9.3	10.6
6	10.6	11.9
7	11.8	13.2
8	13.0	14.5

例如，注册会计师确定的可容忍偏差率为4%，可接受的信赖过度风险为5%，且预期最多发现偏差的数量为1，所需的样本量计算如下：

$$N = R \div TR = 4.8 \div 4\% = 120$$

其中，风险系数4.8是根据预期发现偏差数为1，信赖过度风险为5%，从表中查得。

（6）选取样本并进行审计。按照定义的偏差特征对选取的样本实施适当的审计程序，以发现并记录样本中存在的控制偏差。

（7）评价抽样结果。在对样本实施一定的审计程序后，应将查出的控制偏差加以汇总，依据计算总体偏差率、考虑抽样风险、分析偏差的性质及原因等步骤评价抽样结果，以推断出总体情况——是否支持计划评估的控制有效性，是否支持计划评估的重大错报风险水平。在评价抽样结果时，不仅要考虑偏差的次数，而且要考虑差错的性质。在此过程中，注册会计师都需要运用职业判断。

①计算总体偏差率。

将样本中发现的偏差数量汇总后除以样本规模，就可以计算出样本偏差率。样本偏差率是注册会计师估计总体偏差率的其中一种方法。因而，在控制测试中一般无须另外推断总体偏差率。

$$总体偏差率上限（MDR）= 可接受的信赖过度风险系数（R）÷ 样本量（n）$$

实务中，多数样本可能不会出现控制偏差，因为注册会计师通常是基于拟信赖内部控制才实施控制测试，即预期控制有效运行。如果在样本中发现偏差，注册会计师需要分析偏差的性质和原因，考虑控制偏差对审计工作的影响。

②考虑抽样风险。

紧接着上例，通过样本审计，发现偏差数为 0，那么在可接受的信赖过度风险仍为 5% 的情况下，通过表格查得可接受的信赖过度风险系数为 3。

$$MDR = 3 ÷ 120 = 2.5\%$$

这意味着，在可接受的信赖过度风险为 5% 的情况下，即有 95% 的把握保证总体实际偏差率不超过 2.5%，由于注册会计师设定的可容忍偏差率为 4%，因此可以得出结论：总体的实际偏差率超过可容忍偏差率的风险很小，总体可以接受。也就是说，样本结果证实审计人员对控制运行有效性的估计和评估的重大错报风险水平是适当的。

反之，如果样本审计结果的偏差数为 2，通过计算得出总体偏差率上限为 5.25%，大于可容忍偏差率 4%，说明样本结果不支持计划评估的控制有效性，从而不支持计划的重大错报风险评估水平，总体不能接受。此时注册会计师应当修正重大错报风险评估水平，并增加实质性程序的数量。

③分析偏差的性质和原因。

如果在样本审计中发现了偏差，注册会计师要分析偏差的性质和原因。一方面，侧重关注偏差是否跟舞弊有关。如果偏差与舞弊有关，注册会计师应提高重大错报风险评估水平，增加对相关账户的实质性程序。另一方面，应考虑已识别的偏差是否对财务报表造成直接影响。如果所识别的偏差导致财务报表中的金额错报，注册会计师应当确定实施的控制测试能否提供适当的审计证据，是否需要增加控制测试或是否需要使用实质性程序应对潜在的重大错报风险。

（8）书面说明抽样程序，运用职业判断得出总体结论。注册会计师应填写控制测试汇总表、控制测试程序表及控制过程表等工作底稿书面说明前述 7 个步骤作为样本推断总体结论的基础。

（二）停—走抽样

前已述及，注册会计师进行控制测试的前提是拟信赖被审计单位的内部控制，预期控制有效运行。因此，实务中多数样本可能不会出现控制偏差。如果注册会计师预期偏差率的设定远大于实际偏差率时，通过固定样本量抽样方法将选取过多的样本，降低审计效率。可见，预期偏差率为零或非常低的审计总体，可采用固定样本规模抽样的一种特殊形式——停—走抽样。在这种方法下，样本量不固定，而是边抽样边评价，如果与预期不符，再扩大样本规模，直至注册会计师对审查结果满意为止。这种方法有利于提高工作效率，降低审计费用。

停—走抽样法的基本步骤如下：

（1）确定可容忍偏差和可接受的信赖过度风险水平。

（2）在预期偏差个数为 0 的情况下，通过控制测试风险系数表查得风险系数，运用公式确定初始样本规模。

（3）进行停—走抽样决策。通常是利用停—走抽样决策表进行决策。

例如，假定注册会计师确定的可容忍偏差率为 5%，可接受的信赖过度风险为 10%，预期发现的偏差个数为 0，查得控制测试风险系数为 2.4。则：

$$样本量(n) = 2.4 \div 5\% = 48$$

如果注册会计师在 48 个项目中找出 0 项偏差，则与注册会计师的预期相符，可停止抽样，计算总体偏差率，考虑抽样风险，运用职业判断得出总体结论。

如果注册会计师在 48 个项目中发出了 1 项偏差，则查得发现偏差数为 1，信赖过度风险为 10% 的控制测试风险系数为 3.9，依此计算总体偏差率为：

$$总体偏差率 = 3.9 \div 48 = 8.12\%$$

这个结果大于可容忍偏差率 5%，因此，注册会计师需要将样本量扩大到 78 个，即增加 30 个（78 - 48）样本量。

$$样本量(n) = 3.9 \div 5\% = 78$$

如果对增加的 30 个样本审计后没有发现偏差，可以停止抽样。此时注册会计师可有 90% 的把握确信总体偏差率不超过 5%。

值得注意的是，如果注册会计师边抽样边评价，一直得不到满意的结果，应考虑以样本偏差率作为总体偏差率改用固定样本规模抽样。

（三）发现抽样

发现抽样是在既定的可信赖程度下，在假定误差以既定的误差率存在于总体之中的情况下，从所选取的样本中应至少查出一项偏差的抽样方法。发现抽样也是属性抽样的一种特殊形式，主要用于查找重大舞弊事项。它的理论依据是：假如总体中存在着一定发生率的舞弊事项，那么，在相当容量的样本中，至少可以发现一个舞弊事项。若对样本的审查结果没有发现舞弊事项，则可以得出结论：在某一可接受的信赖过度风险下，总体中舞弊事项的发生率不超过原先假定的发生率。我们知道，若总体中存在着发生率很低（如 0.1%）的舞弊事项，那么采用抽样审计方法不能确保我们一定能发现这种行为。但发现抽样却能以较高的可信度，保证我们发现总体中存在着的发生率较低（如 1%）的舞弊事项。所以，当怀疑总体中存在着某种舞弊事项时，适合采用发现抽样方法。

发现抽样的步骤与固定样本规模抽样方法基本相同，只是需要说明以下几点：

第一，发现抽样与停—走抽样一样，首先应当把总体预计偏差率确定为零。因为发现抽样是发现极小概率发生的误差，然后基于所确定的可接受的信赖过度风险，通过控制测试风险系数表查得风险系数，再结合可容忍偏差率，求得样本规模。如注册会计师对某企业现金收支凭证进行审查，在可接受的信赖过度风险为 5%，预计总体偏差为零，可容忍偏差率为 2% 时，查表计算得到样本规模为 150。

第二，在审查样本的过程中，如果发现了一张假凭证，则注册会计师就达到了发现抽样审计的目的，这时就可以停止抽样程序，对总体进行彻底的检查。这是发现抽样的特点。如果在全部 149 张凭证中没有发现假凭证，那么注册会计师就可以 95% 的可信度，保证总体中舞弊事项的发生率在 2% 以下。换言之，这时注册会计师有 95% 的把握确信总体中不存在假凭证或假凭证的发生率在 2% 以下。可见，发现抽样适用于总体容量较大，但差错率较低的情况，尤其是在怀疑被审计单位存在舞弊行为的情况下，采用这种方法最为有效。

【知识拓展】

信息技术对审计抽样的影响

传统的手工会计系统，审计线索包括凭证、日记账、分类账和报表。注册会计师通过顺查和逆查的方法审查记录，检查和确定其是否正确地反映了被审计单位的经济业务，检查企业的会计核算是否合理、合规。当企业业务量足够大的时候，为了提高审计效率，抽样成为重要审计技术。而在信息技术环境下，从业务数据的具体处理过程到报表的输出，都由计算机按照程序指令完成，由原来手工下的"信息孤岛"发展成信息技术环境下的"信息互联"。在此情况下，注册会计师获取信息的全面性和便捷性得到提高，但信息系统的复杂度、信息系统的科学性等问题倒逼注册会计师改进审计技术。面对海量的交易、数据和财务信息，传统的审计技术在抽样针对性和样本覆盖程度方面的局限性越来越突出。一方面，信息技术的运用改变了企业的运作模式和工作方式，传统审计技术针对的问题特征可能已经消失，或者发生了改变，注册会计师的经验可能无法简单移植，从而丧失了针对性；另一方面，面对海量数据，传统的抽样方式难以覆盖大量的数据，对于不同来源的数据缺乏深刻的洞察力，覆盖性方面也难以提供更强的审计信息。

第三节　审计抽样在细节测试中的运用

实施细节测试时，最常用的统计抽样方法包括传统变量抽样和货币单元抽样。

一、变量抽样

变量抽样是指注册会计师用来估计总体金额所处区间的一种统计抽样方法。传统变量抽样主要包括三种具体的方法：均值估计抽样、差额估计抽样和比率估计抽样，每种方法推断总体错报的方法各不相同。

（一）均值估计抽样

均值估计抽样是指通过抽样审查确定样本平均值，再根据样本平均值推断总体平均值和总值的一种变量抽样方法。使用这种方法时，注册会计师先计算样本中所有项目审定金额的平均值，然后用这个样本平均值乘以总体规模，得出总体金额的估计值。总体估计金额和总体账面金额之间的差额就是推断的总体错报。例如，注册会计师从总体规模为1 000、账面金额为1 000 000元的存货项目中抽取200个项目作为样本，在确定了正确的采购价格并重新计算了价格与数量的乘积后，注册会计师将200个样本项目的审定金额加总后除以200，确定样本项目的平均审定金额为980元。然后计算估计得存货金额为980 000元（即980×1 000）。推断的总体错报就是20 000元（即1 000 000 – 980 000）。

（二）差额估计抽样

差额估计抽样是以样本实际金额与账面金额的平均差额来估计总体实际金额与账面金额的平均差额，然后再以这个平均差额乘以总体规模，从而求出总体的实际金额与账面金额的差额（即总体错报）的一种方法。差额估计抽样的计算公式如下：

平均错报 = 样本实际金额与账面金额的差额 ÷ 样本规模

推断的总体错报 = 平均错报 × 总体规模

使用这种方法时，注册会计师先计算样本项目的平均错报，然后根据这个样本平均错报推断总体。例如，注册会计师从总体规模为1 000的存货项目中选取了200个项目进行检查。总体的账面金额总额为1 040 000元，注册会计师逐一比较200个样本项目的审定金额和账面金额并将账面金额（208 000元）和审定金额（196 000元）之间的差额，本例为12 000元除以样本项目个数200，得到样本平均错报为60元，然后注册会计师用这个平均错报乘以总体规模，计算出总体错报为60 000元（即60×1 000）。

（三）比率估计抽样

比率估计抽样是指以样本的实际金额与账面金额之间的比率关系来估计推断总体实际金额与账面金额之间的比率关系，然后再以这个比率乘以总体的账面金额，从而得出估计的总体实际金额的一种抽样方法。比率估计抽样法的计算公式如下：

比率 = 样本审定金额 ÷ 样本账面金额

估计的总体实际金额 = 总体账面金额 × 比率

推断的总体错报 = 估计的总体实际金额 – 总体账面金额

如果上例中注册会计师使用比率估计抽样，样本的审定金额与样本的账面金额的比例则为0.94（196 000 ÷ 208 000）。注册会计师用总体的账面金额乘以该比例0.94，得到估计的存货余额977 600元（1 040 000 × 0.94）。推断的总体错报则为62 400元（1 040 000 – 977 600）。

如果未对总体进行分层，注册会计师通常不适用均值估计抽样，因为此时所需的样本规模可能太大，以至于对一般的审计而言不符合成本效益原则。比率估计抽样和差额估计抽样都要求样本项目存在错报。如果样本项目的审定金额和账面金额之间没有差异，这两种方法使用的公式所隐含的机理就会产生错误的结论。

二、货币单元抽样

（一）概念

货币单元抽样是一种运用属性抽样原理对货币金额而不是对发生率得出结论的统计抽样方法，它是概率比例规模抽样方法的分支，有时也被称为金额单元抽样、累计货币金额抽样及综合属性变量抽样等。货币单元抽样以货币单元作为抽样单元，例如，总体包括100个应收账款明细账户，共有余额 200 000 元。若采用货币单元抽样，则认为总体含有 200 000 个抽样单元，而不是 100 个。

（二）优缺点

1. 优点

货币单元抽样的优点主要包括：（1）货币单元抽样以属性抽样原理为基础，注册会计师可以很方便地计算样本规模和评价样本结果，因而通常比传统变量抽样更易于使用；（2）货币单元抽样在确定所需样本规模时无须直接考虑总体的特征（如变异性），因为总体中每一个货币单元都有相同的规模，而传统变量抽样的样本规模是在总体项目共有特征的变异性或标准差的基础上计算的；（3）货币单元抽样中，项目被选取的概率与其货币金额大小成比例，因而无须通过分层减少变异性，而传统变量抽样通常需要对总体进行分层以减小样本规模；（4）在货币单元抽样中使用系统选样法选取样本时，如果项目金额等于或大于选样间距，货币单元抽样将自动识别所有单个重大项目，即该项目一定被选中；（5）如果注册会计师预计不存在错报，货币单元抽样的样本规模通常比传统变量抽样方法更小；（6）货币单元抽样的样本设计更容易，且可在能够获得完整的最终总体之前开始选取样本。

2. 缺点

货币单元抽样的主要缺点如下：（1）货币单元抽样不适用于测试总体的低估，因为账面金额小但被严重低估的项目被选中的概率低，如果在货币单元抽样中发现低估，注册会计师在评价样本时需要特别考虑；（2）对零余额或负余额的选取需要在设计时给予特别考虑，例如，准备对应收账款进行抽样，注册会计师可能需要将贷方余额分离出去，作为一个单独的总体，如果检查零余额的项目对审计目标非常重要，注册会计师需要单独对其进行测试，因为零余额的项目在货币单元抽样中不会被选取；（3）当发现错报时，如果风险水平一定，货币单元抽样在评价样本时可能高估抽样风险的影响，从而导致注册会计师更有可能拒绝一个可接受的总体账面金额；（4）在货币单元抽样中，注册会计师通常需要逐个累计总体金额，以确定总体是否完整并与财务报表一致，不过如果相关会计数据以电子形式储存，就不会额外增加大量的审计成本；（5）当预计总体错报的金额增加时，货币单元抽样所需的样本规模也会增加，这种情况下，货币单元抽样的样本规模可能大于传统变量抽样所需的规模。

拓展案例

美国 N 公司财务舞弊案①

　　S 是 N 公司的缔造者，被誉为变革美国理疗业的灵魂人物。他创造性地提出将理疗和恢复性治疗等手术辅助环节从医院中独立出来运作的构想，并探索出一套低成本、高疗效的诊所运营模式。从 20 世纪 90 年代开始，S 带领 N 公司疯狂扩张，终于让 N 公司旗下的理疗诊所像麦当劳一样开遍美国的每一个角落。截至 2020 年，N 公司在全球拥有 1 229 家诊所、203 家外科手术中心和 117 家疗养院，成为全美最大的保健服务商。S 是个开拓进取的创业者，却也是个独断专行、刚愎自用之徒。在 N 公司，他实行独裁式的强权管理。曾与其共事过的董事和高管人员对 S 敬畏有加，"在 N 公司，你根本分不清 CEO 的职能和董事会的职能有何区别"。董事们即便"懂事"，也不敢管事，任凭 S 左右公司的重大决策。此外，S 及其同伙还投资了数十家医疗企业，编织了一张以 S 为中心的复杂的关联交易网，成为他们中饱私囊的"提款机"。

　　然而，S 的理疗帝国于 2021 年 3 月轰然倒塌。2020 年 8 月，N 公司的首席执行官（CEO）S 和首席财务官（CFO）O 按照《萨班斯—奥克斯利法案》的要求，宣誓他们向美国证券交易委员会（SEC）提交的 2000 年第二季度的财务资料真实可靠。宣誓后，O 寝食不安。慑于安然和世界通信公司造假丑闻曝光后社会公众的反响和压力，2021 年 3 月 18 日，不堪重负的 O 终于向司法部门投案自首，供出 N 公司的会计造假黑幕。原来从 2015 年至 2020 年 6 月 30 日，N 公司通过凭空贷记"契约调整"的手法，虚构了近 25 亿美元的利润总额，虚构金额为实际利润的 247 倍；虚增资产总额 15 亿美元，其中包括固定资产 10 亿美元，现金 3 亿美元。已经揭露出的 25 亿美元虚假利润使 N 公司成为仅次于世界通信公司的第二大"会计造假大王"。

　　N 公司为掩饰会计造假，可谓是处心积虑，曾经动员了几乎整个高管层，共同对付安永会计师事务所。其别有用心的欺骗行为具体表现在：（1）为了避免直接调增收入，他们设计了"契约调整"这一收入备抵账户，利用该账户依赖主观判断，且在会计系统中不留交易轨迹的特点，加大虚假收入的审计难度；（2）编造虚假会计分录时，N 公司利用了许多过渡账户，虚构的利润通过频繁借贷，最终虚增了固定资产、无形资产甚至是现金账户；（3）N 公司的会计人员对安永会计师事务所（以下简称"安永"）审查各个报表科目所用的重要性水平了如指掌，并千方百计将造假金额化整为 0，确保造假金额不超过安永确定的"警戒线"。这样，即使虚假分录被抽样审计所发现，他们也可以"金额较小，达不到重要性水平"为由予以搪塞。

　　在审计抽样的过程中运用重要性原则，能指导注册会计师对样本的选择，提高审计效率，合理地保障审计质量。但众多的舞弊案显示，一些为注册会计师所熟悉的老客户，可能因为太了解审计所运用的重要性水平而别有用心地设计会计造假的应对和规避措施。N 公司的会计人员中不乏曾在安永执业的注册会计师。在他们的指导下，结合长年对注册会计师们的观察和与他们博弈的经验，别有用心的舞弊分子不难了解安永在各个科目上所能容忍的最大误差，甚至可以知晓安永习惯的抽样起点金额。"重要性"这条基准线一旦被

---

　　①　笔者根据相关资料整理。

客户所掌握，审计与审计规避的游戏就开始上演了。

可见，统计抽样所遵循的重要性原则不能一味依靠特定的比率（比率区间）计算重要性水平或因循长年使用的重要性水平，否则很容易让舞弊者有机可乘，导致审计失败。那么，注册会计师还可以采用哪些标准进行统计抽样？如何在性质和金额两个方面进行权衡判断？

本章思政元素梳理

审计抽样（简称"抽样"）是指注册会计师对具有审计相关性的总体中低于百分之百的项目实施审计程序，使所有抽样单元都有被选取的机会，为注册会计师针对整个总体得出结论提供合理基础。

审计抽样的种类很多，其常用的分类方法是：按抽样决策的依据不同，将审计抽样划分为统计抽样和非统计抽样；按抽样所了解的总体特征不同，分为属性抽样和变量抽样。

在使用审计抽样时，注册会计师的目标是，为得出有关抽样总体的结论提供合理基础。注册会计师在控制测试和细节测试中使用审计抽样，主要分为3个阶段进行。第一阶段是样本设计阶段；第二阶段是选取样本阶段；第三阶段是评价样本结果阶段。

对于留下运行轨迹的内部控制制度，且当审计人员拟信赖该内部控制时，可以采用审计抽样——属性抽样方法进行控制测试。

实施细节测试时，最常用的统计抽样方法包括传统变量抽样和货币单元抽样。变量抽样是指注册会计师用来估计总体金额所处区间的一种统计抽样方法。传统变量抽样主要包括三种具体的方法：均值估计抽样、差额估计抽样和比率估计抽样，每种方法推断总体错报的方法各不相同。

引导案例中F公司审计案例告诉我们，抽样技术和方法运用于审计工作，是审计理论和实践的重大突破，实现了审计工作从详细审计到抽样审计的历史性飞跃。但如何正确运用审计抽样，需要对抽样技术有一个深刻了解。

通过拓展案例中美国N公司财务舞弊案，我们可知，统计抽样所遵循的重要性原则不能一味依靠特定的比率（比率区间）计算重要性水平或因循长年使用的重要性水平，否则很容易让舞弊者有机可乘，导致审计失败。

通过学习本章，学生应该看到诚信品格在公司运营过程中的重要性，同时也明白审计人员在确定重要性水平时，要结合公司具体情况，具体问题具体分析，不能一味地照搬照套，对待审计工作应该专注执着、精益求精、客观公正、忠于职守，信仰法律、崇尚社会主义法治精神，开拓创新。

本章中英文
关键词汇

习题演练

本章推荐
阅读书目

第五章　审计工作底稿

引导案例

L会计师事务所审计程序失当受证监会处罚

2016年7月22日，中国证监会对上海A股份有限公司（以下简称"A公司"）违规信息披露发布行政处罚决定。上海A公司是国内规模较大的、具有专业证券投资咨询资质的公司之一，也是第一批获证监会投资咨询资格认证的企业。经过证监会的深入调查，发现A公司2013年主要涉及使用操纵性应计进行盈余管理，较少涉及真实活动盈余管理。对于应计项目的盈余管理方式，只要注册会计师通过检查、询问、函证等审计程序即可识别，然而作为当事会计师事务所——L会计师事务所（以下简称"L所"）却对A公司2013年年报出具无保留意见，很明显存在严重失职现象。因此，中国证监会同时决定责令L所改正违法行为，没收其业务收入40万元，并处以210万元罚款；对直接负责的注册会计师给予警告，并分别处以10万元罚款。

注册会计师认为自己不存在失职现象，然而，审计工作底稿的不完整却暴露了其审计过程的不积极作为。如2013年12月，A公司对部分客户以非标准价格销售软件产品，经查该售价主要是以"打新股""理财"为名进行营销，虚增2013年销售收入2 872 486.68元。相关注册会计师称已关注到非标准价格销售的情况，并获取了销售部门的审批单。但是，相关过程没有在审计工作底稿中予以记录。同时，审计工作底稿程序表中"获取产品价格目录，抽查售价是否符合价格政策"的程序未见执行记录。

再如A公司将应归属于2013年的年终奖跨期计入2014年的成本费用，导致2013年少计成本费用24 954 316.65元。审计工作底稿未描述或记录针对审计报告报出日前已发放的2013年年终奖执行的审计程序，以及其未被计入2013年成本费用的合理性解释。审计工作底稿"应付职工薪酬"程序表中第6项应执行的审计程序记录：检查应付职工薪酬的期后付款情况，并关注在资产负债表日至财务报表批准报出日之间，是否有确凿证据表明需要调整资产负债表日原确认的应付职工薪酬。但对应的审计工作底稿明细表中未记录此程序的执行情况。

从该案例中可以看到，审计工作底稿反映了注册会计师审计的全过程，是审计中的重要材料。那么审计工作底稿包括哪些内容？如何编制审计工作底稿？

资料来源：卓继民.M卷入证券欺诈案的会计师事务所 [J].经理人，2017（4）：42-49.

审计工作底稿
思维导图

审计准则
中国注册会计师
审计准则第1131
号——审计工作
底稿（2022 年
12 月 22 日修订）

第一节　审计工作底稿概述

审计工作底稿在计划和执行审计工作中发挥着关键作用。它提供了审计工作实际执行情况的记录，并形成审计报告的基础。审计工作底稿也可用于质量控制复核、监督会计师事务所对审计准则的遵循情况以及第三方的检查等。当会计师事务所因执业质量而涉及诉讼或有关监管机构执行质量检查时，审计工作底稿能够提供证据，证明会计师事务所是否按照《中国注册会计师审计准则》的规定执行了审计工作。

一、审计工作底稿的概念

审计工作底稿是指注册会计师在执行审计业务过程中，专门记载被审事项主要情况的书面文件和获取的资料。审计工作底稿形成于审计的实施过程，也综合反映了整个审计过程。与审计证据不同，审计工作底稿具有以下特点：

（1）审计工作底稿是审计证据的载体，记录注册会计师对审计证据所作出的分析、判断，结合专业判断得出审计意见和结论。

（2）审计工作底稿以审计证据为基础，注重记录审计过程中发现的问题、线索及注册会计师的审计工作程序和步骤。

审计工作底稿可以由注册会计师编制而成，也可以由被审计单位或者其他第三者提供，经注册会计师审核后形成。前者称为编制，后者称为取得。

二、审计工作底稿的编制目的

注册会计师应当按照审计流程及时编制审计工作底稿，以实现下列目的：

（1）提供充分、适当的记录，作为出具审计报告的基础。

审计报告是审计工作的重要成果，是注册会计师根据所搜集的审计证据经过一系列的专业判断而形成的。但注册会计师不可能凭借记忆来掌握审计全过程所搜集的审计证据和作出的专业判断。因此，审计工作底稿汇集了审计证据、审计事项、取证方法、实施程序及注册会计师的分析和判断记录，可以直接作为审计报告的编写基础。

（2）提供证据，证明注册会计师已按照审计准则和相关法律法规的规定计划和执行了审计工作。

审计案例与
思政元素
审计工作是否勤
勉尽责，工作底
稿来证明

根据风险导向审计准则实施必要的审计程序，发表客观公正的审计意见是注册会计师的审计责任。注册会计师在审计过程中是否执行了独立审计准则，选择的审计程序是否恰当、合理，所作出的专业判断是否准确等都直接反映在审计工作底稿中。因此，要考核一名注册会计师的工作能力，可以通过审阅其审计工作底稿来评价其专业判断能力和工作水平。一旦对某项审计业务有异议，则可通过审核其工作底稿来明确注册会计师的责任。一般来说，只要在审计工作底稿上显示出注册会计师按照审计准则，采用了适当的审计程序，收集了充分、适当的审计证据，认真进行了专业判断，应可以减轻注册会计师的责任。

（3）提供沟通渠道，组织、协调和指导审计团队工作。

审计工作通常需要若干注册会计师联合作业，分工负责，同时进行。注册会计师在审计工作中需要了解由其他注册会计师执行的与自己审计事项有关的项目，客观上需要有一个沟通渠道。而审计工作底稿对审计过程的进展情况、发现的问题，以及所作的分析和判断都进行了详细的记录，这就为注册会计师之间相互了解情况、协调工作、避免重复劳动提供了工具。同时，有了审计工作底稿，审计组负责人就可以通过复核、审查审计工作底稿来指导审计工作和调整审计工作分工，有利于提高工作效率。

（4）便于会计师事务所根据质量控制准则的规定，实施质量控制复核与检查。

审计质量是注册会计师工作质量和审计结果质量的总称，而审计结果质量又依赖于审计工作质量，严格控制审计工作质量是保证审计质量的关键。

审计工作质量很大程度体现在审计工作底稿上，要控制审计工作质量，必须对审计工作底稿的编制和复核有一整套严格的程序。审计工作底稿记载了注册会计师的任务完成情况和遇到的各种问题，审计组负责人可从中掌握全面情况，以便及时检查、指导、协调和评价。审计工作底稿使审计质量的控制与监督落到了实处。

（5）保留对未来审计工作持续产生重大影响的事项的记录。

由于对一个企业的会计报表的审计是每年连续进行的，因此一个年度的审计工作底稿可以作为下一个年度审计的参考。一般地，当年度会计报表审计开始时，首先要仔细阅读上一年的审计工作底稿，了解该企业的内部控制薄弱环节，要求企业调整的会计事项有哪些，重点审计的内容是什么，有哪些或有负债，审计报告是哪种类型等，都可以作为编制本年度审计计划的参考。

（6）便于相关监管部门实施执业质量检查。

为加强注册会计师行业自律监管，提高会计师事务所、注册会计师的职业素质和执业质量，监管机构和注册会计师协会根据相关法律法规或其他相关要求，对会计师事务所实施执业质量检查。审计工作底稿是审计全过程的记录，为检查提供了重要的资料依据。

三、审计工作底稿的种类

（1）审计工作底稿按来源分，可分为自制和外部取得两类：

①自制工作底稿。注册会计师通过编制方式形成的审计工作底稿，包括审计计划阶段编制的审计工作底稿、审计实施阶段形成的审计工作底稿、审计报告阶段形成的审计工作底稿。

②外部取得的审计工作底稿。被审计单位依据注册会计师对审计资料的基本要求，为审计工作提供的资料。注册会计师对所取得的资料实施必要的审计程序，并注明所取得资料的来源，最后作出相应的审计记录并签名，从而形成审计工作底稿。

（2）审计工作底稿按照其用途分类，可以分为以下三类：

①综合类工作底稿。综合类工作底稿是指注册会计师在审计计划阶段和审计报告阶段为规划、控制和总结整个审计工作，并为最终发表审计意见所形成的审计工作底稿。主要包括审计业务约定书、审计计划、审计总结、未审计会计报表、试算平衡表、审计差异调整表、审计报告底稿、管理建议书、被审计单位声明书以及注册会计师对整个审计工作进行组织管理的所有记录和资料。一般来说，综合类工作底稿比较多的在注册会计师的办公地完成。

②业务类工作底稿。业务类工作底稿是指注册会计师在审计实施阶段为执行具体审计程序所形成的工作底稿。主要包括注册会计师对某一审计循环或者审计项目进行控制测试或实质性测试所做的记录和资料，如各类业务循环控制测试工作底稿，各资产、负债、权益、损益类项目实质性测试工作底稿，期后事项工作底稿等。业务类工作底稿通常在审计外勤工作时完成。

③备查类工作底稿。备查类工作底稿是指注册会计师在审计过程中编制获取的对审计工作仅具有备查作用的审计工作底稿。主要包括被审计单位的设立批准书、营业执照、章程、董事会会议纪要、重要的经济合同、相关内部控制以及调查和评价记录报告等资料的复印件或者摘录。

备查类工作底稿随被审计单位的有关情况的变化而不断更新，因此注册会计师应将上述资料详细列明目录清单，并对更新文件、资料随时补充。

注册会计师在将上述资料归档为备查类工作底稿的同时，还应根据具体需要，将其中与具体审计项目有关的内容复印、摘录或综合后归入业务类工作底稿的具体审计项目之后。

备查类工作底稿常常是由被审计单位或第三者提供或代为编制，注册会计师应对所取得的有关文件资料标明其来源。

（3）按审计工作阶段分，可以分为审计计划阶段的工作底稿、审计实施阶段的工作底稿和审计报告阶段的工作底稿。

①审计计划阶段的工作底稿。审计计划阶段的工作底稿是指注册会计师在具体实施审计程序之前，了解被审计单位的基本情况，分析被审计单位的业务情况，确定审计风险和制定审计计划中所形成的工作底稿。主要包括总体审计策略、具体审计计划、预备会会议纪要、业务约定书、被审计单位提交的资料清单、前期审计报告和未经审计的财务报表等。

②审计实施阶段的工作底稿。审计实施阶段的工作底稿是指注册会计师在实施审计过程中采用检查、盘点、观察、询问、函证、计算、分析性复核等方法获取审计证据所形成的工作底稿。主要包括各种业务循环控制测试工作底稿，如询证函回函和声明、核对表、分析表、问题备忘录以及对资产负债表及损益表项目开展实质性程序的相关工作记录。

③审计报告阶段的工作底稿。审计报告阶段的工作底稿是指注册会计师在实施必要审计程序后，根据取得的审计证据进行调整、汇总、分析、评价、形成审计意见所编制的工作底稿。主要包括审计差异调整表、试算平衡表、管理层声明书原件、审计报告底稿、管理建议书、总结会会议纪要、重大事项概要等。

审计工作底稿按审计阶段划分不是绝对的。有些审计调整、分析工作可以在审计实施阶段完成，也可以在审计报告阶段完成。如果在审计报告阶段，发现某些问题需要追加取证，应当重新实施某些审计程序。

【知识拓展】

审计程序、审计证据与工作底稿

审计程序是指在整个审计过程中采取的一系列系统性工作流程和步骤。执行审计程序的过程，实际上就是收集审计证据的过程，是对所获取的资料、数据和相关信息进行判定。而判定的每一个细节和测试过程，都是审计的痕迹，这些痕迹本身就形成一个又一个审计证据。注册会计师发表的任何审计意见，都要以审计证据为支撑，用审计证据和事实来说话，所以必须将审计证据当成审计工作的核心，当成审计工作的灵魂来看待。但灵魂不能单独存在，必须要有载体，这个载体就是审计工作底稿。审计工作底稿是记录整个审计过程所执行的每一个程序、每一个工作细节，以及在每一个程序和工作细节中收集到的审计证据等的载体。审计程序、审计证据与审计工作底稿三者之间是相辅相成的关系。

资料来源：傅贵勤，马文静，韩长艳，审计程序、审计证据与工作底稿［J］. 中国内部审计，2017 （8）：87－89.

（4）审计工作底稿通常不包括的内容。

审计工作底稿通常不包括已被取代的审计工作底稿的草稿或财务报表的草稿、反映不全面或初步思考的记录、存在印刷错误或其他错误而作废的文本，以及重复的文件记录等，即不直接构成审计结论和审计意见的支持性证据的资料记录不属于审计工作底稿。

第二节　审计工作底稿的要素和范围

一、确定审计工作底稿的要素和范围时考虑的因素

在确定审计工作底稿的格式、要素和范围时，注册会计师应当考虑下列因素：

（1）被审计单位的规模和业务复杂程度。通常来说，对大型被审计单位进行审计形成的审计工作底稿，通常比对小型被审计单位进行审计形成的审计工作底稿要多；对业务复杂的被审计单位进行审计形成的审计工作底稿，通常比对业务简单的被审计单位进行审计形成的审计工作底稿要多。

（2）拟实施审计程序的性质。通常，不同的审计程序会使得注册会计师获取不同性质的审计证据，由此注册会计师可能会编制不同的审计工作底稿。例如，注册会计师编制的有关函证程序的审计工作底稿（包括询证函及回函、有关不符事项的分析等）和存货监盘程序的审计工作底稿（包括盘点表、注册会计师对存货的测试记录等）在内容、格式及范围方面是不同的。

（3）识别出的重大错报风险。识别和评估的重大错报风险水平的不同可能导致注册会计师实施的审计程序和获取的审计证据不尽相同。例如，如果注册会计师识别出应收账款

存在较高的重大错报风险，而其他应收款的重大错报风险较低，则注册会计师可能对应收账款实施较多的审计程序并获取较多的审计证据，因而对测试应收账款的记录会比针对测试其他应收款记录的内容多且范围广。

（4）已获取的审计证据的重要程度。注册会计师通过执行多项审计程序可能会获取不同的审计证据，有些审计证据的相关性和可靠性较高，有些质量则较差，注册会计师可能区分不同的审计证据进行有选择性的记录，因此，审计证据的重要程度也会影响审计工作底稿的格式、内容和范围。

（5）识别出的例外事项的性质和范围。有时注册会计师在执行审计程序时会发现例外事项，由此可能导致审计工作底稿在格式、内容和范围方面的不同。例如，某个函证的回函表明存在不符事项，如果在实施恰当的追查后发现该例外事项并未构成错报，注册会计师可能只在审计工作底稿中解释发生该例外事项的原因及影响；反之，如果该例外事项构成错报，注册会计师可能需要执行额外的审计程序并获取更多的审计证据，由此编制的审计工作底稿在内容和范围方面可能有很大不同。

（6）当从已执行审计工作或获取审计证据的记录中不易确定结论或结论的基础时，记录结论或结论基础的必要性。在某些情况下，特别是在涉及复杂的事项时，注册会计师仅将已执行的审计工作或获取的审计证据记录下来，并不容易使其他有经验的注册会计师通过合理的分析，得出审计结论或结论的基础。此时注册会计师应当考虑是否需要进一步说明并记录得出结论的基础（即得出结论的过程）及该事项的结论。

（7）审计方法和使用的工具。审计方法和使用的工具可能影响审计工作底稿的格式、内容和范围。例如，如果使用计算机辅助审计技术对应收账款的账龄进行重新计算，通常可以针对总体进行测试，而采用人工方式重新计算时，则可能会针对样本进行测试，由此形成的审计工作底稿会在格式、内容和范围方面有所不同。

考虑以上因素有助于注册会计师确定审计工作底稿的格式、内容和范围是否恰当。注册会计师在考虑以上因素时需注意，根据不同情况确定审计工作底稿的格式、内容和范围均是为达到审计准则中所述的编制审计工作底稿的目的，特别是提供证据的目的。例如，细节测试和实质性分析程序的审计工作底稿所记录的审计程序有所不同，但两类审计工作底稿都应当充分、适当地反映注册会计师执行的审计程序。

二、审计工作底稿的要素

审计准则
《中国注册会计师审计准则第1131号——审计工作底稿》应用指南（2022年修订）

由注册会计师自行编制的审计工作底稿主要包括以下几项要素：

（一）审计工作底稿的标题

每张底稿应当包括被审计单位名称、审计项目的名称以及审计项目时点或期间。首先，每一张审计工作底稿都应该写上被审计单位名称，确保审计工作底稿归档后的查询工作。如果被审计单位下面有分（子）公司或者内部的车间、部门，则应该仔细标注。如"＊＊公司—＊＊子公司""＊＊公司—＊＊车间"。其次，每张审计工作底稿都应该写明审计的内容，例如审查的是某一损益表项目，如主营业务成本；或者某一业务循环，如生产与存货循环的控制性测试。最后，审计项目时点或者期间。即审计工作底稿应依据所审计项目的时间特征，予以标注。如资产负债表项目，则按时点标注；损益表项目按期间标注。

试算表

被审计单位名称＿＿＿＿＿＿＿＿＿＿

会计期间或截止日＿＿＿＿＿＿＿＿＿＿

	签名	日期	索引号
编制人			
复核人			页次

索引号	报表项目名称	未审金额	调整金额		重分类金额		审定金额	上年审定金额
			借方	贷方	借方	贷方		

（二）审计过程记录

在记录审计过程中，应当特别注意以下几个重点方面：

1. 具体项目或事项的识别特征

识别特征是指被测试的项目或事项表现出的征象或标志。识别特征因审计程序的性质和测试的项目或事项不同而不同。对某个具体项目或事项而言，其识别特征通常具有唯一性，这种特性可以使其他人员根据识别特征在总体中识别该项目或事项并重新执行该测试。比如，在对被审计单位生成的订购单进行细节测试时，注册会计师可以以订购单的日期和其唯一编号作为测试订购单的识别特征。而对于观察程序，注册会计师可以以观察的对象或观察过程、相关被观察人员及其各自的责任、观察的地点和时间作为识别特征。

2. 重大事项及相关重大职业判断

在审计工作底稿中对重大职业判断进行记录，能够解释注册会计师得出的结论并提高职业判断的质量。对于大型、复杂的审计项目，重大事项概要的作用尤为重要。重大事项概要包括审计过程中识别的重大事项及其如何得到解决，或对其他支持性审计工作底稿的交叉索引。

重大事项通常包括：（1）引起特别风险的事项；（2）实施审计程序的结果，根据结果可能存在重大错报，或需要修改以前对重大错报风险的评估和针对这些风险拟采取的应对措施；（3）导致注册会计师实施必要审计程序的情形；（4）导致出具非标准审计报告的事项。

当涉及重大事项和重大职业判断时，注册会计师需要编制"与运用职业判断相关"的审计工作底稿。例如：（1）如果审计准则要求注册会计师"应当考虑"某些信息或因素，并且这种考虑在特定业务情况下是重要的，记录注册会计师得出结论的理由；（2）记录注册会计师对某些方面主观判断的合理性（如某些重大会计估计的合理性）得出结论的基础；（3）如果注册会计师针对审计过程中识别出的导致其对某些文件记录的真实性产生怀疑的情况实施了进一步调查（如适当利用专家的工作或实施函证程序），记录注册会计师对这些文件记录真实性得出结论的基础。

3. 针对重大事项，如何处理识别出的信息与结论矛盾或不一致的情况

如果识别出的信息与针对某重大事项得出的最终结论相矛盾或不一致，注册会计师应当记录如何处理不一致的情况。

（三）审计结论

审计工作的每一部分都应包含与已实施审计程序的结果及其是否实现既定审计目标相关的结论。

在记录审计结论时需注意，在审计工作底稿中记录的审计程序和审计证据是否足以支持所得出的审计结论。

（四）审计标识及其说明

在审计工作底稿上运用审计标识，可以大大提高编制审计工作底稿的效率，且有助于信息的明晰性和便捷性，前提是审计标识的含义清晰易懂。审计单位可以依据工作需要，在整套审计底稿前编制好一张审计标识表，那么在每张工作底稿上运用这些标识时，可以不必注明所用标识的含义。这样有利于标识的前后一致。如：

∧：纵加核对

＜：横加核对

B：与上年结转数核对一致

T：与原始凭证核对一致

G：与总分类账核对一致

S：与明细账核对一致

T／B：与试算平衡表核对一致

C：已发询证函

C＼：已收回询证函

（五）索引号及编号

为了便于整理和查阅，在每张审计工作底稿上都要注明索引号及编号，例如：A1、J1等，以说明其在审计工作底稿中的放置位置。索引号可在审计工作底稿目录表中查到，编号是指同一索引号下不同审计工作底稿的顺序编号。为了保证审计工作底稿之间的清晰勾稽关系，工作底稿中包含的信息通常需要与其他相关工作底稿中的相关信息进行交叉索引，例如，现金盘点表与列示所有现金余额的导引表进行交叉索引。利用计算机编制工作底稿时，可以采用电子索引和链接，随着审计工作的推进，链接表还可予以自动更新。例如，审计调整表可以链接到试算平衡表，当新的调整分录编制完后，计算机会自动更新试算平衡表，为相关调整分录插入索引号。同样，评估的固有风险或控制风险可以与针对特定风险领域设计的相关审计程序进行交叉索引。

在实务中，注册会计师可以按照所记录的审计工作的内容层次进行编号。例如，固定资产汇总表的编号为 C1，按类别列示的固定资产明细表的编号为 C1-1，房屋建筑物的编号为 C1-1-1，机器设备的编号为 C1-1-2，运输工具的编号为 C1-1-3，其他设备的编号为 C1-1-4。相互引用时，需要在审计工作底稿中交叉注明索引号。

例如，固定资产的原值、累计折旧及净值的总额应分别与固定资产明细表的数字互相勾稽。以下是从固定资产汇总表工作底稿及固定资产明细表工作底稿中节选的部分，以做相互索引的示范。

固定资产审定表

被审计单位：_____ 索引号：_____ C1 _____
项目：固定资产_____ 财务报表截止日/期间：_____
编制：_____ 复核：_____
日期：_____ 日期：_____

项目名称	期末未审数	账项调整		重分类调整		期末审定数	上期末审定数
		借方	贷方	借方	贷方		
一、固定资产原值	×××					×××G	×××
二、累计折旧	×××					×××G	×××
三、固定资产净值	×××					×××T/B∧	×××B∧

固定资产明细表

被审计单位：_____ 索引号：_____ C1-1 _____
项目：固定资产_____ 财务报表截止日/期间：_____
编制：_____ 复核：_____
日期：_____ 日期：_____

项目名称	期末未审数	账项调整		重分类调整		期末审定数	上期末审定数
		借方	贷方	借方	贷方		
一、固定资产原值							
其中：房屋、建筑物	×××			×××		×××S	×××
机器设备	×××		×××			×××S	×××
运输工具	×××					×××S	×××

续表

项目名称	期末未审数	账项调整		重分类调整		期末审定数	上期末审定数
		借方	贷方	借方	贷方		
其他设备	×××					×××S	×××
小计	×××∧		×××∧	×××∧		×××＜C1∧	×××B∧
二、累计折旧							
其中：房屋、建筑物	×××			×××		×××S	×××
机器设备	×××	×××				×××S	×××
运输工具	×××					×××S	×××
其他设备	×××					×××S	×××
小计	×××∧	×××∧		×××∧		×××＜C1∧	×××B∧
三、固定资产净值							
其中：房屋、建筑物	×××					×××S	×××
机器设备	×××					×××S	×××
运输工具	×××					×××S	×××
其他设备	×××					×××S	×××
小计	×××∧					×××C1∧	×××B∧

（六）编制者姓名及编制日期

审计工作底稿的编制者必须在其编制的审计工作底稿上签名和注明编制的日期。

（七）复核者姓名及复核日期

审计工作底稿的复核者必须在复核过的审计工作底稿上签名和注明复核日期。如果有多级复核，每级复核者都应签名和注明复核日期。

（八）其他应说明事项

其他应说明事项即审计人员根据其专业判断，认为应在审计工作底稿中予以记录的其他相关事项。

第三节 审计工作底稿的编制与归档

一、审计工作底稿的编制要求

（一）总体编制要求

注册会计师编制的审计工作底稿，应当使未曾接触该项审计工作的有经验的专业人士清楚地了解：

（1）按照审计准则和相关法律法规的规定实施的审计程序的性质、时间安排和范围；

（2）实施审计程序的结果和获取的审计证据；

（3）审计中遇到的重大事项和得出的结论，以及在得出结论时作出的重大职业判断。

知识拓展
审计各个阶段对应的工作底稿都有哪些（包括但不限于）？

（二）具体记录要求

（1）对审计程序性质、时间安排和范围的记录。包括测试的具体项目或事项的识别特征；审计工作的执行人员及完成审计工作的日期；审计工作的复核人员及复核的日期和范围等。

（2）对重大事项及相关重大职业判断的记录。注册会计师应当及时记录与管理层、治理层和其他人员对重大事项的讨论，包括所讨论重大事项的性质以及讨论的时间、地点和参加人员。

如果识别出的信息与针对某重大事项得出的最终结论不一致，注册会计师应当记录如何处理该不一致的情况。

（3）对偏离审计准则相关要求的记录。在极其特殊的情况下，如果认为有必要偏离某项审计准则的相关要求，注册会计师应当记录实施的替代审计程序如何实现相关要求的目的以及偏离的原因。

（4）对审计报告日后发生事项的记录。在某些例外情况下，如果在审计报告日后实施了新的或追加了审计程序，或者得出新的结论，注册会计师应当记录：①遇到的例外情况；②实施的新的或追加的审计程序、获取的审计证据、得出的结论，以及对审计报告的影响；③对审计工作底稿作出相应变动的时间和人员，以及复核的时间和人员。

二、审计工作底稿的复核

（一）复核审计工作底稿的作用

复核审计工作底稿不仅是审计准则的要求，也是质量控制准则的要求。一张审计工作底稿往往由一名专业人员独立完成，编制者对有关资料的引用、对有关事项的判断、对会计数据的加计验算等都可能出现误差，因此，在审计工作底稿编制完成后，通过一定的程序，经过多层次的复核显然是十分必要的。审计组织应结合本单位实际情况制定出实用有效的审计工作底稿复核制度，也即对有关复核人级别、复核程序与要点、复核人职责等所作出的明文规定。

复核审计工作底稿具有以下三方面的作用：

（1）可以减少或消除人为的审计误差，降低审计风险，提高审计质量。

（2）能够及时发现和解决问题，保证审计计划顺利执行，并不断地协调审计进度、节约审计时间、提高审计效率。

（3）便于上级管理部门对审计人员进行审计质量监控和工作业绩考评。

（二）复核审计工作底稿的基本要求

根据我国《会计师事务所质量管理准则》的要求，会计师事务所应当建立业务质量及项目质量管理体系，建立多层次的审计工作底稿复核制度，而不同层次的复核人可能有不同的复核重点，但就复核工作的基本要点来看，不外乎以下几点：（1）所引用的有关资料是否翔实、可靠；（2）所获取的审计证据是否充分、适当；（3）审计判断是否有理有据；（4）审计结论是否恰当。

复核审计工作底稿是会计师事务所进行审计项目质量控制的一项重要程序，必须有严格和明确的规则。一般说来，复核审计工作底稿应遵循以下基本要求：

（1）做好复核记录，对审计工作底稿中存在的问题和疑点要明确指出，并以文字记录于审计工作底稿中。

（2）复核人必须签名和签署日期，这样既有利于划清审计责任，也有利于上级复核人对下级复核人的监督。

（3）书面表示复核意见。

（4）督促编制人及时修改、完善审计工作底稿。

（三）审计工作底稿的复核制度

为了保证审计工作底稿复核工作的质量，会计师事务所应建立多层次的审计工作底稿复核制度。我国会计师事务所一般建立三级复核制度。所谓审计工作底稿三级复核制度，就是会计师事务所制定的以主任会计师、部门经理（或签字注册会计师）和项目负责人为复核人，对审计工作底稿进行逐级复核的一种复核制度。

项目负责人复核是第一级复核，称为详细复核。它要求项目负责人对下属审计助理人员形成的审计工作底稿逐张复核，发现问题及时指出，并督促审计人员及时修改完善。部门经理（或签字注册会计师）是第二级复核，称为一般复核。它是在项目负责人完成了详细复核之后，再对审计工作底稿中重要会计账项的审计、重要审计程序的执行以及审计调整事项等进行复核。部门经理复核既是对项目负责人复核的一种再监督，也是对重要审计事项的重点把关。主任会计师（或合伙人）是最后一级复核，又称重点复核。它是对审计过程中的重大会计审计问题、重大审计调整事项及重要的审计工作底稿所进行的复核。主任会计师复核既是对前面两级复核的再监督，也是对整个审计工作的计划、进度和质量的重点把握。

三、审计工作底稿的归档

（一）审计工作底稿的存在形式

审计工作底稿有纸质、电子或其他介质 3 种存在形式。无论审计工作底稿以哪种形式存在，会计师事务所作为审计工作底稿的所有者，都应当针对审计工作底稿设计和实施适当的控制，以使审计工作底稿清晰地显示其生成、修改及复核的时间和人员。

（二）审计工作底稿的归档期限

《质量控制准则第 5101 号——会计师事务所对执行财务报表审计和审阅、其他鉴证和相关服务业务实施的质量控制》要求会计师事务所在质量管理体系中，针对业务工作底稿能够在业务报告日之后及时得到归整设定质量目标。审计工作底稿的归档期限为审计报告日后 60 天内。如果注册会计师未能完成审计业务，审计工作底稿的归档期限为审计业务中止后的 60 天内。

（三）审计工作底稿归档后的变动

在完成最终审计档案的归整工作后，注册会计师不应在规定的保存期限届满前删除或废弃任何性质的审计工作底稿。

1. 需要变动审计工作底稿的情形

注册会计师发现有必要修改现有审计工作底稿或增加新的审计工作底稿的情形主要有以下两种：

（1）注册会计师已实施了必要的审计程序，取得了充分、适当的审计证据并得出了恰当的审计结论，但审计工作底稿的记录不够充分；

（2）审计报告日后，发现例外情况要求注册会计师实施新的或追加审计程序，或导致注册会计师得出新的结论。

2. 变动审计工作底稿时的记录要求

在完成最终审计档案的归整工作后，如果对工作底稿进行了变动，注册会计师均应当记录下列事项：

（1）修改或增加审计工作底稿的理由；

（2）修改或增加审计工作底稿的时间和人员，以及复核的时间和人员。

（四）审计工作底稿的保存期限

审计档案是指一个或多个文件夹或其他存储介质，以实物或电子形式存储构成某项具体业务的审计工作底稿的记录，是会计师事务所审计工作的重要历史资料，是会计师事务所应对上级检查的重要凭证，应当妥善保管。会计师事务所应当自审计报告日起，对审计工作底稿至少保存 10 年。如果注册会计师未能完成审计业务，会计师事务所应当自审计业务中止日起，对审计工作底稿至少保存 10 年。

（五）审计工作底稿的保密和查阅

审计档案的内容涉及被审计单位的商业秘密，审计组织为被审计单位保守商业秘密是审计职业道德的基本要求。因此，会计师事务所应当建立严格的审计工作底稿保密制度，对审计工作底稿中涉及的商业秘密保密，并落实专人管理。但由于下列情况需要查阅审计工作底稿的，不属于泄密：

（1）法院、检察院及其他部门因工作需要，在按规定办理了必要手续后，可依法查阅审计档案中的有关审计工作底稿。

（2）注册会计师协会对执业情况进行检查时，可查阅审计档案。

（3）不同会计师事务所的注册会计师，因审计工作的需要，并经委托人同意，在下列情况下，办理了有关手续后，可以要求查阅审计档案：

①被审计单位更换会计师事务所。若出现此情况，后任注册会计师可以查阅前任注册会计师的审计档案。

②审计合并会计报表。基于合并会计报表审计业务的需要，母公司所聘的注册会计师可以调阅子公司所聘注册会计师的审计档案。

③联合审计。若审计工作需要两个或两个以上的会计师事务所共同进行，应允许参与审计的事务所共同查阅和使用审计工作底稿。

拥有审计工作底稿的会计师事务所应当对要求查阅者提供适当的协助，并根据有关审计工作底稿的性质和内容，决定是否允许要求查阅者阅览其审计工作底稿及复印或摘录其中的有关内容。审计工作底稿中的内容被查阅者引用后，因为查阅者的误用而造成的后果，与拥有审计工作底稿的会计师事务所无关。

拓展案例

A 会计师事务所销毁审计档案

总部设在美国得克萨斯州休斯敦的 AR 公司经营电力和天然气、能源和商品运输以及为全球客户提供财务和风险管理服务等，其中能源交易业务量居全美之首，是美国最大的能源公司，也是世界最大的能源商品和服务公司之一。2001 年 10 月 16 日，AR 公司突然宣布，该公司第三季度亏损 6.38 亿美元，净资产因受外部合伙关系影响减少 12 亿美元。AR 股价随即迅速下跌，并引来 SEC 和多家律师事务所的关注。10 月 22 日，AR 公司承认，SEC 的质询已升格为正式调查。11 月 8 日，AR 公司向 SEC 递交文件，修改过去 5 年的财务状况申明，宣布自 1997 年以来通过非法手段虚报利润 5.86 亿美元，并未将内部巨额债务和损失如实报告。11 月 21 日，AR 又宣布，延期偿还 6.9 亿美元的债务。此后，AR 的股价一路下跌，到 11 月 29 日已跌至 26 美分，市值仅有 2.68 亿美元。一年前 AR 公司股价还曾高达 90 美元，市值近 800 亿美元。在 AR 公司承认有重大舞弊行为后不到 2 个月内，AR 股价便跌破 1 美元，市值缩水，致使大批中小投资者倾家荡产，许多与 AR 有着资金业务往来的公司受到巨大影响。

AR 公司自 1985 年成立以来，其财务报表一直由 A 会计师事务所（以下简称"A"）审计。在 AR 事件曝光后，AR 公司 2001 年 11 月向 SEC 提交了 8 - K 报告，对过去 5 年财务报表的利润、股东权益、资产总额和负债总额进行了重大的重新表述，并明确提醒投资者：1997 ~ 2000 年经过审计的财务报表不可信赖。换言之，AR 公司经过 A 审计的财务报表并不能公允地反映其经营业绩、财务状况和现金流量，得到 A 认可的内部控制也不能确保 AR 公司财务报表的可靠性，A 的报告所描述的财务图像和内部控制的有效性，严重偏离了 AR 公司的实际情况。

丑闻曝光后，A 迅速开除负责 AR 公司审计的大卫·邓肯，同时解除了休斯敦其他三位资深合伙人的职务。在沸沸扬扬的 AR 事件中，最让会计职业界意想不到的是，A 居然销毁数以千计的审计档案。A 销毁审计中最重要的证据，是对会计职业道德的公然挑衅，也暴露出其缺乏守法意识。从 A 的角度看，销毁审计档案的事实，极有可能使 AR 事件由单纯的审计失败案件升级为刑事案件。销毁审计档案不仅使 A 的信誉丧失殆尽，而且加大了 A 串通舞弊的嫌疑。如果这仅仅是一件因判断失误而造成的审计失败，A 不至于做销毁审计档案的事。唯一可能的是，被销毁的审计档案藏有见不得阳光的勾当！

通过本章学习，说说审计档案的作用，并谈谈 A 销毁审计档案将会造成什么后果。

本章思政元素梳理

《中国注册会计师职业道德守则第 1 号——职业道德基本原则》明确注册会计师应当遵循诚信原则，在所有的职业活动中保持正直、诚实守信。

诚信是我国社会主义核心价值观的重要组成部分，是社会主义道德建设的重要内容，是构建社会主义和谐社会的重要纽带，同时也是社会主义市场经济运行的基础。对注册会计师行业来说，诚信是注册会计师行业存在和发展的基石，在职业道德基本原则中居于首要地位。在审计过程中，注册会计师应当遵循专业胜任能力和勤勉尽责原则。审计工作底稿是审计过程的记录，是考察审计人员是否勤勉尽责的重要证据。而在 AR 事件中，A 会计师事务所销毁审计中最重要的审计档案，拒绝配合司法调查，违背了"保密豁免"原则，且将自身置于财务造假案"合谋"的旋涡。职业道德尽失，法律意识全无！

同时，会计师事务所应秉持谨慎原则承接审计业务，而不是以利益为主要驱动因素，唯利是图。AR 公司自 1985 年成立以来，其财务报表一直由 A 会计师事务所审计。这种长期的合作关系容易促使事务所和客户的利益相关性提高，对该客户的审计收费成为注册会计师甚至事务所的收入依赖。这种利益关联容易动摇注册会计师基本的职业审慎和怀疑态度，影响审计独立性，导致最后出示了与被审计单位真实情况相悖的审计报告，审计质量无法保证，出现了审计重大过失行为，甚至是欺诈行为。因此，AR 事件爆发后，各国开始强调会计师事务所定期轮换的必要性，认为这是提高审计独立性的重要手段。

党的二十大报告强调，深入推进全面从严治党，坚持打铁必须自身硬。会计师事务所作为信用中介机构，一方面为公司起草和审查财务报告，另一方面还要查找公司账目的漏洞，防止虚假信息的出现，从而保证真实、准确地描述公司财务状况，提振资本市场的信心。注册会计师是保证会计师事务所信用的关键，担任"经济警察"的作用。因此，为重构会计师事务所的信用机制，提高公司信息披露质量，会计师事务所需从自身出发，强化本所及其会计师的业务独立性。

本章中英文
关键词汇

习题演练

本章推荐
阅读书目

第六章 风险评估

引导案例

审计应勤勉尽责，风险评估应谨慎

2022 年 8 月 15 日，广西证监局披露对亚太会计师事务所（特殊普通合伙）（以下简称"亚太所"）及注册会计师作出行政处罚的决定。经查，亚太所及注册会计师王瑜军、汪红宁在天夏智慧城市科技股份有限公司（以下简称"天夏智慧"）2016 年年报审计业务中未勤勉尽责。亚太所存在以下违法事实：

一、亚太所出具的天夏智慧 2016 年年度审计报告存在虚假记载

亚太所为天夏智慧 2016 年年度财务报表提供审计服务。2016 年，天夏智慧通过虚构智慧城市建设项目完成情况的方式，虚增收入不少于 8.87 亿元，利润不少于 3.91 亿元，分别占天夏智慧披露的当年营业收入的 69.45%、利润总额的 96.57%。亚太所为天夏智慧虚假记载的财务报表出具了标准无保留意见的审计报告，签字注册会计师为王瑜军、汪红宁，审计收费为 679 245 元。

二、亚太所在审计过程中未勤勉尽责

（一）在风险识别与评估阶段，未有效识别和评估重大错报风险

（1）未恰当识别、评估业绩承诺舞弊风险因素。2016 年，在天夏智慧收购杭州天夏科技集团有限公司（以下简称"杭州天夏"）时，喀什睿康股权投资有限公司（以下简称"喀什睿康"）作为出售方，承诺杭州天夏当年净利润不低于 42 360.40 万元，若不足则现金补偿。收购完成后，喀什睿康的法定代表人夏建统任职天夏智慧董事、总裁，是天夏智慧管理层的主要成员。在年报审计时，亚太所知悉上述情况，但未恰当识别以夏建统为核心的管理层因上述业绩承诺产生的舞弊动机和压力，未恰当评估天夏智慧在收入确认方面的舞弊风险。

（2）未就舞弊风险询问天夏智慧内部审计人员。在风险评估程序中，亚太所未就舞弊风险询问天夏智慧内设审计部门的工作人员，未对天夏智慧舞弊风险进行有效识别和评估。

（3）未对天夏智慧重要供应商和重要客户间的异常关系保持合理职业怀疑，未实施进一步审计程序。亚太所获取的审计证据显示以下异常：杭州天夏第三大供应商成都德坤科技有限公司与第五大客户眉山市彭山区智慧云信息科技有限公司的法定代表人相同，且与第二大供应商四川德瑞信网络系统工程有限责任公司、第一大客户重庆市永川区天禾智慧商圈运营管理有限公司（以下简称"重庆永川天禾"）分别存在人员和股东交叉。

（二）在内部控制测试阶段，未恰当评价相关控制是否得到有效执行

（1）在工程建设内部控制测试程序中，未审慎评价所获取的审计证据，未保持合理的职业怀疑。亚太所获取的审计证据显示以下异常：一是重庆市永川区智慧商圈设计、建设项目（以下简称"永川项目"）立项时间为 2016 年 1 月 15 日，而亚太所审计获取的 14 份该项目的系统测试报告中有 8 份形成于 2015 年 9～12 月，早于立项。二是在安顺市西秀区智慧城市建设项目（以下简称"安顺项目"）中，项目甲方安顺智慧城市信息有限公司在 25 份装修工程质量验收记录、17 份装修报验表、58 份到货验收单等验收单据上签字、盖章的时间早于该公司成立和成为该项目甲方时间。三是安顺项目合同金额与变动后的各子项目合同总金额不一致。亚太所对上述审计证据中的异常情况未予关注，未审慎评价，未保持合理的职业怀疑，未实施进一步审计程序。另外，亚太所将永川项目的预算报告审批作为控制识别特征，但在未获取相应审计证据的情况下，直接将该项内控测试标注为未发现偏差。

（2）在穿行测试程序中，获取的审计证据不支持审计结论。亚太所在执行与采购有关的穿行测试程序中共计选定 16 个主要控制点，其中 5 个控制点与发票相关。亚太所选取了 25 个样本进行抽样测试，其中 7 个样本无采购发票，11 个样本发票金额与采购凭证金额不符。控制过程记录所附 4 份记账凭证中，仅有 1 份记账凭证中附有少数发票，且发票金额与入账金额不符。上述审计证据明显不能支持内部控制有效，但在未进一步获取充分、适当的审计证据的情况下，亚太所直接得出与采购有关的内部控制得到有效执行的审计结论。

（三）未有效执行实质性审计程序（略）

亚太所在风险识别与评估、控制测试、实质性程序等各阶段未保持审慎评价和合理职业怀疑，未有效执行审计程序，明显未勤勉尽责，导致审计未发现重庆永川、贵州安顺等智慧城市项目收入和利润虚假，最终审计失败。

资料来源：中国证券监督管理委员会广西监管局行政处罚决定书〔2022〕2 号［EB/OL］. 中国证券监督管理委员会广西监管局，http：//www. csrc. gov. cn/guangxi/c104662/c5539986/content. shtml，2022 - 08 - 18.

第一节 风险评估程序概述

风险评估
思维导图

在风险导向审计模式下，注册会计师以重大错报风险的识别、评估和应对为审计工作的主线，最终将审计风险控制在可接受的低水平。风险评估程序是指注册会计师为识别和评估财务报表层次以及认定层次的重大错报风险，而设计和实施的审计程序。注册会计师实施风险评估程序，目的是识别和评估财务报表层次和认定层次的重大错报风险，从而为设计和实施针对评估的重大错报风险采取的应对措施提供基础。《中国注册会计师审计准则第 1211 号——重大错报风险的识别和评估》为审计人员应当实施的审计程序（风险评估程序）提供了规范，还要求在项目小组内部讨论被审计单位财务报表存在重大错报的可能性。

【知识拓展】

现代风险导向审计

现代风险导向审计的审计风险模型为：审计风险 = 重大错报风险 × 检查风险。

国际审计与鉴证准则理事会和美国审计准则委员会成立联合风险评估小组，制定共同的审计风险准则，2004 年 12 月 15 日后审计风险准则正式施行，这标志着现代风险导向审计的实施。现代风险导向审计将报表看作被审计单位战略结果的一部分，以客户经营风险评估为基础，从源头上更加准确地评估与财务报表相联系的重大错报风险，据以制定进一步的审计计划，从而有助于提高审计的效率和效果；针对管理层舞弊，现代风险导向审计要求审计人员以战略经营风险评估为基础，从根源上判断客户管理层舞弊的动机和风险，并据以制定恰当的进一步应对措施，从而避免因客户管理层舞弊而导致的审计失败。

审计风险主要取决于重大错报风险和检查风险。在接受客户委托后，注册会计师最终承受的审计风险取决于检查风险，检查风险取决于注册会计师在其可接受的审计风险下对重大错报风险的评估，虽然风险评估程序本身并不能为形成审计意见提供充分、适当的审计证据，风险评估程序仍然是审计工作的起点，且贯穿于整个审计过程。

一、风险评估程序

注册会计师在设计和实施风险评估程序时，不应当偏向于获取佐证性的审计证据，也不应当排斥相矛盾的审计证据。不带倾向性地设计和实施风险评估程序以获取支持重大错报风险识别和评估的审计证据，可以帮助注册会计师识别潜在的相矛盾的信息，进而帮助注册会计师在识别和评估重大错报风险时保持职业怀疑。注册会计师保持职业怀疑可能包括：（1）质疑相矛盾的信息以及文件的可靠性；（2）考虑管理层和治理层对询问的答复以及从管理层和治理层获取的其他方面的信息；（3）对可能表明存在由舞弊或错误导致的错报的情况保持警觉；（4）根据被审计单位的性质和具体情况，考虑获取的审计证据是否支持注册会计师对重大错报风险的识别和评估。

要了解被审计单位及其环境，审计人员应实施以下几种风险评估程序：

（一）询问被审计单位管理层和内部其他人员

审计人员了解被审计单位的起点是询问企业管理层和有关人员，这种询问和了解可能贯穿于审计业务的始终，因为了解被审计单位及其环境是个动态的过程，通过询问可以了解被审计单位的整体情况。除了询问管理层和对财务报告负责的人员之外，还应当考虑询问内部审计人员、采购人员、生产人员、销售人员或其他人员，并询问不同级别的员工，以获取对识别重点错报风险有用的信息。

1. 询问管理层和财务负责人

一般而言，管理层和财务负责人可提供重要的信息，有利于注册会计师了解编制财务报表的环境。可询问以下事宜：

（1）有关重要经营活动（业务转型）的变化、管理层的计划、管理层关注的主要问题，比如新的竞争对手、主要客户和供应商的流失、新的税收法规的实施、经营目标或经营战略的变化，以及管理层对待风险的态度等。

（2）被审计单位的财务状况和最近的经营成果、现金流量。

（3）可能影响财务报告的交易和事项，如新的投资项目及资金来源，或者目前发生的重大会计处理问题，如重大并购事宜，或其他与合并报表相关的问题。

（4）对被审计单位有重要影响的变化。如影响公司发展的新颁布的法规、法律或行业政策；企业组织结构、所有权结构的变动，以及内部控制的变化等。

（5）被审计单位发生的其他重要变化，如所有权的结构、组织结构的变化（如新成立的部门或新的子公司），以及内部控制的变化等。

2. 询问内部审计人员

被审计单位如果设有审计委员会，该机构对内部审计工作负责，同时负责与外部审计人员沟通联系，监督本公司内部控制以及财务报表可靠性等事务。询问内部审计人员（尤其是内部审计负责人）有助于注册会计师了解被审计单位及其环境，识别和评估财务报表层次和认定层次的重大错报风险，因内部审计人员对被审计单位的运营情况和风险、内部控制的了解比较深入，因此可为注册会计师的风险评估或开展其他的审计工作提供有价值的信息。如果内部审计发现的问题与被审计单位的财务报告和审计相关，注册会计师可能认为阅读内部审计的相关报告是合适的，外部审计人员可以利用内部审计人员的工作成果，以提高效率。

3. 询问其他人员

不仅可以询问被审计单位的生产、销售、采购、信息系统管理、法务人员等不同层级权限的人员，还可询问被审计单位外部的相关专业人员，获得的信息可以为识别重大错报风险提供不同的视角。

（1）询问负责治理的人员可能有助于注册会计师了解治理层对管理层编制财务报表的监督程度；

（2）询问生产人员可以了解被审计单位生产情况，询问采购人员可以了解其原材料采购情况，询问仓管人员还可以了解存货的内部控制情况；

（3）询问参与处理或记录复杂或异常交易的员工，有助于注册会计师评价被审计单位选择和运用某项会计政策的适当性；

（4）询问法律顾问可以了解被审计单位的诉讼、遵守法律法规的情况，影响被审计单位舞弊的事项，产品保证、售后责任，担保及与业务合作伙伴的合同条款等事项；

（5）询问营销部门的员工有助于了解被审计单位的销售趋势、营销策略的变化及与客户的合同安排；

（6）询问信息技术人员，有助于了解系统变更、系统或控制失效的情况，或与信息技术相关的其他风险；

（7）直接询问风险管理职能部门或人员，可能有助于注册会计师了解可能影响财务报告的经营和监管风险；

（8）询问被审计单位的外部法律顾问、投资顾问、财务顾问、专业评估师等人员，也能获得相应的信息。

（二）观察和检查程序

观察和检查程序可以与对管理层和其他相关人员的询问结果相互印证，可以提供有关被审计单位及其环境的信息，注册会计师应当实施下列观察和检查程序。

1. 实地查看被审计单位的生产经营场所和设备

实地查看可以了解以下内容：（1）厂房及办公场所的位置；（2）核心业务流程；（3）电子数据处理系统；（4）内部控制存在的薄弱环节（仓管环节，是否有过多的残废料等）；通过查看生产经营场所和设备可以了解被审计单位的主要业务及经营活动，与管理层、承担不同职责的员工现场交流，可以增进对被审计单位的经营活动及其重大影响因素的了解。

2. 观察被审计单位的生产经营活动

通过观察被审计单位的生产活动和控制活动，能使审计人员了解被审计单位的重要业务、成本，并能接触到重要岗位的工作人员，为风险评估提供相应的环境证据，比如企业采购的内部控制要求入库前要有验收程序，但审计人员观察到该制度形同虚设，说明企业在该环节上可能存在重大错报风险。

3. 检查内部文件、记录和内部控制手册

被审计单位通常使用文件记录日常的经营活动及重大活动和内部控制的目的、细节和注意事项等，因此检查被审计单位的章程、战略和商业计划，与其他单位签订的合同、协议，股东大会或董事会的会议纪要，各业务流程操作指引和内部控制手册，各种会计资料、内部凭证和单据等，可以了解被审计单位组织结构和内部控制制度的建立健全情况。审计人员可以通过检查企业的制度手册、组织结构图、行为规则来获得关于内部控制设计方面的信息，再通过和前面询问员工的结果比较，就可以判断企业内部控制设计是否得到严格执行，判断该环节是否存在重大错报风险。

4. 阅读管理层和治理层编制的报告

阅读分析被审计单位的年度和中期财务报告、纳税申报表、经营计划和战略、提交给行业或政府主管部门的报告、管理层对重要经营环节和外部因素的评价报告、被审计单位内部管理报告及其他特殊目的的报告（新投资项目的可行性分析报告），有助于审计人员评估被审计单位的经营风险。

5. 进行穿行测试

穿行测试是指追踪交易在财务报告信息系统中的处理过程，可在每一类交易中选择一笔或若干笔交易进行测试，通过追踪某笔或某几笔交易在业务流程中如何生成、记录、处理和报告，了解被审计单位执行内部控制的情况。穿行测试的目的是验证被审计单位财务报告信息系统的实际运行是否与经过其他方法调查后在审计工作底稿中所描述的结果保持一致，以判断控制点是否存在重大错报风险。穿行测试往往同其他方法同时使用。

6. 利用以前期间获得的信息

如果是连续审计业务，审计人员在拟利用以前期间获得的信息前，需要确定这些信息是否仍然相关。应利用职业判断确定被审计单位及其环境自以前审计后是否已发生变化，以及该变化是否可能影响以前期间信息在本期审计中的相关性。比如以往的错报情况以及错报是否得到及时更正；被审计单位及其环境的性质，被审计单位的内部控制（包括内部控制缺陷）；自上期以来被审计单位或其经营活动可能发生的重大变化；特定类型的交易（复杂的交易）、其他事项或账户余额（包括相关披露），注册会计师在对其实施必要的审计程序时因交易的特殊性或复杂性遇到的困难。

除执行上述程序外，如果从被审计单位外部获取的信息有助于识别重大错报风险，审计人员应实施相应审计程序获取并充分利用这些信息。

（三）分析程序

分析程序是指审计人员通过分析不同财务数据之间以及财务数据与非财务数据之间的内在关系，评价财务信息。实施分析程序有助于注册会计师识别不一致的情形、异常的交易或事项，以及可能对审计产生影响的金额、比率和趋势。识别出的异常或未预期到的关系可以帮助注册会计师识别重大错报风险，特别是由舞弊导致的重大错报风险。比如审计人员了解到被审计单位的贷款余额比上年略有下降，今年银行的贷款利率下跌了 1 个百分点，因此预期财务费用应会有所下降，但比较两年的财务费用，发现今年财务费用还比去年大幅上升，审计人员会判断财务费用可能存在重大错报风险。

注册会计师将分析程序用作风险评估程序，识别注册会计师未注意到的被审计单位某些方面的情况，或了解固有风险因素（如相关变化）如何影响"相关认定"（即注册会计师识别出存在重大错报风险的交易类别、账户余额和披露的认定）易于发生错报的可能性，可能有助于识别和评估重大错报风险。注册会计师在将分析程序用作风险评估程序时，可以：（1）同时使用财务信息和非财务信息，如分析销售额（财务信息）与卖场的面积（非财务信息）或已出售商品数量（非财务信息）之间的关系；（2）使用高度汇总的数据。实施分析程序可能大体上初步显示财务报表存在重大错报风险，审计人员应当将分析结果连同识别重大错报风险时获取的其他信息一并考虑。

在计划审计阶段，审计人员使用分析程序，有助于评估重大错报风险和找出存在潜在错报风险的领域，其具体步骤如下：

1. 确定分析程序的范围及复杂程度

被审计单位的规模越大，业务越复杂，分析程序的范围越大且越复杂。除了上述因素之外，审计人员还可根据自己的职业判断确定要执行哪些计算，做何种比较。

2. 审计人员独立决策，估计相应的期望值

审计中的分析程序有一个基本假定：在没有反证的情况下，数据之间预计将继续存在一定的关系。因此，审计人员可以根据不同来源的数据（应考虑数据资料的可靠性和适当性）估计期望值：

（1）根据被审计单位以前若干期的可比会计信息，并考虑已知的变化估计期望值。在没有反证的情况下，本期的账户余额、共同百分比或比率应该接近或类似于前期的数据。比如被审计单位如果是生产日常生活必需品的，没有证据表明该单位产品的市场占有率发生较大的变化，该类产品的销售是比较稳定的，因此其销售收入的数据对比前期也应变化较小。

（2）根据行业数据合理估计期望值。比如同样产品的毛利率，同行业差异不大，可选取行业均值或最高、最低水平来估计期望值的范围，需要结合被审计单位在行业中的位置及发展水平进行估计。

（3）根据正式的预算或预测估计期望值。审计人员可以根据被审计单位的前期资料和中期报表编制预测，同时结合被审计单位的预算来估计。

（4）根据会计要素之间的关系估计期望值。比如固定资产减少会导致折旧费用减少，赊销金额减少一般会导致坏账费用下降；原材料价格上涨，一般会导致生产成本增加等，审计人员可以利用这些关系估计。

（5）根据会计信息与非会计信息之间的关系估计。比如可以根据员工人数、类别，结合工资上涨的比率，估计工资费用的大致范围。

3. 进行计算和比较

对第一步骤需要比较的数据、比率、趋势分析进行计算，和第二步骤估算的期望值进行比较，计算出相对和绝对差，以及共同比等，可以画出趋势分析图。

4. 通过分析确认重大差异

对计算比较的结果进行分析，如果被审计单位的数据与估计的期望值之间差异较大，审计人员必须仔细调查这些差异。

5. 调查重大差异

管理人员可以询问管理层重大差异的原因，并寻求其他证据对管理层的回答进行佐证。重大差异也可能是估计的期望值不合适造成的，此时考虑修正期望值。如果无法解释重大差异产生的原因，审计人员应充分考虑对审计计划的影响。

6. 充分考虑审计风险和对审计计划的影响

根据分析结果，审计人员可以评估被审计单位的审计风险，确定可接受的审计风险水平和重点审计领域，如出现无法解释的重大差异，一般将其列作审计重点领域，并计划更详细的审计测试，收集更充分的审计证据，以降低审计风险。

注册会计师在财务报表审计中应当实施上述风险评估程序，但是在了解被审计单位及其环境、适用的财务报告编制基础和内部控制体系各要素的每一方面时无须实施上述所有程序。注册会计师在实施风险评估程序时，可以使用自动化工具和技术，如对大批量数据（如总账、明细账或其他经营数据）进行自动化分析，使用远程观察工具（如无人机）或其他先进技术手段观察或检查资产等。

二、在项目组内部进行讨论

特别提示

项目组内部的讨论在所有审计业务阶段都很重要，可以保证所有事项得到恰当的考虑。应安排具有较丰富经验的成员（如项目合伙人）参与项目组内部的讨论，项目组关键成员也应当参加，其他成员可以分享其见解和以往获取的有关被审计单位的经验。项目组内部进行讨论，有助于增进所有项目组成员对项目的了解；使项目组成员能够讨论被审计单位面临的经营风险、固有风险因素如何影响各类交易、账户余额和披露易于发生错报的可能性，以及财务报表易于发生由舞弊或错误导致的重大错报的方式和领域；项目组成员对财务报表存在重大错报的可能性进行讨论，成员能了解各自实施审计程序的结果如何影响审计的其他方面，包括对确定进一步审计程序的性质、时间安排、范围的影响，特别是讨论可以帮助项目组成员基于各自对被审计单位性质和情况的了解，进一步考虑相矛盾的信息；为项目组成员交流分享在审计过程中获取的可能影响重大错报风险评估结果或应对这些风险的审计程序的新信息提供基础。

项目组成员可能讨论的事项主要有：被审计单位的性质、管理层对内部控制的态度；从以往审计业务中获得的经验、重大经营风险因素；已了解的影响被审计单位外部和内部舞弊因素，可能为管理层实施舞弊、寻找使舞弊行为合理化的理由、侵占资产提供机会或压力；可能存在的与披露相关的重大错报风险领域；确定财务报表哪些项目易于发生重大错报，表明管理层倾向于高估或低估收入的迹象；分享审计思路和方法时，可讨论管理层可能如何编报和隐藏虚假财务报告；出于个人目的侵占或挪用被审计单位的资产行为如何发生；被审计单位所处的环境、财务状况或经营活动的变化，这种变化可能导致重新披露或对现有的披露做出重大修改，比如审计期间发生的重大企业合并或企业出售资产；财务报告要求的新变化；以前审计中难以获取充分、适当的审计证据的披露；决定拟实施审计程序的性质、增加审计程序的时间安排和范围的不可预见性；关于复杂事项的披露等。项目组在讨论的过程中应强调在审计过程中要保持审慎和职业怀疑的态度，对可能发生重大错报的迹象保持警惕，并进行严格追踪。

第二节　了解被审计单位及其环境和适用的财务报告编制基础

一、了解被审计单位及其环境的重要性

在审计实务中，注册会计师应当实施风险评估程序，以了解被审计单位及其环境、适用的财务报告编制基础和内部控制体系各要素。获得的了解具有重要作用，特别是为注册会计师在下列关键环节作出职业判断提供重要基础：

（1）确定重要性水平，并随着审计工作的进程评估对重要性水平的判断是否仍然适当；

（2）考虑会计政策的选择和运用是否恰当，以及财务报表的列报是否恰当；

（3）识别与财务报表中金额或披露相关的需要特别考虑的领域，包括关联方交易、管理层运用持续经营假设的合理性，或交易是否具有合理的商业目的等；

（4）确定在实施分析程序时使用的预期值；

（5）设计和实施进一步审计程序，以将审计风险降至可接受的低水平；

（6）评价所获取审计证据的充分性和适当性；

了解被审计单位及其环境是一个连续和动态的过程，需要持续分析和更新信息，贯穿整个审计过程的始终，若了解被审计单位及其环境获得的信息足以识别和评估财务报表的重大错报风险，设计和实施进一步审计程序，那么了解的程度就是恰当的。

二、了解被审计单位及其环境的内容

审计准则
中国注册会计师审计准则第1211号——重大错报风险的识别和评估（2022年12月22日修订）

审计准则
《中国注册会计师审计准则第1211号——通过了解被审计单位及其环境识别和评估重大错报风险》应用指南（2022年1月17日修订）

调查相关情况不仅可以使审计人员了解被审计单位经营背景、特点、特殊会计实务，还可以帮助审计人员有效评价重大错报风险。注册会计师应从以下几个方面着手：

（一）被审计单位的性质

被审计单位的性质，包括所有权结构、治理结构、组织结构、业务模式、正在实施和计划实施的投资（包括对特殊目的实体的投资）活动、筹资活动。了解被审计单位的性质，有助于审计人员理解预期在财务报表中反映的各类交易、账户余额、列报与披露。注册会计师尤其要关注特殊目的实体，《中国注册会计师审计准则第1323号——关联方》应用指南指出，在某些情况下，特殊目的实体可能是被审计单位的关联方，还需详细了解设计特殊目的实体的相关协议，以判断其是否符合控制条件而在编制合并报表时考虑特殊目的实体的情况。

1. 所有权结构

对被审计单位所有权结构的了解有助于注册会计师识别关联方关系并了解被审计单位的决策过程。应了解所有者（法人／自然人）、企业类型（国有、外商投资、民营、其他类型）、所属地区、规模、自然人的社会职务；所有者与被审计单位之间的关系；控股母公司和其他股东的构成、实际控制人，还应了解所有者与其他人员或单位（如控股母公司控制的其他企业）之间的关系。注册会计师应当按照《中国注册会计师审计准则第1323号——关联方》的规定，了解被审计单位识别关联方的程序，获取被审计单位提供的所有关联方信息，并考虑关联方关系是否得到识别，关联方交易是否得到恰当记录和充分披露。

注册会计师还需对被审计单位控股母公司（股东）的情况作进一步了解，包括控股母公司的所有权性质、管理风格及其对被审计单位经营活动及财务报表可能产生的影响；控股母公司与被审计单位在资产、业务、人员、机构、财务等方面是否分开，是否存在占用资金等情况；控股母公司是否施加压力，要求被审计单位达到其设定的财务业绩目标。注册会计师还应当了解所有者、治理层、管理层之间的区别。较小规模、股权结构简单的被审计单位，这三者之间的界限可能比较模糊。

2. 治理结构

良好的治理结构可以对被审计单位的经营和财务运作实施有效的监督，从而降低财务报表发生重大错报的风险。注册会计师应关注：治理层人员是否参与对被审计单位的管理；董事会中的非执行人员（如有）是否与负责执行的管理层分离；治理层人员是否在被审计单位法律上的组织结构下的组成部分任职，比如担任董事；治理结构中是否设有审计委员会或监事会，如有，其运作情况如何；治理层监督财务报告的责任，包括批准财务报表。治理层能否独立于管理层对相关事务（包括财务报告）作出客观判断。

3. 组织结构

审计人员应当了解被审计单位的组织结构，考虑可能产生的财务报表合并、商誉摊销和减值、权益法运用以及特殊目的实体核算等问题。因为复杂的组织结构可能导致某些特定的重大错报风险，假设被审计单位在多个地区拥有子公司、合营企业、联营企业或其他成员机构，或存在多个业务分部和地区分部，不仅编制合并报表的难度增加，还容易产生重大错报风险。可能产生错报风险的事项有：将商誉分配到业务分部及商誉的减值；对子公司、合营企业、联营企业和其他股权投资类别的判断及会计处理；特殊目的实体的处理等。

4. 业务模式

了解业务模式主要是为了了解和评价被审计单位的经营风险可能对财务报表重大错报产生的影响。例如，不同业务模式的被审计单位可能以不同方式依赖对信息技术的使用：（1）被审计单位在实体店销售甲产品，并使用先进的库存和销售终端系统记录产品的销售；（2）被审计单位在线销售甲产品，所有销售交易均在信息技术环境中处理，包括通过网站发起交易。对于以上两类被审计单位，尽管二者销售产品相同，但由于业务模式明显不同，因此产生的经营风险也有显著差异。注册会计师并非需要了解被审计单位业务模式的所有方面。并非所有的经营风险都会导致重大错报风险。经营风险是指可能对被审计单位实现目标和实施战略的能力产生不利影响的重要状况、事项、情况、作为（或不作为）所导致的风险，或由于制定不恰当的目标和战略而导致的风险，比如企业盲目扩张或盲目多元化经营。导致财务报表产生重大错报风险的可能性有所增加的经营风险可能来自下列事项：（1）目标或战略不恰当，未能有效实施战略，环境的变化或经营的复杂性。（2）未能认识到变革的必要性也可能导致经营风险。例如：①开发新产品或服务可能失败；②即使成功开拓了市场，也不足以支撑产品或服务；③产品或服务存在瑕疵，可能导致法律责任及声誉方面的风险。（3）对管理层的激励和压力措施可能导致有意或无意的管理层偏向，并因此影响重大假设以及管理层或治理层预期的合理性。具体而言，注册会计师在了解可能导致财务报表重大错报风险的业务模式、目标、战略及相关经营风险时，可以考虑下列事项：

（1）行业发展，例如缺乏足以应对行业变化的人力资源和业务专长；

（2）开发新产品或提供新服务，这可能导致被审计单位的产品责任增加；

（3）被审计单位的业务扩张，被审计单位对市场需求的估计可能不准确；

（4）新的会计政策要求，被审计单位可能对其未完全执行或执行不当；

（5）监管要求，这可能导致法律责任增加；

（6）本期及未来的融资条件，例如被审计单位由于无法满足融资条件而失去融资机会；

（7）信息技术的运用，如新的信息技术系统的实施将影响经营和财务报告；

（8）实施战略的影响，特别是由此产生的需要运用新的会计政策要求的影响。

了解被审计单位的业务模式，需要了解被审计单位的经营活动、筹资活动和投资活动。

（1）经营活动

了解被审计单位经营活动，有助于注册会计师识别预期在财务报表中反映的主要交易类别、重要账户余额和披露。需要从以下方面了解经营活动：

①收入来源（包括主营业务的性质）、产品或服务以及市场的性质（包括产品或服务的种类、付款条件、利润率、市场份额、竞争者、出口、定价政策、产品声誉、质量保证、营销策略和目标、电子商务如网上销售和营销活动）。

②研发活动及其支出。

③业务的开展情况（生产阶段与生产方法，易受环境风险影响的活动）；从事电子商务的情况，如是否通过互联网销售产品和提供服务以及从事营销活动。

④关联方交易。

⑤联盟、合营与外包情况。

⑥地区分布与行业细分。例如是否跨区经营和多种经营，各个地区和各行业分布的相对规模以及相互之间是否存在依赖关系。

⑦生产设施、仓库的地理位置及办公地点，存货存放地点和数量。

⑧关键客户。例如，销售对象是少量的大客户还是众多的小客户；是否有销售总额超10%的高依赖客户；是否与某些客户订立了不同寻常的销售条款或条件；是否有造成高回收性风险的若干客户或客户类别（如正处在一个衰退市场中的客户）。

⑨货物和服务的重要供应商。例如，是否签订长期供货合同、原材料供应的可靠性和稳定性、付款条件，以及原材料是否受重大价格变动的影响。

⑩劳动用工安排，包括是否存在退休金和其他退休福利、股票期权或激励性奖金安排以及与劳动用工事项相关的政府法规。

（2）筹资活动。

了解被审计单位的筹资活动有助于审计人员评估被审计单位在融资方面的压力，进一步考虑被审计单位在可预见的未来的持续经营能力。需要了解的内容有：

①债务结构和相关条款，包括债务协议，与债务相关的限制性条款、担保情况及表外融资。例如获得的信贷额度是否满足营运需要，得到的融资条件和利率是否与竞争对手相似，是否承受重大的汇率与利率风险。

②主要子公司和联营企业（无论是否纳入合并范围内）的所有权结构。

③实际受益方（例如，实际受益方来自国内还是国外，其商业声誉和经验可能对被审计单位产生的影响）及关联方。

④衍生金融工具的运用。

⑤固定资产的租赁（融资租赁）。

（3）投资活动。

审计人员应了解的被审计单位的投资活动主要有：

①近期拟实施或已实施的并购活动与资产处置情况，包括业务重组或某些业务的终止；还应了解并购活动是否与被审计单位的经营业务协调，是否会引发经营风险，新业务能否与现有业务结合，发挥协同优势。

②证券投资、委托贷款的发生与处置。

③资本性投资活动，包括固定资产和无形资产投资，近期或计划发生的变动，以及重大的资本承诺等。

④未纳入合并范围的实体的投资，包括非控制合伙企业、合营企业和非控制特殊目的实体。

（二）行业形势、法律与监管环境及其他外部因素

1. 行业形势

被审计单位所处的行业可能产生经营性质或监管程度导致的特定重大错报风险，因此

审计人员对行业形势的了解是十分必要的。了解的内容主要有：

（1）行业的市场需求、生产能力和价格竞争，具体而言，就是行业的发展趋势及其所处的发展阶段，行业是否受经济周期的影响，是否采取措施将波动的影响最小化，以及被审计单位的主要竞争者，相比主要竞争者有无优势。

（2）生产经营的季节性和周期性。

（3）与被审计单位产品相关的生产技术的发展，是否开发了新的技术？

（4）能源供应与成本（能源消耗在成本中所占比重，能源价格的变化对成本的影响程度）。

（5）行业的关键指标和统计数据，关注被审计单位业务的增长率和财务业绩与行业的平均水平及主要的竞争者对比的结果，竞争者是否采取了诸如并购、降价、开发新技术等措施，从而对被审计单位的经营活动产生影响。

（6）供应商和客户关系。

2. 法律和监管环境

法律和法规环境主要是指适用于被审计单位的财务报告框架、法律和政治环境以及影响该行业或主体的管制环境。了解法律环境与监管环境的原因在于：某些法律法规或监管要求可能对被审计单位经营活动有重大影响，如不遵守将导致停业等严重后果，某些法律法规或监管要求（如环保法规等）规定了被审计单位某些方面的责任和义务，决定了被审计单位需要遵循的行业管理和核算要求。审计人员需关注的内容具体包括：

（1）适用的财务报告编制基础。

（2）受管制行业的法律框架，包括披露要求。

（3）对经营活动产生重大影响的法律法规及监管活动，新出台的有关产品责任、劳动安全或环保的法律法规对被审计单位的影响。

（4）对开展业务产生重大影响的政府政策，如货币政策（包括外汇管制）、财政政策、财政刺激政策（如政府援助项目）、税收政策、关税或贸易政策及其变化。

（5）影响行业和被审计单位经营活动的环保要求。

（6）税收相关法律法规。

3. 其他外部因素

其他外部因素主要是总体经济情况、利率、融资的可获得性、通货膨胀水平或币值变动等因素。审计人员应关注宏观经济的景气度、利率的变化趋势，以及资金供求状况、通货膨胀水平、汇率波动对被审计单位经营活动的影响。

被审计单位所处的行业、规模以及其他因素（比如市场地位）不同，审计人员对上述行业状况、法律环境和监管环境以及其他外部因素了解的侧重点和程度会有所不同。比如，对软件开发行业，审计人员可能更关心服务、市场需求和占有率、竞争以及技术进步的情况；对金融机构，审计人员更关心宏观经济的走势、货币、财政等宏观经济政策；对养殖、化工等存在污染的行业，审计人员更关注环保法规。

审计人员应当考虑被审计单位的行业性质或监管程度可能导致的特定重大错报风险，考虑项目组成员是否具备相关知识和经验。例如，建筑行业长期合同涉及收入和成本的重大估计，可能导致重大错报风险。

（三）适用的财务报告编制基础、会计政策及变更会计政策的原因

注册会计师应当了解适用的财务报告编制基础、会计政策及变更会计政策的原因，并评价被审计单位的会计政策是否适当、是否与适用的财务报告编制基础一致。了解时需要考虑的事项：

（1）被审计单位与适用的财务报告编制基础相关的财务报告实务。

①会计政策和行业特定惯例，包括特定行业各类重要的交易、账户余额及财务报表相关披露，比如银行业的贷款和投资、软件行业的研究开发活动。

②收入确认惯例。

③外币资产、负债与交易。

④公允价值会计核算。

⑤异常或复杂交易（包括在有争议的或新兴领域的交易）的会计处理。

（2）就被审计单位对会计政策的选择和运用（包括发生的变化以及变化的原因）获得的了解，可能包括的事项有：

①重大和异常交易的确认、计量和列报（包括披露）方法。如本期发生的企业合并的会计处理方法；某些被审计单位存在与其所处行业相关的重大交易（比如，基金公司对外投资、医药企业的研究开发活动等）。审计人员应当考虑对重大的和不经常发生的交易的会计处理方法是否适当。

②会计政策（或会计估计）的变更。审计人员应考虑被审计单位会计变更重要会计政策的适当性和原因，考虑会计政策变更是否是法律、行政法规或者适用的会计准则和相关会计制度要求的变更；会计政策变更是否能提供更可靠、更相关的会计信息；会计政策的变更是否能得到恰当处理和充分披露。比如被审计单位固定资产折旧政策由平均年限法变更为双倍余额递减法，针对变更的原因及其合理性，财务报表附注应披露相关情况。

③在新领域和缺乏权威性标准或共识的领域，采用重要会计政策产生的影响。审计人员应关注在这些领域被审计单位选用了何种会计政策、为何选用这些会计政策以及选用这些会计政策产生的影响。比如"互联网＋"行业收入的确认。

④被审计单位何时采用及如何采用新颁布的会计准则和相关的会计制度。

⑤环境变化，例如适用的财务报告编制基础的变化或税制改革可能导致被审计单位的会计政策变更。

除上述与会计政策的选择和运用相关的事项外，审计人员还应关注被审计单位：

第一，财会人员是否拥有足够的运用会计准则的知识、经验和能力；

第二，是否采用激进的会计政策、方法、估计和判断；

第三，是否拥有足够的资源支持会计政策的运用，如人力资源及培训、采用的信息技术、采集的数据和信息等。

审计人员应考虑被审计单位是否按照适用的会计准则和相关的会计制度的规定恰当地进行了列报，并披露了重要事项（含特定事项的列报和披露）。了解被审计单位及其环境，可能有助于注册会计师考虑被审计单位财务报告预期发生变化（如相比以前期间）的领域。

【例】SA 公司是 TJ 会计师事务所的常年审计客户，现执行 20×1 年财务报表审计。注册会计师在了解 SA 公司及其环境时发现以下情况：

20×1 年 9 月，被审计单位 SA 公司向甲公司投资 10 000 万元，取得了甲公司 25% 的股权，并对该长期股权投资采用权益法核算，但并未向甲公司派出董事。20×2 年 1 月 SA 公司向甲公司派出一名董事。甲公司章程规定，公司的财务和经营政策需要经 51% 以上的股东表决。

分析：甲公司章程规定，公司的财务和经营政策需要经 51% 以上的股东表决，SA 公司仅持有 25%，且 20×2 年才派出董事，因此 20×1 年该项长期股权投资应使用成本法核算，这表明 SA 公司长期股权投资的认定存在重大错报风险。

（3）了解固有风险因素如何影响认定易于发生错报的可能性。

①固有风险因素的概念。固有风险因素，是指在不考虑内部控制的情况下，导致交易类别、账户余额和披露的某一认定易于发生错报（无论该错报是由舞弊还是错误导致）的因素。

②了解固有风险因素的重要作用。了解固有风险因素如何影响认定易于发生错报的可能性，有助于注册会计师初步了解错报发生的可能性和重要程度，并帮助注册会计师按照审计准则的规定识别认定层次的重大错报风险。了解固有风险因素在何种程度上影响认定易于发生错报的可能性，还有助于注册会计师在按照审计准则的规定评估固有风险时，评估错报发生的可能性和重要程度。因此，了解固有风险因素也可以帮助注册会计师按规定设计和实施进一步审计程序。

③与适用的财务报告编制基础要求的信息（以下简称"所需信息"）编制相关的固有风险因素。包括：

第一，复杂性。这是由信息的性质或编制所需信息的方式导致的，包括编制过程本身较为复杂的情况。例如，下列情况可能导致较高的复杂性：第一，计算供应商返利准备。这是因为计算供应商返利准备可能有必要考虑与很多不同供应商签订的不同商业条款，或与计算到期返利相关的很多相互关联的商业条款；第二，如果在作出会计估计时存在许多具有不同特征的潜在数据来源，那么，该数据的处理涉及很多相互关联的步骤，因此，这些数据本身较难识别、获取、访问、了解或处理。

第二，主观性。由于知识或信息的可获得性受到限制，客观编制所需信息的能力存在固有局限性，因此，管理层可能需要对采取的适当方法和财务报表中的相关信息作出选择或主观判断。由于编制所需信息的方法不同，适当地运用适用的财务报告编制基础可能也会导致不同结果。

第三，变化。被审计单位的经营、经济环境、会计、监管、所处行业或经营环境中其他方面的事项或情况的变化可能在财务报告期间内或不同期间之间发生。例如，变化可能是由于适用的财务报告编制基础的要求、被审计单位及其业务模式或经营环境的变化导致的。这些变化可能影响管理层的假设和判断，包括管理层对会计政策的选择、如何作出会计估计或如何确定相关披露。

第四，不确定性。不能仅通过直接观察可验证的充分精确和全面的数据编制所需信息时，会导致不确定性。获取知识或数据的能力受到限制，且管理层不能控制这些限制（包括受到成本的限制），是产生不确定性的原因。该不确定性对编制所需信息的影响无法消除。例如，如果无法精确确定所需的货币金额并且在财务报表完成日之前无法确定估计的结果，则会导致估计不确定性。

第五，由影响固有风险的管理层偏向或其他舞弊风险因素导致易于发生错报的其他因素。管理层有意或无意地在信息编制过程中未保持中立，则可能导致管理层偏向。管理层偏向通常与特定情况相关，这些情况可能导致管理层在作出判断时未保持中立（潜在管理层偏向的迹象），从而导致信息产生重大错报，如果管理层是故意的，则导致舞弊。这些迹象包括影响固有风险的使管理层不保持中立的动机或压力（例如，追求实现预期结果，如预期利润目标或资本比率）以及机会。

执行复杂的信息编制过程可能需要专业技术或知识，并可能需要利用管理层的专家。如果管理层的判断主观性较高，则由管理层偏向（无论无意或故意）导致易于发生错报的可能性也可能有所提升。例如，在作出具有高度估计不确定性的会计估计时，可能涉及管理层的重大判断，与方法、数据和假设相关的结论可能反映出无意或故意的管理层偏向。

④固有风险因素对某类交易、账户余额和披露的影响。

某类交易、账户余额和披露由于其复杂性或主观性而导致易于发生错报的可能性，通常与其变化或不确定性的程度密切相关。例如，如果被审计单位存在一项基于假设的会计估计，其选择涉及重大判断，则这项会计估计的计量可能受到主观性和不确定性的影响。某类交易、账户余额和披露由于其复杂性或主观性而导致易于发生错报的可能性越大，注册会计师越有必要保持职业怀疑。

此外，如果某类交易、账户余额和披露由于其复杂性、主观性、变化或不确定性而导致易于发生错报，这些固有风险因素可能为管理层偏向（无论无意或有意）创造了机会，并影响由管理层偏向导致的易于发生错报的可能性。注册会计师对重大错报风险的识别和认定层次固有风险的评估，也受到固有风险因素之间相互关系的影响。

（4）可能表明财务报表存在重大错报风险的事项和情况。

①复杂性。

监管：在高度复杂的监管环境中开展业务；

业务模式：存在复杂的联营或合资企业；

适用的财务报告编制基础：涉及复杂过程的会计计量；

交易：使用表外融资、特殊目的实体以及其他复杂的融资安排。

②主观性。

适用的财务报告编制基础：

第一，某项会计估计具有多种可能的衡量标准。例如，管理层确认折旧费用或建造收入和费用；

第二，管理层对非流动资产（如投资性房地产）的估值技术或模型的选择。

③变化。

经济情况：在经济不稳定（如货币发生重大贬值或经济发生严重通货膨胀）的国家或地区开展业务；

市场：在不稳定的市场开展业务（如期货交易）；

客户流失：持续经营和资产流动性出现问题，包括重要客户流失；

行业模式：被审计单位经营所处的行业发生变化；

业务模式：供应链发生变化；开发新产品或提供新服务，或进入新的业务领域；

地理：开辟新的经营场所；

被审计单位组织结构：被审计单位发生变化，如发生重大收购、重组或其他非常规事项；拟出售分支机构或业务分部；

人力资源的胜任能力：关键人员变动（包括核心执行人员的离职）；

信息技术：信息技术环境发生变化；安装新的与财务报告相关的重大信息技术系统；

适用的财务报告编制基础：采用新的会计准则；

资本：获取资本或借款的能力受到新的限制；

监管：经营活动或财务业绩受到监管机构或政府机构的调查；与环境保护相关的新立法的影响。

④不确定性。

报告：涉及重大计量不确定性（包括会计估计）的事项或交易及相关披露；存在未决诉讼和或有负债（如售后质量保证、财务担保和环境补救）。

⑤由影响固有风险的管理层偏向或其他舞弊风险因素导致易于发生错报的其他因素。

报告：管理层和员工编制虚假财务报告的机会，包括遗漏披露应包含的重大信息或信息晦涩难懂；

交易：从事重大的关联方交易；发生大额非常规或非系统性交易（包括公司间的交易和在期末发生大量收入的交易）；按照管理层特定意图记录的交易（如债务重组、资产出售和交易性债券的分类）。

其他可能表明存在财务报表层次重大错报风险的事项或情况包括：一是缺乏具备会计和财务报告技能的员工；二是控制缺陷，尤其是内部环境、风险评估和内部监督中的控制缺陷和管理层未处理的内部控制缺陷；三是以往发生的错报或错误，或者在本期期末出现重大会计调整。

（四）被审计单位财务业绩的衡量标准

被审计单位内部或外部对财务业绩的衡量和评价都有可能对管理层产生压力，促使其采取行动改善财务业绩或歪曲财务报表，因此审计人员应该了解被审计单位财务业绩的衡量和评价相关情况，考虑被审计单位实现业绩目标的压力是否可能导致其采取行动，从而增加易于发生由管理层偏向或舞弊导致的错报的可能性（如改善经营业绩或有意歪曲财务报表）。

1. 了解的主要信息

（1）关键业绩指标（财务的或非财务的）、业绩趋势、经营统计数据；

（2）同期财务业绩比较分析；

（3）预测、预算差异分析；

（4）管理层和员工业绩考核与激励性报酬政策；

（5）分部信息与分部、部门或其他不同层次的业绩报告；

（6）与竞争对手的业绩比较；

（7）外部机构提出的报告，如分析师的报告和信用评级机构的报告。

2. 关注内部财务业绩衡量

内部财务业绩衡量可能显示未预期到的结果和趋势，管理层可据此调查并采取相关措施。与内部财务业绩衡量相关的信息可能显示财务报表存在的错报风险，比如被审计单位某年资产收益率比同行业其他单位高出很多，而管理层的报酬恰好与资产收益率挂钩，此时审计人员应考虑该信息可能显示管理层在编制财务报表时存在某种倾向的错报风险。了解管理层认为重要的关键指标，有助于审计人员深入了解被审计单位的目标和战略。前述被审计单位管理层的压力既可能源于需要达到股东或市场分析师的预期，也可能产生于获得股票期权或管理层和员工奖金的目标，高管可能受压力影响，同时受压力影响的也可能是可以操纵财务报表的其他经理人员，如子公司或分支机构的管理人员。

审计人员应充分考虑其他情形，以评价管理层是否存在歪曲财务报表的动机或压力，例如，企业或企业的一个主要组成部分可能被出售，管理层是否为维持或增加企业的股价或盈利而热衷于采用过度激进的会计方法；基于纳税的考虑，股东或管理层是否有意采取不适当的方法使盈利最小化甚至亏损；企业是否具备足够的现金流量或可分配利润以维持目前的利润分配水平；企业业绩是否快速恶化，存在终止上市的风险；企业是否存在诉讼、债务、担保，导致注册会计师对其财务报表持续经营假设的合理性存疑；企业债务结构是否合理，是否过度依赖银行贷款，而财务业绩又达不到借款合同对财务指标的要求；如果公布欠佳的财务业绩，对重大未决交易（如企业合并或新合同业务的签订）是否可能产生不利影响。上述情况都可能导致管理层粉饰财务业绩，发生舞弊风险。

3. 考虑财务业绩衡量指标的可靠性

如果拟利用被审计单位内部信息系统生成的财务业绩衡量指标，注册会计师应当考虑相关信息是否可靠，以及利用这些信息是否能够实现审计目标，是否足以发现重大错报。在被审计单位管理层没有合理基础的情况下生成的衡量财务业绩的信息可能有误，那么审计人员依据有误的信息得出的结论可能是错误的。

4. 对小型被审计单位的考虑

因小型被审计单位通常没有正式的财务业绩衡量和评价程序，管理层往往将某些关键指标作为评价财务业绩和采取适当行动的基础。审计人员应了解管理层使用的关键指标。

第三节　了解被审计单位的内部控制

一、内部控制的概念和范围

内部控制是指被审计单位为实现控制目标所制定的。

内部控制包括以下要素：（1）控制环境（内部环境）；（2）风险评估过程；（3）控制活动；（4）信息系统和沟通；（5）内部监督。

对内部控制要素的分类可能不尽相同，但不管如何分类，审计人员都应当重点考虑被审计单位的某项控制是否能够以及如何防止或发现并纠正各类交易、账户余额和披露存在的重大错报。

二、直接控制和间接控制

注册会计师只应当了解与审计相关的控制。与审计相关的控制，按照其对防止、发现或纠正认定层次错报发挥作用的方式，分为直接控制和间接控制。

(一) 与审计相关的控制

注册会计师审计的目标是对财务报表是否存在重大错报发表审计意见，所以，审计人员需要了解和评价的内部控制只是和财务报表审计相关的内部控制。注册会计师判断一项控制单独或连同其他控制是否与审计相关时可能考虑的事项有：重要性；被审计单位的规模；被审计单位业务的性质；相关风险的重要程度；被审计单位经营的多样性和复杂性；适用的法律法规；内部控制的情况和适用的要素；作为内部控制组成部分的系统的性质和复杂性；一项特定控制（单独或连同其他控制）是否以及如何防止或发现并纠正重大错报。例如，如果与经营和合规目标相关的控制与审计人员实施审计程序时评价或使用的数据相关，则这些控制也可能与审计相关。被审计单位有一些与目标相关但与审计无关的控制，审计人员无须对其加以考虑。比如，被审计单位可能依靠某种复杂的自动化控制提高经营活动的效率和效果（如铁路总公司用于维护车次时间表的自动化控制系统），但这些控制通常与审计无关。

(二) 直接控制和间接控制

直接控制是指足以精准防止、发现或纠正认定层次错报的内部控制，间接控制是指不足以精准防止、发现或纠正认定层次错报的内部控制。信息系统与沟通以及控制活动要素中的控制主要为直接控制。因此，注册会计师对这些要素的了解和评价更有可能影响其对认定层次重大错报风险的识别和评估。内部环境、风险评估和内部监督中的控制主要是间接控制，该类控制可能间接影响及时发现或防止错报发生的可能性，但这些要素中的某些控制也可能是直接控制。

内部环境为内部控制体系其他要素的运行奠定了总体基础。内部环境不能直接防止、发现并纠正错报，但其可能影响内部控制体系其他要素中控制的有效性。同样，风险评估和内部监督也旨在支持整个内部控制体系。由于内部环境、风险评估和内部监督是被审计单位内部控制体系的基础，其运行中的任何缺陷都可能对财务报表的编制产生广泛的影响。因此，注册会计师对这些要素的了解和评价，更有可能影响其对财务报表层次重大错报风险的识别和评估，也可能影响对认定层次重大错报风险的识别和评估。

三、内部控制的分类

(一) 与审计人员风险评估相关的内部控制的人工和自动化特征

被审计单位的内部控制通常包含自动化成分，也包含人工成分，被审计单位的性质和经营的复杂程度存在差异，因此不同的被审计单位采用的控制系统中人工控制和自动化控制的比例不同。在风险评估以及设计和实施进一步审计程序时，注册会计师应当考虑内部控制的人工和自动化特征及其影响。

内部控制中采用的人工成分和自动化成分，将影响交易生成、记录、处理和报告的方式。在以人工为主的系统中，内部控制一般包括批准和复核业务活动，编制调节表并对调节项目进行跟踪，被审计单位也可能采用自动化程序生成、记录、处理和报告交易，此时交易记录是电子文档，取代纸质文件；信息系统中的自动控制可能是自动化控制和人工控制的组合。人工控制可能独立于信息技术系统，利用信息技术系统生成的信息，也可能用于监督信息技术系统和自动控制的有效运行或处理例外事件。如果采用信息技术生成、记录、处理和报告交易及财务报表中包含的其他财务数据，系统和程序可能包括与财务报表重大账户认定相关的控制，或对依赖于信息技术的人工控制的有效运行非常关键。

（二）信息技术的优势及相关的内部控制风险

信息技术通常在下列方面提高被审计单位内部控制的效率和效果：

（1）在处理大量的交易或数据时，一贯运用事先确定的业务规则，并进行复杂运算；

（2）提高信息的及时性、可获得性及准确性；

（3）提高对被审计单位的经营业绩及其政策和程序执行情况进行监督的能力；

（4）促进对信息的深入分析；

（5）减少控制被规避的风险；

（6）通过对应用程序系统、数据库系统和操作系统执行安全控制，提高不兼容职务分离的有效性。

信息技术也可能对内部控制产生特定风险：

（1）所依赖的系统或程序不能处理数据，或处理的数据不正确，或两种情况并存；

（2）未经授权访问数据，可能导致数据毁损或对数据不恰当的修改，包括记录未经授权或不存在的交易，或不正确地记录了交易；

（3）信息技术人员可能获得超越其职责范围的数据访问权限，破坏了系统应有的职责分工；

（4）未经授权改变主文档的数据，改变系统或程序；

（5）不恰当的人为干预；

（6）可能丢失数据或不能访问所需要的数据；

（7）未能对系统或程序作出必要的修改。

（三）人工控制的适用范围及相关内部控制风险

在需要主观判断或酌情处理的情形时人工控制可能更适当：

（1）存在大额、异常或偶发的交易；

（2）监督自动化控制的有效性；

（3）存在难以界定、预计或预测的错误的情况；

（4）针对变化的情况，需要对现有的自动化控制进行人工干预。

相较于自动控制，人工控制的可靠性较低，容易受人为因素的影响，也会产生特定风险：

（1）人工控制可能更容易被忽视、规避或凌驾；

（2）人工控制可能不具有一贯性；

（3）人工控制可能更容易产生简单错误或失误。

被审计单位可以通过建立有效的控制，应对由于采用信息技术或人工成分产生的风险。

（四）预防性控制与检查性控制

预防性控制通常用于正常业务流程的每一项交易中，以防止错报的发生。例如在简单的业务流程，发运货物的计价控制包括人工对销货发票的复核，以确定发票采用了正确的价格和折扣，但在复杂的业务流程中，被审计单位可能依赖数据录入控制来判别那些不符合要求的价格和折扣，以及通过访问控制来控制对价格信息记录的访问。对于处理大量业务的复杂业务流程，被审计单位通常使用对程序修改的控制和访问控制，来保证自动控制的持续有效。

检查性控制通常是管理层用来监督实现流程目标的控制。检查性控制的目的是发现流程中可能发生的错报。被审计单位通过检查性控制，监督其流程和相应的预防性控制能否有效发挥作用。检查性控制通常不适用于业务流程中的所有交易，而适用于一般业务流程以外的已经处理或部分处理的某类交易，运行频次不定，如每月将应收账款明细账与总账比较。

不同被审计单位之间检查性控制与预防性控制相比，差别很大。很多检查性控制取决于被审计单位的性质，执行人员的能力、习惯和偏好。检查性控制可能是正式建立的程序，比如编制银行存款余额调节表，并追查调节项目或异常项目；有些检查性控制虽然没有被正式设定，但员工会有规律地执行并作记录，比如信用管理部门的经理可能有一本记录每月到期应收款的备查簿，以确定这些应收款是否收到，并追查挂账的项目；财务主管实施分析程序来确定某些费用与销售的关系、成本项目之间的关系是否与经验数据相符，若不符，调查原因并纠正其中的错报。

四、内部控制的固有局限性

内部控制无论如何有效，都只能为被审计单位实现财务报表目标提供合理保证。内部控制的固有局限性表现在以下方面：

（1）在决策时人为判断可能出现失误和因人为失误而导致内部控制失效。

控制的设计和修改可能存在失误，运行也可能失败。例如，被审计单位可能设计了自动控制，以报告超过特定金额的交易，供管理层复核，负责复核这一控制的人员可能不了解报告的目的，未执行复核程序或没有对异常的项目展开调查。

（2）两个或更多的人员进行串通或管理层凌驾于内部控制之上而导致的内部控制失效。例如，管理层可能与客户私下签订协议，对标准的销售合同条款和条件做出修改，从而导致收入确认发生错误。如果被审计单位内部行使内部控制职能的人员素质不适应岗位要求，会影响内部控制功能的正常发挥。

（3）内部控制的设计和运行受制于成本效益原则，因此在实务中，管理当局采用的内部控制往往不是最理想的。

（4）内部控制一般都是针对经常重复发生的业务而设置的，如果出现非常规或未预计到的业务，原有的控制可能就不适用。

小型被审计单位的员工通常较少，限制了其职责分离的程度。但是在业主管理的小型被审计单位，监督可能更为有效，但由于内部控制比较简单，所以业主兼经理更有可能凌驾于控制之上。

五、与财务报表编制相关的内部环境

注册会计师为了解与财务报表编制相关的内部环境，应当实施以下风险评估程序：

1. 了解涉及下列方面的控制、流程和组织结构

（1）管理层如何履行其管理职责；

（2）在治理层与管理层分离的体制下，治理层的独立性以及治理层监督内部控制体系的情况；

（3）被审计单位内部权限和职责的分配情况；

（4）被审计单位如何吸引、培养和留住具有胜任能力的人员；

（5）被审计单位如何使其人员致力于实现内部控制体系的目标。

2. 评价下列方面的情况

（1）在治理层的监督下，管理层是否营造并保持了诚实守信和合乎道德的文化；

（2）根据被审计单位的性质和复杂程度，内部环境是否为内部控制体系的其他要素奠定了适当的基础；

（3）识别出的内部环境方面的控制缺陷，是否会削弱被审计单位内部控制体系的其他要素。

此外，在信息技术环境下，注册会计师应当重视对与被审计单位使用信息技术相关的内部环境的评价，包括：（1）对信息技术的治理是否与被审计单位及其由信息技术支撑的业务经营的性质和复杂程度相称，包括被审计单位的技术平台或架构的复杂程度或成熟程度，以及被审计单位依赖信息技术应用程序支持财务报告的程度；（2）与信息技术和资源分配相关的管理层组织结构，例如，被审计单位是否已投资了适当的信息技术环境和必要的升级，或者被审计单位使用商业软件时（未对软件进行修改或仅进行有限修改）是否雇用了充足的具有适当技术的人员。

（一）内部环境的内涵

控制环境包括治理职能，以及治理层和管理层对内部控制及其重要性的态度、认识和措施。控制环境设定了被审计单位的内部控制基调，影响员工对内部控制的意识。在评价控制环境的设计和实施情况时，审计人员应当了解管理层在治理层的监督下，是否营造并保持了诚实守信和合乎道德的文化，以及是否建立了防止或发现并纠正舞弊和错误的控制机制。

（二）管理层对诚信和道德价值观念的沟通与落实

内部控制的有效性直接依赖于负责创建、管理和监控内部控制人员的诚信和道德价值观念。诚信和道德行为的产生，取决于被审计单位的道德行为规范如何在单位内部得到沟通和落实。审计人员在了解和评估被审计单位诚信和道德价值观念的沟通与落实时，考虑的主要因素是：（1）被审计单位是否有书面的行为规范并向所有员工传达。比如，管理层在行为规范中指出，员工不允许从销售商或供货商那里获得超过一定金额的礼品，超过部分都须报告和退回。（2）被审计单位的企业文化是否强调诚信和道德价值观念的重要性。（3）管理层是否身体力行，高级管理人员是否起表率作用。（4）对违反有关政策和行为规范的情况，管理层是否采取适当的惩罚措施。

（三）对胜任能力的重视程度

管理层对胜任能力的重视包括对特定工作所需的胜任能力水平的设定，以及对达到该水平所必需的知识和能力的要求。审计人员应主要考虑的因素有：（1）财务人员以及信息管理人员是否具备与被审计单位业务性质和复杂程度相称的足够的胜任能力和参加相应培训，在发生错误时，是否通过调整人员或系统来加以处理。（2）管理层是否配备足够的财务人员以适应业务发展和有关方面的需要。（3）财务人员是否具备理解和运用会计准则所需的技能。

（四）治理层的参与程度

治理层很大程度上影响被审计单位的控制环境。治理层（董事会）应在审计委员会或类似机构的支持下，监督被审计单位的财务报告政策和程序，还应监督用于复核内部控制有效性的政策和程序设计是否合理，执行是否有效。

审计人员在评估被审计单位治理层的参与程度时，应考虑的主要因素有：

（1）董事会是否建立了审计委员会或类似机构。

（2）董事会、审计委员会或类似机构是否与内部审计人员以及注册会计师联系和沟通，联系和沟通的频率与性质是否恰当。

（3）董事会、审计委员会或类似机构是否独立于管理层；董事会、审计委员会或类似机构的成员是否具备适当的经验和资历；董事会成员是否保持相对稳定性。

（4）审计委员会或类似机构举行会议的数量和时间是否与被审计单位的规模和业务复杂程度相匹配。

（5）董事会、审计委员会或类似机构是否充分地参与了监督编制财务报告的过程。

（6）董事会、审计委员会类似机构是否对经营风险的监控有足够的关注，进而影响被审计单位和管理层的风险评估过程。

（五）管理层的理念和经营风格

管理层理念包括管理层对内部控制的理念，即管理层对内部控制以及对具体控制实施环境的重视程度。管理层收到有关内部控制缺陷及违规事件的报告时是否作出适当反应，是衡量管理层对内部控制重视程度的重要标准。管理层的经营风格可以表明管理层所能接受的业务风险的性质，了解管理层的经营风格有助于审计人员判断何种因素影响管理层对待内部控制的态度，何种因素影响在编制财务报表时所作的判断，特别是在作出会计估计以及选用会计政策时。了解管理层的经营风格对审计人员评估重大错报风险有着重要意义。例如，管理层在经营中有多大的冒险倾向？管理当局是否为了预算目标的实现而采用激进的会计政策？工作作风是拖沓还是高效？管理层是否由一个或几个人控制？董事会、审计委员会或类似机构对其是否实施有效监督？对于重大的内部控制和会计事项，管理层是否征询审计人员的意见？或者经常在这些方面与审计人员存在不同意见？

（六）组织结构及职权与责任的分配

被审计单位的组织结构为计划、运作、控制及监督经营活动提供了一个整体思路。权力、责任和工作任务在组织成员中的分配受组织结构的影响。组织结构在一定程度上取决于被审计单位的规模和经营活动的性质。审计人员不仅应考虑被审计单位组织结构中是否建立了执行特定职能的授权机制，还应审查其信息系统处理环境。注册会计师应考虑的因素主要有：

（1）在被审计单位内部是否有明确的职责划分，是否将业务授权、业务记录、资产保管和维护以及业务执行的责任尽可能地分离；

（2）数据处理和管理的职责划分是否合理；

（3）是否已针对授权交易建立适当的政策和程序。

（七）人力资源政策与实务

内部控制的有效性，通常取决于执行人。被审计单位员工的能力与诚信是控制环境中不可缺少的因素，人力资源政策与实务涉及招聘、培训、考核、咨询、晋升和薪酬等方面。审计人员在对被审计单位人力资源政策与实务进行了解和评估时，考虑的主要因素可能有：

（1）被审计单位在招聘、培训、考核、晋升、薪酬、咨询、补救措施等方面是否都有适当的政策和实务（特别是在会计、财务和信息系统方面）；

（2）是否有书面的员工岗位职责手册，没有的情况下，员工是否了解自己的工作职责；

（3）人力资源政策实务是否清晰，并且定期发布和更新；

（4）是否设定适当的程序，为分散在各地区和海外的经营人员建立并与其沟通人力资源政策与程序。

综上所述，审计人员应当对内部环境的构成要素有足够的了解，并考虑内部控制的实质及其综合效果。内部环境对重大错报风险的评估具有广泛影响，注册会计师在进行风险评估时，应将内部环境连同其他内部控制要素（对控制的监督和具体控制活动）产生的影响一并考虑，如果认为被审计单位内部环境薄弱，则通常很难认定某一流程的控制是有效的。

六、与财务报表编制相关的风险评估工作

注册会计师为了解被审计单位与财务报表编制相关的风险评估工作，应当实施以下风险评估程序：（1）了解被审计单位的下列工作：①识别与财务报告目标相关的经营风险；②评估上述风险的重要程度和发生的可能性；③应对上述风险。（2）根据被审计单位的性

质和复杂程度，评价其风险评估工作是否适合其具体情况。

审计人员在对被审计单位整体层面的风险进行评估时，应当考虑的主要因素有：

（1）被审计单位是否已建立并沟通其整体目标，并辅以具体策略和业务流程层面的计划；

（2）被审计单位是否已建立风险评估过程，包括识别风险、估计风险的重大性、评估风险发生的可能性以及确定需要采取的应对措施；

（3）风险管理部门是否建立了某种流程，以识别经营环境包括监管环境发生的重大变化；

（4）被审计单位是否已建立某种机制，识别和应对可能对被审计单位产生重大且普遍影响的变化，如在金融机构中建立资产负债管理委员会，在制造型企业中建立期货交易风险管理组等。

（5）会计部门是否已经建立了某种流程，以识别会计政策的重大变化；

（6）当被审计单位业务操作发生变化并影响交易记录的流程时，是否存在沟通渠道以通知会计部门。

针对财务报告目标的风险评估则包括识别与财务报告相关的经营风险，评估风险的重大性和发生的可能性，以及采取措施管理这些风险。例如，风险评估可能会涉及被审计单位如何考虑对某些交易未予记录的可能性，或者识别和分析财务报告中的重大会计估计发生错报的可能性。与财务报告相关的风险也可能与特定事项和交易有关。

审计人员可以评估被审计单位风险评估的有效性。如在销售循环中，如果发现了销售的截止性错报风险，注册会计师应当考虑管理层是否也识别了该风险以及如何应对该风险，如管理层未能识别，应考虑被审计单位的内部控制是否存在缺陷。

七、与财务报表编制相关的信息系统与沟通

注册会计师为了解被审计单位与财务报表编制相关的信息系统与沟通，应当实施以下风险评估程序：

（1）了解被审计单位的信息处理活动（包括数据和信息），在这些活动中使用的资源，针对相关交易类别、账户余额和披露的信息处理活动的政策。

（2）了解被审计单位如何沟通与财务报表编制相关的重大事项，以及信息系统和内部控制体系其他要素中的相关报告责任。具体包括：①被审计单位内部人员之间的沟通，包括就与财务报告相关的岗位职责和相关人员的角色进行的沟通；②管理层与治理层之间的沟通；③被审计单位与监管机构等外部各方的沟通。

（3）评价被审计单位的信息系统与沟通是否能够为被审计单位按照适用的财务报告编制基础编制财务报表提供适当的支持。

（一）与财务报表编制相关的信息系统的概念

与财务报表编制相关的信息系统由一系列的活动和政策、会计记录和支持性记录组成。

与财务报表编制相关的信息系统应当与业务流程相适应；与财务报表编制相关的信息

系统所生成信息的质量，对管理层能否作出恰当的经营管理决策以及编制可靠的财务报告的能力具有重大影响。

（二）对与财务报表编制相关的信息系统的了解

注册会计师在了解被审计单位的信息系统时，应了解被审计单位如何生成交易和获取信息，这其中可能包括与被审计单位为应对合规目标和经营目标而设置的系统（被审计单位的政策）相关的信息，因为这类信息可能与财务报表编制相关。

注册会计师应了解信息处理活动中使用的资源。与了解信息系统完整性、准确性和有效性风险相关的人力资源信息，包括：（1）从事相关工作人员的胜任能力；（2）资源是否充分；（3）职责分离是否适当。

注册会计师在了解信息与沟通要素中针对相关交易类别、账户余额和披露的信息处理活动的政策时，可以考虑以下事项：（1）与需要处理的交易、其他事项和情况相关的数据或信息；（2）为维护数据或信息的完整性、准确性和有效性而进行的信息处理；（3）信息处理过程中使用的信息流程、人员和其他资源。

注册会计师可实施多种程序了解信息系统，包括：

（1）向相关人员询问用于生成、记录、处理和报告交易的程序或被审计单位的财务报告过程；

（2）检查有关被审计单位信息系统的政策、流程手册或其他文件；

（3）观察被审计单位人员对政策或程序的执行情况；

（4）选取交易并追踪交易在信息系统中的处理过程（即实施穿行测试）。

（三）与财务报告编制相关的沟通的概念

与财务报告相关的沟通包括使员工了解各自在与财务报告有关的内部控制方面的角色与职责、员工之间的工作联系，以及向适当级别的管理层报告例外事项的方式。为了确保例外情况得到报告和处理，应该有公开的多样化沟通渠道。沟通可以采用政策手册、会计和财务报告手册及备忘录等形式进行，也可以采用电子方式或口头方式和通过管理层的行动来实现。

审计人员应当了解被审计单位与财务报告有关的岗位职责与分工、沟通的渠道与方式、例外事项的沟通渠道、沟通的充分性等。

（四）对与财务报表编制相关的沟通的了解

注册会计师应当了解的与财务报表编制相关的沟通具体包括：

（1）管理层就员工的职责和控制责任是否进行了有效沟通；

（2）针对可疑的不恰当事项和行为是否建立了沟通渠道；

（3）组织内部沟通的充分性是否能够使人员有效地履行职责；

（4）对于与客户、供应商、监管者和其他外部人士的沟通，管理层是否及时采取适当的进一步行动；

（5）被审计单位是否受到某些监管机构发布的监管要求的约束；

（6）外部人士如客户和供应商在多大程度上获知被审计单位的行为守则。

八、与财务报表编制相关的控制活动

控制活动是指有助于确保管理层的指令得以执行的政策和程序，包括与职责分离、授权、业绩评价、信息处理和实物控制等相关的活动。

注册会计师为了解与财务报表编制相关的控制活动，应当实施以下风险评估程序：

（1）识别用于应对认定层次重大错报风险的控制，包括：

①应对特别风险的控制；

②与会计分录相关的控制；

③注册会计师拟测试运行有效性的控制；

④注册会计师根据职业判断认为适当的、能够有助于其实现与认定层次重大错报风险有关目标的其他控制。

（2）基于上述第（1）项中识别的控制，识别哪些信息技术应用程序及信息技术环境的其他方面，可能面临运用信息技术导致的风险。

（3）针对上述第（2）项进一步识别：①运用信息技术导致的相关风险；②被审计单位用于应对这些风险的信息技术一般控制。

（4）针对上述第（1）项以及第（3）项第②点识别出的每项控制：

①评价控制的设计是否有效，即这些控制能否应对认定层次重大错报风险或为其他控制的运行提供支持；

②询问被审计单位内部人员，并运用其他风险评估程序以确定控制是否得到执行。

（一）与财务报表编制相关的控制活动的概念

控制活动是指有助于确保管理层的指令得以执行的政策和程序。注册会计师应当按照审计准则的规定识别控制活动要素中的控制。这些控制包括信息处理控制和信息技术一般控制，两类控制均可能属于人工控制或自动化控制。控制活动要素中的控制可能与下列事项相关：

（1）职责分离。即将交易授权、交易记录以及资产保管等不相容职责分配给不同员工。职责分离旨在降低同一员工在正常履行职责过程中实施并隐瞒舞弊或错误的可能性。例如，授权赊销的经理不负责维护应收账款记录或处理现金收入。如果某个员工能够执行上述所有活动，则该员工可以创建难以被发现的虚假销售。类似地，销售人员也不应具有修改产品价格文件或佣金比率的权限。在某些情况下，职责分离可能不切实际、成本效益低下。在这种情况下，管理层可以设置替代控制。在前述示例中，如果销售人员可以修改产品价格文件，则可以设置发现性的控制活动，让与销售职能无关的员工定期复核销售人员是否对价格进行修改以及修改价格的情形。

（2）授权和批准。授权的形式通常为较高级别的管理层批准或验证并确定交易是否有效。例如，主管在复核某项费用是否合理且符合政策后批准该费用报告单。

（3）调节。即将两项或多项数据要素进行比较。如果发现差异，则采取措施使数据相一致。调节通常应对所处理交易的完整性或准确性。

（4）验证。即将两个或多个项目互相进行比较，或将某个项目与政策进行比较，如果两个项目不匹配或者某个项目与政策不一致，则可能对其执行跟进措施。

（5）实物或逻辑控制。包括对资产安全的控制，以防止未经授权的访问、获取、使用或处置资产。实物或逻辑控制包括下列控制：①保证资产的实物安全，包括恰当的安全保护措施，如针对接触资产和记录的安全设施；②对接触计算机程序和数据文档设置授权（即逻辑访问权限）；③定期盘点并将盘点记录与控制记录相核对（如将会计记录与现金、有价证券和存货的定期盘点结果相比较）。旨在防止资产盗窃的实物控制，其与财务报表编制的可靠性相关，相关的程度取决于资产被侵占的风险。

（二）对控制活动的了解

在了解控制活动时，注册会计师应当重点考虑一项控制活动单独或连同其他控制活动，是否能够以及如何防止或发现并纠正各类交易、账户余额和披露认定存在的重大错报。

在了解和评估控制活动时考虑的主要因素可能包括：

（1）被审计单位的主要经营活动是否都有必要的控制政策和程序；

（2）管理层在预算、利润和其他财务及经营业绩方面是否都有清晰的目标，在被审计单位内部，是否对这些目标都加以清晰的记录和沟通，并且积极地对其进行监控；

（3）是否存在计划和报告系统，以识别与目标业绩的差异，并向适当层次的管理层报告该差异；

（4）是否由适当层次的管理层对差异进行调查，并及时采取适当的纠正措施；

（5）不同人员的职责应在何种程度上相分离，以降低舞弊和不当行为发生的风险；

（6）会计系统中的数据是否与实物资产定期核对；

（7）是否建立了适当的保护措施，以防止未经授权接触文件、记录和资产；

（8）是否存在信息安全职能部门负责监控信息安全政策和程序。

九、对与财务报表编制相关的内部控制体系的监督

审计准则规定，注册会计师为了解被审计单位对与财务报表编制相关的内部控制体系的监督工作，应当实施以下风险评估程序：

（1）了解被审计单位实施的持续性评价和单独评价，以及识别控制缺陷的情况和整改的情况；

（2）了解被审计单位的内部审计，包括内部审计的性质、职责和活动；

（3）了解被审计单位在监督内部控制体系的过程中所使用信息的来源，以及管理层认为这些信息足以信赖的依据；

（4）根据被审计单位的性质和复杂程度，评价被审计单位对内部控制体系的监督是否适合其具体情况。

（一）对与财务报表编制相关的内部控制体系的监督的概念

监督是由适当的人员，在适当、及时的基础上，评估控制的设计和运行情况的过程。对内部控制体系的监督是指被审计单位评价内部控制在一段时间内运行有效性的过程。对

内部控制体系的监督涉及及时评估控制的有效性并采取必要的补救措施。例如，管理层对是否定期编制银行存款余额调节表进行复核，内部审计人员评价销售人员是否遵守公司关于销售合同条款的政策，法律部门定期监控公司的道德规范和商务行为准则是否得以遵循等。监督对控制的持续有效运行十分重要。

通常，管理层通过持续的监督活动、单独的评价活动或两者相结合实现对内部控制体系的监督，持续监督是过程监督，单独评价是结果控制。持续的监督活动通常贯穿于被审计单位日常重复的活动中，包括常规管理和监督工作。例如，管理层在履行其日常管理活动时，取得内部控制持续发挥功能的信息。当业务报告、财务报告与他们获取的信息有较大差异时，会对有重大差异的报告提出疑问，并做必要的追踪调查和处理。被审计单位可能使用内部审计人员或具有类似职能的人员，对内部控制的设计和执行进行专门的评价，以找出内部控制的优点和不足，并提出改进建议。

被审计单位也可能利用与外部有关各方沟通或交流获取的信息，监督相关的控制活动。在某些情况下，外部信息可能显示内部控制存在的问题和需要改进之处。例如，客户通过付款来表示其同意发票金额，或者认为发票金额有误而不付款。监管机构（如银行监管机构）可能会对影响内部控制运行的问题与被审计单位沟通。管理层可能也会考虑与注册会计师就内部控制进行沟通，通过与外部信息的沟通，可以发现内部控制存在的问题，以便采取纠正措施。值得注意的是，上述用于监督活动的很多信息都由被审计单位的信息系统产生，这些信息可能会存在错报，从而导致管理层从监督活动中得出错误的结论。因此，注册会计师应当了解与被审计单位监督活动相关的信息来源，以及管理层认为信息具有相关性和可靠性的依据。

（二）了解对内部控制体系的监督

注册会计师在了解被审计单位如何监督内部控制体系时，可以考虑的相关事项包括：

（1）监督活动的设计，如监督是定期的还是持续的；

（2）监督活动的实施情况和频率；

（3）对监督活动结果的定期评价，以确定控制是否有效；

（4）如何通过适当的整改措施应对识别的缺陷，包括与负责采取整改措施的人员及时沟通缺陷。

注册会计师可以考虑被审计单位监督内部控制体系的过程如何实现对涉及使用信息技术的信息处理控制的监督。这些控制包括：

（1）监督以下复杂信息技术环境的控制：①评价信息处理控制的持续设计有效性，根据情况的变化对其进行适当修改；②评价信息处理控制运行的有效性；

（2）监督权限的控制，这些权限应用于实施职责分离的自动化信息处理控制中；

（3）监督如何识别和应对与财务报告自动化相关的错误或控制缺陷的控制。

询问适当的内部审计人员，有助于注册会计师了解内部审计职责的性质。如果认为内部审计的职责与被审计单位的财务报告相关，注册会计师可以复核内部审计相关期间的审计计划，并与适当的内部审计人员讨论该计划，以进一步了解内部审计已执行或拟执行的活动。这一了解，连同注册会计师通过询问获取的了解，也可能为注册会计师识别和评估重大错报风险提供直接相关的信息。如果基于对被审计单位内部审计的初步了解，注册会计师预期将利用内部审计的工作，从而计划修改拟实施的审计程序的性质、时间安排，或缩小其范围，则应当遵守《中国注册会计师审计准则第 1411 号——利用内部审计人员的工作》的规定。

小型的被审计单位一般没有正式的持续监督活动，业主往往通过其对经营活动的密切参与来识别财务数据中的重大差异和错报，并对控制活动采取纠正措施。

第四节　对内部控制的了解和记录

一、从整体层面和业务流程层面了解内部控制

在内部控制的五个要素中，某些要素与被审计单位整体层面密切相关，如内部环境；某些要素则可能更多地与特定业务流程相关，如信息系统与沟通、控制活动。在实际工作中，审计人员应当从被审计单位整体层面和业务流程层面分别了解和评价被审计单位的内部控制。

整体层面的控制通常在所有业务活动中普遍存在，如对防范舞弊和管理层凌驾于内部控制之上的控制、信息技术一般控制、财务报告流程的控制。业务流程层面的控制主要是对不同交易业务流程的控制，如工薪、销售和采购等交易的控制。整体层面的控制决定了业务流程层面的控制能否得到严格的设计和执行。整体层面的控制较差甚至可能使最好的业务流程层面控制失效。例如，被审计单位可能有一个有效的采购系统，但如果会计人员不胜任，仍然会发生大量错误，且其中一些错误可能使财务报表发生重大错报。

就从整体层面了解内部控制而言，在实际工作中，审计人员主要通过访谈、发放问卷、检查某些书面资料（如企业章程、企业文化手册）等形式获取信息，如管理层的诚信、价值观、道德、经营理念等。

就从业务流程层面了解内部控制而言，通常采取以下步骤：

（一）确定重要业务流程和相关交易类别

为了更有效地了解和评估重要业务流程及相关控制，审计人员应当将被审计单位的整个经营活动划分为几个重要的业务流程，也叫业务循环。通常，制造业企业的经营活动，可以划分为销售与收款循环、采购与付款循环、生产与存货循环、人力资源与工薪循环、投资与筹资循环等；商业企业可能就没有生产循环；服务业的企业则可能没有生产与存货循环。审计人员应根据被审计单位所在的行业和经营特点确定其重要的业务流程。相关交易类别是指可能存在重大错报风险的各类交易。相关交易类别应与相关账户及其认定相联系，例如，对于一般制造业企业，主营业务收入和应收账款通常是相关账户，销售和收款都是相关交易类别；除了一般所理解的交易以外，对财务报表具有重大影响的事项和情况也应包括在内，如计提固定资产的折旧或摊销，考虑应收款项的可回收性和计提坏账准备等。

（二）了解相关交易流程并记录

交易流程通常包括一系列工作：输入数据的核准与修订，数据的分类与合并，进行计算、更新账簿资料和客户信息记录，生成新的交易，归集数据，列报数据。而审计人员要了解与重要交易相关的流程通常包括生成、记录、处理和报告交易等活动。例如，销售交易流程包括接受顾客订单、核准信用、发货并编制货运单据、开具发票账单、生成记账凭证、更新销售收入与应收账款记录、处理销售调整交易，以及修改被错误记录的交易等。审计人员要注意记录以下信息：（1）输入信息的来源；（2）所使用的重要数据档案，如客户清单及价格信息记录；（3）重要的处理程序，包括在线输入和更新处理；（4）重要的输出文件、报告和记录；（5）基本的职责划分，即列示各部门所负责的处理程序。

（三）确定可能发生错报的环节

审计人员需要确认和了解被审计单位应在哪些环节设置控制，以防止或发现并纠正各相关业务流程可能发生的错误。例如，某制造型企业将客户验收作为确认收入的凭据，若未验收就确认收入，则存在虚构收入或提前确认收入的风险，因此验收环节极易发生重大错报，与收入的发生认定及截止认定相关。又如，在开具发票账单环节可能发生的错报有：对虚构的交易开具账单或重复开具账单、销售发票可能计算错误、可能不及时开具发票，涉及的相关账户及认定有：应收账款的存在认定，业务收入的发生、准确性、截止认定。

审计人员所关注的控制，是那些能通过防止错报的发生，或者通过发现和纠正已有错报，从而确保每个流程中业务活动的具体步骤（从交易的发生到记录于账目）能够顺利运转的人工或自动化控制程序。尽管不同的被审计单位会为确保会计信息的可靠性而对业务流程实施不同的控制，但设计控制的目的是实现某些控制目标，而这些控制目标与财务报表相关账户的相关认定相联系。认定与控制目标的对应关系如表 6-1 所示。

表 6-1　　　　　　　　　　　　**认定与控制目标的对应关系**

控制目标及对应认定	解释
1. 完整性：所有的有效交易都已记录	必须有程序确保没有漏记实际发生的交易
2. 存在和发生：每项已记录的交易均真实	必须有程序确保会计记录中没有虚构的或重复入账的项目
3. 适当计量交易（准确性）	必须有程序确保交易以适当的金额入账
4. 恰当确定交易生成的会计期间（截止性）	必须有程序确保交易在适当的会计期间入账（如月、季度、年等）
5. 恰当分类	必须有程序确保将交易计入正确的总分类账，必要时，计入相应的明细账内
6. 正确汇总和过账	必须有程序确保所有作为账簿记录中的借贷方余额都正确地归集（加总），确保加总后的金额正确过入总账和明细分类账

（四）识别和了解相关控制

在确定了可能发生错报的环节之后，审计人员针对这些环节还应确定：被审计单位是否建立了有效的控制，以防止或发现并纠正这些错报；被审计单位是否遗漏了必要的控制；是否识别了可以最有效测试的控制。通常将业务流程中的控制划分为预防性控制和检查性控制。

（1）预防性控制通常用于正常业务流程的每一项交易，以防止错报的发生。预防性控制可能是人工的，也可能是自动化的。预防性控制及其能防止的错报如表6-2所示。

表6-2　　　　　　　　　　　　　　预防性控制示例

对控制的描述	控制用来防止的错报
计算机程序自动生成收货报告，同时也更新采购档案	防止出现购货漏记账的情况
在更新采购档案之前要有收货报告	防止记录了未收到购货的情况
销货发票上的价格根据价格清单上的信息确定	防止销货计价错误
系统将各凭证上的账户号码与会计科目表对比，然后进行一系列的逻辑测试	防止出现分类错报

（2）检查性控制。尽管存在预防性控制，也还是会发生错报，因此有必要建立更为有效的检查性控制来发现流程中可能发生的错报，即"事后复核"。检查性控制可以由人工执行，也可以由信息系统执行。检查性控制及其可能查出的错报如表6-3所示。

表6-3　　　　　　　　　　　　　　检查性控制示例

对控制的描述	控制预期查出的错报
定期编制银行存款余额调节表，跟踪调查挂账的项目	在对其他项目进行审核的同时，查找存入银行但没有记入日记账的现金收入、未记录的银行现金支付或虚构入账的不真实的银行现金收入或支付、未及时入账或未正确汇总分类的银行现金收入或支付
将预算与实际费用间的差异列入计算机编制的报告中并由部门经理复核。记录所有超过预算2%的差异情况和解决措施	在对其他项目进行审核的同时，查找本月发生的重大分类错报或没有记录及没有发生的大笔收入、支出以及相关联的资产和负债项目
系统每天比较运出货物的数量和开票数量。如果发现差异，产生报告，由开票主管复核和追查	查找没有开票和记录的出库货物，以及与真实发货无关的发票
每季度复核应收账款贷方余额并找出原因	查找未予入账的发票和销售与现金收入中的分类错误

如果确信检查性控制所检查的数据是完整、可靠的，控制对于发现重大错报足够敏感，发现的所有重大错报都将被纠正，那么就可以将检查性控制作为一个主要的手段，来

合理保证某特定认定发生重大错报的可能性较小。

如果多项控制活动能够实现同一目标，不必了解与该目标相关的每项控制活动，重点考虑一项控制单独或连同其他控制活动是否能够以及如何实现目标。内部控制最重要的是其有效性，以及注册会计师能否测试其有效性。业务流程中要实现对相关交易类别的有效控制，应同时包括预防性控制和检查性控制。

（五）执行穿行测试，证实对交易流程和相关控制的了解

审计人员执行穿行测试是为了确认对业务流程以及相关交易是否完整了解，确认所获取的有关流程中的预防性控制和检查性控制信息的准确性，并在此基础上评估控制设计的合理性以及确认控制是否得到执行，验证审计人员所记录内部控制的准确性。

（六）进行初步评价和风险评估

1. 对控制的初步评价

在识别和了解控制后，根据执行上述程序及获取的审计证据，审计人员需要评价控制设计的合理性并确定其是否得到执行。审计人员对控制的初步评价结论如表 6 - 4 所示。

表 6 - 4 对控制的初步评价结论

设计	执行	初步评价结论
√	√	结论一：所设计的控制单独或连同其他控制能够防止或发现且纠正重大错报，并得到执行
√	×	结论二：控制的设计是合理的，但没有得到执行
×	—	结论三：控制设计无效或缺乏必要控制

由于对控制的了解和评价是在测试控制运行有效性之前进行的，因此，上述评价结论只是初步结论，可能随控制测试后得到的结果而发生变化。

2. 风险评估须考虑的因素

审计人员对控制做出评价，进而对重大错报风险做出评估，须考虑以下因素：

（1）账户特征及已识别的重大错报风险。如果已识别出较高的重大错报风险水平（如复杂的发票计算或计价过程增加了开票错报的风险），相关的控制应有较高的敏感度，即在错报率较低的情况下也能防止或发现并纠正错报。固有风险越高，为将审计风险控制在期望值以下，要求控制风险越低，即内部控制需要更能有效发挥作用。

（2）对被审计单位整体层面控制的评价。审计人员应将对整体层面获得的对内控的了解和结论，同在业务流程而获得的有关相关交易流程及其控制的证据结合起来考虑。一般来说，整体层面的控制缺陷越大，对业务流程控制有效性的影响也越大。例如由于治理层参与重视不够导致的控制环境缺陷给企业内控的设计及执行带来了较为薄弱的基础，很大程度上会影响公司所有业务流程具体控制措施的有效性。

除非存在某些可以使控制得到一贯运行的自动化控制，审计人员对控制的了解和评价并不能够代替对控制运行有效性的测试（即控制测试）。例如，审计人员获得了某一人工

控制在某一时点得到执行的审计证据，但这并不能证明该控制在被审计期间的其他时点也得到有效执行。

（七）对财务报告流程的了解

在实务中，审计人员需要进一步了解有关信息从具体交易的业务流程过入总账、财务报表以及相关列报的流程，即财务报告流程及其控制。这一流程和控制与财务报表的列报认定直接相关。

财务报告流程包括：（1）将业务数据汇总记入总账的程序，即如何将重要业务流程的信息与总账和财务报告系统相连接；（2）在总账中生成、记录和处理会计分录的程序；（3）记录对财务报表常规和非常规调整的程序，如合并调整、重分类等；（4）草拟财务报表和相关披露的程序。

在了解财务报告的流程的过程中，审计人员应当考虑对以下方面做出评估：（1）主要的输入信息、执行的程序、主要的输出信息；（2）每一财务报告流程要素中涉及信息技术的程度；（3）管理层的哪些人员参与其中？（4）记账分录的主要类型，如标准分录、非标准分录等；（5）相关人员（包括管理层和治理层）对流程实施监督的性质和范围。

二、记录内部控制的方法

在对内部控制进行调查了解之后，应当把了解的结果记录在工作底稿上，以供下一步的风险评估及控制测试之用，这也是以后年度审计的重要参考。描述内部控制主要有三种方法，分别是内部控制文字说明书、内部控制调查问卷表、内部控制流程图。这几种方法可以单独或结合使用。

（一）内部控制文字说明书

内部控制文字说明书是将调查到的内部控制情况用文字叙述的方式记录下来，一般可以按不同的交易循环或业务经营环节，逐项记述各环节所完成的工作、产生的各种文件记录、员工的不同分工等。例如，对腾飞股份公司的金融资产投资的内部控制进行调查之后，形成如下内部控制说明书，见表6-5。

表6-5　　　　　　　　　　　　　金融资产投资内部控制说明书

被审计单位：腾飞股份公司 审查项目：金融资产投资内部控制说明书	财务报表日：2021年12月31日　　索引号：P-2
	编制人：张林　　　　　　日期：2020年11月3日
	复核人：李新　　　　　　日期：2020年11月9日

　　公司金融资产投资由管理层或董事会批准，通常是由管理层领导和董事组成一个投资委员会，并邀请一位投资顾问，而后授权该顾问制定金融资产投资决策。

　　腾飞股份公司设立了核定购置单制度，这种购置单包括最高价格和最低收益、证券数量和付款等，核定购置单由人工填制。

　　金融资产相关权证放在保管库内，并且保管员与接触金融资产的其他人员如金融资产的审批人员、现金出纳人员、总分类记账人员等是相互独立的。

在会计处理上，对金融资产的利息应按期计提，股利收到时及时入账，会计期末对账目进行检查和核对。 　　对以公允价值计量的金融资产，腾飞股份公司指定负责投资的主管人员依据相同资产在活跃市场上的报价，或者以仅适用可观察市场数据的估值技术对金融资产进行估价来确定，且每隔半年估价一次。在估价时，根据影响投资价值的基本情况，诸如公司内部的发展情况、销售趋势、财务状况等编写简要的、真实的说明书。 　　对金融资产投资，按其管理金融资产的业务模式和金融资产的合同现金流量特征设置相应的分类进行会计核算，并且定期将明细分类账与总分类账相核对

　　文字说明书必须恰当地反映内部控制及关键的控制点，一般应具备以下内容：说明每一份文件和记录的来源；说明已发生的所有的程序和步骤；说明对每份文件和记录的处置情况；指出与控制风险评价有关的控制点。内部控制文字说明书适用面广，比较灵活，但篇幅一般较长，阅读时难以把握重点。

（二）内部控制调查问卷表

　　内部控制调查问卷表是把审计中关注的每一个内部控制必要事项，特别是与确保会计记录可靠性有关的事项作为调查项目，系统列示在一张表格上。审计人员将该表交给被审计单位的有关人员填写，或审计人员根据调查结果自行填写，根据回答情况审计人员判断内部控制的强弱。内部控制调查问卷表如表 6 – 6 所示。

表 6 – 6　　　　　　　　　　　采购与付款循环内部调查问卷

采购流程	符合性问题	回答			备注
		是	否	不适用	
1. 编制需求计划与采购计划	（1）公司有无书面的采购操作流程文本？				
	（2）公司的采购类型或方式有哪几种？				
	（3）负责采购的部门有哪些？分别负责何种类型的采购？				
	（4）采购部门的组织结构是什么？是否定期进行人员轮换？				
	（5）公司一般的购货流程是如何运转的？				
	（6）公司是否每年制订采购计划？请介绍一下制订的流程。是否依据生产和营销计划来制订采购计划？（公司制订采购计划的依据是什么）				
	（7）采购计划是否有变更？如果有变更请描述变更的流程				

采购流程	符合性问题	回答			备注
		是	否	不适用	
2. 请购	（8）请介绍一下采购需求从提出、审批通过到采购部进行处理的过程				
	（9）公司是否定期核对采购计划执行情况？				
	（10）超采购计划的采购需求是否经合理的批准？				
	（11）公司是否存在紧急采购？流程是什么？				
3. 选择供应商	（12）公司如何选择供货商？是否有相关的政策？				
	（13）供货商档案的保管采用何种方式？有无保密措施？				
	（14）供货商资格是否需定期审核？				
	（15）供货商档案的授权接触控制是如何设置的？ a. 使用系统的逻辑接触控制是什么？ b. 手工管理的档案是否有相关的保密政策，并由专人管理？				
4. 确定采购价格	（16）采购商品的定价如何确定？是否包括在供货商主档案中？				
	（17）公司的询价程序如何进行？是否有书面的记录？				
5. 订立采购合同	（18）是否所有的采购都需制订合同？如不是，何种情况下一定需制订合同？				
	（19）采购合同制订的流程是怎样的？				
	（20）由谁在采购合同上签字？若非法人代表，则是否有法人代表的书面授权程序？				
	（21）采购合同的变更是否经合理的批准？				
	（22）公司如何确保采购合同是与有资格的供货商签订且定价是合理的？				
	（23）采购合同是否采用格式合同？格式合同是否经法律顾问审核？				
	（24）是否所有采购合同需经法律部门审核？如不是，何种情况下采购合同需经法律顾问审核？				

采购流程	符合性问题	回答			备注
		是	否	不适用	
6. 管理供应过程	（25）采购合同（采购订单）的归档和保管程序如何？是否连续编号？				
	（26）采购运输的方式是什么？（可以多选） a. 公司自提？ b. 客户运输到公司处？ c. 委托承运人？				
7. 验收	（27）仓库收货时是否核对采购合同（或订单）？				
	（28）收到采购产品的数量是否经过采购部和仓库的共同确认？				
	（29）是否有质量检验部门对收到的产品进行质量检验？				
	（30）客户送货大于订购数或质量不符合要求，如何处理？				
	（31）采购退回的操作程序如何？				
	（32）入库单是否事先连续编号，并有人对归档的这些单据的连续性进行检查？				
8. 付款	（33）财务记录应付账款前核对哪些资料？（应包括入库单、订单、发票及采购合同等资料）				
	（34）是否有控制过程来保证应付账款及其对应的存货采购记录于同一个会计期间？				
	（35）是否至少每月制作应付账款账龄分析表？				
	（36）公司如何确保使用供货商提供的现金折扣？（如适用）				
	（37）公司是否有资金使用预算？应付账款的支付是否符合资金使用预算？				
	（38）预付款的政策和控制措施是怎样的？				

采购流程	符合性问题	回答			备注
		是	否	不适用	
9. 会计控制	（39）公司是否有书面的费用报销程序？				
	（40）公司费用报销的审批是否有适当的授权？				
	（41）财务部门在支付费用前，是否合理的核对审批手续是否完整，并检查原始单据的合法性，复核费用的准确性？				
	（42）是否有专人定期对费用的波动情况进行分析？				
	（43）采购部门如何与仓库、财务部门衔接？（从物流和信息流两方面）				
	（44）是否有专人定期与供应商对账？				
10. 采购业务的后评估	（45）在现在的工作中，您最担心或最关心的事是什么？				

不同的企业对同样或类似的经济业务交易可能具有相同或类似的内部控制措施，审计人员在审计实务中往往采用标准格式的调查问卷表，可以避免遗漏重要的内部控制情况，标准格式的调查问卷是事先根据职业经验与其他资料制定出来的，能同时进行对内控的调查和描述，所以能提高审计效率。但每一家企业的实际情况可能有所不同，可能有些企业会出现较多的"不适用"的回答，无法涵盖这些企业的所有情况。表格形式容易使审计人员孤立地看待每一个项目，而不是整体考虑内部控制系统，有时也会使审计人员机械地按照提出的问题做出回答，忽略专业判断。

（三）内部控制流程图

内部控制流程图是用来反映企业业务活动及其凭证在组织内部有序流动过程的图表。审计人员可以将企业的组织结构、职责分工、权限范围、凭证编制及顺序、会计记录、业务处理流程等内部控制各个组成部分展现在高度概括的一张图中。内部控制流程图形象直观，使审计人员对关键控制点一目了然，容易了解内控的薄弱环节。流程图和调查表结合使用可以给审计人员提供比较完备的内控描述。

第五节　识别和评估重大错报风险

识别和评估重大错报风险是风险评估阶段的最后步骤。了解被审计单位及其环境的目的是使用通过了解获得的、可能导致财务报表发生重大错报的风险因素（事项或情况）以及内部控制对相关风险的抵销信息，识别和评估财务报表层次以及各类交易、账户余额和披露认定层次的重大错报风险。注册会计师在识别、评估和应对重大错报风险的过程中，应当将管理层的认定用于考虑可能发生的不同类型的错报。

一、识别和评估财务报表层次以及认定层次的重大错报风险

（一）识别和评估重大错报风险的作用和步骤

（1）识别和评估重大错报风险的作用。注册会计师识别和评估重大错报风险能为风险应对提供方向性指引，有助于注册会计师确定总体应对措施和用于获取充分、适当的审计证据的进一步审计程序的性质、时间安排和范围，这些证据使其最终能够以可接受的低审计风险水平对财务报表发表审计意见。

（2）识别和评估重大错报风险的步骤。包括：

①利用实施风险评估程序所了解的信息。通过实施风险评估程序收集的信息可以作为审计证据，为注册会计师识别和评估重大错报风险提供基础。注册会计师还需要考虑利用执行有关客户关系和具体业务接受与保持的程序、以前审计以及通过其他途径所获取的与本期财务报表发生错报相关的信息。

②识别两个层次的重大错报风险。包括：第一，要求分成两个层次识别。注册会计师应当识别重大错报风险，并确定其存在于财务报表层次，还是各类交易、账户余额和披露的认定层次。第二，要求考虑的风险因素。注册会计师应当在考虑相关控制之前识别重大错报风险（即固有风险），并以注册会计师对错报的初步考虑为基础，即错报的发生、错报如果发生将是重大的，均具有合理可能性。

③评估两个层次的重大错报风险。注册会计师在识别和评估两个层次的重大错报风险时，都应当考虑固有风险和控制风险两个因素的影响，但审计准则要求针对识别出的认定层次重大错报风险，注册会计师应当分别评估固有风险和控制风险。

④评价审计证据的适当性。在识别和评估重大错报风险时，注册会计师应当考虑通过实施风险评估程序获取的所有审计证据，无论这些证据是佐证性的还是相矛盾的。审慎评价审计证据是保持职业怀疑的需要。

⑤修正识别或评估的结果。如果注册会计师在审计过程中获取的新信息（例如，执行控制测试或实质性程序后获得的新信息），与之前识别或评估重大错报风险时所依据的审计证据不一致，注册会计师应当修正之前对重大错报风险的识别或评估结果，并考虑对风险应对的影响。

（二）识别和评估财务报表层次重大错报风险

（1）识别。如果判断某风险因素对财务报表整体存在广泛联系，并可能影响多项认定，注册会计师应当将其识别为财务报表层次重大错报风险。例如，在经济不稳定的国家和地区开展业务、资产的流动性出现问题、重要客户流失、融资能力受限等，可能导致注册会计师对被审计单位的持续经营能力产生重大疑虑。又如，管理层缺乏诚信，或承受异常的压力，或管理层凌驾于控制之上可能引发舞弊风险，这些风险与财务报表整

体相关。

(2)评估。对于识别出的财务报表层次重大错报风险，注册会计师应当从下列两方面对其进行评估：

①评价这些风险对财务报表整体产生的影响。

②确定这些风险是否影响对认定层次风险的评估结果。注册会计师可能识别出多个易于发生错报的认定，并因此影响注册会计师对认定层次重大错报风险的识别和评估。例如，被审计单位面临经营亏损且资产流动性出现问题，并依赖于尚未获得保证的资金。在这种情况下，注册会计师可能确定持续经营假设产生了财务报表层次重大错报风险，可能需要使用财务报告编制基础中的清算基础，这可能对所有认定产生广泛影响。注册会计师对财务报表层次重大错报风险的识别和评估，受到其对被审计单位内部控制体系各要素的了解的影响，特别是对内部环境、风险评估和内部监督（这三要素主要属于间接控制）的了解，按规定实施相关评价的结果以及识别的控制缺陷的影响。

此外，财务报表层次的风险还可能源于内部环境存在的缺陷或某些外部事项或情况（如经济下滑）。由舞弊导致的重大错报风险，可能与注册会计师对财务报表层次重大错报风险的考虑尤其相关。例如，注册会计师通过询问管理层了解到，被审计单位的财务报表将用于申请贷款，从而确保被审计单位获得进一步融资以维持营运资本。注册会计师可能因此认为，影响固有风险的舞弊风险因素导致易于发生错报的可能性（即虚假财务报告风险导致的财务报表易于发生错报的可能性）更高，如为了确保被审计单位能够获得融资，多计资产和收入以及少计负债和费用。

（三）识别和评估认定层次重大错报风险

(1)识别。如果判断某固有风险因素可能导致某项认定发生重大错报，但与财务报表整体不存在广泛联系，注册会计师应当将其识别为认定层次的重大错报风险。例如，被审计单位存在复杂的联营或合资，这一事项表明长期股权投资账户的认定可能存在重大错报风险。又如，被审计单位存在重大的关联方交易，该事项表明关联方及关联方交易的披露认定可能存在重大错报风险。

如果注册会计师识别出交易类别、账户余额和披露的某项认定存在重大错报风险，那么，该项认定是相关认定。存在相关认定的交易类别、账户余额和披露则被称为相关交易类别、账户余额和披露。值得注意的是，注册会计师识别确定某项认定是否属于相关认定，应当依据其固有风险，而不考虑相关控制的影响。注册会计师识别出相关认定后，在评估认定层次重大错报风险时，才应当考虑相关控制的影响。

这里强调针对认定层次先依据固有风险识别出相关认定及相关交易类别、账户余额和披露，有利于全面了解财务报表（由被审计单位管理层认定组成）可能存在的所有重大错报风险，从源头上解决注册会计师在审计中可能遗漏某些重大错报风险点，或对重大错报风险的识别和评估可能过于简单化和模糊化或模板化和经验化的问题。表6-7列示了识别重大错报风险时考虑的部分风险因素。

表 6 – 7   **识别重大错报风险时考虑的部分风险因素**

1. 已识别的风险是什么？	
财务报表层次	（1）源于薄弱的被审计单位整体层面内部控制或信息技术一般控制； （2）与财务报表整体广泛相关的特别风险； （3）与管理层凌驾和舞弊相关的风险因素； （4）管理层愿意接受的风险
认定层次	（1）与完整性、准确性、存在或计价相关的特定风险： ①收入、费用和其他交易； ②账户余额； ③财务报表披露。 （2）可能产生多重错报的风险
相关内部控制程序	（1）特别风险； （2）用于预防、发现或减轻已识别风险的恰当设计并执行的内部控制程序； （3）仅通过执行控制测试应对的风险
2. 错报（金额影响）可能发生的规模有多大？	
财务报表层次	什么事项可能导致财务报表重大错报？考虑管理层凌驾、舞弊、未预期事件和以往经验
认定层次	（1）交易、账户余额或披露的固有性质； （2）日常和例外事件； （3）以往经验
3. 事件（风险）发生的可能性有多大？	
财务报表层次	（1）来自高层的基调； （2）管理层风险管理的方法； （3）采用的政策和程序； （4）以往经验
认定层次	（1）相关的内部控制活动； （2）以往经验
相关内部控制程序	识别对于降低事件发生可能性非常关键的管理层风险应对要素

（2）评估。评估的要求及工作事项包括：

①总体要求。对于识别出的认定层次重大错报风险，注册会计师应当分别评估固有风险和控制风险。这样有利于注册会计师把认定层次重大错报风险的评估工作做细做实（可为设计和实施进一步审计程序提供适当依据），进而倒逼其按照审计准则要求把实施风险评估程序获取有关了解的基础工作做细做实，避免在认定层次将固有风险和控制风险简单混合起来作出粗略的、不适当的风险评估。

②评估固有风险。对于识别出的认定层次重大错报风险，注册会计师应当通过评估

错报发生的可能性和重要程度来评估固有风险。在评估时，注册会计师应当考虑：第一，固有风险因素如何以及在何种程度上影响相关认定易于发生错报的可能性；第二，财务报表层次重大错报风险如何以及在何种程度上影响认定层次重大错报风险中固有风险的评估。

注册会计师在评估错报发生的可能性和重要程度时，应当根据错报发生的可能性和重要程度综合起来的影响程度确定所评估风险的固有风险等级，以帮助其设计进一步审计程序，应对重大错报风险。评估识别的重大错报风险的固有风险还有助于注册会计师识别和确定特别风险。某类交易、账户余额和披露越易于发生错报，评估的固有风险可能越高。

③评估控制风险。注册会计师在拟测试控制运行有效性的情况下，应当评估控制风险。如果拟不测试控制运行的有效性，则应当将固有风险的评估结果作为重大错报风险的评估结果。

④确定特别风险。确定特别风险可以使注册会计师通过实施特定应对措施，更专注于那些位于固有风险等级上限的风险。特别风险，是指注册会计师识别出的符合下列特征之一的重大错报风险：第一，根据固有风险因素对错报发生的可能性和错报的严重程度的影响，注册会计师将固有风险评估为达到或接近固有风险等级的最高级（上限）；第二，根据其他审计准则的规定，注册会计师应当将其作为特别风险。

在确定特别风险时，注册会计师可能首先识别评估的固有风险等级较高的重大错报风险。不同被审计单位以及同一被审计单位在不同期间的固有风险等级上限可能不同，这取决于被审计单位的性质和具体情况（如规模和复杂程度等）。固有风险等级的评估需要注册会计师作出职业判断，除非该风险是其他审计准则规定应当作为特别风险处理的风险类型。例如：第一，对于超市零售商的现金，通常确定错报发生的可能性较高（由于现金易被盗用的风险），但是重要程度通常非常低（由于商店中处理的实物现金较少）。这两个因素的组合在固有风险等级中不太可能导致现金的存在性被确定为特别风险；第二，被审计单位正在洽谈出售业务分部。注册会计师在考虑该事项对商誉减值的影响时，可能认为由于主观性、不确定性、管理层偏向的可能性或其他舞弊风险因素等固有风险因素产生的影响，错报发生的可能性和重要程度均较高。这可能导致注册会计师将商誉减值确定为特别风险。

⑤两种特殊情形的处理。包括：第一，仅实施实质性程序无法应对的重大错报风险。对这类风险，注册会计师应当根据相关审计准则的规定，对相关控制的设计和执行进行了解和测试。第二，对重大交易类别、账户余额和披露的考虑。注册会计师按照相关准则的要求，识别并评估各类交易、账户余额和披露中存在的重大错报风险时需要考虑重要性和审计风险。注册会计师对重要性的确定属于职业判断，受到注册会计师关于财务报表使用者对财务信息需求的认识的影响。如果能够合理预期，某类交易、账户余额和披露中信息的遗漏、错误陈述或含糊表达，可能影响财务报表使用者依据财务报表整体作出的经济决策，则通常认为该类交易、账户余额和披露是重大的。

如果注册会计师未将重大交易类别、账户余额和披露确定为"相关交易类别、账户余额和披露"（例如，注册会计师可能确定被审计单位披露的高管薪酬是重大披露，但对该披露未识别出重大错报风险即未识别出相关认定），则应当评价这样做是否适当。《中国注册会计师审计准则第 1231 号——针对评估的重大错报风险采取的应对措施》规定了对未被确定为相关交易类别、账户余额和披露的重大交易类别、账户余额和披露实施的审计程序。如果注册会计师确定某类交易、账户余额和披露是相关交易类别、账户余额和披露，那么，按照《中国注册会计师审计准则第 1231 号——针对评估的重大错报风险采取的应对措施》的规定，该类交易、账户余额和披露也是重大的。

⑥两个层次间相互影响的处理。包括：第一，在评估识别的认定层次重大错报风险时，注册会计师可能认为某些重大错报风险与财务报表整体存在广泛联系，可能影响多项认定，在这种情况下，注册会计师可能更新对财务报表层次重大错报风险的识别。第二，如果重大错报风险由于广泛影响多项认定而被识别为财务报表层次重大错报风险，并可以识别出受影响的特定认定，注册会计师应当在评估认定层次重大错报风险的固有风险时考虑这些风险。

（四）考虑财务报表的可审计性

注册会计师在了解被审计单位的内部控制后，可能对被审计单位财务报表的可审计性产生怀疑。如果通过对内部控制的了解发现下列情况，并对财务报表局部或整体的可审计性产生疑问，注册会计师应当考虑出具保留意见或无法表示意见的审计报告：（1）被审计单位会计记录的状况和可靠性存在重大问题，不能获取充分、适当的审计证据以发表无保留意见；（2）对管理层的诚信存在严重疑虑。必要时，注册会计师应考虑解除业务约定。

审计案例与思政元素
找准审计方向：从疑点入手，挖出贪污挪用公款案

案 例

立信中联辞任 * ST 圣莱

* ST 圣莱 2022 年 3 月 1 日公告称，立信中联会计师事务所（以下简称"立信中联"）近日发函，说明因承接 ST 项目受限，且业务量繁重，加上新冠疫情影响、人员调动困难等原因，无法继续承接 2021 年度审计工作，要求其及时选择其他会计师事务所。立信中联为 * ST 圣莱提供的年报审计，只有 2020 年一年。而拒绝继续审计的原因，可能与该公司的多项业务违规有关。因多项资金使用违规，该公司的 2020 年年报，被立信中联出具非标意见的审计报告。

2022 年 2 月 11 日，该公司回复深圳证券交易所（以下简称"深交所"）问询时还称，正与立信中联就年审安排沟通，暂无更换会计师事务所的计划。而按照预披露，* ST 圣莱将在 3 月 30 日公布 2021 年年报，目前距离约定时间只有不到 1 个月。

实际上，立信中联拒绝继续提供审计，已经早有端倪。早在 2021 年 4～5 月，* ST 圣莱董事会、股东大会就已决定，续聘立信中联为年度审计机构，但此后一直没有下文。2021 年 12 月底，宁波证监局在监管函中专门提示该公司，及时选聘诚信记录良好的审计机构。此后，由于没有披露续聘审计机构进展，深交所也在 1 月 28 日发出问询函，要求该公司说明是否续聘立信中联为 2021 年财报审计机构，并尽快披露新聘会计师事务所情况。

最近几年来，* ST 圣莱违规不断。2019 年底之后，该公司控股股东关联方通过非经营占用，累计占用资金超过 7 900 万元。被原审计机构亚太（集团）会计师事务所发现后，

直到 2021 年 12 月底,占用的资金仍未全部归还。

2014~2020 年,*ST 圣莱扣非净利润连续 7 年亏损,累计亏损金额达 4.08 亿元。2021 年 4 月 30 日,其股票被实施退市风险警示。若 2021 年持续亏损,其股票将面临退市。而在前三季度持续亏损的情况下,该公司却在 2022 年 1 月 28 日披露业绩预告称,预计去年最多实现净利润 5 800 万元。

这份业绩预告,引来了监管质疑。2022 年 1 月 28 日,深交所发出问询函,要求该公司说明,2021 年度营业收入是否存在应扣除未扣除、规避相关财务类强制退市指标的行为。宁波证监局此前也下发监管函,要求其对 2021 年财务情况谨慎论证,避免通过调节收入或非经常性损益规避执行上市规则的情形。

调查发现,突然到来的"扭亏",其真实性存在疑问。*ST 圣莱 2021 年开始介入的配电成套设备业务的部分供应商,与下游的客户之间存在股权、人员联系。其中,一家采购额占比接近 25% 的供应商股东,同时在其销售额占比接近 90% 的第一大客户控制的企业担任监事。

作为审计机构,注册会计师在承接业务以及之后的审计过程中,时刻要保持职业谨慎,及时了解被审计单位及其环境,评估重大错报风险,并对已识别的重大错报风险及时地采取适当的应对措施,甚至可以考虑终止业务,避免承担有可能发生的重大法律责任风险,正是基于这一点,立信中联终止了与*ST 圣莱的合作。

二、评估固有风险等级

在评估与特定认定层次重大错报风险相关的固有风险等级时,注册会计师应当运用职业判断,确定错报发生的可能性和重要程度综合起来的影响程度。作出判断应当考虑被审计单位的性质和具体情况,并考虑评估的错报发生的可能性和重要程度以及固有风险因素。在考虑错报发生的可能性时,注册会计师应当基于对固有风险因素的考虑,评估错报发生的概率。在考虑错报的重要程度时,注册会计师应当考虑错报的定性和定量两个方面(即注册会计师可能根据错报的金额大小、性质或情况,判断各类交易、账户余额和披露在认定层次的错报是重大的)。注册会计师应使用错报发生的可能性和重要程度综合起来的影响程度,确定固有风险等级。综合起来的影响程度越高,评估的固有风险等级越高,反之亦然。

评估的固有风险等级较高,并不意味着评估的错报发生的可能性和重要程度都较高。错报发生的可能性和重要程度在固有风险等级上的交集确定了评估的固有风险在固有风险等级中是较高还是较低。评估的固有风险等级较高也可能是错报发生的可能性和重要程度的不同组合导致的,例如,较低的错报发生的可能性和极高的重要程度可能导致评估的固有风险等级较高。为制定适当的应对策略,注册会计师可以基于其对固有风险的评估,将重大错报风险按固有风险等级的类别进行划分。注册会计师可以以不同的方式描述这些等级类别(如区分最高、较高、中、低等进行定性描述)。不管使用的分类方法如何,如果旨在应对识别的认定层次重大错报风险的进一步审计程序的设计和实施能够适当应对固有风险的评估结果和形成该评估结果的依据,则注册会计师对固有风险等级的评估就是适当的。

三、需要特别考虑的重大风险

（一）判定特别风险的考虑因素

注册会计师需要运用职业判断确定哪些风险为特别风险。固有风险因素的影响越低，评估的风险等级可能也越低。以下事项可能导致注册会计师评估认为重大错报风险具有较高的固有风险等级，进而将其确定为特别风险：

（1）交易具有多种可接受的会计处理，因此有一定的主观性；
（2）会计估计具有高度不确定性或模型复杂；
（3）支持账户余额的数据收集和处理较为复杂；
（4）账户余额或定量披露涉及复杂的计算；
（5）对会计政策存在不同的理解；
（6）被审计单位业务的变化涉及会计处理发生变化，如合并和收购。

审计准则
中国注册会计师审计准则第1141号——财务报表审计中与舞弊相关的责任（2022年12月22日修订）

（二）考虑非常规交易和判断事项导致的特别风险

特别风险通常来源于重大的非常规交易和判断事项。非常规交易是指由于金额或性质异常而不经常发生的交易。例如，企业并购、债务重组、重大或有事项等。非常规交易具有以下特征：管理层更多地介入会计处理；数据收集和处理进行更多的人工干预；复杂的计算或会计处理方法；非常规交易的性质可能导致难以对由此产生的特别风险实施有效控制；与重大非常规交易相关的特别风险可能导致更高的错报风险。

判断事项通常包括做出的会计估计，而会计估计又具有计量的重大不确定性，如资产减值准备金额的估计、需要运用复杂估值技术确定的公允价值计量等，由于以下原因，与重大判断事项相关的特别风险可能导致更高的重大错报风险：对涉及会计估计、收入确认等方面的会计原则存在不同理解；所要求的判断可能是主观和复杂的，或需要对未来事项作出假设。

审计准则
《中国注册会计师审计准则第1141号——财务报表审计中与舞弊相关的责任》应用指南（2019年3月29日修订）

（三）考虑与特别风险相关的控制

与重大非常规交易或判断事项相关的风险很少受到日常控制的约束，审计人员应当了解被审计单位是否针对该特别风险设计和实施了控制。例如，作出会计估计所依据的假设是否由管理层或专家进行复核，是否建立作出会计估计的正规程序，重大会计估计结果是否由治理层批准等。再如，管理层在收到重大诉讼事项的通知时采取的措施，包括这类事项是否提交适当的专家（如内部法务部门或外部的法律顾问）处理，是否对该事项的潜在影响作出评估，是否确定该事项在财务报表中的披露问题以及如何确定等。如果被审计单位未能针对特别风险设计并实施专门的控制，审计人员应当认为相关控制存在重大缺陷，考虑其对风险评估的影响，并就此类事项与治理层沟通。

（四）仅通过实质性程序无法应对的重大错报风险

作为风险评估的一部分，如果认为仅通过实质性程序获取的审计证据无法将认定层次的重大错报风险降至可接受的低水平，审计人员应当评价被审计单位针对这些风险设计的控制，并确定其执行情况。

如果被审计单位日常交易采用高度自动化处理，审计证据可能仅以电子形式存在，其充分性和适当性通常取决于自动化信息系统相关控制的有效性，审计人员应当考虑仅通过实施实质性程序不能获取充分、适当审计证据的可能性。例如，某企业通过高度自动化的系统确定采购品种和数量，生成采购订单，并通过系统中设定的收货确认和付款条件进行付款，除了系统中的相关信息之外，该企业没有其他有关订单和收货的记录。在这种情况下，如果认为仅通过实施实质性程序不能获取充分、适当的审计证据，审计人员应当考虑依赖的相关控制的有效性，并对其进行了解、评估和测试。

在审计实务中，应当记录了解被审计单位及其环境中识别的重大错报风险及应对方案，通常需编制《识别的重大风险汇总表》《财务报表层次风险应对方案表》《特别风险应对措施及结果汇总表》等工作底稿。《风险评估结果汇总表》《财务报表层次重大错报风险总体应对方案表》举例见表 6 - 8、表 6 - 9。

表 6 - 8 风险评估结果汇总表

被审计单位： 腾飞公司 索引号：_____
项目： 风险评估结果汇总表 财务报表截止日/期间：2021 年 12 月 31 日
编制： 张林 日期：2021 年 11 月 30 日 复核： 王宏 日期：2021 年 12 月 1 日

识别的重大错报风险	索引号	属于财务报表层次还是认定层次	是否属于特别风险	是否属于仅通过实质性程序无法应对的重大错报风险	受影响的交易类别、账户余额和列报认定
国内产品定价政策		认定层次	否	否	主营业务收入、补贴收入、存货跌价准备
人民币汇率波动		认定层次	否	否	财务费用
缺少审计委员会，审计部等独立的内部审计、监督机构		财务报表层次	否	否	报表整体
利息资本化		认定层次	否	否	在建工程、财务费用
业绩考核的压力		认定层次	否	否	主营业务收入、主营业务成本、期间费用
执行新企业会计准则		财务报表层次	否	否	相关报表的账户

续表

识别的重大 错报风险	索引号	属于财务 报表层次 还是认定 层次	是否属于 特别风险	是否属于仅通 过实质性程序 无法应对的重 大错报风险	受影响的交易类别、 账户余额和列报认定
毛利率提高	认定层次	否	否		主营业务收入、主营业 务成本
管理费用增加	认定层次	否	否		管理费用
……	……	……	……	……	……

表6-9 财务报表层次重大错报风险总体应对方案表

财务报表层次重大错报风险	索引号	总体应对措施
缺少审计委员会、审计部等独 立的内部审计、监督机构		向项目组强调在收集和评价审计证据过程中保持职业 怀疑态度的必要性,实施进一步审计程序时,使一些 程序不被管理人员预见,如函证样本的选取等
执行新企业会计准则		分派更有经验的审计人员检查腾飞公司新会计准则的 执行情况,同时现场负责人提供更多的督导。实施进 一步审计程序时,使一些程序不被管理人员预见,如 函证样本的选取等

(五) 对风险评估的修正

审计人员对认定层次重大错报风险的评估应以获取的审计证据为基础,并可能随着不断获取审计证据而作出相应的变化。例如,审计人员对重大错报风险的评估可能基于预期控制运行有效这一判断,即相关控制可以防止或发现并纠正认定层次的重大错报。但在测试控制运行的有效性时,审计人员获取的证据可能表明相关控制在被审计期间并未有效运行。同样,在实施实质性程序后,审计人员可能发现错报的金额和频率比在风险评估时预计的金额和频率要高。因此,如果通过实施进一步审计程序获取的审计证据与初始评估获取的审计证据相矛盾,审计人员应当修正风险评估结果,并相应修改原计划实施的进一步审计程序。

拓展案例

A 会计师事务所实施阶段风险评估、控制测试失当

A 会计师事务所(以下简称"A 所")成立于 1993 年,现有员工 2 500 余人,旗下拥有多家资产评估公司、信息咨询服务公司和注册会计师公司,并在全国多个城市设立了近 30 家分支机构。从年报审计业务层面来看,A 所已累计为沪、深市及创业板十多家上市公司提供年报审计服务。结合证监会处罚公告来看,2011~2018 年 A 所累计受到多次处罚，相关处罚均与审计程序失当存在密切关系。此处重点分析 A 所在风险评估、控制测试程序存在的问题。

（1）风险评估失当。A 所失败案例中，风险评估程序失当集中体现在以下两个方面：其一，对审计对象情况未进行充分了解。在对 HX 企业审计失败案例中，A 所 2010 年和 2011 年连续两年承接财务报表审计业务，2011 年承接业务时 A 所注册会计师并未与 2010 年负责审计的注册会计师进行充分沟通，审计过程中注册会计师并未保持应有的谨慎与客观态度，而是盲目照搬 2010 年的审计经验。例如，2011 年国家行业优惠政策被取消，A 所会计师并未对上述政策变化予以关注，审计过程中未执行相关审计程序对 HX 潜在的风险进行科学评估。在对 FB 企业审计失败案例中，被审计单位重大资产重组过程中频繁更换会计师事务所，但是 A 所并未重视上述情况，A 所会计师承接业务时也并未与前任会计师充分沟通。在 JL 集团审计失败案例中，承接业务时 A 所会计师并未对 JL 集团的行业发展现状进行充分了解，会计师不熟悉相关收入确认方法，相关经验和专业知识的缺失对会计师审计工作带来了一定难度。其二，对特别风险和舞弊风险未进行合理评估。在 TJ 企业首次公开募股（IPO）审计失败案例中，A 所未勤勉尽责，未发现被审计单位存在的虚假记载等违规行为。A 所 IPO 审计底稿中计划类工作底稿缺失，也没有对舞弊风险进行评估和设计必要计划应对。同时，IPO 审计过程中 A 所未有效执行关联方识别和披露的审计程序，部分结论没有底稿支持。在 HX 审计失败案例中，A 所未勤勉尽责，未发现被审计单位存在的提前确认收入、虚增营业收入、多预提运费、多计提坏账等违规行为，未合理评估被审计单位的舞弊风险。

（2）控制测试失当。相关循环控制测试不到位必然会对后期实质性程序的判断结果产生诸多消极影响。在 HX 审计失败案例中，A 所审计过程中没有对销售与收款循环执行相应控制测试，销售收入的控制点并未予以明确。就 HX 的主营业务来看，销售与收款循环应该是企业的主要风险领域，相关控制测试的缺失导致企业内部控制漏洞没有被及时发现。另外，A 所在对其他循环进行控制测试时未对原始凭证的真实性进行查验。总体来看，案例中 A 所控制测试阶段没有根据被审计单位的特点明确财务舞弊的高风险领域。

从上述案例可知，A 所在业务承接阶段的问题是：不够谨慎，未充分了解被审计单位及其环境；审计对象的风险并不是一成不变的，审计过程中一些审计师没有根据环境变化情况差异化地执行风险评估程序。在未对企业所处行业状态予以全方位了解的前提下，A 所盲目审计通常较难发现企业的舞弊行为，进而容易导致重大报错风险评估不准确。控制测试阶段的缺陷则通常表现为形式主义严重，未严格执行。A 所会计师风险意识薄弱也是风险评估程序存在缺陷的重要原因之一，风险评估、测试程序失当会导致巨大的审计风险。

本章思政元素梳理

在风险导向审计模式下，注册会计师以重大错报风险的识别、评估和应对作为审计工作的主线，最终将审计风险控制在可接受的水平。风险的识别和评估是审计工作的起点。风险识别和评估，是指注册会计师通过设计、实施风险评估程序，识别和评估财务报表层次和认定层次的重大错报风险。风险识别是找出财务报表层次和认定层次的重大错报风险；风险评估是指对重大错报发生的可能性和后果严重程度进行评估。

注册会计师应实施风险评估程序，以了解以下三个方面：

（1）被审计单位及其环境，包括：①组织结构、所有权和治理结构、业务模式（包括该业务模式利用信息技术的程度）；

②行业形势、法律环境、监管环境和其他外部因素；

③财务业绩的衡量标准，包括内部和外部使用的衡量标准。

（2）适用的财务报告编制基础、会计政策以及变更会计政策的原因。

（3）被审计单位内部控制体系各要素（内部环境、风险评估、信息与沟通、控制活动、内部监督），从整体层面和业务流程层面了解内部控制并规范记录。

实施风险评估程序获取对被审计单位及其环境等方面情况的了解，获取这些了解的目的是为了使用通过了解获得的、可能导致财务报表发生重大错报的风险因素以及内部控制对相关风险的抵消信息，识别和评估财务报表层次以及各类交易、账户余额和披露认定层次的重大错报风险。并识别特别考虑的重大风险。

从案例来看，审计人员应充分了解被审计单位及其环境，保持充分的职业怀疑，高度警惕被审计单位管理层人员及其提供的信息，评估重大错报风险和识别特别风险。审计人员应认真、谨慎执行审计程序，充分了解被审计单位的内部控制，并进行恰当的测试，同时注册会计师应该加强自身职业道德修养，并努力提高自身专业水平。

通过学习本章，使学生理解风险识别和评估程序、被审计单位内部控制设计、评价应当循序的制度要求与行为规范，学生应认识到：审计人员要始终秉持职业谨慎的态度，提高风险意识；依法审计，按照会计、审计准则审计；认真严谨地执行各项审计程序，进行充分的风险评估，为后续的审计工作打好基础。

本章中英文
关键词汇

习题演练

本章推荐
阅读书目

第七章 风险应对

风险评估应准确，风险应对须恰当①

根据中国证监会市场禁入决定书〔2021〕4号，广东正中珠江会计师事务所（以下简称"正中珠江"）出具的康美药业股份有限公司（以下简称"康美药业"）2016~2018年年度审计报告存在虚假记载。本案例主要分析在风险识别与评估阶段以及风险应对阶段，正中珠江对康美药业2018年财务报表的审计存在的缺陷。

（1）风险识别与评估阶段，部分审计底稿未认定营业收入科目存在舞弊风险或特别风险，未就由于舞弊导致的财务报表重大错报的可能性执行相关的审计程序，存在缺陷。

正中珠江认定2018年康美药业公司整体层面的风险等级为"存在重大风险"。由于康美药业以前年度存在财务造假行为，当期营业收入存在舞弊风险。康美药业中药材贸易未记录在捷科系统中，也未开具发票，管理不规范，存在较高的舞弊风险。

正中珠江部分审计底稿中，对康美药业营业收入或中药材贸易的风险评估结果错误，审计工作存在缺陷：一是汇总的重大风险领域中，认定中药材贸易收入不存在特别风险；二是在针对特别风险采取的应对措施汇总表中，未认定营业收入存在特别风险。审计底稿未记录正中珠江项目组内部就舞弊事项进行讨论，或者分析舞弊存在的压力、机会和借口。

（2）实质性程序存在重大缺陷。

①正中珠江在对中药材贸易收入审计过程中，获取的审计证据包括现金日记账、进销存明细、情况说明、花名册、社保缴纳记录、委托授权书、访谈记录等资料，由于访谈对象与康美药业存在重要利益往来，除社保缴纳记录为外部证据外，其余证据均属于内部证据。鉴于康美药业的内部控制系统存在重大缺陷，正中珠江对康美药业的内部控制系统不予信赖，直接从康美药业内部获取的审计证据的说服力极弱。而社保缴纳记录无法直接证明中药材贸易业务与康美药业存在关联，且与相关人员的访谈笔录存在相互矛盾之处，另外，该社保记录系从康美药业取得，并非直接从独立第三方获取。正中珠江未获取充分、适当的审计证据，不符合相关准则的规定。

②针对中药材贸易的风险评估结果，正中珠江计划的风险应对方案包括：一是加强对

---

① 中国证监会市场禁入决定书［EB/OL］. 中国证券监督管理委员会，http://www.csrc.gov.cn/csrc/c101927/c013ed46d13b14c8baff1824846936589/content.shtml，2021-02-20.

公司中药材贸易业务的穿行测试及业务流程核查，包括采购合同、采购入库、采购发票、付款、销售合同、销售出库、销售发票、回款；二是加强对该业务供应商和客户的发函核查情况；三是加强对该业务销售情况、销售毛利率等的合理性分析。实际执行时，正中珠江仅执行了第三个审计程序，前两个审计程序均未执行。正中珠江未严格执行审计计划，未能有效应对舞弊风险。

③正中珠江获取的多份审计证据存在明显异常或相互矛盾。正中珠江未保持应有的职业怀疑，未对明显异常或相互矛盾的审计证据执行进一步审计程序以消除疑虑，不符合相关审计准则的规定。

综上所述，2018 年度，康美药业的营业收入存在舞弊风险，中药材贸易属于当期营业收入异常且重要的组成部分，正中珠江对其单独执行实质性审计程序以应对存在的舞弊风险。实际执行过程中，正中珠江在风险识别与评估阶段部分认定结论错误；在实施风险应对措施时，未严格执行审计计划，未保持应有的职业怀疑，未执行进一步审计程序消除疑虑，导致未获取充分、适当的审计证据。虽然正中珠江出具的康美药业 2018 年财务报表审计报告带有保留意见的事项，但其并未对营业收入事项发表保留意见，不符合相关审计准则的规定。

风险应对
思维导图

审计准则
中国注册会计师
审计准则第 1231
号——针对评估
的重大错报风险
采取的应对措施
（2022 年 12 月
22 日修订）

审计人员应当针对评估的重大错报风险实施程序，即针对评估的财务报表层次的重大错报风险确定总体应对措施，并针对评估的认定层次重大错报风险设计和实施进一步审计程序，以将审计风险降至可接受水平。

整个风险应对工作就是在评估财务报表层次和认定层次的重大错报风险后展开的。

审计人员针对评估的认定层次重大错报风险设计和实施的进一步审计程序，是对审计风险模型的具体运用。控制测试的结果，将直接用于修正重大错报风险的初步评估结果。当审计风险一定时，修正的重大错报风险评估结果通过模型最终会影响检查风险水平的确定，进而影响实质性程序的计划和实施。实质性程序的设计和实施，直接依据运用模型确定的计划检查风险水平，其目的是将检查风险降至计划可接受的水平。

审计准则
《中国注册会计师
审计准则第 1231
号——针对评估
的重大错报风险
采取的应对措
施》应用指南
（2019 年 3 月 29
日修订）

第一节　针对财务报表层次重大错报风险的总体应对措施

一、财务报表层次重大错报风险与总体应对措施

在评估重大错报风险时，审计人员识别的重大错报风险分两个层次：一是与财务报表整体相关，进而影响多项认定；二是与特定的某类交易、账户余额、列报的认定相关。审

计人员应当针对评估的财务报表层次重大错报风险确定下列总体应对措施：

（一）向审计项目组强调，在收集和评价审计证据的过程中保持职业怀疑态度的必要性

如果发现被审计单位管理层的业绩评价密切关联于利润增长情况，可能会增加利润表所有项目发生重大错报的风险，此时项目组所有成员应保持更高的职业怀疑态度，更谨慎地采用审计程序，以应对这种报表整体层次的重大错报风险。

（二）分派更有经验或具有特殊技能的审计人员，或利用专家的工作

由于各行业的业务、经营风险、财务报告、法规要求等方面具有特殊性，审计人员的专业分工细化是大势所趋。如被审计单位属于比较特殊的行业，其业务涉及诸如建筑造价、资产评估、精算等专业领域，审计项目组成员中应有一定比例的人员曾经参与过被审计单位以前年度的审计，或具有被审计单位所处特定行业的相关审计经验，要考虑利用建筑、信息技术、税务、评估、精算等方面专家配合相关工作。

【知识拓展】

工程结算审计中的风险

（1）固有风险。如因工程的结构与设计、施工技术与时间、预决算的准确性等，给工程造价带来影响的可能性。这种风险的大小，主要取决于两个方面：一是建设、施工单位所处的客观条件；二是被审计单位工程造价预算编制人员出现差错的程度。

（2）审计控制风险。即被审计项目所涉及的建设、施工、采购、监理等单位，对工程实施内部控制宽严程度而对工程造价的高低所产生影响的可能性。这种风险主要取决于上述单位即部门在工程实施过程中有无健全的内部控制、监督制度及执行的情况。

（3）审计检查风险。即内审人员在对工程进行实质性测试中，因自身因素影响工程造价的可能性。这种风险与内审人员、审计工作有着密切的联系。它主要取决于内审人员的职业道德和业务水平、审计重点的确定、审计方法和技术手段的运用、审计成本的投入等因素。

（三）提供更多的督导

对于财务报表层次重大错报风险较高的审计项目，审计项目组的高级别成员，如项目合伙人、项目经理等经验比较丰富的人员，要更详细、更经常、更及时地对一般成员的工作进行指导和督导，并加强项目质量复核。

（四）在选择进一步审计程序时，融入更多不可预见的因素

由于管理层很可能早已熟悉审计人员的审计套路，对审计程序有更多不可预见的设计能够避免管理层采取种种规避手段来掩盖财务报告中的舞弊行为。因此，在设计拟实施审计程序的性质、时间和范围时，为了避免既定思维对审计方案的限制，避免对审计效果的人为干涉，从而使得针对重大错报风险的进一步审计程序更加有效，审计人员要考虑使某些程序不被审计单位管理层预见或事先了解。不可预见程序一般是在审计银行存款、固定资产、应收账款、应付账款、存货等账户时实施。常见的不可预见程序有：将函证账户的截止日期提前或推迟；盘点以前年度未盘点过的低值易耗品；对某月银行流水中摘要异常的分录进行抽凭等。

增加审计程序不可预见性的方法。

（1）对某些未测试过的低于设定的重要性水平或风险较小的账户余额和认定实施实质性程序。如果某些重要性比较低而审计人员未曾关注过的领域有可能被用于掩盖舞弊行为，审计人员就要针对这些领域实施一些具有不可预见性的测试。例如，一个账户的重要性水平设为80万元，那么审计人员一般会查询80万元以上的交易，而对于80万元以下的则不查或者没有比较严格的审计程序，被审计单位为了规避自己的错报就会虚构一系列低于80万元的交易，使其不重大，但实际上这些金额加起来已经远远超过80万元。这时如果审计人员对被审计单位低于80万元的交易进行审计，出其不意，使其没有防范措施。

（2）调整实施审计程序的时间，使被审计单位不可预期。如果审计人员在以前年度的大多数审计工作都围绕12月或在年底前后进行，被审计单位有可能把一些不适当的会计调整放在年度的9月、10月、11月等，以避免引起审计人员的注意。审计人员可以考虑调整实施审计程序时测试项目的时间到测试9月、10月、11月的项目。

（3）采取不同的审计抽样方法，使当期抽取的测试样本与以前有所区别。

（4）在不同的地点实施审计程序，或预先不告知被审计单位所选定的测试地点。对于以前不经常去审计的地点，被审计单位可能会放松警惕，将重大错报放在此处，如果审计人员选取这些地方进行审计，就容易发现问题。

现在具体举例，见表7-1。

表7-1   审计程序的不可预见性示例

审计领域	一些可能适用的具有不可预见性的审计程序
存货	（1）向以前审计过程中接触不多的被审计单位员工询问，如采购、销售、生产人员等； （2）在不事先告知被审计单位的情况下，选择一些以前未曾访问过的盘点地点进行存货监盘
销售/应收账款	（1）向以前审计过程中接触不多或未曾接触过的被审计单位员工询问，如负责处理大客户账户的销售部人员。 （2）改变实施实质性分析程序的对象，如对收入按细类进行分析。 （3）针对销售和销售退回延长截止测试期间。 （4）实施以前未曾考虑过的审计程序，例如： ①函证确认销售条款或者选定销售额不重要、以前未曾关注的销售交易，如对出口销售实施实质性程序； ②实施更细致的分析程序，如使用计算机辅助审计技术审阅销售及客户账户； ③测试以前未曾函证过的账户余额，如金额为负或是零的账户，或者余额低于以前设定的重要性水平的账户； ④改变函证日期，即把所函证账户的截止日期提前或者推迟； ⑤对关联公司销售和相关账户余额，除了进行详细函证外，再实施其他审计程序进行验证

续表

审计领域	一些可能适用的具有不可预见性的审计程序
采购/应付账款	（1）如果以前未曾对应付账款余额普遍进行函证，可考虑直接向供应商函证确认余额。如果经常采用函证方式，可考虑改变函证的范围或者时间。 （2）对以前由于低于设定的重要性水平而未曾测试过的采购项目进行细节测试。 （3）使用计算机辅助审计技术审阅采购和付款账户，以发现一些特殊项目，如是否有不同的供应商使用相同的银行账户
现金/银行存款	（1）多选几个月的银行存款余额调节表进行测试； （2）对有大量银行账户的，考虑改变抽样方法
固定资产	对以前由于低于设定的重要性水平而未曾测试过的固定资产进行测试，如考虑实地盘查一些价值较低的固定资产，如汽车、电脑和其他设备等
集团审计项目	修改组成部分审计工作的范围或者区域（如增加某些不重要的组成部分的审计工作量，或实地去组成部分开展审计工作）

（五）对拟实施审计程序的性质、时间和范围做出总体修改

在内部控制中，控制环境的影响非常广泛，财务报表层次的重大错报风险就很可能来自薄弱的控制环境，因此审计人员对控制环境的了解会影响其对财务报表层次重大错报风险的评估。在被审计单位的控制环境存在缺陷时，注册会计师需要考虑对拟实施的审计程序的时间、性质和范围做出总体修改，如：

（1）在期末而非期中实施更多的审计程序。在期中实施审计程序可以提高审计效率，但其前提在于有理由相信控制的有效性在整个会计期间是一贯的，因此期中测试得到的证据可以从一定程度上说明整个会计期间的状况。而控制环境的缺陷通常会削弱期中获得的审计证据的可信赖程度。

（2）通过实施实质性程序获取更广泛的审计证据。控制环境存在缺陷通常会削弱其他控制要素的作用，导致审计人员可能无法信赖内部控制，而主要依赖实施实质性程序获取审计证据。

（3）增加拟纳入审计范围的经营地点的数量，即适当扩大审计范围。

二、总体应对措施对拟实施进一步审计程序的影响

审计人员评估的财务报表层次重大错报风险和采取的总体应对措施，对拟实施进一步审计程序的总体审计方案具有重要影响。进一步审计程序的总体审计方案包括两种：实质性方案和综合性方案。实质性方案是指审计人员在实施进一步审计程序时，以实质性程序为主；综合性方案是指审计人员在实施进一步审计程序时，将控制测试与实质性程序结合使用。

当评估的财务报表层次重大错报风险属于高风险水平时，此时的总体应对措施会更强调不可预见性的审计程序，同时重视调整审计程序的性质、时间安排和范围等，拟实施进一步审计程序的总体方案往往更倾向于以实质性程序为主的实质性方案。当评估的财务报

表层次重大错报风险属于低风险水平时，审计人员还将根据具体的交易、账户余额与披露的认定的特点，以及对相关特定内部控制的了解，来决定总体审计方案。如果在风险评估时初步判断相关交易的内部控制可信赖，拟实施进一步审计程序的总体方案往往更倾向于将控制测试与实质性程序结合使用的综合性方案。

第二节　针对认定层次重大错报风险的进一步审计程序

一、进一步审计程序的含义及考虑因素

（一）进一步审计程序的含义

进一步审计程序相对于风险评估而言，是指审计人员针对评估的各类交易、账户余额、列报认定层次重大错报风险实施的审计程序，包括控制测试和实质性程序。

审计人员应当针对评估的认定层次重大错报风险设计和实施进一步审计程序，包括审计程序的性质、时间安排和范围。审计人员设计和实施的进一步审计程序的性质、时间安排和范围，应当与评估的认定层次重大错报风险具备明确的对应关系。审计人员实施的审计程序应当具有目的性和针对性，有的放矢地配置审计资源，有利于提高审计效率和效果。

在设计进一步审计程序的性质、时间安排和范围时，进一步审计程序的性质是最重要的。因为只有性质适当的审计程序，才能获取相关、适当的审计证据，审计人员评估的重大错报风险越高，实施进一步审计程序的范围通常越大，但只有首先确保进一步审计程序的性质和特定风险相关时，扩大审计程序的范围才是有效的。

（二）设计进一步审计程序时的考虑因素

（1）风险后果的严重性。风险造成的后果越严重，审计人员就越要关注和重视，越需要精心设计有针对性的进一步审计程序。

（2）重大错报发生的可能性。重大错报发生的可能性越大，越需要审计人员精心设计进一步审计程序。

（3）涉及的各类交易、账户余额和披露的特征。不同的交易、账户余额和披露，产生的认定层次的重大错报风险也会存在差异，适用的审计程序也有差别。例如针对实务资产的审计程序与针对权利类资产（如应收账款）的进一步审计程序必然有所不同，前者注重实务资产的真实存在，后者注重该项权利（债权）是否为被审计单位所拥有及其计价和分摊是否正确。

（4）被审计单位采用的特定控制的性质。例如由于人工控制更容易被规避，因此内部控制的人工和自动化特征会对审计人员设计进一步审计程序具有重要影响。

（5）注册会计师是否拟获取审计证据，以确定内部控制在防止或发现并纠正重大错报方面的有效性。如果审计人员在风险评估时预期内部控制运行有效，随后拟实施的进一步

审计程序就必须包括控制测试，且实质性程序自然会受到之前控制测试结果的影响。

审计人员对认定层次重大错报风险的评估为确定进一步审计程序的总体审计方案奠定了基础。通常情况下，出于成本效益的考虑，审计人员可以采用综合性方案设计进一步审计程序，即将控制测试与实质性程序结合使用。但在某些情况下（如仅通过实质性程序无法应对重大错报风险），注册会计师必须通过实施控制测试，才可能有效应对评估出的某一认定的重大错报风险；在另一种情况下（如审计人员的风险评估程序未能识别出与认定相关的任何控制，或审计人员认为控制测试很可能不符合成本效益原则），审计人员可能认为仅实施实质性程序就是恰当的。

由于审计人员可能无法充分识别所有的重大错报风险，同时内部控制存在固有局限性，因此，无论选择何种方案，审计人员都应当对所有重大类别的交易、账户余额和披露设计及实施实质性程序。

二、进一步审计程序的性质

（一）含义

进一步审计程序的性质是指进一步审计程序的目的和类型。其中，进一步审计程序的目的包括通过实施控制测试以确定内部控制运行的有效性，通过实施实质性程序以发现认定层次的重大错报；进一步审计程序的类型包括检查、观察、询问、函证、重新计算、重新执行和分析程序。

在应对评估的重大错报风险时，合理确定审计程序的性质是最重要的。例如，针对与收入完整性认定相关的重大错报风险，控制测试通常更能有效应对；针对与收入发生认定相关的重大错报风险，实质性程序通常更能有效应对。再如，针对与应收账款在某一时点存在认定相关的重大错报风险，实施应收账款的函证程序通常更能有效应对，但该程序通常不能为应收账款的计价与分摊提供审计证据。针对应收账款的计价与分摊认定，审计人员通常要检查应收账款账龄和期后收款情况，了解欠款客户的信用情况来获取审计证据。

（二）进一步审计程序的性质的选择

首先，注册会计师需要考虑认定层次重大错报风险的评估结果，并据此选择审计程序。评估的认定层次重大错报风险越高，对通过实质性程序获取的审计证据的相关性和可靠性的要求越高，从而可能影响进一步审计程序的类型及其综合运用。

其次，注册会计师应当考虑评估的认定层次重大错报风险产生的原因，包括各类交易、账户余额、列报的具体特征以及内部控制。审计人员判定某特定类别的交易即使在不存在相关控制的情况下发生重大错报的风险仍不高，此时就可能认为仅实施实质性程序就可以获取充分、适当的审计证据。再如，被审计单位的某类交易利用信息系统进行日常处理和控制，如果审计人员预期此类交易在内部控制运行有效的情况下发生重大错报的风险较低，审计人员就会决定先实施控制测试，再在控制运行有效的基础上设计实质性程序。如果在实施进一步审计程序时拟利用被审计单位信息系统生成的信息，审计人员应当就信息的准确性和完整性获取审计证据。

三、进一步审计程序的时间

进一步审计程序的时间是指审计人员何时实施进一步审计程序，或指获取的审计证据适用的期间或时点。

关于进一步审计程序的时间安排问题，第一个层面是考虑何时实施进一步审计程序的问题，第二个层面是选择获取什么期间或时点的审计证据的问题。第一个层面的选择问题主要集中在如何权衡期中与期末实施审计程序的关系；第二个层面的选择问题集中在如何权衡期中审计证据与期末审计证据的关系，以及如何权衡以前审计获取的审计证据与本期审计获取的审计证据的关系。这两个层面的最终落脚点都是如何确保获取审计证据的效率和效果。

对于第一个层面的问题，即究竟是安排在期中或期末实施控制测试或实质性程序，最基本的考虑因素应该是审计人员评估的重大错报风险。当评估的重大错报风险较高时，注册会计师应当考虑在期末或接近期末实施实质性程序，或采取不通知的方式，或在管理层不能预见的时间实施审计程序。

审计人员在期中实施审计程序可能发挥积极的作用。例如，有助于审计人员在审计工作初期识别重大事项，并在管理层的协助下及时解决这些事项，或针对这些事项制定更为有效的实质性方案或综合性方案。但也存在一些消极作用，首先，如果某些期中以前发生的交易或事项在期中审计结束时尚未完结，审计人员就难以仅凭在期中实施的审计程序获取充分、适当的审计证据；其次，被审计单位从期中到期末这段剩余时间发生了重大的交易或事项，还会对财务报表的认定产生重大的影响；最后，被审计单位管理层完全有可能在审计人员于期中实施了审计程序后对期中以前的相关会计记录进行调整甚至篡改，导致审计人员在期中获取的审计证据已经发生了变化。因此审计人员在期中实施了进一步审计程序后，还应当针对剩余期间实施审计程序以获取审计证据。

对于第二个层面的问题，即需要获取的审计证据究竟应当是涵盖一定审计期间或者证明某个时点财务状况的证据，则取决于审计证据要证明的事项或认定的性质。如果需要证明存货在财务报表日是否真实存在，最直接的证据就是在当日进行存货监盘，以获得存货在认定方面的证据，这一证据就是时点证据。但如果要证明的是存货仓储控制方面的有效性，仅仅在监盘当天观察相关控制活动，所获得的证据是不充分的，需要能涵盖整个会计期间的证据来证明存货仓储控制是有效的。

审计人员在具体确定是期中还是期末或接近期末的时间来实施审计程序时，应当考虑被审计单位的控制环境，何时能够得到相关信息（某些控制活动可能仅在期中或期中以前发生，而之后很难再被观察到）、错报风险的性质、审计证据适用的期间或时点等因素，并根据具体的情况选择实施进一步审计程序的时间。需要说明的是，有些审计程序只能在期末或期末以后实施，如将财务报表中的信息与其所依据会计记录相核对或调节，检查财务报表编制过程中所作的会计调整等。如果被审计单位在期末或接近期末发生了重大交易，或重大交易在期末尚未完成，审计人员应当考虑交易的发生或截止等认定可能存在的重大错报风险，并在期末或期末以后检查此类交易。

四、进一步审计程序的范围

进一步审计程序的范围是指实施进一步审计程序的数量，包括抽取的样本量、选取的监盘地点的数量、对某项控制活动的观察次数等。审计人员在确定审计程序的范围时，需要考虑以下因素：

（1）确定的重要性水平。重要性水平越低，所需实施的进一步审计程序范围越广。

（2）评估的重大错报风险。评估的重大错报风险越高，对拟获取审计证据的相关性、可靠性的要求越高，需要实施的进一步审计程序的范围也就越广。但只有当审计程序本身与特定风险相关时，扩大审计程序的范围才是有效的。

（3）计划获取的保证程度。这是指注册会计师通过所实施的审计程序对测试结果可靠性所获取的信心。计划获取的保证程度越高，对测试结果的可靠性要求越高，所需实施的进一步审计程序的范围越广。

在确定进一步审计程序的范围时，审计人员可以使用计算机辅助审计技术对电子化的交易和账户文档进行广泛的测试，包括从主要电子文档中选取交易样本，或按照某一特征对交易进行分类，或对总体而非样本进行测试。因此使用计算机辅助审计技术具有积极的作用。

审计人员需要慎重考虑抽样过程对审计程序范围的影响是否能够有效实现审计目的。审计人员使用恰当的抽样方法通常可以得出有效结论。但审计人员依据样本得出的结论可能与对总体实施同样的审计程序得出的结论不同，出现不可接受的风险：从总体中选择的样本量过小；选择的抽样方法对实现特定目标不适当；未对发现的例外事项进行恰当的追查。

审计人员在综合运用不同审计程序时，不仅应当考虑各类审计程序的性质，还应当考虑测试的范围是否适当。

第三节 控 制 测 试

风险评估后，如果确定采取综合方案，审计人员会先针对特定交易相关的控制进行控制测试。控制测试是为了获取关于控制防止、发现并纠正认定层次重大错报的有效性而实施的测试，审计人员应当选择为相关认定提供证据的内部控制进行测试。

一、控制测试的含义和要求

（一）控制测试的含义

控制测试是指用于评价内部控制在防止或发现并纠正认定层次重大错报方面的运行有效性的审计程序。控制测试是为了获取控制运行有效性而实施的审计程序。例如，现场观察信用审批流程，检查新增信用客户及信用额度授权签字情况，以确定信用审批控制执行的有效性。

（二）控制测试的要求

控制测试并非在任何情况下都需要实施。当存在下列情形之一时，审计人员应当实施控制测试：（1）在评估认定层次重大错报风险时，预期控制的运行是有效的；（2）仅实施实质性程序并不能够提供认定层次充分、适当的审计证据。

第一种情况下，预期控制的运行是有效的，则意味着所设计的控制单独或连同其他控制能够防止或发现并纠正重大错报，并得到执行。出于成本效益的考虑，审计人员可能预期，如果相关控制在不同时点都得到了一贯执行，与该控制有关的财务报表认定发生重大错报的可能性就不会很大，也就不需要实施很多的实质性程序。审计人员可能会认为值得对相关控制在不同时点是否得到了一贯执行进行测试，即实施控制测试。这种测试的前提是审计人员通过了解内部控制以后认为某项控制存在被信赖和利用的可能。

第二种情况下，如果认为仅实施实质性程序无法获取认定层次的充分适当的审计证据，审计人员必须实施相关的控制测试，以获取控制运行有效性的审计证据。例如，被审计单位对日常交易或与财务报表相关的其他数据（包括信息的生成、记录、处理、报告）采用高度自动化处理，审计证据可能仅以电子形式存在，此时审计证据的充分性和适当性通常依赖信息系统相关控制的有效性。如果信息的生成、记录、处理和报告均通过电子格式进行而没有适当有效的控制，则生成不正确信息或信息被不恰当修改的可能性就会大大增加。此时实施的控制测试不再是出于成本效益的考虑，而是必须获取的一类审计证据。

二、控制测试的性质

（一）控制测试的性质的概念

控制测试的性质是指控制测试所使用的审计程序的类型及其组合。在计划和实施控制测试时，对控制有效性的信赖度越高，审计人员应当获取越有说服力的审计证据。控制测试采用的审计程序有询问、观察、检查和重新执行。具体内容见表7-2。

表7-2　　　　　　　　　　　控制测试使用的程序类型及举例

程序类型	程序实施	举例
询问	向被审计单位适当员工询问，获取与控制运行情况相关的信息，被询问者的答复需要印证，该程序需和其他测试手段结合，审计人员应保持足够的职业怀疑	询问信息系统管理人员有无未经授权而接触计算机硬件和软件；向负责复核银行存款余额调节表的人员询问如何复核，包括复核的要点是什么，发现不符事项如何处理；向开票人员询问如何防止虚开发票

续表

程序类型	程序实施	举例
观察	观察是测试不留下书面记录的控制（如职责分离）的运行情况的有效方法。但需考虑观察到的控制在审计人员不在场时可能未被执行的情况	贵重的大宗货物的验收入库必须有采购部门负责人、仓库负责人、财会部门负责人在场的控制，往往不会有文件记录，审计人员可通过询问并实地观察，来判断相关控制是否得到有效执行。再如，观察职责分离或自动化控制是否严格执行。观察也可运用于测试财产保护控制，如观察仓库门是否锁好，空白支票是否妥善保管
检查	对运行情况留有书面记录的控制，检查非常适用。书面说明、复核时留下的记号，或其他记录在偏差报告中的标志，都可被当作控制运行情况的证据	检查赊销的批准文件，以确定其是否经过适当的授权批准，检查销售发票是否有复核人员签字，检查销售发票是否附有顾客订单和出库单等
重新执行	当询问、观察和检查程序结合在一起仍无法获得充分的证据时，考虑通过重新执行来证实控制是否有效运行。如需进行大量重新执行，审计人员需考虑通过实施控制测试以缩小实质性程序的范围是否有效率	为了合理保证销售交易准确认定，被审计单位的一项控制是由复核人员核对销售发票上的价格与商品价目表上的价格是否一致。要检查复核人员是否认真复核，仅检查复核人员在相关文件上的签字是不够的，审计人员还需要自己选取一部分销售发票进行核对

审计案例与
思政元素
一张照片背后的
秘密

（二）实施控制测试时双重目的的实现

控制测试的目的是评价控制是否有效运行；细节测试的目的是发现认定层次的重大错报。尽管两者目的不同，但审计人员可以考虑对同一交易同时实施控制测试和细节测试，以实现双重目的。例如，审计人员通过检查某笔交易的发票可以确定其是否经过适当的授权，也可以获取关于该交易的金额、发生时间等细节依据。又如，抽出某项应收账款进行函证，可以验证应收账款是否正确，同时也可测试顾客订单是否经批准，是否与顾客定期对账并处理差异。如果拟实施双重目的的测试，审计人员应当仔细设计和评价测试程序。

（三）实质性结果对控制测试结果的影响

实质性程序以风险的识别和评估为基础，将审计资源投入重大错报风险高的领域，并未全面审查所有交易和账项。如果通过实施实质性程序未发现某项认定存在错报，这本身并不能说明与该认定有关的控制一定是有效运行的。但如果通过实质性程序发现某项认定存在错报，审计人员就应当考虑相关控制是否存在缺陷。如审计人员针对被审计单位的银行未达账项实施实质性程序后，发现了错报，这种情况下说明该被审计单位的相关内部控制存在重大缺陷。审计人员应当考虑实施实质性程序发现的错报对评价相关控制运行有效性的影响，如降低对相关控制的信赖程度，进而需要调整实质性程序的性质、扩大实质性程序的范围等。除此之外，如果实施实质性程序发现被审计单位控制没有识别出的重大错报，通常表明内部控制存在重大缺陷，审计人员应当就这些缺陷与管理层和治理层进行沟通。

三、控制测试的时间

控制测试的时间包含两层含义：一是何时实施控制测试；二是拟测试的控制使用的时点或期间。考虑测试时间的基本思路是：如果测试特定时点的控制，审计人员只能得到该时点控制运行有效性的审计证据；如果测试某一期间的控制，审计人员可获取控制在该期间有效运行的审计证据。因此，审计人员应当根据控制测试的目的确定控制测试的时间，并确定拟信赖的相关控制时点或期间。

如对被审计单位期末存货盘点进行控制测试，审计人员只需要获取该时点的审计证据。如果需要获取控制在某一期间有效运行的审计证据，仅获取与时点相关的审计证据是不充分的，审计人员应当辅以其他控制测试，包括测试被审计单位对控制的监督，以提供相关控制在所有相关时点都有效运行的证据。

（一）如何考虑期中审计证据

审计人员可能在期中实施进一步审计程序，在期中实施控制测试可以分散期末工作量，提高工作效率。但由于期中测试涵盖的是期初到测试时点的控制情况，即使审计人员已获取有关控制在期中运行有效性的审计证据，仍然需要考虑如何能够将控制在期中运行有效性的审计证据合理延伸至期末，首先应考虑针对期中至期末这段剩余期间获取充分、适当的审计证据。如果已获取有关控制在期中运行有效性的审计证据，并拟利用该证据，审计人员应当实施以下审计程序：

1. 获取这些控制在剩余期间发生重大变化的审计证据

此项是针对期中已获取审计证据的控制，考察这些控制在剩余期间的变化情况（包括是否发生了变化以及如何变化）：如果这些控制在剩余期间没有发生变化，审计人员可能决定信赖期中获取的审计证据；如果这些控制在剩余期间发生了变化（如信息系统、业务流程或人事管理等方面发生变动），审计人员需要了解并测试控制的变化对期中审计证据的影响。

2. 确定针对剩余期间还需获取的补充审计证据

此项是针对期中证据以外的剩余期间的补充证据。在执行该规定时，审计人员应当考虑以下因素：

（1）评估的认定层次重大错报风险的重大程度。评估的重大错报风险对财务报表的影响越大，审计人员需要获取的剩余期间的补充证据越多。

（2）在期中测试的特定控制。对自动化运行的控制，审计人员更可能测试信息系统一般控制的运行有效性，以获取控制在剩余期间运行有效性的审计证据。

（3）剩余期间的长度。

（4）在期中对有关控制运行有效性获取的审计证据的程度。

（5）在信赖控制的基础上拟缩小实质性程序的范围。审计人员对相关控制的信赖度越高，通常在信赖控制的基础上拟减少实质性程序的范围就越大。此时，审计人员需要获取的剩余期间的补充证据就越多。

（6）控制环境。控制环境越薄弱，审计人员需要获取的剩余期间的补充证据越多。

（二）考虑以前审计获取的审计证据

相对于具体的交易、账户余额和披露而言，内部控制往往是相对稳定的，因此出于成本效益的考虑，审计人员在本期审计时可以适当考虑利用以前审计控制测试获取的证据；但是，内部控制在不同期间可能发生重大变化，审计人员利用以前审计获取的有关控制运行有效性的审计证据时需要慎重，充分考虑各种因素做出职业判断。

（1）基本思路。

如果拟信赖以前审计获取的有关控制运行有效性的审计证据，审计人员应当通过实施询问并结合观察或检查程序，获取这些控制是否已经发生变化的审计证据。比如审计人员可以通过询问管理层或检查日志，确定哪些控制已经发生了变化。审计人员可能面临两种结果：控制在本期发生变化；控制在本期没有发生变化。

（2）当控制在本期发生变化时审计人员的做法。

此时审计人员应考虑以前审计获取的有关控制运行有效性的审计证据是否与本期审计相关。例如，若系统的变化仅仅使被审计单位从中获取新的报告，仅仅是新增和补充了部分控制内容，这种变化通常不影响以前审计所获取证据的相关性；如果系统发生实质性的变化，比如引起数据累计或计算发生改变，这种变化可能导致以前审计所获取证据不再相关。对于前者而言，审计人员可以在未发生变化的控制部分在一定程度上利用以前的审计证据，而针对变化部分在本期进行新的测试。而对后者，以前审计获取的证据不再有用，审计人员应当在本期审计中测试控制的运行有效性。

（3）当控制在本期未发生变化时审计人员的做法。

如果拟信赖的控制自上次测试后未发生变化，且不属于旨在减轻特别风险的控制，审计人员应当运用职业判断确定是否在本期审计中测试其运行有效性，以及本次测试与上次测试的时间间隔，但每3年至少对控制测试1次。

（4）在确定利用以前审计获取的有关控制运行有效性的审计证据是否适当以及再次测试的时间间隔时，审计人员应当考虑的因素或情况有：

①内部控制其他要素的有效性，包括控制环境、对控制的监督以及被审计单位的风险评估过程。如上述要素的有效性较差，审计人员应缩短再次测试控制的时间间隔或完全不信赖以前审计获取的审计证据。

②控制特征（人工控制还是自动化控制）产生的风险。如人工控制成分较大时，因人工控制通常稳定性较差，审计人员可能在本期审计中继续测试该控制的运行有效性。

③信息技术一般控制的有效性。当信息技术一般控制薄弱时，审计人员可能更少地依赖以前审计获取的审计证据。

④影响内部控制的重大人事变动。在审计期间发生了对控制运行产生重大影响的人事变动时，审计人员可能决定在本期审计中不依赖以前审计获取的审计证据。

⑤由于环境发生变化而特定控制缺乏相应变化导致的风险。

⑥重大错报的风险和对控制的信赖程度。

如果拟信赖以前审计获取的某些控制运行有效性的审计证据，审计人员应在每次审计时从中选取足够数量的控制，测试其运行的有效性；不应将所有拟信赖控制的测试集中于某一次审计，而在之后的两次审计中不进行任何测试。该做法主要是为了降低审计风险。一般情况下，重大错报风险越高或者对内部控制的拟信赖程度越高，两次控制测试间隔越短。

（5）不得依赖以前审计所获取证据的情形：旨在减轻特别风险的控制，不论该控制在本期是否发生变化，审计人员不得依赖以前审计期间获取的审计证据。如果审计人员拟信赖针对特别风险的控制，那么，所有关于该控制运行有效性的审计证据必须来自当年的控制测试。

图7-1概括了审计人员是否需要在本期测试某项控制的决策过程。

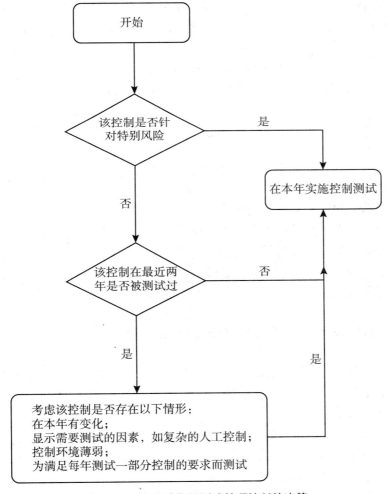

图7-1 本审计期间测试某项控制的决策

四、控制测试的范围

控制测试的范围，是指某项控制活动的测试次数。

（一） 确定控制测试范围的考虑因素

（1）在拟信赖期间，被审计单位执行控制的频率。控制执行的频率越高，控制测试的范围越大。

（2）在审计期间，审计人员拟信赖控制运行有效性的时间长度。拟信赖期间越长，控制测试范围越大。

（3）拟获取的有关认定层次控制运行有效性的审计证据的相关性和可靠性。如拟获取的有关证据的相关性和可靠性较高，测试该控制的范围可适当缩小。

（4）控制的预期偏差。预期偏差可以用控制未得到执行的预期次数占控制应当得到的执行次数的比率加以衡量，也可称为预期偏差率。控制的预期偏差率越高，需要实施控制测试的范围越大。如果控制的预期偏差率过高，审计人员应当考虑控制可能不足以将认定层次的重大错报风险降至可接受的低水平，从而针对某一认定的控制测试可能是无效的。

（5）通过测试与认定相关的其他控制获取的审计证据的范围。针对同一认定，可能存在不同控制。当针对其他控制获取审计证据的充分性和适当性较高时，测试该控制的范围可适当缩小。

（二） 测试两个层次控制时注意的问题

内部控制包含两个层次：企业整体层面的控制和业务流程层面的控制。控制测试可用于被审计单位每个层次的内部控制。由于整体层面的控制，如控制环境，会影响被审计单位所有的业务流程，因此针对整体层面的控制测试应当早于业务流程层面的控制测试而实施，因为整体层面控制测试的结果会影响其他计划审计程序的性质和范围。整体层次控制测试通常更加主观（如管理层对胜任能力的重视），通常比业务流程层次控制（如检查付款是否得到授权）更难以记录。因此，整体层次控制和信息技术一般控制的评价通常记录的是文件备忘录和支持性证据。

五、控制测试与了解内部控制的区别与联系

"控制测试"的概念与"了解内部控制"是有显著区别的。"控制测试"的目标是测试控制运行的有效性。而"了解内部控制"需要评价控制的设计和确定控制是否得到执行。两者之间的区别主要如下：

在实施风险评估程序以获取控制是否得到执行的审计证据时，审计人员应当确定某项控制是否存在，被审计单位是否正在使用。在测试控制运行的有效性时，审计人员应当从下列方面获取关于控制是否有效运行的审计证据：

（1）控制在所审计期间的相关时点是如何运行的；

（2）控制是否得到一贯执行；

（3）控制由谁或以何种方式执行。

从这几方面来看，控制运行有效性强调的是控制能够在各个不同时点按照既定设计得以一贯执行。对内控的调查了解，往往只选取一笔或少数几笔交易业务进行测试，确认的

控制活动范围有限，如果是采用观察的方法，那么只在某一个时点进行观察，检查也只抽取少量交易进行，因只需要了解其设计以及是否得到执行。控制测试时往往选取大量的样本，但如果采用观察的方法，则往往多个时点进行，检查也需要有足够数量的样本对象，以取得该内控是否在整个或大部分被审计期间有效运行的证据。

对内部控制的了解是针对所有的与财务报表可靠性相关的内部控制，对它们要形成一个初步的调查结果，这一了解的结果涉及面很广。了解内部控制在财务报表审计中是一个必要步骤，它是计划阶段采用的风险评估程序的一部分。控制测试是在审计人员了解内部控制后评估控制的设计是适当的并得到执行时才会执行，如果审计人员不信赖控制，那么就可能跳过控制测试阶段，直接进入扩大范围的实质性程序。

控制测试与了解内部控制所需获取的审计证据存在差异，但两者之间存在密切联系。控制测试是在了解内部控制的基础上对控制的继续调查研究。控制测试中的询问、观察和检查程序，本质是了解内部控制的相关程序的延伸。为评价控制设计和确定控制是否得到执行而实施的某些风险评估程序并非专为控制测试而设计，但可能提供有关控制运行有效性的审计证据，审计人员可以考虑在评价控制设计和获取其得到执行的审计证据的同时测试控制运行有效性，以提高审计效率；同时审计人员也应当考虑这些审计证据是否足以实现控制测试的目的，以确保审计效果。

例如，通过询问管理层是否编制预算，观察管理层对月度预算费用与实际发生费用的比较，并检查预算金额与实际金额之间的差异报告，审计人员可能获取有关被审计单位费用预算管理制度的设计及其是否得到执行的审计证据，同时也可能获取有关制度运行有效性的审计证据。审计人员需要思考所实施的风险评估程序获取的审计证据是否能够充分、适当地反映被审计单位费用预算管理制度在各个不同时点按照既定设计得以一贯执行。

第四节 实质性程序

一、实质性程序的定义和要求

实质性程序是指用于发现认定层次重大错报的审计程序，包括对各类交易、账户余额和披露的细节测试以及实质性分析程序。

（一）实施实质性程序的一般要求

下列与财务报表编制完成阶段相关的实质性程序是审计人员必须实施的：
（1）将财务报表中的信息与其所依据的会计记录进行核对或调节。
（2）检查财务报表编制过程中作出的重大会计分录和其他调整。

审计人员对重大错报风险的评估是一种判断，可能无法充分识别所有的重大错报风险，并且由于内部控制存在局限性，因此，无论评估的重大错报风险结果如何，审计人员都应针对所有重大类别的交易、账户余额、列报实施实质性程序。而且，要根据认定层次重大错报风险的评估和控制测试的结果，确定实质性程序的性质、时间和范围。

（二）针对特别风险实施实质性程序的要求

审计人员应当专门针对特别风险实施实质性程序。如果针对特别风险仅通过实施实质性分析程序以获取充分、适当的审计证据，这些程序应当包括细节测试，或将细节测试和实质性分析程序结合使用。在特别风险领域的交易一般受到较多的管理层主观意图的影响（如舞弊、主观性很强的会计估计等），数据的可靠性同样受到较大程度影响，而实质性分析程序是针对数据以及数据之间的关系进行分析，仅实施实质性分析程序不足以获取充分、适当的审计证据，因此应更多依靠更深入、全面和直接的细节测试。

二、实质性程序的性质

（一）实质性程序的性质的内涵

实质性程序的性质，是指实质性程序的类型及其组合。实质性程序包括细节测试和实质性分析程序两类。由于细节测试和实质性分析程序的目的及技术手段存在一定差异，因此各自有着不同的适用领域。

细节测试是对各类交易、账户余额和披露的具体细节进行测试，目的在于直接识别各类交易、账户余额和披露的认定是否存在错报。细节测试被用于获取与某些认定相关的审计证据，如存在、计价、准确性等。检查记录或文件、检查有形资产、询问、观察、函证、重新计算等程序均可用于细节测试。审计人员尤其应考虑是否将函证程序用于细节测试。能帮助审计人员确定是否拟将函证程序作为实质性程序的因素有：被询证者对函证事项的了解；预期被询证者回复询证函的能力或意愿；预期被询证者的客观性。

实质性分析程序从技术特征上讲仍然是分析程序，主要是通过研究数据（财务数据与财务数据、财务数据与非财务数据）之间的关系评价信息，用以识别各类交易、账户余额、列报及相关认定是否存在错报。审计人员在针对一段时期内存在可预期关系的大量交易时，可以考虑实施实质性分析程序。

（二）细节测试的方向

审计人员应当针对评估的不同认定的风险设计有针对性的细节测试，获取充分、适当的审计证据。细节测试的方向会影响审计证据的相关性。细节测试的方向分为顺查和逆查，顺查即以凭证或实物为起点，追查至账簿，这个方向的细节测试可以针对完整性认定，应对金额被低估的风险，检查账面记录是否完整；逆查即以账簿为起点，追查至凭证或实物，这个方向的细节测试则针对存在或发生认定，应对金额被高估的风险，检查账面记录是否真实存在或切实发生。在针对存在或发生认定设计细节测试时，审计人员应当选择包含在财务报表金额中的项目为测试起点，并获取相关审计证据，调查这些项目是否真实存在或切实发生；在针对完整性认定设计细节测试时，审计人员应选择包含在财务报表金额中的项目，并调查这些项目是否确实包括在内。

（三）设计实质性分析程序时考虑的因素

（1）对特定认定使用实质性分析程序的适当性。实质性分析程序通常更适用于在一段时期内存在可预期关系的大量交易。例如，比较本期各月各类营业收入的波动情况，分析其变动趋势是否正常；又如，分类计算本期计提折旧额与固定资产原值的比率，与上期比，分析本期折旧率是否正常。在信赖实质性分析程序的结果时，审计人员应考虑实质性分析程序存在的风险，即实质性分析程序的结果显示数据之间存在预期关系而实际上却存在重大错报。

（2）对已记录的金额或比率做出预期时，所依据的内部或外部数据的可靠性。实质性分析程序使用的数据的可靠性受以下因素的影响：可获得信息的来源（数据来源的客观性或独立性越强，所获取数据的可靠性将越高；不同来源的数据相互印证比单一来源的数据更可靠）；可获得信息的可比性；可获得信息的性质和相关性；与信息编制相关的控制。

（3）做出预期的准确程度是否足以在计划的保证水平上识别重大错报。审计人员应当考虑下列主要因素：①对预期结果作出预测的准确性。例如，与各年度的研究开发和广告费用支出相比，通常预期各期的毛利率更具有稳定性。②信息可分解的程度。通常数据的可分解程度越高，预期值的准确性越高，注册会计师将相应获取较高的保证水平。③财务和非财务信息的可获得性。在设计实质性分析程序时，注册会计师应考虑是否可以获得财务信息（如预算和预测）以及非财务信息（如已生产或已销售产品的数量），以有助于运用分析程序。

（4）已记录金额与预期值之间可接受的差异额。确定差异额时，应当主要考虑：①考虑重要性和计划的保证水平。重要性水平越低，可接受的差异额越小；计划的保证水平越高，可接受的差异额越小。②考虑获取更多的审计证据。可接受的差异额越小，审计人员需要收集的审计证据越多，以尽可能发现财务报表中的重大错报，获取计划的保证水平。审计人员可以通过降低可接受的差异额应对重大错报风险的增加。

考虑到数据及分析的可靠性，当实施实质性分析程序时，如果注册会计师使用了被审计单位编制的信息，应当考虑测试与信息编制相关的控制，以及这些信息是否在本期或前期经过审计。

三、实质性程序的时间

实质性程序的时间选择与控制测试的时间选择有共同点，也有很大差异。共同点在于：两类程序都面临着对期中审计证据和对以前审计获取的审计证据的考虑。两者的差异在于：

（1）因内部控制具有同质性，期中实施控制测试并获取期中关于控制运行有效性审计证据的做法具有积极性，可减少期末审计压力，是一种"常态"，而实质性程序的目的在于更直接地发现重大错报，在期中实施实质性程序时更要权衡成本效益。

（2）在本期控制测试中拟信赖的以前审计获取的有关控制运行有效性的审计证据，已经受到了很大的限制；对于以前审计中通过实质性程序获取的审计证据，则采取更加慎重的态度和有更严格的限制。

（一）是否在期中实施实质性程序

出于成本效益的考虑，审计人员需要权衡期中实施的实质性程序以及针对剩余期间追加实施的实质性程序消耗的这两部分审计资源的总和是否能够显著小于完全在期末实施实质性程序所需消耗的审计资源。因此，审计人员在考虑是否在期中实施实质性程序时需考虑以下因素：

（1）控制环境和其他相关的控制。控制环境和其他相关的控制越薄弱，审计人员越要在期末或接近期末实施实质性程序。

（2）实施审计程序所需信息在期中之后的可获得性。如果实施实质性程序所需信息在期中之后可能难以获取（如系统变动导致某类交易记录难以获取），审计人员应考虑在期中实施实质性程序；如果实施实质性程序所需信息只能在期末获取，例如，与涉入诉讼预计负债相关的事项在期末才能取得一定进展，审计人员应当在期末实施实质性程序。

（3）实质性程序的目的。如果针对某项认定实施实质性程序的目的就包括获取该认定的期中审计证据（从而与期末比较），审计人员应在期中实施实质性程序。

（4）评估的重大错报风险。审计人员评估的某项认定的重大错报风险越高，针对该项认定所需获取的审计证据的相关性和可靠性要求也就越高，审计人员应当考虑将实质性程序集中于期末或接近于期末实施。

（5）特定类别交易、账户余额以及相关认定的性质。由于某些交易、账户余额和披露认定的特殊性质，针对不同类别的交易、科目，能够获取的审计证据的时点就不同。例如，营业收入的发生认定针对整个审计期间，审计人员可在期中测试一部分；但营业收入的截止认定在期末前后的若干天，审计人员必须在期末或接近期末实施实质性程序。全年各月份均发生的采购或销售交易的发生认定，可在期中实施测试。针对应收账款余额的计价认定，应当在期末实施函证以确定。

（6）针对剩余期间，能否通过实施实质性程序或将实质性程序与控制测试相结合，降低期末存在错报而未被发现的风险。如果针对剩余期间审计人员可以通过实施实质性程序或将实质性程序与控制测试相结合，较有把握地降低期末存在错报而未被发现的风险，审计人员可以考虑在期中实施实质性程序；但如果针对剩余期间审计人员认为还需要消耗大量审计资源才有可能降低期末存在错报而未被发现的风险，审计人员就不宜在期中实施实质性程序。

（二）如何考虑期中审计证据

如果在期中实施了实质性程序，审计人员应当针对剩余期间实施进一步的实质性程序，或将实质性程序和控制测试结合使用，以将期中测试得出的结论合理延伸至期末。如果拟将期中测试得出的结论延伸至期末，审计人员应当考虑针对剩余期间仅实施实质性程序是否足够，如果必要，还应测试剩余期间相关控制运行的有效性或针对期末实施实质性程序。

值得重视的是，对于因舞弊导致的重大错报风险，即特别风险，被审计单位管理层可能存在诚信问题，存在故意错报或操纵的可能性，那么审计人员更应慎重考虑是否能将期中测试得出的结论延伸至期末，而应当在期末或接近期末实施实质性程序。一般而言，针对特别风险，将期中审计结论延伸至期末而实施的审计程序是无效的，审计人员应当考虑在期末或接近期末实施实质性程序。

（三）如何考虑以前审计获取的审计证据

在以前审计中实施实质性程序获取的审计证据，通常对本期的证据效率很弱，不足以应对本期的重大错报风险。只有当以前获取的审计证据及其相关事项未发生重大变化时，以前获取的审计证据才可能用作本期的有效审计证据，例如前期的某项诉讼在本期仍然没有任何实质性进展。即使如此，如拟使用以前审计中实施实质性程序获取的审计证据，审计人员应当在本期实施审计程序，以确定这些审计证据是否具有持续相关性。

四、实质性程序的范围

审计人员在确定实质性程序的范围时，需要考虑评估的认定层次重大错报风险以及实施控制测试的结果。审计人员评估的认定层次重大错报风险越高，需要实施实质性程序的范围越广。如果实施控制测试后，被审计单位内部控制运行有效，审计人员可以信赖内部控制，则可以适当缩小实质性程序的范围；而如果审计人员对控制测试的结果越不满意，就越应当考虑扩大实质性程序的范围。

在细节测试的设计过程中，注册会计师除需要从样本量的角度考虑测试范围外，还要考虑选样方法的有效性等因素。例如，从总体中选取大额或异常项目，而不是进行代表性抽样或分层抽样。

审计人员从以下两个方面考虑实质性程序的范围：一是对高度汇总的财务数据进行层次分析，还是根据重大错报风险的性质和水平调整分析层次；例如，可按全部产品年收入进行分析，也可按照不同产品线、不同季节或月份、不同经营地点的产品收入进行分析。二是需要对什么幅度或性质的差异展开进一步调查。实施分析程序可能发现差异，但并非所有的差异都值得展开进一步调查。可容忍或可接受的差异额（预期差异额）越大，作为实质性分析程序一部分的进一步调查的范围就越小。在设计实质性分析程序时，注册会计师应当确定已记录金额与预期值之间可接受的差异额，该差异额的确定应当主要考虑各类交易、账户余额、列报及相关认定的重要性和计划的保证水平。

拓展案例

内部控制测试及实质性程序的重大缺陷导致的审计失败

中国证监会于 2022 年 6 月 28 日发布 2022 年第 32 号行政处罚决定书，对大华会计师事务所（特殊普通合伙，以下简称"大华所"）、签字注册会计师进行处罚。大华所存在以下违法事实：

一、大华所在东方金钰股份有限公司（以下简称"东方金钰"）2017 年财务报表审计中未勤勉尽责，出具的 2017 年财务报表审计报告存在虚假记载

2017 年，东方金钰利用其所控制的瑞丽市姐告宏宁珠宝有限公司（以下简称"姐告宏宁"）虚构销售交易，虚构采购交易，虚增营业收入 29 487.1 万元，虚增营业成本

11 038.9 万元。上述事项导致东方金钰 2017 年年度报告虚增利润总额 18 448.2 万元，占当年合并利润总额的 59.7%。

大华所接受东方金钰委托，对其 2017 年财务报表进行审计，出具了标准无保留意见的审计报告，财务报表审计业务收入 110 万元。

二、大华所的风险识别与评估程序不到位

姐告宏宁 2017 年利润总额为 18 776.19 万元，占东方金钰 2017 年度合并报表利润总额 30 880.39 万元的 60.80%，具有财务重大性。大华所的风险识别与评估程序存在如下缺陷：第一，大华所在东方金钰集团层面进行了简要的风险评估，但未对重要组成部分姐告宏宁进行充分的风险评估，未充分识别、评估由于舞弊或错误导致集团财务报表发生重大错报的风险；第二，大华所在了解被审计单位及其环境时，未基于收入确认存在舞弊风险的假定，将相关收入、收入交易或认定评价为存在舞弊风险，也未记录"认为收入确认存在舞弊风险的假定不适用于业务的具体情况，从而未将收入确认作为由于舞弊导致的重大错报风险领域"的理由。

三、大华所的内部控制测试程序存在重大缺陷

（一）大华所执行的内部控制测试程序不完整，未对重要组成部分姐告宏宁执行控制测试，部分工作底稿缺失

大华所执行的内部控制测试存在以下重大缺陷：第一，在成本核算与控制的控制测试中，仅执行了询问程序，获取的审计证据不充分；第二，在销售业务的控制测试中，仅针对客户及信用管理的相关控制点进行测试，订单录入、发货、记录应收账款、退换货、收款等流程的关键控制点未见测试记录；第三，在确定内部控制测试多业务单元范围时，未纳入重要组成部分姐告宏宁，控制测试中未包含姐告宏宁的采购、存货管理、销售等业务流程的内部控制；第四，穿行测试和控制测试相关审计底稿中记录了测试的程序、步骤、过程和结论等，并附有获取的资料清单，但审计底稿中未见上述资料原件或复印件。

大华所基于上述存在重大缺陷的内部控制测试，确认公司内部控制运行有效，基于此设计并执行了实质性程序，最终出具了标准无保留意见的审计报告。

（二）大华所未审慎对待控制测试中发现的内部控制执行缺陷，未对审计证据中可能显示内部控制无效的情况保持必要的职业怀疑

大华所未审慎对待内部控制的执行缺陷和可能显示内部控制无效的情况：第一，大华所在执行控制测试时发现客户信息维护和供应商维护存在执行缺陷，上述缺陷可能造成未经授权和审批的收入确认，但大华所得出的结论为"测试未发现偏差，控制运行有效"。第二，大华所在发现内部控制执行缺陷后，未保持必要的职业怀疑，未向治理层和管理层通报内部控制缺陷，也未审慎对待并修正风险评估结果，修改进一步审计程序的性质、时间安排和范围以应对可能由于舞弊导致的重大错报风险。第三，部分异常情况显示姐告宏宁的内部控制可能无效：一是姐告宏宁翡翠毛料、原料的采购入库单和销售出库单编号存在采用多种编码形式、未按照时间顺序连续编码等异常情况，显示存货出入库相关的内部控制可能运行无效；二是部分审计底稿中姐告宏宁的记账凭证记录的制证、复核、记账、会计主管均为张某科一人，显示公司财务报告相关的内部控制可能无效；三是在对营业收入执行细节测试时获取的相关记账凭证所附单据在报告期内未保持一致，显示与销售业务相关的内部控制可能未能一贯执行。大华所未对上述异常情况予以关注，未见评价"是否

表明存在由于舞弊导致的重大错报风险", 也未见实施必要的审计程序以追踪异常情况的原因及影响。

四、大华所执行的与采购、销售、存货相关的实质性审计程序存在重大缺陷

(一) 大华所未对采购和销售业务的相关科目获取充分、适当的审计证据

(1) 大华所未审慎核查并评价姐告宏宁与自然人客户之间发生大额翡翠原石交易的商业理由, 未对代理交易保持必要的职业怀疑, 评价其是否表明存在舞弊风险并实施进一步审计程序。

姐告宏宁的销售业务存在毛利率高、客户均为自然人、单笔销售金额较大且单一客户销售占比较大、行业存在代理交易等特点。在上述背景下, 大华所未对相关事项保持必要的职业怀疑, 审慎评价获取的审计证据: 第一, 姐告宏宁 2017 年毛利率高达 62.57%, 具有重大性和异常性, 大华所未充分分析、验证其合理性, 亦未充分了解自然人客户的背景以评估客户购买翡翠原石的能力, 进而分析交易是否存在合理的商业理由, 如未核实除普某腊外的其他重要自然人客户与东方金钰是否存在关联关系, 未按照《针对审计底稿常见问题的自查》中的计划实施相关核查程序, 即得出 "核对一致" 的自查结论; 第二, 大华所知悉翡翠原石交易存在代理交易的惯例, 而未能保持必要的职业怀疑, 未进一步核实姐告宏宁的销售交易是否存在代理交易的情况并评价此种交易安排的商业合理性, 未实施相关程序核实相关交易是否存在真实交易对手方或存在虚构销售交易的舞弊可能; 第三, 大华所对主要客户普某腊进行了电话访谈, 但普某腊的电话号码由姐告宏宁提供, 且该号码与姐告宏宁提供的函证联系号码不一致, 大华所未对该异常予以关注, 也未采取有效措施核实其身份, 未能发现上述号码均非普某腊本人。

(2) 大华所未对应收账款、预收账款、应付账款等科目的函证保持有效控制, 也未对营业收入的回函保持合理怀疑, 未获取进一步审计证据消除函证回函可靠性的疑虑。

大华所函证程序存在以下重大瑕疵: 第一, 在发函前未核实被函证对象的身份、联系电话和地址, 未发现部分供应商、客户的联系电话与姐告宏宁财务室、员工及关联方相关人员相同、询证函未送达至函证对象等异常情况; 第二, 未关注到回函联系信息与发函相关信息不一致的异常情况, 如多份回函联系地址与发函地址不一致等; 第三, 在向 6 名自然人客户发函询证 2017 年营业收入时填列的交易金额错误, 但回函的 5 位客户均确认了该金额, 大华所未对回函确认错误销售额的异常情况保持合理怀疑, 未结合函证控制情况审慎评价询证函回函的可靠性。

在函证程序存在上述重大瑕疵、审计证据可靠性存疑的情况下, 大华所未获取充分、适当的审计证据, 将翡翠原石销售业务相关的重大错报风险降低至可接受的低水平: 一是对姐告宏宁大幅超过重要性水平的销售收入执行其他细节测试依据不充分, 审计底稿中未见相关凭证; 二是审计底稿中未见对营业收入执行细节测试时应获取的客户签字的提货单、物流单等关键单据, 也未见进一步调查或对上述缺失予以解释说明的审计底稿。

(二) 大华所对存货执行的实质性程序不到位, 未对存货的存在及计价和分摊认定获取充分、适当的审计证据

大华所对姐告宏宁存货执行的审计程序存在以下缺陷: 第一, 存货存在认定的证据不充分。审计底稿中的《库存盘点表》列示了翡翠毛料、原料的数量、重量、单价和金额,

上述翡翠毛料、原料的单价均较大且具有唯一性，但大华所仅对其中的部分翡翠毛料、原料进行拍照存档，未获取充分的证据确定上述存货的存在。第二，存货的计价和分摊认定的证据可靠性不足。大华所聘请专家为姐告宏宁存货出具《价值认定报告》，但存在上述估值报告未覆盖所有翡翠毛料、原料、部分估值报告缺少价值、重量等关键要素、部分估值报告上的估值与账面金额不一致等异常情况，大华所仍以此作为判断翡翠毛料、原料价值的依据，确认了翡翠毛料、原料的账面价值。

五、大华所接受委托前未与前任注册会计师进行必要沟通，未就期初余额获取充分、适当的审计证据

东方金钰2017年财务报表审计项目是大华所首次接受委托的审计项目，但大华所未将与前任注册会计师的沟通情况记录于审计工作底稿，也未见其对沟通过程进行评价以确定是否接受委托的记录。

同时，大华所未就期初余额获取充分、适当的审计证据。在包含期初往来的函证存在缺陷、存货相关的审计程序不到位等情况下，大华所未获取充分、适当的审计证据以确定期初余额是否包含对本期财务报表产生重大影响的错报。

资料来源：中国证监会行政处罚决定书［EB/OL］. 中国证券监督管理委员会，http：//www. csrc. gov. cn/csrc/c101928/c5618103/content. shtml，2022 – 06 – 30.

本章思政元素梳理

所谓风险应对，是指审计人员应当针对评估的重大错报风险实施程序，即针对评估的财务报表层次的重大错报风险确定总体应对措施，并针对评估的认定层次重大错报风险设计和实施进一步审计程序，以将审计风险降至可接受水平。

针对财务报表层次的重大错报风险设计和实施确定的总体应对措施包括：向项目组强调保持职业怀疑的必要性；指派更有经验或具有特殊技能的审计人员，或利用专家的工作；提供更多的督导；在选择拟实施的进一步审计程序时融入更多的不可预见因素；对拟实施审计程序的性质、时间安排或范围作出整体修改。

进一步审计程序的总体方案包括实质性方案和综合性方案两种：实质性方案是指注册会计师实施的进一步审计程序以实质性程序为主；综合性方案是在实施进一步审计程序时，将控制测试与实质性程序结合使用。

实质性程序是指用于发现认定层次重大错报的审计程序，包括实质性分析程序和细节测试；控制测试是指用于评价内部控制在防止或发现并纠正认定层次重大错报方面的运行有效性的审计程序。

评估的财务报表层次的重大错报风险及采取的应对措施，对拟实施的进一步审计程序的总体方案具有重大影响。审计人员设计和实施的进一步审计程序的性质、时间安排和范围，应当与评估的认定层次重大错报风险具备明确的对应关系，其中，进一步审计程序的性质是最重要的。

进一步审计程序的性质是指进一步审计程序的目的和类型；进一步审计程序的时间，是指注册会计师何时实施进一步审计程序，或审计证据适用的时间或地点；进一步审计程序的范围，是指实施进一步审计程序（含控制测试和实质性程序）所涉及的数量多少，包括抽取的样本量、对某项控制活动的观察次数等。

从大华所审计东方金钰失败的案例我们可以看出，作为审计人员，大华所应当遵守相关会计准则，对东方金钰重要组成部分姐告宏宁进行充分的风险评估；在审计底稿已明确记录大华所在控制测试中已发现的执行缺陷下，大华所对其他可能显示内部控制无效的异常情况应保持高度的职业怀疑；应实施充分、适当的审计程序，以评价是否表明存在舞弊风险因素；大华所仅对翡翠原石行业的高毛利率、代理交易惯例情况进行较为简单的询问和分析等程序，相关程序不足以应对可能存在的由于舞弊导致的重大错报风险，大华所在未能获取姐告宏宁相关交易关键单据的情况下，未充分核实公司相关自然人客户的背景信息即认可相关交易的真实性，违反审计准则的要求，最终导致审计失败。因此审计人员应保持高度的职业怀疑，具备充分的专业胜任能力和高度的社会责任感，严谨认真地执行各道审计程序，遵守审计准则，依法审计。

上市公司财务造假，会计师事务所有不可推卸的责任，因此会计师事务所审计责任重大。习近平总书记在 2018 年 5 月 23 日的中央审计委员会第一次会议上对审计工作提出的"应审尽审、凡审必严、严肃问责"十二字原则，学生应深刻领会；应认识到审计人员要秉承客观公正、忠于职守，诚信守法的审计精神，具备充分的职业道德素养，正视风险事实，提升应对风险的专业素养，知行合一，树立敬业核心价值观，向社会提供高质量的审计服务。

本章中英文
关键词汇

习题演练

本章推荐
阅读书目

第八章 销售与收款循环审计

从本章至第十一章进入实务操作部分。阐述各类交易和账户余额的审计。这4章所述各业务循环以一般制造业为背景。

财务报表审计组织方式大致可以分为两种：一种称为账户法，是对财务报表的每个账户余额单独进行审计；另一种称为循环法，将财务报表分成几个循环进行审计，把紧密联系的交易种类和账户余额归入同一循环中，按业务循环组织实施审计。对控制测试通常采用循环法实施，而对交易和账户余额的实质性程序，既可采用账户法实施，也可采用循环法实施。但由于控制测试通常采用循环法实施，为有利于实质性程序与控制测试的衔接，提倡采用循环法。

在本书中，我们主要介绍了销售与收款循环、采购与付款循环、生产与存货循环。由于货币资金与各个循环密切相关，并且货币资金的业务和内部控制又有着不同于其他业务循环的鲜明特征，所以将货币资金审计单独安排一章。各循环之间关系如图8-1所示。

审计案例与思政元素
世界那么大，风险时时有

名师答疑
销售、采购、生产、投资、融资等各环节之间的逻辑关系

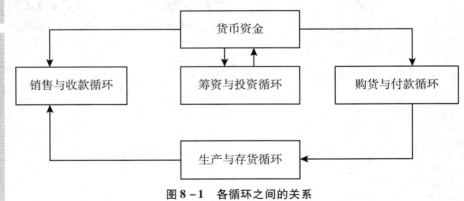

图8-1 各循环之间的关系

引导案例

L公司虚增营业收入案例[①]

L公司创办于2014年，最初的注册资本仅有52万元。公司以其拥有的最大的国内国兰生产基地，培育和销售各种品种的兰花。其培育兰花品种共有七大种类，主要为春兰、

---

① 笔者根据相关资料整理。

蕙兰、建兰（四季兰）、寒兰、墨兰（报岁兰）、春剑、莲瓣兰等。L 公司从 2014 年已有 17 年的发展史，而公司创始人从事兰花事业也逾三十多年，可谓是其终身付出的事业。为了满足公司不断发展的前景，公司于 2015 年进行了整体改制，公司名称更名为福建 L 公司股份有限公司（以下简称"福建 L 公司"），表 8－1 是截至 2018 年 9 月 30 日时福建 L 公司的股权结构，其注册资本已达到 1.5 亿元。

表 8－1　　　　　　　　　　重大资产重组实施前 L 公司的股权结构

序号	股东	持有股份（股）	股份比例（%）	股份性质
1	连城 S 农业发展有限公司	66 607 650	44.4051	境内非国有法人股
2	厦门市 Y 投资管理合伙企业（有限合伙）	30 169 350	20.1129	境内非国有法人股
3	中小企业（天津）C 合伙企业（有限合伙）	10 448 250	6.9655	境内非国有法人股
4	F. V. Limited	10 056 450	6.7043	境外法人股
5	D 有限公司	6 214 200	4.1428	境外法人股
6	X 集团有限公司	5 629 500	3.753	境外法人股
7	绍兴 T 股权投资合伙企业（有限合伙）	75 388 000	3.592	境内非国有法人股
8	上海 H 投资中心（有限合伙）	4 710 750	3.1405	境内非国有法人股
9	北京 Y 创业投资有限公司	4 310 325	2.87355	国有法人股
10	吉林省 G 创业投资有限责任公司	4 310 325	2.87355	国有法人股
11	天津 T 科技风险投资股份有限公司	2 155 200	1.4368	境内非国有法人股

资料来源：福建 J 林业股份有限公司发布的《重大资产重组方案报告书（草案）》。

2018 年 5 月 28 日，福建 J 林业股份有限公司（以下简称"福建 J"）因筹划并购福建 L 公司部分股权这一重大事项而发布了停牌公告，当天，并购部分股权的工作就由福建 J 组建的工作组紧锣密鼓地展开了。由其公告中表明该次并购的部分股权，其中 60% 的股权以股份方式支付，以现金支付剩余的 20%，总共占据福建 L 公司股权总数的近 80%（详细股权结构见表 8－2）。从停牌发布并购的公告，到发出终止本次重大资产重组的公告，这其中只隔了半年的时间，从图 8－2 可以看出从筹划到撤回整个事件发生的过程。

表 8－2　　　　　　　　　　重大资产重组实施后 L 公司的股权结构

序号	股东	持有股份（股）	股份比例（%）
1	福建 J 林业股份有限公司	117 000 000	78.00
2	连城 S 农业发展有限公司	33 000 000	22.00
	合计	150 000 000	100.00

资料来源：福建 J 林业股份有限公司发布的《重大资产重组方案报告书（草案）》。

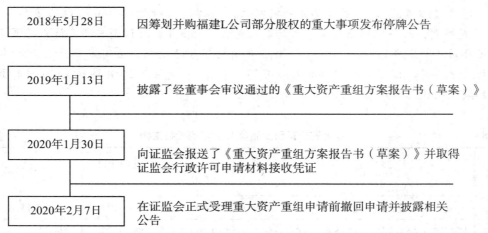

2018年5月28日	因筹划并购福建L公司部分股权的重大事项发布停牌公告
2019年1月13日	披露了经董事会审议通过的《重大资产重组方案报告书（草案）》
2020年1月30日	向证监会报送了《重大资产重组方案报告书（草案）》并取得证监会行政许可申请材料接收凭证
2020年2月7日	在证监会正式受理重大资产重组申请前撤回申请并披露相关公告

图 8-2　福建 J 并购福建 L 公司部分股权的时间发展图

经由福建 J 董事会审议通过，其后向证监会报送的《重大资产重组方案报告书（草案）》中写明了福建 L 公司 2016 年度、2017 年度以及 2018 年度 1~9 月的营业收入分别为 177 377 491.72 元、186 013 693.61 元、158 593 486.80 元。然而，经调查这两年一期的实际营业收入分别为 149 121 841.72 元、158 550 198.61 元、136 446 406.80 元，各年（期）虚增营业收入分别为 28 255 650 元、27 463 495 元、22 147 080 元，虚增比例分别为 15.93%、14.76%、13.96%。上述提供虚假财务信息的行为违反了《中华人民共和国证券法》以及《上市公司重大资产重组管理办法》等相关规定（见表 8-3）。

表 8-3　　　　　　　　　　　　福建 L 公司营业收入虚增数据　　　　　　　　　金额单位：元

项目	2016 年	2017 年	2018 年（1~9 月）
虚报收入数	177 377 491.72	186 013 693.61	158 593 486.80
实际收入数	149 121 841.72	158 550 198.61	136 446 406.80
虚增数	28 255 650	27 463 495	22 147 080
虚增比例（%）	15.93	14.76	13.96

资料来源：《中国证监会行政处罚决定书》。

第一节　销售与收款循环的业务活动和相关内部控制

销售与收款循环
审计思维导图

一、销售与收款循环主要业务活动

销售与收款业务是指企业对外销售商品、产品或提供劳务等收取货币资金的经营业务活动。销售分为现销和赊销两种形式，在此，主要阐述赊销业务活动。赊销业务活动由接受客户订单开始，依次由批准赊销、供货、装运货物、给客户开发票、记录销售业务、记录收款业务、处理销售退回与折让、坏账处理等业务环节组成。

（一）销售部门接受客户订单

企业在收到客户的订单后，须由有关人员详细审查上面条款与数量，以确定是否能在合理的时间内完成。只有经过批准的订单，才能作为销售的依据。订单批准后，需编制一式多联的销售单。销售单就是将客户订单上的条款转换成一系列具体的指令，作为信用、仓储、运输、开票、记账、收款等职能部门履行职责的依据。

（二）信用管理部门批准赊销

批准赊销是由信用部门来进行的。信用部门接到销货通知后，根据管理当局的赊销政策和授权决定是否批准赊销。对新客户，信用部门应向信用机构查询，了解该客户的信用状况，在对其信用进行充分调查的基础上，决定是否批准赊销；对老客户，根据其信用额度的使用情况来确定；当客户仍有未用完的信用额度时，则可在信用额度内批准赊销；如果该笔业务导致客户的信用额度出现不足，则应根据客户以往的信用情况确定是否提高其信用额度。对同意赊销的客户，信用部门应在销售通知单上签字。对不同意赊销的客户，公司将告知客户，并讨论能否使用其他付款方式，比如现销方式。

（三）仓库部门按批准的销售单供货

经过信用部门批准的销售单将传递至仓储部门，仓储部门根据经过批准的销售单发货。它们既是运输部门发运的依据，也是财务部门登记存货账和开具发票的依据。

（四）装运部门（应与仓库部门分离）按销售单装运货物

当产品由仓储部门转交给装运部门时，装运部门必须负责安排货物的装运。装运部门根据经过批准的销售单装运货物，填制提货单等货运文件，并将其送往开具发票的财务部门。

装运人员必须作以下验证：从仓库提取的商品必须附有经批准的销售单；装运的货物与批准的货物是否一致。

（五）财务部门开具账单

开发票的用途在于通知客户已发出的商品或已提供的劳务的数量。发票一般由财务部门开具。开具发票的员工首先应该核对以下文件：客户的订货单、销售单、提货单。如以上文件完全相符，并符合商品价目表的要求，则可开具销售发票。需要特别注意的是，销售发票应连续编号。

（六）财务部门记录销售业务

开具发票后，财务部门根据销售发票等原始凭证编制记账凭证，登记应收账款、销售收入明细账和总账，以及库存商品明细账和总账。财务部门还应定期编制和寄送应收账款对账单，与客户核对账面记录，如有差异要及时查明原因进行调整。

（七）财务部门记录收款业务

收到客户的货款后，财务部门应编制相应的收款凭证，并及时、完整地予以记录，以确保回收货款的完整性。

（八）销货退回、销售折扣与折让

发生销货退回、销售折扣与折让，必须经授权批准，并分别控制实物流和会计处理。所有销货折让与退回以及应收账款的注销的调整账项都必须填制连续编号的，并由一名无权接触现金或保管账户的负责人签字的贷项通知单，并应严格控制贷项通知单的使用。在记录销货退回之前，必须确保商品已经收回并验收入库。贷项通知单应标明已退回商品的验收报告的连续编号。

（九）处理坏账

在应收账款作为坏账处理时，应取得应收账款不能收回的确凿证据，并经管理当局批准后，方可作为坏账，进行相应的会计处理。已冲销的应收账款应登记在备查簿中，加以控制，以防已冲销的应收账款以后又收回时被相关人员贪污。如果欠款客户仍在，应继续进行追款。

二、销售与收款循环涉及的主要凭证、账户和报表项目

审计案例与
思政元素
B公司财务造假案

在内部控制比较健全的企业，其销售与收款循环通常涉及很多凭证，能够对相关账户和报表项目产生影响。它们主要是：

（一）原始凭证

（1）顾客订单。顾客要求订购商品的凭证，企业可通过销售人员或其他途径从现有或潜在的顾客那里取得订单。

（2）销售单。列示顾客所订商品名称、规格、数量以及与顾客订单有关的资料表格，是销售方内部处理顾客订单的依据，要连续编号。

（3）装运凭证。在装运货物时编制的，用以反映发出商品的规格、数量、日期及其他有关内容的表格。装运凭证的正联交给顾客，副联（一份或数份）由企业保留。该凭证可用作向顾客开票收款的依据。

（4）销售发票。说明销售详情的表格，包括销售金额、条件和日期，可据此开账单给顾客，并作为记录这笔销售的依据。

（5）汇款通知书。企业会把它与销售发票一起寄给顾客，由顾客在付款时再寄回销货单位。如果顾客没有将其随同货款一并寄回，一般应由接收邮件的人员在处理邮件时代编。企业通常在汇款通知书中列明顾客姓名、销售发票号码及其金额、销货单位开户银行账号等内容。采用汇款通知书能使款项及时存入银行，并加强对资产保管的控制。

（6）贷项通知单。这是用来表示由于销货退回或经批准的折让而引起的应收销货款减少的凭证，其格式通常与销售发票的格式相同，只不过它不是用来说明应收账款的增加，而是用来证明应收账款的减少。

（7）坏账审批表。这是经股东大会或董事会等权利执行机构批准注销为坏账的应收账款明细表。表中应列明应收账款的金额、账龄、债务人、注销为坏账的原因、批准人的姓名与职务等内容。

（二）记账凭证

（1）转账凭证。根据记录不涉及现金、银行存款等业务的原始凭证编制的记账凭证，是编制有关账户的依据。　.

（2）收款凭证。根据记录现金、银行存款收入等收款业务的原始凭证编制的记账凭证，是编制"现金""银行存款"等账户的依据。

（3）付款凭证。根据记录销售退回与折让等退款业务的原始凭证编制的记账凭证。

（三）明细账和日记账

1. 应收账款明细账

用来记录每个顾客各项赊销、款项收回、销货退回与折让情况的明细账。各应收账款明细账的余额合计数与应收账款总账的余额相等。

2. 主营业务收入明细账和其他业务收入明细账

分别记录主营业务和其他业务销售情况的明细账，销货金额通常按销售商品的品种、类别予以汇总。

3. 折扣与折让明细账

用来核算按合同规定为了及早收回货款而给予顾客的销售折扣和因商品品种、质量等原因而给予顾客的销售折让的明细账。

4. 现金日记账和银行存款日记账

用来记录应收账款的收回或现销收入，以及其他业务所引起的现金、银行存款收入和支出的序时账。

（四）总账

该循环涉及的总账类账户主要包括"现金""银行存款""应收账款""应收票据""预收账款""财务费用""主营业务收入""其他业务收入""主营业务成本""其他业务支出""主营业务税金及附加""应交税金""其他应交款""坏账准备"等。

（五）报表项目

1. 资产负债表项目

该循环涉及的资产负债表项目主要包括"货币资金""应收票据""应收账款""存货""预收账款""应交税金""其他应交款"等。

2. 利润表项目

该循环涉及的利润表项目主要包括"主营业务收入""主营业务成本""主营业务税金及附加""其他业务利润""营业利润""管理费用"等。

（六）其他

1. 已授权的价格表

列示各种可供销售商品已被授权批准的价格清单。

2. 顾客月末对账单

定期寄送给顾客用于购销双方定期核对账目的报告，旨在便于核对账目。该对账单中应列明与顾客有关的应收账款月初余额、本月各项销货业务的金额、本月已收到的货款、各贷项通知单的数额及月末余额等内容。

以上各项共同构成了销售与收款循环审计的内容。考虑到主营业务成本、存货类和现金类账户也受其他循环的交易种类的影响，因此，这些账户的审计将在后面的相关章节中说明。

三、销售与收款循环的审计目标

销售与收款循环的审计目标具体包括：

（1）已记录的销售业务代表被审计期间内已运出的商品。

（2）已记录的收款业务代表该期间内收到的现销和赊销现金。

（3）已记录的销售调整业务代表该期间内已被授权的折扣、折让和退回，以及坏账。

（4）已记录的应收账款余额代表资产负债表日顾客所欠的金额。

（5）本期发生的销售、收款和销售调整业务均已入账。

（6）所有销售、收款和销售调整业务均已正确入账。

（7）应收账款代表要求顾客付款的法定权利。

（8）应收账款代表对顾客账款的求偿权总数，并与应收账款明细账合计数一致。

（9）坏账准备余额代表对应收账款总额与其净变现价值之间差异的合理估计数。

（10）应收账款在资产负债表上已作适当列报和披露。

（11）被抵押的应收账款在资产负债表上已作适当列报和披露。

（12）销售、销售退回、销售折扣与折让以及坏账费用，在利润表中已被正确确认和归类。

（13）收入确认和坏账准备提取等会计政策已在财务报表附注中作了充分披露。

四、销售收款环节的关键控制

销售收款环节关键内部控制主要包括以下内容。

（一）适当的职责分离

合理的职责分离主要包括以下三项内容：

（1）赊销批准与销售职责要分离；

（2）发货、开票、收款、记账的职责要分离；

（3）坏账应由销售、记账和收款之外的其他人员确认。

（二）恰当的授权审批

（1）赊销要经过有关部门或人员的批准。目的在于确保赊销业务符合企业的赊销政策，降低坏账损失发生的可能性。企业的信用部门或专门人员应负责建立并及时更新有关客户信用的记录，信用额度内的赊销信用部门有权批准，超过这一额度应由更高级别的主管部门负责审批。

（2）货物的发出需要经过有关部门或人员的批准。企业的有关负责部门和人员必须在销售发票和发运凭证上做出恰当的审批。

（3）销售价格、销售折扣与折让的确认须经有关部门或人员批准。目的是保证销货业务按照企业定价政策规定的价格开票收款。

（4）坏账发生须经有关人员确认，坏账损失的处理须经授权批准。

（三）充分的凭证和记录

健全的凭证和记录主要包括：

（1）建立和健全各环节的凭证，如销货通知单、提货单、销售发票等；

（2）各种凭证应顺序编号；

（3）建立和健全各种账簿，并及时登账。

（四）定期核对账簿及记录

（1）定期核对各相关账户的总账和明细账，包括应收账款、主营业务收入等账户的总账与明细账等。

（2）应按月向客户寄送对账单，核对应收账款余额。对不符的情况，应及时处理。核对工作应由出纳、登记销售和应收账款以外的人员进行。

（五）独立复核

由独立的人员对销售与收款业务的记录过程和各种凭证进行复核，是实现内部控制目标不可缺少的一项控制措施。独立的复核人员应在他们核查的凭证上签字确认。

第二节　销售与收款循环的控制测试和重大错报风险

一、控制测试

销售与收款循环的控制测试主要包括以下内容。

（1）从主营业务明细账中抽取部分业务记录，并与销货通知单、提货单、销售发票进行核对，确定它们的摘要、金额、日期等是否一致。目的在于检查销货业务是否全部、及时、正确地入账，账簿记录中销售业务是否确实发生。如果主营业务明细账中载明的销售业务找不到对应的原始凭证，则表明该笔销售业务可能是虚构的。

（2）抽取部分发票副本，检查以下内容：

①检查一下是否附有销售通知单、提货单和客户订单，并核对销售发票与客户订单、销售通知单、提货单所载明的品名、规格、数量、价格、日期是否一致。

②检查销售发票是否连续编号，作废发票的处理是否正确；检查销售发票上的价格等是否经过批准，以及数量、单价、金额是否正确。

③核对销售发票与客户订单、销货通知单、提货单。主要核对它们所记载的品名、数量等是否一致。

④抽取一定数量的出库单或提货单，与相关的销售发票核对。通过此核对可以发现是否存在已发出的商品未开发票和未记账的情况。

⑤抽取一定数量的销售调整业务的会计凭证，复核有关销货退回、销售折扣与折让及坏账的核准与会计处理。主要复核：有关销货退回、销售折扣与折让以及坏账的业务有无授权审批手续；有关凭证中的计算及金额是否正确。

⑥检查是否定期核对应收账款。观察对账单的寄送情况，并检查顾客回函档案。

⑦观察并询问职责分工情况。审计人员实地观察和询问该循环中的职责分工情况。

二、重大错报风险

被审计单位的收入来源多种多样，处于不同的控制环境，注册会计师应当考虑影响收入交易和余额的重大错报风险，对被审计单位可能发生的重大错报风险保持警觉。

（一）收入交易和余额存在的固有风险

（1）收入的舞弊风险；

（2）收入的复杂性导致错误；

（3）期末收入交易和收款交易的截止错误；

（4）收款未及时入账或计入不正确的账户；

（5）应收账款坏账准备的计提不准确。

（二）在识别和评估与收入确认相关的重大错报风险时，考虑舞弊风险

（1）如果管理层难以实现预期的利润目标，则可能有高估收入的动机或压力（例如，提前确认收入或者记录虚假的收入），因此，收入的发生认定存在舞弊风险的可能性较大，而完整性认定则通常不存在舞弊风险。

（2）识别管理层隐瞒收入的舞弊风险。如果管理层有隐瞒收入而降低税负的动机，则注册会计师需要更加关注与收入完整性认定相关的舞弊风险。

（3）识别管理层提前或推迟确认收入的舞弊风险。如果被审计单位预期难以达到下一年度的销售目标，而已经超额完成本年度的销售目标，就可能倾向于将本期的收入推迟至下一年度确认。

（三）通过实施风险评估程序识别与收入确认相关的舞弊风险

1. 风险评估程序

风险评估程序是指注册会计师为了了解被审计单位及其环境，以识别和评估重大错报风险而实施的审计程序。风险评估程序应当包括询问管理层以及被审计单位内部其他人员、分析程序、观察和检查程序。

2. 实施风险评估程序对注册会计师识别与收入确认相关的舞弊风险至关重要

例如，注册会计师通过了解被审计单位生产经营的基本情况、销售模式和业务流程、

与收入相关的生产技术条件、收入的来源和构成、收入交易的特性、收入确认的具体原则、所在行业的特殊事项、重大异常交易的商业理由、被审计单位的业绩衡量等，有助于其考虑收入虚假错报可能采取的方式，从而设计恰当的审计程序以发现这类错报。

3. 注册会计师应当评价通过实施风险评估程序和执行其他相关活动获取的信息是否表明存在舞弊风险因素

例如，如果注册会计师通过实施风险评估程序了解到，被审计单位所处行业竞争激烈并伴随着利润率的下降，而管理层过于强调提高被审计单位利润水平的目标，则注册会计师需要警惕管理层通过实施舞弊高估收入，从而高估利润的风险。

（四）为了达到粉饰财务报表的目的而虚增收入或提前确认收入的舞弊风险

（1）虚构销售交易，包括：

①在无存货实物流转的情况下，通过与其他方（包括已披露或未披露的关联方、非关联方等）签订虚假购销合同，虚构存货进出库，并通过伪造出库单、发运单、验收单等单据，以及虚开商品销售发票虚构收入。

②在多方串通的情况下，通过与其他方（包括已披露或未披露的关联方、非关联方等）签订虚假购销合同，并通过存货实物流转、真实的交易单证票据和资金流转配合虚构收入。

③被审计单位根据其所处行业特点虚构销售交易。例如，从事网络游戏运营业务的被审计单位，以游戏玩家的名义，利用体外资金购买虚拟物品或服务，并予以消费，以虚增收入。

从是否涉及安排货款回笼的角度看，被审计单位可能通过两种方式掩盖虚构的收入。一种是虚构收入后无货款回笼，虚增的应收账款/合同资产通过日后不当计提减值准备或核销等方式加以消化。另一种相对复杂和隐蔽，被审计单位会使用货币资金配合货款回笼，并需要解决因虚构收入而带来的虚增资产或虚减负债问题。在这种情况下，虚构收入可能对许多财务报表项目均会产生影响，包括但不限于货币资金、应收账款/合同资产、预付款项、存货、长期股权投资、其他权益工具投资、固定资产、在建工程、无形资产、开发支出、短期借款、应付票据、应付账款、其他应付款、营业收入、营业成本、税金及附加、销售费用等。

被审计单位采用上述第二种方法虚构收入时，相应确认应收账款/合同资产，同时通过虚假存货采购套取其自有资金用于货款回笼，形成资金闭环。但通过虚假存货采购套取的资金金额可能小于虚构收入金额，或者对真实商品进行虚假销售而无须虚构存货，导致虚构收入无法通过上述方法套取的资金实现货款全部回笼，此时，被审计单位还可以采用如下手段：

①通过虚假预付款项（预付商品采购款、预付工程设备款等）套取资金用于虚构收入的货款回笼。

②虚增长期资产采购金额。被审计单位通过虚增对外投资、固定资产、在建工程、无形资产、开发支出等购买金额套取资金，用于虚增收入的货款回笼。形成的虚增长期资产账面价值，通过折旧、摊销或计提资产减值准备等方式在日后予以消化。

③通过被投资单位套取投资资金。被审计单位将资金投入被投资单位，再从被投资单位套取资金用于虚构收入的货款，形成的虚增投资账面价值通过日后计提减值准备予以消化。

④通过对负债不入账或虚减负债套取资金。例如，被审计单位开具商业汇票给子公司，子公司将票据贴现后用于货款回笼。

⑤伪造回款单据进行虚假货款回笼。采用这种方法通常会形成虚假货币资金。

⑥对应收账款/合同资产不当计提减值准备。

⑦被审计单位实际控制人或其他关联方将资金提供给被审计单位客户或第三方，客户或第三方以该笔资金向被审计单位支付货款。资金可能来源于被审计单位实际控制人或其他关联方的自有资金，也可能来源于对被审计单位的资金占用或通过被审计单位担保取得的银行借款。例如，被审计单位及其控股股东与银行签订现金管理账户协议，将被审计单位的银行账户作为子账户向控股股东集团账户自动归集，实现控股股东对被审计单位的资金占用，控股股东将该资金用于对被审计单位的货款回笼。又如，被审计单位以定期存款质押的方式为关联方提供担保，关联方取得借款后用于货款回笼。

需要注意的是，被审计单位在进行虚构收入舞弊时并不一定采用上述某一种方式，可能采用上述某几种方式的组合。例如，被审计单位生产非标准化产品，毛利率不具有可比性，可能无须虚构大量与虚增收入相匹配的存货采购交易，可以通过实际控制人或其他关联方的体外资金，或以虚增长期资产采购金额套取的资金实现货款回笼。

（2）进行显失公允的交易，包括：

审计准则
中国注册会计师审计准则第 1323 号——关联方（2022 年 12 月 22 日修订）

①通过与未披露的关联方或真实非关联方进行显失公允的交易。例如，以明显高于其他客户的价格向未披露的关联方销售商品。与真实非关联方客户进行显失公允的交易，通常会由实际控制人或其他关联方以其他方式弥补客户损失。

②通过出售关联方的股权，使之从形式上不再构成关联方，但仍与之进行显失公允的交易，或与未来或潜在的关联方进行显失公允的交易。

③与同一客户或同受一方控制的多个客户在各期发生多次交易，通过调节各次交易的商品销售价格，调节各期销售收入金额。

（3）在客户取得相关商品控制权前确认销售收入。例如，在委托代销安排下，在被审计单位向委托人转移商品时确认收入，而委托方并未获得对该商品的控制权。又如，在客户取得相关商品控制权前，通过伪造出库单、发运单、验收单等单据，提前确认销售收入。

（4）通过隐瞒退货条款，在发货时全额确认销售收入。

（5）通过隐瞒不符合收入确认条件的售后回购或售后租回协议，而将以售后回购或售后租回方式发出的商品作为销售商品确认收入。

（6）在被审计单位属于代理人的情况下，被审计单位按主要责任人确认收入。例如，被审计单位为代理商，在仅向购销双方提供帮助接洽、磋商等中介代理服务的情况下，按照相关购销交易的总额而非净额（佣金和代理费等）确认收入。又如，被审计单位将虽然签订购销合同但实质为代理的受托加工业务作为正常购销业务处理，按照相关购销交易的总额而非净额（加工费）确认收入。

（7）对于属于在某一时段内履约的销售交易，通过高估履约进度的方法实现当期多确认收入。

（8）当存在多种可供选择收入确认会计政策或会计估计方法时，随意变更所选择的会计政策或会计估计方法。

（9）选择与销售模式不匹配的收入确认会计政策。

（10）通过调整与单独售价或可变对价等相关的会计估计，达到多计或提前确认收入的目的。

（11）对于存在多项履约义务的销售交易，未对各项履约义务单独进行核算，而整体作为单项履约义务一次性确认收入。

（12）对于应整体作为单项履约义务的销售交易，通过将其拆分为多项履约义务，达到提前确认收入的目的。

（五）为了达到报告期内降低税负或转移利润等目的而少计收入或延后确认收入的舞弊风险

（1）被审计单位在将商品发出、收到货款并满足收入确认条件后，不确认收入，而将收到的货款作为负债挂账，或转入本单位以外的其他账户。

（2）被审计单位采用以旧换新的方式销售商品时，以新旧商品的差价确认收入。

（3）对于应采用总额法确认收入的销售交易，被审计单位采用净额法确认收入。

（4）对于属于在某一时段内履约的销售交易，被审计单位未按实际履约进度确认收入，或采用时点法确认收入。

（5）对于属于在某一时点履约的销售交易，被审计单位未在客户取得相关商品或服务控制权时确认收入，推迟收入确认时点。

（6）通过调整与单独售价或可变对价等相关的会计估计，达到少计或推迟确认收入的目的。

（六）通常表明被审计单位在收入确认方面可能存在舞弊风险的迹象

舞弊风险迹象，是指注册会计师在实施审计过程中发现的、需要引起对舞弊风险警觉的事实或情况。

存在舞弊风险迹象并不必然表明发生了舞弊，但了解舞弊风险迹象，有助于注册会计师对审计过程中发现的异常情况产生警觉，从而更有针对性地采取应对措施。

通常表明被审计单位在收入确认方面可能存在舞弊风险迹象的举例如下：

（1）销售客户方面出现异常情况，包括：

①销售情况与客户所处行业状况不符。例如，客户所处行业景气度下降，但对该客户的销售却出现增长；又如，销售数量接近或超过客户所处行业的需求。

②与同一客户同时发生销售和采购交易，或者与同受一方控制的客户和供应商同时发生交易。

③交易标的对交易对手而言不具有合理用途。

④主要客户自身规模与其交易规模不匹配。

⑤与新成立或之前缺乏从事相关业务经历的客户发生大量或大额的交易，或者与原有客户交易金额出现不合理的大额增长。

⑥与关联方或疑似关联方客户发生大量或大额交易。

⑦与个人、个体工商户发生异常大量的交易。

⑧对应收款项账龄长、回款率低或缺乏还款能力的客户，仍放宽信用政策。

⑨被审计单位的客户是否付款取决于下列情况：

第一，能否从第三方取得融资；

第二，能否转售给第三方（如经销商）；

第三，被审计单位能否满足特定的重要条件。

⑩直接或通过关联方为客户提供融资担保。

（2）销售交易方面出现异常情况，包括：

①在接近期末时发生了大量或大额的交易。

②实际销售情况与订单不符，或者根据已取消的订单发货或重复发货。

③未经客户同意，在销售合同约定的发货期之前发送商品或将商品运送到销售合同约定地点以外的其他地点。

④被审计单位的销售记录表明，已将商品发往外部仓库或货运代理人，却未指明任何客户。

⑤销售价格异常。例如，明显高于或低于被审计单位和其他客户之间的交易价格。

⑥已经销售的商品，在期后有大量退回。

⑦交易之后长期不进行结算。

（3）销售合同、单据方面出现异常情况，包括：

①销售合同未签字盖章，或者销售合同上加盖的公章并不属合同所指定的客户。

②销售合同中重要条款（例如，交货地点、付款条件）缺失或含糊。

③销售合同中部分条款或条件不同于被审计单位的标准销售合同，或过于复杂。

④销售合同或发运单上日期被更改。

⑤在实际发货之前开具销售发票，或实际未发货而开具销售发票。

⑥记录的销售交易未经恰当授权或缺乏出库单、货运单、销售发票等证据支持。

（4）销售回款方面出现异常情况，包括：

①应收款项收回时，付款单位与购买方不一致，存在较多代付款的情况。

②应收款项收回时，银行回单中的摘要与销售业务无关。

③对不同客户的应收款项从同一付款单位收回。

④经常采用多方债权债务抵销的方式抵销应收款项。

（5）被审计单位通常会使用货币资金配合收入舞弊，注册会计师需要关注资金方面出现异常情况，包括：

①通过虚构交易套取资金。

②发生异常大量的现金交易，或被审计单位有非正常的资金流转及往来，特别是有非正常现金收付的情况。

③在货币资金充足的情况下仍大额举债。

④被审计单位申请公开发行股票并上市，连续几个年度进行大额分红。

⑤工程实际付款进度明显快于合同约定付款进度。

⑥与关联方或疑似关联方客户发生大额资金往来。

（6）其他方面出现异常情况，包括：

①采用异常于行业惯例的收入确认方法。

②与销售和收款相关的业务流程、内部控制发生异常变化，或者销售交易未按照内部控制制度的规定执行。

③非财务人员过度参与收入相关的会计政策的选择、运用以及重要会计估计的作出。

④通过实施分析程序发现异常或偏离预期的趋势或关系。

⑤被审计单位的账簿记录与询证函回函提供的信息之间存在重大或异常差异。

⑥在被审计单位业务或其他相关事项未发生重大变化的情况下，询证函回函相符比例明显异于以前年度。

⑦被审计单位管理层不允许注册会计师接触可能提供审计证据的特定员工、客户、供应商或其他人员。

（七）通过实施分析程序，识别被审计单位收入确认舞弊风险

分析程序是一种识别收入确认舞弊风险的较为有效的方法，注册会计师需要重视并充分利用分析程序，发挥其在识别收入确认舞弊中的作用。

在收入确认领域，注册会计师可以实施的分析程序的例子包括：

（1）将本期销售收入金额与以前可比期间的对应数据或预算数进行比较；

（2）分析月度或季度销售量变动趋势；

（3）将销售收入变动幅度与销售商品及提供劳务收到的现金、应收账款、存货、税金等项目的变动幅度进行比较；

（4）将销售毛利率、应收账款周转率、存货周转率等关键财务指标与可比期间数据、预算数或同行业其他企业数据进行比较；

（5）分析销售收入等财务信息与投入产出率、劳动生产率、产能、水电能耗、运输数量等非财务信息之间的关系；

（6）分析销售收入与销售费用之间的关系，包括销售人员的人均业绩指标、销售人员薪酬、差旅费用，运费，以及销售机构的设置、规模、数量、分布等。

（八）对异常或偏离预期趋势或关系的舞弊风险的调查方法

如果发现异常或偏离预期的趋势或关系，注册会计师需要认真调查其原因，评价是否表明可能存在由于舞弊导致的重大错报风险。涉及期末收入和利润的异常关系尤其值得关注，例如在报告期的最后几周内记录了不寻常的大额收入或异常交易。注册会计师可能采取的调查方法举例如下。

执业怀疑要求审慎评价审计证据。审计证据包括支持和印证管理层认定的信息，也包括与管理层认定相互矛盾的信息。审慎评价审计证据是指质疑相互矛盾的审计证据的可靠性。

在怀疑信息的可靠性或存在舞弊迹象时（例如，在审计过程中识别出的情况使注册会计师认为文件可能是伪造的或文件中某些信息已被篡改），注册会计师需要做出进一步调查，并确定需要修改哪些审计程序或实施哪些追加的审计程序。

应当指出的是，虽然注册会计师需要在审计成本与信息的可靠性之间进行权衡，但是，审计中的困难、时间或成本等事项本身，不能作为省略不可替代的审计程序或满足于说服力不足的审计证据的理由。

（1）如果注册会计师发现被审计单位的毛利率变动较大或与所在行业的平均毛利率差

异较大，注册会计师可以采用定性分析与定量分析相结合的方法，从行业及市场变化趋势、产品销售价格和产品成本要素等方面对毛利率变动的合理性进行调查。

（2）如果注册会计师发现应收账款余额较大，或其增长幅度高于销售的增长幅度，注册会计师需要分析具体原因（如赊销政策和信用期限是否发生变化等），并在必要时采取恰当的措施，如扩大函证比例、增加截止测试和期后收款测试的比例等。

（3）如果注册会计师发现被审计单位的收入增长幅度明显高于管理层的预期，可以询问管理层的适当人员，并考虑管理层的答复是否与其他审计证据一致，例如，如果管理层表示收入增长是由销售量增加造成的，注册会计师可以调查与市场需求相关的情况。

第三节 主营业务收入审计

在完成控制测试之后，注册会计师基于控制测试的结果（即控制运行是否有效），确定从控制测试中已获得的审计证据及其保证程度，确定是否需要对具体计划中设计的实质性程序的性质、时间安排和范围作出适当调整。例如，如果控制测试的结果表明内部控制未能有效运行，注册会计师需要从实质性程序中获取更多的相关审计证据。

在实务中，注册会计师通过计划阶段执行的风险评估程序，已经确定了与已识别重大错报风险相关的认定。下面从风险对应的具体审计目标和相关认定的角度出发，针对主营业务收入的实质性程序进行阐述，这些程序可以从一个或多个认定的角度应对识别的重大错报风险。

一、审计目标与认定对应关系

审计目标与认定对应关系如表 8 - 4 所示。

表 8 - 4   审计目标与认定对应关系表

审计目标	财务报表认定					
	发生	完整性	准确性	截止	分类	列报
A. 利润表中记录的营业收入已发生，且与被审计单位有关	√					
B. 所有应当记录的营业收入均已记录		√				
C. 与营业收入有关的金额及其他数据已恰当记录			√			
D. 营业收入已记录于恰当的会计期间				√		
E. 营业收入已记录于恰当的账户					√	
F. 营业收入已按照企业会计准则的规定在财务报表中作出恰当列报						√

二、具体审计目标与财务报表相关认定的实质性程序

具体审计目标与财务报表相关认定的实质性程序如表 8 – 5 所示。

表 8 – 5　　　　　　　　　　　　审计目标与相关实质性程序对应关系

审计目标	可供选择的实质性程序（这里以主营业务收入为例）
C	1. 获取或编制主营业务收入明细表
AC/BC	2. 主营业务收入的实质性分析程序
ACD/BCD	3. 检查营业收入的确认条件、方法是否符合企业会计准则，前后期是否一致，关注周期性、偶然的收入是否符合既定收入确认原则、方法
C	4. 获取产品价格目录，抽查售价是否符合价格政策，并注意销售给关联方或关系密切的重要客户的产品价格是否合理，有无以低价或高价结算的现象，相互之间有无转移利润的现象
B	5. 从发运凭证中选取样本，追查至销售发票存根和主营业务收入明细账，以确定是否存在遗漏事项
A	6. 抽取本期一定数量的记账凭证，审查入账日期、品名、数量、单价、金额等是否与发票、发货单、销售合同等一致
AC	7. 结合对应收账款的审计，选择主要客户函证本期销售额
A	8. 对于出口销售，应当将销售记录与出口报关单、货运提单、销售发票等出口销售单据进行核对，必要时向海关函证
D	9. 销售的截止测试
A	10. 存在销货退回的，检查手续是否符合规定，结合原始销售凭证检查其会计处理是否正确，结合存货项目审计关注其真实性
C	11. 销售折扣与折让
F	12. 确定主营业务收入列报是否恰当

三、主营业务收入的实质性程序

（1）获取或编制主营业务收入明细表，复核加计是否正确，并与总账数和明细账合计数核对是否相符；检查以非记账本位币结算的主营业务收入的折算汇率及折算是否正确。

（2）检查主营业务收入的确认条件、方法是否符合企业会计准则。

审计准则
中国注册会计师
审计准则问题解
答第 4 号——收
入确认

【知识拓展 8 –1】

《企业会计准则第 14 号——收入》 的颁布与实施

2017 年 7 月 5 日财政部发布修订稿，规定在境内外同时上市的企业以及在境外上市并

拓展案例
主营业务收入审
计案例分析

采用国际财务报告准则或企业会计准则编制财务报表的企业，自2018年1月1日起施行；其他境内上市企业，自2020年1月1日起施行；执行企业会计准则的非上市企业，自2021年1月1日起施行。同时，允许企业提前执行。

根据《企业会计准则第14号——收入》的规定，企业应当在履行了合同中的履约义务，及在客户取得相关商品控制权时确认收入。取得相关商品控制权，是指能够主导该商品的使用并从中获得几乎全部的经济利益。

当企业与客户之间的合同同时满足下列条件时，企业应当在客户取得商品控制权时确认收入：

①合同各方已批准该合同并承诺将履行各自义务；

②该合同明确了合同各方与所转让商品或提供劳务相关的权利和义务；

③该合同明确了合同各方与所转让商品相关的支付条款；

④该合同具有商业性质，即履行该合同将改变企业未来现金流量的风险、时间分布或金额；

⑤企业因向客户转让商品而有权取得的对价很可能收回。

企业会计准则分别对"在某一时段内履行的履约义务"和"在某一时点履行的履约义务"的收入确认作出了规定。

对于在某个时段内履行的履约义务，企业应当在该段时间内按照履约进度确认收入。当履约进度能够合理确定时，采用产出法或投入法确定恰当的履约进度。当履约进度不能合理确定时，企业已经发生的成本预计能够得到补偿的，应当按照已经发生的成本金额确认收入，直到履约进度能够合理确定为止。

对于在某一时点履行的履约义务，企业应当在客户取得相关商品控制权时确认收入，直到履约进度能够合理确定为止。

对于在某一时点履行的履约义务，企业应当在客户取得相关商品的控制权时确认收入。在判断客户是否都已取得商品控制权时，企业应当考虑下列迹象：

①企业就该商品享有现时收款权利，即客户就该商品负有现时付款义务；

②企业已将该商品的法定所有权转移给客户，即客户已拥有该商品的法定所有权；

③企业已将该商品实物转移给客户，即客户已实物占有该商品；

④企业已将该商品所有权上的主要风险和报酬转移给客户，即客户已取得该商品所有权上的主要风险和报酬；

⑤客户已接受该商品；

⑥其他标明客户已取得商品控制权的迹象。

因此，注册会计师需要基于对被审计单位商业模式和日常经营活动的了解，判断被审计单位的合同履约义务是在某一时段内履行还是在某一时点履行，据以评估被审计单位确认产品销售收入的会计政策是否符合企业会计准则，并测试被审计单位是否按照其既定的会计政策确认产品销售收入。

注册会计师通常对选取的交易，追查至原始的销售合同与履行合同相关的单据和文件记录，以评价收入确认方法是否符合企业会计准则的规定。

【知识拓展 8 - 2】

特殊交易的会计处理

（一）销售退回

（1）企业应该在客户取得相关商品控制权时，按因向客户转让商品而预期有权收取的对价金额（不包含预期因销售退回将退还的金额）确定收入；

（2）按预期因销售退回将退还的金额确认负债；

（3）同时按预期将退回商品转让时的账面价值，扣除收回该商品预计发生的成本（包括退回商品的价值减损）后的余额，确认为一项资产；

（4）按所转让商品转让时的账面价值，扣除上述资产成本的净额结转成本；

（5）每一资产负债表日，企业应重新估计未来销售退回情况，如有变化，应作为会计估计变更进行会计处理。

（二）预收销售商品

（1）企业向客户预收商品款项的，应先确认为负值（预收账款），待履行了相关履约义务时再转为收入；

（2）当企业预收款项无须退回，且客户可能会放弃其全部或部分合同权利时，企业预期将有权获得与客户所放弃的合同权利相关的金额，应按客户行使合同权利的模式按比例将上述金额确认为收入。否则，企业只有在客户要求其履约义务的可能性极低时，才能将上述负债的相关余额转为收入。

（三）售后回购交易

（1）企业因存在与客户的远期安排而负有回购义务或企业享有回购权利的，表明客户在销售时点并未取得商品控制权，企业应作为租赁交易或融资交易进行会计处理。

①回购价格低于原售价的，应视为租赁交易，按《企业会计准则第 21 号——租赁》进行会计处理；

②回购价格不低于原售价的，应视为融资交易，在收到客户款项时确认金融负债，并将该款项和回购价格的差额在回购期间内确认为利息费用等。

③企业到期未行使回购权利的，应该在该回购权利到期时终止确认金融负债。同时确认收入。

（2）企业负有回购义务的，应在合同开始日评估客户是否具有行使该要求的重大经济动因。

①客户具有行使该要求的重大经济动因的，企业应将售后回购作为租赁交易或融资交易进行会计处理。

②客户不具有行使该要求的重大经济动因的，企业应视为销售退回进行会计处理。

（3）售后回购：企业销售商品的同时承诺有权选择日后再将该商品购回的销售方式。

（3）主营业务收入的实质性分析程序。

第一，将本期的主营业务收入与上期的主营业务收入、销售预算或预测数据等进行比较，分析主营业务收入及其构成的变动是否异常，并分析异常变动的原因；

第二，计算本期重要产品的毛利率，与上期或预测数据比较，检查是否存在异常，各期之间是否存在重大波动，查明原因；

第三，比较本期各月各类主营业务收入的波动情况，分析其变动趋势是否正常，是否符合被审计单位季节性、周期性的经营规律，查明异常现象和重大波动的原因；

第四，将本期重要产品的毛利率与同行业企业进行对比分析，检查是否存在异常；

第五，根据增值税发票申报表或普通发票，估算全年收入，与实际收入金额比较。

（4）获取产品价格目录，抽查售价是否符合价格政策，并注意销售给关联方或关系密切的重要客户的产品价格是否合理，有无以低价或高价结算转移收入、相互之间转移利润的现象。

（5）从发运凭证中选取样本，追查至销售发票存根和主营业务收入明细账，以确定是否存在遗漏事项。

（6）抽取本期一定数量的记账凭证，审查入账日期、品名、数量、单价、金额等是否与销售发票、发运凭证、销售合同等一致。

（7）结合对应收账款实施的函证程序，选择主要客户函证本期销售额。

（8）对于出口销售，应当将销售记录与出口报关单、货运提单、销售发票等出口销售单据进行核对，必要时向海关函证。

（9）主营业务收入的截止测试。

截止测试运用于实质性程序，收入的截止测试目的在于确定被审计单位主营业务收入的会计记录归属期是否正确；或者应计入本期或下期的主营业务收入是否被推迟至下期或提前至本期，防止利润操纵行为。

审计过程中，注册会计师检查发票日期、发货日期和记账日期这3个日期是否归属于同一适当会计期间是对主营业务收入实施截止测试的关键。围绕上述3个重要日期，实务中，注册会计师可以考虑选择2条审计路线实施营业收入的截止测试。

第一，以账簿记录为起点。从报表日前后若干天的账簿记录查至记账凭证，检查发票存根与发运凭证，目的是证实已入账收入是否在同一期间已开具发票并发货，有无多记收入。使用这种方法主要是为了防止多计主营业务收入。

第二，以发运凭证为起点。从报表日前后若干天的发运凭证查至发票开具情况与账簿记录，确定主营业务收入是否已记入恰当的会计期间。使用这种方法主要也是为了防止少计主营业务收入。

（1）存在销货退回的，检查相关手续是否符合规定，结合原始销售凭证检查其会计处理是否正确；结合存货项目审计关注其真实性。

（2）检查销售折扣与折让。企业在销售交易中，往往会因产品品种不符、质量不符合要求以及结算方面的原因发生销售折扣和折让。尽管引起销售折扣和折让的原因不尽相同，其表现形式也不尽一致，但都是对收入的抵减，直接影响收入的确认和计量。因此，注册会计师应重视折扣与折让的审计。销售折扣与折让的实质性程序主要包括：

第一，获取或编制折扣与折让明细表，复核加计正确，并与明细账合计数核对相符；

第二，取得被审计单位有关折扣与折让的具体规定和其他文件资料，并抽查较大折扣与折让发生额的授权批准情况，与实际执行情况进行核对，检查其是否经授权批准，是否合法、真实；

第三，销售折扣与折让是否及时足额提交对方，有无虚设中介、转移收入、私设账外"小金库"等情况；

第四，检查折扣与折让的会计处理是否正确。

（3）检查主营业务收入的列报是否恰当。

【知识拓展 8 - 3】

增值税税率的调整

2018 年 4 月 4 日，财政部、国家税务总局发布了关于调整增值税税率的通知——《财政部 税务总局关于调整增值税税率的通知》。将纳税人发生增值税应税销售行为或者进口货物，原适用 17% 和 11% 税率的，税率分别调整为 16%、10%。

为实施更大规模减税，深化增值税改革，自 2019 年 4 月 1 日起，将制造业等行业现行 16% 的税率降至 13%，将交通运输业、建筑业等行业现行 10% 的税率降至 9%；保持 6% 一档的税率不变。

第四节 应收账款审计

应收账款是指企业因销售商品、提供劳务而形成的债权，即由于企业销售商品、提供劳务等原因，应向购货客户或接受劳务的客户收取或代垫的运杂费，是企业在信用活动中所形成的各种债权性资产。赊销，即销售实现时没有立即收取现款，而是获得了要求客户在一定条件下和一定时间内支付货款的权利，就产生了应收账款。因此，应收账款的审计应结合销售交易来进行。应收账款审计一般包括应收账款期末余额和坏账准备两个部分。

一、审计目标与认定对应关系

应收账款审计目标与认定关系如表 8 - 6 所示。

表 8 - 6 应收账款审计目标与认定对应关系表

审计目标	财务报表认定				
	存在	完整性	权利和义务	计价和分摊	列报和披露
A. 资产负债表中记录的应收账款是存在的	√				
B. 所有应当记录的应收账款均已记录		√			
C. 记录的应收账款由被审计单位拥有或控制			√		

续表

审计目标	财务报表认定				
	存在	完整性	权利和义务	计价和分摊	列报和披露
D. 应收账款以恰当的金额包括在财务报表中，与之相关的计价调整已恰当记录				√	
E. 应收账款已按照企业会计准则的规定在财务报表中作出恰当列报和披露					√

二、审计目标与审计程序对应关系

应收账款审计目标与审计程序对应关系如表 8 - 7 所示。

表 8 - 7　　　　　　　　　　**应收账款审计目标与审计程序对应关系表**

审计目标	可供选择的审计程序
D	1. 获取或编制应收账款明细表
AD/BD	2. 检查涉及应收账款的相关财务指标
D	3. 检查应收账款账龄分析是否正确
ACD	4. 向债务人函证应收账款
A	5. 对应收账款余额实施函证以外的细节测试
D	6. 评价坏账准备计提的适当性
E	7. 检查应收账款是否已按照企业会计准则的规定在财务报表中作出恰当列报和披露

三、应收账款的实质性程序

（一）获取或编制应收账款明细表

（1）复核加计是否正确，并与总账数和明细账合计数进行核对，看其是否相符；结合坏账准备科目与报表数核对是否相符。

（2）检查非记账本位币应收账款的折算汇率及折算是否正确。

（3）分析有贷方余额的项目，查明原因，必要时，作重分类调整。

应收账款明细账的余额一般在借方，表示被审计单位应收而未收的债权。如果某一应收账款明细账的余额在贷方，此时其性质不是应收债权，而是预收账款。需要进行重分类调整。

一般地，重分类调整的对应关系如下：应收账款与预收账款互调；应付账款与预付账款互调；其他应收款与其他应付款互调。

例如，假设应收账款各明细账情况如下：

应收账款——A 200 万元

    ——B 700 万元

    ——C 1 000 万元

    ——D －500 万元

    ——E 800 万元

应当注意，应收账款——D 公司"－500 万元"其经济含义不是应收账款，而是预收账款，因此被审计单位应在编制财务报表时作重分类调整，即：

借：应收账款——D 公司 500 万元

  贷：预收账款——D 公司 500 万元

如果被审计单位不作该笔重分类调整，则资产负债表中应收账款财务报表项目少计了 500 万元，预收账款财务报表项目少计了 500 万元。被审计单位未作重分类调整属于审计差异。

同样的道理，如果被审计单位单独设置了预收账款，假定年末"预收账款"各明细账出现以下类似的情况：

预收账款——A 200 万元

    ——B 400 万元

    ——C －100 万元

    ——D 80 万元

那么被审计单位对预收 C 公司"－100 万元"也应作重分类调整，因为此时预收账款贷方"－100 万元"，其经济含义不是预收账款，而是应收账款，被审计单位应作以下重分类调整，即：

借：应收账款——C 公司 100 万元

  贷：预收账款——C 公司 100 万元

如果被审计单位对该笔业务不作重分类调整，那么注册会计师应当认定其为审计差异。

（4）结合其他应收款、预收账款等往来项目的明细余额，调查有无同一客户多处挂账、异常余额或与销售无关的其他款项（如代销账户、关联方账户或雇员账户）。如有，应做出记录，必要时作调整；

（5）标识重要的欠款单位，计算其欠款合计数占应收账款余额的比例。

（二）检查涉及应收账款的相关财务指标

（1）复核应收账款借方累计发生额与主营业务收入是否配比，并将当期应收账款借方发生额占销售收入净额的百分比与管理层考核指标比较，如存在差异应查明原因（考虑管理层是否有为达成业绩而虚增收入的可能）。

（2）计算应收账款周转率、应收账款周转天数等指标，并与以前年度指标、同行业同期相关指标对比分析，检查是否存在重大异常。

（三）检查应收账款账龄分析是否正确

（1）获取或编制应收账款账龄分析表，以便了解应收账款的可收回性；

（2）测试应收账款账龄分析表计算的准确性，并将应收账款账龄分析表中合计数与应收账款总分类账余额相比较，调查重大调节项目。

（3）检查原始凭证，如销售发票、运输记录等，测试账龄核算的准确性。

（四）向债务人函证应收账款

审计案例与
思政元素
应收账款函证程序

1. 应收账款函证要求

（1）注册会计师应当对应收账款实施函证程序，除非有充分证据表明应收账款对财务报表不重要，或函证很可能无效。

（2）如果认为函证很可能无效，注册会计师应当实施替代审计程序，获取相关、可靠的审计证据。

（3）如果不对应收账款函证，注册会计师应当在审计工作底稿中说明理由。

2. 应收账款函证目的

函证应收账款的目的在于证实应收账款账户余额的真实性、正确性，防止或发现被审计单位及其有关人员在销售交易中发生的错误或舞弊行为。

3. 函证的范围和对象

影响函证应收账款数量的多少、范围的因素主要有以下几个。

（1）应收账款在全部资产中的重要性。若应收账款在全部资产中所占的比重较大，则函证范围应相应大一些。

（2）被审计单位内部控制的强弱。若内部控制制度较健全，则可以相应缩小函证范围；反之，则应相应扩大函证范围。

（3）以前期间的函证结果。若以前期间函证中发现过重大差异，或欠款纠纷较多，则函证范围应相应扩大一些。

（4）函证方式的选择。若采用积极的函证方式，则可以相应减少函证量；若采用消极的函证方式，则要相应增加函证量。

一般情况下，注册会计师应选择以下项目作为函证对象：大额或账龄较长的项目；与债务人发生纠纷的项目；关联方项目；主要客户（包括关系密切的客户）项目；交易频繁但期末余额较小甚至余额为零的项目；可能产生重大错报或舞弊的非正常的项目。

4. 函证的方式

函证方式有两种：积极的函证方式和消极的函证方式。

积极和消极的函证方式对照表如表8-8所示。

表8-8 积极和消极的函证方式对照表

项目	积极式函证	消极式函证
回函要求	要求被询证者在所有情况下必须回函，确认询证函所列信息是否正确，或填列询证函要求的信息	要求被询证者只有在不同意询证函列示信息的情况下才予以回函

续表

项目	积极式函证	消极式函证
函证条件	注册会计师一般情况下必须采用积极式函证	注册会计师只有在同时满足以下四个条件时才可以采用消极式函证方式： （1）重大错报风险评估为低水平； （2）涉及大量余额较小的账户； （3）预期不存在大量的错误； （4）没有理由相信被询证者不认真对待函证
回函结论	在采用积极的函证方式时，只有注册会计师收到回函，才能为财务报表认定提供审计证据。 如果未能收到回函，注册会计师应当考虑与被询证者联系，要求对方做出回应或再次寄发询证函。 如果未能得到被询证者的回应，注册会计师应当实施替代审计程序	
结合使用	对大额应收账款采用积极的函证方式，对小额应收账款采用消极的函证方式	

积极式询证函示例如下。

企业询证函

_____（公司）：

　　本公司聘请的××会计师事务所正在对本公司××年度财务报表进行审计，按照中国注册会计师审计准则要求，应当询证本公司与贵公司的往来账项等事项。下列数据出自本公司账簿记录，如与贵公司记录相符，请在本函下端"信息证明无误"处签章证明；如有不符，请在"信息不符"处列明不符项目。回函请直接寄至××会计师事务所。

　　回函地址：

　　邮编：　　　　电话：　　　　　传真：　　　　　联系人：

　　1. 本公司与贵公司的往来账项列示如下：

截止日期	贵公司欠	欠贵公司	备注

　　2. 其他事项。

　　本函仅为复核账目之用，并非催款结算。若款项在上述日期之后已经付清，仍请及时函复为盼。

（公司盖章）
年　月　日

结论：1. 信息证明无误。

（公司盖章）
年 月 日
经办人：

2. 信息不符，请列明不符的详细情况。

（公司盖章）
年 月 日
经办人：

消极式询证函示例如下。

企业询证函

_____（公司）：

本公司聘请的××会计师事务所正在对本公司××年度财务报表进行审计，按照中国注册会计师审计准则要求，应当询证本公司与贵公司的往来账项等事项。下列数据出自本公司账簿记录，如与贵公司记录相符，则无须回复；如有不符，请直接通知会计师事务所，并请在空白处列明贵公司认为是正确的信息。回函请直接寄至××会计师事务所。

回函地址：

邮编： 电话： 传真： 联系人：

1. 本公司与贵公司的往来账项列示如下：

截止日期	贵公司欠	欠贵公司	备注

2. 其他事项。

本函仅为复核账目之用，并非催款结算。若款项在上述日期之后已经付清，仍请及时函复为盼。

（公司盖章）
年 月 日

××会计师事务所：
上面的信息不正确，差异如下：

（公司盖章）
年 月 日
经办人：

5. 函证时间的选择

（1）通常以资产负债表日为截止日，在资产负债表日后适当时间内实施函证；

（2）当被审计单位的重大错报风险评估为低水平，注册会计师可选择资产负债表日前适当日期为截止日期实施函证，并对所函证项目自该截止日起至资产负债表日止发生的变动实施其他实质性程序。

6. 函证过程控制

注册会计师通常利用被审计单位提供的应收账款明细账名称和客户地址等资料编制询证函，但注册会计师应当对确定需要确认或填列的信息、选择适当的被询证者、设计询证函以及发出和跟进（包括收回）询证函保持控制。

注册会计师应当直接控制询证函的发送和回收，回函直接寄至会计师事务所，填制函证结果汇总表。

（1）发函的控制。通过邮寄方式发出询证函，在邮寄询证函时，注册会计师可以在核实由被审计单位提供的被询证者的联系方式后，不使用被审计单位的邮寄设施，而是独立寄发询证函（例如，直接在邮局投递）。

（2）回函的控制。通过邮寄方式收到的回函，被询证者确认的询证函是否是原件，是否与注册会计师发出的询证函是同一份；回函是否是由被询证者直接寄给注册会计师；寄给注册会计师的回邮信封或快递信封中记录的发件方名称、地址是否与被询证者的地址一致；回邮信封上寄出方的邮戳显示的发出城市或地区是否与被询证者的地址一致；被询证者加盖在询证函上的印章以及签名中显示的被询证者名称是否与询证函中记载的被询证者的名称一致。在认为必要的情况下，注册会计师还可以进一步与被审计单位持有的其他文件进行核对或亲自前往被询证者处进行核实等；被询证者将回函寄至被审计单位，被审计单位将其转交注册会计师，该回函不能视为可靠的审计证据。在这种情况下，注册会计师可以要求被询证者直接书面回复。

以电子形式收到回函的，注册会计师和回函者采用一定的程序为电子形式的回函创造安全环境，可以降低风险。电子函证程序涉及多种确认发件人身份的技术，如加密技术、电子数码签名技术、网页真实性认证程序。注册会计师可以与被询证者联系以核实回函的来源及内容，如通过电话联系被询证者。必要时，注册会计师可以要求被询证者提供回函原件。

7. 对回函中不符事项的处理

导致不符事项的原因有：

（1）登记入账的时间不同而导致的不符事项；

（2）记账错误导致的不符事项；

（3）舞弊导致的不符事项。

如果不符事项构成错报，注册会计师应当评价该错报是否表明存在舞弊，并重新考虑所实施审计程序的性质、时间安排和范围。

因登记入账的时间不同而产生的不符事项主要表现为：

（1）询证函发出时，债务人已经付款，被审计单位尚未收到；

（2）询证函发出时，货物已经发出并已做销售记录，但货物仍在途中，债务人未收到；

（3）债务人由于某种原因将货物退回，而被审计单位尚未收到；

（4）债务人对收到的货物的数量、质量及价格等方面有异议而全部或部分拒付货款。

8. 对函证结果的总结和评价

（1）重新考虑对内部控制的原有评价是否适当；控制测试的结果是否适当；分析程序的结果是否适当；相关风险评价是否适当等。

（2）如果函证结果表明没有审计差异，则注册会计师可以合理地推论，全部应收账款总体是正确的。

（3）如果函证结果表明存在审计差异，则注册会计师应当估算应收账款总额中可能出现的累计差错是多少，估算未被选中进行函证的应收账款的累计差错是多少。为取得对应收账款累计差错更加准确的估计，也可以进一步扩大函证范围。

（五）确定已收回的应收账款金额

请被审计单位协助，在应收账款账龄明细表上标出至审计时已收回的应收账款金额，对已收回金额较大的款项进行常规检查，如核对收款凭证、银行对账单、销货发票等，并注意凭证发生日期的合理性，分析收款时间是否与合同相关要素一致。

（六）对应收账款余额实施函证以外的细节测试

对函证未回函应收账款，注册会计师应抽查有关原始凭据，如销售合同、销售订购单、销售发票副本、发运凭证及期后收款的回款单据等，以验证与其相关的应收账款的真实性。

（七）评价坏账准备计提的适当性

（1）取得或编制坏账准备计算表，复核加计正确，与坏账准备总账数、明细账合计数核对相符。将应收账款坏账准备本期计提数与信用减值损失相应明细项目的发生额核对，是否相符。

（2）检查应收账款坏账准备计提和核销的批准程序，取得书面报告等证明文件。评价计提坏账准备所依据的资料、假设及方法；复核应收账款坏账准备是否按经股东（大）会或董事会批准的既定方法和比例提取，其计算和会计处理是否正确。

（3）根据账龄分析表中，选取金额大于__元的账户、逾期超过__天账户，以及认为必要的其他账户（如有收款问题记录的账户、收款问题行业集中的账户）。复核并测试所选取账户期后收款情况。针对所选取的账户，与授信部门经理或其他负责人员讨论其可收回性，并复核往来函件或其他相关信息，以支持被审计单位就此作出的声明。针对坏账准备计提不足情况进行调整。

（4）实际发生坏账损失的，检查转销依据是否符合有关规定，会计处理是否正确。

（5）已经确认并转销的坏账重新收回的，检查其会计处理是否正确。

（6）通过比较前期坏账准备计提数和实际发生数，以及检查期后事项，评价应收账款坏账准备计提的合理性。

（八）检查应收账款是否已按照企业会计准则的规定在财务报表中作出恰当列报和披露

如果被审计单位为上市公司，则其财务报表附注通常应披露期初、期末余额的账龄分析，期末欠款金额较大的单位账款，以及持有5%以上（含5%）股份的股东单位账款等情况。

拓展案例

K 农业虚增营业收入借壳上市①

广西 K 农业股份有限公司（以下简称"K 农业"）由 X 投资发展有限公司（出资800万元，占比40%）和3位自然人股东（各出资400万元，各占比20%）出资成立，主营生态农业种植，具有一定的市场规模与发展潜力。K 农业逐步实现了技术化生产、规模化管理、产业化经营、生态化发展的形势，市场反应及销售状况良好，从2016年至2019年4月，其销售额逐年增加（相关数据见表8-9）。截至评估基准日（2019年4月30日），L 会计师事务所对其出具的评估值达到 375 863.88 万元，股权全部权益值评估结果为430 600.00 万元，增值率为686.68%。为了寻求上市发展，K 农业多次准备进行资产重组，欲"借壳"上市获得融资谋取更大发展。

表8-9 评估基准日前 K 农业财务相关情况

项目	2016 年	2017 年	2018 年	2019 年 4 月
营业收入（万元）	42 281.38	49 626.97	55 932.76	9 330.75
营业利润（万元）	16 069.93	21 430.49	24 120.53	50 094.82
净利润（万元）	16 121.57	1 551.75	24 210.28	5 009.48
销售净利率（%）	43.28	43.42	38.12	53.68

资料来源：K 农业相关财务报告。

浙江 B 服饰股份有限公司（以下简称"B 股份公司"）创建于1985年，历经数十年已成长为覆盖服装设计、制造、运输、线下销售、材料研发为一体的大型企业集团，形成了以制造成品、品牌经营、服装零售为核心的现代企业经营体系。为了推动企业进一步壮大，拓宽企业融资渠道，经过多年的努力准备，B 股份公司于2016年在深交所成功上市。受国际经济环境的影响、线上电商平台的市场挤压以及原材料价格、劳动力成本上涨导致的经营成本增加，上市并没有为 B 股份公司带来利好影响，其业务规模、经营状况与盈利能力开始恶化，相关数据见表8-10。从数据可以看出，B 股份公司经营存在困难，持股人信心不足，欲借"让壳"资产重组这一方式重获新生。

表8-10 B 股份公司 2017~2022 年相关财务数据

项目	2017 年	2018 年	2019 年	2020 年	2021 年	2022 年
营业总收入（万元）	65 342.97	65 118.65	548 202.89	40 239.25	37 021.54	34 401.41
净利润（万元）	4 016.3	606.63	-10 265.81	1 150.41	659.96	-3 380.70
基本每股收益（元）	0.4300	0.0400	-0.7300	0.0800	0.0500	-0.2400

① 笔者根据相关资料整理。

经营过程中，K农业曾多次试图开展资产重组以借助资本市场的力量推动自身产业的进一步扩展，而"让壳"方B股份公司因经营日益恶化，寄希望通过并购重组提高盈利能力。

K农业早在2012年6月便提交IPO申请，还成功经历了史上最严厉的2017年报财务核查，却于2019年4月突然撤回IPO申请，其目的在于"借壳"上市。因此，B股份公司于2019年7月22日发布公告摇身一变成农业股，K农业拟作价41.7亿元借B股份公司"壳"上市；2019年11月19日，K农业召开股东大会商讨资产重组事项；2019年11月21日，K农业股东会议商讨并签署终止重大资产重组相关协议；2019年11月25日，B股份公司召开董事会会议审议并通过《关于终止重大资产重组事项决议》以及《关于公司拟向中国证券会申请撤回重大资产重组行政审批申请材料的议案》等相关文件。

2020年5月14日，证监会正式立案调查K农业借壳B股份公司上市案件。经调查，K农业2016年至2019年4月30日财务报表中的资产总额及营业收入总额均存在虚增造假，具体情况见表8-11。

表8-11　　2016年至2019年4月30日K农业财务报表虚增资产及虚增营业收入情况

虚增项目	2016年	2017年	2018年	2019年1月1日至4月30日
虚增资产（元）	204 451 195.14	339 713 667.53	470 469 226.00	503 309 782.17
占披露当期总资产比例（%）	47.54	53.91	52.87	50 339 782.17
虚增营业收入（元）	147 524 498.58	183 114 299.70	238 408 819.30	41 289 583.20
占当期披露营业收入比例（%）	34.89	36.90	42.62	44.25

资料来源：中国证监会行政处罚决定书。

本章思政元素梳理

销售与收款业务是指企业对外销售商品、产品或提供劳务等收取货币资金的经营业务活动。销售分为现销和赊销两种形式，在此，主要阐述赊销业务活动。赊销业务活动由接受客户订单开始，依次由批准赊销、供货、装运货物、给客户开发票、记录销售业务、记录收款业务、处理销售退回与折让、坏账处理等业务环节组成。

在完成控制测试之后，注册会计师基于控制测试的结果（即控制运行是否有效）确定从控制测试中已获得的审计证据及其保证程度，确定是否需要对具体计划中设计的实质性程序的性质、时间安排和范围作出适当调整。例如，如果控制测试的结果表明内部控制未能有效运行，注册会计师需要从实质性程序中获取更多的相关审计证据。

在实务中，注册会计师通过计划阶段执行的风险评估程序，已经确定了与已识别重大错报风险相关的认定。然后，从风险对应的具体审计目标和相关认定的角度出发，针对主营业务收入实施实质性程序，这些程序可以从一个或多个认定的角度应对识别的重大错报风险。

应收账款是指企业因销售商品、提供劳务而形成的债权，即由于企业销售商品、提供劳务等原因，应向购货客户或接受劳务的客户收取或代垫的运杂费，是企业在信用活动中所形成的各种债权性资产。赊销，即销售实现时没有立即收取现款，而是获得了要求客户在一定条件下和一定时间内支付货款的权利，就产生了应收账款。因此，应收账款的审计应结合销售交易来进行。应收账款审计一般包括应收账款期末余额和坏账准备两个部分。

L 公司虚增营业收入的案例和 K 农业公司虚增营业收入"借壳"上市的案例告诉我们，在审计过程中，审计人员要秉承对工作专注执着、精益求精、持之以恒的工匠精神以及信仰法律、崇尚社会主义法治精神才能与造假公司抗争到底。

通过本章的学习，学生应该掌握主营业务收入审计基本程序和应收账款的函证基本技能，明白今后如果从事审计工作，对于操作空间比较大的企业收入领域应时刻保持职业怀疑态度，要秉承对工作专注执着、精益求精、持之以恒的工匠精神并信仰法律、崇尚社会主义法治精神。

本章中英文
关键词汇

习题演练

本章推荐
阅读书目

第九章　采购与付款循环审计

引导案例

Y公司营业成本舞弊案[①]

审计案例与
思政元素
A公司财务造假案

　　Y公司位于黑龙江省东部佳木斯市，于1999年6月18日在深证所上市。该公司是我国生产电动机最早的单位，成功制造出我国多种类型电机。截至2018年，该公司拥有的产品达两百多个系列、近两千个品种、两百多万个规格，可谓是电机界的"元老"。其生产电机的功率高度覆盖现在使用的常规和非常规功率，并多次获得国家级的荣誉称号。公司还有七家下属公司和一个国家级研发中心。Y公司生产的产品主要应用于矿机、交通等多个重点行业，其产品出口的国家和地区高达四十多个。公司是国内首个通过国际ISO 9001认证标准的单位，而且还通过了国家多个军工质量、环境质量、制造许可和测量体系等质量标准认证。多次获得国家级别、省部级别及市厅级别的奖项。近5年，公司开始重点研发以高效、风电、环保为主的最新一代的高效环保的产品。公司多次承担国家专项核心项目，并成功研发高效环保的产品，巩固其行业领先地位。公司重视产品创新和内部升级管理，企业的核心竞争能力也在不断提高，公司现阶段正朝着产品多样化、效益最大化、产业复合化、管理精准化和企业国际化的目标努力。

　　公司财务调整的方式一般为虚增利润或者隐瞒成本。本案例中Y公司在2013年和2014年主要通过虚减主营业务成本、虚减销售费用、虚增存货等方式达到虚增利润的目的。Y公司的主营业务成本主要是生产各种防爆电机产品的原材料。从报表中得知，Y公司在2013年披露出来的营业成本为2 113 465 523.67元，其中主营业务成本为2 042 179 598.95元。但是应该披露的营业成本为2 240 859 896.16元，主营业务成本为2 169 573 971.44元。两者的差值为127 394 372.49元，这就说明在2013年Y公司虚减了主营业务成本，也就是负债减少，可以变相地增加利润。

　　半成品存放在车间时，属于在产品，但已经不属于在制品，应该对其办理半成品入库，并结转成本，进而影响公司利润。如果不对其办理产成品和半成品入库，就会直接和间接地少结转成本，Y公司就是通过这样的方式隐瞒真实成本，达到虚增利润的目的。从报表中可以看出，Y公司在2014年报表中披露的主营业务成本为1 569 246 444.87元，但实际应该披露的主营业务成本为1 597 104 767.71元，两者之间的差值为27 858 322.84元，可以看出Y公司在2014年少结转了主营业务成本，虚减了27 858 322.84元的成本。

---

① 笔者根据相关资料整理。

按照产品的不同型号进行分析，从报表中得出，其中虚增防爆电机成本 13 708 230.93 元；虚减普通电机成本 51 107 122.47 元；虚增辊道电机成本 153 687.61 元；虚增吊车电机成本 1 575 023.01 元；虚增配件修理成本 219 139.45 元；虚增屏蔽泵成本 309 364.31 元。

从报表中可以看出，在营业成本的主营业务成本方面，Y 公司在 2015 年的年报中披露的本期发生额为 1 401 405 480.63 元，但是实际应该披露金额为 1 246 152 785.30 元，两者之间的差值为 155 252 695.33 元，造成虚增成本。从上述得知，2013 年虚减成本 127 394 372.49 元，2014 年虚减成本 27 858 322.84 元，2015 年虚增成本 155 252 695.33 元（见表 9-1），把 2013 年和 2014 年虚减部分进行一次性消化，使得 Y 公司的成本恢复到正常状态。

表 9-1　　　　　　　　　　**Y 公司 2013～2015 年营业成本舞弊情况**　　　　　　　　单位：元

项目	2013 年	2014 年	2015 年
金额	− 127 394 372.49	− 27 858 322.84	155 252 695.33

资料来源：Y 公司前期会计差错更正后的 2013～2015 年财务报表及报表附注。

2017 年 12 月 1 日，证监会发布了对 Y 公司和相关责任人的行政处罚。

从表 9-2 中可以看出证监会对 Y 公司以及其管理层都进行了罚款和警告，但是这些和 Y 公司财务虚假行为涉及的金额相比，根本不值得一提。

表 9-2　　　　　　　　　　　　**证监会对 Y 公司行政处罚**

被罚主体	处罚	罚款金额（万元）	备注
Y 公司	警告	60	责令改正
赵某	警告	30	采取 5 年证券市场禁入措施
梁某	警告	20	采取 3 年证券市场禁入措施
张某 1，杜某	警告	10	
张某 2，陈某，王某	警告	8	
孙某，贾某，胡某，郭某	警告	7	
要某，王某，刘某，崔某等	警告	5	
李某，高某，张某 3，常某等	警告	3	

资料来源：证监会官网。

与此同时，Y 公司由于在 2015～2016 年连续两年披露的报表显示净利润为负，属于亏损企业，所以在 2017 年 3 月 21 日就开始"带帽"，股票的名称由 Y 公司变更为"*ST Y 公司"。Y 公司的股价走势图可谓跌宕起伏，大起大落。2013 年至 2014 年 7 月股价小幅降低，2014 年 8 月开始进入疯狂模式，一直到 2015 年 6 月，迎来了 Y 公司自上市以来的最高每股价格 26.38 元。Y 公司用了不到一年的时间，从每股价格不足 8 元，涨了 3.3 倍。但是之后就开始慢慢回落，截至 2018 年 12 月 17 日收盘价为 6.79 元，这和 2015 年的历史最高点对比下跌了 74%。

Y公司营业成本舞弊终究败落了，营业成本是采购与付款循环的主要项目，与其对应的应付账款审计也是本章的主要内容。

第一节　采购与付款循环的业务活动和相关内部控制

一、采购与付款循环主要业务活动

采购与付款循环
审计思维导图

企业的采购与付款循环包括购买商品和劳务，以及企业在经营活动中为获取收入而发生的直接间接的支出。采购业务是企业生产经营活动的起点，本章主要关注与购买货物和劳务、应付账款的支付有关的控制活动以及重大交易。由于固定资产的采购与管理通常由单独的资产管理部门负责，其风险考虑和相关控制与普通原材料等商品采购区别很大，因此，在审计实务中一般单独考虑，本循环未将其包括在内。该循环主要有两种业务类型：一是采购业务；二是现金支出业务。采购与付款循环通常要经过这样的程序：请购—订货—验收—付款。

企业通常通过以下八项程序处理采购业务，并尽可能地将这些程序指派给不同的人员或部门来完成，使每个员工或部门都可独立检查其他员工或部门所完成工作的正确性。

（一）请购商品或劳务

对需要购买的以列入存货清单的项目由仓库负责填写请购单，但对所需要购买的未列入存货清单的项目，通常由使用部门编制请购单。请购单可手工或计算机编制，但由于请购单可由任何部门开出，因此，请购单一般不事先编号，也不需连续编号。不过为了加强控制，每张请购单必须经过对该类支出负预算责任的主管人员签字批准后交给采购部门。

为了提高工作效率，大多数企业均对正常经营所需物资的购买作一般授权，例如仓库在现有库存达到再订购点时就可以直接提出采购申请，其他部门也可为正常的维修工作和类似工作直接申请采购有关物品。但涉及资本支出和租赁合同的采购等，通常由获得特别授权的指定人员提出请购。

（二）采购部门编制订购单

采购部门在收到采购单后，只能对经过批准的请购单编制订购单。对每张订购单，采购部门应确定最佳的供应来源。对一些主要项目，应采取竞价方式来确定供应商，这样才能保证供货的质量、及时性和成本的低价位。

订购单应正确填写所需要的商品或劳务的种类、数量、价格、厂商的名称和地址。订购单必须预先连续编号并由被授权的采购人员签字。正联交给供应商，其他副联则分别送往企业内部的验收部门、应付凭单部门和开出请购单的部门。

为了促使验收部门人员能够仔细验收商品，可以将送往验收部门的那联订购单中的采购数量抹掉。同时，应独立检查订购单的处理，以确保商品或劳务能够实际收到并且正确入账。该项业务活动与完整性认定有关。

（三）验收部门验收商品

有效的订购单代表企业已授权验收部门接收供应商发来的商品。验收部门人员应该首先核对所收到的商品在名称、规格、数量、到货时间等方面是否与订购单上的要求一致，然后再盘点商品并检查商品是否损坏。验收人员应该对已收货的每张订购单编制一式多联的有预先连续编号的验收单。验收人员将货品送交仓库或其他请购部门时，应取得经过签字的收据，或要求对方在验收单的副联上签收，以确认他们对所采购的资产应付的保管责任，验收人员还应将期中的一联验收单，送交应付凭单部门和采购部门。

采购部门接到验收单后，如果发现货物的数量或质量不符合订单要求，应及时通知供应商。对于数量的短缺，一般要求供应商补齐；若是出现质量问题，则一般要求退货或者折让。如果要求退货的话，采购部门应编制退货通知单并授权运输部门将货物退回，同时将退货通知单副本寄交供应商，运输部门在货物退回以后，应通知采购部门和会计部门，采购部门在货物退回后应编制借项凭单，经主管人员审查后，转交会计部门，用来调整应付账款。而如果是要求供应商折让的话，采购部门也应在折让金额确定后，编制借项凭单，通知会计部门调整应付账款。因为退货和折让业务大部分是非常规的，所以应该设置专人定期审查有关退货和折让的业务记录及相关凭证，以确保退货和折让的合理性和真实性。

（四）仓储部门储存已验收的商品存货

由独立部门（一般是仓库）负责接收已验收的货物，并承担保管责任，将已验收商品的保管和采购与其他职责相分离，可以减少未经授权采购和盗用商品的风险。货物入库前，仓储部门应先点验，然后才在验收单的副联上签字。签收之后，仓储部门应将实际入库货物的数量通知会计部门。同时，仓储部门还需为每一种存货贴上标签，并根据存货的品质特征分类存放在设有安全设施的场所（例如存放在加锁的仓储区），限制接近并由保安人员适当守卫。这些控制与存货的存在认定相关。

（五）应付凭单部门编制付款凭单

在记录采购交易之前，应付凭单部门应编制付款凭单。此项业务活动包括：

（1）检查供应商发票的内容同相关验收单和订购单是否一致；

（2）核对供应商发票计算的正确性；

（3）编制有预先编号的付款凭单，并附上支持性凭证（包括订购单、验收单以及供应商发票）；

（4）独立检查付款凭单计算的正确性；

（5）在付款凭单上填写应借记的资产或费用账户的名称或代号；

（6）由被授权人员在凭单上签字，以示批准照此凭单付款。

需要注意的是，为采购交易编制付款凭单所要求附上的支持性凭证的种类，随着交易对象的不同而不同。例如，为某些劳务或租赁资产编制凭单时，还需要包含其他种类的支持性凭证（如合同副本等）；而在其他情况下，例如，每月支付的水电费，只要有账单和供应商发票就可以编制付款凭单，而不需要每月的订购单和验收单。

所有未付款凭单的副联都应该保存在应付凭单档案里，方便日后付款。经适当批准和有预先编号的凭单为记录采购交易提供了依据，因此，这些业务活动与发生、完整性以及准确性认定相关。

（六） 财会部门确认与记录负债

在手工系统下，已批准的未付款凭单，应该连同每日汇总表一起送交财会部门，用以编制有关记账凭证和登记有关账簿。会计主管应独立检查财会人员记录的凭单总数与应付凭单部门送来的每日凭单汇总表所列数是否一致。

会计主管应做好以下三项工作：第一，监督为采购交易编制的记账凭证中账户分类的适当性；第二，通过定期核对编制记账凭证的日期与凭单副联的日期，以便监督入账的及时性；第三，定期独立检查应付账款总账余额与应付凭单部门未付款凭单档案中的凭单总和是否一致。

（七） 应付凭单部门偿付负债

企业通常由应付凭单部门负责确定在未付款凭单到期日之前偿付负债，并根据具体情况采用适当的结算方式，例如支票结算等。在手工系统下，填写支票有两种方式：一是应付凭单部门将到期的凭单送交财会部门，再由财会部门填写支票；二是由应付凭单部门根据到期凭单填写支票，再连同凭单一起送往财会部门签字。编制和签署支票的有关业务活动包括：

（1）独立检查已签发支票的总额（一般会列示在支票汇总表中）与已处理的付款凭单的总额的一致性。

（2）应由被授权的财会部门的人员负责签署支票。

（3）被授权签署支票人员不但要确定每张支票都要附上一张已适当批准的未付款凭单，而且应确定支票收款人姓名、金额与凭单内容是否一致。

（4）支票一经签署就应在凭单和支持性凭证上加盖印戳或打洞以将其注销，并连同支票的副本归入已付款凭单档案，以免重复付款。

（5）支票签署人应控制支票的邮寄。

（6）不得签署无记名支票，更不应签发空白支票。

（7）应使用预先连续编号的支票，保证支出支票存根的完整性和作废支票处理的恰当性。

（8）应确保只有被授权人员才能接近空白支票。

这些业务活动与现金支出交易的发生、完整性和准确性认定有关。

（八） 财会部门记录现金支出

在手工系统下，财会人员应根据已签发支票编制付款凭证，同时根据该资料登记银行存款日记账和其他相关账簿。

记录现金支出的有关业务活动包括如下内容：

（1）财会主管应独立检查登记在银行存款日记账和应付账款明细账的金额是否一致，同时与支票汇总表核对是否相符。

（2）定期比较银行存款日记账的记录日期与支票副本日期，据此检查入账的及时性。

（3）独立编制银行存款余额调节表。

二、采购与付款循环中涉及的主要凭证和会计记录

典型的采购与付款循环所涉及的主要凭证和会计记录主要包括以下几种。

(一) 请购单

请购单是由产品制造、资产使用等部门的有关人员填写,送交采购部门,申请购买商品、劳务或其他资产的书面凭证。请购单无须连续编号。

(二) 订购单

订购单是由采购部门填写,向另一个企业购买订购单上所指定商品、劳务或其他资产的书面凭证。订购单需要预先编制并连续编号。

(三) 验收单

验收单是收到商品、资产时所编制的凭证,列示从供应商处收到的商品、资产的种类、数量等内容。验收单一式多联且需要预先连续编号。

(四) 卖方发票

卖方发票又称为供应商发票,是供应商开具的,交给买方以明确发运的货物或提供的劳务、应付款金额和付款条件等事项的凭证。

(五) 付款凭单

付款凭单是采购方企业的应付凭单部门编制的,载明已收到商品、资产或接受劳务的厂商应付款金额和付款日期的凭证。付款凭单是采购方企业内部记录和支付负债的授权证明文件。

(六) 转账凭证

转账凭证是指记录转账交易的记账凭证,它是根据有关转账业务 (指不涉及库存现金和银行存款收付的各项业务) 的原始凭证编制的。

(七) 付款凭证

付款凭证包括现金付款凭证和银行存款付款凭证,是指用来记录库存现金和银行存款支出业务的记账凭证。

(八) 应付账款明细账

(九) 库存现金日记账和银行存款日记账

(十) 供应商对账单

供应商对账单是由供货方按月编制的,标明期初余额、本期购买、本期支付给供应商

的款项和期末余额的凭证。供应商对账单是供货方对有关交易的陈述，如果不考虑买卖双方在收发货物上可能存在的时间差等因素，其期末余额通常应与采购方相应的应付账款期末余额一致。

三、采购与付款循环的审计目标

（1）所记录的采购都是确定已收到的物品或已接受的劳务，并符合采购方真实意愿。

（2）已发生的采购交易均已记录。

（3）所记录的采购交易估价正确。

（4）采购交易分类正确。

（5）采购交易按正确的日期记录。

（6）采购交易已正确计入应付账款和存货等明细账中，汇总正确。

四、采购与付款循环交易的关键内部控制

（一）采购循环的内部控制

1. 适当的职责分离

适当的职责分离有利于防止、发现并纠正各种错误与舞弊。企业的采购循环也需要适当的职责分离。因此，企业应当建立采购循环的岗位责任制，明确相关部门和岗位的职责、权限，确保办理采购交易的不相容职务互相分离、互相制约和彼此监督。采购循环的不相容岗位主要包括：请购与审批；询价与确定供应商；采购合同的订立与审批；采购与验收；采购、验收与相关会计记录等。具体来说，企业的采购循环业务涉及采购、验收、保管、付款、记录等多个方面。为了保证采购业务的确是企业生产经营所需并符合企业利益，收到的采购商品安全完整，应付款及时正确地支付给供应商，采购和付款需有明确的分工。尤其采购、验收、付款和记录应由不同的职能部门或人员负责。大宗采购要有竞争性报价，并将采购人员在各个业务环节之间进行轮换。鉴于此，企业必须进行职责分工，主要的职责分工有：（1）提出采购申请与批准采购申请互相独立，以加强对采购的控制。（2）批准请购与采购部门互相独立，以防止采购部门购入过量或不必要物资而损害企业的整体利益。（3）采购审批、合同签订、合同审核互相独立，防止虚列支出。（4）验收部门与财会部门互相独立，保证按实际收到的商品数量登记入账。（5）应付款项记账人员不能接触现金、有价证券和其他资产，以保证应付账款记录真实、正确；内部检查与相关的执行和记录工作相互独立，以保证内部检查独立、有效。

2. 信息传递程序控制

企业应当建立并实施对采购循环内部控制的检查监督制度，其内容主要包括：采购循环相关岗位及人员的设置情况；采购循环授权批准制度的执行情况；应付账款和预付账款的管理情况；有关单据、凭证和文件的使用与保管情况等。建立健全采购与付款循环的内部控制，要求管理层对相关的信息传递程序严格实施有效的控制，这些控制包括：

（1）授权程序。

有效的内部控制要求采购与付款循环的各个环节都必须经过适当的授权批准，主要有：企业内部建立分级采购批准制度，只有经过授权的人员才能提出采购申请；采购申请需经独立于采购和使用部门以外的被授权人批准；以防止采购部门购入过量或不必要的商品，或者为取得回扣等个人私利而牺牲企业的整体利益；签发支票需经过被授权人的签字批准，保证货款以真实的金额向特定债权人及时支付。

（2）文件和记录的使用。

为了满足业务审批、财产保管和便于记录的要求，需合理设计并使用各种文件和记录。收到购货发票时，企业的财会部门应将发票上所记载的商品的规格、数量、价格、条件及运费与订购单、验收单上的有关资料核对，相符后入账；对关键性凭证需预先编号，由经手人按编号归档保存，并由独立人员定期检查存档文件的连续性；订单中需有足够的栏目和空间，详细反映订货的要求；需建立付款凭单制，以付款凭单作为支付货款的依据；需设置采购日记账，以及时完整地记录所有的采购业务；企业需对每一个供应商设立应付款项明细账，并与总账平行登记。

（3）独立检查。

为了确保实际收到的商品符合订购要求，企业需由独立于业务经办的人员对卖方发票、验收单、订购单、请购单进行独立检查。企业应定期核对采购日记账和应付款项明细账，检查付款凭单中各项目填写是否与卖方发票一致。需由专人检查采购业务形成的负债的真实性、实有数额及到期日等。企业需按月向供应商取得对账单并与应付账款明细账核对调节，发生差异时查明原因。通过对账确保债务真实正确，维护企业和债权人的双方利益。此外，需检查付款凭单计算的正确性以及付款记账的及时性和正确性。由独立人员按月编制银行存款余额调节表，检查银行存款日记账记录的付款与银行对账单是否一致，定期检查采购日记账与总账、应付款项明细账与总账、银行存款日记账与总账的金额是否一致，出现差异时，应编制调节表进行调节。

3. 实物控制

企业在采购付款循环中的实物控制包括：第一，加强对已验收入库的商品的实物控制。限制非授权人员接近存货。验收部门人员应独立于仓库保管人员，同时加强对发生退货的实物控制，退回的货物要有经审批的合法凭证。第二，限制非授权人员接近各种记录和文件，防止伪造和篡改会计资料。尤其应加强对支票的实物控制，不准让核准和付款的人员接触；对未签发的支票应确保保管安全；作废的支票予以注销或另外加以控制，防止重复开具发票。企业签发支票的控制包括：独立检查已签发支票的总额与所处理的付款凭单总额的一致性；应由被授权的财会人员负责签发支票；每张支票都应附有一张已经适当批准的未付款凭单，并确定支票收款人姓名、金额都与凭单内容保持一致；支票一经签发就应在凭单和支持性凭证上用加盖印戳或打洞等方式将其注销，以免重复付款；支票签发人不应签发不记名甚至空白的支票，支票应预先顺序编号，以保证支出支票存根的完整性和作废支票处理的恰当性；应确保只有被授权的人员才能接近未经使用的空白支票。

（二）付款循环的内部控制

鉴于采购和付款交易同属于一个大循环，因此，两者关系密切，付款循环的内部控制原理与采购循环内部控制是相通的。

通常，企业在付款循环的内部控制方面，主要要注意以下几点：

（1）企业应按照《现金管理暂行条例》和《支付结算办法》等有关货币资金内部控制的规定办理采购的付款业务。

（2）企业财会部门在办理采购的付款业务时，应严格审核采购发票、结算凭证、验收证明等相关凭证的真实性、完整性、合法性及合规性。

（3）企业应建立预付账款及定金的授权批准制度，加强对预付账款及定金的管理。

（4）企业应加强对应付款项的管理，由专人按照约定的付款日期、折扣条件等管理应付款项；对于到期的应付款项，需经有关授权人员审批后方可以办理结算与支付。

（5）企业应建立采购商品的退货管理制度，对退货条件、退货手续、货物出库、退货款项回收等作出明确的规定，以便及时收回退货款。

（6）企业应定期与供应商核对应付款项、预付款项等，若有不符合要求的，应查明原因，及时加以处理。

第二节 采购与付款循环的控制测试和重大错报风险

一、控制测试

（1）注册会计师应当通过控制测试获取支持将被审计单位的控制风险评价为中或低的证据。如果能够获取这些证据，注册会计师就可以接受较高的检查风险，并在很大程度上通过实施实质性分析程序获取进一步的审计证据，同时减少对采购与付款循环的交易和相关余额实施细节测试的依赖。

（2）考虑到采购与付款交易控制测试的重要性，注册会计师通常对这一循环采用属性抽样审计方法。在测试该循环中大多数属性时，注册会计师通常选择较低的可容忍误差。

（3）注册会计师在实施采购与付款循环控制测试时，应抽取请购单、订购单和商品验收单，检查请购单、订购单是否得到适当审批，验收单是否有相关人员的签名，订购单和验收单是否按顺序编号。

有些被审计单位的内部控制要求，应付账款记账员应定期汇总该期间生成的所有订单，并与请购单核对，编制采购信息报告，对此，注册会计师在实施控制测试时，应抽取采购信息报告，检查其是否已经复核，若有不符，是否已经及时调查和处理。

（4）对于编制付款凭单，确认与记录负债这两项主要业务活动，被审计单位的内部控制通常要求应付账款记账员将采购发票所载信息与验收单、订购单进行核对，相符的在发票上加盖"相符"印章。对此，注册会计师在实施控制测试时，应抽取订购单、验收单和采购发票，检查所载信息是否一致，发票上是否加盖了"相符"印戳。

每月末，应付账款主管应编制应付账款账龄分析报告。注册会计师在实施控制测试时，应抽取应付账款调节表，检查调节项目与有效的支持性文件是否相符，以及是否与应付账款明细账相符。

（5）对于付款这项主要业务活动，有些被审计单位内部控制要求，由应付账款记账员负责编制付款凭证，并附相关单证，提交会计主管审批，在完成对付款凭证及相关单证的复核后，会计主管在付款凭证上签字，作为复核证据，并在所有单证上加盖"核销"印戳。对此，注册会计师在实施控制测试时，应抽取付款凭证，检查其是否经由会计主管复核和审批，并检查款项支付是否得到了适当人员的复核和审批。

二、重大错报风险

影响采购与付款交易和余额的重大错报风险可能包括以下几个方面。

（1）管理层错报费用支出的偏好和动因。

（2）费用支出的复杂性。

（3）管理层凌驾于控制之上和员工舞弊的风险。

（4）采用不正确的费用支出截止期。

（5）低估被审计单位管理层可能试图低估应付账款。

（6）不正确地记录外币交易。

（7）舞弊和盗窃的固有风险。

（8）延迟向供应商付款。

（9）存货的采购成本没有按照适当的计量属性确认。

（10）存在未记录的权利和义务。

在计算机环境下，采购与付款交易的控制应着眼于计算机程序的更改和供应商主要文档中重要数据的变动，因为这会对采购与付款、应付账款带来影响，也会影响对差错和例外事项的处理过程和结果。当被审计单位管理层有高估利润的动机时，注册会计师应当主要关注费用的支出和应付账款的低估。重大错报风险主要集中体现在遗漏交易、采用不正确的费用支出截止期，以及错误划分资本性支出和收益性支出。

第三节　应付账款审计

应付账款是企业在正常经营过程中因购买货物或接受劳务等而应付给供应商的款项。可以看出，应付账款业务是随着企业赊购交易的发生而发生的，因此，对应付账款的审计应结合赊购交易来进行。

一、应付账款的审计目标与认定对应关系

应付账款的审计目标与认定对应关系如表 9 - 3 所示。

表 9 – 3   应付账款审计目标与认定对应关系

审计目标	财务报表认定				
	存在	完整性	权利与义务	计价与分摊	列报和披露
A 资产负债表中记录的应付账款是存在的	√				
B 所有应当记录的应付账款均已记录		√			
C 资产负债表中记录的应付账款是被审计单位应当履行的现实义务			√		
D 应付账款以恰当的金额包括在财务报表中，与之相关的计价调整已经恰当记录				√	
E 应付账款已按照企业会计准则的规定在财务报表中作出恰当的列报和披露					√

二、应付账款的审计目标和实质性程序

（一）应付账款的审计目标与审计程序对应关系

应付账款的审计目标与审计程序对应关系如表 9 – 4 所示。

表 9 – 4   应付账款的审计目标与审计程序对应关系

审计目标	可供选择的审计程序
D	（1）获取或编制应付账款明细表。 ①复核加计正确，并与报表数、总账数和明细账合计数核对是否相符。 ②检查以非记账本位币结算的应付账款的结算汇率及折算是否正确。 ③分析出现借方余额的项目，查明原因，必要时，建议作重分类调整。 ④结合预付账款、其他应付款等往来项目的余额，检查有无同挂的项目、异常余额与购货无关的其他款项（例如关联方或雇员账户），如有，应作出记录，必要时建议作调整
BD	（2）获取并检查被审计单位与其供应商之间的对账单以及被审计单位编制的差异调节表，确定应付账款金额的准确性
AC	（3）检查本期发生的应付账款增减变动，检查至相关支持性文件（例如供应商发票、验收单、入库单等），确定会计处理是否正确
AE	（4）检查应付账款长期挂账的原因并作出记录，对确实无须支付的应付账款的会计处理是否正确
B	（5）检查资产负债表日后付款项目，检查银行对账单及有关付款凭证（如银行划款通知、供应商收据等），询问被审计单位内部或外部人员，查找有无未及时入账的应付账款

审计目标	可供选择的审计程序
B	（6）复核截止审计现场工作日未处理的供应商发票，并询问是否存在其他未处理的供应商发票，确认负债记录在正确的会计期间内
AC	（7）实施函证程序。 ①编制应付账款函证结果汇总表，检查回函。 ②调查不符事项，确定是否表明存在错报。 ③如果未回函，实施替代程序。 ④如果认为回函不可靠，评价对评估的重大错报风险以及其他审计程序的性质、时间安排和范围的影响。 ⑤如果管理层不允许寄发询证函： 第一，询问管理层不允许寄发询证函的原因，并就其原因的正当性和合理性收集审计证据； 第二，评价管理层不允许寄发询证函对评估的重大错报风险（包括舞弊风险），以及其他审计程序的性质、时间安排和范围的影响； 第三，实施替代程序，以获取相关、可靠的审计证据； 第四，如果认为管理层不允许寄发询证函的原因不合理，或者实施替代审计程序无法获取相关、可靠的审计证据，与治理层沟通，并确定其对审计工作和审计意见的影响
AB	（8）检查资产负债表日后应付账款明细账贷方发生的相关凭证，关注其购货发票的日期，确认其入账的时间是否合理
AB	（9）结合存货键盘程序，检查被审计单位在资产负债表日前后存货入库资料（验收报告或入库单），检查相关负债是否计入了正确的会计期间
ABCD	（10）如果存在应付关联方的款项： ①了解交易的理由。 ②检查证实交易的支持性文件（例如发票、合同，协议及入库单和运输单据等相关文件）。 ③如果可获取与关联方交易相关的审计证据有限，考虑实施下列程序： 第一，向关联方函证交易的条件和金额，包括担保和其他重要信息； 第二，检查关联方拥有的信息； 第三，向与交易相关的人员和机构（比如银行、律师）函证或与其讨论有关信息。 ④完成"关联方"审计工作底稿
E	（11）检查应付账款是否已按照企业会计准则的规定在报表中作出恰当的列报和披露

（二）函证应付账款

一般情况下，应付账款不需要函证，这是因为函证不能保证发现未入账的应付账款，况且注册会计师能够取得购货发票等外部证据来证明应付账款的余额，这是它与应收账款函证的重要区别。但如果重大错报风险较高，某应付账款明细账户金额较大或被审计单位处于财务困难阶段，则应进行应付账款的函证。

进行函证时，注册会计师应选择较大金额的债权人，以及那些在资产负债表日金额不大甚至为零，但是企业重要供货商的债权人，作为函证对象。函证最好采用积极方式，并具体说明应付金额。同应收账款函证一样，注册会计师必须对函证实施控制，要求债权人直接回函，并根据回函情况编制与分析函证结果汇总表，对未回函的，应考虑是否再次函证。

如果存在未回函的重大项目，注册会计师应采取替代审计程序。比如，可以检查决算日后应付账款明细账及现金和银行存款日记账，核实其是否已经支付，同时，检查该笔债务的相关资料，核实交易事项的真实性。

（三）查找未入账的应付账款

（1）检查债务形成的相关原始凭证，如供应商发票、验收报告或者入库单等，查找有无未及时入账的应付账款，确认应付账款期末余额的完整性。

（2）检查资产负债表日后应付账款明细账贷方发生额的相应凭证，关注其购货发票的日期，确认其入账时间的合理性。

（3）获取被审计单位与其供应商之间的对账单，并对对账单和被审计单位财务记录之间的差异进行调节（如在途款项、在途商品、付款折扣、未记录的负债等），查找有无未入账的应付账款，确定应付账款的准确性。

（4）针对资产负债表日后付款项目，检查银行对账单及有关付款凭证（例如银行汇款通知、供应商收据等），询问被审计单位内部或外部的知情人员，查找有无未及时入账的应付账款。

（5）结合存货监盘程序，检查被审计单位在资产负债表日前后存货入库资料（验收报告或入库单），检查是否有大额货到单未到的情况，确认相关负债是否计入了正确的会计期间。

如果注册会计师通过这些审计程序发现某些未入账的应付账款，应将有关情况详细计入审计工作底稿，然后根据其重要性确定是否需要建议被审计单位进行相应的调整。

【知识拓展】

会计准则中债务重组的变化

2019 年 5 月 16 日，财政部发布修订稿《企业会计准则第 12 号——债务重组》，自 2019 年 6 月 17 日起在所有执行企业会计准则的企业范围内施行。企业对 2019 年 1 月 1 日至本准则施行日之间发生的债务重组，应根据本准则进行调整。企业对 2019 年 1 月 1 日之前发生的债务重组，不需要按照本准则的规定进行追溯调整。

新准则下以非现金资产清偿债务的会计处理重大变化，债务重组损益以清偿债务账面价值和转让资产账面价值确定。根据财政部《关于修订印发 2019 年度一般企业财务报表格式的通知》，"营业外收支"项目不再包括债务重组利得或损失。对于债权人，债务重组导致的债权终止确认，按金融工具相关准则及财务报表格式相关规定，应记入"投资收益"项目列报。对于债务人，债务重组中因处置非流动资产（金融工具、长期股权投资和投资性房地产除外）所产生的利得或损失，应在"资产处置收益"项目列报。

拓展案例

M 公司财务造假案①

M 公司最早是中央机械厂，成立于 1936 年。是在香港上市的第一批股份制模范企业。M 公司于 1994 年在上海证券交易所上市，一举成为当时云南省唯一在境内外资本市场上市的公司。2000 年某交通大学产业（集团）总公司成为 M 公司的第一大股东。2005 年某机床厂接受西安某大学产业总公司所持有的股份，成为第一大股东。2007 年更名为 M 公司。

审计准则
中国注册会计师审计准则第 1142 号——财务报表审计中对法律法规的考虑（2022 年 12 月 22 日修订）

公司制造和销售的机床产品位于国内领先水平，是制造行业的首选产品。M 公司先后开发 200 多种新产品，多次荣获科研成果奖，进入 21 世纪以来，M 公司的营业收入持续增高。从 2008 年开始，M 公司的营业利润开始下降，直到 2012 年净利润开始亏损，2013 年 M 公司利用债务重组和债权转让，扭亏为盈，避免了连续两年亏损的局面。由于机床行业下游需求总量减少且需求结构发生变化，在 2014 年和 2015 年两个会计年度连续亏损，成为 *ST 企业。2017 年 1 月 23 日披露公司 2016 年亏损 3.75 亿元。

审计准则
中国注册会计师审计准则问题解答第 1 号——职业怀疑

M 公司面临退市危机，采用虚增收入、少计提辞退福利和高管薪酬的财务造假手段来粉饰财务报表。M 公司财务造假是管理高层集体有规划、有预谋的财务造假。

2013~2015 年，M 公司利用提前确认收入、虚计收入和虚增合同价格三种财务造假手段虚增收入 48 308.02 万元。表 9-5 进一步整理了 M 公司 2013~2015 年每年虚增收入的具体情况。

表 9-5   **M 公司 2013~2015 年虚增收入具体情况**   单位：万元

项目	2013 年	2014 年	2015 年	合计
提前确认收入	7 626.81	4 122.96	14 146.05	25 895.82
虚计收入	12 235.26	7 946.00	2 020.36	22 201.62
虚增合同收入	148.56	62.02	0.00	210.58
合计	20 010.62	12 130.99	16 166.41	48 308.02

资料来源：证监会处罚公告。

第一，提前确认收入。M 公司财务舞弊期间签订的销售合同，都是在货物未发出之前就提前确认收入。即在客户未取得产品的控制权的前提下，提前确认为当年的收入，达到虚增利润的目的，此行为违反了收入的确认条件。如表 9-5 所示，经过证监会的调查发现，3 年合计提前确认收入 222 笔，共计 25 895.82 万元。

第二，虚计收入。2013~2015 年，M 公司为虚增当年利润，与客户签订虚假合同，收取定金，将产品发送到自己准备的第三方仓库。M 公司再通过虚构销售退回或者将产品拆

---

① 笔者根据相关资料整理。

解为零配件重新购入，将产品的定金通过个人账户退回给经销商或者客户，完成虚假销售。在整个交易过程中，客户只需付定金，并不进行提货。M公司为避免审计人员发现销售业务中存在的违规行为，一方面虚构合同，另一方面伪造出库单、货运单据等凭证。如表9-6所示，2013～2015年累计虚计收入22 201.62万元。

第三，虚增合同价格。M公司与客户签订完合同后，单方面将合同的价格抬高，进而虚增收入。如表9-5所示，累计虚增合同收入金额达到210万元，涉及24家客户、机床66台。M公司想要虚增利润，一方面是虚增收入，另一方面就是虚减成本和费用。在财务造假过程中，利用少计提员工辞退福利和高管的薪酬，达到虚增利润的目的。其中2013～2015年M公司少计费用的具体情况如表9-6所示。

表9-6　　　　　　　　　　M公司2013～2015年少计费用情况　　　　　　　单位：万元

项目	2013年	2014年	2015年	合计
少计提辞退福利	117.93	1 107.90	1 422.77	2 648.61
少计提高管薪酬	0.00	100.00	212.26	312.26
合计	117.93	1 207.90	1 635.03	2 960.86

资料来源：证监会处罚公告。

本章思政元素梳理

企业的采购与付款循环包括购买商品和劳务，以及企业在经营活动中为获取收入而发生的直接和间接的支出。采购与付款循环通常要经过这样的程序：请购—订货—验收—付款。

应付账款是企业在正常经营过程中因购买货物或接受劳务等而应付给供应商的款项。可以看出，应付账款业务是随着企业赊购交易的发生而发生的，因此，对应付账款的审计应结合赊购交易来进行。

从Y公司营业成本舞弊案可知，该公司主要通过虚减主营业务成本、虚减销售费用、虚增存货等方式达到虚增利润的目的。

从M公司财务造假案看出，M公司采用虚增收入、少计提辞退福利和高管薪酬的财务造假手段来粉饰财务报表。

通过本章的学习，学生应该熟悉采购与付款循环的基本审计技能，掌握企业在此循环中常用的造假手段，知己知彼才能百战不殆。秉承对工作专注执着、精益求精、持之以恒的工匠精神以及信仰法律、崇尚社会主义法治精神、忠于职守的审计精神。

本章中英文
关键词汇

习题演练

本章推荐
阅读书目

第十章　生产与存货循环审计

引导案例

自产还是外购？苜蓿草成本成 H 乳业焦点①

H 乳业是中国东北最大的民营企业之一，为中国垂直整合程度最高的乳品公司，总部在沈阳。它既有上游奶牛业务，也有下游乳制品业务，共有三类产品销售：第一类是原奶销售，既对第三方也对自己内部销售；第二类是液态奶；第三类是自有品牌奶粉产品。公司于 2013 年在香港上市。截至 2016 年 12 月 31 日，H 乳业资产负债率达 69%，总资产341 亿元，总负债 217 亿元。

公司在 IPO 招股说明书中宣称拥有国内最大的苜蓿草生产基地，每年只向外部供应商采购约 1 万吨苜蓿草，主要是补充公司种植场每年收割期饲料供应，占比很小。在奶牛养殖行业里，饲料占成本的 60%～70%，其中草料占饲料的 60%，而苜蓿草正是重要的草料，能够提高产奶量和奶里面的蛋白质水平。根据年报显示，H 乳业 2014 财年收割了 14万吨的苜蓿草，一吨只要 92 美元。而进口苜蓿草则约为 400 美元/吨。H 乳业称其在物流成本和质量方面有优势，公司方面预计能够在缩短供应链方面节省 0.83 亿～1.1 亿元。苜蓿草的自产给 H 乳业带来了暴利，其毛利率大大高于同行。草料的自给自足成为 H 乳业业绩的主要支撑点。

然而，从行业来看，多数同行业公司都没有与 H 乳业一样宣称"大规模种植苜蓿"，H 乳业的公告遭到做空机构的质疑。首先做空机构通过调查员实地走访 H 乳业的养殖场，发现了其现场苜蓿草料上贴着 A 和 E 的商标（logo），A 和 E 均为美国主要的苜蓿出口商。调查员向 A 公司相关员工了解后，A 的员工表示 H 乳业为其主要客户，2013 年在 A 的采购量即已相当于 2014 年半年的用量。同时，黑龙江的一个经销商也反映 H 乳业多年来向其采购苜蓿。讽刺的是 H 乳业一方面宣称苜蓿自产，而在其示范农场又宣传公司的苜蓿草料都是从美国进口，品质优异。

做空机构也通过查询公开资料揭示了 H 乳业所号称的主要苜蓿种植场地的东北，其实并不合适苜蓿种植。如饲料种植场所在的昌图县，公开资料显示该地种植环境恶劣，十年九涝，涨水便绝收。与此同时，在公司上市后的几年中，H 乳业奶牛的养殖规模翻倍，但苜蓿的种植面积和产量并未随之增长，此种背离也暗示着公司并未实现苜蓿真正的自产。

---

① 笔者根据相关资料整理。

生产与存货循环
审计思维导图

存货的多样性和复杂性已成为多家上市公司财务舞弊的惯用伎俩。存货审计便成为每年的审计重点和难点。那么，存货审计应如何进行才能有效避免财务舞弊？存货审计的重点和难点又在哪里呢？

第一节　生产与存货循环的特点

一、不同行业类型的存货性质

存货有很多不同的形式，取决于企业的性质。对于一般制造业的企业而言，存货一般由原材料、低值易耗品及生产的半成品和产成品构成；而餐饮业的存货则是用于加工食品的食材和饮料等；建筑业的存货主要由建筑材料、在建项目成本等构成。可见，行业不同，存货的性质相差较大。

存货是企业的重要资产，存货的采购、使用和销售和企业的经营活动紧密相关，对企业的财务状况和经营成果具有重大而广泛的影响。本章主要以一般制造业为例探讨生产与存货循环的审计，鉴于一般制造业的经营流程，原材料的采购入库在采购与付款循环中涉及，产成品的出库销售在销售与收款循环中涉及，生产与存货循环侧重于原材料入库之后至产成品发出之间的业务活动，主要涉及存货、应付职工薪酬等资产负债表项目及主营业务成本等利润表项目。实施审计前，注册会计师有必要提前明确本循环所涉及的主要原始凭证和会计记录。

二、涉及的主要原始凭证与会计记录

区别于其他行业，一般制造业企业的经营业务较为复杂，在生产工序较多的情况下，涉及的主要原始凭证种类较多。注册会计师有必要事先了解被审计单位的性质及生产流程。在内部控制比较健全的企业，处理生产和存货业务通常需要使用很多单据与会计记录。典型的生产与存货循环所涉及的主要单据与会计记录有以下几种（不同被审计单位的单据名称可能不同）：

（一）生产任务通知单

生产任务通知单又称"生产指令"或"生产通知单"，顾名思义，是企业下达制造某产品生产任务的书面文件。作为生产活动的起点，生产任务通知单将原材料供应部门、生产车间及会计部门组织起来，通知供应部门组织材料发放，生产车间组织产品制造，会计部门组织成本计算。新一轮的生产活动由此开始。

（二）领发料凭证

领发料凭证是企业为控制材料发出所采用的各种凭证，如材料发出汇总表、领料单、限额领料单、领料登记簿、退料单等。在生产过程中，各个生产工序依据生产进度的投料需求，向材料供应部门领取原料，企业应当按照存货领用和发出制度要求填制领发料凭证。财务依据领发料凭证作发出材料的会计处理，同时登记"生产成本""原材料"等账户的明细账。

（三）产量和工时记录

产量和工时记录是登记工人或生产班组在出勤时间内完成产品数量、质量和生产这些产品所耗费工时数量的原始记录。产品生产过程中，不仅需要物力投入，还需人力协助，因此，人工成本的核算是制造业企业成本会计的主要内容之一。产量和工时记录单属于内部自制凭证，其内容与格式并非固定，可以由生产企业，甚至企业中的生产车间依据生产类型制作各种样式的单据。常见的产量和工时记录主要有工作通知单、工序进程单、工作班产量报告、产量通知单、产量明细表、废品通知单等。财务依据产量和工时记录核算生产工人的工资及产品的成本，同时登记"应付职工薪酬""生产成本"等账户的明细账。

（四）工薪汇总表及工薪费用分配表

工薪汇总表，即"工资表"，包括基本工资、绩效、五险一金等项目，是为了反映企业全部工薪的结算情况，并据以进行工薪总分类核算和汇总整个企业工薪费用而编制的，它是企业进行工薪费用分配的依据。工薪费用分配表反映了各生产车间各产品应负担的生产工人工薪及福利费。财务依据工薪汇总表，按照部门受益原则进行工资账务处理，同时登记"管理费用""销售费用""生产成本"及"应付职工薪酬"等账户的明细账。

（五）材料费用分配表

当企业生产的产品品种不是单一的，或是某一材料跨车间使用，需要按照一定的分配标准核算材料成本。材料费用分配汇总表是用来汇总反映各生产车间各产品所耗费的材料费用的原始记录。财务依据材料费用分配汇总表，正确核算每一种产品的成本，同时登记"生产成本""原材料"等账户的明细账。

（六）制造费用分配汇总表

企业生产品种多样的产品时，对于生产过程中所产生的间接性费用需先通过"制造费用"归集，在核算产品成本时，再通过一定的分配标准将"制造费用"摊到各个产品成本中。制造费用分配汇总表是用来汇总反映各生产车间各产品所应负担的制造费用的原始记录。财务依据制造费用分配汇总表登记"制造费用""生产成本"等账户的明细账。

（七）成本计算单

产品生产完工后，由于生产该产品所发生的材料耗费、人工耗费及间接性费用需要归集汇总，这一过程一般通过成本计算单来列示。成本计算单是用来归集某一成本计算对象所应承担的生产费用，计算该成本计算对象的总成本和单位成本的记录。企业所采用的成本计算方法不同，成本计算单的格式也有差异。

（八）产成品入库单和出库单

产品生产完工，经过检验合格后，转为可供销售的商品，由生产车间存放地转入仓库。产成品入库单是产品生产完成并经检验合格后从生产部门转入仓库的凭证。财务依据产成品入库单及成本计算单登记"库存商品""生产成本"等账户的明细账。

待销售订单下达，产品销售出库，需填制产成品出库单。产成品出库单是根据经批准的销售单发出产成品的凭证。财务根据企业存货发出的计价方法，凭出库单登记"库存商品""主营业务成本"等账户的明细账。

（九）存货明细账

存货明细账，包括原材料明细账、生产成本明细账、库存商品明细账等，一般采用数量金额式账页，用来反映各种存货增减变动情况和期末库存数量及相关成本信息的会计记录。

（十）存货盘点指令、盘点表及盘点标签

采用永续盘存制核算存货的企业，平时账上登记收发数，随时结出账面余额。为了确保账实相符，通常需定期对存货实物进行盘点，将实物盘点数量与账面数量进行核对，对差异进行分析调查，必要时作账务调整。采用实地盘存制核算存货的企业，日常只登记存货的收入情况，期末通过实物盘点倒轧出本期销售或耗用的存货。因此，存货作为实物资产，无论采用哪种方法核算，都需要进行盘点。在实施存货盘点之前，管理人员通常编制存货盘点指令，对存货盘点的时间、人员、流程及后续处理等方面做出计划安排。在盘点过程中，通常会使用盘点表记录盘点结果，使用盘点标签标识已盘存货，以区分于未盘存货。

（十一）存货货龄分析表

很多制造型企业通过编制存货货龄分析表，识别流动较慢或滞销的存货，并根据市场情况和经营预测，确定是否需要计提存货跌价准备。这对于管理具有保质期的存货（如食物、药品、化妆品等）尤其重要。

【知识拓展 10－1】

2010～2019 年上市公司财务舞弊行业分布特征

根据黄世忠、叶钦华等学者于 2020 年发表的《2010～2019 年上市公司财务舞弊分析》中的调查可知，在 113 家涉及财务舞弊的样本公司中，制造业、农林牧渔业的上市公司涉及财务舞弊的较多，分别达到 67 家和 14 家；结合相对数来看，农林牧渔业舞弊占行业公司总数的比例达 9.79%；制造业中，二级行业"化学原料和化学制品制造业"的舞弊家数在制造业二级行业中占比 3.63%；二级行业"医药制造业"的舞弊家数（8 家）亦紧随其后，行业占比达 3.46%（见表 10－1）。

表 10 - 1 行业分布特征

证监会行业类别	舞弊家数	A 股公司总数*	舞弊公司占比
制造业——设备制造业	23	810	2.84%
制造业——一般制造业	19	795	2.39%
制造业——化学原料和化学制品制造业	9	248	3.63%
制造业——医药制造业	8	231	3.46%
制造业——电气机械和器材制造业	8	241	3.32%
农业/林业/牧业/渔业	14	143	9.79%
信息传输、软件和信息技术服务业	7	311	2.25%
租赁和商务服务业	4	56	7.14%
建筑业	4	94	4.26%
交通运输、仓储和邮政业	3	104	2.88%
电力、热力、燃气及水生产和供应业	3	112	2.68%
房地产业	3	122	2.46%
批发和零售业	3	167	1.80%
采矿业	2	77	2.60%
住宿和餐饮业	1	9	11.11%
综合	1	22	4.55%
文化、体育和娱乐业	1	59	1.69%
合计	113	3 601	3.14%

注：* A 股上市公司家数选取 2020 年 5 月数据口径。

　　而绝大多数样本公司的财务舞弊均涉及虚增营业收入和税后利润。根据复式簿记原理，虚增营业收入和税后利润通常会虚增资产。虚增的资产如存货、在建工程等在一些行业难以核实，不易被发现，为财务舞弊提供了机会。獐子岛、万福生科、绿大地、雏鹰、振隆特产、大康农业等农业上市公司，康美药业、尔康制药、辅仁药业等医药制造业，以及丹东化纤、*ST圣莱、辉丰、康达新材等化学原料和化学制品制造业就属于这种情况。从审计风险防范的角度看，难以核实的存货和在建工程为特定行业上市公司虚增经营业绩提供了绝佳的掩饰机会，注册会计师对这类上市公司应当保持高度的职业怀疑，将存货和在建工程作为审计重点。

　　资料来源：黄世忠，叶钦华，徐珊，叶凡. 2010 - 2019 年上市公司财务舞弊分析 [J]. 财会月刊，2020（14）.

第二节 生产与存货循环的业务活动和相关内部控制

生产是一般制造型企业的主要经营活动，伴随生产过程而产生的存货流转及成本流转是企业的主要业务活动，因此，生产与存货循环通常是一般制造型企业的重大业务循环。在审计计划阶段，注册会计师需要事先根据被审计单位的特征，了解该循环所涉及的业务活动及相关的内部控制。

一、主要业务活动

生产与存货循环的主要目标是按照企业的生产计划生产出产成品，将原材料转化为产成品需经过生产计划、材料发出、产品生产、成本计算等多个环节。

（一）计划和安排生产

销售是企业生产经营的起点。生产计划部门一般根据销售订单或是销售部门对产品的市场需求预测报表来决定生产授权。生产计划部门通过签发生产通知单发出生产指令，发出的所有生产通知单应顺序编号并加以记录控制。发出生产通知单的同时该部门还需编制一份材料需求报告，根据生产计划列示所需要的材料和零件及其库存情况。

（二）发出原材料

生产部门依据生产通知单确定用料需求，再向仓储部门发出领料单领取生产所需材料。领料单上必须列示所需的材料数量和种类，以及领料部门的名称，经由仓储部门确认后方可发出材料。领料单可以一料一单，也可以多料一单，通常需一式三联（生产部门存根联、仓库联、财务联）。仓库管理人员发料并签署后，将生产部门存根联连同材料交给领料部门，将仓库联留在仓库登记材料明细账，将财务联交会计部门进行材料收发核算和成本核算。

（三）生产产品

生产部门在收到生产指令后，依据生产所需材料情况向仓储部门领取原材料，紧接着按照生产产品的工序将生产任务分解到每一个生产工人，并将领取的原材料交给生产工人，据以执行生产任务。生产工人在完成生产任务后，将已完工的产品交生产部门统计人员查点，然后转交检验员验收并办理入库手续；将半成品移交下一个部门，作进一步加工。

（四）核算产品成本

整个生产过程，既要核算原材料领用加工的实物流转，又要进行成本控制。为了正确核算并有效控制产品成本，必须建立健全成本会计制度。一方面，生产过程中的各种记录、生产任务通知单、领料单、计件工资单、产量统计记录表、生产统计报告、入库单等文件资料都要汇集到会计部门，由会计部门对其进行检查和核对，了解和控制生产过程中存货的实物流转；另一方面，会计部门要设置相应的会计账户，会同有关部门对生产过程中的成本进行核算和控制。成本计算可依据企业的具体情况，选择品种法、分批法或分步法。

（五）产成品入库及储存

依据产品生产的完工程度，将完工产成品验收入库，即须由企业的检验部门先进行品质合格检查，再将合格品交由仓储部门点验签收。签收后，将实际入库数量通知会计部门。据此，仓储部门确立了本身应承担的责任，并对验收部门的工作进行验证。除此之外，仓储部门还应根据产成品的品质特征分类存放，并填制标签。

（六）发出产成品

产成品的发出须由独立的发运部门进行。装运产成品时必须持有经有关部门核准的发运通知单，并据此编制出库单。出库单一般为一式四联，一联交仓储部门；一联由发运部门留存；一联送交客户；一联作为开具发票的依据。

（七）存货盘点

期末，为了进行账实核对，企业管理人员需要编制盘点指令，安排适当人员对存货实物（包括原材料、在产品和产成品等所有存货类别）进行定期盘点，将盘点结果与存货账面数量进行核对，调查差异并进行适当调整。因此，盘点存货也是生产与存货循环的主要业务活动之一。

（八）计提存货跌价准备

财务部门根据存货货龄分析表信息或相关部门提供的有关存货状况的其他信息，结合存货盘点过程中对存货状况的检查结果，对出现损毁、滞销、跌价等降低存货价值的情况进行分析计算，计提存货跌价准备。

二、相关的内部控制

在审计工作的计划阶段，审计师应当对生产与存货循环中的业务活动进行充分了解和记录，通过分析业务流程中可能发生重大错报的环节，进而识别和了解被审计单位为应对这些可能的错报而设计的相关控制，并通过诸如穿行测试等方法对这些流程和相关控制加以证实。

针对生产与存货循环所涉及的主要业务活动，与之相匹配的必要的内部控制制度应该为：

（一）计划和安排生产环节的控制活动

（1）生产计划部门负责编制生产通知单。

（2）对生产通知单进行连续编号控制。

（3）生产计划部门根据客户订购单或者对销售预测和对产品市场需求的分析等信息编写月度生产计划书，由生产计划经理根据日生产计划书签发顺序编号的生产通知单。

（4）生产计划部门编制的生产通知单须经生产计划经理审批后，再上报总经理批准才能生效（恰当的授权控制）。

（5）生产通知单作为内部凭证在不同部门流转和确认，一般应为一式多联，分别用于通知仓储部门组织材料发放、生产车间组织产品生产、财务部门组织成本计算，以及生产计划部门按编号归档管理。

（二）发出原材料环节的控制活动

（1）生产车间接到生产通知单后，由车间主任编制日生产加工指令单，经生产经理审批（恰当的授权控制）。

（2）生产车间各生产小组编制原材料领用申请单，并经车间主任签字批准（恰当的授权控制）。

（3）仓库管理员根据经审批的生产车间各生产小组编制的原材料领用申请单核发材料，填制预先编号的原材料出库单。

（4）原材料出库单作为内部凭证在不同部门流转和确认，一般一式四联：一联仓库发料、一联仓库留存、一联车间记录、一联递交财务部作为记账凭证。

（5）仓库管理员将原材料领用申请单编号、领用数量、规格等信息输入存货管理信息系统，该信息经仓储经理复核确认后，存货管理信息系统及时更新材料明细账。

（三）生产产品环节的控制活动

（1）生产部门在收到生产通知单及领取原材料后，将生产任务分解到每一个生产工人，并将所领取的原材料交给生产工人，据以执行生产任务。

（2）生产完成后，质量检验员检查并签发预先连续编号的产成品验收单，生产小组将产成品送交仓库。

（3）仓库管理员检查产成品验收单，并清点产成品数量，填写预先编号的产成品入库单。产成品验收单作为内部凭证在不同部门流转和确认。

（4）产成品入库单作为内部凭证在不同部门流转和确认，一般一式四联：一联仓库收货、一联仓库留存、一联生产部门核对、一联递交财务部作为记账凭证。

（5）经质检经理、生产经理和仓储经理签字确认后，仓库管理员将产成品入库单信息输入存货管理信息系统，存货管理信息系统及时更新产成品明细账并与采购订购单编号核对。

（四）核算产品成本环节的控制活动

（1）生产成本记账员根据原材料出库单，编制原材料领用申请单，与存货管理信息系统自动生成的连续编号的生产记录日报表核对材料耗用和流转信息；

（2）会计主管对存货管理信息系统审核无误后，授权该系统自动生成记账凭证并过账至生产成本及原材料明细账和总分类账。

（3）存货管理信息系统对生产成本中各项组成部分进行归集，按照预设的分配公式和方法，自动将当月发生的生产成本在完工产品和在产品中按比例分配；同时，将完工产品成本在各不同产品类别中分配，由此生成产品成本计算表和生产成本分配表（包括人工费用分配表、制造费用分配表）。

生产成本记账员编制生产成本结转凭证，经会计主管对存货管理信息系统审核批准后进行账务处理。

（4）每月末，生产成本记账员根据存货管理信息系统记录的销售订购单数量，编制销售成本结转凭证，结转相应的销售成本。

（五）储存产成品环节的控制活动

（1）产成品入库时，须经仓库管理员检查产成品验收单，清点产成品数量，并填写预先连续编号的产成品入库单。

（2）仓库部门签收产成品后，经质检经理、生产经理和仓储经理签字确认后将实际入库数量通知财务部门。

（3）仓库部门根据产成品的品质特征分类存放，并填制标签。对存货管理信息系统审核批准后进行账务处理。

（六）发运产成品环节的控制活动

（1）产成品的发运须由独立的发运部门进行。

（2）产成品发运部门应当编制连续编号的产成品发运通知单。

（3）产成品发运前应当由发运部门独立检查产成品出库单、销售订购单和产成品发运通知单，确定从仓库提取的产成品附有经批准的销售订购单，并且，所提取产成品的内容与销售订购单一致。

（4）装运产成品时必须持有经有关部门核准的发运通知单，并据此编制产成品出库单。

（5）产成品出库单至少一式四联，一联交仓库部门，一联发运部门留存，一联送交顾客，一联作为给顾客开发票的依据。

（6）完成产成品出库工作后，仓库管理员将产成品出库单信息输入存货管理信息系统，经仓储经理复核确认后，存货管理信息系统及时更新产成品明细账并与产成品发运通知单编号核对。

（七）存货盘点环节的控制活动

（1）生产部门和仓储部门在盘点日前对所有存货进行清理和归整，便于盘点顺利进行。

（2）每一组盘点人员中应包括仓储部门以外的其他部门人员，即不能由负责保管存货的人员单独负责盘点存货；安排不同的工作人员分别负责初盘和复盘。

（3）盘点表和盘点标签事先连续编号，发放给盘点人员时登记领用人员；盘点结束后回收并清点所有已使用和未使用的盘点表和盘点标签。

（4）为防止存货被遗漏或重复盘点，所有盘点过的存货贴盘点标签，注明存货品名、数量和盘点人员，完成盘点前检查现场确认所有存货均已贴上盘点标签。

（5）将不属于本单位的代其他地方保管的存货单独堆放并作标识；将盘点期间需要领用的原材料或出库的产成品分开堆放并作标识。

（6）汇总盘点结果，与存货账面数量进行比较，调查分析差异原因，并对认定的盘盈和盘亏提出账务调整，经仓储经理、生产经理、财务经理和总经理复核批准后入账。

（八）计提存货跌价准备环节的控制活动

（1）定期编制存货货龄分析表，管理人员复核该分析表，确定是否有必要对滞销存货计提存货跌价准备，并计算存货可变现净值，据此计提存货跌价准备。

（2）生产部门和仓储部门每月上报残冷背次存货明细，采购部门和销售部门每月上报原材料和产成品最新价格信息，财务部门据此分析存货跌价风险并计提跌价准备，由财务经理和总经理复核批准并入账。

第三节　生产与存货循环的重大错报风险评估及控制测试

一、生产与存货循环存在的重大错报风险

审计准则
中国注册会计师审计准则第 1311号——对存货、诉讼和索赔、分部信息等特定项目获取审计证据的具体考虑（2019年修订）

就一般制造型企业而言，影响生产与存货循环交易和余额的风险因素可能包括：

1. 存货的数量和种类

制造类企业存货的数量大、种类多、业务量大，日常账务核算工作量大，且同一行业中的不同企业可能采用不同的计量方法和计量基础。这些都将提高存货的存在和完整性认定的重大错报风险。

2. 成本归集的难易程度

制造类企业的成本核算流程比较复杂。对于可以对象化的成本，根据直接受益直接分配的原理，直接材料和直接人工等直接成本的归集较简单，但对于间接费用的归集和分配可能较为复杂，涉及分配标准等问题，如果存在完工与未完工产品、自产产品及外购产品等情况时，成本核算方法更为复杂，进而加大存货计价和分摊认定的重大错报风险。

3. 产品的多样性增加盘点的困难度

不同的企业，其存货的种类不同。如有些林产品制造企业，其存货为成片的树林，对于林木的计量方法与传统的存货不同；再如农产品制造企业，其存货为水下养殖生物，对于盘点环境的特殊性，如何进行盘点等，这些可能要求聘请专家来验证其质量、状况或价值。另外，计算库存存货数量的方法也可能是不同的。例如，计量煤堆、筒仓里的谷物或糖、黄金或贵重宝石、化工品和药剂产品的存储量的方法都可能不一样。这些因素都将加大存货的存在性及完整性认定的重大错报风险。

4. 某些存货项目的可变现净值难以确定

对于具有漫长制造过程的存货，或是受高科技影响，容易过时的存货及价格受全球经

济供求关系影响的存货，由于其可变现净值具有不确定性，容易高估或低估了存货的可变现净值，导致存货跌价准备计提不恰当，进而影响注册会计师对与存货计价和分摊认定有关风险的评估。

5. 将存货存放在很多地点

大型企业可能将存货存放在很多地点，并且可以在不同的地点之间配送存货，这将增加商品途中毁损或遗失的风险，或者导致存货在两个地点被重复列示，也可能产生转移定价的错误或舞弊，进而影响存货的存在、完整性、计价及分摊等多项认定的重大错报风险评估。

6. 寄存的存货

有时候存货虽然还存放在企业，但可能已经不归企业所有。反之，企业的存货也可能被寄存在其他企业。这将影响审计师对存货的权利和义务认定风险的评估。

综上所述，一般制造型企业的存货的重大错报风险通常包括：

（1）存货实物可能不存在（存在认定）；

（2）属于被审计单位的存货可能未在账面反映（完整性认定）；

（3）存货的所有权可能不属于被审计单位（权利和义务认定）；

（4）存货的单位成本可能存在计算错误（计价和分摊认定/准确性认定）；

（5）存货的账面价值可能无法实现，即跌价损失准备的计提可能不充分（计价和分摊认定）。

二、根据重大错报风险评估结果设计进一步审计程序

注册会计师基于职业判断对生产与存货循环的重大错报风险初步评估，依据评估结果，制订实施进一步审计程序的总体方案（包括综合性方案和实质性方案）。如审计师对企业的重大风险评估中，认为企业的存货实物可能不存在，存货的存在性认定需要实施进一步审计程序确定。审计师将存货的存在风险设定为特别风险，拟进一步实施综合性的方案。在企业的存货内部控制制度有效的前提下，拟从控制测试中获取中等的保证程度，而从实质性程序中获取高的保证程度。而当注册会计师在执行控制测试过程中，发现企业关于存货的内部控制制度是无效的，则审计师直接执行实质性审计程序，适当扩大实质性程序范围，以从中获取高的保证程度来应对识别出的认定层次的重大错报风险。

可见，风险评估和审计计划都是贯穿审计全过程的动态活动，注册会计师根据重大错报风险的评估结果，初步确定实施进一步审计程序的具体审计计划并非一成不变。如上例中注册会计师的控制测试结果改变了其对企业内部控制的信赖程度，拟实施实质性程序的范围及保证程度相应做出调整。总之，无论是采用综合性方案还是实质性方案，注册会计师获取的审计证据都应当能够从认定层次应对所识别的重大错报风险，直至针对该风险所涉及的全部相关认定均已达到了足够的保证程度。

三、生产与存货循环的控制测试

风险评估和风险应对是整个审计过程的核心，因此，注册会计师通常以识别的重大错

报风险为起点，选取拟测试的控制并实施控制测试。在审计实务工作中，注册会计师需要从实际出发，设计适合被审计单位具体情况的实用高效的控制测试计划。一方面，由于被审计单位所处行业不同、规模不一，内部控制制度的设计和执行方式不同，以前期间接受审计的情况也各不相同；另一方面，受审计时间、审计成本的限制，注册会计师除了确保审计质量、审计效果外，还需要提高审计效率，尽可能地消除重复的测试程序，即在确定控制测试范围时，要考虑其他业务循环的控制测试是否已覆盖，避免重复测试，以提高审计效率。如原材料的采购和记录已作为采购与付款循环的一部分进行测试过了，人工成本（包括直接人工成本和制造费用中的人工费用）已作为工薪循环的一部分进行测试了。

总体上看，生产与存货循环的内部控制主要包括实物流转过程中的内部控制和存货成本费用核算的内部控制两方面。

（一）企业内部控制的总体了解程序

通常情况下，注册会计师通过实施下列程序，了解生产和存货循环的相关内部控制：

（1）询问参与生产和存货循环各业务活动的被审计单位人员，一般包括生产部门、仓储部门、人事部门和财务部门的员工和管理人员；

（2）获取并阅读企业的相关业务流程图或内部控制手册等资料；

（3）观察生产和存货循环中特定控制的运用，例如观察生产部门如何将完工产品移送入库并办理手续；

（4）检查文件资料，例如检查原材料领料单、成本计算表、产成品出入库单等；

（5）实施穿行测试，即追踪一笔交易在财务报告信息系统中的处理过程，如选取某种产成品，追踪该产品制订生产计划、领料生产、成本核算、完工入库的整个过程。

（二）实物流转过程中的内部控制测试程序

注册会计师可以前述的生产与存货循环的内部控制活动为标准，采取一定的测试程序判断被审计单位的内部控制是否有效。关于实物流转过程中的内部控制，主要包括适当的职责分离和正确的授权审批制度。

在生产循环中，产品的品种和数量一般是由生产控制部门根据顾客订单、销货合同、市场预测等来确定，并下达生产计划和通知单。依据实物流转程序控制的要求，各个生产环节的相关部门必须制定严格的责任制度，由监控人员对从生产领料开始到产品完工入库为止的全过程进行有效的控制（见表10-2）。

表10-2　　　　　　　　　实物流转的内部控制要点及程序

内部控制目标	关键内部控制活动	常用的控制测试
生产业务是根据管理层一般或特定的授权进行的（发生）	计划和安排生产活动；原材料的发出活动	注册会计师可抽取生产通知单检查是否与月度生产计划书中内容一致；注册会计师可抽取出库单及相关的领料单，检查是否正确输入并经适当层次复核；抽取原材料盘点明细表并检查是否经适当层次复核，有关差异是否得到处理

续表

内部控制目标	关键内部控制活动	常用的控制测试
材料接触制度的测试（存在、完整性）	存货保管人员与记录人员职务相分离、适当的授权审批制度	观察和询问职责分工情况； 抽取部分领料单和出库单，与存货明细账核对，检查是否所有存货的发出均已入账，领料单、出库单是否经过批准； 定期核对材料收发登记簿与相应的会计记录，检查两者是否一致； 检查存货的巡视记录，确定此项控制是否执行； 检查是否定期盘点存货，对发生的盘盈、盘亏等情况是否及时按规定处理
产成品的保管制度测试（存在、完整性）	适当的职责分离； 正确的授权审批制度	抽取产成品验收单、产成品入库单并检查输入信息是否准确；抽取发运通知单、出库单并检查是否一致；抽取发运单和相关销售订购单，检查内容是否一致；抽取产成品存货盘点报告，并检查是否经适当层次复核，有关差异是否得到处理

（三）成本费用核算的内部控制测试

成本费用核算的内部控制测试主要包括直接材料成本控制测试、直接人工成本控制测试、制造费用控制测试及生产成本在当期完工产品与在产品之间分配的控制测试四项内容。

表 10-3 列示了通常情况下注册会计师对生产和存货循环中成本费用核算的控制测试，供参考。

表 10-3 **生产与存货循环的控制目标、存在的控制及控制测试程序**

内部控制目标	关键内部控制活动		内部控制测试程序
	计算机控制	人工控制	
直接材料成本			
发出的原材料正确计入相应产品的生产成本中（准确性）	领料单信息输入系统时须输入对应的生产任务单编号和所生产的产品代码，每月末系统自动归集生成材料成本明细表	生产主管每月末将其生产任务单及相关领料单存根联与材料成本明细表进行核对，调查差异并处理	检查生产主管核对材料成本明细表的记录，并询问其核对过程及结果
直接人工成本			
生产工人的人工成本得到准确反映（准确性）	所有员工有专属员工代码和部门代码，员工的考勤记录记入相应员工代码	人事部每月编制工薪费用分配表，按员工所属部门将工薪费用分配至生产成本、制造费用、管理费用和销售费用，经财务经理复核后入账	检查系统中员工的部门代码设置是否与其实际职责相符。询问并检查财务经理复核工资费用分配表的过程和记录

续表

内部控制目标	关键内部控制活动		内部控制测试程序
	计算机控制	人工控制	
间接费用（制造费用）			
发生的制造费用得到完整归集（完整性）	系统根据输入的成本和费用代码自动识别制造费用并进行归集	成本会计每月复核系统合成的制造费用明细表并调查异常波动。必要时由财务经理批准进行调整	检查系统的自动归集设置是否符合有关成本和费用的性质，是否合理。询问并检查成本会计复核制造费用明细表的过程和记录，检查财务经理对调整制造费用的分录的批准记录
计算产品成本			
生产成本和制造费用在不同产品之间、在产品和产成品之间的分配正确（计价和分摊、准确性）		成本会计执行产品日常成本核算工作，财务经理每月末审核产品成本计算表及相关资料（原材料成本核算表、工薪费用分配表、制造费用分配表等），并调查异常项目	询问财务经理如何执行复核及调查。选取产品成本计算表及相关资料，检查财务经理的复核记录
产成品入库			
已完工产品的生产成本全部转移到产成品中（计价和分摊）	系统根据当月输入的产成品入库单和出库单信息自动生成产成品收（入库）发（出库）存（余额）报表	成本会计将产成品收发存报表中的产品入库数量与当月成本计算表中结转的产成品成本对应的数量进行核对	询问和检查成本会计将产成品收发存报表与成本计算表进行核对的过程和记录
发出产成品			
销售发出的产成品的成本准确转入营业成本（计价和分摊、准确性）	系统根据确认的营业收入所对应的售出产品自动结转营业成本	财务经理和总经理每月对毛利率进行比较分析，对异常波动进行调查和处理	检查系统设置的自动结转功能是否正常运行，成本结转方式是否符合公司成本核算政策。询问和检查财务经理和总经理进行毛利率分析的过程和记录，并对异常波动的调查和处理结果进行核实

（四）评价内部控制制度

对生产与存货循环内部控制进行评价，是为了在对生产与存货循环进行实质性测试前确定对生产与存货循环内部控制的可依赖程度。注册会计师在评价时应结合内部控制目标，判断生产与存货循环中可能发生的潜在错报，而企业现有的内部控制制度是否能够有效发现并更正这些错报。通过比较必要的控制和现有控制，评价计划审计工作所依赖的生产与存货内部控制的健全性与有效性。如果被审计单位没有建立注册会计师认为必要的内部控制，或者现有控制不足以防止或检查错报，那么注册会计师应该考虑内部控制缺陷对审计的影响。一般来说，如果控制测试结果表明，存货与生产循环内部控制较强，则控制风险较低，相应的实质性程序可以适当简化；反之，如果控制测试结果表明，生产循环内部控制较弱，则控制风险较大，注册会计师为了将审计风险降低至可接受水平，必须扩大实质性程序。

第四节　存 货 审 计

存货通常是资产负债表中构成营运资本的最大项目，金额之大使存货审计成为审计过程中的重头戏，且存货作为流动资产，储存较为分散；存货项目的多样性等原因加大了存货审计的难度。除此之外，特殊存货的盘点难度及存货计价方法的自由选择现象都表明存货审计通常是审计中最复杂也最费时的部分。基于存货对企业的重要性、存货问题的复杂性以及存货与其他项目之间的密切关系，要求存货项目审计在注册会计师的选择安排上、审计工时的分配上以及审计程序的选择上，应当予以特别的关注。

审计案例与
思政元素
K 公司存货"罗
生门"事件，真
假难辨

一、存货的审计目标

各个循环不是孤立的，而是紧密联系的一个系统。审计生产与存货循环过程中，仍然要考虑其与采购、销售收入及销售成本间的相互关系，因为就存货认定取得的证据也同时为其对应项目的认定提供了证据。例如，通过存货监盘和对已收存货的截止测试取得的与外购商品或原材料存货的完整性和存在认定相关的证据，自动为同一期间原材料和商品采购的完整性和发生提供了保证。类似地，销售收入的截止测试也为期末之前的销售成本已经从期末存货中扣除并正确计入销售成本提供了证据。

存货的审计目标一般包括实施审计程序以证实：

（1）账面存货余额对应的实物是否真实存在（存在认定）；

（2）属于被审计单位的存货是否均已入账（完整性认定）；

（3）存货是否由被审计单位拥有或控制（权利和义务）；

（4）存货单位成本的计量是否准确（计价和分摊认定）；

（5）存货的质量如何，是否存在跌价可能（计价和分摊认定）。

二、存货的一般审计程序

（一）获取年末存货余额明细表，并执行以下工作

（1）复核单项存货金额的计算（单位成本乘以数量）和明细表的加总计算是否准确。

（2）核对各存货项目明细账与总账的余额是否相符。

（3）将本年末存货余额与上年末存货余额进行比较，总体分析变动原因。

（二）实施实质性分析复核程序

分析性复核（analytical review）是对被审计单位重要的财务比率或趋势进行的分析，包括调查异常变动以及这些重要比率或趋势与预期数额和相关信息的差异，以发现存在的不合理因素，并以此确定审计重点，控制审计风险，提高工作效率，保证审计质量。

存货的实质性分析复核程序中较常见的是对存货周转天数或存货周转率的预期与现实的比较，通过差异的分析比较确定审计重点，过程如下：

（1）根据对被审计单位的经营活动、供应商、贸易条件、行业惯例和行业现状的了解，确定存货周转天数的预期值。

（2）根据对本期存货余额组成、实际经营情况、市场情况、存货采购情况等的了解，确定可接受的重大差异额。

（3）计算实际存货周转天数和预期周转天数之间的差异。

（4）通过询问管理层和相关员工，调查存在重大差异的原因，并评估差异是否表明存在重大错报风险，是否需要设计恰当的细节测试程序以识别和应对重大错报风险。

（三）细节测试

细节测试是对各类交易、账户余额、列报的具体细节进行测试，目的在于直接识别财务报表认定是否存在错报。

1. 交易的细节测试

交易的细节测试，首先从企业的主要交易中选取样本，重点检查支持企业交易业务流程的证据，尤其是对期末前后发生的主要交易实施截止测试。选择样本时应着重选择结存余额较大且价格变化比较频繁的项目，同时考虑所选样本的代表性。

存货的主要交易业务流程为，原料的采购—原料的领用—产品的生产至完工产品的转移—销售发货—销售退回（可选项）。因此，交易细节测试可从业务流程的各个环节记录中选取一个样本，按序检查各个流程的支持性证据，即供应商文件、材料领用单及材料明细账、生产成本分配表、完工产品报告、销售合同及产品发运单和销售退回相关文件，再追踪至存货总分类账户的相关分录；重新计算样本所涉及的金额，检查交易是否均已经过授权批准。

截止测试的目的在于确定所审计期间的各类交易和事项是否计入恰当的会计期间，防

止跨期事项。对于期末前后发生的主要交易实施截止测试，主要通过选取企业主要业务流程中的各个环节在期末前后发生的主要交易为样本实施的。比如对于材料采购环节的截止测试，一般以截止日为界限，分别向前倒推或向后顺推若干日，按顺序选取较大金额的购料业务的发票或验收报告作为截止测试的样本。然后审阅验收部门的业务记录，凡是接近年底购入的原料均要查明其对应的购料发票是否在同期入账，对于未收到购料发票的入库存货，是否将入库单分开存放或暂估入账。

2. 余额的细节测试

存货余额的细节测试通常包括：观察被审计单位存货的实地盘存；通过询问确定现有存货是否存在寄存情形，或者查明被审计单位的存货在盘点日是否存寄他处；获取最终的存货盘点表，并对存货的完整性、存在及计价进行测试；检查、计算、询问和函证存货的价格和可变现净值；检查存货的抵押合同和寄存合同等。

三、存货监盘

存货审计涉及数量和单价两个方面。针对存货数量的实质性程序主要是存货监盘。存货监盘是指注册会计师现场观察被审计单位存货的盘点，并对已盘点存货进行适当检查，可见，存货监盘有两层含义：一是注册会计师应亲临现场观察被审计单位存货的盘点；二是在此基础上，注册会计师应根据需要适当抽查已盘点存货。

值得注意的是，实施存货监盘，获取有关期末存货数量和状况的充分、适当的审计证据是注册会计师的责任，但这并不能取代被审计单位管理层定期盘点存货，合理确定存货的数量和状况的责任。

审计准则
中国注册会计师审计准则问题解答第 3 号——存货监盘

（一）存货监盘的目标

注册会计师监盘存货的目的在于获取有关存货数量和状况的审计证据。存货监盘能够实现存货的存在认定、存货的完整性认定及权利和义务认定等多项审计目标，以确证被审计单位记录的所有存货确实存在，已经反映了被审计单位拥有的全部存货，并属于被审计单位的合法财产。然而，存货监盘本身并不足以供注册会计师确定存货的所有权，注册会计师可能需要执行对第三方保管的存货实施函证，对在途存货检查相关凭证和期后入库记录等其他实质性审计程序以应对所有权认定的相关风险。

（二）存货监盘计划

有效的存货监盘需要制订周密、细致的计划。为了避免误解并有助于有效地实施存货监盘，注册会计师通常需要与被审计单位就存货监盘等问题达成一致意见。因此，注册会计师首先应当充分了解被审计单位存货的特点、盘存制度和存货内部控制的有效性等情况，并考虑获取、审阅和评价被审计单位预定的盘点程序。根据计划过程所搜集到的信息，有助于注册会计师合理确定参与监盘的地点以及存货监盘的程序。

1. 制订存货监盘计划应考虑的事项

注册会计师在制订存货监盘计划时，通常应考虑以下事项：

（1）与存货相关的重大错报风险。

由于制造业企业的存货数量和种类繁多；制造过程复杂，成本归集难度较大；且部分存货受到科学技术进步影响较大，容易出现陈旧过时现象，影响存货质量；存货的流动性较大，容易遭受盗窃等因素均表明存货通常具有较高水平的重大错报风险。

（2）与存货相关的内部控制的性质。

前面我们已阐述关于存货的控制测试内容，当注册会计师对企业的存货内部控制风险的评价为可信赖时，注册会计师在制订存货监盘计划时，可考虑运用企业内部定期盘点的结果，适当缩小监盘范围；如果注册会计师认为企业的存货内部控制不可信赖，则应适当延长盘点时间，扩大监盘范围。

（3）被审计单位是否对存货盘点制定了适当的程序，并下达了正确的指令。

注册会计师一般需要复核或与管理层就盘点的时间安排、盘点范围及盘点人员的胜任能力等方面进行讨论。尤其是对于存货的整理和排列、毁损陈旧过时等特殊存货是否正确标识及分散储存的存货如何盘点等问题要加以关注。如果认为被审计单位的存货盘点程序存在缺陷，注册会计师应当提请被审计单位调整。

（4）被审计单位存货盘点的时间安排。

如果被审计单位的存货盘点时间安排在财务报表日以外的其他日期进行，注册会计师除实施存货监盘相关审计程序外，还应当实施其他审计程序确定存货盘点日与财务报表日之间的存货变动是否已得到恰当的记录。

（5）被审计单位存货盘存制度是否遵循前后一贯性原则。

存货盘存制度有永续盘存制和实地盘存制两种。企业应根据存货的价值、存货的收发频繁程度、企业内部控制等因素，确定企业应采取的盘存制度。一经选用某一盘存制度，不可随意变更，以保证企业存货信息的纵向可比。

（6）存货的存放地点。

有些企业的存货存放地点较为分散。注册会计师为了防止存货监盘范围出现遗漏，应了解企业存货的所有存放地点。尤其是金额较大、重大错报风险较大的存货地点，注册会计师务必将其纳入监盘范围。对于实在无法监盘的存货存放地点，注册会计师应当实施替代审计程序，以获取有关存货的存在性及完整性认定的充分、适当的审计证据。

（7）是否需要专家协助。

注册会计师可能不具备其他专业领域专长与技能。在确定资产数量或资产实物状况，或在收集特殊类别存货（如艺术品、稀有玉石、房地产、电子器件、工程设计等）的审计证据时，注册会计师可以考虑借助专家的工作。

2. 存货监盘计划的主要内容

存货监盘计划应当包括以下主要内容：

（1）存货监盘的目标、范围及时间安排。

存货监盘的主要目标包括获取被审计单位资产负债表日有关存货数量和状况以及有关管理层存货盘点程序可靠性的审计证据，检查存货的数量是否真实完整，是否归属被审计单位，存货有无毁损、陈旧、过时、残次和短缺等状况。

存货监盘范围的大小取决于存货的内容、性质以及与存货相关的内部控制的完善程度和重大错报风险的评估结果。

存货监盘的时间，包括实地察看盘点现场的时间、观察存货盘点的时间和对已盘点存货实施检查的时间等，应当与被审计单位实施存货盘点的时间相协调。

（2）存货监盘的要点及关注事项。

存货监盘的要点主要包括注册会计师实施存货监盘程序的方法、步骤，各个环节应注意的问题以及所要解决的问题。注册会计师需要重点关注的事项包括盘点期间的存货移动、存货的状况、存货的截止确认、存货的各个存放地点及金额等。

（3）参加存货监盘人员的分工。

注册会计师应当根据被审计单位参加存货盘点人员分工、分组情况，存货监盘工作量的大小和人员素质情况，确定参加存货监盘的人员组成以及各组成人员的职责和具体的分工情况，并加强督导。

（4）检查存货的范围。

注册会计师应当根据对被审计单位存货盘点和对被审计单位内部控制的评价结果确定检查存货的范围。在实施观察程序后，如果认为被审计单位内部控制设计良好且得到有效实施，存货盘点组织良好，可以相应缩小实施检查程序的范围。

（三）存货监盘程序

在存货盘点现场实施监盘时，注册会计师应当实施下列审计程序：

1. 评价管理层用以记录和控制存货盘点结果的指令和程序

注册会计师需要考虑这些指令和程序是否包括下列方面：

（1）适当控制活动的运用，例如，收集已使用的存货盘点记录，清点未使用的存货盘点表单，实施盘点和复盘程序；

（2）准确认定在产品的完工程度，如流动缓慢（呆滞）、过时及毁损的存货项目，以及第三方拥有的存货（如寄存货物）；

（3）在适用的情况下用于估计存货数量的方法，如可能需要估计煤堆的重量；

（4）对存货在不同存放地点之间的移动以及截止日前后期间出入库的控制。

一般而言，被审计单位在盘点过程中停止生产并关闭存货存放地点以确保停止存货的移动，有利于保证盘点的准确性。但特定情况下，被审计单位可能由于实际原因无法停止生产或收发货物。此时，被审计单位可适当运用控制程序加以解决，如在仓库内划分出独立的过渡区域、将预计在盘点期间领用的存货移至过渡区域、将盘点期间办理入库手续的存货暂时存放在过渡区域，以此确保相关存货只被盘点一次。

2. 观察管理层制定的盘点程序的执行情况

在实施存货监盘程序时，注册会计师可以通过询问管理层以及阅读被审计单位的盘点计划，根据被审计单位的具体情况考虑其无法停止存货移动的原因及其合理性，依据重大错报的评估结果，观察被审计单位有关存货移动的控制程序是否得到有效执行。

3. 存货的截止测试

此外，注册会计师可以获取有关截止性信息（如存货移动的具体情况）的复印件，有助于日后对存货移动的会计处理实施审计程序。具体来说，注册会计师一般应当获取盘点日前后存货收发及移动的凭证，检查库存记录与会计记录期末截止是否正确。注册会计师在对期末存货进行截止测试时，通常应当关注截止日前后出入库的存货项目。在盘点范围内的存货项目有：所有在截止日以前入库并已反映在截止日以前的会计记录中的存货项目；任何在截止日以后装运出库且已包括在截止日的存货账面余额中的存货项目；所有已记录为购货并已反映在会计记录中，但尚未入库的存货项目。注册会计师在实施以上审计程序时，需要依托被审计单位平时是否对在途存货和直接向顾客发运的存货做出适当的会计处理。

注册会计师通常可观察存货的验收入库地点和装运出库地点以执行截止测试。在存货入库和装运过程中采用连续编号的凭证时，注册会计师应当关注截止日期前的最后编号。如果被审计单位没有使用连续编号的凭证，注册会计师应当列出截止日期以前的最后几笔装运和入库记录。如果被审计单位使用运货车厢或拖车进行存储、运输或验收入库，注册会计师应当详细列出存货场地上满载和空载的车厢或拖车，并记录各自的存货状况。

4. 检查存货

在存货监盘过程中检查存货，虽然不一定能确定存货的所有权，但有助于确定存货的存在，以及识别过时、毁损或陈旧的存货。注册会计师应当把所有过时、毁损或陈旧存货的详细情况记录下来，这既便于进一步追查这些存货的处置情况，也能为测试被审计单位存货跌价准备计提的准确性提供证据。

5. 执行抽盘

在对存货盘点结果进行测试时，注册会计师可以从存货盘点记录中选取项目追查至存货实物，以及从存货实物中选取项目追查至盘点记录，以获取有关盘点记录准确性和完整性的审计证据。需要说明的是，注册会计师应尽可能避免让被审计单位事先了解将抽盘的存货项目。除记录注册会计师对存货盘点结果进行的测试情况外，获取管理层完成的存货盘点记录的复印件也有助于注册会计师日后实施审计程序，以确定被审计单位的期末存货记录是否准确地反映了存货的实际盘点结果。

注册会计师在实施抽盘过程中发现差异，很可能表明被审计单位的存货盘点在准确性或完整性方面存在错误。由于检查的内容通常仅仅是已盘点存货中的一部分，所以在检查中发现的错误很可能意味着被审计单位的存货盘点还存在着其他错误。一方面，注册会计师应当查明原因，并及时提请被审计单位更正；另一方面，注册会计师应当考虑错误的潜在范围和重大程度，在可能的情况下，扩大检查范围以减少错误的发生。注册会计师还可要求被审计单位重新盘点。重新盘点的范围可限于某一特殊领域的存货或特定盘点小组。

（四）需要特别关注的情况

1. 存货盘点范围

在被审计单位盘点存货前，注册会计师应当观察盘点现场，确定应纳入盘点范围的存货是否已经适当整理和排列，并附有盘点标识，防止遗漏或重复盘点。对未纳入盘点范围的存货，注册会计师应当查明未纳入的原因；对所有权不属于被审计单位的存货，注册会计师应当取得有关资料，观察这些存货的实际存放情况，确保其未被纳入盘点范围。即使在被审计单位声明不存在受托代存存货的情形下，注册会计师在存货监盘时也应当关注是否存在某些存货不属于被审计单位的迹象，以避免盘点范围不当。

2. 对特殊类型存货的监盘

对某些特殊类型的存货而言，被审计单位通常使用的盘点方法和控制程序并不完全适用。这些存货通常或者没有标签，或者其数量难以估计，或者其质量难以确定，或者盘点人员无法对其移动实施控制。在这些情况下，注册会计师需要运用职业判断，根据存货的实际情况，设计恰当的审计程序，对存货的数量和状况获取审计证据，如表 10 - 4 所示。

表 10 - 4　　　　　　　　　　　　特殊类型存货的监盘程序

存货类型	潜在问题	可供实施的审计程序
木材、钢筋盘条、管子	通常无标签，但在盘点时会做上标记或用粉笔标识。 难以确定存货的数量或等级	检查标记或标识。 利用专家或被审计单位内部有经验人员的工作
堆积型存货（如糖、煤、钢废料）	通常既无标签也不做标记。 在估计存货数量时存在困难	运用工程估测、几何计算、高空勘测，并依赖详细的存货记录。 如果堆场中的存货堆不高，可进行实地监盘，或通过旋转存货堆加以估计
使用磅秤测量的存货	在估计存货数量时存在困难	在监盘前和监盘过程中均应检验磅秤的精准度，并留意磅秤的位置移动与重新调校程序。 将检查和重新称量程序相结合。 检查称量尺度的换算问题
散装物品（如贮窖存货，使用桶、箱、罐、槽等容器储存的液体、气体、谷类粮食、流体存货等）	在盘点时通常难以识别和确定。 在估计存货数量时存在困难。 在确定存货质量时存在困难	使用容器进行监盘或通过预先编号的清单列表加以确定。 使用浸蘸、测量棒、工程报告以及依赖永续存货记录。 选择样品进行化验与分析，或利用专家的工作
贵金属、石器、艺术品与收藏品	在存货辨认与质量确定方面存在困难	选择样品进行化验与分析，或利用专家的工作
生产纸浆用木材、牲畜	在存货辨认与数量确定方面存在困难。 可能无法对此类存货的移动实施控制	通过高空摄影以确定其存在，对不同时点的数量进行比较，并依赖永续存货记录

3. 存货监盘结束时的工作

在被审计单位存货盘点结束前，注册会计师应当：

（1）再次观察盘点现场，以确定所有应纳入盘点范围的存货是否均已盘点。

（2）取得并检查已填用、作废及未使用盘点表单的号码记录，确定其是否连续编号，查明已发放的表单是否均已收回，并与存货盘点的汇总记录进行核对。注册会计师应当根据自己在存货监盘过程中获取的信息对被审计单位最终的存货盘点结果汇总记录进行复核，并评估其是否正确地反映了实际盘点结果。

如果存货盘点日不是资产负债表日，注册会计师应当实施适当的审计程序，确定盘点日与资产负债表日之间存货的变动是否已得到恰当的记录。

（五）特殊情况的处理

1. 在存货盘点现场实施存货监盘不可行

知识拓展
农业类上市公司年报的审计风险点

在某些情况下，如存货性质和存放地点等因素，造成实施存货监盘不可行。此时注册会计师应当实施替代审计程序（如检查盘点日后出售盘点日之前取得或购买的特定存货的文件记录），以获取有关存货的存在和状况的充分、适当的审计证据。

但在其他一些情况下，如果不能实施替代审计程序，或者实施替代审计程序可能无法获取有关存货的存在和状况的充分、适当的审计证据，注册会计师需要按照《中国注册会计师审计准则第 1502 号——在审计报告中发表非无保留意见》的规定发表非无保留意见。

2. 因不可预见的情况导致无法在存货盘点现场实施监盘

如不可抗力的因素导致注册会计师无法到达存货存放地实施存货监盘，或是气候因素导致存货无法观察（如木材被积雪覆盖）。如果由于不可预见的情况无法在存货盘点现场实施监盘，注册会计师应当另择日期实施监盘，并对间隔期内发生的交易实施审计程序。

3. 由第三方保管或控制的存货

如果由第三方保管或控制的存货对财务报表是重要的，注册会计师应当实施下列一项或两项审计程序，以获取有关该存货存在和状况的充分、适当的审计证据：

（1）向持有被审计单位存货的第三方函证存货的数量和状况。

（2）实施检查或其他适合具体情况的审计程序。根据具体情况（如获取的信息使注册会计师对第三方的诚信和客观性产生疑虑），注册会计师可能认为实施其他审计程序是适当的。其他审计程序可以作为函证的替代程序，也可以作为追加的审计程序。

其他审计程序的示例包括：

①实施或安排其他注册会计师实施对第三方的存货监盘（如可行）；

②获取其他注册会计师或服务机构注册会计师针对用以保证存货得到恰当盘点和保管的内部控制的适当性而出具的报告；

③检查与第三方持有的存货相关的文件记录，如仓储单；

④当存货被作为抵押品时，要求其他机构或人员进行确认。

考虑到第三方仅在特定时点执行存货盘点工作，在实务中，注册会计师可以事先考虑实施函证的可行性。如果预期不能通过函证获取相关审计证据，可以事先计划和安排存货监盘等工作。

此外，注册会计师可以考虑由第三方保管存货的商业理由的合理性，以进行存货相关风险（包括舞弊风险）的评估，并计划和实施适当的审计程序，例如检查被审计单位和第三方所签署的存货保管协议的相关条款、复核被审计单位调查及评价第三方工作的程序等。

【知识拓展 10－2】

改善海洋养殖企业存货盘点程序和方法的建议

海水养殖企业存货是生物资产，数量多、分布广；生产周期长，周转率低；价值不确定性高；生产过程不透明等是该类生物资产的特征。生物资产的盘点一度成为各大会计师事务所的难题，而因存货盘点的不到位，致使存货成为海水养殖企业财务舞弊关键点的案例屡见报端。可见，生物资产的盘点程序和方法应当重设。

一方面，对实地盘点程序进行更严密的设计。比如，海水养殖企业可考虑用信息技术的手段进行第三方见证存货盘点。盘点的时候，用信息技术的方式把影像保存下来，能减少存货盘点造假的可能性，也能为存货盘点提供重要的佐证。同时，可考虑引入外部审计师等第三方机构参与整个盘点过程。由第三方机构指定潜水人员，保密盘点地点、航路等信息，提高样本点选择的随机性，实时监控潜水员水下活动。

另一方面，引入新的盘点方法。比如可借鉴《北京注册会计师协会专家委员会专家提示第 8 号——生态养殖淡水产品审计盘点解析》提出的账面历史记录盘点方法，即收集存货永续账面记录，包括苗种购买记录、投放苗种记录、日常监测记录、捕捞记录等，采用回归分析法找出与账面历史成本最为相关的要素，然后再通过数理推导出本期末的理论账面成本，和实际账面成本进行对比分析。但是这一盘点方法对存货账面永续记录的完整性、真实性要求很高。

通过账面历史记录进行盘点涉及数理分析方法的运用，专业化程度较高，海水养殖企业可借助国家海洋局 2012 年《关于公布海域评估机构推荐名录的通知》推荐的 25 家入选海域评估机构的专家工作实施这一盘点程序。

资料来源：陈子晗. 海水养殖企业存货内部控制问题研究——以 A 公司为例 [D]. 北京：中国财政科学研究院，2016.

四、存货计价测试

基于前述的监盘程序确定存货实物数量和永续盘存记录中的数量是否一致，再针对被审计单位所使用的存货单位成本以及存货跌价准备计提是否正确进行测试，进而验证财务报表上存货余额的真实性。由于存货计价方法多种多样，注册会计师在对存货的计价实施细节测试之前，通常先要了解被审计单位本年度的存货计价方法与以前年度是否保持一致。如发生变化，变化的理由是否合理，是否经过适当的审批，应加以关注。

（一）存货单位成本测试

1. 原材料单位成本测试

针对原材料的单位成本，注册会计师通常基于企业的原材料计价方法（如先进先出法、加权平均法等），结合原材料的历史购买成本，测试其账面成本是否准确，测试程序包括核对原材料采购的相关凭证（主要是与价格相关的凭证，如合同、采购订单、发票等）以及验证原材料计价方法的运用是否正确。

2. 产成品和在产品的单位成本测试

针对产成品和在产品的单位成本，注册会计师需要对成本核算过程实施测试，包括直接材料成本测试、直接人工成本测试、制造费用测试和生产成本在当期完工产品与在产品之间分配的测试四项内容，具体如下：

（1）直接材料成本测试。

直接材料成本的审计一般应从审阅原材料和生产成本明细账入手，抽查有关的材料领用凭证，依据企业的成本制度，验证企业产品直接耗用材料的数量、计价和材料费用分配是否真实、合理。其实质性程序主要包括：

①抽查产品成本计算单，检查直接材料成本的计算是否正确，材料费用的分配标准与计算方法是否合理和适当，是否与材料费用分配汇总表中该产品分摊的直接材料费用相符。

②检查直接材料耗用数量的真实性，有无将非生产用材料计入直接材料成本。

③分析比较同一产品前后各年度的直接材料成本，看是否有重大波动。若有，应查明原因。

④抽查材料发出及领用的原始凭证，检查领料单的签发是否经过授权，材料发出汇总表是否经过适当的人员复核，材料单位成本计价方法是否恰当，计算是否正确并及时入账。

⑤对采用定额成本或标准成本的企业，应检查直接材料成本差异的计算、分配与会计处理是否正确，并查明直接材料的定额成本、标准成本在本年度内有无重大变更。

（2）直接人工成本测试。

①抽查产品成本计算单，检查直接人工成本的计算是否正确，人工费用的分配标准与计算方法是否合理和适当，是否与人工费用分配汇总表中该产品分摊的直接人工费用相符。

②将本年度直接人工成本与前期进行比较，查明其异常波动的原因。

③分析比较本年度各个月份的人工费用发生额，如有异常波动，应查明原因。

④结合应付职工薪酬的审查，抽查人工费用会计记录及会计处理是否正确。

⑤对采用标准成本法的企业，应抽查直接人工成本差异的计算、分配与会计处理是否正确，并查明直接人工的标准成本在本年度内有无重大变更。

（3）制造费用测试。

获取样本的制造费用分配汇总表、按项目分列的制造费用明细账、与制造费用分配标准有关的统计报告及其相关原始记录，作如下检查：

①制造费用分配汇总表中，样本分担的制造费用与成本计算单中的制造费用核对是否相符；

②制造费用分配汇总表中的合计数与样本所属成本报告期的制造费用明细账总计数核对是否相符；

③制造费用分配汇总表选择的分配标准（机器工时数、直接人工工资、直接人工工时数、产量等）与相关的统计报告或原始记录核对是否相符；

④对费用分配标准的合理性作出评估；

⑤如果企业采用预计费用分配率分配制造费用，则应针对制造费用分配过多或过少的差额，检查其是否作了适当的账务处理；

⑥如果企业采用标准成本法，则应检查样本中标准制造费用的确定是否合理，计入成本计算单的数额是否正确，制造费用差异的计算与账务处理是否正确，并注意标准制造费用在当年度有无重大变更。

（4）生产成本在当期完工产品与在产品之间分配的测试。

①检查成本计算单中在产品数量与生产统计报告或在产品盘存表中的数量是否一致；

②检查在产品约当产量计算或其他分配标准是否合理；
③计算复核样本的总成本和单位成本。

（二）存货跌价准备测试

由于企业对期末存货采用成本与可变现净值孰低的方法计价，所以注册会计师应充分关注企业对存货可变现净值的确定及存货跌价准备的计提。一方面，识别需要计提跌价准备的存货项目。注册会计师在存货监盘过程中必须对存货的质量或其性能进行适当的审查，以确定存货的质量情况是否符合销售和使用的要求，其质量等级是否与会计账簿上记载的价值相匹配，是否存在陈旧、滞销或毁损现象。另一方面，对可变现净值的确定是否合理进行判断。可变现净值是指企业在日常活动中存货的估计售价减去至完工时估计将要发生的成本、估计的销售费用以及相关税费后的金额。企业确定存货的可变现净值，应当以取得的确凿证据为基础，并且考虑持有存货的目的以及资产负债表日后事项的影响等因素。注册会计师应抽样检查可变现净值确定的依据，相关计算是否正确。

拓展案例

Z公司虾夷扇贝二度"出走"①

2014年10月30日晚间，位于大连长海县的上市公司Z公司发布公告称，因北黄海遭到几十年一遇异常的冷水团，公司在2011年和部分2012年播撒的100多万亩即将进入收获期的虾夷扇贝绝收。受此影响，Z公司前三季业绩"大变脸"，由预报盈利变为亏损约8亿元，全年预计大幅亏损。

事隔三年，2018年1月30日晚间，Z公司发公告存货异常，对虾夷扇贝存货计提跌价准备或核销处理，预计2017年全年亏损5.3亿~7.2亿元。此前三季报中，Z公司曾预计全年将盈利9 000万~1.1亿元。

处罚决定书
Z公司处罚决定书

自20世纪90年代末起的各大财务造假案中，上市公司存在的一个共性均是隶属于农业类。农业类上市公司在进行生产经营时，对气候环境的超强依赖性，也往往成为一些上市公司的造假条件之一。审计农业类上市公司不同于普通制造类企业，能够直接进入车间、仓库等地进行实地勘察盘点。在Z公司案例中，存货盘点仍采用永续盘存制，而作为消耗性生物资产的虾夷扇贝的存货盘点，也主要是进行抽测，根据抽点的统计来测算整体海域的存货情况。

对于生物资产究竟该实施怎样的审计程序，才能放心地对资产的真实性、价值的合理性发表意见？Z公司的存货损失事件，就给我们提供了很好的经验教训。该案的D会计师事务所也举行了专项说明会，"我们10月这次大约花了1个月时间盘点，由于大浪等原因，会计师只有3天能下海去监盘"。105万亩，30天，会计师去了3天。这意味着会计师可能只掌握了不到10%的情况，基于如此，现场监测的会计师意见难以令人信服。

那么，对于农林牧渔类公司的审计，由于存货的特殊性，对其如何实施盘点程序，对

①　笔者根据相关资料整理。

事务所来说，一直是个难题。结合本章所学知识，查阅相关文献资料，说说生产与存货循环审计的程序和主要方法，针对生物资产盘点提出新的见解。

本章思政元素梳理

作为企业重要的流动资产，存货可以很"方便"地粉饰公司的财务状况，达到降低销售成本、增加营业利润的目的。这往往成为上市公司舞弊造假的"重要领域"。且近年来财务舞弊手法也逐渐从会计操纵类"升级"为交易造假类舞弊（黄世忠等，2020）。交易造假类舞弊更为隐蔽，所涉范围更广，影响更大。从 Z 公司的公司治理结构看，自上市以来，高管频繁变动，属 A 股史上罕见的情形。可见 Z 公司的内控治理存在重大缺陷，管理层整体出现了诚信危机，即使高薪也留不住高管。从 Z 公司最后的处罚决定书看，仍然沿用旧《证券法》的条款。而 2019 年发布的新《证券法》第一百九十七条规定，信息披露义务人报送的报告或者披露的信息有虚假记载、误导性陈述或者重大遗漏的，责令改正，给予警告，并处以一百万元以上一千万元以下的罚款；对直接负责的主管人员和其他直接责任人员给予警告，并处以五十万元以上五百万元以下的罚款。发行人的控股股东、实际控制人组织、指使从事上述违法行为，或者隐瞒相关事项导致发生上述情形的，处以一百万元以上一千万元以下的罚款；对直接负责的主管人员和其他直接责任人员，处以五十万元以上五百万元以下的罚款。作为财务的主要负责人，未能及时提醒高管舞弊的后果，及时止损，而是与公司高管一齐造假，与财务人员的"德不配位"直接相关。会计职业道德，尤其是不做假账，提供真实、可靠的财务信息是最基本的职业操守。财务人员的品德、价值观和职业道德直接关系着工作单位资金、资产的安全以及财务报告的真实可靠。

同时，《中国注册会计师职业道德守则第 1 号——职业道德基本原则》明确，注册会计师应当遵循客观公正原则，公正处事，实事求是，不得由于偏见、利益冲突或他人的不当影响而损害自己的职业判断。如果存在对职业判断产生过度不当影响的情形，注册会计师不得从事与之相关的职业活动。在面对困境或困难时，应有坚持正确行为的决心，实事求是。例如，Z 公司扇贝盘点时，对于生物资产相对于其他资产盘点的变化和困难，注册会计师应当保持警觉，且正视困难，运用专业能力进行职业判断，坚持自己的立场，要求会计师事务所求助外援，实施理性且掌握充分信息的第三方测试；或是与 Z 公司管理层沟通，要求 Z 公司配合进行，适当质疑 Z 公司的盘点计划，这样做才有利于注册会计师秉持职业怀疑的态度行事，而不是随波逐流，形式化审计，最终出具不恰当的审计报告，注册会计师被深交所点名质疑，毁坏职业声誉。

本章中英文
关键词汇

习题演练

本章推荐
阅读书目

第十一章 货币资金审计

引导案例

K 公司超百亿元现金去哪了[①]

2019 年 1 月，A 股市场出现一场让人摸不着头脑的"有钱还不起债"的闹剧。上市公司 K 公司财报显示，2015～2017 年末，该公司账面货币资金分别为 100.87 亿元、153.89 亿元、185.04 亿元，占总资产比例分别为 54.92%、58.24%、54.01%，同期有息负债（短期借款＋长期借款＋应付债券）分别为 50.59 亿元、57.05 亿元、110.05 亿元，同期发生的财务费用分别为 3.05 亿元、2.30 亿元、5.53 亿元。截至 2018 年第三季度末，公司流动资产合计 253 亿元，其中货币资金高达 150 亿元。账面上有大量现金，却持续举债融资，甚至还不起 15 亿元超短期融资券，令投资者感到困惑。

早在 2018 年 5 月，深交所就对 K 公司账面存有巨额资金却大规模举债的"不正常"行为下发过问询函，其中提出了 19 个问题，且多数涉及资金问题。2019 年 1 月 16 日，深交所再次要求 K 公司说明账面货币资金 150.14 亿元的存放地点、存在大额货币资金却债券违约的原因，并自查是否存在财务造假情形。K 公司以回复工作量太大为由，延期回复深交所的问询函。直至 2019 年 5 月 7 日回复中小板关注函时称公司有 122 亿元存在北京银行某支行（以下简称"某支行"）。然而，某支行却回函称"账户余额为 0"。百亿元资金不翼而飞？

原来公司称 K 公司与大股东 K 投资集团和北京银行某支行违规签订了《现金管理合作协议》，根据《现金管理业务合作协议》，K 投资集团与 K 公司及下属 3 家子公司的账户可以实现上拨下划功能。因此，K 投资集团有机会从其自有账户提取 K 公司及下属 3 家子公司账户上拨的款项。但是，由于 K 公司及下属 3 家子公司自己账户的对账单并不反映账户资金被上拨的信息，也没有内部划转的原始材料，所以公司及 3 家子公司无法知悉是否已经发生了与 K 投资集团的内部资金往来，即上市公司与控股股东在资金管理和使用上产生了混同。持股 24% 的大股东 K 投资集团可以随时取走上市公司 K 公司账户中的钱，坐实 K 公司存在大股东占用资金情况。

而负责这几年 K 公司审计的 R 会计师事务所（以下简称"R 所"）自然难逃其责，也被中国证监会启动了调查程序。R 所在 2015～2017 年为 K 公司开出了"标准无保留意

---

① 笔者根据相关新闻整理。

见",在 2019 年初 K 公司曝出债券违约事件后,才对该公司 2018 年年报做出"无法表示意见"。R 所 4 年时间收取了 K 公司总计 840 万元的审计费,却没有发现 K 公司 119 亿元的财务造假。

K 公司舞弊的决心、金融机构的配合、会计师事务所的庇护三重因素造就了 A 股财务造假的巅峰巨制。如何整治这一现象成为当前资本市场的重大课题。那么何为货币资金审计?是否严格执行相关审计程序后即可保证货币资金真实存在、完整披露?

第一节　货币资金审计概述

货币资金审计
思维导图

货币资金是企业资产的重要组成部分,是企业资产中流动性最强、控制风险最高的一种资产。同时,资金作为一种主要的流通手段,商品属性致使它容易被盗窃、贪污、挪用等。任何企业进行生产经营活动都必须拥有一定数量的货币资金,持有货币资金是企业生产经营活动的基本条件,是衡量企业购买能力和偿债能力的重要标志,关乎企业的命脉。货币资金主要来源于投资者投入、债权人借款和企业经营累积,主要用于日常经营活动中资产的取得和费用的结付。总的来说,只有保持健康的、正的现金流,企业才能够继续生存;如果出现现金流逆转迹象,产生了不健康的、负的现金流,长此以往,企业将会陷入财务困境,将无法持续健康经营下去。

根据货币资金存放地点及用途的不同,货币资金分为库存现金、银行存款及其他货币资金。库存现金是指存放于企业,用于日常零星支付的小额现金;银行存款则是指企业存放于银行或其他金融机构的未指定用途的货币资金;其他货币资金即为除库存现金、银行存款以外的各种货币资金,包括外埠存款、银行本票存款、银行汇票存款、信用卡存款、信用保证金存款、存出投资款等。按照国家有关规定,除了在规定范围内可以用现金直接支付的款项外,在经营过程中发生的一切货币收支业务都必须通过银行存款账户进行核算。

一、货币资金与业务循环

前沿知识
数字人民币:货币资金新类别

任何企业的生产经营活动均以资金的投入开始。以工业企业为例,首先将货币资金转变成储备资金,因生产开展的需要又将储备资金转化成生产资金;生产活动结束将生产资金转化为成品资金,再通过成品销售回笼资金,经由成本补偿确定利润,最终进行利润分配,部分资金流出企业,部分资金重新投入再生产,循环往复。

货币资金与各业务循环均直接相关,如图 11-1 所示。图中依据每个循环中与货币资金的收付相关的业务列示,并未包含每个循环中的所有业务。

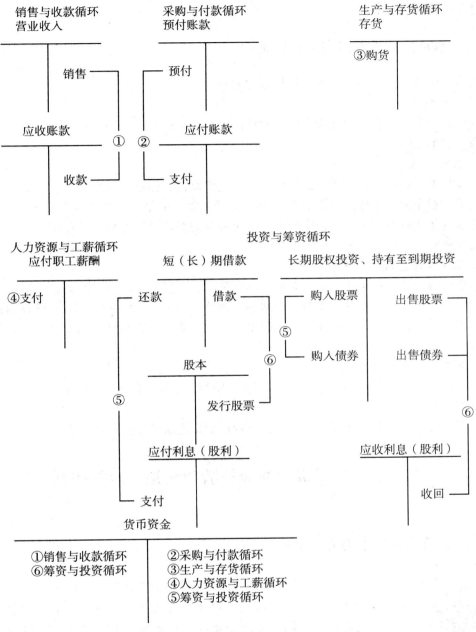

图 11-1 货币资金与业务循环的关系

从关系图中可见，企业中的各个业务循环均有货币资金的流动记录，货币资金审计不应局限于本章所探讨的货币资金直接收付业务，而应贯穿于企业审计的整个过程。如在销售与收款循环进行的审计测试中，通过检查企业销售是否开票、开票金额是否正确等程序发现企业货币资金的余额是否正确；在采购与付款循环执行审计程序过程中，通过供应商款项的支付次数检查、支付程序的遵循情况测试，确保货币资金的安全和完整等。这样才能将关系货币资金流动的来龙去脉理清楚，不仅从金额上确保审计无误，还可从企业的内部管理层面发现问题。

二、涉及的主要单据和会计记录

货币资金审计涉及的单据和会计记录主要有：

1. 现金盘点表

库存现金盘点表是反映现金账实核对情况的重要书面文件，一般由出纳以外的人员进行盘点，出纳及审计人员监盘。

2. 银行对账单

企业日常资金流动过程中，出纳要进行日记账登记，而银行同样有企业钱款进出的流水记录单。对于同一个账户，企业账与银行记录所得出的最终余额应该是一致的。因此，银行存款的账实核对需通过银行定期提供的对账单与企业日记账核对，在证实企业业务往来的同时核对企业账户中资金的使用情况。

3. 银行存款余额调节表

当企业银行存款日记账与银行对账单不相符时，一般存在两种情况：记账错误或是存在未达账项。所谓未达账项，即两种之间的不相符是由于双方记账的时间差导致的，并非存在错误。对于这种情况，企业需要编制银行存款余额调节表调整日记账余额与对账单余额之间的差异。

4. 有关科目的记账凭证

如库存现金收款凭证、库存现金付款凭证、银行存款收款凭证及银行存款付款凭证等。

5. 有关会计账簿

如库存现金日记账、库存现金总账、银行存款日记账及银行存款总账。

第二节　货币资金的业务活动和相关内部控制

一、货币资金的主要业务活动

在进行货币资金审计之前，有必要首先了解企业货币资金日常的主要业务活动，才能在制订审计计划时有的放矢，提高审计效率。然而，企业之间因行业、规模及政策管制不同，每个企业的会计制度及相关业务程序不尽相同，因此本章选择以一般制造型企业为例，在其他业务循环已介绍过货币资金相关审计事项的基础上，补充介绍企业中与货币资金业务相关的主要业务活动，如现金盘点、银行存款余额调节表的编制等。

审计案例与
思政元素
Y公司的货币资
金之谜

（一）现金管理

现金是存放于企业中，由出纳专门保管的资产，现金支付是企业最直接的支付手段，也最容易发生被盗窃、贪污和挪用等，因此在日常核算上，主要采取序时核算（日记账登记）、每日盘点等方法。

出纳员每日根据报销等业务收付现金，根据现金收付凭证登记出纳登记簿或现金日记账。每日编制现金日报表，计算当日现金收入、支出及结余额，同时清点库存现金实有数，并将日报表的结余额与实际库存额进行核对，保证账实相符。会计主管不定期检查现金日报表。

每月末，会计主管指定出纳员以外的人员对现金进行盘点，但出纳必须在场，编制库存现金盘点表，将盘点金额与现金日记账月末余额进行核对。对冲抵库存现金的借条、未提现支票、未做报销的原始票证，在库存现金盘点报告表中予以注明。会计主管复核库存现金盘点表，若发现现金溢余或短缺，应查明原因，报经批准后处理。

（二）银行存款管理

企业银行存款管理活动主要包括银行账户管理、银行存款余额调节表的编制、票据管理、印章管理等方面。

1. 银行账户管理

按照国家有关规定，凡是独立核算的单位都必须在当地银行开立账户。企业银行账户的开立、变更或注销须经财务经理审核，报总经理审批。以网上交易、电子支付等方式办理资金支付业务的企业，应当与承办银行签订网上银行操作协议，明确双方在资金安全方面的责任与义务、交易范围等。操作人员应当根据操作授权和密码进行规范操作。

2. 编制银行存款余额调节表

与现金存放于企业中不一样，银行存款存放于银行或其他金融机构中。因此，对于银行存款的盘点一般采取对账方式，即将出纳人员日常所登记的银行存款日记账与银行或其他金融机构出具的该企业银行账户对账单相核对，确保账实相符。而这个对账工作一般由会计主管指定出纳员以外的人员进行，针对对账中出现的账实不符情况，编制银行存款余额调节表，通过对未达账项的调整，使银行存款账面余额与银行对账单调节相符。如若调节不符，应及时发现单位或银行记账上的差错，加以更正。会计主管复核银行存款余额调节表，对需要进行调整的调节项目及时进行处理。

使用网上交易、电子支付方式的企业办理资金支付业务，不应因支付方式的改变而随意简化、变更所必需的授权审批程序。企业在严格实行网上交易、电子支付操作人员不相容岗位相互分离控制的同时，应当配备专人加强对交易和支付行为的审核。

3. 票据管理

货币资金收支业务都要涉及票据和财务印章，因此，对票据和印章的管理就显得格外重要。财务部门应有票据购买、领用等环节的职责权限和处理程序制度，设置银行票据登记簿，防止票据遗失或盗用。出纳员登记银行票据的购买、领用、背书转让及注销等事项。空白票据存放在保险柜中。科学管理因填写、开具失误或其他原因导致作废的法定票据。每月末，会计主管指定出纳员以外的人员对空白票据、未办理收款和承兑的票据进行盘点，编制银行票据盘点表，并与银行票据登记簿进行核对。会计主管复核库存银行票据盘点表，如果存在差异，需查明原因。

4. 印章管理

企业的财务专用章应当由专人保管，如财务经理保管，办理相关业务中使用的个人名章应当由本人或其授权人员保管；如由出纳员保管，不得由一个人保管支付款项所需的全部印章。

二、货币资金内部控制概述

为了确保货币资金的安全与完整，企业必须加强对货币资金的管理，建立良好的货币资金内部控制，以确保货币资金的收付符合国家的有关规定，合理保证货币资金的会计记录真实、可靠、完整；库存现金、银行存款报告正确，并得以恰当保管；科学预测企业正常经营所需的货币资金收支额，提高企业资金运用效率和增值率。

由于每个企业的性质、所处行业、规模以及内部控制健全程度的不同，企业需根据国家有关法律法规的规定，结合本部门或系统有关货币资金内部控制的规定，建立适合本单位业务特点和管理要求的货币资金内部控制，并组织实施。但总体而言，企业货币资金内部控制一般包括：

（一）岗位分工及授权批准制度

1. 岗位分工控制

企业应当建立货币资金业务的岗位责任制，明确相关部门和岗位的职责权限，确保办理货币资金业务的不相容岗位相互分离、制约和监督，配备合格的人员办理货币资金业务，定期轮换岗位人员。如负责货币资金收支和保管的出纳人员不得兼任稽核、会计档案保管和收入、支出、费用、债权债务账目的登记工作，不得同时保管所有印章。企业不得由一人办理全过程的货币资金业务。

2. 授权审批制度

（1）企业应当对货币资金业务建立严格的授权审批制度，明确审批人对货币资金业务的授权批准方式、权限、程序、责任和相关控制措施，规定经办人办理货币资金业务的职责范围和工作要求。

（2）审批人应当根据货币资金授权批准制度的规定，在授权范围内进行审批，不得超越审批权限。经办人应当在职责范围内，按照审批人的批准意见办理货币资金业务。

（3）对于审批人超越授权范围审批的货币资金业务，经办人员有权拒绝办理，并及时向审批人的上级授权部门报告。

3. 业务程序规范化

企业应当按照规定的程序办理货币资金支付业务。

（1）支付申请。企业有关部门或个人用款时，应当提前向审批人提交货币资金支付申请，注明款项的用途、金额、预算、支付方式等内容，并附有效经济合同或相关证明。

（2）支付审批。审批人根据其职责、权限和相应程序对支付申请进行审批，审核付款业务的真实性、付款金额的准确性，以及申请人提交票据或者证明的合法性，严格监督资金支付。对不符合规定的货币资金支付申请，审批人应当拒绝批准。

（3）支付复核。财务部门收到经审批人审批签字的相关凭证或证明后，应再次复核业务的真实性、金额的准确性，以及相关票据的齐备性、相关手续的合法性和完整性，并签字认可。复核无误后，交由出纳人员办理支付手续。

（4）办理支付。出纳人员应当根据复核无误的支付申请，按规定办理货币资金支付手续，及时登记库存现金和银行存款日记账。

4. 集体决策和审批

企业对于重要货币资金支付业务，应当实行集体决策和审批，并建立责任追究制度，防范贪污、侵占、挪用货币资金等行为。

5. 货币资金接触制度

严禁未经授权的机构或人员办理货币资金业务或直接接触货币资金。

（二）货币资金控制

1. 现金控制

（1）企业应根据国家有关规定，除了按规定限额保留库存现金以外，超过库存限额的现金应及时存入银行。企业必须根据《现金管理暂行条例》的规定，结合本企业的实际情况，确定本企业现金的开支范围。不属于现金开支范围的业务应当通过银行办理转账结算。

（2）企业现金收入应当及时存入银行，不得从企业的现金收入中直接支付（即坐支）。因特殊情况需坐支现金的，应事先报经开户银行审查批准，由开户银行核定坐支范围和限额。企业借出款项必须执行严格的授权批准程序，严禁擅自挪用、借出货币资金。

（3）企业取得的货币资金收入必须及时入账，不得私设"小金库"，不得账外设账，严禁收款不入账。

（4）企业应当定期和不定期地进行现金盘点，确保现金账面余额与实际库存相符。发现不符，及时查明原因并作出处理。

2. 银行存款控制

（1）企业应当严格按照《支付结算办法》等国家有关规定，加强银行账户的管理，严格按照规定开立账户，办理存款、取款和结算。银行账户的开立应当符合企业经营管理实际需要，不得随意开立多个账户，禁止企业内设管理部门自行开立银行账户。

企业应当定期检查、清理银行账户的开立及使用情况，发现问题应及时处理。同时加强对银行结算凭证的填制、传递及保管等环节的管理与控制。

（2）企业应当严格遵守银行结算纪律，不准签发没有资金保证的票据或远期支票，套取银行信用；不准签发、取得和转让没有真实交易和债权债务的票据，套取银行和他人资金；不准违反规定开立和使用银行账户。

（3）企业应当指定专人定期核对银行账户（每月至少核对一次），编制银行存款余额调节表，使银行存款账面余额与银行对账单调节相符。如调节不符，应查明原因，及时处理。

出纳人员一般不得同时从事银行对账单的获取、银行存款余额调节表的编制工作。确需出纳人员办理上述工作的，应当指定其他人员定期进行审核、监督。

以网上交易、电子支付等方式办理资金支付业务的企业，应当与承办银行签订网上银行操作协议，明确双方在资金安全方面的责任与义务、交易范围等。操作人员应当根据操作授权和密码进行规范操作。使用网上交易、电子支付方式的企业办理资金支付业务，不应因支付方式的改变而随意简化，变更所必需的授权审批程序。企业在严格实行网上交易、电子支付操作人员不相容岗位相互分离控制的同时，应当配备专人加强对交易和支付行为的审核。

（三）票据及有关印章控制

（1）企业应当加强与货币资金相关的票据的管理，明确各种票据的购买、保管、领用、背书转让、注销等环节的职责权限和程序，并专设登记簿进行记录，防止空白票据的遗失和被盗用。

（2）企业因填写、开具失误或者其他原因导致作废的法定票据，应当按规定予以保存，不得随意处置或销毁。对超过法定保管期限、可以销毁的票据，在履行审核手续后进行销毁，但应当建立销毁清册并由授权人员监销。

（3）企业应当专门登记票据的转交情况；对收取的重要票据，应留有复印件并妥善保管；不得跳号开具票据，不得随意开具印章齐全的空白支票。

（4）企业应当加强银行预留印鉴的管理。按规定需要有关负责人签字或盖章的经济业务，必须严格履行签字或盖章手续。

（四）监督检查制度

货币资金内部控制制度完善与否，不仅需要建立一套行之有效的制度，还需要辅之以监督检查制度，及时发现企业货币资金内部控制制度的运行缺陷，以确保企业货币资金的安全完整。因此，企业应当将对货币资金内部控制制度执行情况的监督检查纳入内部审计部门的职责范围，定期和不定期地进行检查。对监督检查过程中发现的货币资金内部控制中的薄弱环节，应当及时采取措施，加以纠正和完善。

货币资金监督检查的内容主要包括：

（1）货币资金业务相关岗位及人员的设置情况。重点检查是否存在货币资金业务不相容岗位职责未分离的现象。

（2）货币资金授权批准制度的执行情况。重点检查货币资金支出的授权批准手续是否健全，是否存在越权审批行为。

（3）支付款项印章的保管情况。重点检查是否存在办理付款业务所需的全部印章交由一人保管的现象；是否存在手续不完整的付款事项。

（4）票据的保管情况。重点检查票据的购买、领用、保管手续是否健全，票据保管是否存在漏洞。

审计准则
中国注册会计师
审计准则问题解
答第 12 号——
货币资金审计

第三节　货币资金的重大错报风险

审计人员依据前述货币资金内部控制的要点，重点了解被审计单位是否存在不相容岗位不分离、授权审批制度不健全、业务程序不规范等内部控制不完善的现象，在对其固有风险进行评估后，审计人员还应本着谨慎性原则对货币资金账户和交易（存在认定、完整性认定、权利和义务认定、计价和分摊认定、列报认定）所涉及的控制风险作出初步评估，宁可高估风险。如果控制风险不可接受，审计人员应该不实施控制测试，直接进行实质性程序。

一、货币资金可能发生错报的环节

与货币资金相关的财务报表项目主要为库存现金、银行存款、应收（付）款项、短（长）期借款、财务费用、长期投资等。以一般制造业为例，与库存现金、银行存款相关的交易和余额可能发生错报的环节如表 11 – 1 所示。

表 11 – 1　　　　　　　　　　制造业货币资金可能发生错报的环节

项目	相关认定
（1）被审计单位资产负债表货币资金项目中的库存现金和银行存款在资产负债表日不存在	存在
（2）被审计单位所有应当记录的现金收支业务和银行存款收支业务未得到完整记录，存在遗漏	完整性
（3）被审计单位的现金收款通过舞弊手段被侵占	完整性
（4）记录的库存现金和银行存款不为被审计单位所拥有或控制	权利与义务
（5）库存现金和银行存款的金额未被恰当地包括在财务报表的货币资金项目中，与之相关的计价调整未得到恰当记录	计价与分摊
（6）库存现金和银行存款未按照企业会计准则的规定在财务报表中作出恰当列报	列报

以上错报环节是货币资金审计的重点，审计人员需要设计相关程序识别应对可能发生错报环节的内部控制。为评估与货币资金的交易、余额和列报相关的认定的重大错报风险，使得计划实施的审计程序更加有效，审计人员需要事先充分了解被审计单位中与货币资金相关的内部控制，这些控制主要是为防止、发现并纠正相关认定发生重大错报的固有风险（即可能发生错报环节）而设置的。

二、识别与货币资金相关的重大错报风险

在评价货币资金业务的交易、账户余额和列报的认定层次的重大错报风险时，审计人员通常运用职业判断，依据因货币资金业务的交易、账户余额和列报的具体特征而导致重大错报风险的可能性（即固有风险），以及风险评估是否考虑了相关控制（即控制风险），形成对与货币资金相关的重大错报风险的评估，进而影响进一步审计程序。

货币资金业务交易、账户余额和列报的认定层次的重大错报风险可能包括：

（1）被审计单位存在虚假的货币资金余额或交易，因而导致银行存款余额的存在性或交易的发生存在重大错报风险。

（2）被审计单位存在大额的外币交易和余额，可能存在外币交易或余额未被准确记录的风险。例如，对于有外币现金或外币银行存款的被审计单位，企业有关外币交易的增减变动或年底余额可能因未采用正确的折算汇率而导致计价错误（计价和分摊/准确性）。

（3）银行存款的期末收支存在大额的截止性错误（截止）。例如，被审计单位期末存在金额重大且异常的银付企未付、企收银未收事项。

（4）被审计单位可能存在未能按照企业会计准则的规定对货币资金作出恰当披露的风险。例如，被审计单位期末持有使用受限制的大额银行存款，但在编制财务报表时未在财务报表附注中对其进行披露。

在实施货币资金审计的过程中，如果被审计单位存在以下事项或情形，审计人员需要保持警觉：

（1）被审计单位的现金交易比例较高，并与其所在行业常用的结算模式不同；

（2）库存现金规模明显超过业务周转所需资金；

（3）银行账户开立数量与企业实际的业务规模不匹配；

（4）在没有经营业务的地区开立银行账户；

（5）企业资金存放于管理层或员工个人账户；

（6）货币资金收支金额与现金流量表不匹配；

（7）不能提供银行对账单或银行存款余额调节表；

（8）存在长期或大量银行未达账项；

（9）银行存款明细账存在非正常转账的"一借一贷"；

（10）违反货币资金存放和使用规定（如上市公司未经批准开立账户转移募集资金、未经许可将募集资金转作其他用途等）；

（11）存在大额外币收付记录，而被审计单位并不涉足外贸业务；

（12）被审计单位以各种理由不配合审计人员实施银行函证。

除上述与货币资金项目直接相关的事项或情形外，审计人员在审计其他财务报表项目时，还可能关注到其他一些也需保持警觉的事项或情形。例如：

（1）存在没有具体业务支持或与交易不相匹配的大额资金往来；

（2）长期挂账的大额预付款项；

（3）存在大额自有资金的同时，向银行高额举债；

（4）付款方账户名称与销售客户名称不一致、收款方账户名称与供应商名称不一致；

（5）开具的银行承兑汇票没有银行承兑协议支持；

（6）银行承兑票据保证金余额与应付票据余额比例不合理。

当被审计单位存在以上事项或情形时，可能表明存在舞弊风险。

第四节　货币资金的控制测试

一、了解被审计单位货币资金内部控制

制度重在执行。审计人员在了解货币资金的内部控制制度时，不仅应关注企业是否建

立了货币资金内部控制，还应重点检查企业对已建立制度的执行情况。因此审计人员除了可以通过审阅以前年度审计工作底稿、利用以往的审计经验外，通常实施以下程序了解与货币资金相关的内部控制：

（1）询问参与货币资金业务活动的被审计单位人员，如销售部门的业务员、采购部门的采购人员及财务部门的相关人员。

（2）观察货币资金业务流程中特定控制的执行，例如观察被审计单位货币资金期末盘点是如何进行的。

（3）检查相关文件和报告，例如检查银行存款余额调节表是否恰当编制以及其中的调节项是否经会计主管的恰当复核等。

（4）选择若干具有代表性的交易和事项进行穿行测试。所谓穿行测试，即追踪货币资金业务在财务报告信息系统中的处理过程。穿行测试通常综合了询问、观察、检查、重新执行等多种程序。通过实施穿行测试，审计人员通常能获取充分的信息以评价控制的设计和执行。例如，选取一笔已收款的银行借款，追踪该笔交易从借款预算审批直至收到银行借款的整个过程。详见表 11 - 2。

表 11 - 2　　　　　　　　　　　货币资金内部控制测试表

被审计单位名称：		签名	日期	索引号	
项目：货币资金	编制人			页次	
会计期间：	复核人				
调查问题	答案				
	是	弱	否	不适用	
一、现金控制					
1　经办人员办理有关现金业务是否得到批准					
2　经办人员是否在现金收支原始凭证上签字					
3　业务部门负责人是否审签现金收支原始凭证					
4　会计主管或指定人员是否审签现金收支原始凭证					
5　收付款记账凭证是否连续编号					
6　作废的收款收据是否加盖"作废"戳记					
7　付款凭证是否经过会计主管或指定人员复核					
8　出纳员是否根据记账凭证收付现金并登记日记账					
9　出纳员是否在原始凭证上加盖"收讫"戳记					
10　现金是否存放在保险柜等安全设施中					
11　现金支票、印鉴是否分别由专人保管					
12　出纳员是否同时负责凭证编制及账簿登记工作					

续表

调查问题		答案			
		是	弱	否	不适用
13	收付款凭证是否经过稽核人员复核				
14	全公司所有的现金存放点是否在财务部门的直接控制下				
15	分管会计是否根据记账凭证登记相关明细账				
16	出纳员是否每日清点库存现金并与现金日记账结余额核对				
17	超过库存限额的现金是否当日送存银行				
18	每日收入是否及时存入银行				
19	月末清点小组是否按期盘点库存现金并与现金账相核对				
20	现金清点余缺是否报告负责人审批处理				
21	收款、记账、稽核、核对职务是否由不同人员担任				
二、银行存款控制					
1	业务人员办理有关银行存款业务是否得到授权批准				
2	经办人员是否在银行存款收支原始凭证上签字				
3	业务部门负责人是否审签银行存款收支原始凭证				
4	是否采用银行管理方式				
5	是否有完整的资产存入、调剂、有偿使用、总体调度的管理制度				
6	材料采购、固定资产购置等付款事项是否经验收部门同意				
7	会计主管或指定人员是否审签银行存款结算原始凭证				
8	支票等结算凭证是否连续编号并按顺序使用				
9	作废的支票是否加盖"作废"戳记				
10	收付款项之后是否在原始凭证上加盖"收讫"或"付讫"戳记				

续表

	调查问题	答案			
		是	弱	否	不适用
11	财务专用章、签发支票印章和财务负责人印章是否分别保管				
12	财务部门是否安排专门人员复核记账凭证及所附的结算凭证和原始凭证				
13	财务部门是否评价银行存款结算原始凭证				
14	出纳员是否根据经过复核的收付记账凭证逐笔登记银行存款日记账				
15	会计人员是否根据经过复核的收付记账凭证登记相应明细账				
16	银行存款总账科目是否由总账会计登记				
17	银行存款日记账是否与银行对账单逐笔核对				
18	银行存款余额调节表是否由非出纳员编制并核对				
19	是否由非记账人员定期核对银行存款日记账及存款明细账、总账				
20	结算、记账、稽核、核对职务是否由不同人员担任				
测试结论：					

资料来源：陆迎霞.审计学 ［M］.上海：上海财经大学出版社，2013：259-260.

（一）库存现金内部控制

由于现金是企业流动性最强的资产，加强现金管理对于保护企业资产安全完整具有重要的意义。良好的现金内部控制应该达到以下几点：第一，现金收支与记账的岗位分离；第二，现金收支要有合理、合法的凭据；第三，全部收入及时准确入账，并且现金支出应严格履行审批、复核制度；第四，控制现金坐支，当日收入现金应及时送存银行；第五，按月盘点现金，以做到账实相符；第六，对现金收支业务进行内部审计。

（二）银行存款内部控制

一般而言，一个良好的银行存款的内部控制同库存现金的内部控制类似，应达到以下几点：

（1）银行存款收支与记账的岗位分离；

（2）银行存款收支要有合理、合法的凭据；

（3）全部收支及时准确入账，全部支出要有核准手续；

（4）按月编制银行存款余额调节表，以做到账实相符；

（5）加强对银行存款收支业务的内部审计。

按照我国现金管理的有关规定，超过规定限额以上的现金支出一律使用支票。因此，企业应建立相应的支票申领制度，明确申领范围、申领批准及支票签发、支票报销等。对于支票报销和现金报销，企业应建立报销制度。报销人员报销时应当有正确的报批手续、适当的付款凭据，有关采购支出还应具有验收手续。会计部门应对报销单据加以审核，出纳员见到加盖核准戳记的支出凭据后方可付款。付款应及时登记入账，相关凭证应按顺序或内容编制并作为会计记录的附件。

二、初步评价货币资金内部控制的风险

通过以上方法和途径进行调整了解后，审计人员就会对被审计单位的内部控制有较为深入的认识。在此基础上，审计人员可用文字说明的方法（中小型企业适用）、货币资金内部控制流程图或调查表形式（大型企业适用）描述被审计单位的内部控制情况，对被审计单位的内部控制做出初步评价。

对货币资金内部控制进行初步评价常用的方法是运用货币资金内部控制调查表，逐项调查结果判断被审计单位实际的货币资金内部控制制度是否达到了上文所列的标准，以评价被审计单位货币资金内部控制的健全程度和执行情况。

如果审计人员发现：（1）内部控制制度执行不到位，制度形同虚设；（2）内部控制失败；（3）难以对内部控制的有效性作出评估，存在以上其中一种情况，即可认为被审计单位的货币资金内部控制制度不可信，审计的控制风险很高，因此可以不对被审计单位的货币资金内部控制制度进行控制测试，而直接进行实质性程序。

相反，如果通过上述的审计程序，审计人员发现：（1）内部控制制度执行到位，合理保证企业目标实现；（2）关键控制点未出现内控失败现象；（3）制度本身不存在重要缺陷，同时达到以上标准，即可认为被审计单位的货币资金内部控制制度是值得信赖的，可以对被审计单位的货币资金内部控制制度进行控制测试以应对识别出的重大错报风险。对控制薄弱的环节，可作为实质性程序的重点。

三、货币资金内部控制测试

如果在了解被审计单位的内部控制，初步评价企业的内部控制运行是有效的，或仅实

施实质性程序不能够提供认定层次充分、适当的审计证据时，审计人员应当实施控制测试，以就与认定相关的控制在相关期间或时点的运行有效性获取充分、适当的审计证据。如果在了解被审计单位的内部控制后，初步评价其内部控制无效，或是审计人员决定直接对货币资金采取实质性审计方案，就无须实施货币资金的内部控制测试程序。

（一）库存现金控制测试

基于已识别的重大错报风险环节，审计人员选取拟测试的控制并实施控制测试。对库存现金的控制测试，一般包括抽查凭证、检查日记账与相关账户的记录、现金盘点等环节。

1. 抽取并审查现金收款凭证

为测试现金收款的内部控制，审计人员应基于一个良好的现金内部控制应做到的标准，根据企业的凭证类别的设置情况，将现金收款凭证归类，选取适当的样本量，作如下审查：（1）核对所抽的凭证是否均已正确过账；（2）核对现金收款与其对应账户（如其他应收款账户）的有关记录是否相符；（3）将凭证与后附的原始凭证核对等。

2. 抽取并检查现金付款凭证

为测试现金付款内部控制的有效性，审计人员应依据企业凭证类别的设置情况，对现金付款凭证归类并选取适当的样本量，基于一个良好的现金内部控制应达到的标准，作如下审查：（1）审查付款的授权批准手续是否符合规定；（2）将凭证记录与日记账记录核对；（3）核对现金付款凭证与其对应账户（如其他应付款账户）的记录是否一致；（4）核对记账凭证与原始凭证的记录是否一致。

3. 检查一定期间的库存现金日记账与相关账户的记录

审计人员应抽取一定期间的库存现金日记账，检查日记账与总账之间是否做到平行登记，即同方向、同内容、同金额登记；检查某一时点的日记账记录与其对应账户的记录是否相符。

（二）银行存款控制测试

审计人员对银行存款内部控制的测试与现金的内部控制测试可同时进行，如抽查凭证、检查一定期间的日记账及其相关账户的记录等程序是相同的。除此之外，银行存款内部控制测试还包括：

1. 关注企业银行账户的开立、变更和注销情况

基于前述关于银行账户的开立、变更和注销的内部控制要求，审计人员可以实施以下控制测试程序：（1）询问会计主管关于被审计单位本年开户、变更、撤销的整体情况；（2）取得本年度账户开立、变更、撤销申请项目清单，检查清单的完整性，并在选取适当样本的基础上检查账户的开立、变更、撤销项目是否已经财务经理和总经理审批。

2. 抽取并检查一定期间的银行存款余额调节表

为验证银行存款记录的正确性，审计人员必须抽取一定期间的银行存款余额调节表，以查验其是否按月正确编制并经复核。审计程序主要包括：（1）针对选取的样本，检查银行存款余额调节表，查看调节表中记录的企业银行存款日记账余额是否与银行存款日记账余额保持一致、调节表中记录的银行对账单余额是否与被审计单位提供的银行对账单中的余额保持一致；（2）针对调节项目，检查是否经会计主管签字复核；（3）针对大额未达账项进行期后收付款的检查。

第五节　库存现金审计

审计人员根据库存现金控制测试的结果（即内部控制运行是否有效），确定从控制测试中已获得的审计证据及其保证程度，进而适当调整审计计划，确定实质性程序的性质、时间安排和范围。

一、库存现金审计目标

库存现金包括人民币现金和外币现金，是企业的实物资产。对库存现金审计时，首先应确定其存在性，即被审计单位资产负债表的货币资金项目中所包含的库存现金是否确实存在，金额是否正确；是否符合资产的定义，即是否为被审计单位所拥有或控制；其次，现金收付业务是企业经营业务中的主要环节，频繁收支是否得到了恰当准确的记录，有无遗漏现象；最后确定库存现金是否在财务报表中恰当列报。

二、库存现金的实质性程序

根据重大错报风险的评估结果和从控制测试（如有实施）中所获取的审计证据和保证程度，审计人员就银行存款实施的实质性程序可能包括：

1. 将库存现金日记账与总账相核对

审查库存现金时，一般以库存现金日记账上所记录的余额为基础进行账账核对、账实核对。因此，审计人员首先应确定日记账余额是否与总账余额相符，如果不相符，应查明原因进行调整，为后续的账实核对提供依据。

2. 监盘库存现金

库存现金的账账核对结果，仅是账面余额的确定。而对于实物性资产，账实核对是证实资产负债表中所列库存现金是否存在的一项重要程序。企业盘点库存现金，通常包括对已收到但未存入银行的现金、零用金、找换金等的盘点。盘点时间和人员应视被审计单位的具体情况而定，但现金保管员（出纳）和会计主管人员必须参加，并由审计人员进行监盘，有必要时审计人员要进行复盘。监盘库存现金的步骤与方法主要有：

（1）查看被审计单位制订的监盘计划，以确定监盘时间和人员。对库存现金的监盘最好实施突击性的检查，时间最好选择在上午上班前或下午下班时。盘点人员由会计主管指定出纳员以外的人员担任，监盘范围一般包括企业各部门经管的现金。在进行盘点前应由出纳员将现金集中起来存入保险柜。所有的库存现金、可流通的票据和有价证券应置于审计人员的控制之下，必要时可加以封存，然后由出纳员把已办妥现金收付手续的收付款凭证登入现金日记账。

（2）查阅库存现金日记账并同时选取一定期间与现金收付款凭证相核对。一方面检查库存现金日记账的记录与凭证内容和金额是否相符；另一方面了解凭证日期与库存现金日记账日期是否相符或相近。

（3）盘点人员通过填写"库存现金监盘表"检查被审计单位现金实存数，对于存在冲抵库存现金的借条、未提现支票、未作报销的原始凭证等项目，必要时被审计单位应调整实存数，最后将该实存数与库存现金日记账余额进行核对，做到账实核对。如有差异，应要求被审计单位查明原因，必要时应提请被审计单位作出调整；如无法查明原因，应要求被审计单位按管理权限批准后作出调整。

（4）一般而言，现金盘点日在资产负债表日之后，因此审计人员还需根据资产负表日至盘点日所有现金收支倒推计算出资产负债表日金额。倒推计算需要验证现金收支的截止日期。通常审计人员可以对资产负债表日前后一段时期内现金收支凭证进行审计，以确定是否存在跨期事项。

3. 根据重要性原则抽查库存现金收付凭证

审计人员应根据金额的大小或业务性质确定抽查范围。如审计人员一般应抽查大额现金收付凭证，检查其后附的原始凭证是否齐全、原始凭证内容是否完整、授权批准手续是否完整、记账凭证与原始凭证是否相符、账务处理是否正确、是否记录于恰当的会计期间等各项内容。如有与被审计单位生产经营业务无关的收支事项，应查明原因，并作相应的记录。

4. 检查库存现金是否在财务报表中作出恰当列报

根据会计准则规定，库存现金在资产负债表的"货币资金"项目中反映，审计人员应在实施上述审计程序后，确定"库存现金"账户的期末余额是否恰当，进而确定库存现金是否在资产负债表中恰当披露。

第六节　银行存款审计

审计人员根据银行存款控制测试的结果（即内部控制运行是否有效），确定从控制测试中已获得的审计证据及其保证程度，进而适当调整审计计划，确定实质性程序的性质、时间安排和范围。

一、银行存款审计目标

银行存款是指企业存放在银行或其他金融机构的货币资金。企业在日常结算中，除了在国家规定的范围内可以用现金直接支付外，经营过程中的其他业务均须通过银行存款账户进行结算。可见，银行存款收付业务相当频繁。银行存款审计是货币资金审计中的重中之重。

银行存款的审计目标主要包括：（1）确定被审计单位资产负债表的货币资金项目中的银行存款在资产负债表日是否确实存在，是否为被审计单位所拥有或控制；（2）抽选某一期间，确定被审计单位在该期间应当记录的银行存款收支业务是否均已记录完毕，有无遗漏；（3）确定银行存款的余额是否正确；（4）确定银行存款是否在财务报表中恰当列报。

二、银行存款的实质性程序

根据重大错报风险的评估结果和从控制测试（如有实施）中所获取的审计证据和保证程度，审计人员就银行存款实施的实质性程序可能包括：

1. 将银行存款日记账与总账相核对

审查银行存款时，一般以银行存款日记账上所记录的余额为基础进行账账核对、账实核对。因此，审计人员首先应确定日记账余额是否与总账余额相符，如果不相符，应查明原因进行调整，为后续的账实核对提供依据。

2. 审查银行存款余额调节表

取得并检查银行存款余额调节表，一方面可以确定银行存款是否存在；另一方面可以确定银行存款的余额。审计人员对银行存款余额调节表的审计主要包括：

（1）检查调节表中加计数是否正确，调节后银行存款日记账余额与银行对账单余额是否一致。

（2）调查未达账项的真实性。对于企业已收付、银行尚未入账的事项，检查相关收付款凭证，并取得期后银行对账单，确认未达账项是否真实存在，银行是否已于期后入账；对于银行已收付、企业尚未入账的事项，检查期后企业入账的收付款凭证，确认未达账项是否存在，如果企业的银行存款余额调节表存在大额或较长时间的未达账项，注册会计师应关注是否存在挪用资金等事项，必要时提请被审计单位进行调整。

（3）特别关注银付企未付、企付银未付中支付异常的领款事项，包括没有载明收款人、签字不全等支付事项，确认是否存在舞弊。

3. 函证银行存款余额

银行存款也属于企业的实物资产，期末除了做到账账核对外，还须账实核对。银行存款账实核对主要通过以被审计单位名义向银行或其他金融机构等往来单位发出询证函的方式进行。通过函证程序，审计人员不仅可以了解企业银行存款是否真实存在，还可了解被审计单位账面反映所欠银行债务的情况，并有助于发现企业未入账的银行借款和未披露的或有负债。

审计准则
银行函证及回函
工作操作指引

函证范围应包括被审计单位在本年存过款的所有银行，账户范围不仅包括有余额的账户，还应包括零余额账户和在本期内注销的账户。除此之外，对于被审计单位其他与金融机构往来的重要信息（如借款等）也需要实施函证程序。除非有充分证据表明某一银行存款、借款及与金融机构往来的其他重要信息对财务报表不重要且与之相关的重大错报风险很低。如果不对这些项目实施函证程序，注册会计师应当在审计工作底稿中说明理由。

以下列示的是银行询证函的通用格式。

银行询证函

_____（银行）：

　　本公司聘请的_____会计师事务所正在对本公司____年度（或期间）的财务报表进行审计，按照中国注册会计师执业准则的要求，应当询证本公司与贵行相关往来信息。下列数据出自本公司账簿记录，如与贵行记录相符，请在本函下端"结论"部分签章证明；如有不符，请在本函"结论"处列明不符项目及具体内容，并签字和盖章。有关询证费用可直接从本公司_____账户中收款。本公司谨授权贵行回函直接寄至_____会计师事务所。地址及联系方式如下：

　　回函地址：

　　联系人：　　　　　　　　　电话：　　　　　　　　　　传真：

　　电子邮箱：

　　截至____年__月__日，本公司与贵行相关往来信息列示如下（此处仅列举银行存款、借款两项的询证范例）：

银行存款

账户名称	银行账号	币种	利率	账户类型	余额	起止日期	是否用于担保或存在其他限制	备注

　　除上述列示的银行存款外，本公司并无在贵行的其他存款。

　　注："起止日期"一栏仅适用于定期存款，如为活期或保证金存款，可只填写"活期"或"保证金"字样。"账户类型"列明账户性质，如基本户、一般户等。

银行借款

借款人名称	银行账号	币种	余额	借款日期	还款日期	利率	抵（质）押品/担保人	备注

　　除上述列示的银行借款外，本公司并无来自贵行的其他借款。

　　注：如存在本金或利息逾期未付行为，在"备注"栏中予以说明。

　　自____年__月__日起至____年__月__日期间内注销的账户

账户名称	银行账号	币种	注销账户日

除上述列示的注销账户外，本公司在此期间并未在贵行注销其他账户。

结论：

经本行核对，所函证项目与本行记载信息相符。特此函复。

年　月　日

经办人：　　　　　　　职务：　　　　　　　电话：

复核人：　　　　　　　职务：　　　　　　　电话：

（银行盖章）

经本行核对，存在以下不符之处。

年　月　日

经办人：　　　　　　　职务：　　　　　　　电话：

复核人：　　　　　　　职务：　　　　　　　电话：

（银行盖章）

说明：

（1）本询证函（包括回函）中所列信息应严格保密，仅用于注册会计师审计目的。

（2）本函应由被审计单位加盖骑缝章。

4. 抽查大额银行存款收支

审计人员应抽查大额银行存款收支的原始凭证，检查其内容是否完整，记账凭证与原始凭证是否相符，有无授权批准，计算是否正确，凭证所反映的经济业务是否真实，凭证的编制是否正确等，并核对相关账户的进账情况。如有与被审计单位生产经营业务无关的收支事项，应查明原因并作相应的记录。应特别注意检查被审计单位与关联方之间的任何大额或不寻常的付款业务。

5. 检查银行存款收支的截止是否正确

被审计单位资产负债表上的银行存款的数额，应以结账日实有数额为准。因此，选取资产负债表日前后一段时期内银行存款收支凭证若干张、一定金额以上的凭证实施截止测试，以确定是否存在跨期收支事项。同时审计人员应关注企业签发票据的情况，被审计单位年终前开出的支票，不得在年后入账。因此，审计人员应当清点支票及支票存根，确定各银行账户最后一张支票的号码，同时查实该号码之前的所有支票均已交付被审计单位的有关客户。且通过银行编制的资产负债表日后 7～10 天为截止日的银行对账单，查验是否存在支票实际兑现日期离签发日期过长的现象及是否存在挪用补空的现象。

6. 检查银行存款是否在财务报表中作出恰当列报

根据企业会计准则规定，企业的银行存款、库存现金、其他货币资金通常合并为一项列示在"货币资金"项目中。对于存在质押、冻结等对变现有限制或存在境外的款项，不符合流动资产的变现特征，不得在该项目列报披露。所以，审计人员应在实施上述审计程序后，确定银行存款账户的期末余额是否恰当，进而确定银行存款是否在资产负债表中恰当披露。

第七节　其他货币资金的实质性程序

注册会计师在对其他货币资金实施审计程序时，通常可能需要特别关注以下事项：

（1）保证金存款的检查，检查开立银行承兑汇票的协议或银行授信审批文件。可以将保证金账户对账单与相应的交易进行核对，根据被审计单位应付票据的规模合理推断保证金数额。检查信用证的开立协议与保证金是否相符，检查保证金与相关债务的比例是否与合同约定一致，特别关注是否存在有保证金发生而被审计单位无对应保证事项的情形。

（2）对于存出投资款，跟踪资金流向，并获取董事会决议等批准文件、开户资料、授权操作资料等。如果投资于证券交易业务，通常结合相应金融资产项目审计，核对证券账户户名是否与被审计单位相符，获取证券公司证券交易结算资金账户的交易流水，抽查大额的资金收支，关注资金收支的账面记录与资金流水是否相符。

（3）检查因互联网支付留存于第三方支付平台的资金。了解是否开立支付宝、微信等第三方支付账户，如是，获取相关开户信息资料，了解其用途和使用情况，获取与第三方支付平台签订的协议，了解第三方平台使用流程等内部控制，比照验证银行存款或银行交易的方式对第三方平台支付账户函证交易发生额和余额（如可行）。获取第三方支付平台发生额及余额明细，在验证这些明细信息可靠性的基础上（如观察被审计单位人员登录并操作相关支付平台导出信息的过程，核对界面的真实性，核对平台界面显示或下载的信息与提供给注册会计师的明细信息的一致性等），将其与账面记录进行核对，对大额交易考虑实施进一步的检查程序。

拓展案例

300 亿元失踪的 K 帝国[①]

被称作中药概念龙头的 K 药业成立已经有 20 多年，上市时间超过 18 年。2010 年以来的现金流均呈现正常上涨态势。2013 年的年报中，将其描述为"首次进入中国企业 500 强，连续 8 年上榜中国制药业百强"。2014 年、2015 年 K 药业的营业收入和净利润均在增长，营业收入分别达到了 159.49 亿元、180.66 亿元；归属于上市公司股东的净利润分别为 22.85 亿元、27.56 亿元，同比增长超 20%。

不过，2014 年度，K 药业经营现金流量与业绩出现了背离。根据 K 药业发布的年度报告，公司 2012 年、2013 年、2014 年经营活动产生的现金流量净额分别为 10 亿元、

---

① 笔者根据相关新闻整理。

16.74 亿元、11.32 亿元，在 2014 年度，公司经营活动产生的现金流量净额同比下滑 32.37%。到了 2015 年度，公司经营活动产生的现金流量净额只有 5 亿元，同比下滑 55.06%。为了维持上市资格，2016 年和 2017 年的经营活动现金流净额和业绩（归母净利润以及营收）通过一系列与现金相关的财务操作维持了靓丽的双增长。实际"造血"能力已经严重恶化的 K 药业通过各种融资融券手段，出现了货币资金的高企，货币资金科目由 2015 年末的 158.2 亿元增至 2016 年末的 273.3 亿元，2017 年末的货币资金更是高达 341.5 亿元。2018 年 K 药业被媒体报道"货币现金高、存贷双高、大股东股票质押比例高和中药材贸易毛利率高"等相关内容。K 药业对此发布了澄清公告。

某专业人士分析 K 药业的澄清公告，于 2018 年 10 月 15 日首发了《K 药业究竟有没有谎言》，对 K 药业的资金真实性、经营现金流、存货高企等问题进行了质疑。2018 年 10 月中旬，K 药业股价开始连续跌停。跌停后，K 药业又发布了澄清公告，使业界疑心更大。

随后，该专业人士又对此提出质疑，主要原因是公司明确表示了资金用途，但是完全不符合短贷短投的商业逻辑。最终，随着 K 药业 2018 年年报的披露，事情终于浮出水面，300 亿元银行存款说没就没了。回头看，K 药业股价下跌了 70%。

随着证监会的立案调查，K 药业"不翼而飞"的 300 亿元逐渐浮出水面。证监会表示，经查，2016 ~ 2018 年期间，K 药业涉嫌通过仿造、变造增值税发票等方式虚增营业收入，通过伪造、变造大额定期存单等方式虚增货币资金，将不满足会计确认和计量条件的工程项目纳入报表，虚增固定资产等。同时，K 药业涉嫌未在相关年度报告中披露控股股东及关联方非经营性占用资金情况。上述行为致使 K 药业披露的相关年度报告存在虚假记载和重大遗漏。

运用本章学习的相关知识，谈谈你对货币资金财务舞弊的看法，你认为应从哪几个方面发力以整治这一现象，重拾资本市场的信心？

本章思政元素梳理

2001 ~ 2020 年 6 月，证监会及其派出机构对会计师事务所及注册会计师的处罚案件中，在处罚决定中提及营业收入 228 次，占比 26.3%；提及存货及跌价准备 114 次，占比 13.19%；提及货币资金 103 次，占比 11.92%（张文荣和张景瑜，2021）。可见一向被认为最安全、最容易审计、理论上最不可能造假的货币资金科目，已然成为最经常被滥用的三大报表项目之一。而大股东违法违规占用资金在资本市场上时有发生。大股东利用控股权优势，未经股东同意，大量占用资金，且未支付成本。占用资金所获利益归自己享有；如若发生损失，最终无法归还，则由全体股东承担。这种行为不仅给企业造成一定的流动性风险，出现严重的信任危机，而且有可能导致企业破产倒闭，严重损害了中小股东的利益。《证券法》（2019）不仅加大了对此类违法违规行为的罚款力度，对于严重行为者还采取了市场禁入措施。可考虑根据行为表现可适用《刑法》中的"职务侵占罪"和"挪用资金罪"，承担刑事责任。通过提高违法违规成本，制止资金非法占用行为。我们想说的是，上市公司首先要做的就是找回创业的初心，遵纪守法，做好主业，砥砺前行，唯此才能在国内做优、做大、做强，进而在国际舞台上展示中国风采、中国力量。

党的二十大报告指出，弘扬社会主义法治精神，传承中华优秀传统法律文化，引导全体人民做社会主义法治的忠实崇尚者、自觉遵守者、坚定捍卫者。① 多起货币资金舞弊存在企业与信用中介机构、金融机构合谋的现象。这种利益至上、无视法律的侥幸行为，需要加强制度建设加以规范制约，提高违法者的成本。同时，还需培育投资者、债权人等利益相关者的法治精神，学会在国家和社会发展过程中正确行使法律所保障的权利，将法治精神融入投资行为，积极参与监督，捍卫自身获取信息、科学决策以保全资本的权利。

本章中英文
关键词汇

习题演练

本章推荐
阅读书目

---

①　大力弘扬社会主义法治精神［EB/OL］. 江西党史学习教育，https：//www. jxnews. com. cn/xds/system/2022/12/20/019888640. shtml，2022 - 12 - 20.

第十二章 审计报告

引导案例

C公司非标准审计报告案例[①]

C公司全称为上海C科技股份有限公司，公司由上海C科技有限公司于2007年10月12日整体变更设立，设立时注册资本500万元。公司号称是中国国内最早从事晶体硅太阳能电池生产的企业之一，主要生产各种型号、规格的单晶硅、多晶硅太阳能组件和太阳能灯具。2010年11月18日，上海C科技股份有限公司在深圳证券交易所中小板上市，对外发行6600万股，占发行后总股本的25.04%。

晶体硅太阳能电池是国家鼓励发展的战略性新兴产业新能源领域产品，它是一种主要的光伏组件，广泛运用于各种光伏产品。2011年光伏行业进入"寒冬"，C公司陷入亏损。2012年4月24日，公司公布了其2011年年度报告，已连续5年担任C公司审计机构的T会计师事务所对公司2011年财务报告出具了保留意见的审计报告。2013年4月24日，公司公布了2012年年报，新担任审计机构的D会计师事务所对公司2012年财务报告出具了保留意见的审计报告。2014年4月28日，公司公布了2013年年报，第二年担任审计机构的D会计师事务所对公司2013年财务报告出具了无法表示意见的审计报告。

T会计师事务所在对C公司2011年年度财务报告发表审计报告之前，已连续5年担任公司审计机构。公司2010年上市公布的招股说明书所附近三年财务报告是由T会计师事务所发表审计意见，此后该所又作为审计师对公司2010年度财务报告发表了无保留意见标准审计报告。2011年3月18日，公司股东大会决议继续由T会计师事务所担任2011年度审计机构。根据2011年度董事会及监事会报告可知，董事会及监事会认可T会计师事务所对C公司2011年度财务报告出具保留意见的非标准审计报告。之后2012年5月18日召开的2011年度股东大会，也通过了续聘T会计师事务所继续担任公司2012年度审计师的有关决议。

然而，2012年11月12日公司董事会发布公告，宣布T会计师事务所不再担任公司2012年度审计机构，将改聘D会计师事务所为2012年度审计机构。董事会披露变更审计机构的原因是"原审计机构T会计师事务所由于业务发展调整，提出不再担任公司2012年度审计机构"。2012年11月30日召开的第七次临时股东大会也通过了关于改聘会计师事务所的决议，理由是审计机构提出离任，但在年末进行审计机构变更通常被认为是异常

---

① 笔者根据相关资料整理。

的，加上上年度被原审计机构出具了非标准审计报告，公司这一举动也引起有关分析师的质疑。

更为值得注意的是，T会计师事务所担任公司2010年度及2011年度审计机构，审计费用均为60万元，而改聘D会计师事务所后，公司支付的2012年度审计费用增至200万元。增长超过两倍的审计费用，加上糟糕的经营状况，令资本市场有理由怀疑上市公司是否企图向新任审计机构购买对自身有利的审计意见。

第一节　审计报告概述

审计报告
思维导图

审计故事
审计报告的沿革

一、审计报告的含义

审计报告是指注册会计师根据审计准则的规定，在执行审计工作的基础上，对财务报表发表审计意见的书面文件。

审计报告是注册会计师在完成审计工作后向委托人提交的最终产品，具有以下特征：

（1）注册会计师应当按照审计准则的规定执行审计工作。

（2）注册会计师在实施审计工作的基础上才能出具审计报告。

（3）注册会计师通过对财务报表发表意见履行业务约定书约定的责任。

（4）注册会计师应当以书面形式出具审计报告。

注册会计师应当根据由审计证据得出的结论，清楚表达对财务报表的意见。注册会计师一旦在审计报告上签名并盖章，就表明对其出具的审计报告负责。

审计报告是注册会计师对财务报表是否在所有重大方面按照财务报告编制基础编制并实现公允反映发表审计意见的书面文件，因此，注册会计师应当将已审计的财务报表附于审计报告之后，以便于财务报表使用者正确理解和使用审计报告，并防止被审计单位替换、更改已审计的财务报表。

二、审计报告的作用

注册会计师签发的审计报告，主要具有签证、保护和证明三方面的作用。

（一）签证作用

注册会计师签发的审计报告，不同于政府审计和内部审计的审计报告，是以超然独立的第三者身份，对被审计单位财务报表合法性、公允性发表意见。这种意见，具有签证作用，得到了政府、投资者和其他利益相关者的普遍认可。政府有关部门判断财务报表是否合法、公允，主要依据注册会计师的审计报告。企业的投资者，主要依据注册会计师的审计报告来判断被投资企业的财务报表是否公允地反映了财务状况和经营成果，以进行投资决策等。

（二）保护作用

注册会计师通过审计，可以对被审计单位财务报表出具不同类型审计意见的审计报告，以提高或降低财务报表使用者对财务报表的信赖程度，能够在一定程度上对被审计单位的债权人和股东以及其他利害关系人的利益起到保护作用。如投资者为了减少投资风险，在进行投资之前，需要查阅被投资企业的财务报表和注册会计师的审计报告，了解被投资企业的经营情况和财务状况。

（三）证明作用

审计报告是对注册会计师审计任务完成情况及其结果所作的总结，它可以表明审计工作的质量并明确注册会计师的审计责任。因此，审计报告可以对审计工作质量和注册会计师的审计责任起证明作用。例如，是否以审计工作底稿为依据发表审计意见，发表的审计意见是否与被审计单位的实际情况相一致，审计工作的质量是否符合要求。

第二节 审计意见的形成

一、形成审计意见的基础

审计准则
中国注册会计师审计准则第 1501 号——对财务报表形成审计意见和出具审计报告（2022 年 12 月 22 日修订）

2021 年度证券审计市场分析报告

注册会计师应当就财务报表是否在所有重大方面按照适用的财务报告编制基础编制并实现公允反映形成审计意见。为了形成审计意见，针对财务报表整体是否不存在由于舞弊或错误导致的重大错报，注册会计师应当得出结论，确定是否已就此获取合理保证。

在得出结论时，注册会计师应当考虑下列方面：

1. 是否已获取充分、适当的审计证据

按照《中国注册会计师审计准则第 1231 号——针对评估的重大错报风险采取的应对措施》的规定，是否已获取充分、适当的审计证据。

在得出总体结论之前，注册会计师应当根据实施的审计程序和获取的审计证据，评价对认定层次重大错报风险的评估是否仍然适当。在形成审计意见时，注册会计师应当考虑所有相关的审计证据，无论该证据与财务报表认定相互印证还是相互矛盾。

如果对重大的财务报表认定没有获取充分、适当的审计证据，注册会计师应当尽可能获取进一步的审计证据。

2. 被审计单位会计实务的质量

管理层需要对财务报表中的金额和披露做出大量判断。在考虑被审计单位会计实务的质量时，注册会计师可能注意到管理层判断中可能存在的偏向。注册会计师可能认为缺乏中立性产生的累积影响，连同未更正的错报的影响，导致财务报表整体存在重大错报。管理层缺乏中立性可能影响注册会计师对财务报表整体是否存在重大错报的评价。缺乏中立性的迹象包括下列情形：

（1）管理层对注册会计师在审计期间提请其更正的错报进行选择性更正。例如，如果更正某一错报将增加盈利，则对该错报予以更正，反之如果更正某一错报将减少盈利，则对该错报不予更正。

（2）管理层在作出会计估计时可能存在偏向。《中国注册会计师审计准则第1321号——审计会计估计（包括公允价值会计估计）和相关披露》涉及管理层在作出会计估计时可能存在的偏向。在得出某项会计估计是否合理的结论时，可能存在管理层偏向的迹象本身并不构成错报。然而，这些迹象可能影响注册会计师对财务报表整体是否不存在重大错报的评价。

被审计单位会计实务质量的高低主要表现为是否存在重大错报。按照《中国注册会计师审计准则第1251号——评价审计过程中识别出的错报》的规定，在确定未更正错报单独或汇总起来是否构成重大错报时，注册会计师应当考虑：

（1）相对特定类别的交易、账户余额或披露以及财务报表整体而言，错报的金额和性质以及错报发生的特定环境；

（2）与以前期间相关的未更正错报对相关类别的交易、账户余额或披露以及财务报表整体的影响。

3. 评价财务报表的合法性

在评价财务报表是否在所有重大方面按照适用的财务报告编制基础的规定编制时，注册会计师应考虑下面内容：

（1）选择和运用的会计政策是否符合适用的财务报告编制基础，并适合被审计单位的具体情况。会计政策是被审计单位在会计确认、计量和报告中所采用的原则、基础和会计处理方法，被审计单位选择和运用的会计政策既应符合适用的财务报告编制基础，也应适应被审计单位的具体情况。在评价被审计单位选用的会计政策是否恰当时，注册会计师需要关注重要的事项，重要的事项可能包括重要会计项目的会计政策和行业惯例、重大和异常交易的会计处理方法、在新兴领域和缺乏权威性标准或共识的领域采用重要会计政策产生的影响、会计政策的变更等。

评价财务报表是否恰当披露了所选择和运用的重要会计政策时，注册会计师应当考虑会计政策与被审计单位的相关性，以及会计政策是否以可理解的方式予以表述，包括：适用的财务报告编制基础要求包括的所有重要会计政策相关的披露是否均已披露；已披露的重要会计政策是否相关，从而反映在被审计单位经营及环境的特定情况下，适用的财务报告编制基础所规定的确认、计量和列报标准如何运用于财务报表中的各类交易、账户余额和披露；披露的重要会计政策的明晰性。

（2）管理层作出的会计估计是否合理。会计估计是在缺乏精确计量手段的情况下，采用的某项金额的近似值。由于会计估计的主观性、复杂性和不确定性，管理层作出的会计估计发生重大错报的可能性较大。因此，注册会计师应当获取充分、适当的审计证据，以确定根据适用的财务报告编制基础，财务报表中确认或披露的会计估计是否合理，相关披露是否充分。

（3）财务报表列报的信息是否具有相关性、可靠性、可比性和可理解性。作出这一评价时，注册会计师应当考虑：

①应当包含的信息是否均已包含，这些信息的分类、汇总或分解以及描述是否适当；

②财务报表的总体列报（包括披露）是否由于包括不相关的信息或有碍正确理解所披露信息的事项而受到不利影响，包括考虑财务报表中的信息是否以清晰、简洁的形式列报，重要的披露的位置是否能够使披露得以适当的突出显示（例如，当认为被审计单位的特定信息对使用者具有价值时），以及披露的交叉索引是否适当。

（4）财务报表是否作出充分披露，使财务报表预期使用者能够理解重大交易和事项对财务报表所传递的信息的影响。

按照通用目的的编制基础编制的财务报表通常反映被审计单位的财务状况、经营成果和现金流量。基于适用的财务报告编制基础，注册会计师需要评价财务报表是否作出充分披露，以使财务报表预期使用者能够理解重大交易和事项对被审计单位财务状况、经营成果和现金流量的影响。

评价时考虑的事项包括：

第一，财务报表中的信息与被审计单位的具体情况相关的程度。

第二，披露是否充分，以帮助财务报表的预期使用者理解：

①由交易或事项导致的被审计单位潜在资产或负债的性质和范围，这些潜在资产或负债并不满足适用的财务报告编制基础的确认标准（或不确认的标准）；

②交易和事项导致的重大错报风险的性质和范围；

③对列报金额产生影响的方法、假设和判断及其变化，包括相关敏感性分析。

4. 评价财务报表是否实现公允反映

在评价财务报表是否实现公允反映时，注册会计师应当考虑下列内容：

（1）财务报表的整体列报（包括披露）、结构和内容是否合理。

注册会计师针对财务报表是否在列报方面实现公允反映所做的评价是一项职业判断。根据对被审计单位的了解以及在审计过程中获取的审计证据，注册会计师的评价需要考虑被审计单位的事实、具体情况及其变化等。注册会计师的评价还包括考虑为实现公允反映所需的披露。这些披露源于重大事项（即一般来说，如果合理预期错报将影响财务报表使用者依据财务报表整体做出的经济决策，则该错报是重大的），例如，财务报告要求的变化或经济环境的变化。

例如，评价财务报表是否实现公允反映可能包括与管理层和治理层就其选择列报的原因及考虑的替代方案进行讨论。这一讨论举例来说可能包括：①财务报表中的金额汇总或分解的程度，金额或披露的列报的金额是否掩盖了有用的信息，或导致误导性信息；②与适当的行业实务的一致性。

（2）财务报表是否公允地反映了相关交易和事项。

5. 评价财务报表是否恰当提及或说明适用的财务报告编制基础

管理层和治理层（如适用）编制的财务报表需要恰当说明适用的财务报告编制基础。由于这种说明向财务报表使用者告知编制财务报表所依据的编制基础，因此非常重要。只有当财务报表符合适用的财务报告编制基础的所有要求（在财务报表所涵盖的期间内有效）时，声明财务报表按照该编制基础编制才是恰当的。在对适用的财务报告编制基础的说明中使用不严密的修饰语或限定性的语言（如"财务报表实质上符合国际财务报告准则的要求"）是不恰当的，因为这可能误导财务报告使用者。

二、审计意见的类型

注册会计师的目标是在评价根据审计证据得出的结论的基础上，对财务报表形成审计意见，并通过书面报告的形式清楚地表达审计意见（书面形式的审计报告包括以纸质或电子介质形式存在的报告）。

如果认为财务报表在所有重大方面按照适用的财务报告编制基础编制并实现公允反映，注册会计师应当发表无保留意见。无保留意见，是注册会计师认为财务报表在所有重大方面按照适用的财务报告编制基础编制并实现公允反映时发表的审计意见。当存在下列情形之一时，注册会计师应当按照《中国注册会计师审计准则第1502号——在审计报告中发表非无保留意见》的规定，在审计报告中发表非无保留意见：（1）根据获取的审计证据，得出财务报表整体存在重大错报的结论；（2）无法获取充分、适当的审计证据，不能得出财务报表整体不存在重大错报的结论。

如果财务报表没有实现公允反映，注册会计师应当就该事项与管理层讨论，并根据适用的财务报告编制基础的规定和该事项得到解决的情况，决定是否有必要按照《中国注册会计师审计准则第1502号——在审计报告中发表非无保留意见》的规定在审计报告中发表非无保留意见。非无保留意见，是指对财务报表发表的保留意见、否定意见或无法表示意见。

第三节　审计报告的基本内容

审计报告通常包括下列要素：（1）标题；（2）收件人；（3）审计意见；（4）形成审计意见的基础；（5）与持续经营相关的重大不确定性（如适用）；（6）关键审计事项（如适用）；（7）其他信息（如适用）；（8）管理层对财务报表的责任；（9）注册会计师对财务报表审计的责任；（10）按照相关法律法规的要求报告的事项（如适用）；（11）注册会计师的签名和盖章；（12）会计师事务所的名称、地址和盖章；（13）报告日期。

1. 标题

审计报告应当具有标题，统一规范为"审计报告"。

2. 收件人

审计报告的收件人是指注册会计师按照业务约定书的要求致送审计报告的对象，一般是指审计业务的委托人。审计报告应当按照审计业务的约定载明收件人的全称。

注册会计师应当与委托人在业务约定书中约定致送审计报告的对象，以防止在此问题上发生分歧或审计报告被委托人滥用。针对整套通用目的财务报表出具的审计报告，审计报告的致送对象通常为被审计单位的股东或治理层。

3. 审计意见

审计意见部分由两部分构成。第一部分指出已审计财务报表，应当包括下列方面：

（1）指出被审计单位的名称；

（2）说明财务报表已经审计；

（3）指出构成整套财务报表的每一财务报表的名称；

（4）提及财务报表附注；

（5）指明构成整套财务报表的每一财务报表的日期或涵盖的期间。

为体现上述要求，审计报告可说明："我们审计了被审计单位的财务报表，包括［指明适用的财务报告编制基础规定的构成整套财务报表的每一财务报表的名称、日期或涵盖的期间］以及财务报表附注，包括重大会计政策和会计估计。"审计意见涵盖由适用的财务报告编制基础确定的整套财务报表。例如，在许多通用目的的编制基础上，财务报表包括资产负债表、利润表、现金流量表、所有者权益变动表和相关附注（通常包括重大会计政策和会计估计以及其他解释性信息）。

第二部分应当说明注册会计师发表的审计意见。如果对财务报表发表无保留意见，除非法律法规另有规定，审计意见应当使用"我们认为，财务报表在所有重大方面按照［适用的财务报告编制基础（如企业会计准则）］编制，公允反映了【……】"的措辞。审计意见说明财务报表在所有重大方面按照适用的财务报告编制基础编制，公允反映了财务报表旨在反映的事项。例如，对于按照企业会计准则编制的财务报表，这些事项是"被审计单位期末的财务状况、截至期末某一期间的经营成果和现金流量"。需要说明的是，当注册会计师发表无保留意见时，使用"基于上述说明"或"取决于"等措辞是不适当的，因为这暗示是有条件的，或者是对意见的弱化或修改。

4. 形成审计意见的基础

审计报告应当包含标题为"形成审计意见的基础"的部分。该部分提供关于审计意见的重要背景，应当紧接在审计意见部分之后，并包括下列方面：

（1）说明注册会计师按照审计准则的规定执行了审计工作；

（2）提及审计报告中用于描述审计准则规定的注册会计师责任的部分；

（3）声明注册会计师按照与审计相关的职业道德要求对被审计单位保持了独立性，并履行了职业道德方面的其他责任。声明中应当指明适用的职业道德要求，如中国注册会计师职业道德守则；

（4）说明注册会计师是否相信获取的审计证据是充分、适当的，为发表审计意见提供了基础。

5. 与持续经营相关的重大不确定性（如适用）

持续经营是会计的四大基本假设之一，直接影响财务报表的编制基础。按照《中国注册会计师审计准则第 1324 号——持续经营》的规定，注册会计师应当对管理层使用持续经营假设的恰当性得出结论。同时，根据获取的审计证据，就可能导致对被审计单位持续经营能力产生重大疑虑的事项或情况是否存在重大不确定性得出结论。如果注册会计师得出结论认为存在重大不确定性，审计准则要求注册会计师在审计报告中提请报表使用者关注财务报表中的相关披露。如果披露不充分，注册会计师应当发表非无保留意见。与持续经营相关的重大不确定性将如何影响审计意见的决策将在本章第四节讲解。

6. 关键审计事项（如适用）

关键审计事项，是指根据注册会计师的职业判断认为对当期财务报表审计最为重要的事项。为了通过提高已执行审计工作的透明度增加审计报告的沟通价值，2016 年 12 月 23

日，财政部印发了由中国注册会计师协会（以下简称"中注协"）拟订的《中国注册会计师审计准则第1504号——在审计报告中沟通关键审计事项》，明确了注册会计师在审计报告中沟通关键审计事项的责任。该准则适用于对上市实体整套通用目的的财务报表进行审计，以及注册会计师决定或委托方要求在审计报告中沟通关键审计事项的其他情形。如果法律法规要求注册会计师在审计报告中沟通关键审计事项，该准则亦适用。与关键审计事项相关的具体决策将在本章第四节讲解。

7. 其他信息（如适用）

其他信息是指在被审计单位年度报告中包含的除财务报表和审计报告以外的财务信息和非财务信息。在审计业务没有提出专门要求的情况下，审计意见不涵盖其他信息，注册会计师没有专门责任确定其他信息是否得到陈述。但是，如果其他信息与财务报表或者与注册会计师在审计中了解到的情况存在重大不一致，可能表明财务报表或其他信息存在重大错报，两者均会损害财务报表和审计报告的可信性。因此，注册会计师需要阅读其他信息。在阅读时，如果注册会计师识别出似乎存在重大不一致，或者知悉其他信息似乎存在重大错报，应当与管理层讨论该事项，必要时，实施其他程序以确定其他信息是否存在重大错报，财务报表是否存在重大错报，注册会计师对被审计单位及其环境的了解是否需要更新。

如果在审计报告日存在下列两种情况之一，审计报告应当包括一个单独部分，以"其他信息"为标题：对于上市实体财务报表审计，注册会计师已获取或预期将获取其他信息；对于上市实体以外其他被审计单位的财务报表，注册会计师已获取部分或全部其他信息。该部分应包含以下内容：（1）管理层对其他信息负责的说明。（2）指明注册会计师于审计报告日前已获取的其他信息（如有）、对于上市实体财务报表审计预期将于审计报告日后获取的其他信息（如有）。（3）说明注册会计师的审计意见未涵盖其他信息，因此，注册会计师对其他信息不发表（或不会发表）审计意见或任何形式的鉴证结论。（4）描述注册会计师根据准则的要求，对其他信息进行阅读、考虑和报告的责任。

8. 管理层对财务报表的责任

审计报告应当包含标题为"管理层对财务报表的责任"的部分，其中应当说明管理层负责下列方面：

（1）按照适用的财务报告编制基础编制财务报表，使其实现公允反映，并设计、执行和维护必要的内部控制，以使财务报表不存在由于舞弊或错误导致的重大错报。

（2）评估被审计单位的持续经营能力和使用持续经营假设是否适当，并披露与持续经营相关的事项（如适用）。对管理层评估责任的说明应当包括描述在何种情况下使用持续经营假设是适当的。

9. 注册会计师对财务报表审计的责任

审计报告应当包含标题为"注册会计师对财务报表审计的责任"的部分，其中应当包括下列内容：

（1）说明注册会计师的目标是对财务报表整体是否不存在由于舞弊或错误导致的重大错报获取合理保证，并出具包含审计意见的审计报告。

（2）说明合理保证是高水平的保证，但按照审计准则执行的审计并不能保证一定会发现存在的重大错报。

（3）说明错报可能由于舞弊或错误导致。在说明错报可能由于舞弊或错误导致时，注册会计师应当从下列两种做法中选取一种：

①描述如果合理预期错报单独或汇总起来可能影响财务报表使用者依据财务报表作出的经济决策，则通常认为错报是重大的；

②根据适用的财务报告编制基础，提供关于重要性的定义或描述。

注册会计师对财务报表审计的责任部分还应当包括下列内容：

第一，说明在按照审计准则执行审计工作的过程中，注册会计师运用职业判断，并保持职业怀疑。

第二，通过说明注册会计师的责任，对审计工作进行描述。这些责任包括：

①识别和评估由于舞弊或错误导致的财务报表重大错报风险，设计和实施审计程序以应对这些风险，并获取充分、适当的审计证据，作为发表审计意见的基础。由于舞弊可能涉及串通、伪造、故意遗漏、虚假陈述或凌驾于内部控制之上，未能发现由于舞弊导致的重大错报风险。

②了解与审计相关的内部控制，以设计恰当的审计程序，但目的并非对内部控制的有效性发表意见。当注册会计师有责任在财务报表审计的同时对内部控制的有效性发表意见时，应当略去上述"目的并非对内部控制的有效性发表意见"的表述。

③评价管理层选用会计政策的恰当性和作出会计估计及相关披露的合理性。

④对管理层使用持续经营假设的恰当性得出结论。同时，根据获得的审计证据，就可能导致对被审计单位持续经营能力产生重大疑虑的事项或情况是否存在重大不确定性得出结论。如果注册会计师得出结论认为存在重大不确定性，审计准则要求注册会计师在审计报告中提请报表使用者关注财务报表中的相关披露；如果披露不充分，注册会计师应当发表非无保留意见。注册会计师的结论基于截至审计报告日可获得的信息。然而，未来的事项或情况可能导致被审计单位不能持续经营。

⑤评价财务报表的总体列报、结构和内容（包括披露），并评价财务报表是否公允反映相关交易和事项。

注册会计师对财务报表审计的责任部分还应当包括下列内容：

（1）说明注册会计师与治理层就计划的审计范围、时间安排和重大审计发现等事项进行沟通，包括沟通注册会计师在审计中识别的值得关注的内部控制缺陷；

（2）对于上市实体财务报表审计，指出注册会计师就已遵守与独立性相关的职业道德要求向治理层提供声明，并与治理层沟通可能被合理认为影响注册会计师独立性的所有关系和其他事项，以及相关的防范措施（如适用）；

（3）对于上市实体财务报表审计，以及决定按照《中国注册会计师审计准则第1504号——在审计报告中沟通关键审计事项》的规定沟通关键审计事项的其他情况，说明注册会计师从已与治理层沟通的事项中确定哪些事项对本期财务报表审计最为重要，因而构成关键审计事项。注册会计师应当在审计报告中描述这些事项，除非法律法规禁止公开披露这些事项，或在极少数情形下，注册会计师合理预期在审计报告中沟通某事项造成的负面后果超过在公众利益方面产生的益处，因而决定不应在审计报告中沟通该事项。

10. 按照相关法律法规的要求报告的事项（如适用）

除审计准则规定的注册会计师对财务报表出具审计报告的责任以外，相关法律法规可能对注册会计师设定了其他报告责任。这些责任是注册会计师按照审计准则对财务报表出具审计报告的责任的补充。例如，如果注册会计师在财务报表审计中注意到某些事项，可能被要求对这些事项予以报告。注册会计师可能被要求实施额外的规定的程序并予以报告，或对特定事项（如会计账簿和记录的适当性、财务报告内部控制或其他信息）发表意见。

在某些情况下，相关法律法规可能要求或允许注册会计师将对这些其他责任的报告作为对财务报表出具的审计报告的一部分。在另外一些情况下，相关法律法规可能要求或允许注册会计师在单独出具的报告中进行报告。

如果注册会计师在对财务报表出具的审计报告中履行其他报告责任，应当在审计报告中将其单独作为一部分，并以"按照相关法律法规的要求报告的事项"为标题。此时，审计报告应当区分为"对财务报表出具的审计报告"和"按照相关法律法规的要求报告的事项"两部分，以便将其同注册会计师的财务报表报告责任明确区分。在另外一些情况下，相关法律法规可能要求或允许注册会计师在单独出具的报告中进行报告。

11. 注册会计师的签名和盖章

审计报告应当由项目合伙人和另一名负责该项目的注册会计师签名及盖章。在审计报告中指明项目合伙人有助于进一步增强对审计报告使用者的透明度，有助于增强项目合伙人的个人责任感。因此，对上市实体整套通用目的财务报表出具的审计报告应当注明项目合伙人。

在某些情形下，法律法规可能允许在审计报告中使用电子签名。

12. 会计师事务所的名称、地址和盖章

审计报告应当载明会计师事务所的名称和地址，并加盖会计师事务所公章。

根据《中华人民共和国注册会计师法》的规定，注册会计师承办业务，由其所在的会计师事务所统一受理并与委托人签订委托合同。因此，审计报告除了应由注册会计师签名和盖章外，还应载明会计师事务所的名称和地址，并加盖会计师事务所公章。

注册会计师在审计报告中载明会计师事务所地址时，标明会计师事务所所在的城市即可。在实务中，审计报告通常载于会计师事务所统一印刷的、标有该所详细通信地址的信笺上，因此，无须在审计报告中注明详细地址。

13. 报告日期

审计报告应当注明报告日期。审计报告日不应早于注册会计师获取充分、适当的审计证据（包括管理层认可对财务报表的责任且已批准财务报表的证据），并在此基础上对财务报表形成审计意见的日期。在确定审计报告日时，注册会计师应当确信已获取下列两方面的审计证据：（1）构成整套财务报表的所有报表（包括相关附注）已编制完成；（2）被审计单位的董事会、管理层或类似机构已经认可其对财务报表负责。

审计报告的日期向审计报告使用者表明，注册会计师已考虑其知悉的、截至审计报告日发生的事项和交易的影响。注册会计师对审计报告日后发生的事项和交易的责任，在《中国注册会计师审计准则第1332号——期后事项》中作出规定。审计报告的日期非常重要。注册会计师对不同时段的财务报表日后事项有着不同的责任，而审计报告的日期是划分时段的关键时点。由于审计意见是针对财务报表发表的，并且编制财务报表是管理层的责任，所以，只有在注册会计师获取证据证明构成整套财务报表的所有报表（包括相关附注）已经编制完成，并且管理层已认可其对财务报表的责任的情况下，注册会计师才能得出已经获取充分、适当的审计证据的结论。在实务中，注册会计师在正式签署审计报告前，通常把审计报告草稿随附管理层已按审计调整建议修改后的财务报表提交给管理层。如果管理层批准并签署已按审计调整建议修改后的财务报表，注册会计师即可签署审计报告。注册会计师签署审计报告的日期通常与管理层签署已审计报告的日期为同一天，或晚于管理层签署已审计财务报表的日期。

在审计实务中，可能发现被审计单位根据法律法规的要求或出于自愿选择，将适用的财务报告编制基础没有要求的补充信息与已审计财务报表一同列报。例如，被审计单位列报补充信息以增强财务报表使用者对适用的财务报告编制基础的理解，或者对财务报表的特定项目提供进一步解释。这种补充信息通常在补充报表中或作为额外的附注进行列示。注册会计师应当评价被审计单位是否清楚地将这些补充信息与已审计财务报表予以区分。如果被审计单位未能清楚区分，注册会计师应当要求管理层改变未审计补充信息的列报方式。如果管理层拒绝改变，注册会计师应当在审计报告中说明补充信息未审计。

对于适用的财务报告编制基础没有要求的补充信息，如果由于其性质和列报方式导致不能使其清楚地与已审计财务报表予以区分，从而构成财务报表必要的组成部分，这些补充信息应当涵盖在审计意见中。例如，财务报表附注中关于该财务报表符合另一财务报告编制基础的程度的解释，属这种补充信息，审计意见也涵盖与财务报表进行交叉索引的附注或补充报表。

包含上述"审计报告审计要素"的无保留意见的审计报告的格式见本章第五节"一、无保留意见审计报告"中的具体模板。

第四节　选择审计报告类型的决策

一、关键审计事项的决策与表述

审计准则
中国注册会计师审计准则第1504号——在审计报告中沟通关键审计事项（2022年12月22日修订）

关键审计事项是根据注册会计师的职业判断认为对当期财务报表审计最为重要的事项。关键审计事项从注册会计师与治理层沟通过的事项中选取。

在审计报告中沟通关键审计事项，旨在通过提高已执行审计工作的透明度增加审计报告的沟通价值。沟通关键审计事项能为财务报表预期使用者提供额外的信息，帮助其了解注册会计师根据职业判断认为对本期财务报表审计最为重要的事项，并帮助其了解被审计单位，以及审计财务报表中涉及重大管理层判断的领域。

在审计报告中沟通关键审计事项以注册会计师已就财务报表整体形成审计意见为背景。在审计报告中沟通关键审计事项不能代替下列事项：

（1）管理层按照适用的财务报告编制基础在财务报表中作出的披露，或为使财务报表实现公允反映而作出的披露（如适用）；

（2）注册会计师按照《中国注册会计师审计准则第 1502 号——在审计报告中发表非无保留意见》的规定，按照审计业务的具体情况发表非无保留意见；

（3）当可能导致对被审计单位持续经营能力产生重大疑虑的事项或情况存在重大不确定性时，注册会计师按照《中国注册会计师审计准则第 1324 号——持续经营》的规定进行报告。

在审计报告中沟通关键审计事项不是注册会计师就单一事项单独发表意见。

（一）确定关键审计事项

根据关键审计事项的概念，注册会计师在确定关键审计事项时，需要遵循以下决策框架（见图 12－1）。

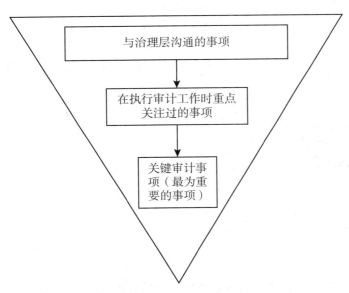

图 12－1　关键审计事项的决策框架

1. 以"与治理层沟通过的事项"为起点选择关键审计事项

《中国注册会计师审计准则第 1151 号——与治理层的沟通》要求注册会计师与被审计单位治理层沟通审计过程中的重大发现，包括注册会计师对被审计单位的重要会计政策、会计估计和财务报表披露等会计实务的看法，审计过程中遇到的重大困难，已与治理层讨论或需要书面沟通的重大事项等，以便治理层履行其监督财务报告过程的职责。对财务报表和审计报告使用者信息需求的调查结果表明，他们对这些事情感兴趣，并且呼吁增加这些沟通的透明度。因此，注册会计师应当从与治理层沟通过的事项中选取关键审计事项。

2. 从"与治理层沟通过的事项"中确定"在执行审计工作重点时关注过的事项"

重点关注的概念基于这样的认识：审计是风险导向的，注重识别和评估财务报表重大错报风险，设计和实施应对这些风险的审计程序，获取充分、适当的审计证据，以作为形成审计意见的基础。对于特定账户余额、交易类别或披露，评估的认定层次重大错报风险越高，在计划和实施审计程序并评价审计程序的结果时通常涉及的判断就越多。在设计进一步审计程序时，注册会计师评估的风险越高，就越需要获取有说服力的审计证据。当由于评估的风险较高而需要获取更具说服力的审计证据时，注册会计师可能需要增加所需审计证据的数量，或者获取更具相关性或可靠性的审计证据，如更注重从第三方获取审计证据或从多个独立渠道获取相互印证的审计证据。因此，对注册会计师获取充分、适当的审计证据或对财务报表形成审计意见构成挑战的事项可能与注册会计师确定关键审计事项尤其相关。

注册会计师重点关注过的领域通常与财务报表中复杂、重大的管理层判断领域相关，因而通常涉及困难或复杂的注册会计师职业判断。相应地，重点关注过的事项通常影响注册会计师的总体审计策略以及对这些事项分配的审计资源和审计工作力度。这些影响的例子可能包括高级审计人员参与审计业务的程度，或者注册会计师的专家或在会计、审计的特定领域具有专长的人员（包括会计师事务所聘请或雇用的人员）对这些领域的参与。

注册会计师在确定哪些事项属于在执行审计工作时重点关注过的事项时，应当考虑下列方面：

（1）按照《中国注册会计师审计准则第1211号——重大错报风险的识别和评估》的规定，评估的重大错报风险较高的领域或识别出的特别风险。

《中国注册会计师审计准则第1151号——与治理层的沟通》要求注册会计师与治理层沟通识别出的特别风险，以帮助治理层了解存在特别风险的事项以及需要注册会计师予以特别考虑的原因。此外，注册会计师还可以与治理层沟通计划如何应对评估的重大错报风险较高的领域。

对于评估的重大错报风险较高的领域或识别出的特别风险，注册会计师通常需要在审计中投放更多的审计资源予以应对。因此，注册会计师在确定的重点关注过的事项时需要特别考虑这一方面。

（2）与财务报表中涉及重大管理层判断（包括被认为具有高度估计不确定性的会计估计）的领域相关的重大审计判断。

《中国注册会计师审计准则第1151号——与治理层的沟通》要求注册会计师与治理层沟通注册会计师对被审计单位会计实务（包括会计政策、会计估计和财务报表披露）重大方面质量的看法。在很多情况下，这涉及关键会计估计和相关披露，很可能属于重点关注领域，也可能被识别为特别风险。

财务报表中涉及复杂、重大的管理层判断领域，通常涉及困难、复杂的审计判断，并且可能同时需要管理层的专家和注册会计师的专家的参与。因此，注册会计师在确定的重点关注过的事项时需要特别考虑这一方面。

（3）本期重大交易或事项对审计的影响。

对财务报表或审计工作具有重大影响的事项或交易可能是重点关注领域，并可能被识别为特别风险。例如，在审计过程中的各个阶段，注册会计师可能已与管理层和治理层就重大关联方交易或超出被审计单位正常经营过程之外的重大交易，或在其他方面显得异常的交易对财务报表的影响进行了大量讨论，管理层可能已就这些交易的确认、计量、列报和披露作出困难或复杂的判断，这可能对注册会计师的总体审计策略产生重大影响。影响管理层假设或判断的经济、会计、法规、行业或其他方面的重大变化也有可能影响注册会计师的总体审计方案，由此成为需要注册会计师重点关注的事项。

3. 从"在执行审计工作时重点关注过的事项"中确定哪些事项对本期财务报表审计"最为重要"，从而构成关键审计事项

注册会计师可能已就需要重点关注的事项与治理层进行了较多的沟通。就这些事项与治理层进行沟通的性质和范围，通常能够表明哪些事项对审计而言最为重要。例如，对于较为困难和复杂的事项，注册会计师与治理层的互动可能更加深入、频繁或充分。这些事项（如重大会计政策的运用）构成重大的注册会计师判断或管理层判断的对象。

在确定某一与治理层沟通过的事项的相对重要程度以及该事项是否构成关键审计事项时，下列考虑也可能是相关的：

（1）该事项对预期使用者理解财务报表整体的重要程度，尤其是对财务报表的重要性。

（2）与该事项相关的会计政策的性质或者与同行业其他实体相比，管理层在选择适当的会计政策时涉及的复杂程度或主观程度。

（3）从定性和定量方面考虑，与该事项相关的由于舞弊或错误导致的已更正错报和累计未更正错报（如有）的性质和重要程度。

（4）为应对该事项所需付出的审计努力的性质和程度，包括：

①为应对该事项而实施审计程序或评价这些审计程序的结果（如有）在多大程度上需要特殊的知识或技能。

②就该事项在项目组之外进行咨询的性质。

（5）在实施审计程序、评价实施审计程序的结果、获取相关和可靠的审计证据以作为发表审计意见的基础时，注册会计师遇到的困难的性质和严重程度，尤其是当注册会计师的判断变得更加主观时。

（6）识别出的与该事项相关的控制缺陷的严重程度。

（7）该事项是否涉及数项可区分但又相互关联的审计考虑。例如，长期合同的收入确认、诉讼或其他或有事项等方面，可能需要重点关注，并且可能影响其他会计估计。

从需要重点关注的事项中，确定哪些事项以及多少事项对本期财务报表审计最为重要属于职业判断问题。"最为重要的事项"并不意味着只有一项。需要在审计报告中包含的关键审计事项的数量可能受被审计单位规模和复杂程度、业务和经营环境的性质，以及审计业务具体事实和情况的影响。一般而言，最初确定为关键审计事项的事项越多，注册会计师越需要重新考虑每一个事项是否符合关键审计事项的定义。罗列大量关键词审计事项可能与这些事项是审计中最为重要的事项这一概念相抵触。

（二）在审计报告中沟通关键审计事项

1. 在审计报告中单设关键审计事项部分

为能够突出关键审计事项，同时向财务报表预期使用者展示项目特定信息在其眼中的价值，注册会计师应当在审计报告中单设一部分，以"关键审计事项"为标题，并在该部分使用恰当的子标题逐项描述关键审计事项。关键审计事项部分的引言应当同时说明下列事项：

（1）关键审计事项是注册会计师根据职业判断，认为对本期财务报表审计最为重要的事项。

（2）关键审计事项的应对以对财务报表整体进行审计并形成审计意见为背景，注册会计师对财务报表整体形成审计意见，而不对关键审计事项单独发表意见。

2. 描述某一关键审计事项

为帮助财务报表预期使用者了解注册会计师确定的关键审计事项，注册会计师应当在审计报告中逐项描述每一关键审计事项，并分别索引至财务报表的相关披露（如有），以使预期使用者能够进一步了解管理层在编制财务报表时如何应对这些事项。在描述时，注册会计师应当同时说明下列内容：

（1）该事项被认定为审计中最为重要的事项之一，因而被确定为关键审计事项的原因。

（2）该事项在审计中是如何应对的。

对一项关键审计事项在审计中如何应对的描述的详细程度属于职业判断，注册会计师可以描述下列要素：

（1）审计应对措施或审计方法中，与该事项最为相关或对评估的重大错报风险最有针对性的方面；

（2）对已实施审计程序的简要概述；

（3）实施审计程序的结果；

（4）对该事项的主要看法。

为使预期使用者能够理解在对财务报表整体进行审计的背景下的关键审计事项重要程度，以及关键审计事项与审计报告其他要素（包括审计意见）之间的关系，注册会计师可能需要注意用于描述关键审计事项的语言，使之：

（1）不暗示注册会计师在对财务报表形成审计意见时尚未恰当解决该事项；

（2）将该事项直接联系到被审计单位的具体情况，避免使用一般化或标准化的语言；

（3）能够体现出对该事项在相关财务报表披露（如有）中如何应对的考虑；

（4）不对财务报表单一要素发表意见，也不暗示是对财务报表单一要素单独发表意见。

需要特别强调的是，对某些关键审计事项的描述是否充分属于职业判断。对关键审计事项进行描述的目的在于提供一种简明、不偏颇的解释，以使预期使用者能够了解为何该事项是对审计最为重要的事项之一，以及这些事项是如何在审计中加以应对的。限制使用过于专业的审计术语也能够帮助那些不具备适当审计知识的预期使用者了解注册会计师在审计过程中关注特定事项的原因。注册会计师提供信息的性质和范围需要在相关方各自责任的背景下做出权衡（即注册会计师以一种简明且可理解的形式提供有用的信息，但避免不恰当地提供有关被审计单位的原始信息）。

原始信息是指与被审计单位相关、尚未由被审计单位公布（例如，未包含在财务报表中、未包含在审计报告日可获取的其他信息或者管理层或治理层的其他口头或书面沟通中，如财务信息的初步公告或投资者简报）的信息。这些信息的公布是被审计单位管理层和治理层的责任。

在描述关键审计事项时，注册会计师需要避免不恰当地提供与被审计单位相关的原始信息。对关键审计事项的描述本身通常不构成有关被审计单位的原始信息，这是由于对关键审计事件的描述是在对财务报表进行审计的背景下进行的。然而，注册会计师可能认为提供进一步信息用于解释为何该事项被认为对审计最为重要而被确定为关键审计事项，以及这些事项如何在审计中加以应对是有必要的，除非法律法规禁止披露这些信息。如果确定披露这些信息是有必要的，注册会计师可以鼓励管理层或治理层进一步披露信息，而不是在审计报告中提供原始信息。

（三）不在审计报告中沟通关键审计事项的情形

一般而言，在审计报告中沟通关键审计事项，通常有助于提高审计的透明度，是符合公众利益的。然而，在极少数情况下，关键审计事项可能涉及某些"敏感信息"，沟通这些信息可能会给被审计单位带来较为严重的负面影响。在某些情况下，法律法规也可能禁止公开披露某事项。例如，公开披露某事项可能影响相关机构对某项违反法律法规行为或疑似违反法律法规行为进行的调查。

因此，除非存在下列情形之一，注册会计师应当在审计报告中逐项描述关键审计事项：

（1）法律法规禁止公开披露某事项；

（2）在极少数的情况下，如果合理预期在审计报告中沟通某事项造成的负面后果超过产生的公众利益方面的益处，注册会计师确定不应在审计报告中沟通该事项。

如果被审计单位存在上述情形，注册会计师确定不在审计报告中沟通某一关键审计事项，并且不存在其他关键审计事项，注册会计师可以在审计报告单设的关键审计事项部分描述为"我们确定不存在需要在审计报告中沟通的关键审计事项"。

（四）其他情形下关键审计事项部分的形式和内容

（1）如果根据被审计单位和审计业务的具体事项和情况，注册会计师确定不存在需要沟通的关键审计事项，可以在审计报告中单设的关键审计事项部分描述为"我们确定不存在需要在审计报告中沟通的关键审计事项"。

需要说明的是，确定关键审计事项涉及对需要重点关注的事项的相对重要程度作出判断。因此，对上市实体整套通用目的财务报表进行审计的注册会计师，确定与治理层沟通过的事项中不存在任何一项需要在审计报告中沟通的关键审计事项，可能是较为少见的。

（2）仅有的需要沟通的关键审计事项是导致发表保留意见或否定意见的事项，或者是可能导致对被审计单位持续经营能力产生重大疑虑的事项或情况存在重大不确定性，注册会计师可以在审计报告单设的关键审计事项部分描述为"除形成保留（否定）意见的基础部分或与持续经营相关的重大不确定性部分所描述的事项外，我们确定不存在其他需要在审计报告中沟通的关键审计事项"。

需要说明的是，根据《中国注册会计师审计准则第 1502 号——在审计报告中发表非无保留意见》的规定导致发表保留意见或否定意见的事项，或者根据《中国注册会计师审计准则第 1324 号——持续经营》的规定，可能导致对被审计单位持续经营能力产生重大疑虑的事项或情况存在重大不确定性，就其性质而言都属于关键审计事项，但这些事项在审计报告中专门的部分披露，不在审计报告的关键审计事项部分进行描述。进一步说，在关键审计事项部分披露的关键审计事项是已经得到满意解决的事项，既不存在审计范围受到限制，也不存在注册会计师对与被审计单位管理层意见分歧的情况。注册会计师应当按照适用的审计准则的规定报告这些事项，并在关键审计事项部分提及形成保留（否定）意见的基础部分或与持续经营相关的重大不确定性部分。

（3）如果根据《中国注册会计师审计准则第 1502 号——在审计报告中发表非无保留意见》的规定，确定对财务报表发表无法表示意见，注册会计师不得在审计报告中沟通关键审计事项，除非法律法规要求沟通。

（4）如果注册会计师认为有必要在审计报告中增加强调事项段或其他事项段，审计报告中的强调事项段或其他事项段需要与关键审计事项部分分开列示，如果某事项被确定为关键审计事项，则不能以强调事项段或其他事项代替对关键审计事项的描述。

（五）就关键审计事项与治理层沟通

治理层在监督财务报告过程中担当重要角色，就关键审计事项与治理层沟通，能够使治理层了解注册会计师就关键审计事项作出的审计决策的基础以及这些事项将如何在审计报告中作出描述，也能够使治理层考虑鉴于这些事情将在审计报告中进行沟通，作出新的披露或提高披露质量是否有用。因此，注册会计师应当就下列事项与治理层沟通：

（1）注册会计师确定的关键审计事项；

（2）根据被审计单位和审计业务的具体情况，注册会计师确定不存在需要在审计报告中沟通的关键审计事项（如适用）。

（六）审计工作底稿记录要求

注册会计师应当在审计工作底稿中记录下列事项：

（1）注册会计师确定的在执行审计工作时重点关注过的事项，以及针对某一事项，是否将其确定为关键审计事项及其理由；

（2）注册会计师确定不存在需要在审计报告中沟通的关键审计事项的理由，或者仅需要沟通的关键审计事项是导致非无保留意见的事项，或者是可能导致对被审计单位持续经营能力产生重大疑虑的事项或情况存在重大不确定性（如适用）；

（3）注册会计师确定不在审计报告中沟通某项关键审计事项的理由（如适用）。

二、在审计报告中增加强调事项段和其他事项段

（一）在审计报告中增加强调事项段的情形

1. 强调事项段的含义

审计报告的强调事项段是指审计报告中含有的一个段落，该段落提及已在财务报表中恰当列报或披露的事项，根据注册会计师的职业判断，该事项对财务报表使用者理解财务报表至关重要。

2. 增加强调事项段的情形

如果认为有必要提醒财务报表使用者关注已在财务报表中列报或披露，且根据职业判断认为对财务报表使用者理解财务报表至关重要的事项，在同时满足下列条件时，注册会计师应当在审计报告中增加强调事项段：

（1）按照《中国注册会计师审计准则第 1502 号——在审计报告中发表非无保留意见》的规定，该事项不会导致注册会计师发表非无保留意见；

（2）当《中国注册会计师审计准则第 1504 号——在审计报告中沟通关键审计事项》适用时，该事项未被确定为在审计报告中沟通的关键审计事项。

按照《中国注册会计师审计准则第 1504 号——在审计报告中沟通关键审计事项》被确定为在审计报告中沟通的关键审计事项，根据注册会计师的职业判断，也可能对财务报表使用者理解财务报表至关重要。在这些情况下，按照《中国注册会计师审计准则第 1504 号——在审计报告中沟通关键审计事项》的规定将该事项作为关键审计事项沟通时，注册会计师可能希望突出或提请进一步关注其相对重要程度。在关键审计事项部分，注册会计师可以使该事项的列报更为突出（如作为第一事项），或在关键审计事项的描述中增加额外信息，以指明该事项对财务报表使用者理解财务报表的重要程度。

某一事项可能不符合《中国注册会计师审计准则第 1504 号——在审计报告中沟通关键审计事项》的规定，因而未被确定为关键审计事项（即该事项未被重点关注过），但根据注册会计师的判断，其对财务报表使用者理解财务报表至关重要（例如期后事项）。如果注册会计师认为有必要提请财务报表使用者关注该事项，根据审计准则的规定，该事项将包含在审计报告的强调事项段中。

某些审计准则对特定情况下在审计报告中增加强调事项段提出具体要求。这些情形包括：

（1）法律法规规定的财务报告编制基础不可接受，但其是由法律或法规作出的规定；

（2）提醒财务报表使用者注意财务报表按照特殊目的编制基础编制；

（3）注册会计师在审计报告日后知悉了某些事实（即期后事项），并且出具了新的审计报告或修改了审计报告。

除上述审计准则要求增加强调事项段的情形外，注册会计师可能认为需要增加强调事项段的情形现举例如下：

（1）异常诉讼或监管行动的未来结果存在不确定性；

（2）在财务报表日至审计报告日之间发生的重大期后事项；

（3）提请应用（在允许的情况下）对财务报表有广泛影响的新会计准则；

（4）存在已经或持续对被审计单位财务状况产生重大影响的特大灾难。

强调事项段的过多使用会降低注册会计师沟通所强调事项的有效性。此外，与在财务报表中列报或披露相比，在强调事项段中包含过多的信息，可能隐含着这些事项未被恰当列报或披露。因此，强调事项段应当仅提及已在财务报表中列报或披露的信息。

3. 在审计报告中增加强调事项段时注册会计师采取的措施

如果在审计报告中增加强调事项段，注册会计师应当采取下列措施：

（1）将强调事项段作为单独的一部分置于审计报告中，并使用包含"强调事项"这一术语的适当标题。

（2）明确提及被强调事项以及相关披露的位置，以便能够在财务报表中找到对该事项的详细描述。强调事项段应当仅提及已在财务报表中列报或披露的信息。

（3）指出审计意见没有因该强调事项而改变。

在审计报告中包含强调事项段不影响审计意见。包含强调事项段不能代替下列情形：

①根据审计业务的具体情况，按照《中国注册会计师审计准则第 1502 号——在审计报告中发表非无保留意见》的规定发表非无保留意见；

②适用的财务报告编制基础要求管理层在财务报表中作出的披露，或为实现公允列报所需的其他披露；

③按照《中国注册会计师审计准则第 1324 号——持续经营》的规定，当可能导致对被审计单位持续经营能力产生重大疑虑的事项或情况存在重大不确定性时作出的报告。

（二）在审计报告中增加其他事项段的情形

1. 其他事项段的含义

其他事项段是指审计报告中含有的一个段落，该段落提及未在财务报表中列报或披露的事项，根据注册会计师的职业判断，该事项与财务报表使用者理解审计工作、注册会计师的责任或审计报告相关。

2. 需要增加其他事项段的情形

如果认为有必要沟通虽然未在财务报表中列报或披露，但根据职业判断认为与财务报表使用者理解审计工作、注册会计师的责任或审计报告相关的事项，在同时满足下列条件时，注册会计师应当在审计报告中增加其他事项段：

（1）未被法律法规禁止；

（2）当《中国注册会计师审计准则第 1504 号——在审计报告中沟通关键审计事项》适用时，该事项未被确定为在审计报告中沟通的关键审计事项。具体讲，需要在审计报告中增加其他事项段的情形包括：

①与使用者理解审计工作相关的情形。

《中国注册会计师审计准则第 1151 号——与治理层的沟通》要求注册会计师就计划的审计范围和时间安排与治理层进行沟通，包括注册会计师识别的特别风险。尽管与特别风险相关的事项可能被确定为关键审计事项，根据《中国注册会计师审计准则第 1504 号——在审计报告中沟通关键审计事项》对关键审计事项的定义，其他与计划及范围相关的事项（比如计划的审计范围或审计时对重要性的运用）不太可能成为关键审计事项。然而，法律法规可能要求注册会计师在审计报告中沟通与计划及范围相关的事项，或者注册会计师可能认为有必要在其他事项段中沟通这些事项。

在少数情况下，即使由于管理层对审计范围施加的限制导致无法获取充分、适当的审计证据可能产生的影响具有广泛性，注册会计师也不能解除业务约定。在这种情况下，注册会计师可能认为有必要在审计报告中增加其他事项段，解释为何不能解除业务约定。

②与使用者理解注册会计师的责任或审计报告相关的情形。

法律法规或得到广泛认可的惯例可能要求或允许注册会计师详细说明某些事项，以进一步解释注册会计师在财务报表审计中的责任或审计报告。当其他事项部分包含多个事项，并且根据注册会计师的职业判断，这些事项与财务报表使用者理解审计工作、注册会计师的责任或审计报告相关时，对每个事项使用不同的子标题可能是有帮助的。

但增加其他事项段不涉及以下两种情形：第一，除根据审计准则的规定有责任对财务报表出具审计报告外，注册会计师还有其他报告责任；第二，注册会计师可能被要求实施额外的规定的程序并予以报告，或对特定事项发表意见。

③对两套或两套以上财务报表出具审计意见的情形。

被审计单位可能按照通用目的编制基础（如×国财务报告编制基础）编制一套财务报表，且按照另一个通用目的编制基础（如国际会计报告准则）编制另一套财务报表，并委托注册会计师同时对两套财务报表出具审计报告。如果注册会计师已确定两个财务报告编制基础在各种情形下是可接受的，可以在审计报告中增加其他事项段，说明被审计单位根据另一个通用目的编制基础（如国际会计报告准则）编制了另一套财务报表以及注册会计师对这些报表出具了审计报告。

④限制审计报告分发和使用的情形。

为特定目的编制的财务报表可能按照通用目的编制基础编制，因为财务报表预期使用者已确定这种通用目的的财务报表能够满足他们对财务信息的需求。由于审计报告旨在提供给特定使用者，注册会计师可能认为在这种情况下需要增加其他事项段，说明审计报告只是提供给财务报表预期使用者，不应被分发给其他机构或人员使用。

需要注意的是，其他事项段的内容明确反映了未被要求在财务报表中列报的其他事项。其他事项段不包括法律法规或其他职业准则（如中国注册会计师职业道德守则中与信息保密相关的规定）禁止注册会计师提供的信息。其他事项段也不包括要求管理层提供的信息。

如果在审计报告中包含其他事项段，注册会计师应当将该段落作为单独的一部分，并使用"其他事项"或其他适当标题。

（三）与治理层的沟通

如果拟在审计报告中增加强调事项段或其他事项段，注册会计师应当就该事项和拟使用的措辞与治理层沟通。

与治理层的沟通能使治理层了解注册会计师拟在审计报告中所强调的特定事项的性质，并在必要时为治理层提供向注册会计师作出进一步澄清的机会。当然，当审计报告中针对某一特定事项增加其他事项段在连续审计业务中重复出现时，注册会计师可能认为没有必要在每次审计业务中重复沟通。

三、强调事项段和其他事项段在审计报告中的位置

强调事项段或其他事项段在审计报告中的位置取决于拟沟通信息的性质，以及与按照

《中国注册会计师审计准则 1501 号——对财务报表形成审计意见和出具审计报告》的规定需要报告的其他要素相比，注册会计师针对该信息的财务报表预期使用者的相对重要程度的判断。

例如，从强调事项段来看：①当强调事项段与适用的财务报告编制基础相关时，包括当注册会计师确定法律法规规定的财务报告编制基础不可接受时，注册会计师可能认为有必要将强调事项段紧接在"形成审计意见的基础"部分之后，以为审计意见提供合适的背景信息；②当审计报告中包含关键审计事项部分时，基于注册会计师对强调事项段中信息的相对重要程度的判断，强调事项段可以紧接在关键审计事项部分之前或之后，注册会计师可以在"强调事项"标题中增加进一步的背景信息，例如"强调事项——期后事项"，以将强调事项段和关键审计事项部分描述的每个事项予以区分。

从其他事项段来看：①当审计事项中包含关键审计事项部分，且其他事项段也被认为必要时，注册会计师可以在"其他事项"标题中增加进一步的背景信息，例如"其他事项——审计范围"，以将其他事项段和关键审计事项部分描述的每个事项予以区分；②当增加其他事项段旨在提醒使用者关注与审计报告中提及的其他报告责任相关的事项时，该段落可以置于"按照相关法律法规的要求，报告的事项"部分内；③其他事项段与注册会计师的责任或使用者理解审计报告相关时，可以单独作为一部分，置于"对财务报表出具的审计报告"和"按照相关法律法规的要求报告的事项"之后。

四、考虑持续经营的影响

（一）持续经营假设的基本含义

审计准则
中国注册会计师审计准则第 1324 号——持续经营（2022 年 12 月 22 日修订）

持续经营假设，是指被审计单位在编制财务报表时，假定其经营活动在可预见的将来会继续下去，不拟也不必终止经营或破产清算，可以在正常的经营过程中变现资产、清偿债务。可预见的将来，通常是指资产负债表日后 12 个月。可能导致对其持续经营能力产生疑虑的事项或情况如下示例：

1. 财务方面

（1）净资产为负或营运资金出现负数；

（2）定期借款即将到期，但预期不能展期或偿还，或过度依赖短期借款为长期资产筹资；

（3）存在债权人撤销财务支持的迹象；

（4）历史财务报表或预测性财务报表表明经营活动产生的现金流量净额为负数；

（5）关键财务比率不佳；

（6）发生重大经营亏损或用以产生现金流量的资产的价值出现大幅下跌；

（7）拖欠或停止发放股利；

（8）在到期日无法偿还债务；

（9）无法履行借款合同的条款；

（10）与供应商由赊购变为货到付款；

（11）无法获得开发必要的新产品或进行其他必要的投资所需的资金。

2. 经营方面

（1）管理层计划清算被审计单位或终止运营；

（2）关键管理人员离职且无人替代；

（3）失去主要市场、关键客户、特许权、执照或主要供应商；

（4）出现用工困难问题；

（5）重要供应短缺；

（6）出现非常成功的竞争者。

3. 其他方面

（1）违反有关资本或其他法定或监管要求，例如对金融机构的偿债能力或流动性要求；

（2）未决诉讼或监管程序，可能导致其无法支付索赔金额；

（3）法律法规或政府政策的变化预期会产生不利影响；

（4）对发生的灾害未购买保险或保额不足。

（二）与持续经营相关的审计工作

注册会计师在审计过程中应充分关注与持续经营相关的事项或情况。在按照《中国注册会计师审计准则第 1211 号——重大错报风险的识别和评估》的规定实施风险评估程序时，注册会计师应当考虑是否存在可能导致对被审计单位持续经营能力产生重大疑虑的事项或情况，并应当确定管理层是否已对被审计单位持续经营能力作出初步评估。如果管理层已对持续经营能力作出初步评估，注册会计师应当与管理层进行讨论，并确定管理层是否已识别出单独或汇总起来可能导致对被审计单位持续经营能力产生重大疑虑的事项或情况；如果管理层已识别出这些事项或情况，注册会计师应当与其讨论应对计划。如果管理层未对持续经营能力作出初步评估，注册会计师应当与管理层讨论其拟运用持续经营假设的理由，询问管理层是否存在单独或汇总起来可能导致对被审计单位持续经营能力产生重大疑虑的事项或情况。针对有关可能导致对被审计单位持续经营能力产生重大疑虑的事项或情况的审计证据，注册会计师应当在整个审计过程中保持警觉。

注册会计师在评价管理层对被审计单位持续经营能力作出的评估时，应当注意和考虑两方面的情形：（1）注册会计师的评价期间是否与管理层按照适用的财务报告编制基础或法律法规（如果法律法规要求的期间更长）的规定作出评估的涵盖期间相同。如果管理层评估持续经营能力涵盖的期间短于自财务报表日起的 12 个月，注册会计师应当提请管理层将其至少延长至自财务报表日起的 12 个月。（2）在评价管理层作出的评估时，注册会计师应当考虑该评估是否已包括注册会计师在审计过程中注意到的所有相关信息。

注册会计师应当询问管理层是否知悉超出评估期间的、可能导致对被审计单位持续经营能力产生重大疑虑的事项或情况。如果识别出可能导致对持续经营能力产生重大疑虑的事项或情况，注册会计师应当通过实施追加的审计程序（包括考虑缓解因素），获取充分、适当的审计证据，以确定可能导致对被审计单位持续经营能力产生重大疑虑的事项或情况是否存在重大不确定性（以下简称"重大不确定性"）。这些程序应当包括：（1）如果管理层尚未对被审计单位持续经营能力作出评估，提请其进行评估；（2）评价管理层与持续经营能力评估相关的未来应对计划，这些计划的结果是否可能改善目前的状况，以及管理层的计划对于具体情况是否可行；（3）如果被审计单位已编制现金流量预测，且在评价管理层未来应对计划时对预测的分析是考虑事项或情况未来结果的重要因素，评价用于编制预测的基础数据的可靠性，并确定预测所基于的假设是否具有充分的支持；（4）考虑自管理层作出评估后是否存在其他可获得的事实或信息；（5）要求管理层和治理层（如适用）提供有关未来应对计划及其可行性的书面声明。

（三）针对持续经营的审计结论

注册会计师应当评价是否已就管理层编制财务报表时运用持续经营假设的适当性获取了充分、适当的审计证据，运用职业判断，确定是否存在与事项或情况相关的重大不确定性，且这些事项或情况单独或汇总起来可能导致对被审计单位持续经营能力产生重大疑虑。

如果注册会计师根据职业判断认为，鉴于不确定性潜在影响的重要程度和发生的可能性，为了使财务报表实现公允反映，管理层有必要适当披露该不确定性的性质和影响，则表明存在重大不确定性。

如果认为管理层运用持续经营假设适合具体情况，但存在重大不确定性，注册会计师应当确定：

（1）财务报表是否已充分披露可能导致对持续经营能力产生重大疑虑的主要事项或情况，以及管理层针对这些事项或情况的应对计划；

（2）财务报表是否已清楚披露可能导致对持续经营能力产生重大疑虑的事项或情况存在重大不确定性，并由此导致被审计单位可能无法在正常的经营过程中变现资产和清偿债务。

如果已识别出可能导致对被审计单位持续经营能力产生重大疑虑的事项或情况，但根据获取的审计证据，注册会计师认为不存在重大不确定性，则注册会计师应当根据适用的财务报告编制基础的规定评价财务报表是否对这些事项或情况作出充分披露。

（四）持续经营结论对审计报告的影响

持续经营结论对审计报告的影响具体包括以下几种情形：

（1）如果财务报表已按照持续经营假设编制，但根据判断认为管理层在财务报表中运用持续经营假设是不适当的，注册会计师应当发表否定意见。

（2）如果运用持续经营假设是适当的，但存在重大不确定性且财务报表对重大不确定性已作出充分披露，注册会计师应当发表无保留意见，并在审计报告中增加以"与持续经营相关的重大不确定性"为标题的单独部分，以提醒财务报表使用者关注财务报表附注中对《中国注册会计师审计准则第1324号——持续经营》第十八条所述事项的披露；说明这些事项或情况表明存在可能导致对被审计单位持续经营能力产生重大疑虑的重大不确定性，并说明该事项并不影响发表的审计意见。

（3）当存在多项可能导致对其持续经营能力产生重大疑虑的事项或情况存在重大不确定性时，在极少数情况下，尽管对每个单独的不确定事项获取了充分、适当的审计证据，但由于不确定事项之间存在相互影响以及可能对财务报表产生累计影响，注册会计师难以判断财务报表的编制基础是否适合继续采用持续经营假设。在这种情况下，注册会计师应当考虑发表无法表示意见。

（4）如果运用持续经营假设是适当的，但存在重大不确定性，且财务报表对重大不确定性未作出充分披露，注册会计师应当按照《中国注册会计师审计准则第 1502 号——在审计报告中发表非无保留意见》的规定，恰当发表保留意见或否定意见。注册会计师应当在审计报告"形成保留（否定）意见的基础"部分说明，存在可能导致对被审计单位持续经营能力产生重大疑虑的重大不确定性，但财务报表未充分披露该事项。

①当注册会计师确定存在重大不确定性，且财务报表由于未作出充分披露而存在重大错报时，出具保留意见的审计报告。

②当注册会计师确定存在重大不确定性，且财务报表遗漏了与重大不确定性相关的必要披露（遗漏该披露对财务报表的影响重大且具有广泛性）时，出具否定意见的审计报告。

第五节　审计报告的编制

审计案例与
思政元素
审计报告用于发债：事务所未尽责受罚

一、无保留意见审计报告

无保留意见，指当注册会计师认为财务报表在所有重大方面按照适用的财务报告编制基础编制并实现公允反映时发表的审计意见。

具体模板如下。

审计报告

ABC 股份有限公司全体股东：

一、对财务报表审计的报告

（一）审计意见

我们审计了 ABC 股份有限公司（以下简称"ABC 公司"）的财务报表，包括 20×1 年 12 月 31 日的资产负债表、20×1 年度的利润表、现金流量表、股东权益变动表以及相关财务报表附注。

我们认为，后附的财务报表在所有重大方面按照企业会计准则的规定编制，公允反映了 ABC 公司 20×1 年 12 月 31 日的财务状况以及 20×1 年度的经营成果和现金流量。

（二）形成审计意见的基础

我们按照中国注册会计师审计准则的规定执行了审计工作。审计报告的"注册会计师对财务报表审计的责任"部分进一步阐述了我们在这些准则下的责任。按照中国注册会计师职业道德守则，我们独立于 ABC 公司，并履行了职业道德方面的其他责任。我们相信，我们获取的审计证据是充分、适当的，为发表审计意见提供了基础。

（三）关键审计事项

关键审计事项是根据我们的职业判断，认为对本期财务报表审计最为重要的事项。这些事项是在对财务报表整体进行审计并形成意见的背景下进行处理的，我们不对这些事项提供单独的意见。

［按照《中国注册会计师审计准则第 1504 号——在审计报告中沟通关键审计事项》的规定，描述每一个关键审计事项。］

（四）其他信息

［按照《中国注册会计师审计准则第 1521 号——注册会计是对其他信息的责任》的规定报告。］

（五）管理层和治理层对财务报表的责任

管理层负责按照企业会计准则的规定编制财务报表，使其实现公允反映，并设计、执行和维护必要的内部控制，以使财务报表不存在由于舞弊或错误导致的重大错报。

在编制财务报表时，管理层负责评估 ABC 公司的持续经营能力，披露与持续经营相关的事项（如适用），并运用持续经营假设，除非管理层计划清算 ABC 公司、停止营运或别无其他现实的选择。

治理层负责监督 ABC 公司的财务报告过程。

（六）注册会计师对财务报表审计的责任

我们的目标是对财务报表整体是否不存在由于舞弊或错误导致的重大错报获取合理保证，并出具包含审计意见的审计报告。合理保证是高水平的保证，但并不能保证按照审计准则执行的审计在某一重大错报存在时总能发现。错报可能由舞弊或错误所导致，如果合理预期错报单独或汇总起来可能影响财务报表使用者依据财务报表作出的经济决策，则通常认为错报是重大的。

在按照审计准则执行审计的过程中，我们运用职业判断，并保持职业怀疑。我们同时执行以下工作：

（1）识别和评估由于舞弊或错误导致的财务报表重大错报风险；设计和实施审计程序以应对这些风险，并获取充分、适当的审计证据，作为发表审计意见的基础。由于舞弊可能涉及串通、伪造、故意遗漏、虚假陈述或凌驾于内部控制之上，未能发现由于舞弊导致的重大错报的风险高于未能发现由于错误导致的重大错报的风险。

（2）了解与审计相关的内部控制，以设计恰当的审计程序，但目的并非对内部控制的有效性发表意见。

（3）评价管理层选用会计政策的恰当性和作出会计估计及相关披露的合理性。

（4）对管理层使用持续经营假设的恰当性得出结论。同时，基于所获取的审计证据，对是否存在与事项或情况相关的重大不确定性，从而可能导致对 ABC 公司的持续经营能力产生重大疑虑得出结论。如果我们得出结论认为存在重大不确定性，审计准则要求我们在审计报告中提请报告使用者注意财务报表中的相关披露。如果披露不充分，我们应当发表非无保留意见。我们的结论基于审计报告日可获得的信息。然而，未来的事项或情况可能导致 ABC 公司不能持续经营。

（5）评价财务报表的总体列报、结构和内容（包括披露），并评价财务报表是否公允反映交易和事项。

我们与治理层就计划的审计范围、时间安排和重大审计发现（包括我们在审计中识别的值得关注的内部控制缺陷）进行沟通。

我们还就遵守关于独立性的相关职业道德要求向治理层提供声明，并就可能被合理认为影响我们独立性的所有关系和其他事项，以及相关的防范措施（如适用）与治理层进行沟通。

从与治理层沟通的事项中，我们确定哪些事项对当期财务报表审计最为重要，因而构成关键审计事项。我们在审计报告中描述这些事项，除非法律法规不允许公开披露这些事项，或在极其罕见的情形下，如果合理预期在审计报告中沟通某事项造成的负面后果超过产生的公众利益方面的益处，我们确定不应在审计报告中沟通该事项。

二、按照相关法律法规的要求报告的事项

［本部分的格式和内容，取决于法律法规对其他报告责任的性质的规定。法律法规规范的事项（其他报告责任）应当在本部分处理，除非那些其他报告责任与审计准则所要求的报告责任涉及相同的主题。如果涉及相同的主题，其他报告责任可以在审计准则所要求的同一报告要素部分中列示。当其他报告责任和审计准则规定的报告责任涉及同一主题，并且审计报告中的措辞能够将其他报告责任与审计准则规定的责任予以清楚地区分（如差异存在）时，允许将两者合并列示（即包含在对财务报表审计的报告部分中，并使用合适的副标题）。］

××会计师事务所	中国注册会计师（签名并盖章）：×××（项目合伙人）
（盖章）	中国注册会计师：×××
中国××市	（签名并盖章）

二○×二年×月×日

二、非无保留意见审计报告

（一）非无保留意见的含义

非无保留意见是指保留意见、否定意见或无法表示意见。

当存在下列情形之一时，注册会计师应当在审计报告中发表非无保留意见：

（1）根据获取的审计证据，得出财务报表整体存在重大错报的结论。

为了形成审计意见，针对财务报表整体是否不存在由于舞弊或错误导致的重大错报，注册会计师应当得出结论，确定是否已就此获取合理保证。在得出结论时，注册会计师需要评价未更正错报对财务报表的影响。

错报是指某一财务报表项目的金额、分类、列报或披露，与按照适用的财务报告编制基础应当列示的金额、分类、列报或披露之间存在的差异。财务报表的重大错报可能源于：

①选择的会计政策的恰当性。

在选择的会计政策的恰当性方面，当出现下列情形时，财务报表可能存在重大错报：

审计准则
中国注册会计师审计准则第1502号——在审计报告中发表非无保留意见（2019年2月20日修订）

第一，选择的会计政策与适用的财务报告编制基础不一致；

第二，财务报表没有正确描述与资产负债表、利润表、所有者权益变动表或现金流量表中的重大项目相关的会计政策；

第三，财务报表（包括相关附注）没有按照公允列报的方式反映交易和事项。

财务报告编制基础通常包括对会计处理、披露和会计政策变更的要求。如果被审计单位变更了重大会计政策，且没有遵守这些要求，财务报表可能存在重大错报。

②对所选择的会计政策的运用。

在对所选择的会计政策的运用方面，当出现下列情形时，财务报表可能存在重大错报：

第一，管理层没有按照适用的财务报告编制基础的要求一贯运用所选择的会计政策，包括管理层未在不同会计期间或对相似的交易和事项一贯运用所选择的会计政策（运用的一致性）；

第二，不当运用所选择的会计政策（如运用中的无意错误）。

③财务报表披露的恰当性或充分性。

在财务报表披露的恰当性或充分性方面，当出现下列情形时，财务报表可能存在重大错报：

第一，财务报表没有包括运用的财务报告编制基础要求的所有披露；

第二，财务报表的披露没有按照适用的财务报告编制基础列报；

第三，财务报表没有作出必要的披露以实现公允反映。

（2）无法获取充分、适当的审计证据，不能得出财务报表整体不存在重大错报的结论。

如果注册会计师能够通过实施替代程序获取充分、适当的审计证据，则无法实施特定的程序并不构成对审计范围的限制。

下列情形可能导致注册会计师无法获取充分、适当的审计证据（也称为审计范围受到限制）：

①超过被审计单位控制的情形。

例如，第一，被审计单位的会计记录已被毁坏；第二，重要组成部分的会计记录已被政府有关机构无限期地查封。

②与注册会计师工作的性质或时间安排相关的情形。

例如，第一，被审计单位需要使用权益法对联营企业进行核算，注册会计师无法获取有关联营企业财务信息的充分、适当的审计证据以评价是否恰当运用了权益法；第二，注册会计师接受审计委托的时间安排，使注册会计师无法实施存货监盘；第三，注册会计师确定仅实施实质性程序是不充分的，但被审计单位的控制是无效的。

③管理层施加限制的情形。

管理层对审计范围施加的限制致使注册会计师无法获取充分、适当的审计证据的情形。例如，第一，管理层阻止注册会计师实施存货监盘；第二，管理层阻止注册会计师对特定账户余额实施函证。

管理层施加的限制可能对审计产生其他影响，如注册会计师对舞弊风险的评估和对业务保持的考虑。

（二）在确定非无保留意见类型时需要考虑的因素

注册会计师在确定恰当的非无保留意见类型时，需要考虑下列因素：（1）导致非无保留意见的事项的性质，是财务报表存在重大错报，还是在无法获取充分、适当的审计证据的情况下，财务报表可能存在重大错报；（2）注册会计师就导致非无保留意见的事项对财务报表产生或可能产生影响的广泛性作出的判断。

注册会计师对相关事项的影响的重大性和广泛性的判断均会影响审计意见的类型。

1. 影响的重大性

注册会计师需要从定性和定量两方面考虑错报对财务报表的影响或未发现的错报（如存在）对财务报表可能产生的影响是否重大。

2. 影响的广泛性

广泛性是描述错报影响的术语，用以说明错报对财务报表的影响，或者由于无法获取充分、适当的审计证据而未发现的错报（如存在）对财务报表可能产生的影响。

对财务报表的影响具有广泛性的情形，包括：

（1）不限于对财务报表特定要素账户或项目产生影响。

一是重大错报对财务报表的影响。如果注册会计师发现了多项重大错报（例如商誉、固定资产、存货和应收账款的减值准备计提均不充分），这些重大错报影响多个财务报表项目（商誉、固定资产、存货、应收账款、营业成本、信用减值损失、资产减值损失等），通常认为这些重大错报对财务报表的影响具有广泛性。

二是在无法获取充分、适当的审计证据而未发现的错报（如存在）对财务报表可能产生的影响。

比如，注册会计师新承接的某生产制造业审计客户与存货相关的会计记录和物流记录不完整、不准确，注册会计师因此无法就期末和期初存货余额以及当期的存货增减变动情况获取充分、适当的审计证据。由于存货对利润表的营业收入、营业成本、资产减值损失、所得税费用等项目以及资产负债表的应收账款、应付账款、应交税费等项目均有重大影响，该事项导致注册会计师对这些相关项目也无法获取充分、适当的审计证据，对财务报表可能产生的影响重大且具有广泛性。

（2）虽然仅对财务报表的特定要素、账户或项目产生影响，但这些要素、账户或项目是或可能是财务报表的主要组成部分。

比如，被审计单位处于筹建期，其年末账面资产余额的80%为在建工程。注册会计师无法就年末在建工程余额获取充分、适当的审计证据。由于在建工程构成财务报表的主要组成部分，注册会计师认为上述事项对财务报表可能产生的影响重大且具有广泛性。

（3）当与披露相关时，产生的影响对财务报表使用者理解财务报表至关重要。

例如，基于获取的审计证据，注册会计师认为可能导致对被审计单位持续经营能力产生重大疑虑的事项或情况存在重大不确定性，且该公司正考虑申请破产。管理层在财务报表中遗漏了与重大不确定性相关的必要披露（即完全未披露）。注册会计师认为该漏报对财务报表的影响重大且具有广泛性。

表12-1列示了注册会计师对导致发表非无保留意见的事项的性质和这些事项对财务

报表产生或可能产生影响的广泛性作出的判断，以及注册会计师的判断对审计意见类型的影响。

表 12 - 1 注册会计师发表非无保留意见的情形

导致发表非无保留意见的事项的性质	相关事项的错报或未发现的错报（如存在）对财务报表产生或可能产生的影响是否具有广泛性	
	重大但不具有广泛性	重大且具有广泛性
财务报表存在重大错报（已对相关事项获取充分、适当的审计证据）	保留意见	否定意见
无法对相关事项获取充分、适当的审计证据（不能得出财务报表整体不存在重大错报的结论）	保留意见	无法表示意见

1. 发表保留意见

当存在下列情形之一时，注册会计师应当发表保留意见：

（1）在获取充分、适当的审计证据后，注册会计师认为错报单独或汇总起来对财务报表影响重大，但不具有广泛性。

（2）注册会计师无法获取充分、适当的审计证据以作为形成审计意见的基础，但认为未发现的错报（如存在）对财务报表产生的影响重大，但不具有广泛性。

2. 发表否定意见

在获取充分、适当的审计证据后，如果认为错报单独或汇总起来对财务报表的影响重大且具有广泛性，注册会计师应当发表否定意见。

3. 发表无法表示意见

如果无法获取充分、适当的审计证据以作为形成审计意见的基础，但认为未发现的错报（如存在）对财务报表可能产生的影响重大且具有广泛性，注册会计师应当发表无法表示意见。

在少数情况下，可能存在多个不确定事项。尽管注册会计师对每个单独的不确定事项获取了充分、适当的审计证据，但由于不确定事项之间可能存在相互影响，以及可能对财务报表产生累积影响，注册会计师不可能对财务报表形成审计意见。在这种情况下，注册会计师应当发表无法表示意见。

在极其特殊的情况下，可能存在多个不确定性事项。即使注册会计师对每个单独的不确定性事项获取了充分、适当的审计证据，但由于不确定性事项之间可能存在相互影响，以及可能对财务报表产生累积影响，注册会计师不可能对财务报表形成审计意见。在这种情况下，注册会计师应当发表无法表示意见。

在确定非无保留意见的类型时还需要注意以下两点：

一是在承接审计业务后，如果注意到管理层对审计范围施加了限制，且认为这些限制可能导致对财务报表发表保留意见或无法表示意见，注册会计师应当要求管理层消除这些限制，如果管理层拒绝消除限制，除非治理层全部成员参与管理被审计单位，注册会计师应当就此事项与治理层沟通，并确定能否实施替代程序以获取充分、适当的审计证据。如果无法获取充分、适当的审计证据，注册会计师应当通过下列方式确定其影响：（1）如果未发现的错报（如存在）可能对财务报表产生的影响重大，但不具有广泛性，应当发表保留意见；（2）如果未发现的错报（如存在）可能对财务报表产生的影响重大且具有广泛性，以至于发表保留意见不足以反映情况的严重性，应当在可行时解除业务约定（除非法律法规禁止）。当然，注册会计师应当在解除业务约定前，与治理层沟通在审计过程中发现的、将会导致发表非无保留意见的所有错报事项；如果在出具审计报告之前解除业务约定书被禁止或不可行，应当发表无法表示意见。

在某些情况下，如果法律法规要求注册会计师继续执行审计业务，则注册会计师可能无法解除审计业务约定。这种情况可能包括：（1）注册会计师接受委托审计公共部门实体的财务报表；（2）注册会计师接受委托审计涵盖特定期间的财务报表，或者接受一定期间的委托，在完成财务报表审计前或在委托期间结束前，不允许解除审计业务约定。在这些情况下，注册会计师可能认为需要在审计报告中增加其他事项段。

二是如果认为有必要对财务报表整体发表否定意见或无法表示意见，注册会计师不应在同一审计报告中对按照相同财务报告编制基础编制的单一财务报表或者财务报表特定要素、账户或项目发表无保留意见。在同一审计报告中包含无保留意见，将会与对财务报表整体发表的否定意见或无法表示意见相矛盾。

当然，对经营成果、现金流量（如相关）发表无法表示意见，而对财务状况发表无保留意见，这种情况可能是被允许的。因为在这种情况下，注册会计师并没有对财务报表整体发表无法表示意见。

【知识拓展 12 -1】

对出具无法表示意见的审计报告的几点说明

（1）无法表示意见不同于拒绝接受委托。无法表示意见是注册会计师实施了一定审计程序后发表的一种审计报告类型。

（2）无法表示意见区别于保留意见。虽然无法获取充分、适当的审计证据都可能使注册会计师发表保留意见或无法表示意见，但认为未发现的错报（如存在）对财务报表可能产生的影响对财务报表整体公允的判断区分了保留意见或无法表示意见。如果注册会计师认为未发现的错报（如存在）对财务报表可能产生的影响重大，但不具有广泛性，则发表保留意见；如果认为未发现的错报（如存在）对财务报表可能产生的影响重大且具有广泛性，注册会计师则应当发表无法表示意见。

（3）无法表示意见区别于否定意见。无法表示意见适用于两种情形，一是注册会计师无法获取充分、适当的审计证据，但认为未发现错报（如存在）对财务报表可能产生的影响重大且具有广泛性；二是在极少数情况下，可能存在多个不确定性事项。即使注册会计师对每个单独的不确定性事项获取了充分、适当的审计证据，但由于不确定性事项之间可能存在相互影响，以及可能对财务报表产生累积影响，注册会计师不可能对财务报表形成审计意见；但要发表否定意见，注册会计师必须有足够的证据证实被审计单位财务报表不公允。

（三）非无保留意见的审计报告的格式和内容

1. 导致非无保留意见的事项段

（1）审计报告格式和内容的一致性。

如果对财务报表发表非无保留意见，除在审计报告中包含《中国注册会计师审计准则第1501号——对财务报表形成审计意见和出具审计报告》规定的审计报告因素外，注册会计师还应当直接在审计意见段之后增加一个部分，并使用恰当的标题，如"形成保留意见的基础""形成否定意见的基础"或"形成无法表示意见的基础"，说明导致发表非无保留意见的事项。审计报告格式和内容的一致性有助于帮助使用者更好地理解和识别存在的异常情况。因此，尽管不可能统一非无保留意见的措辞和对导致非无保留意见事项的说明，但仍有必要保持审计报告格式和内容的一致性。

（2）量化财务影响。

如果财务报表中存在与具体金额（包括定量披露）相关的重大错报，注册会计师应当在导致非无保留意见的事项段中说明并量化该错报的财务影响。举例来说，如果存货被高估，注册会计师就可以在审计报告中形成保留/否定/无法表示意见的基础部分说明该重大错报的财务影响，即量化其对所得税、税前利润、净利润和所有者权益的影响。如果无法量化财务影响，注册会计师应当在审计报告中形成保留/否定/无法表示意见的基础部分说明这一情况。

（3）存在与叙述性披露相关的重大错报。

如果财务报表中存在与叙述性披露相关的重大错报，注册会计师应当在形成非无保留意见的基础部分解释该错报错在哪里。

（4）存在与应披露而未披露信息相关的重大错报。

如果财务报表中存在与应披露而未披露信息相关的重大错报，注册会计师应当：①与治理层讨论未披露信息的情况；②在形成非无保留意见的基础部分描述未披露信息的性质；③如果可行并且已针对未披露信息获取了充分、适当的审计证据，在形成非无保留意见的基础部分包含对未披露信息的披露，除非法律法规禁止。

如果存在下列情形之一，则在形成非无保留意见的基础部分披露遗漏的信息是不可行的：①管理层还没有作出这些披露，或管理层已作出但注册会计师不易获取这些披露；②根据注册会计师的判断，在审计报告中披露该事项过于庞杂。

（5）无法获取充分、适当的审计证据。

如果因无法获取充分、适当的审计证据而导致发表非无保留意见，注册会计师应当在形成非无保留意见的基础部分说明无法获取审计证据的原因。

（6）披露其他事项。

即使发表了否定意见或无法表示意见，注册会计师也应当在形成非无保留意见的基础部分说明注意到的、将导致发表非无保留意见的所有其他事项及其影响。这是因为，对注册会计师注意到的其他事项的披露可能与财务报表使用者的信息需求相关。

2. 审计意见段

（1）标题。

在发表非无保留意见时，注册会计师应当对审计意见段使用恰当的标题，如"保留意见""否定意见""无法表示意见"。审计意见段标题能够使财务报表使用者清楚注册会计师发表了非无保留意见，并能够表明非无保留意见的类型。

（2）发表保留意见。

当由于财务报表存在重大错报而发表保留意见时，注册会计师应当根据适用的财务报告编制基础在审计意见段中说明：注册会计师认为，除了形成保留意见的基础部分所述事项产生的影响外，后附的财务报表在所有重大方面按照适用的财务报告编制基础编制，公允反映了……当由于无法获取充分、适当的审计证据导致发表保留意见时，注册会计师应当在审计意见内容部分使用"除……可能产生的影响外"等措辞。

（3）发表否定意见。

当发表否定意见时，注册会计师应当根据适用的财务报告编制基础在审计意见段中说明：注册会计师认为，由于形成否定意见的基础部分所述事项的重要性，财务报表没有在所有重大方面按照适用的财务报告编制基础编制，未能实现公允反映……

（4）发表无法表示意见。

当由于无法获取充分、适当的审计证据而发表无法表示意见时，注册会计师应当在审计意见段中说明：由于形成无法表示意见的基础部分所述事项的重要性，注册会计师无法获取充分、适当的审计证据以为发表审计意见提供基础，因此，注册会计师不对这些财务报表发表审计意见。此外，注册会计师不应有"提及审计报告中用于描述注册会计师责任的部分"和"说明注册会计师是否已获取充分、适当的审计证据以作为形成审计意见的基础"的相关表述。

3. 非无保留意见对审计报告要素内容的修改

当发表保留意见或否定意见时，注册会计师应当修改形成保留意见的基础部分的描述，以说明：注册会计师相信，注册会计师已获取的审计证据是充分、适当的，为发表非无保留意见提供了基础。

当由于无法获取充分、适当的审计证据而发表无法表示意见时，注册会计师应当修改审计报告的意见段，说明：注册会计师接受委托审计财务报表；注册会计师不对后附的财务报表发表审计意见；由于形成无法表示意见的基础部分所述事项的重要性，注册会计师无法获取充分、适当的审计证据以作为对财务报表发表审计意见的基础。

当注册会计师对财务报表发表无法表示意见时，注册会计师应当修改无保留意见审计报告中注册会计师对财务报表审计的责任部分，使之仅包含下列内容：

（1）注册会计师的责任是按照中国注册会计师审计准则的规定，对被审计单位财务报表执行审计工作，以出具审计报告；

（2）但由于形成无法表示意见的基础部分所述的事项，注册会计师无法获取充分、适当的审计证据以作为发表审计意见的基础；

（3）说明注册会计师在独立性和职业道德方面的其他责任。

【知识拓展 12 −2】

审计报告中的优先原则

审计报告中的优先原则主要包括：

（一）导致发表非无保留意见的事项和与持续经营相关的重大不确定性优先于关键审计事项

中国注册会计师审计准则第 1504 号——在审计报告中沟通关键审计事项（CSA 1504）强调，在审计报告中沟通关键审计事项不能代替以下两种情形：（1）发表非无保留意见；（2）导致对被审计单位持续经营能力产生重大疑虑的事项或情况存在重大不确定性的事项。当可能导致对被审计单位持续经营能力产生重大疑虑的事项或情况存在重大不确定性的事项时，应按照《中国注册会计师审计准则第 1324 号——持续经营》（CSA 1324）的要求增加"与持续经营相关的重大不确定性"段，而非增加强调事项段。

以上两种情形就其性质而言均属于关键审计事项，但这些事项不得在审计报告的关键审计事项部分进行描述，而应当分别在形成保留（否定）意见的基础部分或与持续经营相关的重大不确定性部分进行描述。

（二）关键审计事项优于强调事项和其他事项

如果某事项构成关键审计事项，除上述导致发表非无保留意见的事项与持续经营相关的重大不确定性之外，应在关键审计事项部分描述，而不得在强调事项段或其他事项段描述。同时，关键事项段也不能代替管理层应当在财务报表中作出的披露。

1. 需要增加强调事项段的情形

《中国注册会计师审计准则第 1503 号——在审计报告中增加强调事项段和其他事项段》规定，应当增加强调事项段的情形有：①法律法规规定的财务报告编制基础是不可接受的，但其是基于法律法规做出的规定；②提醒财务报表使用者关注财务报表按特殊目的编制基础编制；③审计师在审计报告日后知悉某些事实（期后事项），并且出具新的或经修改的审计报告。

审计师可能认为需要增加强调事项段的情形有：①异常诉讼或监管行动的未来结果存在不确定性；②在财务报表日至审计报告日期间发生的重大期后事项；③在允许的情况下，提前应用对财务报表有重大影响的新会计准则；④存在已经或持续对被审计单位财务状况产生重大影响的特大灾难。

2. 增加其他事项段

在审计报告中增加其他事项段的前提条件是：①未被法律法规禁止；②当 CSA1504 适用时，该事项未被确定为在审计报告中沟通的关键审计事项。

如果某事项不符合关键审计事项的规定，而执业人员根据职业判断，认为有必要沟通与财务报表使用者理解审计工作、审计师责任或审计报告相关的事项，那么应当增加其他事项段。

尽管相对于导致非无保留意见的事项，关键审计事项、强调事项和其他事项是既不影响财务报表反映，也不影响审计意见类型的事项，但在审计实务中，我们仍要区分关键审计事项、强调事项和其他事项。（1）从强调事项段和关键审计事项段的定义看，它们的侧重点有所不同：强调事项侧重于财务报表使用者理解财务报表至关重要，关键审计事项侧重于审计师认为对本期财务报表审计最为重要。（2）强调事项和其他事项最主要的区别是：强调事项是已在财务报表中恰当列报或披露的事项，其他事项则是未在财务报表中列报或披露的事项。

拓展案例

*ST H 公司审计案例

（一）案例背景

北京 H 创意建筑设计股份有限公司（以下简称"*ST H 公司"），前身系江苏 D 微电子股份有限公司（以下简称"D 微电子"），由于 2016 年年报被出具了无法表示意见的审计报告，H 公司戴上了"*ST"的"帽子"，并以筹划重大资产重组为由停牌许久。

围绕年报，*ST H 公司发生了一系列匪夷所思的怪事——业绩快报盈利 4.15 亿元，年报仅为 2.4 亿元；年初更换会计师事务所，随后又将其聘回来。截至 2017 年 7 月，*ST H 公司更换了几家年度报告审计机构，具体情况如图 12-2 所示。2 月 16 日，公司以"保证上市公司的审计独立性"为由将上海 S 会计师事务所（以下简称"S 所"）解雇。在 *ST H 公司把审计机构从 S 所更换为 T 会计师事务所（以下简称"T 所"）后，很快就发布了一份净利润高达 4.15 亿元的业绩快报。蹊跷的是，在上述业绩快报发布一个多月后，由于 T 所在为公司进行财报审计过程中发现与预期的工作量差异较大，可能无法按时完成公司的财报审计工作，经与公司协商，决定解除审计协议。此后，*ST H 公司又重新聘回 S 所，由 S 所披露的 2016 年年报的净利润大幅"缩水"至 2.4 亿元。即使如此，S 所仍然出具了无法表示意见的审计报告。对于 S 所出具的无法表示意见的审计报告，*ST H 公司有不同的意见，其在公告中表示："目前公司生产经营一切正常，公司董事会拟启动相关解决方案"，并且宣布重新聘请会计师事务所对 2016 年年报进行审计。最新上任的审计机构是 Z 会计师事务所（以下简称"Z 所"）。9 月 29 日，*ST H 公司 2016 年度审计报告终于出炉。Z 所审计后出具了标准无保留的审计报告。报告显示，*ST H 公司 2016 年实现营业收入 36.38 亿元，归属母公司的净利润为 2.34 亿元。

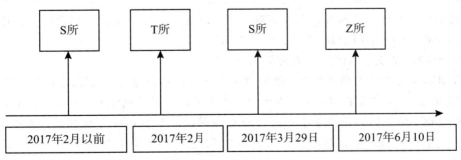

图 12-2 "走马灯"式更换审计机构

（二）被审计单位基本情况及主要的会计问题

1. 被审计单位基本情况

*ST H 公司成立于 1993 年，于 2014 年上市，下设子公司北京 H 建筑装饰工程设计有限公司（简称"H 设计公司"）、孙公司北京 H 建筑装饰设计工程有限公司（简称"H 装饰公司"）。2014 年，*ST H 公司的前身 D 微电子公告借壳方案，借壳标的资产为 H 设计

100%股权。

H 设计公司属于建筑装饰行业，具有"轻资产"的特点，其固定资产投入相对较小、价值不高。由于建筑装饰行业未来具有良好的发展空间，H 设计公司近年来业务发展较快，盈利水平快速提升，整体业务布局清晰，未来前景可期，且 H 设计公司系国内知名建筑装饰企业，竞争优势较为显著。

最终，H 设计公司支撑起了借壳的高估值。回顾近三年的业绩情况，2014 年上市公司实现年度业绩，2015 年小幅不达标，完成 94.1%，但 2016 年处于尚未可知的状态。这也是前文提到 *ST H 公司 2016 年经审计后实际净利润为 2.4 亿元却执意在业绩快报披露 4.15 亿元净利润的主要原因，只有净利润为 4.15 亿元才能保证实现 2016 年的业绩承诺，对赌成功，否则将回购注销巨额股份。

2. 主要的会计问题

（1）内部控制存在重大缺陷。

*ST H 公司 2016 年度原财务总监离职后，一直未任命新财务总监，同时财务部关键岗位人员出现离职和变动，导致在销售与收款环节、采购与付款环节的内部控制上出现重大缺陷，财务核算出现混乱，严重影响了财务报表的可靠性和公允性。*ST H 公司未能提供真实、可靠、完整的经营和财务资料，导致 S 所无法执行必要审计程序，也无法实施必要的替代程序，以对后附财务报表中的营业收入、营业成本、应收款项、应付款项、存货进一步取得充分、适当的审计证据，来确定后附财务报表及附注已恰当列示和披露。

（2）违规调节收入和成本。

*ST H 公司的下属公司 H 设计公司和 H 装饰公司于 2016 年 12 月对不满足收入和成本确认条件的工程项目进行了调整，相关项目调减收入人民币 357 376 505.66 元，调减成本人民币 278 681 339.16 元。同时将与调整项目相关的收到资金和支付资金记入"其他应付款"和"其他应收款"，并将其进行抵消处理。S 所未能取得公司提供的相关项目收入成本调整的依据以及收入成本导致的资金收付记入"其他应收款"和"其他应付款"科目并抵消的依据，也无法执行其他程序获取充分、适当的审计证据，对公司相关会计处理的真实性、合理性和完整性无法核实。

（3）长期股权投资未进行减值测试。

*ST H 公司后附财务报表显示，2016 年归属于母公司的净利润为 239 763 363.16 元，与其在 2017 年 2 月 27 日公告的业绩快报中归属于上市公司的净利润人民币 415 200 679.27 元相比发生大幅下降，主要原因系子公司 H 设计公司的净利润出现大幅下滑，母公司 *ST H 公司尚未对其财务报表中账面净值为人民币 2.82 亿元的长期股权投资——H 设计公司进行减值测试，S 所无法获取充分、适当的审计证据以判断该事项对母公司财务报表的影响程度。

资料来源：笔者根据相关资料整理。

本章思政元素梳理

审计报告是注册会计师根据审计准则的规定，在执行审计工作的基础上，对财务报表发表审计意见的书面文件。审计报告作为审计工作的最终产品，它不仅向资本市场传达企业的财务状况、经营成果等会计信息，更重要的是高质量的审计报告可以保障资本市场安全、维护经济活动秩序。那么负责撰写审计报告，并在审计报告上签字的注册会计师的职业道德就显得尤为重要。作为在审计报告上签字的注册会计师，需要具备诚信、公平、正义、独立的品质，在出具审计报告时应具有强烈的社会责任感和使命感。

本章中英文
关键词汇

习题演练

本章推荐
阅读书目

第十三章　企业内部控制评价与审计

引导案例

A 航油内部控制失败案[1]

  A 航油公司（以下简称"A 航油"）通过国际石油贸易、石油期货等衍生金融工具的交易，其净资产已经从 2012 年的 16.8 万美元增加到 2019 年的 1.35 亿美元，增幅高达 800 倍。但在 2019 年 11 月，A 航油因误判油价走势，在石油期货投机上亏损 5.5 亿美元。这一事件被认为是著名的"M 银行悲剧"的翻版：10 余年前，在新加坡期货市场上，欧洲老牌的 M 银行因雇员违规投机操作，令公司损失 13 亿美元并导致被一家荷兰银行收购。曾经在 7 年间实现资产增值 800 倍的海外国企 A 航油，缘何短短几个月内就在期货投机市场上背负 5.5 亿美元的巨债？

  2008 年成立的 A 航油，由中央直属大型国企中国航空油料控股公司控股，总部和注册地位于新加坡。陈某接任董事长后，公司垄断了中国国内航空油品市场的采购权，2018 年 A 航油净资产超过 1 亿美元，总资产达到 30 亿美元。2016 年 A 航油在新加坡上市，转型为包括实业、工程与贸易的多元化投资公司。

  A 航油的内部控制形同虚设。按 A 航油规定，管理层每周会收到来自贸易部门、风险控制员和风险管理委员会主任的周报，而在 2019 年中以前，这三份周报都没有提及期权投资情况。开展石油期权业务后，A 航油并未对期权本身极高的市场风险给予足够重视，未对风险管理制度加以完善，缺乏针对期权的风险管理规定。对期权交易风险管理在意识和制度上的欠缺导致管理层一意孤行，技术损失被数倍扩大。管理层个人影响力在企业内过度膨胀，内控不力、忽略风险的行动未能得到有效监督与纠正。陈某作为董事长违规从事场外石油指数期权交易，越权批准超限交易，擅自决定对可控期权交易挪盘和挪用备用信用证，隐瞒期权交易的真实潜亏情况及出售 15% 股权的法律风险并伪造文书。

  A 航油内部控制失败的案例启示我们：要完善企业的内部控制，要有明确的内控主体和控制目标，要有先进的管理控制防范体系和高素质的管理人才。

第一节　内部控制系统

  内部控制是管理现代化的必然产物，内部控制系统的产生和发展，

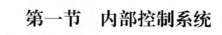

企业内部控制评价
与审计思维导图

---

  ① 笔者根据相关资料整理。

促使审计工作从全面审计发展成为以抽样测试为基础的系统导向审计。审查和评价被审计单位的内部控制系统，这是现代审计的重要发展。2001 年美国安然等公司发生财务舞弊案件，引致了 2002 年美国《萨班斯—奥克斯利法案》公布实施，其中第 404 条款要求在美国证券交易委员会（SEC）备案的上市公司必须提交年度内部控制自我评价报告，作为向 SEC 提交的财务报告的组成部分。内部控制自我评价报告要求管理层评价公司内部控制的有效性，并要求负责财务报表的会计师事务所对财务报告内部控制加以审计，进入了财务报告内部控制审计的新时代。

审计准则
中国注册会计师审计准则第 1152 号——向治理层和管理层通报内部控制缺陷（2022 年 12 月 22 日修订）

　　内部控制是由企业董事会、监事会、经理层和全体员工实施的旨在实现控制目标的过程。具体地说，内部控制系统是指一个单位的董事会、监事会、经理层，为了实现其发展战略，提高经营活动的效率，确保信息的正确可靠，保护财产的安全完整，遵循相关的法律法规，利用单位内部因分工而产生的相互制约、相互联系的关系，形成了一系列具有控制职能的方法、措施、程序，并予以规范化，系统化，使之组成一个严密的、较为完整的体系。

一、内部控制的发展

　　内部控制是从内部牵制发展而来的，经历了较长的发展阶段，逐步形成了科学的体系。

（一）内部牵制阶段

　　20 世纪 40 年代以前，人们习惯用内部牵制这一概念，其主要特点是：以任何个人或部门不能单独控制任何一项或一部分业务权力的方式进行组织的责任分工。一般来说，内部牵制的执行大致可以分为以下四类：一是实物牵制。例如，把保险柜的钥匙交给两个以上工作人员持有。如果不同时期使用这两把以上的钥匙，保险柜就打不开。二是机械牵制。例如，保险柜的门若非按正确程序操作就打不开。三是体制牵制。采用双重控制预防错误和舞弊的发生，如对原始记录进行备份。四是簿记牵制。定期将明细账和总账进行核对，如会计与出纳实施职责分离，在现代内部控制理论中，内部牵制仍占有重要地位，成为有关组织机构控制和职务分离控制的基础。

（二）内部控制阶段

　　20 世纪 40 年代末，内部控制这一概念得到了重视。1949 年美国注册会计师协会的审计程序委员会在《内部控制：一种协调制度要素及其对管理当局和独立注册会计师的重要性》的报告中，对内部控制首次作出权威性定义："内部控制包括组织机构的设计和企业内部采取的所有相互协调的方法与措施，以保护企业财产、检查会计信息的准确性，提高经营效率和推动企业坚持执行既定的管理政策和规章制度。"这一范围广泛的定义及其相应的解释，在当时被普遍认为是对理解内部控制这一概念的重大贡献，因为在此之前内部控制概念从未受到如此的重视。

（三）会计控制和管理控制阶段

　　1958 年，美国注册会计师协会下属的审计程序委员会发布的《审计程序公告第 29

号》对内部控制定义重新进行了表述，将内部控制划分为会计控制和管理控制。会计控制包括组织规划的所有方法和程序，这些方法和程序与财产安全以及财务记录可靠性有直接的联系。会计控制包括授权与批准制度、从事财务记录和审核与从事经营或财产保管职务分离的控制、财产的实物控制和内部审计。管理控制包括但不限于确保交易由管理当局授权的组织结构、程序及其有关记录。内部管理控制包括组织规划的所有方法和程序，这些方法和程序主要与经营效率和贯彻管理方针有关，通常只与财务记录有间接关系。管理控制一般包括统计分析、时效研究即工作节奏研究、业绩报告、员工培训计划和质量控制。

（四） 内部控制结构阶段

20 世纪 80 年代以后，西方会计审计界研究的重点逐步从内部控制一般含义向具体内容深化。1988 年美国注册会计师协会发布《审计准则公告第 55 号》，自 1990 年 1 月起取代 1972 年发布的《审计准则公告第 1 号》。该公告首次以"内部控制结构"代替"内部控制"指出"企业的内部控制结构包括为提供取得企业特定目标的合理保证而建立的各种政策和程序"。内部控制结构是指为了对实现特定公司目标提供合理保证而建立的一系列政策和程序构成的有机整体，包括控制环境、会计系统及控制程序三个部分。

1. 控制环境

反映董事会、经理层、业主和其他人员对控制的态度和行为。具体包括管理哲学和经营作风、组织结构、董事会及审计委员会的职能、人事政策和程序、确定职权和责任的方法、经理层监控和检查工作时所用的控制方法。

2. 会计系统

规定各项经济业务的确认、归集、分类、分析、登记和编报方法。一个有效的会计系统包括以下内容：鉴定和登记一切合法的经济业务；对各项经济业务进行适当分类，作为编制财务报表的依据；计量经济业务的价值以使其货币价值能够在财务报表中记录；确定经济业务发生的时间，以确保它记录在适当的会计期间；在财务报表中恰当地表述经济业务及有关的揭示内容。

3. 控制程序

指经理层制定的政策和程序，以保证达到一定的目的。它包括经济业务和活动的批准权；明确各员工的职责分工；充分的凭证、账单设置和记录；资产和记录的接触控制；业务的独立审核等。

（五） 内部控制整合框架阶段

进入 20 世纪 90 年代，人们对内部控制的研究进入了全新的阶段。1992 年，美国反对虚假财务报告委员会下属的由美国会计学会、美国注册会计师协会、美国国际内部审计师协会、美国财务经理协会和美国管理会计学会等组织参与的发起组织委员会（COSO）发布报告《内部控制——整合框架》，即"COSO 报告"，该报告具有广泛的适用性。1996 年美国注册会计师协会发布《审计准则公告第 78 号》，并自 1997 年 1 月起取代 1988 年发布的《审计准则公告第 55 号》，将内部控制定义为：由一个企业的董事会、经理层和其他人员实现的过程，旨在为下列目标提供合理保证：第一，财务报告的可靠性；第二，经营的效果和效率；第三，符合适用的法律和法规。审计准则将内部控制划分为五种要素，分别是控制环境、风险评估、控制活动、信息与沟通、监控。这五种要素使内部控制成为一个整体。

1. 控制环境

控制环境构成一个单位的氛围，影响内部管理人员控制其他要素的基础。包括员工的诚实性和道德观、员工的胜任能力、董事会或审计委员会、管理哲学和经营方式、组织结构、授予权力和责任的方式以及人力资源政策和实施。

2. 风险评估

风险评估指经理层识别并采取相应的行动来管理对经营、财务报告、符合性目标有影响的内部或外部风险，包括风险识别和风险分析。

3. 控制活动

控制活动指对所确认的风险采取必要的措施，以保证单位目标得以实现的政策和程序，包括业绩评价、信息处理、实物控制和职责分离。

4. 信息与沟通

信息与沟通指为了使职员执行其职责，企业必须识别、捕捉、交流外部和内部信息。沟通是使员工了解其职责，保持对财务报告的控制，包括使员工了解在会计准则中他们的工作如何与他人联系，如何对上级报告例外情况，沟通的方式有政策手册、财务报告手册、备查簿，以及口头交流或管理示例等。

5. 监控

监控指评价内部控制质量的进程，即对内部控制改革、运行及改进活动进行评价、监督和控制。包括内部审计以及单位外部人员、团体进行交流。

上述五项要素实际上内容广泛、相互关联。控制环境是其他控制要素的基础，在规划控制活动时，必须对企业可能面临的风险进行细致的了解和评估；而风险评估和控制活动必须借助于企业内部信息的有效沟通；最后，实施有效的监控以保障内部控制的实施质量。

【相关链接 13 - 1】

《萨班斯—奥克斯利法案》 的诞生与影响

安然公司、施乐公司和世界通信公司等上市公司财务造假丑闻的连续发生引发了整个美国社会对上市公司的信任危机，导致美国股市的持续下跌。为拯救美国的资本市场，恢复投资者的信心，2002 年 7 月，美国国会颁布了《2002 年公众公司会计改革与投资者保护法案》，由于此项法案是由参议院民主党议员萨班斯和众议院共和党奥克斯利共同提出的，又称《萨班斯—奥克斯利法案》（简称《萨班斯法案》），该法案于 2002 年 7 月 30 日正式生效。

时任美国总统布什在签署《萨班斯法案》时称，"这是自罗斯福总统以来对美国商业者影响最为深远的改革法案"。《萨班斯法案》提出了多项改革措施，其中最主要的是对企业内部控制、内部控制审计提出了新的更严格的要求，对企业内部控制体系的缺失提出了严厉的处罚。该法案强制要求上市公司建立内部控制体系，由注册会计师验证并出具审计报告。

资料来源：根据中国注册会计师协会翻译的《萨班斯法案》等相关资料整理而得。

（六）内部控制整合框架——风险管理阶段

2004 年 4 月，美国 COSO 委员会在广泛吸收各国理论界和实务界研究成果的基础上，颁布了《企业风险管理框架》。该框架在 1992 年 COSO 的内部控制整合框架报告的基础上建立企业风险管理框架，将企业管理的重心由内部控制转向风险管理。相对于内部控制整合框架而言，新的 COSO 报告增加了一个观念即风险组合观，一个目标即战略目标，两个概念即风险偏好和风险容忍度，三个要素即目标制定、事项识别和风险反应。企业风险管理包括八个相互关联的要素，各要素贯穿于企业的管理过程中。

1. 内部环境

企业的内部环境是其他所有风险管理要素的基础，为其他要素提供规则和结构。内部环境包括的内容很多，包括企业员工的价值观、人员的胜任能力和发展规划、管理者的经营模式、权限和职责的分配方式等。董事会是内部环境的重要组成部分，对其他内部环境要素具有重要的影响。企业的管理者也是内部环境的一部分，其职责是树立企业风险管理理念。

2. 目标制定

经理根据企业确定的任务或预期制定企业的战略目标，选择战略并确定其他与之相关的目标进而在企业内层层分解和落实。而企业风险管理就是给企业经理提供一个适当的过程，既能够帮助制定企业的目标，又能够将目标与企业的任务或预期联系在一起，并且保证制定的目标与企业的风险偏好相一致。企业的目标包括战略目标、经营目标、报告目标以及合法性目标。

3. 事项识别

不确定性的存在，即经理不能确切地知道某一事项是否会发生、何时发生或者事项发生后的结果，企业的经理需要对这些事项进行识别。而潜在事项对企业可能造成正面或负面的影响或者两者同时存在。

4. 风险评估

经理应从两个方面对风险进行评估——风险发生的可能性和影响。风险发生的可能性是指某一特定事项发生的可能性，影响则是指事项的发生将会带来的影响。对于风险的评估应从企业战略和目标的角度进行：首先，应对企业的固有风险进行评估；其次，经理层应在针对固有风险采取有关管理措施的基础上对企业的剩余风险进行评估。

5. 风险应对

风险应对可以分为规避风险、减少风险、共担风险和接受风险四类。规避风险是指采取措施退出会给企业带来风险的活动。减少风险是指降低风险发生的可能性、降低风险的影响或两者同时降低。共担风险是指通过转嫁风险或与他人共担风险，降低风险发生的可能性或者降低风险对企业的影响。接受风险则是不采取任何行动而接受可能发生的风险及其影响。

6. 控制活动

控制活动是帮助保证风险反应方案得到正确执行的相关政策和程序。控制活动是企业为实现其商业目标而执行的过程的一部分，通常包括两个要素：确定应该作出什么样的政策以及影响该政策的一系列程序。

7. 信息与沟通

来自企业内外部的相关信息必须以一定的格式和时间间隔进行确认、捕捉和传递，以保证企业的员工能够执行各自的职责。有效的沟通包括企业内自上而下、自下而上以及横向沟通，还包括就相关信息与企业外部相关的有效沟通和交换等。

8. 监控

对企业风险管理的监控是指评估风险管理要素的内容和运作以及一段时期的执行质量的一个过程。企业可以通过两种方式对风险管理进行监控——持续监控和个别评估。持续监控和个别评估都是用来保证企业的风险管理在企业内部各经理层和各部门持续得到执行。

（七）内部控制整合框架的发展——新风险管理阶段

2017 年 9 月，COSO 发布了新版（2017 版）企业风险管理框架：《企业风险管理——与战略和业绩的整合》。新版（2017 版）的企业风险管理框架包括企业风险管理五个要素。

第一要素：治理与文化。

治理确定了企业的基调，强调了企业风险管理的重要性和监督责任。文化则包括了道德价值观、理想行为以及对主体风险的理解。

1. 实行董事会对风险的监督

董事会对主体的风险监督负有首要责任。首先要确认董事会和经理对风险治理的责任分配。一般来说，董事会成员具有丰富的行业经验和技能，且独立于经理。这使得他们能够提供风险治理的整理战略和独立视角，并将风险管理的日常责任交给经理或者风险管理委员会。

2. 建立治理与运营模式

在明确的责任分配下，企业应该建立完整的运营模式和汇报体系。影响企业建立运营模式的因素很多，例如企业的战略目标、规模、行业、区域分布、财务税务等方面的法律法规等。经理结合企业的使命、愿景和核心价值来计划、组织并执行企业战略。一般来说，董事会通过授权给特定委员会的形式来掌握、管理与战略相关的风险。对于大型企业来说，这样的委员会可能不止一个，这就需要不同的委员会之间明确权责分配并共享对风险的理解。明确权责十分重要，这能激发人们在授权范围内的能动性。而随着组织的发展，运营模式和授权报告体系也需要做出相应调整。

3. 定义所期望的文化

董事会和经理通过定义其期望的行为将企业核心价值和对风险的态度具体化。建立一个所有员工都接受的企业文化，对于企业抓住机遇、规避风险来说至关重要。企业对于期望行为的定义彰显了其所追求的文化理念。

4. 展现对核心价值的承诺

企业制定基调，建立员工行为准则并对偏离准则的行为做出回应。即使企业明确展示了对诚实和道德的核心价值的承诺，还是难免发生违背企业核心价值的行为。这种行为可能是好人犯了错误，好人一时意志软弱，或者坏人蓄意破坏。因此，需要对行为进行详尽的评估并制定细节的应对措施。关键是将个体的行为和企业文化结合起来，这需要经理在日常工作中不断解读、强调和践行企业文化。

5. 吸引、培养并留住人才

企业需要建立在各个层次评价工作能力的机制。董事会评价经理的能力，经理评价各个业务单位或者职能部门的能力。经理通过在不同层面建立人力资源管理体系来吸引、培训、指导人才，评价和留住人才。

第二要素：风险管理、战略与目标设定。

战略规划过程中风险管理、战略和目标设定是密集联系的。风险偏好的设定以战略为基础，并与其保持一致；商业目标将战略付诸实践，并为识别、评估和应对风险提供基础。

6. 考虑风险与业务环境

企业应考虑业务环境对风险状况的潜在影响。企业要理解业务环境，考虑内部和外部的环境以及不同的利益相关者。外部环境包括政治、经济、社会、科技、法律和环境等方面，内部环境包括资本、人力、流程和技术等方面。

7. 定义风险偏好

企业应在创造、保存和实现价值的过程中定义风险偏好。负责确定风险偏好的董事会和经理必须完全了解不同风险偏好所代表的取舍和利害关系。对于一些企业来说，"高风险偏好"或者"低风险偏好"已经足够区分；对于另外一些企业来说，风险偏好必须是可以量化的。风险偏好可以有"目标""范围""上限""下限"等不同的表达和设定方式。

8. 评估替代策略

企业应评估可替代的战略和对风险状况的影响。企业应明确战略的重要意义和不同战略选择所隐含的意义，将战略和风险偏好结合在一起考虑并依据不同情况和阶段调整战略。

9. 建立业务目标并考虑风险

企业应建立不同层次的业务目标以制定和支持战略，并同时考虑风险。业务目标可以是财务表现、客户满意度、优异运营、合规、效率提升或者领先行业的创新等。企业应理解不同的业务目标所隐含的意义并确定不同的绩效度量方式和目标。

第三要素：风险管理执行。

企业应识别并评估可能影响其实现战略和业务目标的风险，结合企业的风险偏好，对风险按照其严重程度区分优先次序，组织选择风险应对的方法并对绩效进行监控以做出调整。这样，企业对追求战略和业务目标时所面临的风险建立起一个组合的观念，组织将采取一种组合的视角对风险进行评估和应对。这一过程的结果将反馈给主要风险利益相关方。

10. 识别风险

企业识别执行过程中影响业务目标实现的风险。风险识别的方法包括专题研讨会、访谈、流程分析、关键风险指标和数据追踪等。风险和机遇并存，识别风险的过程也是识别机遇的过程。

11. 评估风险的严重程度

风险评估的重要工具是风险热力图，热力图从风险发生的可能性和影响程度两个方面对风险进行评级。风险评价要从固有风险、目标剩余风险和实际剩余风险三个层级进行。

12. 风险排序

企业结合风险偏好，选定对风险排序等级的标准，然后对所有识别的风险进行排序，作为制定风险应对措施的基础。

13. 实施风险应对

风险响应有不同的方式，包括承受风险、回避风险、追逐风险、降低风险、分担风险等。经理应根据业务环境、性价比、法律法规、风险优先级、风险严重程度和风险偏好来选择和实施风险响应措施。一旦选择风险响应措施，就需要有效的控制活动来确保响应措施的实施。

14. 建立风险组合观

经理需要从企业整体角度考虑风险，将企业风险作为一个整体与实现绩效目标所需承受的风险进行对比，而不是将其视为一个个单独的、分散的风险。

第四要素：审查和修订。

通过审视主体的绩效情况，组织可以考虑如何利用企业风险管理的要素，根据重大变化发挥更为长期的作用，以及需要进行哪些修订。

15. 评估重大变化

如果不及时考虑有关变化，可能会造成与竞争对手的绩效鸿沟，或令有关战略的关键假设失效。对重大变化的监控应当纳入日常业务运营流程，并加以执行。

16. 评估风险和绩效

企业应关注风险管理绩效，以及对企业风险管理职能的几个要素进行长期有效的监控，尤其是在发生重大变更的情况下。有效的监控流程使企业领导得以深入了解风险和绩效之间的关系，以及战略风险如何影响绩效，并且识别与实现战略有关的新兴风险。

17. 企业风险管理改进

与其他任何流程一样，企业风险管理也需要不断优化。即使是实施了成熟的企业风险管理流程的企业亦可以通过持续优化来获得事半功倍的价值贡献。在企业风险管理整合至整个企业后，嵌入的持续评估便可以自动识别改进机会。单独的评估活动也可以提供优化企业风险的流程（例如由内部审计开展的）。

第五要素：信息、沟通和报告。

企业风险管理需要一个持续的过程，获取和分享内部和外部的必要信息，这些信息可以自上而下或自下而上地在整个企业里流转。沟通是在企业中不断迭代地取得并分享信息的过程。经理利用从内部和外部取得的有效信息来支持企业风险管理工作，组织利用信息系统来捕捉、处理和管理数据及信息。通过利用应用于所有组成部分的信息，组织就风险、文化和绩效做出报告。

18. 利用信息系统

信息系统可以是正式的或者是非正式的。企业应该应用分类学来管理企业资源管理相关的信息，基于企业的规模大小、复杂程度将风险进行细分。经理要依据内外部环境及时地维护信息系统并作出调整。

19. 沟通风险信息

沟通的对象包括内部员工，也包括董事会、股东及其他外部利益相关者。沟通方法可以是电子信息、外部第三方材料、非正式口头材料、公共活动、培训和研讨会以及内部文件。

20. 对风险、文化和绩效进行报告

企业应在各个层级对风险、文化和绩效做出报告。首先，企业要确定这些报告的使用者和他们的职责。报告的形式和种类很多，包括风险的整体判断、风险图谱、原因分析、敏感度分析、对新兴及发生变化的风险的分析、关键业绩指标（KPI）、趋势分析、对意外事故及违规和损失的披露、对企业资源管理计划和倡议的追踪。经理需要确定报告的频率并对质量负责。

我国从 20 世纪 90 年代开始，加大了推行企业内部控制的力度。1996 年 12 月财政部发布《独立审计具体准则第 9 号——内部控制与审计风险》，规定了注册会计师对被审计单位内部控制的审查责任。在 2000 年 7 月实施的《中华人民共和国会计法》中，以法律形式对我国企业和单位的内部控制提出了明确的要求。作为《中华人民共和国会计法》的配套规章，2001 年 6 月，财政部颁布了《内部会计控制规范——基本规范（试行）》及相关内部控制规范。2006 年 7 月 15 日，财政部联合有关部门成立了企业内部控制标准委员会，全面启动了我国企业内部控制标准建设工作。2008 年 6 月 28 日，为了加强和规范企业内部控制，提高企业经营管理水平和风险防范能力，促进企业可持续发展，财政部会同证监会、审计署、中国银行业监督管理委员会（简称"银监会"）、中国保险监督管理委员会（简称"保监会"）等部门发布了《企业内部控制基本规范》。为了推动《企业内部控制基本规范》的应用，2010 年 4 月 26 日，财政部又会同证监会、审计署、银监会、国资委、保监会等部门发布了《企业内部控制配套指引》，包括《企业内部控制应用指引》《企业内部控制评价指引》和《企业内部控制审计指引》。上述《企业内部控制配套指引》与《企业内部控制基本规范》，共同建立起我国的企业内部控制规范体系。

2006 年 2 月 15 日财政部发布、2007 年 1 月 1 日实施、2010 年 11 月 1 日修订的《中国注册会计师执业准则》，其中《中国注册会计师审计准则第 1211 号——重大错报风险的识别和评估》和《中国注册会计师审计准则第 1231 号——针对评估的重大错报风险采取的应对措施》两项准则对注册会计师如何了解、评价和测试被审计单位内部控制等内容作出了规范。2011 年 10 月 11 日，财政部会同中国注册会计师协会发布了《企业内部控制审计指引实施意见》，从审计工作的业务流程角度，对内部控制审计工作提出了具体要求。注册会计师内部控制审计法规的颁布、中国注册会计师执业准则体系的建立，将新的内部控制理论框架引入了注册会计师审计领域，强调注册会计师在实施风险评估程序时必须了解内部控制，考虑和应对内部控制被凌驾的重大错报风险，它标志着我国已经进入了全面风险导向审计模式的建立与发展阶段。

二、内部控制的目标

内部控制的目标是合理保证企业经营管理合法合规、资产安全，财务报告及相关信息真实完整，提高经营的效率和效果，促进企业实现发展战略。

（一）企业经营管理合法合规

组织的董事会和经理层有责任确保遵守相关的法律和法规。不遵守相关的法律和法规可能导致行政处罚与罚款，这会损失组织运营的重要资源。

（二）资产安全

资产的稀缺性客观上要求组织通过有效的内部控制系统确保其安全和完整。组织应保护各种有形与无形的资产，确保这些资产不被损害和流失；确保对资产的合理使用和必要的维护。

（三）财务报告及相关信息真实完整

组织的董事会和经理层有责任编辑可靠的财务报告，包括中期和简明的财务报告，以及经财务报表挑选出来的财务数据，如已经公开的盈利报告等。

（四）提高经营的效率和效果

提高经营的效率和效果对组织未来的成功是非常重要的。在最近几年，不同国家的管理者开始认识到一些组织没有理解效果和效率的严重性，并开始要求组织建立企业治理的政策和程序。

（五）促进企业实现发展战略

战略是一个组织长期发展的方向和范围，它通过在不断变化的环境中调整资源配置来取得竞争优势，从而实现利益相关者的期望。因此，不管是战略执行的内在要求还是内部控制的发展方向，战略与内部控制的有机结合是其发展的必然要求。

三、内部控制的要素

借鉴国外内部控制框架，根据《中国注册会计师是执业准则》的规范，我国企业内部控制可以分为以下五个构成要素。

（一）内部环境

内部环境是企业实施内部控制的基础，一般包括治理结构、机构设置及权责分配、内部审计、人力资源政策、企业文化等。内部环境提供企业纪律与架构，塑造企业文化，并影响企业员工的控制意识，是所有其他内部控制组成要素的基础，它既可以增强，也能够削弱特定控制的有效性。

审计案例与
思政元素
A 制钢所造假反
映出的内部控制
问题

（二）风险评估

风险评估是企业及时识别、系统分析经营活动中的与实现内部控制目标相关的风险，合理确定风险应对策略。每个企业都面临来自内部和外部的不同风险，这些风险都必须加以评估。评估风险的先决条件是制定目标，具体包括目标、风险、环境变化后的管理等。企业的目标以经营目标为主有多种表现形式。

与企业财务报告相关的经营风险受到不断变化的内部因素和外部因素的影响，其中内部影响因素主要包括人员变动；新旧信息处理系统的转换；组织管理职责与权限的变化；组织或业务的快速增长；新技术、新业务、新产品、新作业流程；企业重组；国外业务的拓展等。外部影响因素主要包括企业经营环境的变化；顾客的需求变化；外部竞争；新的会计法规和政策的变化；自然灾害等。

（三）控制活动

控制活动是企业根据风险评估结果，采用相应的控制措施，将风险控制在可承受的范围之内。企业经理层辨识风险，然后应该针对这种风险发出必要的指令。控制活动是确保管理层的指令得以执行的政策及程序，如复核营业绩效、保障资产安全及职务分工等。控制活动在企业内的经理层和职能部门之间都会出现，主要包括经理人员对企业绩效进行分析、相关部门进行管理、对信息处理的控制、实体控制、绩效指标的比较与分工。

（四）信息和沟通

信息和沟通是企业及时、准确地收集、传递与内部控制相关的信息，确保信息在企业内部、企业与外部之间进行有效沟通。企业在其经营过程中，需按某种形式辨识、取得确切的信息，并进行沟通，以使员工能够履行其责任。信息系统不仅处理企业内部所产生的信息，同时也处理与企业外部的事项、活动及环境等有关的信息。企业所有员工必须从管理层清楚地获取承担控制责任的信息，而且必须有向上级部门沟通重要信息的方法，并与外界顾客、供应商、政府主管机构和股东等做有效的沟通。

（五）内部监督

内部监督是企业对内部控制建立与实施情况进行监督检查，评价内部控制的有效性，发现内部控制缺陷，应当及时加以改进。内部控制系统需要监督。内部监督活动由持续监控、个别评估所组成，可确保企业内部控制能持续有效的运作。内部控制的监督活动一般由持续性监督和独立评价组成，监督的目的是保证企业内部控制系统持续有效地运作。

上述五要素是围绕控制目标构成的一个密不可分的整体。内部环境是内部控制的基础，主要解决两个问题：实施内部控制的企业具备了哪些控制条件，根据现有的控制条件适合建立什么样的控制系统；哪些内部环境可以改善和优化，以便在此基础上实施更加有效的内部控制。风险评估主要解决控制什么的问题，该要素要求企业识别自身面临的风险、风险发生的可能性以及影响程度，并提出相应的应对策略。控制活动则是在确定应对策略的基础上解决如何控制的问题，即采取哪些措施控制企业面临的风险。信息与沟通主要解释控制中的协调问题，即通过信息的传递、沟通与反馈使内部控制各要素之间、各层次及各业务单元之间步调一致，共同完成内部控制的目标。内部监督主要是通过持续监督和改进来保证内部控制的有效性。

四、内部控制系统的内容

每个单位的性质、业务、规模等不同，内部控制系统的具体内容也不尽相同。概括起来，内部控制的构成内容可以分为以下几个方面：

（一）合法、合规性控制

建立健全企业内部控制系统必须符合国家法律、财经政策、法令和财经制度的规定，每一项经济业务活动必须控制在合法、合规的范围内。如一切会计凭证都必须由会计部门认真审核、把关，对不合规、不合法的经济业务应坚决予以揭露和制止；生产和销售的产品必须符合质量要求，不许以次充好或生产销售伪劣产品等，这些都是合法、合规性控制。

（二）授权、分权控制

企业规模不断扩大，环节日益增多，业务纷繁复杂，董事会和总经理不可能事必躬亲，包揽一切事务。因此，必须将事、权进行合理划分，对下级授权、分权，确定各级人员处理某些事务的权利。在授权、分权的范围内，授权者或分权者有权处理有关事务；未经批准和授权，不得处理有关经济业务。这样，把各项经济业务在其发生之际就加以控制，使各级业务人员都能在其位谋其政。权和责是对等的，建立内部控制系统时，必须将每个单位或个人按其所授权利或所分权力与应负的责任相联系，制定岗位责任制，明确岗位应予以履行的任务和应付的责任，并定期进行检查，做到事事有人管，人人有专责，办事有标准，工作有检查，从而对各项经济业务进行控制。如一项经济业务从发生至结束的整个过程中，谁核准、谁经办、谁复核、谁验收、谁审批等都应在制度内予以充分说明，做到分工负责、权责分明。

（三）不相容职务控制

建立内部控制系统，必须对某些不相容职务进行分离，应分别由两个人以上担任，以便相互核对、相互牵制、防止舞弊。所谓不相容职务，是指集中于一人办理时，发生差错或者舞弊的可能性会增加的两项或者几项职务。如管理现金和银行存款的出纳，与负责总账登记的会计，就属于不相容职务。企业对不相容职务，应该加以严格控制和分离。

1. 经济业务处理的分工

经济业务处理的分工即一项经济业务的全过程不应该由一个人或者一个部门单独处理，应分割为若干环节，属于不同的岗位或分属不同的人员管理。具体要求是：授权进行某项经济业务和执行该业务的职责要分离，执行某项经济业务和审查该项业务的职责要分离，执行某项经济业务和记录该项业务的职责要分离，记录该项经济业务与审核该项经济业务的职责要分离。

2. 资产记录与保管的分工

实行这种分工的目的在于保护资产的安全完整。具体要求是：保管某项物资和记录该项物资的职责要分离，保管物资与核对该项物资账实是否相符的职责要分离，记录总账和记录明细账的职责要分离，登记日记账和登记总账的职责要分离，贵重物品仓库的钥匙由两个人分别持有。

3. 各职能部门具有相对独立性

这种独立性体现在：一是各职能部门之间是平级关系，而非上下级从属关系；二是各职能部门的工作有明确分工，不存在责任共担、成绩均享的关系。

（四）业务程序标准化控制

为了提高工作效率，实行科学化管理，现代企业一般将每一项业务活动都划分为六个步骤：授权、主办、核准、执行、记录和复核。这种按照客观要求建立的标准化业务处理程序，不仅有利于实际业务活动按照事先规定的轨道进行，而且对审计业务活动做到了事前、事中和事后的控制。这种标准化处理程序可用成文的制度表示，如各种管理支队，也可以绘成流程图，如各种业务处理程序图。采取这种方式控制，不仅经办人员有章可循，能够按照科学的程序办事，而且可以避免职责不清、相互扯皮等现象。

按照标准化处理程序的要求，会计部门的每一个工作人员必须有严格的组织分工，会计资料力求做到统一格式、统一编号，专人填制、专人保管，防止混乱、丢失。如每项经济业务发生之后，都应取得或填制会计凭证，作为该项经济业务的书面证明；凭证的设计必须科学，力求格式标准；凭证的填写必须认真；凭证的传递必须合理，环环紧扣；凭证的复核、审查必须严格；需要套写的凭证，不准分别填写；需要事先连续编号的凭证，不准临时编号；填错的凭证，要按规定的程序和手续改正，不准任意涂改；每种凭证应按规定的要求和手续整理、归档、调阅、销毁等。

（五）复查核对控制

为了保证会计信息的可靠性，规定各项经济业务必须经过复查核对，以免发生差错和舞弊。对已经完成的经济业务记录进行复查核对，是控制记录使其正确可靠的重要方法。复查核对一般分为两种：一种是将记录与所记的实物相核实；另一种是记录之间的互相复查核对。通过这两种复查核对，能进一步保证记录真实、完整、正确。复查核对的内容包括凭证之间的复查核对、凭证和账簿之间的复查核对、账簿和报表之间的复查核对、账簿之间的复查核对、账簿与实物之间的复查核对等。建立严格的复查核对制度，有利于及时发现并改正会计记录中的错误，做到账、证、表、实物相符。

（六）人员素质控制

内部控制系统实施是否有效，关键取决于实施内部控制系统人员的素质。要使内部控制系统的功能按预定的目标正常发挥，必须配备与承担的职责相适应的高素质人员。否则，即使内部控制系统本身十分完美，实施的效果也难以令人满意。人员的素质包括良好的思想品德和职业道德、较高的业务素质和专业技能、较广博的知识水平，还包括接受职业继续教育和培训。人员素质的控制，除了对人员本身的素质提出较高要求外，还应对人员的选择、使用和培训采取一定的措施和办法，以控制内部控制系统执行人员的素质。

对人员素质的控制，除了上述内容外，还包括对人员的职务进行定期轮换，以增加对某项职务的全面审核，从而达到控制的目的。有关职务实行定期轮换，是实践中证明行之有效的控制措施，不仅使某项职务的承担人员发生错弊能在短时间内被发现纠正，而且可以促使工作人员兢兢业业工作，以便交接时经得起检查，从而增强内部控制的功能。

第二节 财务报告内部控制

财务报告由会计人员编制，是会计信息加工后对外公布的结果。它的产生依赖于会计核算系统、日常控制机制的运行，并受企业内部控制环境的影响。

一、内部控制对财务报告的影响

建立内部控制系统的目标之一就是保证财务报告的可靠性，但保证财务报告的可靠性并不是内部控制系统的全部。一方面，有效的内部控制系统只能合理保证财务报告的可靠性；另一方面，没有内部控制系统的企业财务报告不一定不可靠。但财务报告一旦不可靠，则企业的内部控制系统必定无效。

从经济业务的发生到形成凭证、账簿、报表需要一系列的控制活动：经济业务的发生需要经过适当的授权批准，记录在原始凭证上，保证真实性；经济活动的每一个步骤都需要在原始凭证上留下痕迹，并需要对原始凭证进行有效的控制，如连续编号并定期清点等，保证对所有经济业务都予以记录并且没有重复记录，为会计核算提供真实的原始依据；会计人员根据汇集的原始凭证编制记账凭证，作为记录账簿的依据，最后根据账簿编制财务报表，其中需要对原始凭证进行检查，明细账与总账分别由不同的职员编制，并由其他职员进行定期复核，必要的职务分离等控制程序。由此可见，业务控制程序和活动并不是单独存在的，而是渗透于生产经营管理活动中。有效的内部控制能确保会计核算系统中确认、计量、记录、报告各步骤都具有真实合法的凭据，并减少核算中的差错，最终提供真实可靠的财务报告。无论哪一个控制环节出现问题，都可能产生记录核算错误或者给不法分子以可乘之机，诱发舞弊，造成虚假的财务报告。

除了业务控制程序和活动外，内部控制其他组成部分也制约着财务报告的真实性、可靠性。要使业务控制程序和活动能够得到有效执行以保证会计信息的真实可靠，离不开合理的组织结构和过硬的人员素质。组织结构为企业的经营提供规划、执行、控制和监督活动的框架，是实施内部控制的载体，组织结构的合理与否直接影响着内部控制效果的发挥。良好的组织结构控制应该能够保证责任明确、授权适当。信息沟通顺畅，构成控制环境的重要组成部分。如果董事会和经理层在财务报告编报方面的权力过大，在缺乏有效的约束和监督机制的情况下，可以不执行或绕过内部控制系统，就会导致粉饰财务报告、操纵利润等行为的发生。

内部审计负责检查评价内部控制系统设计和执行的有效性，内部审计人员在企业中地位的高低、职责履行的好坏对内部控制系统的运行以及对会计核算系统都有重要的影响。

会计组织机构负责具体的账务会计处理，控制会计信息的产生。会计组织机构各方关系人权力和责任明确，逐层负责，及时发现和报告问题，才能有效履行和监督控制机制。

即使有设计良好的内部控制系统，仍需要人来执行。员工的道德水准和价值观以及胜任能力是内部控制环境的重要因素，对内部控制的执行有效性起着至关重要的作用；董事会和经理层的管理理念和经营方针对塑造企业文化有着非同小可的影响，而健康的企业文化对于企业经营管理水平的提高显然具有不可忽视的作用，从而对内部控制的有效执行提供了有力保证。

组织结构、内部审计和人员素质因素对会计核算系统的影响尽管是间接的，但是任何一个因素出现问题都会严重影响内部控制系统甚至会计核算系统的有效运行，最终产生不可靠的财务信息。

二、财务报告内部控制的含义

21 世纪，随着法律法规对内部控制提出的新要求，在内部控制的发展过程中，出现了财务报告内部控制（internal control over financial reporting）这一新提法。SEC 在 2002 年发布的第 33 – 8138 号提案中首次对财务报告内部控制进行了解释，即财务报告内部控制的目的是确保公司设计的控制程序能为下列事项提供合理的保证：公司的业务活动经过合理的授权；保护公司的资产避免未经授权或不恰当的使用；业务活动被恰当地记录并报告，从而保证上市公司的财务报告符合公认会计原则的编报要求。该定义与《萨班斯—奥克斯利法案》第 103 条款中要求注册会计师进行内部控制审计的内容保持一致，并且符合美国注册会计师协会发布的审计准则公告第 319 条款的规定。

根据 SEC 于 2003 年 6 月正式发布的最终规则中的定义，财务报告内部控制是指由公司首席执行官、首席财务官或者公司行使类似职权的人员设计或监管的，受到公司的董事会、经理和其他人员影响的，为财务报告的可靠性和满足外部使用者的财务报告编制公认会计原则提供合理保证的控制程序。具体包括以下控制政策和程序：

第一，保持详细程度合理的会计记录，准确公允地反映资产的交易和处置情况。

第二，为下列事项提供合理保证：公司对发生的交易进行必要的记录，从而使财务报告的编制满足公认会计原则的要求；公司所有的收支活动经过经理层和董事会的合理授权。

第三，为防止或及时发现公司资产未经授权的取得、使用和处置提供合理保证，这种未经授权的取得、使用和处置资产的行为可能对财务报告产生重要影响。

另外，COSO 在 1994 年对内部控制框架修订时，单独对保证财务报告可靠性的内部控制进行了说明，分析列举了内部控制五要素中对财务报告可靠性产生影响的因素。尽管内部控制三个目标之间存在着重叠，各项控制措施几乎都服务于一个以上的目标，很难确定哪些控制是属于财务报告可靠性的内部控制，但是 COSO 报告仍然认为，应该对于保证财务报告可靠性的内部控制进行界定以确保对财务报告可靠性的内部控制能满足财务报告使用者的合理预期。

由此可见，财务报告内部控制是专为合理保证财务报告的可靠性这一目标而提出的，既然将财务报告内部控制这一概念单独从内部控制中分离出来，说明在保证财务报告可靠性方面，内部控制的确发挥着不可忽视的作用。

三、内部控制要素与财务报告认定的关系

（一）内部控制与财务报告可靠性的关系

具体体现在内部控制五要素与财务报告的五大认定之间的关系。财务报告中所包含的

有关董事会和经理的认定有：

1. 存在或发生

所有资产、负债和所有者权益在资产负债表项目中必须存在，并且所有利润表中的收入、费用和盈利都必须在当期发生。

2. 完整性

财务报告包括所有的交易、资产、负债和所有者权益。

3. 权利和义务

在财务报告中，企业享有自己所拥有的资产的权利和偿还负债的义务。

4. 准确性或准确性、计价和分摊

财务报告中的资产、负债、所有者权益、收入、费用、利润和亏损是根据公认的会计准则来计价和分摊的。

5. 列报

交易和事项，资产、负债和所有者权益已被恰当地汇总或分解且表述清楚，相关披露在适用的财务报告编制基础下是相关的、可理解的。

（二）特定的内部控制要素与财务报告认定的关系

1. 内部环境与财务报告认定的关系

内部控制中的基础性要素是控制环境，对财务报告各认定的实现有重大影响。如果董事会和经理缺乏正直的品格和良好的道德，加上面临改善盈余的内部或外部压力，则可能会有意错报，从而影响整个财务报告的认定。相反，如果董事会和经理层具有正直的品质和良好的道德，则会选择公允反映。完善的人力资源政策能够确保执行政策和程序的人员具有胜任能力和正直的品行。企业有一套良好的员工雇佣、训练、业绩考评及晋升等政策会使员工不做有损于企业利益的事。董事会和经理对风险的态度可能会影响财务报告的表述。

2. 风险评估与财务报告认定的关系

如果企业面临重大的经营风险或财务风险，企业与成本、收益有关的经营目标通过努力无法实现时，则负责预算的员工可能会有意去粉饰实际结果，以达到预算目标。当员工的工资或薪水与预算的有利差异紧密相关时，这种错报的可能性就加大了。在这种情况下，存在或发生、完整性和估价认定的可靠性就值得怀疑。为减少这种可能性，企业必须客观地评估面临的风险，设置的计划和预算指标应满足如下条件：这种计划和预算所设定的目标应是可以实现的，并清晰地说明达到目标的可靠性策略，这些目标和策略与负债具体预算的人确实相关。因此，在制定预算时，应仔细评估实现目标所存在的重要风险。

3. 控制活动与财务报告认定的关系

用于防止和发现会计记录的控制活动加强了会计信息系统的功能，有助于产生更为可靠的财务报告，这些控制活动包括批准、授权、安全控制、职责分工等。安全控制用于保护企业的资产，以确保资产安全和记录可靠，与降低存在或发生、完整性、估价或分摊认定的控制风险有关。

4. 信息和沟通与财务报告认定的关系

信息的确认和收集保证财务报告所提供的信息的完整性；对信息的处理有助于信息的分类和记录，对记录的适当控制有助于计价认定的实现，对分类的适当控制有助于列报、

权利和义务认定的实现；信息的报告是企业编制财务报告的过程，影响财务报告质量的各个方面。沟通大大加强了各个认定的可靠性。财务报告有效的沟通还要求明确地将相关职责分配给执行控制程序的员工，使相关的员工清楚如何进行控制，以及自身在内部控制系统中的角色和责任，这同样会增强财务报告的可靠性。

5. 内部监督与财务报告认定的关系

对内部控制进行内部监督的目的是确保其他内部控制要素如设计时一样得到有效执行。内部监督影响各个认定的实现。

四、财务报告内部控制审计与财务报表审计的关系

财务报告内部控制审计与财务报表审计之间既有区别又有联系。

（一）两者之间存在的联系

1. 两者最终目的一致

虽然两者各有侧重，但最终目的均是提高财务信息质量和财务报告的可靠性，为利益相关者提供高质量信息。

2. 两者均可以采取风险导向审计模式

审计人员首先实施风险评估程序，识别和评估重大错报存在的风险。在此基础上，有针对性地采取应对措施，实施相应的审计程序。

3. 两者均要求识别重点账户、重要交易类别等重要审计领域

注册会计师在财务报告审计中，需要评价这些重点账户和重要交易类别是否存在重大错报；在内部控制审计中，需要评价这些账户和交易被内部控制所覆盖。

4. 两者都要求了解和测试内部控制

两者对内部控制有效性的定义和评价方法相同，都可能用到询问、观察、检查、穿行测试、重新执行等方法和程序。

5. 两者确定的重要性水平相同

注册会计师在财务报告审计中确定重要性水平的目的是检查财务报告中是否存在重大错报；在财务报告内部控制审计中确定重要性水平的目的是检查财务报告内部控制是否存在重大缺陷。由于审计对象、判断标准相同，因此两者在审计中确定的重要性水平也相同。

（二）两者之间的差异

虽然两者存在多方面的联系，但是财务报告审计为了提高财务报告可信赖程度，重在审计"结果"，而内部控制审计是对保证企业财务报告质量的内在机制的审计，重在审计"过程"。两者之间的差异主要有以下几个方面。

1. 两者具体审计目标不同

内部控制审计是对内部控制有效性发表审计意见，并对注意到的非财务报告内部控制的重大缺陷进行披露。财务报表审计是对财务报表是否符合企业会计准则，是否公允反映被审计单位的财务状况和经营成果发表意见。

2. 两者对内部控制的了解和测试的目的不同

内部控制审计是对内部控制设计和运行的有效性发表意见。财务报告审计了解内部控

制是为了评估重大错报风险，测试内部控制是为了进一步证明了解内部控制时得出的初步结论，了解和测试内部控制是为了看后面要不要进行控制测试，能否减少后面执行实质性程序的工作量。

3. 两者测试范围不同

内部控制审计是对所有重要账户、各类交易和列报的相关认定进行测试。财务报表审计在拟信赖控制运行的有效性的情况下需要进行控制测试。

4. 两者测试时间不同

内部控制审计不需要测试整个会计期间，但需要测试足够长的期间。财务报表审计需要测试整个会计期间。

5. 两者测试样本量不同

内部控制审计对结论可靠性的要求高，测试样本量大。财务报表审计测试样本相对较小。

第三节　内部控制评价

2010 年 5 月，财政部、证监会、审计署、银监会、保监会联合发布了《企业内部控制配套指引》。该配套指引包括《企业内部控制应用指引》《企业内部控制评价指引》《企业内部控制审计指引》，并规定自 2011 年 1 月 1 日起在境内外同时上市的公司执行，自 2012 年 1 月 1 日起在上海证券交易所、深圳证券交易所主板上市公司执行。

审计准则
《企业内部控制
评价指引》

内部控制评价，是指企业董事会或类似权力机构对内部控制的有效性进行全面评价、形成评价结论、出具评价报告的过程。

企业内部控制的评价工作，一般由企业的内部审计机构实施。

企业内部控制评价有助于促进企业全面评价内部控制的设计与运行情况，及时发现企业内部控制缺陷，提出和实施改进方案，确保内部控制有效运行，揭示和防范经营风险。

审计准则
《企业内部控制
应用指引》

《企业内部控制评价指引》是为企业董事会对本企业进行内部控制自我评价提供的指引和要求，包括评价内容和标准、评价程序和方法、评价报告的出具和披露等。企业内部控制基本规范规定，企业应当结合内部监督情况，定期对内部控制的有效性进行自我评价，出具内部控制自我评价报告。内部控制自我评价报告的方式、范围、程序和频率，由企业根据经营业务调整、经营环境变化、业务发展状况、实际风险水平等自行确定。

一、内部控制评价的内容

企业应当根据《企业内部控制基本规范》、《企业内部控制应用指引》以及本企业的内部控制制度，围绕内部环境、风险评估、控制活动、信息与沟通、内部监督等要素，确定内部控制评价的具体内容，对内部控制设计与运行情况进行全面评价。

（一） 内部控制环境评价

企业应当以组织架构、发展战略、人力资源、企业文化、社会责任等应用指引为依据，结合本企业的内部控制制度，对内部环境的设计及实际运行情况进行认定和评价。

（二） 风险评估评价

企业应当以《企业内部控制基本规范》有关风险评估的要求，以及各项应用指引中所列主要风险为依据，结合本企业的内部控制制度，对日常经营管理过程中风险识别、风险分析、应对策略等进行认定和评价。

（三） 控制活动评价

企业应当以《企业内部控制基本规范》和各项应用指引中的控制措施为依据，结合本企业的内部控制制度，对相关控制措施的设计和运行情况进行认定和评价。

（四） 信息与沟通评价

企业应当以内部信息传递、财务报告、信息系统等相关应用指引为依据，结合本企业的内部控制制度，对信息收集、处理和传递的及时性、反舞弊机制的健全性、财务报告的真实性、信息系统的安全性，以及利用信息系统实施内部控制的有效性等进行认定和评价。

（五） 内部监督评价

企业组织开展内部监督评价，应当以《企业内部控制基本规范》有关内部监督的要求，以及各项应用指引中有关日常管控的规定为依据，结合本企业的内部控制制度，对内部监督机制的有效性进行认定和评价，重点关注监事会、审计委员会、内部审计机构等是否在内部控制设计和运行中有效发挥监督作用。

内部控制评价工作应当形成工作底稿，详细记录企业执行评价工作的内容，包括评价要素、主要风险点、采取的控制措施、有关证据资料以及认定结果等。评价工作底稿应当设计合理、证据充分、简便易行、便于操作。

二、 内部控制评价的程序

企业内部控制评价程序一般包括制订评价方案、组成评价工作组、实施现场测试、认定控制缺陷、汇总评价结果、编报评价报告等环节。

企业可以授权内部审计部门或者专门机构（以下简称"内部控制评价部门"）负责内部控制评价的具体组织实施工作。

1. 制订评价工作方案

企业内部控制评价部门应当拟订评价工作方案，明确评价范围、工作任务、人员组织、进度安排和费用预算等相关内容，报经董事会或其授权机构审批后实施。

2. 组成评价工作组

企业内部控制评价部门应当根据经批准的评价方案，组成内部控制评价工作组，具体实施内部控制评价工作。评价工作组应当吸收企业内部相关机构熟悉情况的业务骨干参加。评价工作组成员对本部门的内部控制评价工作应当实行回避制度。

企业可以委托中介机构实施内部控制评价。为企业提供内部控制审计服务的会计师事务所，不得同时为同一企业提供内部控制评价服务。

3. 实施现场测试

内部控制评价工作组应当对被评价单位进行现场测试，综合运用个别访谈、调查问卷、专题讨论、穿行测试、实地查验、抽样和比较分析等方法，充分收集被评价单位内部控制设计和运行是否有效的证据，按照评价的具体内容，如实填写评价工作底稿，研究分析内部控制缺陷。

4. 认定控制缺陷

内部控制缺陷包括设计缺陷和运行缺陷。企业对内部控制缺陷的认定，应当以日常监督和专项监督为基础，结合年度内部控制评价，由内部控制评价部门进行综合分析后提出认定意见，按照规定的权限和程序进行审核后给予最终认定。

内部控制评价工作组应当根据现场测试获取的证据，对内部控制缺陷进行初步认定，并按其影响程度分为重大缺陷、重要缺陷和一般缺陷。

重大缺陷，是指一个或多个控制缺陷的组合，可能导致企业严重偏离控制目标。

重要缺陷，是指一个或多个控制缺陷的组合，其严重程度和经济后果低于重大缺陷，但仍有可能导致企业偏离控制目标。

一般缺陷，是指除重大缺陷、重要缺陷之外的其他缺陷。

5. 汇总评价结果

企业内部控制评价工作组应当建立评价质量交叉复核制度，评价工作组负责人应当对评价工作底稿进行严格审核，并对所认定的评价结果签字确认后，提交企业内部控制评价部门。

企业内部控制评价部门应当编制内部控制缺陷认定汇总表，结合日常监督和专项监督发现的内部控制缺陷及其持续改进情况，对内部控制缺陷及其成因、表现形式和影响程度进行综合分析和全面复核，提出认定意见，并以适当的形式向董事会、监事会或者经理层报告。重大缺陷应当由董事会予以最终认定。

企业对于认定的重大缺陷，应当及时采取应对策略，切实将风险控制在可承受范围之内，并追究有关部门或相关人员的责任。

6. 编报评价报告

企业应当设计内部控制评价报告的种类、格式和内容，明确内部控制评价报告编制程序和要求，按照规定的权限报经批准后对外报出。

内部控制评价报告应当分别对内部环境、风险评估、控制活动、信息与沟通、内部监督等要素进行设计，对内部控制评价过程、内部控制缺陷认定及整改情况、内部控制有效性的结论等相关内容做出披露。

公司年度内部控制评价报告应包括以下要素：

（1）标题。

年度内部控制评价报告标题统一为"××股份有限公司××年度内部控制评价报告"。

（2）收件人。

年度内部控制评价报告收件人统一为"×股份有限公司全体股东"。

（3）引言段。

年度内部控制评价报告引言段应当说明评价工作主要依据、内部控制评价报告基准日等内部控制评价基本信息。

（4）重要声明。

年度内部控制评价报告重要声明应当说明董事会、监事会及董事、监事、高级管理人员对内部控制及年度内部控制评价报告的相关责任，以及内部控制的目标和固有的局限性。

（5）内部控制评价结论。

年度内部控制评价报告应当分别披露对财务报告内部控制有效性的评价结论，以及是否发现非财务报告内部控制重大缺陷，并披露自内部控制评价报告基准日至内部控制评价报告发出日之间是否发生影响内部控制有效性评价结论的因素。

（6）内部控制评价工作情况。

年度内部控制评价报告应当披露内部控制评价范围、内部控制评价工作依据和内部控制缺陷认定标准，以及内部控制缺陷认定及整改情况。

内部控制评价范围应当从纳入评价范围的主要单位、业务和事项以及高风险领域三个方面进行披露，并对评价范围是否存在重大遗漏形成明确结论。如果评价范围存在重大遗漏或法定豁免，则应当披露评价范围重大遗漏的具体及对评价结论产生的影响以及法定豁免的相关情况。

内部控制评价工作依据及缺陷认定标准应当披露公司开展内部控制评价工作的具体依据以及进行缺陷认定的具体标准和其变化情况。公司应当区分财务报告内部控制和非财务报告内部控制，分别披露重大缺陷、重要缺陷和一般缺陷的认定标准。

内部控制缺陷认定及整改情况应当区分财务报告内部控制和非财务报告内部控制，分别披露报告期内部控制重大缺陷和重要缺陷的认定结果及缺陷的性质、影响、整改情况、整改计划等内容。

（7）其他内部控制相关重大事项说明。

公司应当在年度内部控制评价报告其他内部控制相关重大事项说明段中披露可能对投资者理解内部控制评价报告、评价内部控制情况或进行投资决策产生重大影响的其他内部控制信息。

企业应当以 12 月 31 日作为年度内部控制评价报告的基准日。内部控制评价报告应于基准日后 4 个月内报出。

内部控制评价报告范例如下。

××公司 ××年度内部控制评价报告

××股份有限公司全体股东：

根据《企业内部控制基本规范》及其配套指引的规定和其他内部控制监管要求（以下简称"企业内部控制规范体系"），结合本公司（以下简称"公司"）内部控制制度和评价办法，在企业内部控制日常监督和专项监督的基础上，我们对公司 2018 年 12 月 31 日（内部控制评价报告基准日）的内部控制有效性进行了评价。

一、重要声明

按照企业内部控制规范体系的规定，建立健全和有效实施内部控制，评价其有效性，并如实披露内部控制评价报告是公司董事会的责任。监事会对董事会建立和实施内部控制进行监督。经理层负责组织领导企业内部控制的日常运行。公司董事会、监事会及董事、监事、高级管理人员保证本报告内容不存在任何虚假记载、误导性陈述或重大遗漏，并对报告内容的真实性、准确性和完整性承担个别及连带法律责任。

公司内部控制的目标是合理保证经营管理合法合规、资产安全、财务报告及相关信息真实完整，提高经营效率和效果，促进实现发展战略。由于内部控制存在的固有局限性，故仅能为实现上述目标提供合理保证。此外，由于情况的变化可能导致内部控制变得不恰当，或对控制政策和程序遵循的程度降低，根据内部控制评价结果推测未来内部控制的有效性具有一定的风险。

二、内部控制评价结论

根据公司财务报告内部控制重大缺陷的认定情况，于内部控制评价报告基准日，不存在财务报告内部控制重大缺陷，董事会认为，公司已按照企业内部控制规范体系和相关规定的要求在所有重大方面保持了有效的财务报告内部控制。

公司非财务报告内部控制重大缺陷认定情况，于内部控制评价报告基准日，公司发现两个非财务报告内部控制重大缺陷。

自内部控制评价报告基准日至内部控制评价报告发出日之间未发生影响内部控制有效性评价结论的因素。

三、内部控制评价工作情况

（一）内部控制评价范围

公司按照风险导向原则确定纳入评价范围的主要单位、业务和事项以及高风险领域。纳入评价范围的主要单位包括：公司总部的各业务部门、公司家装子公司、公司工装子公司、公司五金子公司和公司木制作子公司，纳入评价范围单位资产总额占公司合并财务报表资产总额的82%，营业收入合计占公司合并财务报表营业收入总额的85%；纳入评价范围的主要业务和事项包括：客户承接、工程设计、工程施工、工程质量监督、内部关联交易、工程结算和会计核算；重点关注的高风险领域主要包括工程材料的采购、工程质量与验收。

上述纳入评价范围的单位、业务和事项以及高风险领域涵盖了公司经营管理的主要方面，不存在遗漏。

（二）内部控制评价工作依据及内部控制缺陷认定标准

公司依据企业内部控制规范体系及公司内部控制制度和操作手册组织开展内部控制评价工作。

公司董事会根据企业内部控制规范体系对重大缺陷、重要缺陷和一般缺陷的认定要求，结合公司规模、行业特征、风险偏好和风险承受度等因素，区分财务报告内部控制和非财务报告内部控制，研究确定了适用于本公司的内部控制缺陷具体认定标准，并与以前年度保持一致。公司确定的内部控制缺陷认定标准如下：

1. 财务报告内部控制缺陷认定标准

公司确定的财务报告内部控制缺陷评价的标准如下：

（1）定性标准。

财务报告内部控制存在重大缺陷的迹象包括：控制环境无效；公司董事、监事和高级管理人员舞弊并给企业造成重要损失和不利影响；外部审计发现的重大错报不是由公司首先发现的；董事会或其授权机构及内审部门对公司的内部控制监督无效。

财务报告内部控制存在重要缺陷的迹象包括：未依照公认会计准则选择和应用会计政策；未建立反舞弊程序和控制措施；对于非常规或特殊交易的账务处理没有建立相应的控制机制或没有实施且没有相应的补偿性控制；对于期末财务报告过程的控制存在一项或多项缺陷且不能合理保证编制的财务报表达到真实、准确的目标。

一般缺陷：未构成重大缺陷、重要缺陷标准的其他内部控制缺陷。

（2）定量标准。符合下列条件之一的，可以认定为重大缺陷：

利润总额潜在错报：错报≥利润总额的5%。

资产总额潜在错报：错报≥资产总额的5%。

经营收入潜在错报：错报≥经营收入总额的1%。

符合下列条件之一的，可以认定为重要缺陷：

利润总额潜在错报：利润总额的3%≤错报＜利润总额的5%。

资产总额潜在错报：资产总额的0.5%≤错报＜资产总额的1%。

经营收入潜在错报：经营收入总额的0.5%≤错报＜经营收入总额的1%。

符合下列条件之一的，可以认定为一般缺陷：

利润总额潜在错报：错报＜利润总额的3%。

资产总额潜在错报：错报＜资产总额的0.5%。

经营收入潜在错报：错报＜经营收入总额的0.5%。

2. 非财务报告内部控制缺陷的认定标准

非财务报告内部控制缺陷综合采用定性和定量相结合的方法予以认定。

（1）定性标准。

非财务报告内部控制存在重大缺陷的迹象包括：决策程序导致重大失误；重要业务缺乏制度控制或系统性失效，且缺乏有效的补偿性控制；中高级管理人员和高级技术人员流失严重；内部控制评价的结果特别是重大缺陷未得到整改；其他对公司产生重大负面影响的情形。

非财务报告内部控制存在重要缺陷的迹象包括：决策程序导致出现一般性失误；重要业务制度或系统存在缺陷；关键岗位业务人员流失严重；内部控制评价的结果特别是重要缺陷未得到整改；其他对公司产生较大负面影响的情形。

非财务报告内部控制存在一般缺陷的迹象包括：决策程序效率不高；一般业务控制制度或系统存在缺陷；一般岗位业务人员流失严重；一般缺陷未得到整改。

（2）定量标准。

重大缺陷：直接损失在人民币1 000万元及以上。

重要缺陷：直接损失为人民币500万~1 000万元。

一般缺陷：直接损失在人民币500万元以下。

（三）内部控制缺陷认定及整改情况

1. 财务报告内部控制缺陷认定及整改情况

根据上述财务报告内部控制缺陷的认定标准，报告期内公司不存在财务报告内部控制重大缺陷，重要缺陷一个。

重要缺陷为公司年度内将预收客户的收入确认为营业收入。公司已在年终做了调整，并将在 ERP 系统中修改相关的程序。

经过上述整改，于内部控制评价报告基准日，公司未发现完成整改的财务报告内部控制重要缺陷。

2. 非财务报告内部控制缺陷认定及整改情况

根据上述非财务报告内部控制缺陷的认定标准，报告期内发现公司非财务报告内部控制重大缺陷两个。

具体的重大缺陷分别为：

缺陷 1：

（1）缺陷性质及影响。

公司设计人员与施工人员之间没有规范的沟通程序，设计人员设计的方案不考虑是否能够施工，施工人员不按照设计方案施工，造成客户大量投诉，年度内赔偿损失超过 1 000 万元。

（2）缺陷整改情况。

公司已开始整改，但整改效果不理想。因为施工人员都是非公司人员，与公司只是合作关系，无法进行实质性控制。施工人员普遍存在不按照设计方案施工、追加工程量、获取高额利润的现象。

（3）整改计划。

拟采取主要施工人员由公司聘用，但会增大公司费用。

缺陷 2：

（1）缺陷性质及影响。

公司工程验收采用第三方验收方式，但实际上第三方验收人员与施工人员利益结合在一起，工程验收流于形式。造成客户大量投诉，年度内赔偿损失超过 1 000 万元。

（2）缺陷整改情况。

公司已经开始整改，但整改效果不理想。因为验收人员都是非公司人员，与公司只是合作关系，无法进行实质性控制。验收人员普遍存在收取施工人员好处的现象。

（3）整改计划。

拟采取增加第三方验收单位，工程验收时采用临时抽签方式决定第三方验收人员。

经过上述情况，于内部控制评价报告基准日，公司存在未完成整改的非财务报告内部控制重大缺陷两个。

四、其他内部控制相关重大事项说明

本年度无其他与内部控制相关重大事项需要说明。

董事长：×××

2019 年 3 月 8 日

第四节　内部控制审计

一、内部控制审计与整合审计概述

（一）内部控制审计的含义和范围

1. 内部控制审计内涵界定

审计准则
《企业内部控制审计指引》

名师答疑
内部控制审计与财务报表审计中的控制测试有何区别？

内部控制审计是指会计师事务所接受委托，对特定基准日内部控制设计与运行的有效性进行审计。值得注意的是，虽然内部控制审计是注册会计师对基准日（如年末 12 月 31 日）内部控制的有效性发表意见，而不是对财务报表涵盖的整个期间（如 1 年）的内部控制的有效性发表意见，但是，这并不意味着注册会计师只关注被审计单位基准日当天的内部控制。对有些内部控制，注册会计师需要考察足够长的时间，才能得出是否有效的结论。

2. 内部控制审计范围

根据我国《企业内部控制审计指引》的规定，注册会计师应当对财务报告内部控制的有效性发表审计意见，并对内部控制审计过程中注意到的非财务报告内部控制存在的重大缺陷，在内部控制审计报告中增加"非财务内部控制重大缺陷描述段"，予以披露。

如前所述，财务报告内部控制是指企业为了合理保证财务报告及相关信息真实完整而设计和运行的内部控制，以及用于保护资产安全的内部控制中与财务报告可靠性目标相关的内部控制，主要包括以下政策和程序：保护充分、适当的记录；准确、公允地反映企业的交易和事项；合理保证按照企业会计准则的规定编制财务报表；合理保证收入和支出的发生以及资产的取得、使用或处置经过适当授权；合理保证及时防止或发现并纠正未经授权、对财务报表具有重大影响的交易和事项。

非财务报告内部控制是指除了财务报告内部控制之外的其他控制，通常是指为了合理保证除了财务报告及相关信息、资产安全外的其他控制目标的实现而设计和运行的内部控制。

（二）整合审计概述

1. 整合审计内涵界定

整合审计并不是一种新的审计方式，而是由同一家会计师事务所对被审计单位进行财务报表审计和内部控制审计，通过设置一套审计程序、方法和流程，执行两种审计目标，简单来说，就是出具一份审计报告，对财务报表审计和内部控制审计进行阐述，即一套程序、一套流程、两个目标——内部控制有效性、财务报表公允性和合法性。事实上，整个审计就是在财务报表审计、内部控制审计合计的基础上，有效地进行资源整合，对重复的步骤予以删减，对重复的流程予以简化，设计合适的环节，同时实现两种审计目标。在整合审计中，注册会计师应当对内部控制设计与运行的有效性进行测试，以同时实现下列目标：获取充分、适当的证据，支持其在内部控制审计中对内部控制有效性发表的意见；获取充分、适当的证据，支持其在财务报表审计中对控制风险的评估结果。

2. 实施整合审计的可操作性

通过前面部分内部控制审计和财务报表审计的联系与区别分析，可以发现两者的差异主要是具体目标、报告类型等属性上的实质差异，这些决定了内部控制审计独立于财务报表审计。但是在技术层面和实务工作中，两者之间的大量工作内容相近，有很多的基础工作可以共享。因此，这两项审计工作完全可以整合进行。例如，当注册会计师同时接受委托并对财务报表和内部控制进行审计时，需要对内部控制进行审计并形成结论，在进行财务报表审计时，可以直接利用内部控制审计报告中对内部控制有效性的结论进行控制风险的评估，最终确定实施实质性程序的性质、时间和范围。

3. 实施整合审计的意义

从被审计单位来看，实施整合审计主要有以下优点：第一，减少被审计单位的审计成本，降低其经济负担。同一家会计师事务所将两者审计业务有机整合的成本将远远低于在财务报表审计的基础上单独增加内部控制审计的成本。第二，避免被审计单位重复提供审计证据，减轻其工作负担。财务报表审计实施过程实际上包含了获取大量的与财务报表可靠性相关的内部控制审计的证据。由同一事务所对其进行有机整合可以减少审计单位的工作量，有效地避免重复取证。

从审计单位角度看，整合审计有以下优点：第一，印证审计证据的真实性与可靠性，降低审计风险。两种审计所获取的证据具有极大的相关性。一方面，注册会计师可以根据来自内部控制的证据调整财务报表审计中执行实质性审计程序的性质、时间安排和范围。另一方面，执行财务报表审计程序的结果，也有利于注册会计师在确定针对某些控制的有效性得出结论所必需的测试时做出的风险评估。第二，可以减少注册会计师工作量，提高工作效率。某一类审计中发现的问题可能可以为另一种审计提供线索和思路，将两种审计方式进行整合，可以相互利用对方的工作成果，提高审计工作效率。

二、内部控制审计的基本步骤

内部控制审计主要包括签订单独内部控制审计业务约定书、计划内部控制审计工作、实施内部控制审计、编制内部控制审计工作底稿、评价内部控制缺陷、完成内部控制审计工作和出具内部控制审计报告等。

（一）签订单独内部控制审计业务约定书

如果决定接受或保持内部控制审计业务，会计师事务所就应当与被审计单位签订单独的内部控制审计业务约定书，业务约定书应当至少包括下列内容：内部控制审计的目标和范围；注册会计师的责任；被审计单位的责任；指出被审计单位采用的内部控制标准；提及注册会计师拟出具的内部控制审计报告的形式和内容，以及对在特定情况下出具的内部控制审计报告可能不同于预期形式和内容的说明；审计收费。

（二）计划内部控制审计工作

注册会计师应当恰当地计划内部控制审计工作，配备具有专业胜任能力的项目组，并对助理人员进行适当的督导。

在计划审计工作时，注册会计师应当评价下列事项对内部控制、财务报表以及审计工作的影响：

（1）与企业相关的风险。

（2）相关法律法规和行业概况。

（3）企业组织结构、经营特点和资本结构等相关重要事项。

（4）企业内部控制最近发生变化的程度。

（5）与企业沟通过的内部控制缺陷。

（6）重要性、风险等与确定内部控制重大缺陷相关的因素。

（7）对内部控制有效性的初步判断。

（8）可获取的、与内部控制有效性相关的证据的类型和范围。

注册会计师应当以风险评估为基础，选择拟测试的控制，确定测试所需收集的证据。内部控制的特定领域存在重大缺陷的风险越高，给予该领域的审计关注就越多。

注册会计师应当对企业内部控制自我评价工作进行评估，判断是否利用企业内部审计人员、内部控制评价人员和其他相关人员的工作以及可利用的程度，相应减少可能本应由注册会计师执行的工作。

注册会计师利用企业内部审计人员、内部控制评价人员和其他相关人员的工作，应当对其内部专业胜任能力和客观性进行充分评价。与某项控制相关的风险越高，可利用程度就越低，注册会计师应当更多地对该项控制亲自进行测试。

注册会计师应当对发表的审计意见独立承担责任，其责任不因为利用企业内部审计人员、内部控制评价人员和其他相关人员的工作而减轻。

（三）实施内部控制审计

注册会计师应当按照自上而下的方法实施审计工作。自上而下的方法是注册会计师识别风险、选择拟测试控制的基本思路。注册会计师在实施审计工作时，可以将企业层面控制和业务层面控制的测试结合进行。

注册会计师测试企业层面控制，应当把握重要性原则，至少应当关注：

（1）与内部环境相关的控制。

（2）针对董事会、经理凌驾于控制之上的风险而设计的控制。

（3）企业的风险评估过程。

（4）对内部信息传递和财务报告流程的控制。

（5）对控制有效性的内部监督和自我评价。

注册会计师测试业务层面控制，应当把握重要性原则，结合企业实际、内部控制各项应用指引的要求和企业层面控制的测试情况，重点对企业生产经营活动中重要业务与事项的控制进行测试。注册会计师应当关注信息系统对内部控制及风险评估的影响。

注册会计师在测试企业层面控制和业务层面控制时，应当评价内部控制是否足以应对舞弊风险。

注册会计师应当测试内部控制设计与运行的有效性。如果某项控制由拥有必要授权和专业胜任能力的人员按照规定的程序与要求执行，能够实现控制目标，表明该项控制的设计是有效的。如果某项控制正在按照设计运行，执行人员拥有必要授权和专业胜任能力，能够实现控制目标，表明该项控制的运行是有效的。

注册会计师应当根据与内部控制相关的风险，确定拟实施审计程序的性质、时间安排和范围，获取充分、适当的审计证据。与内部控制相关的风险越高，注册会计师需要获取的证据就越多。注册会计师在测试控制设计与运行的有效性时，应当综合运用询问适当人员、观察经营活动、检查相关文件、穿行测试和重新执行等方法。

注册会计师在确定测试的时间安排时，应当在下列两个因素之间作出平衡，以获取充分、适当的证据：

（1）尽量在接近企业内部控制自我评价基准日时实施测试。

（2）实施的测试需要涵盖足够长的期间。

注册会计师对于内部控制运行偏离设计的情况（即控制偏差），应当确定该偏差对于相关风险评估、需要获取的证据以及控制运行有效性结论的影响。

在连续审计中，注册会计师在确定测试的性质、时间安排和范围时，应当考虑以前年度内部控制审计时了解的情况。

（四）编制内部控制审计工作底稿

注册会计师应当编制内部控制审计工作底稿，完整记录内部控制审计工作情况。注册会计师应当在审计工作底稿中记录下列内容：内部控制审计计划及重大修改情况；相关风险评估和选择测试的内部控制的主要过程及结果；测试内部控制设计与运行有效性的程序及结果；对识别的控制缺陷的评价；形成的审计结论和意见；其他重要事项。

（五）评价内部控制缺陷

内部控制缺陷按其成因分为设计缺陷和运行缺陷，按其影响程度分为重大缺陷、重要缺陷和一般缺陷。

注册会计师应当评价其识别的各项内部控制缺陷的严重程度，以确定这些缺陷单独或组合起来，是否构成重大缺陷。

在确定一项内部控制缺陷或者多项内部控制缺陷的组合是否构成重大缺陷时，注册会计师应当评价补偿性控制（替代性控制）的影响。企业执行的补偿性控制应当具有同样的效果。

表明内部控制可能存在重大缺陷的迹象，主要包括：

（1）注册会计师发现董事、监事和高级管理人员舞弊。

（2）企业更正已经公布的财务报表。

（3）注册会计师发现当期财务报表存在重大错报，而内部控制在运行过程中未能发现该错报。

（4）企业审计委员会和内部审计机构对内部控制的监督无效。

（六）完成内部控制审计工作

注册会计师完成审计工作后，应当取得经企业签署的对内部控制的书面声明。书面声明应当包括下列内容：

（1）企业董事会认可其对建立健全和有效实施的内部控制负责。

（2）企业已对内部控制的有效性作出自我评价，并说明评价时采用的标准以及得出的结论。

（3）企业没有利用注册会计师执行的审计程序及其结果作为自我评价的基础。

（4）企业已向注册会计师披露识别出的所有内部控制缺陷，并单独披露其中的重大缺陷和重要缺陷。

（5）企业对于注册会计师在以前年度审计中识别的重大缺陷和重要缺陷，是否已经采取措施予以解决。

（6）企业在内部控制自我评价基准日后，内部控制是否发生重大变化，或者存在对内部控制具有重要影响的其他因素。

企业如果拒绝提供或以其他不当理由回避书面声明，注册会计师应当将其视为审计范围受到限制，解除业务约定或出具无法表示意见的内部审计报告。

注册会计师应当与企业沟通审计过程中识别的所有控制缺陷。对于其中的重大缺陷和重要缺陷，应当以书面形式与董事会和经理沟通。注册会计师应当对获取的证据进行评价，形成对内部控制有效性的意见。

注册会计师对审计过程中注意到的非财务报告内部控制缺陷，应当区别具体情况予以处理：

（1）注册会计师认为非财务报告内部控制缺陷为一般缺陷的，应当与企业进行沟通，提醒企业加以改进，但无须在内部控制审计报告中说明。

（2）注册会计师认为非财务报告内部控制缺陷为重要缺陷的，应当以书面形式与企业董事会和经理沟通，提醒企业加以改进，但无须在内部控制审计报告中说明。

（3）注册会计师认为非财务报告内部控制缺陷为重大缺陷的，应当以书面形式与企业董事会和经理沟通，提醒企业加以改进；同时应当在内部控制审计报告中增加非财务报告内部控制重大缺陷描述段，对重大缺陷的性质及其实现相关控制目标的影响程度进行披露，提示内部控制审计报告使用者注意相关风险。

（七）出具内部控制审计报告

注册会计师在完成内部控制审计工作后，应当出具内部控制审计报告。标准内部控制审计报告应当包括下列要素：

1. 标题

内部控制审计报告的标题应当统一规范，为"内部控制审计报告"。

2. 收件人

内部控制审计报告的收件人是指注册会计师按照业务约定书的要求致送内部控制审计报告的对象，一般是指内部控制审计业务的委托人。内部控制审计报告应当载明收件人的全称。

3. 引言段

内部控制审计报告的引言段应当说明企业的名称和内部控制已经审计，并包括以下内容：

（1）指出内部控制审计依据；

（2）提及审计财务报告内部控制的有效性；

（3）指明内部控制的评价截止日期。

4. 企业对内部控制的责任段

应当说明，按照《企业内部控制基本规范》《企业内部控制应用指引》《企业内部控制评价指引》的规定，建立健全和有效实施内部控制，并评价其有效性是企业董事会的责任。

5. 注册会计师的责任段

注册会计师的责任段应说明的责任是注册会计师在实施审计工作的基础上，对财务报告内部控制的有效性发表审计意见，并对注意到的非财务报告内部控制的重大缺陷进行披露。

6. 内部控制固有局限性的说明段

内部控制固有局限性的说明段应说明内部控制具有固有局限性，存在不能防止和发现错报的可能性。此外，由于情况的变化可能导致内部控制变得不恰当，或对控制政策和程序遵循的程度比较低，根据内部控制审计结果推测未来内部控制的有效性具有一定的风险。

7. 财务报告内部控制审计意见段

审计意见段应说明按照《企业内部控制审计规范》和相关规定在所有重大方面保持了有效的财务报告内部控制。

8. 非财务报告内部控制重大缺陷描述段

非财务报告内部控制重大缺陷描述段应说明在内部控制审计过程中，我们注意到公司的非财务报告内部控制存在重大缺陷，由于存在上述重大缺陷，注册会计师提醒本报告使用者注意相关风险。需要指出的是，注册会计师并不对公司的非财务报告内部控制发表意见或提供保证。

9. 注册会计师的签名和盖章

内部控制审计报告应当由注册会计师签名并盖章。

内部控制审计报告应当载明会计师事务所的名称和地址，并加盖会计师事务所公章。

10. 报告日期

内部控制审计报告应当注明报告日期。报告的日期不应早于注册会计师获取充分、适当的证据（包括管理层认可对内部控制及评估报告的责任且已批准评估报告的证据），并在此基础上，对内部控制形成内部控制审计意见的日期。

（八）关注期后事项

对于企业内部控制自我评价基准日并不存在，但在该基准日后至审计报告日之前内部控制可能发生变化，或出现其他可能对内部控制产生重要影响的因素，注册会计师应当询问是否存在这类变化或影响因素，并获取企业关于这些情况的书面声明。

注册会计师知悉对企业内部控制自我评价基准日内部控制有效性有重大负面影响的期后事项的，应当对财务报告内部控制发表否定意见。

注册会计师不能确定期后事项对内部控制有效性的影响程度的，应当出具无法表示意见的内部控制审计报告。

三、内部控制审计报告

名师答疑
内部控制审计意见类型与财务报表审计意见类型的比较

内部控制审计报告示例
福耀玻璃 2021 年度内部控制审计报告

注册会计师在完成内部控制审计工作后，应当出具内部控制审计报告，在报告中要清楚地表达对内部控制有效性的意见，并对出具的审计报告负责。在整合审计中，注册会计师在完成内部控制审计和财务报表审计后，应当分别对内部控制审计和财务报表出具审计报告，并签署相同的日期。注册会计师可以视情况不同对被审计单位内部控制有效性出具无保留意见、带强调事项段的无保留意见、否定意见或无法表示意见的审计报告。

在内部控制审计意见中没有保留意见，主要是保留意见的信息含量较低，且与否定意见的区分度不明显，所以国际上都没有保留意见的内部控制审计报告。

（一）无保留意见内部控制审计报告

1. 出具无保留意见内部控制审计报告的条件

如果符合下列所有条件，注册会计师应当对内部控制出具无保留意见的内部控制审计报告：

第一，在基准日，被审计单位按照适用的内部控制标准的要求，在所有重大方面保持了有效的内部控制。

第二，注册会计师已经按照《企业内部控制审计指引》的要求计划和实施审计工作，在审计过程中未受到限制。

2. 无保留意见的内部控制审计报告的参考格式

无保留意见内部控制审计报告

××股份有限公司全体股东：

按照《企业内部控制审计指引》及中国注册会计师执业准则的相关要求，我们审计了××股份有限公司（以下简称"××公司"）××××年××月××日的财务报告内部控制的有效性。

一、企业对内部控制的责任

按照《企业内部控制基本规范》《企业内部控制应用指引》《企业内部控制评价指引》的规定，建立健全和有效实施内部控制，并评价其有效性是企业董事会的责任。

二、注册会计师的责任

我们的责任是在实施审计工作的基础上，对财务报告内部控制的有效性发表审计意见，并对注意到的非财务报告内部控制的重大缺陷进行披露。

三、内部控制的固有局限性

内部控制具有固有局限性，存在不能防止和发现错报的可能性。此外，由于情况的变化可能导致内部控制变得不恰当，或对控制政策和程序遵循的程度降低，根据内部控制审计结果推测未来内部控制的有效性具有一定风险。

四、财务报告内部控制审计意见

我们认为，××公司按照《企业内部控制基本规范》和相关规定在所有重大方面保持了有效的财务报告内部控制。

五、非财务报告内部控制审计意见

在内部控制审计过程中，我们注意到××公司的非财务报告内部控制存在重大缺陷[描述该缺陷的性质及其对实现相关控制目标的影响程度]。由于存在上述重大缺陷，我们提醒本报告使用者注意相关风险。需要指出的是，我们并不对××公司的非财务报告内部控制发表意见或提供保证。本段内容不影响对财务报告内部控制有效性发表的审计意见。

××会计师事务所	中国注册会计师：×××（签名并盖章）
（盖章）	中国注册会计师：×××（签名并盖章）
中国××市	×××年××月××日

（二）带强调事项段的无保留意见内部控制审计报告

如果认为内部控制虽然不存在重大缺陷，但仍有一项或多项重大事项需要提请内部控制审计报告使用者注意，注册会计师应当在内部控制审计报告中增加强调事项段予以说明。注册会计师应当在强调事项段中指明，该段内容仅用于提醒内部控制审计报告使用者关注，并不影响对内部控制发表的审计意见。

如果确定企业内部控制评价报告对要素的列报不完整或不恰当，注册会计师应当在内部控制审计报告中增加强调事项段，说明这一情况并进一步解释得出该结论的理由。

带强调事项段的无保留意见内部控制审计报告的参考格式如下。

带强调事项段的内部控制审计报告

××股份有限公司全体股东：

按照《企业内部控制审计指引》及中国注册会计师执业准则的相关要求，我们审计了××股份有限公司（以下简称"××公司"）×××年××月××日的财务报告内部控制的有效性。

［"一、企业对内部控制的责任"至"五、非财务报告内部控制的重大缺陷"参见标准内部控制审计报告相关段落表述。］

六、强调事项

我们提醒内部控制审计报告使用者关注，××公司在业务开展中存在较大金额的短期融入资金用于长期资产购建的情况，融资环境变化时，长期资产无法在短期内产生足够的现金流回报以满足短期债务的偿债要求，从而导致公司存在到期债务无法按时偿还的情况。截至 2018 年 12 月 31 日，××公司逾期借款 19 748.21 万元，逾期利息 2 882.71 万元，流动负债高于流动资产 390 302.46 万元。××公司管理层采取了资产处置、压缩重大项目投资支出、拓展融资渠道、加强内部管理等措施进行应对。上述情况标明××公司存在可能导致对持续经营能力产生重大疑虑的重大不确定性。

本段内容不影响已对财务报告内部控制发表的审计意见。

××会计师事务所	中国注册会计师：×××（签名并盖章）
（盖章）	中国注册会计师：×××（签名并盖章）
中国××市	×××年××月××日

（三）否定意见内部控制审计报告

如果认为内部控制存在一项或多项重大缺陷，除非审计范围受到限制，注册会计师应当对内部控制发表否定意见。否定意见的内部控制审计报告还应当包括重大缺陷的定义、重大缺陷的性质及其对内部控制的影响程度。

如果重大缺陷尚未包含在企业内部控制评价报告中，注册会计师应当在内部控制审计报告中说明重大缺陷已经识别但没有包含在企业内部控制评价报告中。如果企业内部控制评价报告中包含重大缺陷，但注册会计师认为这些重大缺陷未在所有重大方面得到公允反映，注册会计师应当在内部控制审计报告中说明这一结论，并公允表达有关重大缺陷的必要信息。此外，注册会计师还应当就这些情况以书面形式与治理层沟通。

如果对内部控制的有效性发表否定意见，注册会计师应当确定该意见对财务报表审计意见的影响，并在内部控制审计报告中予以说明。参考格式如下。

否定意见内部控制审计报告

××股份有限公司全体股东：

按照《企业内部控制审计指引》及中国注册会计师执业准则的相关要求，我们审计了××股份有限公司（以下简称"××公司"）××××年××月××日的财务报告内部控制的有效性。

［"一、企业对内部控制的责任"至"三、内部控制的固有局限性"参见标准内部控制审计报告相关段落表述。］

四、导致否定意见的事项

重大缺陷是内部控制中存在的、可能导致不能及时防止或发现并纠正财务报表出现的重大错报的一项控制缺陷或多项控制缺陷的组合。在本次内部控制审计中，我们注意到××公司的财务报告内部控制存在以下重大缺陷：

（1）××公司资金管理、关联交易管理存在重大缺陷，存在关联方资金往来的情况，其行为违反了××公司日常资金管理规范及关联交易管理制度的相关规定。

（2）××公司财务核算存在重大缺陷，未能反映公司实际财务状况，导致前期会计差错更正。

（3）××公司治理层及内部审计部门对内部控制的监督不到位，使得××公司监督系统在日常监督工作中没有发现上述缺陷，并按要求及时汇报和纠正。

有效的内部控制能够为财务报告及相关信息的真实完整提供合理保证，而上述重大缺陷使××公司内部控制失去这一功能。××公司管理层已识别出上述重大缺陷，并将其包含在企业内部控制评价报告中。在××公司2018年财务报表审计中，我们已经考虑了上述重大缺陷对审计程序的性质、时间安排和范围的影响。除××公司2018年度财务报表出具的审计报告"形成保留意见的基础"所述事项外，本报告并未对我们在2019年4月28日对××公司2018年度财务报表出具的审计报告产生影响。

五、财务报告内部控制审计意见

我们认为，由于存在上述重大缺陷及其对实现控制目标的影响，××公司于2018年12月31日未能按照《企业内部控制基本规范》和相关规定在所有重大方面保持有效的财务报告内部控制。

六、非财务报告内部控制的重大缺陷

在内部控制审计过程中，我们注意到××公司的非财务报告内部控制存在重大缺陷；内部治理存在重大缺陷，导致内部控制制度无法有效执行。因涉嫌信息披露违法违规，××公司已于2018年12月28日收到中国证券监督管理委员会立案调查通知书。

由于存在重大缺陷，我们提醒本报告使用者注意相关风险。需要指出的是，我们并不对××公司的非财务报告内部控制发表意见或提供保证。本段内容不影响对财务报告内部控制有效性发表的审计意见。

××会计师事务所	中国注册会计师：×××（签名并盖章）
（盖章）	中国注册会计师：×××（签名并盖章）
中国××市	×××年××月××日

（四）无法表示意见内部控制审计报告

注册会计师只有实施了必要的审计程序，才能对内部控制的有效性发表意见。如果审计范围受到限制，注册会计师应当解除业务约定或出具无法表示意见的内部控制审计报告。

如果法律法规的相关豁免规定允许被审计单位不将某些实体纳入内部控制的评价范围，注册会计师可以不将这些实体纳入内部控制审计的范围。这种情况不构成审计范围受到限制，但注册会计师应当在内部控制审计报告中增加强调事项段或者在注册会计师的责任段中，就这些实体未被纳入评价范围和内部控制审计范围这一情况，做出与被审计单位类似的恰当陈述。注册会计师应当评价相关豁免是否符合法律法规的规定，以及被审计单位针对该项豁免做出的陈述是否恰当。如果认为被审计单位有关该项豁免的陈述不恰当，注册会计师应当提请其做出适当修改。如果被审计单位未做出适当修改，注册会计师应当在内部控制审计报告的强调事项段中说明被审计单位的陈述需要修改的理由。

在出具无法表示意见的内部控制审计报告时，注册会计师应当在内部控制审计报告中指明审计范围受到限制，无法对内部控制的有效性发表意见，并单设段落说明无法表示意见的实质性理由。注册会计师不应在内部控制审计报告中指明所执行的程序，也不应描述内部控制审计的特征，以避免报告使用者对无法表示意见的误解。如果在已执行的有限程序中发现内部控制存在重大缺陷，注册会计师应当在内部控制审计报告中对重大缺陷作出详细说明。

只要认为审计范围受到限制将导致无法获取发表审计意见所需的充分、适当的审计证据，注册会计师不必执行任何其他工作即可对内部控制出具无法表示意见的内部控制审计报告。在这种情况下，内部控制审计报告的日期应为注册会计师已就该报告中陈述的内容获取充分、适当的审计证据的日期。

在因审计范围受到限制而无法表示意见时，注册会计师应当就未能完成整个内部控制审计工作的情况，以书面形式与管理层和治理层沟通。参考格式如下。

无法表示意见内部控制审计报告

××股份有限公司全体股东：

我们接受委托，对××股份有限公司（以下简称"××公司"）××××年××月××日的财务报告内部控制进行审计。

［删除注册会计师责任段，"一、企业对内部控制的责任"和"二、内部控制的固有局限性"参见标准内部控制审计报告相关段落表述。］

三、导致无法表示意见的事项

2018年8月13日、2018年8月15日，××公司分别收到深圳市公安局的信息，原董事长、总裁、董事会战略委员会委员、董事会审计委员会委员××女士，原财务总监、董事××先生，原法务总监、监事会主席××先生因涉嫌背信损害上市公司利益罪被深圳市公安局刑事拘留。

该事项表明××公司管理层涉嫌舞弊及财务报告相关的内部控制环境可能失效，由于此事项的性质以及注册会计师审计的固有限制和审计手段的局限性，虽然我们除未能执行访谈上述涉嫌背信损害上市公司利益罪的管理层外，已按照内部控制审计指引的规定恰当地计划和执行了审计工作，但是我们仍然不能确定该期后事项对××公司2017年12月31日财务报告内部控制有效性的影响程度。

四、财务报告内部控制审计意见

由于不能确定上述治理层、管理层、监事会的关键成员涉嫌背信损害上市公司利益罪被公安局刑事拘留的期后事项对××公司2017年12月31日财务报告内部控制的影响，我们无法对其有效性发表审计意见。

××会计师事务所	中国注册会计师：×××（签名并盖章）
（盖章）	中国注册会计师：×××（签名并盖章）
中国××市	××××年××月××日

拓展案例

BY 投资退市事件①

珠海市BY投资股份有限公司（以下简称"BY投资"），原名为浙江省FH化工股份有限公司，成立于1992年1月21日，于1994年12月19日在上海证券交易所正式挂牌上市。2019年6月17日，BY投资因涉嫌信息披露违法违规行为被广东证监局立案调查，调查结果显示，BY投资2015年4月29日公告的控股股东×××已经履行及代付的股改业绩承诺资金逾3.8亿元未真实履行到位。为掩盖这一事实，BY投资在2019～2022年，多次伪造银行承兑汇票，虚构用股改业绩承诺资金购买银行承兑汇票、票据置换、贴现、支付预付款等重大交易，并虚增资产、负债、营业收入和利润，披露财务信息严重虚假的定期报告。2019年3月26日，BY投资因涉嫌违规披露，不披露重要缺陷，BY投资股票被上证所摘牌，将在45个交易日转入全国中小企业股份转让系统进行转让。至此，BY投资

---

① 笔者根据相关资料整理。

成为首家因重大信息披露违法退市的 A 股上市公司。

BY 投资违法违规行为严重被退市，也反映出其内部控制存在严重缺陷。但是根据资料显示，2016～2017 年，×××会计师事务所对 BY 投资内部控制审计报告出具了标准无保留意见，BY 投资并未对内部控制审计报告的主要内容进行披露。2015 年，BY 投资已经出现财务造假的行为，说明其内部控制失效已久，但是注册会计师仍出具标准无保留意见，反映这一外部监督机制有失公允，并不能公正地审查企业内部控制的问题。直到 2019 年 ABC 事务所对 BY 投资内部控制审计报告出具了否定意见，指出其财务报告内部控制存在以下缺陷。

（1）公司子公司珠海 XS 企业管理咨询有限公司未按照印章管理制度使用印章，公司存在两套印章并均在银行预留印鉴，该缺陷将会导致资金运营及其他业务活动存在重大舞弊风险，与之相关财务报告内部控制执行失效。

（2）公司未设立风险管理部门，对于部分重大投资事项，企业没有进行事前风险评估程序，无可行性研究报告，也无各级审批流程和投资方案。上述重大缺陷影响了财务报表中长期股权投资、可供出售金融资产计价和分摊，与之相关的财务报告内部控制失效。

（3）公司部分资金支付存在无相应权限人员在资金支付及汇款审批上签字审批的情况，同时公司现金日记账与库存现金明细账存在不相符情况。上述重大缺陷可能导致资金运营存在重大舞弊风险，与之相关的内部控制失效。

（4）公司收到的银行承兑汇票背书信息不完整，同时公司对逾期银行借款没有按照合同约定利率计算方式计提利息。上述重大缺陷影响了财务报表中其他业务收入的发生、财务费用的准确性、应付利息的计价，与之相关的财务报告内部控制失效。

（5）公司没有对供应商、客户引入制定审批制度，无对供应商、客户资信等级进行评估的制度，也未对合同进行连续编号，同时公司没有严格执行每月与客户对账的制度。

上述重大缺陷影响了应收账款及应收账款计价、资产减值的准确性，与之相关的财务报表内部控制失效。

此外，在审计过程中，ABC 会计师事务所还发现了 BY 投资在非财务报告内部控制上存在重大缺陷，主要表现为没有设立审计部，也未设立其他部门和制定相应制度以降低管理层和治理层凌驾于控制之上的风险。

从上述案例可以知道，虽然 BY 投资因为重大信息披露违法被强制退市，使 A 股市场为之震惊，但是，其内部控制形同虚设，存在严重的缺陷早已为其退市埋下了巨大的隐患。因此，上市公司除了建立健全完善的内部控制机制外，更应该加大执行力度，尤其注重对风险的控制与预测，公开、及时、正确地披露公司的信息，确保内部控制制度不是形同虚设。此外，审计机构应该保持审计的独立性和谨慎性原则，为市场提供准确的公司内部控制审计报告，保护投资者利益。

本章思政元素梳理

内部控制系统是指一个单位的董事会、监事会、经理层，为了实现其发展战略，提高经营活动的效率，确保信息的正确可靠，保护财产的安全完整，遵循相关的法律法规，利用单位内部因分工而产生的相互制约、相互联系的关系，形成了一系列具有控制职能的方法、措施、程序，并予以规范化，系统化，使之组成一个严密的、较为完整的体系。财务报告内部控制是专为合理保证财务报告的可靠性这一目标而提出的，既然将财务报告内部控制这一概念单独从内部控制中分离出来，说明在保证财务报告可靠性方面，内部控制的确发挥着不可忽视的作用。内部控制审计是指会计师事务所接受委托，对特定基准日内部控制设计与运行的有效性进行审计。内部控制审计主要包括签订单独内部控制审计业务约定书、计划内部控制审计工作、实施内部控制审计、编制内部控制审计工作底稿、评价内部控制缺陷、完成内部控制审计工作和出具内部控制审计报告等。

A 航油内部控制失败的案例启示我们：要完善企业的内部控制，要有明确的内控主体和控制目标，要有先进的管理控制防范体系和高素质的管理人才。

从 BY 投资退市事件可以知道，虽然 BY 投资因为重大信息披露违法被强制退市，使 A 股市场为之震惊，但是，其内部控制形同虚设，存在严重的缺陷早已为其退市埋下了巨大的隐患。因此，上市公司除了建立健全完善的内部控制机制外，更应该加大执行力度，尤其注重对风险的控制与预测，公开、及时、正确地披露公司的信息，确保内部控制制度不是形同虚设。此外，审计机构应该保持审计的独立性和谨慎性原则，为市场提供准确的公司内部控制审计报告，保护投资者利益。

通过学习本章，学生应该逐步培养自己的内部控制系统及内部控制审计专业技能，意识到自己将来作为一名审计人应该具有的独立、谨慎、敬业奉献、为国为民的审计精神。

本章中英文
关键词汇

习题演练

本章推荐
阅读书目

第十四章　注册会计师职业道德规范

引导案例

普华永道等多家会计师事务所被处罚①

2019 年 9 月 23 日，美国证券交易委员会（SEC）指控普华永道在对 15 家 SEC 注册发行人（上市公司）提供的服务中，有 19 项业务存在不当专业行为，并违反独立性原则。普华永道最终接受了相应处罚。

此外，2016 年 9 月，SEC 指控安永会计师事务所审计合伙人与两家上市公司重要客户的关系过于密切且存在异常款待的情形；第一共和银行（FRC）指控毕马威会计师事务所为审计客户提供专家证人服务等非审计服务，因此向两家事务所开出罚单，皆与违反职业道德原则相关。

不仅国外存在违反独立性和职业道德规范的情形，近几年中国上市公司也存在连续暴雷的情况，例如康得新、辅仁药业等一连串财务造假的事件，对应的审计机构也被多次处罚。这让我们不禁思考：在各行各业都弘扬其特定的职业道德的时代，注册会计师如何才能更好地遵守职业道德守则和独立性原则，更有效地提高职业道德水平？

第一节　注册会计师职业道德规范概述

注册会计师职业道德规范思维导图

一、注册会计师职业道德的含义及重要性

注册会计师职业道德是职业道德的一个分支，是审计领域中因注册会计师活动引起的道德现象以及由此归纳出来的道德理论的总称。一般而言，注册会计师职业道德，是指注册会计师在执业时所应遵循的行为规范，具体包括职业品德、职业纪律、专业胜任能力及职业责任等方面应达到的行为标准，它是社会职业道德在独立审计领域的具体化。

职业道德是注册会计师行业的立业之本，注册会计师的道德水平关系到整个行业能否生存和发展。注册会计师能够站在独立的立场，对企业编制的财务报表进行审计，并提出客观公正的审计意见，作为企业会计信息外部使用人（社会公众）进行决策的依据，即注

---

① 刘立宇. 注册会计师强制轮换制度及规避行为研究［J］. 财会月刊，2021（7）：153 – 154.

册会计师的职业性质决定了其对社会公众应该承担的责任。因此，注册会计师需要超越个人、客户或所在单位的利益和法律法规的最低要求，恪守更高的职业道德要求。此外，注册会计师行业是专家行业，其工作的技术复杂性决定了社会公众很难判断其执业质量，制定并贯彻严格的职业道德规范也有助于社会公众增强对行业的信心。

二、注册会计师职业道德规范体系

从世界范围看，国际会计师联合会以及建立注册会计师制度的国家，都制定了相应的职业道德规范，以昭示注册会计师应达到的道德水准。例如，国际会计师联合会为了协调国际间职业道德规范，制定和颁布了《职业会计师道德守则》；美国注册会计师协会专门设立了职业道德部，负责职业道德规范的制定和发布。

中国注册会计师协会自 1988 年成立以来，一直非常重视注册会计师职业道德规范建设。1992 年发布了《中国注册会计师职业道德守则（试行）》；1996 年 12 月 26 日，经财政部批准，发布了《中国注册会计师职业道德基本准则》；2002 年 6 月 25 日，为解决注册会计师执业中违反职业道德的问题，发布了《中国注册会计师职业道德规范指导意见》，自 2002 年 7 月 1 日起施行。这些道德准则在规范和提升注册会计师行业道德诚信方面发挥了积极作用。

2009 年 10 月 18 日，注册会计师协会制定并发布了《中国注册会计师职业道德守则》和《中国注册会计师协会非执业会员职业道德守则》（见图 14 – 1），并于 2010 年 7 月 1 日正式实施。《中国注册会计师职业道德守则》包括五个组成部分：

（1）《中国注册会计师职业道德守则第 1 号——职业道德基本原则》，主要用于规范注册会计师应当遵循的职业道德基本原则，为注册会计师的行为确立道德标准；

（2）《中国注册会计师职业道德守则第 2 号——职业道德概念框架》，主要用于规范职业道德概念框架，即解决职业道德问题的思路和方法；

（3）《中国注册会计师职业道德守则第 3 号——提供专业服务的具体要求》，主要用于规范注册会计师在提供专业服务的过程中可能遇到的除独立性以外的某些具体情形，并针对在这些情形下如何运用职业道德概念框架解决职业道德问题作出具体规定；

（4）《中国注册会计师职业道德守则第 4 号——审计和审阅业务对独立性的要求》，主要用于规范注册会计师在从事审计和审阅业务时与独立性相关的要求；

（5）《中国注册会计师职业道德守则第 5 号——其他鉴证业务对独立性的要求》，主要用于规范注册会计师在从事审计和审阅以外的其他鉴证业务时与独立性相关的要求。

2020 年 12 月 17 日，中国注册会计师协会对 2009 年版的中国注册会计师协会会员职业道德守则进行了全面修订，发布了《中国注册会计师职业道德守则（2020）》和《中国注册会计师协会非执业会员职业道德守则（2020）》。此次修订的主要内容包括：完善了职业道德概念框架；扩展了与"礼品和款待"相关的规定；增加了与应对违反法律法规行为相关的规定；强化了与会计师事务所长期审计某一客户相关的规定；修订了与关键审计合伙人任职及冷却期相关的规定；增加了与为审计客户提供非鉴证服务相关的规定；细化了非执业会员在编制和列报信息方面的规定；增加了与非执业会员面临违反职业道德基本原则的压力相关的规定。

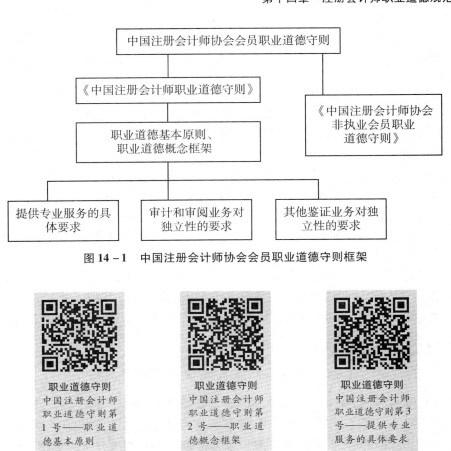

图 14-1　中国注册会计师协会会员职业道德守则框架

第二节　注册会计师职业道德基本原则

职业道德的基本原则是注册会计师为实现职业目标，必须遵守的一般原则。职业道德基本原则是识别、评价和应对职业道德问题的基础和起点。注册会计师应当遵守诚信、客观公正、独立性、专业胜任能力和勤勉尽责、保密以及良好的职业行为六项基本原则。

一、诚信

诚信原则，要求注册会计师在所有的职业活动中应当保持正直、诚实守信。诚信是注册会计师行业存在和发展的基石，在职业道德基本原则中居于首要地位。

诚信原则的要求包括两点：（1）注册会计师如果认为业务报告、申报资料、沟通函件或其他方面的信息存在下列问题，不得与这些有问题的信息发生关联：①含有虚假记载、误导性陈述；②含有缺乏充分根据的陈述或信息；③存在遗漏或含糊其辞的信息，而这种遗漏或含糊其辞可能会产生误导。（2）注册会计师如果注意到已与有问题的信息发生关联，应当采取措施消除关联。当然，在鉴证业务中，如果注册会计师按照职业准则的规定出具了恰当的业务报告（例如，在审计业务中，出具恰当的非无保留意见审计报告），则不被视为违反上述要求。

注册会计师遵循诚信原则的方式包括：（1）在对客户所采取的立场提出质疑时保持正直、诚实守信；（2）当怀疑某项陈述可能包含严重虚假或误导性内容时，对不一致的信息实施进一步调查并寻求进一步审计证据，以就具体情况下需要采取的恰当措施作出知情决策。

【案例 14 – 1】

A 会计师事务所违反诚信原则的案例①

A 会计师事务所对某投资管理有限公司新增注册资本的实收情况进行了审验，依据招商银行股份有限公司某支行 2016 年 7 月 28 日盖章的银行询证函，在 2016 年 7 月 28 日出具了验资报告，验资金额 54 000.00 万元。经招商银行股份有限公司某支行确认，A 会计师事务所出具验资报告依据的银行询证函非该支行盖章出具。该银行询证函为虚假询证函，A 会计师事务所出具虚假验资报告。

此外，A 会计师事务所还存在其他严重违规执业问题。2018 年 1 月，广东省注册会计师协会给予 A 会计师事务所及其合伙人洪某、蔡某，相关报告签字注册会计师王某等给予公开谴责的行业惩戒。2018 年 4 月，广东省财政厅对 A 会计师事务所处以没收违法所得 116 274 元并予以撤销执业许可的行政处罚；对 A 会计师事务所合伙人洪某、蔡某，相关报告签字注册会计师王某处以吊销注册会计师证书的行政处罚。

二、客观公正

客观公正的原则，要求注册会计师应当公正处事，实事求是，不得由于偏见、利益冲突或他人的不当影响而损害自己的职业判断。注册会计师在执业中要做到一切从实际出发，不以主观好恶或成见行事，不为他人意见所左右，不偏不倚地对待利益各方，在观察和收集各种证据的基础上进行职业判断。如果存在对职业判断产生过度不当影响的情形，注册会计师不得从事与之相关的职业活动。需要指出的是，客观公正的原则，适用于注册会计师提供的各种专业服务，而不仅局限于鉴证业务。

---

① 笔者根据相关资料整理。

注册会计师遵循客观公正原则的方式包括：（1）识别可能损害注册会计师职业判断的情形或关系，如与客户之间的密切关系；（2）在评价与客户财务报表重大事项相关的审计证据的充分性和适当性时，考虑这些情形或关系对注册会计师职业判断的影响；（3）在面对困境或困难时，有坚持正确行为的决心，实事求是。例如，在面临压力时坚持自己的立场，或在适当时质疑他人，即使这样做会对会计师事务所或注册会计师个人造成潜在的不利后果。

【案例 14 – 2】

B 会计师事务所遵守客观公正原则的案例[①]

B 会计师事务所为某公司提供纳税申报的服务。根据税法的有关规定，B 会计师事务所计算出 2020 年度该公司应交的所得税为 157.23 万元。而某公司要求采取某些手段降低应纳税额，并愿意支付额外报酬。B 会计师事务所坚持客观公正的原则，在该公司一再要求降低应纳税额的情况下，最终选择了解除业务约定。

三、独立性

独立性的原则，要求注册会计师在执行审计和审阅业务、其他鉴证业务时，应当从实质上和形式上保持独立性，不得因任何利害关系影响其客观公正。独立性是专门针对注册会计师从事审计和审阅业务、其他鉴证业务而提出的职业道德基本原则，是审计理论的基石，是鉴证业务的灵魂，也是注册会计师行业取信于公众的首要条件。

注册会计师的独立性包括两个方面——实质上的独立和形式上的独立。注册会计师在执业审计时，不仅要保持实质上的独立，而且要保持形式上的独立，这样才能做到真正的独立。

基于独立性对鉴证业务的重要性，中国注册会计师协会印发了《中国注册会计师职业道德守则第 4 号——审计和审阅业务对独立性的要求》和《中国注册会计师职业道德守则第 5 号——其他鉴证业务对独立性的要求》，分别针对注册会计师执行审计和审阅业务、其他鉴证业务的独立性作出具体规定。本章将在第五节对审计和审阅业务对独立性的要求展开阐述。

四、专业胜任能力和勤勉尽责

专业胜任能力和勤勉尽责原则要求注册会计师获取并保持应有的专业知识和技能，确保为客户提供具有专业水准的服务，并勤勉尽责，遵守适用的职业准则。

专业胜任能力，是指注册会计师具有专业知识、技能和经验，能够经济、有效地完成客户的委托。专业胜任能力可分为两个独立阶段：（1）专业胜任能力的获取；（2）专业胜任能力的保持。也就是说，作为专业的职业人员，注册会计师应当通过教育、培训和执业实践获取和保持专业胜任能力，并通过持续了解并掌握当前法律、技术和实务的发展变化，将专业知识和技能始终保持在应有的水平。

勤勉尽责，要求注册会计师遵守法律法规以及职业准则的要求，并保持应有的职业怀

---

① 笔者根据相关资料整理。

疑，认真、全面、及时地完成工作任务。同时，注册会计师应当采取适当措施，确保在其授权下从事专业服务的人员得到应有的培训和督导。在适当时，注册会计师应当使客户或专业服务的其他使用者了解专业服务的固有局限。

注册会计师可以通过下列方式遵循专业胜任能力和勤勉尽责原则：（1）运用与客户所在的特定行业和业务活动相关的知识，以恰当识别重大错报风险；（2）设计并实施恰当的审计程序；（3）在审慎评价审计证据是否充分并适合具体情况时运用相关知识和技能。

五、保密

保密的原则，要求注册会计师从事职业活动必须建立在为客户、为工作单位等利益相关方信息保密的基础上，对职业活动中获知的涉密信息保密。因为一旦这些涉密信息泄露或者被他人利用则可能给审计单位或相关人员带来严重损害。注册会计师遵循保密原则，有利于更好地维护公众利益。

根据该原则，注册会计师应当遵守下列要求：（1）警觉无意中泄密的可能性，包括在社会交往中无意中泄密的可能性，特别要警觉无意中向关系密切的商业伙伴或近亲属泄密的可能性；（2）对所在会计师事务所内部的涉密信息保密；（3）对职业活动中获知的涉及国家安全的信息保密；（4）对拟承接的客户向其披露的涉密信息保密；（5）在未经客户授权的情况下，不得向会计师事务所以外的第三方披露其所获知的涉密信息，除非法律法规或职业准则规定注册会计师在这种情况下有权利或义务进行披露；（6）不得利用因职业关系而获知的涉密信息为自己或第三方谋取利益；（7）不得在职业关系结束后利用或披露因该职业关系获知的涉密信息；（8）采取适当措施，确保下级员工以及为注册会计师提供建议和帮助的人员履行保密义务。

在下列情况下，可以披露涉密信息：（1）法律法规要求披露，例如，为法律诉讼准备文件或提供其他证据；（2）法律法规允许披露，并取得了客户的授权；（3）注册会计师有职业义务或权利进行披露，且法律法规未予禁止的情形。

【案例 14 - 3】

C 会计师事务所违反保密原则的案例

C 会计师事务所接受委托，审计某上市公司甲公司 2021 年度财务报表，委派 S 注册会计师担任项目合伙人。S 注册会计师在审计过程中遇到某些问题，就私自将与某重大会计问题相关的审计工作底稿发给其大学老师，并进行了分析讨论。S 注册会计师未经客户许可，将客户（甲公司）涉密信息发送给项目组以外的其他人员，违反了保密原则。

六、良好的职业行为

职业声誉对注册会计师行业的良性发展具有重大意义，注册会计师应当遵循良好职业行为原则，爱岗敬业，遵守相关法律法规，避免发生任何可能损害职业声誉的行为。该原则要求注册会计师在向公众传递信息以及推介自己和工作时，应当客观、真实、得体，不得损害职业形象。该原则还要求注册会计师应当诚实、实事求是，不得有下列行为：（1）夸大宣传提供的服务、拥有的资质或获得的经验；（2）贬低或无根据地比较他人的工作。

第三节　职业道德概念框架

一、职业道德概念框架的内涵

在实务中，注册会计师可能遇到对遵循职业道德基本原则产生不利影响的情形。由于实务中的情形多种多样且层出不穷，职业道德守则中不可能对所有情形都作出明确规定。因此，职业道德守则提出职业道德概念框架，以指导注册会计师遵循职业道德基本原则，履行维护公众利益的职责。

职业道德概念框架是指解决职业道德问题的思路和方法，用以指导注册会计师：（1）识别对职业道德基本原则的不利影响；（2）评价不利影响的严重程度；（3）必要时采取防范措施消除不利影响或将其降低至可接受的水平。

注册会计师如果遇到《中国注册会计师职业道德守则》未作出明确规定的情形，应当运用职业道德概念框架识别、评价和应对各种可能产生的不利影响，而不能想当然地认为《中国注册会计师职业道德守则》未明确禁止的情形就是允许的。

二、识别对职业道德基本原则的不利影响

注册会计师应当运用职业道德概念框架来识别、评价和应对对职业道德基本原则的不利影响。对职业道德基本原则的不利影响可能产生于多种事实和情况，并且因业务的性质和工作任务不同，产生的不利影响的类型也可能不同。可能对职业道德基本原则产生不利影响的因素包括自身利益、自我评价、过度推介、密切关系和外在压力。

（一）因自身利益产生的不利影响

因自身利益产生的不利影响，是指由于某项经济利益或其他利益可能不当影响注册会计师的判断或行为，而对职业道德基本原则产生的不利影响。举例说明，这种不利影响的情形包括：（1）注册会计师在客户中拥有直接经济利益；（2）会计师事务所的收入过分依赖某一客户；（3）会计师事务所以较低的报价获得新业务，而该报价过低，可能导致注册会计师难以按照适用的职业准则要求执行业务；（4）注册会计师与客户之间存在密切的商业关系；（5）注册会计师能够接触到涉密信息，而该涉密信息可能被用于牟取个人私利；（6）注册会计师在评价所在会计师事务所以往提供的专业服务时，发现了重大错误。

（二）因自我评价产生的不利影响

因自我评价产生的不利影响，是指注册会计师在执行当前业务的过程中，其判断需要依赖其本人或所在会计师事务所以往执行业务时作出的判断或得出的结论，而该注册会计师可能不恰当地评价这些以往的判断或结论，从而对职业道德基本原则产生的不利影响。举例说明，这种不利影响的情形包括：（1）注册会计师在对客户提供财务系统的设计或实施服务后，又对该系统的运行有效性出具鉴证报告；（2）注册会计师为客户编制用于生成

有关记录的原始数据，而这些记录是鉴证业务的对象。

（三）因过度推介产生的不利影响

因过度推介产生的不利影响，是指注册会计师倾向客户的立场，导致该注册会计师的客观公正原则受到损害而产生的不利影响。举例说明，这种不利影响的情形包括：（1）注册会计师推介客户的产品、股份或其他利益；（2）当客户与第三方发生诉讼或纠纷时，注册会计师为该客户辩护；（3）注册会计师站在客户的立场上影响某项法律法规的制定。

（四）因密切关系产生的不利影响

因密切关系产生的不利影响，是指注册会计师由于与客户存在长期或密切的关系，导致过于偏向客户的利益或过于认可客户的工作，从而对职业道德基本原则产生的不利影响。举例说明，这种不利影响的情形包括：（1）审计项目团队成员的主要近亲属或其他近亲属担任审计客户的董事或高级管理人员；（2）鉴证客户的董事、高级管理人员，或所处职位能够对鉴证对象施加重大影响的员工，最近曾担任注册会计师所在会计师事务所的项目合伙人；（3）审计项目团队成员与审计客户之间长期存在业务关系。

（五）因外在压力产生的不利影响

因外在压力产生的不利影响，是指注册会计师迫于实际存在的或可感知到的压力，导致无法客观行事而对职业道德基本原则产生的不利影响。举例说明，这种不利影响的情形包括：（1）注册会计师因对专业事项持有不同意见而受到客户解除业务关系或被会计师事务所解雇的威胁；（2）由于客户对所沟通的事项更具有专长，注册会计师面临服从该客户判断的压力；（3）注册会计师被告知，除非其同意审计客户某项不恰当的会计处理，否则计划中的晋升将受到影响；（4）注册会计师接受了客户赠予的重要礼品，并被威胁将公开其收受礼品的事情。

三、评价不利影响的严重程度

某些由法律法规、注册会计师协会或会计师事务所制定的，用于加强注册会计师职业道德的条件、政策和程序也可能有助于识别对职业道德基本原则的不利影响。这些条件、政策和程序也是在评价不利影响的严重程度时需要考虑的因素。这些程序可以分为下列两种类型：（1）与客户及其经营环境相关的条件、政策和程序；（2）与会计师事务所及其经营环境相关的条件、政策和程序。

（一）与客户及其经营环境相关的条件、政策和程序

针对与会计师事务所及其经营环境相关的条件、政策和程序，注册会计师对不利影响严重程度的评价可能受客户类型和客户经营环境两个方面的影响。

对于客户类型，注册会计师需考虑：（1）客户是否属于审计客户，以及该客户是否属于公众利益实体；（2）客户是否属于非审计的鉴证客户；（3）客户是否属于非鉴证客户。例如，向属于公众利益实体的审计客户提供非鉴证服务，相对于向非公众利益实体审计客

户提供相同的非鉴证服务，可能会对客观公正原则产生更高程度的不利影响。

客户经营环境包括：（1）客户要求由管理层以外的适当人员批准聘请会计师事务所执行某项业务；（2）客户拥有具备足够经验和资历以及胜任能力的人员负责作出管理决策；（3）客户执行相关政策和程序，以确保在招标非鉴证服务时作出客观选择；（4）客户拥有完善的公司治理结构，能够对会计师事务所的服务进行适当的监督和沟通。

（二）与会计师事务所及其经营环境相关的条件、政策和程序

针对与会计师事务所及其经营环境相关的条件、政策和程序，注册会计师对不利影响严重程度的评价可能受到下列因素的影响：（1）会计师事务所领导层重视职业道德基本原则，并积极引导鉴证业务项目团队成员维护公众利益；（2）会计师事务所建立政策和程序，以对所有人员遵循职业道德基本原则的情况实施监督；（3）会计师事务所建立与薪酬、业绩评价、纪律处分相关的政策和程序，以促进对职业道德基本原则的遵循；（4）会计师事务所对其过分依赖从某单一客户处取得收入的情况进行管理；（5）在会计师事务所内，项目合伙人有权作出涉及遵循职业道德基本原则的决策，包括与向客户提供服务有关的决策；（6）会计师事务所对教育、培训和经验的要求；（7）会计师事务所用于解决内外部关注事项或投诉事项的流程。

四、应对不利影响的防范措施

防范措施是指注册会计师为了将对职业道德基本原则的不利影响有效降低至可接受的水平而采取的行动。如果注册会计师确定识别出的不利影响超出可接受的水平，应当通过消除该不利影响、将其降低至可接受的水平、拒绝或终止特定的职业活动来予以应对。

举例来说，在特定情况下可能能够应对不利影响的防范措施包括：（1）向已承接的项目分配更多时间和有胜任能力的人员，可能能够应对因自身利益产生的不利影响；（2）由项目组以外的适当复核人员复核已执行的工作或在必要时提供建议，可能能够应对因自我评价产生的不利影响；（3）向鉴证客户提供非鉴证服务时，指派鉴证业务项目团队以外的其他合伙人和项目组，并确保鉴证业务项目组和非鉴证服务项目组分别向各自的业务主管报告工作，可能能够应对因自我评价、过度推介或密切关系产生的不利影响；（4）由其他会计师事务所执行或重新执行业务的某些部分，可能能够应对因自身利益、自我评价、过度推介、密切关系或外在压力产生的不利影响；（5）由不同项目组分别应对具有保密性质的事项，可能能够应对因自身利益产生的不利影响。

注册会计师应当就其已采取或拟采取的行动是否能够消除不利影响或将其降低至可接受的水平形成总体结论。在形成总体结论时，注册会计师应当：（1）复核所作出的重大判断或得出的结论；（2）实施理性且掌握充分信息的第三方测试。

第四节　提供专业服务的具体要求

专业服务是指注册会计师提供的需要会计或相关技能的服务，包括会计、审计、税

务、管理咨询和财务管理等服务。在提供专业服务的过程中，可能存在一些对职业道德基本原则产生不利影响的情形，包括利益冲突、专业服务委托、第二意见、收费、利益诱惑（包括礼品和款待）、保管客户资产、应对违反法律法规行为等。注册会计师应当对此保持警觉，并遵循提供专业服务的具体要求。

一、利益冲突

（一）产生利益冲突的情形

利益冲突通常对客观公正原则产生不利影响，也可能对其他职业道德基本原则产生不利影响。注册会计师应当采取适当措施识别可能产生利益冲突的情形：当注册会计师为两个或多个在某一特定事项中存在利益冲突的客户提供相关的专业服务时，可能产生不利影响；当注册会计师的利益与客户的利益存在冲突时，也可能产生不利影响。举例来说，可能产生利益冲突的情形有：（1）向某一客户提供交易咨询服务，该客户拟收购注册会计师的某一审计客户，而注册会计师已在审计过程中获知了可能与该交易相关的涉密信息；（2）同时为两家客户提供建议，而这两家客户是收购同一家公司的竞争对手，并且注册会计师的建议可能涉及双方相互竞争的立场；（3）在同一项交易中同时向买卖双方提供服务；（4）同时为两方提供某项资产的估值服务，而这两方针对该资产处于对立状态；（5）针对同一事项同时代表两个客户，而这两个客户正处于法律纠纷中；（6）针对某项许可证协议，就应收的特许权使用费为许可证授予方出具鉴证报告，并同时向被许可方就应付金额提供建议；（7）建议客户投资一家企业，而注册会计师的主要近亲属在该企业拥有经济利益；（8）建议客户买入一项产品或服务，但同时与该产品或服务的潜在卖方订立佣金协议。

（二）利益冲突的识别

在决定是否承接一项业务之前，以及在业务开展的过程中，实施有效的冲突识别流程可以帮助注册会计师采取合理措施识别可能产生利益冲突的利益和关系。建立有效的冲突识别流程，需要考虑下列因素：（1）所提供专业服务的性质；（2）会计师事务所的规模；（3）客户群的规模和性质；（4）会计师事务所的组织架构，例如，分支机构的数量和位置分布。

（三）对利益冲突产生的不利影响的应对

应对因利益冲突产生的不利影响，注册会计师可以采取下列防范措施：（1）由不同的项目组分别提供服务，并且这些项目组已被明确要求遵守涉及保密性的政策和程序；（2）由未参与提供服务或不受利益冲突影响的适当人员复核已执行的工作，以评估关键判断和结论是否适当。

【案例 14 - 4】

1982 年范德有限公司对安达信会计师事务所案

范德有限公司（以下简称"范德公司"）是一家合伙投资公司。1970 年末，该公司开展多种经营，大量投资于石油及天然气财产。根据与金氏资源公司（以下简称"金氏公司"）签订的协议，已付款 9 000 万美元用于购买 400 多项自然资源财产。范德公司与金氏公司签订的一项协议规定，全部财产将以金氏公司通常接受的价格出售给范德公司。而上述两家公司均由安达信会计师事务所审计，且关键的注册会计师也相同。注册会计师在金氏公司审计时发现，销售给范德公司的石油及天然气的价格要比其他顾客高。但会计师事务所却未向范德公司通报这一情况。范德公司很长时间以后才发现这一情况，并以会计师事务所没有向其通报这一违反协议的情况为由，向法庭起诉。法庭判决范德公司胜诉，责令会计师事务所向范德公司赔偿 8 000 万美元的损失。

这里，安达信会计师事务所给两个存在利益冲突的客户提供审计服务。当发现客户间存在利益冲突时（金氏公司销售给范德公司的石油及天然气的价格要比其他顾客高），安达信会计师事务所应在遵守保密原则的前提下（征得客户同意），告知客户，并采取分派不同组为两个客户分别提供服务等防范措施，这样才能维护职业道德基本原则。

资料来源：吴琼．中国注册会计师职业道德守则精讲与案例［M］．大连：大连出版社，2010．

二、专业服务委托

（一）客户关系和业务的承接与保持

在接受客户关系前，注册会计师应当确定接受客户关系是否会对职业道德基本原则产生不利影响。如果注册会计师知悉客户存在某些问题（如涉嫌违反法律法规、缺乏诚信、存在可疑的财务报告问题、存在其他违反职业道德的行为，或者客户的所有者、管理层或其从事的活动存在一些可疑事项），可能对诚信、良好职业行为原则产生不利影响。如果项目组不具备或不能获得恰当执行业务所必需的胜任能力，将因自身利益对专业胜任能力和勤勉尽责原则产生不利影响。

举例来说，下列防范措施可能能够应对因自身利益产生的不利影响：（1）分派足够的、具有必要胜任能力的项目组成员；（2）就执行业务的合理时间安排与客户达成一致意见；（3）在必要时利用专家的工作。

此外，在连续业务中，注册会计师还应当定期评价是否继续保持该业务。

（二）专业服务委托的变更

当注册会计师遇到下列情况时，应当确定是否有理由拒绝承接该项业务：（1）潜在客户要求其取代另一注册会计师；（2）考虑以投标方式接替另一注册会计师执行的业务；（3）考虑执行某些工作作为对另一注册会计师工作的补充。

如果注册会计师并未知悉所有相关事实就承接业务，可能因自身利益对专业胜任能力和勤勉尽责原则产生不利影响。如果客户要求注册会计师执行某些工作以作为对现任或前任注册会计师工作的补充，可能因自身利益对专业胜任能力和勤勉尽责原则产生不利影响。

举例来说，下列防范措施可能能够应对上述因自身利益产生的不利影响：（1）要求现任或前任注册会计师提供其已知的信息，这些信息是指现任或前任注册会计师认为，拟接任注册会计师在作出是否承接业务的决定前需要了解的信息；（2）从其他渠道获取信息，例如通过向第三方进行询问，或者对客户的高级管理层或治理层实施背景调查。

三、第二意见

向非现有客户提供第二意见可能因自身利益或其他原因对职业道德基本原则产生不利影响。例如，如果第二意见不是以前任或现任注册会计师所获得的相同事实为基础，或依据的证据不充分，可能因自身利益对专业胜任能力和勤勉尽责原则产生不利影响。

举例来说，下列防范措施可能能够应对此类因自身利益产生的不利影响：（1）征得客户同意与现任或前任注册会计师沟通；（2）在与客户沟通中说明注册会计师发表专业意见的局限性；（3）向现任或前任注册会计师提供第二意见的副本。

如果要求提供第二意见的实体不允许与现任或前任注册会计师沟通，注册会计师应当决定是否提供第二意见。

四、收费

（一）收费水平

会计师事务所确定收费时，应当主要考虑专业服务所需的知识和技能、所需专业人员的水平和经验、各级别专业人员提供服务所需的时间和提供专业服务所需承担的责任。在专业服务得到良好的计划、监督及管理的前提下，收费通常以每一专业人员适当的小时收费标准或日收费标准为基础计算。

收费报价水平可能影响注册会计师按照职业准则提供专业服务的能力。如果报价水平过低，以致注册会计师难以按照适用的职业准则执行业务，则可能因自身利益对专业胜任能力和勤勉尽责原则产生不利影响。举例来说，下列防范措施可能能够应对这种因自身利益产生的不利影响：（1）调整收费水平或业务范围；（2）由适当复核人员复核已执行的工作。

（二）或有收费

除非法律法规允许，注册会计师不得以或有收费方式提供鉴证服务，收费与否或收费多少不得以鉴证工作结果或实现特定目的为条件。尽管某些非鉴证服务可以采用或有收费的形式，或有收费仍然可能对职业道德基本原则产生不利影响，特别是在某些情况下可能因自身利益对客观公正原则产生不利影响。

举例来说，下列防范措施可能能够应对上述因自身利益产生的不利影响：（1）由未参与提供非鉴证服务的适当复核人员复核注册会计师已执行的工作；（2）预先就收费的基础与客户达成书面协议。

（三）介绍费或佣金

注册会计师不得收取与客户相关的介绍费或佣金，也不得向客户或其他方支付业务介绍费，否则将因自身利益对客观公正、专业胜任能力和勤勉尽责原则产生非常严重的不利影响，导致没有防范措施能够消除不利影响或将其降低至可接受的水平。

【案例 14 – 5】

D 注册会计师是否违反职业道德守则

ABC 会计师事务所委派 D 注册会计师担任甲公司审计项目合伙人。甲公司承诺,如上市成功,将另行奖励 ABC 会计师事务所,奖励金额按股票融资额的 0.12% 计算。若 D 注册会计师接受,则违反职业道德守则。因为职业道德守则规定提供审计服务不得采用或有收费方式。

五、利益诱惑(包括礼品和款待)

(一)一般规定

利益诱惑是指影响其他人员行为的物质、事件或行为。利益诱惑范围广泛,小到注册会计师和客户之间正常礼节性的交往,大到可能违反法律法规的行为。利益诱惑可能采取多种形式,如礼品、款待、娱乐活动、捐助、意图建立友好关系、工作岗位或其他商业机会以及特殊待遇、权利或优先权等。

注册会计师提供或接受利益诱惑,可能因自身利益、密切关系或外在压力对职业道德基本原则产生不利影响,尤其可能对诚信、客观公正、良好职业行为原则产生不利影响。注册会计师应当运用职业道德概念框架识别、评价和应对此类不利影响。

(二)意图不当影响行为的利益诱惑

注册会计师不得提供或接受,或者授意他人提供或接受任何意图不当影响接受方或其他人员行为的利益诱惑,无论这种利益诱惑是存在不当影响行为的意图,还是注册会计师认为理性且掌握充分信息的第三方很可能会视为存在不当影响行为的意图。否则,将违反诚信原则。

如果注册会计师知悉被提供的利益诱惑存在或被认为存在不当影响行为的意图,即使注册会计师拒绝接受利益诱惑,仍可能对职业道德基本原则产生不利影响。

举例来说,下列防范措施可能能够应对上述不利影响:(1)就该利益诱惑的情况告知会计师事务所的高级管理层或客户治理层;(2)调整或终止与客户之间的业务关系。

此外,注册会计师也应当建议近亲属拒绝接受或不得提供此类利益诱惑。

(三)无不当影响行为意图的利益诱惑

如果注册会计师认为某项利益诱惑不存在不当影响接受方或其他人员行为的意图,应当运用职业道德概念框架识别、评价和应对可能因该利益诱惑产生的不利影响。即使注册会计师认为某项利益诱惑无不当影响行为的意图,提供或接受此类利益诱惑仍可能对职业道德基本原则产生不利影响。例如,注册会计师在向客户提供公司财务服务的同时,受到客户潜在收购方的款待;注册会计师经常邀请现有客户或潜在客户参加娱乐活动或观看体育赛事等。

举例来说，可能能够消除因提供或接受此类利益诱惑产生不利影响的防范措施有：（1）拒绝接受或不提供利益诱惑；（2）将向客户提供专业服务的责任移交给其他人员，前提是注册会计师没有理由相信该人员在提供专业服务时可能会受到不利影响。

而可能能够将此类不利影响降低至可接受水平的防范措施有：（1）就提供或接受利益诱惑的事情，与会计师事务所或客户的高级管理层保持信息对称；（2）在由会计师事务所高级管理层或其他负责会计师事务所职业道德合规性的人员监控的，或者由客户维护的记录中登记该利益诱惑；（3）针对提供利益诱惑的客户，由未参与提供专业服务的适当复核人员复核注册会计师已执行的工作或作出的决策；（4）在接受利益诱惑之后将其捐赠给慈善机构，并向会计师事务所高级管理层或提供利益诱惑的人员适当披露该项捐赠；（5）支付与所接受利益诱惑（如款待）同等价值的价款；（6）在收到利益诱惑（如礼品）后尽快将其返还给提供者。

六、保管客户资产

保管客户资产可能因自身利益或其他原因而对客观公正、良好职业行为原则产生不利影响。因此，除非法律法规允许或要求，并且满足相关条件，注册会计师不得提供保管客户资金或其他资产的服务。

注册会计师如果接受委托保管客户资金或其他资产，应当符合下列要求：（1）遵守所有与保管资产和履行报告义务相关的法律法规；（2）将客户资金或其他资产与其个人或会计师事务所的资产分开；（3）仅按照预定用途使用客户资金或其他资产；（4）随时准备向相关人员报告资产状况及产生的收入、红利或利得。

在承接某项业务时，对于可能涉及保管客户资产的服务，注册会计师应当询问资产的来源，并考虑应履行的相关法定义务。如果发现诸如客户资产来源于非法活动（如洗钱）等，注册会计师不得提供保管资产的服务，并应用职业道德概念框架加以应对。

七、应对违反法律法规行为

违反法律法规行为包括客户、客户的治理层、客户的管理层以及为客户工作或在客户指令下工作的人员有意或无意作出的与现行法律法规不符的疏漏或违法行为。举例来说，主要涉及舞弊、腐败和贿赂；国家安全、洗钱和犯罪所得；证券市场和交易；银行业务、其他金融产品和服务；信息安全；税务、社会保障；环境保护；公共健康与安全等方面的法律法规。

当注册会计师知悉或怀疑被审计单位存在违反或涉嫌违反法律法规的行为时，可能因自身利益或外在压力对诚信和良好职业行为原则产生不利影响。注册会计师应当运用职业道德概念框架识别、评价和应对此类不利影响，并及时采取行动。注册会计师可以在遵循保密原则的前提下，向会计师事务所、网络事务所或专业机构的其他人员或者法律顾问进行咨询。

如果注册会计师识别出或怀疑存在已经发生或可能发生的违反法律法规行为，应当与适当级别的管理层和治理层沟通。根据管理层的应对情况，注册会计师应当运用职业判断确定是否需要采取进一步行动，例如，向适当机构报告该事项，即使法律法规没有要求进行报告；在法律法规允许的情况下，解除业务约定等。

第五节　审计和审阅业务对独立性的要求

一、基本要求

（一）独立性的概念

注册会计师在执行审计业务时应当保持独立性。独立性包括实质上的独立性和形式上的独立性。

（1）实质上的独立性。实质上的独立性是一种内心状态，使得注册会计师在提出结论时不受损害职业判断的因素影响，诚信行事，遵循客观公正原则，保持职业怀疑。

（2）形式上的独立性。形式上的独立性是一种外在表现，使得一个理性且掌握充分信息的第三方，在权衡所有相关事实和情况后，认为会计师事务所或审计项目团队成员没有损害诚信原则、客观公正原则或职业怀疑。

（二）公众利益实体

针对公众利益实体的审计业务，注册会计师应当考虑对其适用更严格的独立性要求。公众利益实体包括上市公司、法律法规界定的公众利益实体，以及法律法规规定按照上市实体审计独立性的要求接受审计的实体。

如果公众利益实体以外的其他实体拥有数量众多且分布广泛的利益相关者，注册会计师应当考虑是否将其作为公众利益实体对待。需要考虑的因素主要包括：（1）实体业务的性质（例如，银行、保险公司等金融机构通常以受托人的身份持有大量利益相关者的资产，通常视为公众利益实体）；（2）实体的规模；（3）员工的数量。例如，自来水公司拥有众多的客户，其业务核算可能影响居民的用水成本，以及某些大型非上市金融企业、债券挂牌交易的实体等，注册会计师就应当考虑将其作为公众利益实体。

（三）关联实体

关联实体，是指与客户存在下列任一关系的实体：（1）能够对客户施加直接或间接控制的实体，并且客户对该实体重要；（2）在客户内拥有直接经济利益的实体，并且该实体对客户具有重大影响，在客户内的利益对该实体重要；（3）受到客户直接或间接控制的实体；（4）客户（或受到客户直接或间接控制的实体）拥有其直接经济利益的实体，并且客户能够对该实体施加重大影响，在实体内的经济利益对客户（或受到客户直接或间接控制的实体）重要；（5）与客户处于同一控制下实体（即"姐妹实体"），并且该姐妹实体和客户对其控制方均重要。关联实体关系如图 14 - 2 所示。

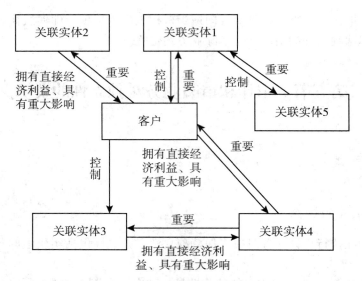

图 14 - 2　关联实体关系

资料来源：吴琼. 中国注册会计师职业道德守则精讲与案例［M］. 大连：大连出版社，2010.

（四）网络与网络事务所

网络，是指由多个实体组成，旨在通过合作实现下列一个或多个目的的联合体：（1）共享收益、分担成本。如果联合体之间分担的成本不重要，或分担的成本仅限于与开发审计方法、编制审计手册或提供培训课程有关的成本，则不应当被视为网络。（2）共享所有权、控制权或管理权。（3）执行统一的质量管理政策和程序（由联合体统一设计、实施和监控的质量管理政策和程序）。（4）执行同一经营战略（实体之间通过协议实现共同的战略目标）。如果一个实体与其他实体仅以联合方式应邀提供专业服务，虽然构成联合体，但不形成网络。（5）使用同一品牌。例如，当会计师事务所合伙人签署审计报告时，如果将共同的品牌作为会计师事务所名称的一部分或与其名称联系在一起，则视为该会计师事务所在使用同一品牌。（6）共享重要的专业资源。如果共享的资源仅限于通用的审计手册或审计方法，或仅限于培训资源，并不交流人员、客户或市场信息，则这些共享的资源很可能是不重要的；如果共享的资源涉及人员或信息交流，例如，存在一个共享的人力资源库，或者构建了一个共有的技术部门，用于向所有成员提供技术性建议，并要求所有成员予以遵循，则理性且掌握充分信息的第三方很可能认为共享的资源是重要的。

网络事务所，是指属于某一网络的会计师事务所或实体。如果会计师事务所被视为网络事务所，则应当与网络中其他事务所的审计客户保持独立。

（五）保持独立性的期间

1. 业务期间的含义

业务期间自审计项目组开始执行审计业务之日起，至出具审计报告之日止。如果审计业务具有连续性，业务期间结束日应以其中一方通知解除业务关系或出具最终审计报告两者时间孰晚为准。

2. 保持独立性期间的要求

注册会计师应当在业务期间和财务报表涵盖的期间独立于审计客户。例如，会计师事务所审计某公司 2021 年度的财务报表，于 2021 年 3 月 1 日开始执行审计业务，这项工作将持续到 2022 年 4 月 7 日。财务报表涵盖的期间是 2021 年 1 月 1 日至 2021 年 12 月 31 日；业务期间为 2021 年 3 月 1 日至最终审计报告出具之日，即 2022 年 4 月 7 日。则自 2021 年 1 月 1 日开始，会计师事务所必须保持独立性，直到其终止作为客户的注册会计师这一角色，如图 14 - 3 所示。

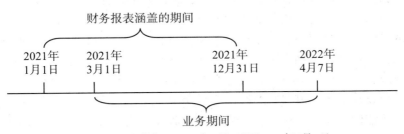

图 14 - 3 业务期间和财务报表涵盖期间示例

如果在财务报表涵盖的期间或之后，在审计项目组开始执行审计业务之前，会计师事务所向审计客户提供了非鉴证服务，并且该非鉴证服务在业务期间不允许提供，将对独立性产生不利影响。会计师事务所应当评价提供的非鉴证服务对独立性产生的不利影响。如果不利影响超出可接受的水平，会计师事务所只有在采取防范措施将其降低至可接受的水平的情况下，才能接受审计业务。举例来说，防范措施可能包括：（1）不允许提供非鉴证服务的人员担任审计项目团队成员；（2）必要时由适当复核人员复核审计和非鉴证工作；（3）由其他会计师事务所评价非鉴证服务的结果，或重新执行非鉴证服务，使得其他会计师事务所能够对该非鉴证服务承担责任。

（六）与治理层的沟通

治理层是指对实体的战略方向以及管理层履行的经营管理责任负有监督责任的个人或机构（如公司受托人）。注册会计师应当根据职业判断，定期就可能影响独立性的关系和其他事项与治理层沟通。上述沟通使治理层能够：（1）考虑会计师事务所在识别和评价对独立性的不利影响时作出的判断是否正确；（2）考虑会计师事务所为消除不利影响或将其降低至可接受的水平所采取的防范措施是否适当；（3）确定是否有必要采取适当的行动。对于因外在压力和密切关系产生的不利影响，这种沟通尤其有效。

（七）工作记录

会计师事务所应当记录遵守独立性要求的情况，包括记录形成的结论，以及为形成结论而沟通的主要内容。工作记录可以提供证据证明会计师事务所在遵守独立性要求时作出的职业判断。

如果需要采取防范措施将某种不利影响降低至可接受的水平，注册会计师应当记录该不利影响的性质，以及将其降低至可接受水平所采取的防范措施；如果通过对某种不利影响进行重要性分析，注册会计师确定不利影响未超出可接受的水平，注册会计师应当记录不利影响的性质以及得出上述结论的理由。

（八）合并与收购

如果由于合并或收购，某一实体成为审计客户的关联实体，会计师事务所应当识别和评价其与该关联实体以往和目前存在的利益或关系，并在考虑可能需要采取的防范措施后确定是否影响独立性，以及在合并或收购生效日后能否继续执行审计业务。

会计师事务所应当在合并或收购生效日前采取必要措施终止目前存在的利益或关系。如果在合并或收购生效日前不能终止目前存在的利益或关系，会计师事务所应当：（1）评价因该利益或关系产生的不利影响的严重程度；（2）与治理层沟通在合并或收购生效日前不能终止利益或关系的原因，以及对由此产生不利影响严重程度的评价结果。若与治理层沟通后，治理层要求会计师事务所继续执行审计业务，会计师事务所只有在同时满足下列三个条件时，才能同意这一要求：（1）在合并或收购生效日起的 6 个月内，尽快终止该利益或关系；（2）存在该利益或关系的人员不作为审计项目组成员，也不负责项目质量复核；（3）拟采取的适当过渡性措施，并就此与治理层沟通。

（九）违反独立性规定时的应对措施

1. 基本要求

如果会计师事务所认为已发生违反独立性规定（以下简称"违规"）的情况，应当采取下列措施：（1）终止、暂停或消除引发违规的利益或关系，并处理违规后果；（2）考虑是否存在适用于该违规行为的法律法规，如果存在，遵守该法律法规的规定，并考虑向相关监管机构报告该违规行为；（3）按照会计师事务所的政策和程序，立即就该违规行为与项目合伙人、负责独立性相关政策和程序的人员、会计师事务所和网络中的其他相关人员以及根据职业道德守则的要求需要采取适当行动的人员进行沟通；（4）评价违规行为的严重程度及其对会计师事务所的客观公正和出具审计报告能力的影响；（5）根据违规行为的严重程度，确定是否终止审计业务，或者是否能够采取适当行动以妥善处理违规后果。

会计师事务所应当根据违规的严重程度采取必要的措施。举例来说，会计师事务所可以采取的措施包括：（1）将相关人员调离审计项目团队；（2）由其他人员对受影响的审计工作实施额外复核或必要时重新执行该工作；（3）建议审计客户委托其他会计师事务所复核或必要时重新执行受影响的审计工作；（4）如果违规涉及影响会计记录或财务报表金额的非鉴证服务，由其他会计师事务所评价非鉴证服务的结果，或重新执行非鉴证服务，使得其他会计师事务所能够对该非鉴证服务承担责任。

如果会计师事务所确定无法采取行动妥善处理违规后果，应当尽快通知治理层，并按照法律法规的规定终止审计业务。如果法律法规禁止终止该审计业务，会计师事务所应当遵守相关报告或披露要求。

2. 与治理层的沟通

如果会计师事务所确定能够采取措施妥善处理违规后果，应当与治理层沟通下列事项：（1）违规的严重程度，包括其性质和持续时间；（2）违规是如何发生以及如何识别出的；（3）已采取或拟采取的措施，以及这些措施能够妥善处理违规后果并使会计师事务所能够出具审计报告的原因；（4）会计师事务所根据职业判断认为客观公正并未受到损害及其理由；（5）会计师事务所已采取或拟采取的、用于降低进一步违规风险或避免发生进一步违规行为的措施。

如果治理层认为上述已采取或拟采取的措施不能够妥善处理违规后果，会计师事务所应当终止审计业务。

二、经济利益

（一）经济利益的定义及种类

经济利益是指因持有某一实体发行的股权、债券、基金、与其股价或债券价格挂钩的衍生金融产品和其他证券以及其他债务性的工具而拥有的利益，包括为取得这种利益享有的权利和承担的义务。

经济利益包括直接经济利益和间接经济利益。确定经济利益是直接还是间接的，取决于受益人能否控制投资工具或具有影响投资决策的能力。如果受益人能够控制投资工具或具有影响投资决策的能力，这种经济利益为直接经济利益；反之，为间接经济利益。例如，投资经理投资了共同基金，而这些共同基金投资了"一揽子"基础金融产品，那么在这种情况下，该共同基金属于直接经济利益，而这些基础金融产品将被视为间接经济利益。

（二）对独立性产生不利影响的情形和防范措施

1. 在审计客户中拥有经济利益

除例外情况外，下列各方不得在审计客户中拥有直接经济利益或重大间接经济利益：（1）会计师事务所；（2）审计项目团队成员及其主要近亲属；（3）与执行审计业务的项目合伙人同处一个分部的其他合伙人及其主要近亲属；（4）为审计客户提供非审计服务的其他合伙人和管理人员，以及该其他合伙人和管理人员的主要近亲属。

如果与执行审计业务的项目合伙人同处一个分部的其他合伙人的主要近亲属，或者为审计客户提供非审计服务的其他合伙人或管理人员的主要近亲属同时满足：（1）该主要近亲属作为审计客户的员工有权（例如通过退休金或股票期权计划）取得该经济利益，并且会计师事务所在必要时能够应对因该经济利益产生的不利影响；（2）当该主要近亲属拥有或取得处置该经济利益的权利，或者在股票期权中，有权行使期权时，能够尽快处置或放弃该经济利益，则该主要近亲属可以在审计客户中拥有直接经济利益或重大间接经济利益。

2. 在控制审计客户的实体中拥有经济利益

当一个实体在审计客户中拥有控制性的权益，并且审计客户对该实体重要时，如果会计师事务所、审计项目团队成员或其主要近亲属在该实体中拥有直接经济利益或重大间接经济利益，将因自身利益产生非常严重的不利影响，导致没有防范措施能够将其降低至可接受的水平。因此，会计师事务所、审计项目团队成员及其主要近亲属不得在该实体中拥有直接经济利益或重大间接经济利益。

3. 作为受托管理人拥有经济利益

除非同时满足下列条件，否则不得在审计客户中拥有直接经济利益或重大间接经济利益：（1）受托管理人、审计项目团队成员、两者的主要近亲属、会计师事务所均不是受托财产的受益人；（2）通过信托而在审计客户中拥有的经济利益对于该项信托而言并不重大；（3）该项信托不能对审计客户施加重大影响；（4）受托管理人、审计项目团队成员、两者的主要近亲属、会计师事务所对涉及审计客户经济利益的投资决策没有重大影响。

4. 与审计客户拥有共同经济利益

如果会计师事务所、审计项目团队成员或其主要近亲属在某一实体拥有经济利益，并且审计客户也在该实体拥有经济利益，除非满足下列条件之一，否则会计师事务所、审计项目团队成员及其主要近亲属不得在该实体中拥有经济利益：（1）经济利益对会计师事务所、审计项目团队成员及其主要近亲属，以及审计客户均不重要；（2）审计客户无法对该实体施加重大影响。

拥有此类经济利益的人员，在成为审计项目团队成员之前，该人员或其主要近亲属应当处置全部经济利益，或处置足够数量的经济利益，使剩余经济利益不再重大。

5. 无意中获取的经济利益

如果会计师事务所、审计项目团队成员或其主要近亲属、员工或其主要近亲属通过继承、馈赠或因企业合并或类似情况，从审计客户获得直接经济利益或重大间接经济利益，而根据职业道德守则的规定不允许拥有此类经济利益，应当采取下列措施：（1）如果会计师事务所、审计项目团队成员或其主要近亲属获得经济利益，应当立即处置全部经济利益，或处置全部直接经济利益并处置足够数量的间接经济利益，以使剩余经济利益不再重大；（2）如果审计项目团队以外的人员或其主要近亲属获得经济利益，应当在合理期限内尽快处置全部经济利益，或处置全部直接经济利益并处置足够数量的间接经济利益，以使剩余经济利益不再重大。在完成处置该经济利益前，会计师事务所应当在必要时采取防范措施消除不利影响。

6. 其他情况下的经济利益

（1）与审计客户的利益相关者同时在某一实体拥有经济利益。

会计师事务所、审计项目团队成员或其主要近亲属在某一实体拥有经济利益，并且知悉审计客户的董事、高级管理人员或具有控制权的所有者也在该实体拥有经济利益，可能因自身利益、密切关系或外在压力产生不利影响。注册会计师应当评价不利影响的严重程度，并在必要时采取防范措施消除不利影响或将其降低至可接受的水平。举例来说，防范措施可能包括：①将拥有该经济利益的审计项目团队成员调离审计项目团队，可能能够消除不利影响；②由审计项目团队以外的适当复核人员复核该成员已执行的工作，可能能够将不利影响降低至可接受的水平。

（2）对审计项目团队成员其他近亲属拥有经济利益的要求。

如果审计项目团队某一成员的其他近亲属在审计客户中拥有重要经济利益，将因自身利益产生非常严重的不利影响。举例来说，下列防范措施可能能够消除不利影响：①其他近亲属尽快处置全部经济利益，或处置全部直接经济利益并处置足够数量的间接经济利益，以使剩余经济利益不再重大；②将该成员调离审计项目团队。而由审计项目团队以外的适当复核人员复核该审计项目团队成员已执行的工作，可能能够将不利影响降低至可接受的水平。

（3）对其他人员拥有经济利益的要求。

如果审计项目团队成员知悉下列其他人员在审计客户中拥有经济利益，也可能因自身利益对独立性产生不利影响：①除不得在审计客户中拥有直接经济利益或重大间接经济利益的各方（上述1）之外的会计师事务所合伙人、专业人员或两者的主要近亲属；②与审计项目团队成员存在密切私人关系的人员。

注册会计师应当评价不利影响的严重程度，并在必要时采取防范措施消除不利影响或将其降低至可接受的水平。举例来说，防范措施可能包括：①将存在密切私人关系的审计项目团队成员调离审计项目团队，以消除不利影响；②不允许该审计项目团队成员参与有关审计业务的任何重大决策，以将不利影响降低至可接受的水平；③由审计项目团队以外的适当复核人员复核该审计项目团队成员已执行的工作，以将不利影响降低至可接受的水平。

（4）会计师事务所的退休金计划。

如果会计师事务所通过退休金计划，在审计客户中拥有直接经济利益或重大间接经济利益，可能因自身利益产生不利影响。注册会计师应当评价不利影响的严重程度，并在必要时采取防范措施消除不利影响或将其降低至可接受的水平。

【案例 14 -6】

因经济利益对独立性产生不利影响的案例

上市公司甲公司是 ABC 会计师事务所的常年审计客户。X 注册会计师作为项目组成员参与甲公司 2020 年度财务报表的审计工作。X 注册会计师的父亲于 2021 年 2 月初购买了甲公司股票 20 000 股，则该情况违反了职业道德守则有关独立性规定：在业务涵盖期间内，会计师事务所、审计项目团队成员或其主要近亲属不得在审计客户中拥有直接经济利益或重大间接利益。

三、贷款和担保

涉及审计客户的贷款或贷款担保可能因自身利益对独立性产生不利影响。

（一）从不属于银行或类似金融机构等审计客户取得贷款或由其提供担保

会计师事务所、审计项目团队成员或其主要近亲属不得从不属于银行或类似金融机构的审计客户取得贷款，或由此类审计客户提供贷款担保。否则，将因自身利益产生非常严重的不利影响，导致没有防范措施能够将其降低至可接受的水平。

（二）从银行或类似金融机构等审计客户取得贷款或获得贷款担保

除非该贷款或担保是按照正常的程序、条款和条件进行的，会计师事务所、审计项目团队成员或其主要近亲属不得从银行或类似金融机构等审计客户取得贷款，或获得贷款担保。此类贷款的例子包括按揭贷款、银行透支、汽车贷款和信用卡等。否则，将因自身利益产生非常严重的不利影响，导致没有防范措施能够将其降低至可接受的水平。

需要注意的是，即使会计师事务所从银行或类似金融机构等审计客户按照正常的程序、条款和条件取得贷款，如果该贷款对审计客户或取得贷款的会计师事务所是重要的，也可能因自身利益对独立性产生不利影响。会计师事务所应当评价不利影响的严重程度，并在必要时采取防范措施消除不利影响或将其降低至可接受的水平。例如，可以通过由网络中未参与执行审计业务并且未从该贷款中获益的会计师事务所复核已执行的工作来进行防范。

（三）向审计客户提供贷款或为其提供担保

会计师事务所、审计项目团队成员或其主要近亲属不得向审计客户提供贷款或担保。否则，将因自身利益产生非常严重的不利影响，导致没有防范措施能够将其降低至可接受的水平。

（四）在审计客户开立存款或经纪账户

除非该存款或经纪账户是按照正常的商业条件开立的，会计师事务所、审计项目团队成员或其主要近亲属不得在银行或类似金融机构等审计客户处开立存款或经纪账户。

四、商业关系

（一）一般规定

会计师事务所、审计项目团队成员或其主要近亲属与审计客户或其高级管理人员之间，由于商务关系或共同的经济利益而存在密切的商业关系，可能因自身利益或外在压力对独立性产生不利影响。举例来说，这些商业关系可能包括：（1）与客户或其控股股东、董事、高级管理人员或其他为该客户执行高级管理活动的人员共同开办企业；（2）按照协议，将会计师事务所的产品或服务与客户的产品或服务结合在一起，并以双方名义捆绑销售；（3）按照协议，会计师事务所销售或推广客户的产品或服务，或者客户销售或推广会计师事务所的产品或服务。

会计师事务所、审计项目团队成员不得与审计客户或其高级管理人员建立密切的商业关系，如果会计师事务所存在此类商业关系，应当予以终止；如果此类商业关系涉及审计项目团队成员，会计师事务所应当将该成员调离审计项目团队；如果审计项目团队成员的主要近亲属与审计客户或其高级管理人员存在此类商业关系，注册会计师应当评价不利影响的严重程度，并在必要时采取防范措施消除不利影响或将其降低至可接受的水平。

（二）与审计客户或其利益相关者一同在某股东人数有限的实体中拥有利益

如果审计客户或其董事、高级管理人员，或上述各方作为投资者的任何组合，在某股东人数有限的实体中拥有经济利益，会计师事务所、审计项目团队成员或其主要近亲属不得拥有会涉及该实体经济利益的商业关系，除非同时满足下列条件：（1）这种商业关系对于会计师事务所、审计项目团队成员或其主要近亲属以及审计客户均不重要；（2）该经济利益对上述投资者或投资者组合并不重大；（3）该经济利益不能使上述投资者或投资者组合控制该实体。

（三）从审计客户购买商品或服务

会计师事务所、审计项目团队成员或其主要近亲属从审计客户购买商品或服务，如果按照正常的商业程序公平交易，通常不会对独立性产生不利影响。

如果交易性质特殊或金额较大，可能因自身利益产生不利影响。会计师事务所应当评价不利影响的严重程度，并在必要时采取防范措施消除不利影响或将其降低至可接受的水平。举例来说，可能能够消除此类不利影响的防范措施包括：取消交易或缩小交易规模；将相关审计项目团队成员调离审计项目团队等。

五、家庭和私人关系

（一）一般规定

如果审计项目团队成员与审计客户的董事、高级管理人员或某类员工（取决于该员工在审计客户中担任的角色）存在家庭和私人关系，可能因自身利益、密切关系或外在压力对独立性产生不利影响。不利影响存在与否及其严重程度主要取决于该成员在审计项目团队中的角色，以及家庭成员或相关人员在客户中的职位和关系的密切程度。

会计师事务所应当评价不利影响的严重程度，并在必要时采取防范措施消除不利影响或将其降低至可接受的水平。一般而言，防范措施可能包括：（1）将该成员调离审计项目团队；（2）合理安排审计项目团队成员的职责。

（二）审计项目团队成员的主要近亲属

如果审计项目团队成员的主要近亲属担任的职位能够对客户财务状况、经营成果或现金流量施加重大影响，将可能因自身利益、密切关系或外在压力对独立性产生不利影响。

如果审计项目团队成员的主要近亲属是审计客户的董事、高级管理人员，或担任能够对会计师事务所将发表意见的财务报表或会计记录的编制施加重大影响的职位的员工（以下简称"特定员工"），或者在业务期间或财务报表涵盖的期间曾担任上述职务，将对独立性产生非常严重的不利影响，导致没有防范措施能够消除该不利影响或将其降低至可接受的水平。拥有此类关系的人员不得成为审计项目团队成员。

（三）审计项目团队成员的其他近亲属

如果审计项目团队成员的其他近亲属是审计客户的董事、高级管理人员或特定员工，将因自身利益、密切关系或外在压力对独立性产生不利影响。

（四）审计项目团队成员的其他密切关系

如果审计项目团队成员与审计客户的员工存在密切关系，并且该员工是审计客户的董事、高级管理人员或特定员工，即使该员工不是审计项目团队成员的近亲属，也将对独立性产生不利影响。拥有此类关系的审计项目团队成员应当按照会计师事务所的政策和程序进行咨询。

（五）审计项目团队成员以外人员的家庭和私人关系

会计师事务所中审计项目团队以外的合伙人或员工，与审计客户的董事、高级管理人员或特定员工之间存在家庭或私人关系，可能因自身利益、密切关系或外在压力产生不利影响。会计师事务所合伙人或员工在知悉此类关系后，应当按照会计师事务所的政策和程序进行咨询。举例来说，此类不利影响的防范措施可能包括：（1）合理安排该合伙人或员工的职责，以减少对审计项目团队可能产生的影响；（2）由审计项目团队以外的注册会计师复核已执行的相关审计工作。

六、收费

（一）收费结构

1. 某一审计客户收取的全部费用占会计师事务所收费总额的比重很大

如果会计师事务所从某一审计客户收取的全部费用占其收费总额的比重很大，则对该客户的依赖及对可能失去该客户的担心将因自身利益或外在压力对独立性产生不利影响。会计师事务所应当评价不利影响的严重程度，并在必要时采取防范措施消除不利影响或将其降低至可接受的水平。举例来说，防范措施可能包括：（1）扩大会计师事务所的客户群，从而降低对该客户的依赖程度；（2）实施外部质量复核；（3）就关键的审计判断向第三方咨询。例如，向行业监管机构或其他会计师事务所咨询。

2. 从某一审计客户收取的全部费用占某一合伙人或占分部收费总额比重很大

如果从某一审计客户收取的全部费用占某一合伙人从所有客户收取的费用总额比重很大，或占会计师事务所某一分部收取的费用总额比重很大，也将因自身利益或外在压力产生不利影响。会计师事务所应当评价不利影响的严重程度，并在必要时采取防范措施消除不利影响或将其降低至可接受的水平。举例来说，防范措施可能包括：（1）扩大该合伙人或分部的客户群，从而降低对来源于该客户的收费的依赖程度；（2）由审计项目团队以外的适当复核人员复核已执行的工作。

3. 连续二年从属于公众利益实体的某一审计客户收取的全部费用比重较大

如果会计师事务所连续二年从某一属于公众利益实体的审计客户及其关联实体收取的全部费用，占其从所有客户收取的全部费用的比重超过15%，会计师事务所应当向审计客户治理层披露这一事实，并沟通选择采取下列何种防范措施，以将不利影响降低至可接受的水平：（1）在对第二年度财务报表发表审计意见之前，由其他会计师事务所对该业务再次实施项目质量复核，或由其他专业机构实施相当于项目质量复核的复核（简称"发表审计意见前复核"）；（2）在对第二年度财务报表发表审计意见之后、对第三年度财务报表发表审计意见之前，由其他会计师事务所对第二年度的审计工作再次实施项目质量复核，或由其他专业机构实施相当于项目质量复核的复核（简称"发表审计意见后复核"）。

在上述收费比例明显超过15%的情况下，如果采用发表审计意见后复核无法将不利影响降低至可接受的水平，会计师事务所应当采用发表审计意见前复核。

（二）逾期收费

如果审计客户长期未支付应付的费用，尤其是相当部分的费用在出具下一年度审计报告前仍未支付，可能因自身利益产生不利影响。

会计师事务所通常要求审计客户在审计报告出具前付清上一年度的费用。如果在审计报告出具后审计客户仍未支付该费用，会计师事务所应当评价不利影响存在与否及其严重程度，并在必要时采取防范措施消除不利影响或将其降低至可接受的水平。举例来说，防范措施可能包括：（1）收取逾期的部分款项；（2）由未参与执行审计业务的适当复核人员复核已执行的工作。

如果相当部分的费用长期逾期，会计师事务所应当确定：（1）逾期收费是否可能被视同向客户提供贷款；（2）会计师事务所是否继续接受委托或继续执行审计业务。

（三）或有收费

或有收费是指收费与否或收费多少取决于交易的结果或所执行工作的结果。通过中介机构间接收取的或有收费同样属于《中国注册会计师职业道德守则》规定的或有收费。如果一项收费是由法院或政府有关部门规定的，则该项收费不视为或有收费。

会计师事务所在执行审计业务时，不得以直接或间接形式取得或有收费，否则将因自身利益产生非常严重的不利影响，导致没有防范措施能够将其降低至可接受的水平。

会计师事务所在向审计客户提供非鉴证服务时，不得采用直接或间接形式取得或有收费的情况如下：（1）非鉴证服务的或有收费由对财务报表发表审计意见的会计师事务所取得，并且对其影响重大或预期影响重大；（2）网络事务所参与大部分审计工作，非鉴证服务的或有收费由该网络事务所取得，并且对其影响重大或预期影响重大；（3）非鉴证服务的结果以及由此收取的费用金额，取决于与财务报表重大金额审计相关的未来或当期的判断。

在向审计客户提供非鉴证服务时，如果会计师事务所采用其他形式的或有收费安排，也可能产生不利影响。会计师事务所应当评价不利影响的严重程度，并在必要时采取防范措施消除不利影响或将其降低至可接受的水平。举例来说，防范措施可能包括：（1）由审计项目团队以外的适当复核人员复核该会计师事务所已执行的工作；（2）预先就收费的基础与客户达成书面协议。

七、与审计客户发生人员交流

（一）与审计客户发生雇用关系

1. 一般规定

如果审计客户的董事、高级管理人员或特定员工，曾经是审计项目团队的成员或会计师事务所的合伙人，可能因密切关系或外在压力产生不利影响。

（1）审计项目团队前任成员或前任合伙人担任审计客户的重要职位且与会计师事务所保持重要联系。

如果审计项目团队前任成员或会计师事务所前任合伙人加入审计客户，担任董事、高级管理人员或特定员工，会计师事务所应当确保上述人员与会计师事务所之间不再保持重要交往。如果会计师事务所与该类人员仍保持重要交往，除非同时满足下列条件，否则将产生非常严重的不利影响，导致没有防范措施能够消除不利影响或将其降低至可接受的水平：①该类人员无权从会计师事务所获取报酬或福利，除非报酬或福利是按照预先确定的固定金额支付的；②应付该人员的金额（如有）对会计师事务所不重要；③该人员未继续参与，并且在外界看来未参与会计师事务所的经营活动或职业活动。值得注意的是，即使同时满足上述条件，仍可能因密切关系或外在压力对独立性产生不利影响。

（2）前任合伙人加入的某一实体成为审计客户。

如果会计师事务所前任合伙人加入某一实体并担任董事、高级管理人员或特定员工，而该实体随后成为会计师事务所的审计客户，则可能因密切关系或外在压力对独立性产生不利影响。会计师事务所应当评价不利影响的严重程度，并在必要时可以采取①修改审计计划；②向审计项目团队分派与该人员相比经验更加丰富的人员；③由适当复核人员复核前任审计项目团队成员已执行的工作等防范措施消除不利影响或将其降低至可接受的水平。

（3）审计项目团队某成员拟加入审计客户。

如果审计项目团队某一成员参与审计业务，当知道自己在未来某一时间将要或有可能加入审计客户时，将因自身利益产生不利影响。会计师事务所应当制定政策和程序，要求审计项目团队成员在与审计客户协商受雇于该客户时，向会计师事务所报告。在接到报告后，会计师事务所应当评价不利影响的严重程度，并在必要时采取将该成员调离审计项目团队的措施来消除不利影响，或采取由审计项目团队以外的适当复核人员复核该成员在审计项目团队中作出的重大判断的措施将影响降低至可接受的水平。

2. 属于公众利益实体的审计客户

（1）关键审计合伙人加入审计客户担任重要职位。

关键审计合伙人是指项目合伙人、项目质量复核人员，以及审计项目组中负责对财务报表审计所涉及的重大事项作出关键决策或判断的其他审计合伙人。其他审计合伙人还可能包括负责审计重要子公司或分支机构的合伙人。

如果某一关键审计合伙人加入属于公众利益实体的审计客户，担任董事、高级管理人员或特定员工，除非该合伙人不再担任关键合伙人后，该公众利益实体发布了已审计财务报表，其涵盖期间不少于12个月，并且该合伙人未参与该财务报表的审计，否则独立性将视为受到损害。

（2）前任高级合伙人加入审计客户担任重要职位。

如果会计师事务所前任高级合伙人（或管理合伙人，或同等职位的人员）加入属于公众利益实体的审计客户，担任董事、高级管理人员或特定员工，将因外在压力产生不利影响。除非该高级合伙人不再担任该职位已超过12个月，否则独立性将被视为受到损害。

（3）因企业合并原因导致前任成员加入审计客户担任重要职位。

如果由于企业合并的原因，会计师事务所前任关键审计合伙人或前任高级合伙人担任属于公众利益实体的审计客户的董事、高级管理人员或特定员工，在同时满足下列条件时，不被视为独立性受到损害：①当该人员接受该职务时，并未预料到会发生企业合并；②该人员在会计师事务所中应得的报酬或福利都已全额支付，除非报酬或福利是按照预先确定的固定金额支付的，并且应付该人员的金额对会计师事务所不重要；③该人员未继续参与，或在外界看来未参与会计师事务所的经营活动或职业活动；④已就该人员在审计客户中的职位与治理层讨论。

（二）临时借出员工

如果会计师事务所向审计客户借出员工，可能因自我评价、过度推介或密切关系产生不利影响。除非同时满足下列条件，否则会计师事务所不得向审计客户借出员工：①仅在短期内向客户借出员工；②借出的员工不参与注册会计师职业道德守则禁止提供的非鉴证服务；③该员工不承担审计客户的管理层职责，且审计客户负责指导和监督该员工的活动。

会计师事务所应当评价借出员工产生不利影响的严重程度，并在必要时采取防范措施消除不利影响或将其降低至可接受的水平。举例来说，防范措施可能包括：①对借出员工的工作进行额外复核，可能能够应对因自我评价产生的不利影响；②合理安排审计项目团队成员的职责，使借出员工不对其在借调期间执行的工作进行审计，可能能够应对因自我评价产生的不利影响；③不安排借出员工作为审计项目团队成员，可能能够应对因密切关系或过度推介产生的不利影响。

（三）最近曾任审计客户的董事、高级管理人员或特定员工

如果审计项目团队成员最近曾担任审计客户的董事、高级管理人员或特定员工，可能因自身利益、自我评价或密切关系产生不利影响。例如，如果审计项目团队成员在审计客户工作期间曾经编制会计记录，现又对据此形成的财务报表要素进行评价，则可能产生这些不利影响。

1. 在财务报表涵盖的期间

如果在被审计财务报表涵盖的期间，审计项目团队成员曾担任审计客户的董事、高级管理人员或特定员工，将产生非常严重的不利影响，导致没有防范措施能够将其降低至可接受的水平。因此，会计师事务所不得将此类人员分派到审计项目团队。

2. 在财务报表涵盖的期间之前

如果在被审计财务报表涵盖的期间之前，审计项目团队成员曾担任审计客户的董事、高级管理人员或特定员工，可能因自身利益、自我评价或密切关系产生不利影响。会计师事务所应当评价不利影响的严重程度，并在必要时采取防范措施将其降低至可接受的水平。举例来说，防范措施可能包括由适当复核人员复核该成员已执行的工作等。

（四）兼任审计客户的董事或高级管理人员

如果会计师事务所的合伙人或员工兼任审计客户的董事或高级管理人员，将因自我评价和自身利益产生非常严重的不利影响，导致没有防范措施能够将其降低至可接受的水平。因此，会计师事务所的合伙人或员工不得兼任审计客户的董事或高级管理人员。

八、与审计客户长期存在业务关系

（一）一般规定

会计师事务所长期委派同一名合伙人或高级员工执行某一客户的审计业务，将因自身利益和密切关系对独立性产生不利影响。

举例来说，可通过将与审计客户长期存在业务关系的人员轮换出审计项目团队的措施来消除不利影响。通过：（1）变更与审计客户长期存在业务关系的人员在审计项目团队中担任的角色或其所实施任务的性质和范围；（2）由审计项目团队以外的适当复核人员复核与审计客户长期存在业务关系的人员所执行的工作；（3）定期对该业务实施独立的内部或外部质量复核等措施，可能能够将不利影响降低至可接受的水平。

如果确定所产生的不利影响仅能通过将该人员轮换出审计项目团队予以应对，会计师事务所应当确定一个适当的期间（足够长），在该期间内该人员不得有下列行为：（1）成为审计项目组成员；（2）对该审计项目实施质量管理；（3）对该审计项目的结果施加直接影响。

（二）属于公众利益实体的审计客户关键审计合伙人轮换相关的任职期

1. 已为公众利益实体的审计客户

如果审计客户属于公众利益实体，会计师事务所任何人员担任下列一项或多项职务的累计时间不得超过 5 年：（1）项目合伙人；（2）项目质量复核人员；（3）其他属于关键审计合伙人的职务。此外，在任期内，如果某人员继担任项目合伙人之后立即或短时间内担任项目质量复核人员，可能因自我评价对客观公正原则产生不利影响，该人员不得在 2 年内担任该审计业务的项目质量复核人员。

需要注意的是：注册会计师担任上述职务的时间应当累计计算，且任期结束后，该人员应当遵守有关冷却期的规定。例如，如果某人员担任某个审计客户的项目合伙人 3 年，之后被调离该审计项目组 2 年，则该人员最多只能继续担任该审计业务的关键审计合伙人 2 年（即 5 年减去累计的 3 年）。在此之后，该人员必须遵守有关冷却期的规定。

在极其特殊的情况下，会计师事务所可能因无法预见和控制的情形而不能按时轮换关键审计合伙人。如果关键审计合伙人的连任对审计质量特别重要，在获得审计客户治理层同意的前提下，并且通过采取防范措施能够消除对独立性的不利影响或将其降低至可接受的水平，则在法律法规允许的情况下，该人员担任关键审计合伙人的期限可以延长 1 年。

2. 在服务期间成为公众利益实体的客户

如果在审计客户成为公众利益实体之前，该合伙人作为关键审计合伙人已为该客户服务的时间不超过 3 年，则该人员还可以为该客户继续提供服务的年限为 5 年减去已经服务的年限。

如果在审计客户成为公众利益实体之前，该合伙人作为关键审计合伙人已为该客户服务了 4 年或更长的时间，在取得客户治理层同意的前提下，该合伙人最多还可以继续服务 2 年。

如果审计客户是首次公开发行证券的公司，关键审计合伙人在该公司上市后连续执行审计业务的期限，不得超过 2 个完整会计年度。

（三）属于公众利益实体的审计客户关键审计合伙人轮换相关的冷却期

任期结束后，该人员应当遵守下列冷却期的规定：（1）如果某人员担任项目合伙人或其他签字注册会计师累计达到 5 年，冷却期应当为连续 5 年；（2）如果某人员担任项目质量复核人员累计达到 5 年，冷却期应当为连续 3 年；（3）如果某人员担任其他关键审计合伙人累计达到 5 年，冷却期应当为连续 2 年。

如果某人员相继担任多项关键审计合伙人职责，冷却期应当按照以下规定：（1）担任项目合伙人累计达到 3 年或以上，冷却期应当为连续 5 年；（2）担任项目质量复核人员，或累计达到 3 年或以上，冷却期应为连续 3 年；（3）担任项目合伙人和项目质量复核人员累计达到 3 年或以上，但累计担任项目合伙人未达到 3 年，冷却期应当为连续 3 年；（4）担任多项关键审计合伙人职责，并且不符合上述各项情况，冷却期应当为连续 2 年。

在冷却期内，关键审计合伙人不得有下列行为：（1）成为审计项目组成员或为审计项目提供项目质量管理。（2）就有关技术或行业特定问题、交易或事项向审计项目组或审计客户提供咨询（如果与审计项目组沟通仅限于该人员任职期间的最后一个年度所执行的工作或得出的结论，并且该工作和结论与审计业务仍然相关，则不违反本项规定）。（3）负责领导或协调会计师事务所向审计客户提供的专业服务，或者监控会计师事务所与审计客户的关系。（4）执行上述各项未提及的、涉及审计客户且导致该人员出现下列情况的职责或活动（包括提供非鉴证服务）：①与审计客户高级管理层或治理层进行重大或频繁的互动；②对审计业务的结果施加直接影响。上述规定并非旨在禁止个人担任会计师事务所的领导层职务，如高级合伙人或管理合伙人。

表 14 – 1 和表 14 – 2 汇总了关键审计合伙人在不同情况下的轮换时间。

表 14 – 1　　　　　　　　适用于一般情况下已为公众利益实体的审计客户

关键审计合伙人	任职期	冷却期	任职期特殊情况
项目合伙人	5 年	5 年	6 年
项目质量复核人员	5 年	3 年	6 年
其他关键审计合伙人	5 年	2 年	6 年

表 14 – 2　　　　　　　　适用于客户成为公众利益实体后的轮换时间

在审计客户成为公众利益实体前的服务年限（x 年）	成为公众利益实体后继续提供服务的年限	冷却期		
		项目合伙人	项目质量复核人员	其他关键审计合伙人
x≤3 年	（5 – x）年	5 年	3 年	2 年
x≥4 年	2 年	5 年	3 年	2 年
如客户是首次公开发行证券	2 年	5 年	3 年	2 年

九、为审计客户提供非鉴证服务

会计师事务所可能向其审计客户提供与其技能和专长相符的非鉴证服务。向审计客户提供非鉴证服务，可能对多项职业道德基本原则产生不利影响。在接受委托向审计客户提供非鉴证服务之前，会计师事务所应当确定提供该服务是否将对独立性产生不利影响。

（一）识别和评价不利影响

一般而言，可以根据以下几点来识别和评价向审计客户提供非鉴证服务的不利影响：

1. 是否承担管理层职责

会计师事务所不得承担审计客户的管理层职责。会计师事务所承担审计客户的管理层职责，将因自身利益、自我评价、密切关系、过度推介对独立性产生非常严重的不利影响，导致没有防范措施能够将其降低至可接受的水平。

审计客户的管理层职责涉及控制和领导该客户的各项工作，包括针对人力资源、财务资源、技术资源、有形或无形资源的取得、配置和控制作出重大决策。下列活动通常视为管理层职责：（1）制定政策和战略方针；（2）招聘或解雇员工；（3）指导员工与工作有关的行动并对其行动负责；（4）对交易进行授权；（5）控制或管理银行账户或投资；（6）确定采纳会计师事务所或其他第三方提出的建议；（7）代表管理层向治理层报告；（8）负责按照适用的财务报告编制基础编制财务报表；（9）负责设计、执行、监督和维护内部控制。

如果会计师事务所仅向审计客户提供意见和建议以协助其管理层履行职责，通常不视为承担管理层职责。此外，对于会计师事务所将对其财务报表发表审计意见的审计客户的下列关联实体，在满足一定条件的情况下，会计师事务所可以承担管理层职责：（1）直接或间接控制该审计客户的实体；（2）在该审计客户中拥有直接经济利益的实体，该实体能够对审计客户施加重大影响，并且在客户中拥有的经济利益对该实体重大；（3）与该审计客户处于同一控制下的实体。

2. 提供的非鉴证服务是否对被审计财务报表产生重大影响

会计师事务所提供的非鉴证服务可能对被审计的财务报表产生影响。例如，编制会计分录或财务报表、提供评估服务、提供税务服务、提供信息技术系统服务等，都可能对被审计财务报表产生重大影响。如果提供的非鉴证服务对财务报表产生重大影响，随后会计师事务所又对该财务报表进行审计，则将因自我评价产生非常严重的不利影响，没有防范措施能够将此不利影响降低至可接受的水平，因此，会计师事务所不得提供此类服务；如果服务结果对被审计财务报表产生影响，由此对独立性产生的不利影响超出可接受的水平，则应当采取防范措施消除不利影响或将其降至可接受的水平。

3. 审计客户是否属于公众利益实体

公众利益实体涉及的利益相关者众多且影响很大，因此如果审计客户属于公众利益实体，在某些方面将适用更严格的要求。在编制会计分录和财务报表、评估服务、税务服务、内部审计服务、信息技术系统服务和招聘服务部分，职业道德守则专门针对属于公众利益实体的审计客户提出会计师事务所不得进行的活动。由此可见，当审计客户不属于公众利益实体时会计师事务所可以提供的非鉴证服务，在审计客户属于公众利益实体时可能不能提供，因此在识别和应对向审计客户提供非鉴证业务产生的不利影响时，需要区分审计客户是否属于公众利益实体。

当审计客户成为公众利益实体时，除非同时满足下列条件，否则会计师事务所向该客户提供非鉴证服务（无论是当前还是以往提供的）将会损害会计师事务所的独立性：（1）以往向该客户提供的非鉴证服务符合本章有关向非公众利益实体提供非鉴证服务的规定；（2）对于当前正在向该客户提供的非鉴证服务，如果属于不允许向公众利益实体审计客户提供的非鉴证服务，应当在客户成为公众利益实体之前终止，或之后尽快终止；（3）会计师事务所采取防范措施应对超出可接受水平的不利影响。

4. 具体非鉴证服务的性质和特点

不同的非鉴证服务有不同的性质和特点，某种非鉴证服务还可能划分为多种具体服务，因此在识别和评价非鉴证服务产生的不利影响时，需要结合具体服务的性质和特点。例如评估服务，需要判断评估事项的固有主观性；编制纳税申报表的税务服务，则需要判断纳税申报表是否得到税务机关的预先认可；判断会计师事务所提供信息技术系统服务是否产生不利影响，取决于服务和信息技术系统的性质等。

此外，在评价不利影响存在与否及其严重程度时，注册会计师通常还需要考虑审计业务对该非鉴证服务结果的依赖程度；与提供该非鉴证服务相关的法律和监管环境；客户管理层和员工在该非鉴证服务方面的专长水平；客户针对重大判断事项的参与程度等因素。

（二）不利影响的应对

会计师事务所应当根据不利影响的严重程度予以应对：（1）如果向审计客户提供非鉴证服务产生的不利影响低于可接受的水平，则可以提供该非鉴证业务。（2）如果向审计客户提供非鉴证服务产生的不利影响超出可接受的水平，并且采取防范措施能够消除不利影响，或将其降低至可接受的水平，就采取必要相应的防范措施。例如，由审计项目组以外的专业人士提供非鉴证服务；由其他的专业人员复核审计工作或非鉴证服务工作；向相关专业人员咨询等。（3）向审计客户提供非鉴证服务产生的不利影响非常严重，则会计师事务所不得提供此类非鉴证服务。

（三）具体非鉴证服务中应注意的问题

1. 会计和记账服务

会计和记账服务主要包括编制会计记录和财务报表（包括财务报表附注）、记录交易、工资服务等服务。通常不会对独立性产生不利影响的活动包括：沟通审计相关的事项；提供会计咨询服务；日常性或机械性的会计和记账服务。

需要注意的是：（1）按照适用的财务报告编制基础编制财务报表是管理层的职责。（2）除非同时满足：①该服务是日常性或机械性的；②事务所能够采取防范措施应对因提供此类服务产生的超出可接受水平的不利影响；否则会计师事务所不得向不属于公众利益实体的审计客户提供会计和记账服务。（3）会计师事务所不得向属于公众利益实体的审计客户提供会计和记账服务。（4）在同时满足下列条件的情况下，可以向公众利益实体审计客户的分支机构或关联实体提供会计和记账服务：①该服务是日常性或机械性的；②提供服务的人员不是审计项目团队成员；③接受该服务的分支机构或关联实体从整体上对被审计财务报表不具有重要性，或者该服务所涉及的事项从整体上对该分支机构或关联实体的财务报表不具有重要性。

2. 评估服务

评估服务主要包括对未来发展趋势提出相关假设，运用适当的方法和技术，以确定资产、负债或企业整体的价值或价值区间等。

（1）对独立性不产生不利影响的评估业务。

如果审计客户要求会计师事务所提供评估服务，以帮助其履行纳税申报义务或满足税务筹划目的，并且评估的结果不对财务报表产生直接影响，且间接影响并不重大，或者评估服务经税务机关或类似监管机构外部复核，则通常不对独立性产生不利影响。

（2）对独立性产生不利影响的评估业务。

如果评估结果涉及高度的主观性，且评估服务对被审计财务报表具有重大影响，会计师事务所不得向审计客户提供这种评估服务。

在审计客户属于公众利益实体的情况下，如果评估结果单独或累积起来对被审计财务报表具有重大影响，则会计师事务所不得向该审计客户提供这种评估服务。

3. 税务服务

税务服务种类通常包括：编制纳税申报表；为进行会计处理计算税额；税务筹划和其他税务咨询服务；与评估有关的税务服务；协助解决税务纠纷等。

（1）编制纳税申报表的服务。由于纳税申报表须经税务机关审查或批准，如果管理层对纳税申报表承担责任，会计师事务所提供此类服务通常不对独立性产生不利影响。

（2）计算当期所得税或递延所得税负债（或资产）。基于进行会计处理的目的，为审计客户计算当期所得税或递延所得税负债（或资产），将因自我评价产生不利影响。

（3）税务筹划或其他税务咨询服务。可能因自我评价或过度推介对独立性产生不利影响。如果税务建议的有效性取决于某项特定会计处理或财务报表列报，并且同时存在：①审计项目团队对于相关会计处理或财务报表列报的适当性存有疑问；②税务建议的结果或执行后果将对被审计财务报表产生重大影响，则会计师事务所不得为审计客户提供税务筹划及其他税务咨询服务。

对于基于纳税申报或税务筹划目的的评估业务，如果评估服务仅为满足税务目的，其结果对财务报表没有直接影响（即财务报表仅受有关涉税会计分录的影响），且间接影响并不重大，或者评估服务经税务机关或类似监管机构外部复核，则通常不对独立性产生不利影响；如果评估服务未经外部复核，并且其对财务报表的影响重大，会计师事务所应当评价所产生不利影响的严重程度。

（4）协助解决税务纠纷。如果会计师事务所协助审计客户解决税务纠纷，一旦税务机关通知审计客户已经拒绝接受其对某项具体问题的主张，并且税务机关或审计客户已将该问题纳入正式的法律程序，则可能因过度推介或自我评价产生不利影响。

在提供税务服务时，如果该服务涉及在公开审理或仲裁的税务纠纷中担任审计客户的辩护人，并且所涉金额对被审计财务报表具有重大影响，会计师事务所不得向审计客户提供涉及协助解决税务纠纷的税务服务。

在公开审理或仲裁期间，会计师事务所可以继续为审计客户提供有关法庭裁决事项的咨询。例如，协助客户对具体问题作出回复、提供背景材料或证词，或分析税收问题。

4. 行政事务性服务

行政事务性服务包括协助客户执行正常经营过程中的日常性或机械性任务。行政事务性服务的例子包括：文字处理服务；编制行政或法定表格供客户审批；按照客户的指示将该表格提交给各级监管机构；跟踪法定报备日期，并告知审计客户该日期等。

向审计客户提供上述行政事务性服务通常不会对独立性产生不利影响。

5. 内部审计服务

内部审计活动通常包括：监督内部控制；通过某些方式检查财务信息和经营信息；评价被审计单位的经营活动以及评价对法律法规、其他外部要求以及管理层政策、指令和其他内部规定的遵守情况等。

（1）涉及承担管理层职责的内部审计服务。会计师事务所人员在向审计客户提供内部审计服务时不得承担管理层职责。涉及承担管理层职责的内部审计服务主要包括：制定内部审计政策或内部审计活动的战略方针；指导该客户内部审计员工的工作并对其负责；决定应执行来源于内部审计活动的建议；代表管理层向治理层报告内部审计活动的结果；执行构成内部控制组成部分的程序；负责设计、执行、监督和维护内部控制；实施企业内部控制评价工作，包括对内部控制的设计与运行情况的全面评估；提供内部审计外包服务，包括全部内部审计外包服务和重要内部审计外包服务，并且负责确定内部审计工作的范围。

（2）允许提供内部审计服务的情况。为避免承担管理层职责，只有在同时满足下列条件时，会计师事务所才能为审计客户提供内部审计服务：①审计客户委派合适的、具有胜任能力的员工（最好是高级管理人员），始终负责内部审计活动，并承担设计、执行、监督和维护内部控制的责任；②客户治理层或管理层复核、评估并批准内部审计服务的工作范围、风险和频率；③客户管理层评价内部审计服务的适当性，以及执行内部审计发现的事项；④客户管理层评价并确定应当实施内部审计服务提出的建议，并对实施过程进行管理；⑤客户管理层向治理层报告注册会计师在内部审计服务中发现的重大问题和提出的建议。

（3）不得向属于公众利益实体的审计客户提供内部审计服务。在审计客户属于公众利益实体的情况下，会计师事务所不得提供与下列方面有关的内部审计服务：①财务报告内部控制的组成部分；②财务会计系统；③单独或累积起来对被审计财务报表具有重大影响的金额或披露。

6. 信息技术系统服务

信息技术系统可用于积累原始数据，构成与财务报告相关的内部控制的组成部分，或生成影响会计记录或者财务报表的信息。信息技术系统也可能与审计客户的会计记录、财务报告内部控制及财务报表无关。因此，会计师事务所提供信息技术系统服务是否因自我评价产生不利影响，取决于服务和信息技术系统的性质。

（1）不对独立性产生不利影响的信息技术系统服务。如果会计师事务所人员不承担管理层职责，则提供下列信息技术系统服务不被视为对独立性产生不利影响：①设计或操作与财务报告内部控制无关的信息技术系统；②设计或操作信息技术系统，其生成的信息不构成会计记录或财务报表的重要组成部分；③实施由第三方开发的会计或财务信息报告软件；④对由其他服务提供商或审计客户自行设计并实施的系统进行评价和提出建议。

（2）向审计客户提供信息技术系统服务。会计师事务所向审计客户提供信息技术系统服务，可能因自我评价产生不利影响，可以通过由审计项目团队以外的专业人员提供该服务等方式来进行应对。

（3）向属于公众利益实体的审计客户提供有关信息技术系统服务。如果存在下列情形之一时，会计师事务所不得向属于公众利益实体的审计客户提供或设计与实施信息技术系统相关的服务：①信息技术系统构成财务报告内部控制的重要组成部分；②信息技术系统生成的信息对会计记录或被审计财务报表影响重大。

7. 诉讼支持服务

诉讼支持服务可能包括协助管理和检索文件；担任证人，包括专家证人；计算诉讼或其他法律纠纷涉及的估计损失或其他应收、应付金额等活动。

会计师事务所向审计客户提供诉讼支持服务，可能因自我评价或过度推介产生不利影响。可以通过由审计项目团队以外的专业人员提供该服务等方式来进行应对。

如果向审计客户提供诉讼支持服务涉及对损失或其他金额的估计，并且这些损失或其他金额影响被审计财务报表，会计师事务所应当遵守关于评估服务的规定。

8. 法律服务

法律服务通常是指已取得执行法律业务所需要的专业资格或已通过执行法律业务所要求的培训的人员提供的服务，主要包括为客户提供法律咨询、担任首席法律顾问、担任辩护人等服务。

（1）法律咨询服务。法律咨询服务包括：合同支持服务、为审计客户执行一项交易提供支持、合并与收购、向客户内部法律部门提供帮助、法律尽职调查及重组等。会计师事务所向审计客户提供法律咨询服务，可能因自我评价或过度推介对独立性产生不利影响。

（2）担任审计客户的首席法律顾问。首席法律顾问通常是一个高级管理职位，对公司法律事务承担广泛责任，因此，会计师事务所人员不得担任审计客户的首席法律顾问。

（3）担任审计客户的辩护人。在审计客户解决纠纷或进行法律诉讼时，如果会计师事务所人员担任辩护人，并且纠纷或法律诉讼所涉金额对被审计财务报表有重大影响，将产生非常严重的不利影响，因此，会计师事务所不得为审计客户提供此类服务；如果会计师事务所人员担任辩护人，并且纠纷或法律诉讼所涉金额对被审计财务报表无重大影响，则应当评价不利影响的严重程度，必要时采取防范措施。

9. 招聘服务

招聘服务可能包括：制定岗位描述；制定识别和选择潜在候选人的流程；寻找或筛选候选人；通过一定方式筛选潜在的候选人；确定雇用条款并协商如工资、工时及其他报酬等具体条件等。

向审计客户提供招聘服务，可能因自身利益、密切关系或外在压力对独立性产生不利影响。任何情况下，会计师事务所都不得承担管理层职责，聘用决策应当由客户负责作出。

当向审计客户提供下列招聘服务时，只要会计师事务所人员不承担管理层职责，通常不会对独立性产生不利影响：①对多名候选人的专业资格进行审核，并就其是否适合该职位提供咨询意见；②对候选人进行面试，并对候选人在财务会计、行政管理或内部控制等职位上的胜任能力提供咨询意见。

当向审计客户提供招聘服务时，会计师事务所应当避免承担管理层职责，且不得代表客户与应聘者进行谈判。如果属于审计客户拟招聘董事、高级管理人员，或所处职位能够对客户会计记录或被审计财务报表的编制施加重大影响的高级管理人员，会计师事务所不得提供寻找或筛选候选人，以及对候选人实施背景调查等招聘服务。

10. 公司财务服务

公司财务服务主要包括：协助审计客户制定公司战略；为审计客户并购识别可能的目标；对资产处置交易提供建议；协助实施融资交易；对合理安排资本结构提供建议；对直接影响财务报表金额的资本结构或融资安排提供建议。

会计师事务所提供财务服务，可能因自我评价或过度推介对独立性产生不利影响。

会计师事务所不得提供涉及推荐、交易或承销审计客户股票的公司财务服务。如果财务建议的有效性取决于某一特定会计处理或财务报表列报，并且同时存在下列情形，会计师事务所不得提供此类财务建议：①根据相关财务报告编制基础，审计项目团队对相关会计处理或列报的适当性存有疑问；②公司财务建议的结果将对被审计财务报表产生重大影响。

十、影响独立性的其他事项

（一）薪酬和业绩评价政策

如果某一审计项目团队成员的薪酬或业绩评价与其向审计客户推销的非鉴证服务挂钩，将因自身利益产生不利影响。不利影响的严重程度主要取决于下列因素：（1）推销非鉴证服务的因素在该成员薪酬或业绩评价中的比重；（2）该成员在审计项目团队中的角色；（3）推销非鉴证服务的业绩是否影响该成员的晋升。

会计师事务所应当评价不利影响的严重程度，并在必要时采取防范措施消除不利影响或将其降低至可接受的水平。例如，修改该成员的薪酬计划或业绩评价程序；将该成员调离审计项目团队等。

需要注意的是，关键审计合伙人的薪酬或业绩评价不得与其向审计客户推销的非鉴证服务直接挂钩，但并不禁止会计师事务所合伙人之间正常的利润分享安排。

（二）礼品和款待

会计师事务所或审计项目团队成员接受审计客户的礼品或款待，可能因自身利益、密切关系或外在压力对独立性产生不利影响。

会计师事务所或审计项目团队成员不得接受礼品。如果会计师事务所或审计项目团队成员接受审计客户的礼品，将产生非常严重的不利影响，导致没有防范措施能够将其降低至可接受的水平。

会计师事务所或审计项目团队成员应当评价接受款待产生不利影响的严重程度，并在必要时采取防范措施消除不利影响或将其降低至可接受的水平。如果款待超出业务活动中的正常往来，会计师事务所或审计项目团队成员应当拒绝接受。注册会计师应当考虑款待是否具有不当影响注册会计师行为的意图，如果具有该意图，即使其从性质和金额上来说均明显不重要，会计师事务所或审计项目团队成员也不得接受该款待。

（三）诉讼或诉讼威胁

如果会计师事务所或审计项目团队成员与审计客户发生诉讼或很可能发生诉讼，将因自身利益和外在压力产生不利影响。

会计师事务所和客户管理层由于诉讼或诉讼威胁而处于对立地位，将影响管理层提供信息的意愿，从而因自身利益和外在压力产生不利影响。不利影响的严重程度主要取决于诉讼的重要程度，以及诉讼是否与前期审计业务相关。

会计师事务所应当评价不利影响的严重程度，并在必要时采取防范措施消除不利影响或将其降低至可接受的水平。举例来说，防范措施可能包括：（1）如果诉讼涉及某一审计项目团队成员，将该成员调离审计项目团队可能能够消除不利影响；（2）由适当复核人员复核已执行的工作，可能能够将不利影响降低至可接受的水平。

案例讨论

S 会计师事务所首次接受委托审计上市房地产业 A 公司 2021 年度财务报表和内部控制，并委派甲注册会计师作为本次审计项目的质量复核人员。请分析在审计过程中的下列事项是否违反独立性相关规定：

（1）A 公司于 2021 年收购了海外的 S 公司。S 公司聘请 S 会计师事务所将其按国际财务报告准则编制的财务报表转化为按照中国企业会计准则编制的财务报表。

（2）甲注册会计师于 2016～2020 年在 F 会计师事务所曾担任甲公司的项目合伙人。2021 年 2 月跳槽到 S 会计师事务所，担任本次审计项目的质量复核人员。

（3）甲注册会计师的母亲通过房产中介按照市价从 A 公司租入一间门市，用于服装销售，月租金 6 000 元。

（4）Y 公司（S 会计师事务所和 Y 公司处于同一网络）接受 A 公司委托，对其提供内部控制咨询和审计服务，不承担管理层的责任。

（5）A 公司聘请 S 会计师事务所为其提供税务服务，服务内容为协助整理税务相关资料。S 会计师事务所委派审计项目组以外的人员提供该服务，不承担管理层职责。

（6）A 公司拟进军新的产业，聘请 X 公司（X 公司和 S 会计师事务所处于同一网络）作为财务顾问，为其寻找、识别收购对象。双方约定服务费为 10 万元，该项收费对 S 会计师事务所不重大。

解析：

（1）违反有关独立性的规定，因为该服务不属于日常性和机械性的工作。

（2）违反有关独立性的规定，因为 A 公司是公众利益实体，甲注册会计师作为前任项目合伙人 2 年内不得担任该项目的项目质量复核人员，同时作为执行审计业务的关键审计合伙人，任职时间超过了 5 年。

（3）不违反有关独立性的规定，甲注册会计师为审计项目团队成员，其主要近亲属从审计客户租入门市，按照正常的商业程序公平交易，通常不会对独立性产生不利影响。

（4）违反有关独立性的规定，因为 Y 公司和 S 会计师事务所处于同一网络，且所提供的内部审计服务涉及与财务报告相关的内部控制，会对独立性产生严重不利影响。

（5）不违反有关独立性的规定，由审计项目组以外的人员提供该税务服务，且未承担管理层职责，一般不会对独立性产生不利影响。

（6）违反有关独立性的规定，X 公司和 S 会计师事务所处于同一网络，X 公司为甲公司寻找、识别收购对象，可能承担管理层职责，将因自我评价/过度推介对独立性产生不利影响。

拓展案例

安然事件的反思[①]

2001 年 12 月 2 日，世界上最大的天然气和能源批发交易商、资产规模达 498 亿美元

[①] 葛家澍，黄世忠. 安然事件的反思——对安然公司会计审计问题的剖析 [J]. 会计研究，2002（2）：3-11.

的美国安然公司突然向美国纽约破产法院申请破产保护，该案成为美国历史上最大的一宗破产案。这样一个能源巨人竟然在一夜之间轰然倒塌，在美国朝野引起极大震动，其原因及影响更为令人深思。

安然大厦的坍塌，除了蒸发掉安然公司员工的血汗钱和众多无辜投资者的财富外，还导致世界著名的会计公司——安达信公司（以下简称"安达信"）解体，并引发了对"五大"① 空前的信任危机。安达信在安然事件中，至少存在以下严重问题：

（1）安达信明知安然公司存在财务作假的情况却没有予以披露。

安然公司长时间虚构盈利（1997～2001年虚构利润5.86亿美元），以及隐藏数亿美元的债务，作为十多年来一直为安然公司提供审计和咨询服务、在会计行业声誉卓著的安达信不可能不知道内情。

（2）安达信对安然公司的审计缺乏独立性。

独立性是社会审计的灵魂，离开了独立性，审计质量只能是一种奢谈。安达信对安然公司的审计至少缺乏形式上的独立性，主要表现为：

审计案例与
思政元素
毕马威提供非审计服务违反独立性要求案例

①安达信承接的安然公司的业务存在利益冲突。安达信不仅为安然公司提供审计鉴证服务，而且提供收入不菲的咨询业务。安然公司是安达信的第二大客户，2000年度，安达信向安然公司收取了高达5 200万美元的费用，其中一半以上为咨询服务收入。安达信提供的咨询服务甚至包括代理记账。

②安然公司财务主管人员与安达信存在密切关系。安然公司的许多高层管理人员为安达信的前雇员：安然公司的首席财务主管、首席会计主管和公司发展部副总经理等高层管理人员都是安然公司从安达信招聘过来的。至于从安达信辞职，到安然公司担任较低级别管理人员的更是不胜枚举。

（3）安达信在已觉察安然公司会计问题的情况下，未采取必要的纠正措施。

审计案例与
思政元素
注册会计师审计失败问题探析——以康美药业为例

根据美国国会调查组披露的证据显示，安达信在安然公司黑幕曝光前就已觉察到安然公司存在的会计问题，但并没有主动向证券监管部门报告，也未采取其他必要措施来纠正已签发的审计报告。安达信的这种做法让社会公众对安达信的职业操守大打折扣。

（4）销毁审计工作底稿，妨碍司法调查。

在沸沸扬扬的安然事件中，最让会计职业界意想不到的是安达信居然销毁数以千计的审计档案。安达信销毁审计档案，是对会计职业道德的公然挑衅，也暴露出其缺乏守法意识。销毁审计档案不仅使安达信的信誉丧失殆尽，而且加大了安达信串通舞弊的嫌疑。

中国注册会计师
职业道德守则
术语表

毫无疑问，从会计审计的角度看，安然事件成为财务舞弊和审计失败的经典案例而载入史册，给予我们的教训是深刻的，值得我们反思。

---

① 五大会计师事务所是指毕马威、安永、德勤、普华永道和安达信会计师事务所。2002年，安达信会计师事务所因"安然事件"宣布破产，并被迫退出审计业务领域。由此，五大会计师事务所变成了四大会计师事务所。

本章思政元素梳理

注册会计师职业道德，是注册会计师行业的立业之本。作为影响注册会计师执业质量的重要因素，职业道德水平的不断提高，有利于提升行业的诚信度和公信力，从而推动整个行业的健康发展。中国注册会计师协会会员职业道德守则包括《中国注册会计师职业道德守则》（第1~5号）和《中国注册会计师协会非执业会员职业道德守则》。

注册会计师应当遵守诚信、客观公正、独立性、专业胜任能力和勤勉尽责、保密以及良好的职业行为六项基本原则。

职业道德概念框架提供了解决职业道德问题的思路和方法，用以指导注册会计师：识别对职业道德基本原则的不利影响；评价不利影响的严重程度；必要时采取防范措施消除不利影响或将其降低至可接受的水平。

在提供专业服务的过程中，可能存在一些对职业道德基本原则产生不利影响的情形，注册会计师应当对此保持警觉，并遵循提供专业服务的具体要求。

注册会计师在执行审计和审阅业务时应当保持独立性，识别经济利益、贷款和担保、商业关系、家庭和私人关系、收费、与审计客户发生交流、与审计客户存在长期业务关系、为审计客户提供非鉴证服务等影响独立性的事项，评价不利影响的严重程度，并在必要时采取防范措施消除不利影响或将其降低至可接受的水平。

从引导案例中，我们看到无论是国外还是国内的会计师事务所，只要违反职业道德的要求，都终将受到严厉惩罚。

安达信的案例告诫我们，正是因为其违反独立、客观、公正等职业道德基本原则，并在高利益驱动下过度服务，成为安然公司的帮凶，最后才难免覆灭的命运。

在我国，注册会计师事业恢复与重建的历史只有几十年，注册会计师尚未普遍树立强烈的风险意识、责任意识和道德意识，强调注册会计师的职业道德，更有其深刻的现实意义和深远的历史意义。从事审计工作，就应该坚守职业道德防线、廉洁从审底线，强化道德意识，提高道德水准，始终保持清醒的头脑，不为物欲所左右，不放纵自己，不随波逐流，切实担负起神圣的职责，为社会公众提供高质量的、可信赖的专业服务，在社会公众中树立良好的职业形象和职业信誉，当好会计信息质量的鉴证者和资本市场的"看门人"。

本章中英文
关键词汇

习题演练

本章推荐
阅读书目

第十五章　大数据时代审计

引导案例

大数据审计护航现代金融体系构建[①]

2019 年 5 月 17 日，审计署印发了《"十三五"国家审计工作发展规划》（以下简称《规划》）。这是第一个全国性的国家审计工作五年规划。根据《规划》，审计部门将依法对金融监管部门、金融机构、金融市场开展全方位、多层次审计监督，推动建立安全高效的现代金融体系。在当前大数据背景下，互联网技术的快速发展催生了网络中各种可信任官方数据的呈现，将促使计算机审计进入大数据时代，大数据下的计算机审计必将带来审计技术和方法的革新，也将出现新的特点。面对新的任务和要求，审计部门更需要勇于创新，创新审计方式方法，注重运用信息化、大数据等现代科技手段提高审计效率。这一点在地方审计工作中得到了充分体现。H 省审计厅金融审计处处长曾经指出："我们试图不断创新审计方法，着力加强金融审计业务和计算机业务的融合，对被审计单位的数据进行深度分析整理，建立各种审计分析模型，逐步形成依托信息化技术的审计方法体系。"为此，他们结合金融审计的特点，站在现代审计的新高度和最前沿，在审计实际工作中不断创新方法，积极运用大数据理念，提高审计效率。国内 ABC 事务所质检与技术支持部 W 表示："当前，数据的收集来源从被审计对象内部扩展到与其相关的全部外部数据，从仅针对选取的样本转为全面覆盖，与此同时，数据分析模式的多样化和可视化以及数据导入及预处理的智能化，都会给审计工作提出新的要求。"做好应对随大数据时代而来的挑战和机遇，从政府审计到社会审计行业，加大对"大数据"的人、财、物的投入就显得尤为必要。因此，计算机审计在大数据时代的重要作用也日益凸显。

第一节　大数据时代审计与审计变革

大数据时代审计
思维导图

一、大数据时代审计相关概念演化

在我国，20 世纪 80 年代，以查账为主要手段的审计职业遇到了来自信息技术的挑战。审计对象的信息化客观上要求审计单位的作业方式必须及时做出相应的调整，运用信息技术全面检查被审计单位的经济活动，发挥审计监督的应有作用。因此，利用信息技术开展

[①]　笔者根据相关资料整理。

审计工作成为必然。

(一) 计算机审计

叶邵勋（2005）认为通常提到的计算机审计，实际上有两个方面的内涵，即计算机信息系统审计（Information System Audit，ISA）和计算机辅助审计（Computer Assisted Auditing Technique，CAATS）。

国际信息系统审计与控制协会（Information System Audit and Control Association，ISACA）如此定义："信息系统审计是一个获取并评价证据，以判断计算机系统是否能够保证资产的安全、数据的完整以及有效率地利用组织的资源并有效果地实现组织目标的过程。"随着企业信息化过程中信息系统的发展，信息系统审计的对象从企业单个部门的数据处理系统发展到整个企业集成的信息系统，甚至企业外部的信息系统；审计的目标从数据处理系统的效率和可靠性审查，发展到整个信息系统的效率、可靠性、有效性和安全性的审查；审计的方法发展为手工审计和计算机辅助审计工具和技术兼而有之；开展审计的人员必须是信息系统审计师。另外，信息系统审计的内容、依据和准则等也在随着信息技术和信息系统的发展而不断发展和完善。

对于计算机辅助审计技术（CAATs），詹姆斯（James，2000）认为它是用来直接检测一个应用系统的内部逻辑的技术，通过检查被应用系统处理的数据，间接地评价一个应用系统的逻辑。根据罗伯特（Robert L. B.，2003）的定义，CAATs 广义上是指在帮助完成审计的过程中使用的任何技术。因此可以认为，CAATs 指为了满足 IT 环境下审计的需要，用来对信息系统和被信息系统处理的数据进行审计的技术（陈伟、张金城，2007）。

由于 CAATs 属于交叉学科，信息技术和审计学的并行发展都会不断对它提出更高的要求，因而如何提升 CAATs 成为审计理论和实务界面临的一大难题，CAATs 也将成为信息系统审计之后的另一个重要概念。

(二) 电子数据审计

电子数据审计是目前审计工作的一个重要方面。在实际的审计工作中，为了避免影响被审计单位信息系统的正常运行，并保持审计的独立性，规避审计风险，审计人员在开展电子数据审计时，一般不直接使用被审计单位的信息系统进行查询和检查，而是将所需的被审计单位的电子数据采集到审计人员的计算机中，利用相关软件对其进行分析。

一般来说，开展电子数据审计需要如下几个关键步骤：

（1）审计数据采集。采集审计对象信息系统中的数据。

（2）审计数据预处理。根据对这些数据的分析和理解，将其转换为满足审计分析需要的形式。

（3）审计数据分析。采用通用软件或专门的审计软件对采集到的电子数据进行分析处理，从而发现审计线索，获得审计证据。

目前电子数据审计工作中，数据对审计人员来说非常重要，审计的过程也是一个"用数据说话，用数据决策"的过程。

对于电子数据审计，目前还没有明确的定义。根据目前对该术语的使用情况，电子数据审计一般可以理解为对被审计单位的电子数据进行采集、预处理以及分析，从而发现线索，获得审计证据的过程。

（三）远程联网电子数据审计——持续审计（联网审计，audit-online）

审计人员根据审计任务的需要，到被审计单位现场采集电子数据，然后对这些电子数据进行预处理并完成数据分析，获得审计证据，这种方式被称为现场电子数据审计，是目前电子数据审计的主要方式。信息技术的发展使得审计信息化朝持续、动态、实时的方向发展，持续审计（或连续审计，continuous auditing，CA）成为审计信息化的一个重要发展方向。目前常用的联网审计也是持续审计的一种方式。

不难发现，相对于现场电子数据审计，联网审计的原理可以看成是一个采用远程联网方式从被审计单位采集电子数据，并对其进行分析，获取审计证据的过程。联网审计技术的应用积累了大量的电子数据，这为开展大数据审计提供了条件。

二、大数据审计内涵界定

2008 年 9 月 4 日，《自然》（*Nature*）杂志上的 "Big Data Special" 大数据专题论文中首次提出大数据的概念，认为大数据有三个来源：第一，天体物理和粒子物理。这些领域的研究产生大量数据，不仅来不及处理，也来不及分类，更谈不上再利用。第二，生物科学。基因、蛋白研究产生的数据。第三，社会社交网。社交网产生巨量的数据，而且非结构化，尚无较好的数据库存储。

2011 年 6 月，世界著名咨询机构麦肯锡公司发布报告——《大数据：下一个创新、竞争和生产力的前沿》（*Big Data*：*The next frontier for innovation*，*competition*，*and produc-tivity*），给出大数据的定义：大数据指的是大小超出常规数据库工具获取、存储、管理和分析能力的数据集。高德纳咨询公司（Gartner）对大数据的定义是：大数据是需要新处理模式才能具有更强的决策力、洞察发现力和流程优化能力的海量、高增长和多样化的信息资产。

目前，被审计单位信息化程度越来越高，信息系统越来越复杂，需要采集的数据量越来越大、数据类型较多，不仅仅是数据库中的结构化电子数据，还包括一些与被审计单位相关的办公会通知、会议记录、会议决议、办公文件、业务介绍、部门年度工作总结、风险分析报告、相关审计报告、政策文件、内部控制手册、信息系统使用手册等非结构化数据。因此，审计工作与大数据之间已经密不可分。

大数据审计是随着大数据时代的到来以及大数据技术的发展而产生的一种新的计算机审计。其内容包括大数据环境下的电子数据审计（如何利用大数据技术审计电子数据，如何审计在大数据环境下的电子数据）和大数据环境下的信息系统审计（如何利用大数据技术审计信息系统，如何审计大数据环境下的信息系统）两个方面。大数据的主要内容可简要归纳为图 15 – 1。

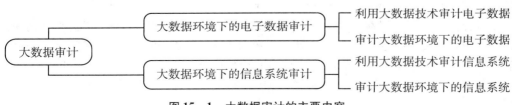

图 15 – 1　大数据审计的主要内容

三、大数据时代的审计变革

在大数据时代，审计人员面临着社会经济全面信息化与数据化的挑战，如何从大量的结构化与非结构化电子业务数据与财务数据中挖掘其背后隐藏的审计线索成为探讨未来审计变革的逻辑起点。

（一）审计取证模式的变革：数据分析将成为审计核心

如前所述，审计方法经历了由账项基础审计到制度基础审计再到风险导向审计的历史研究，其中审计取证模式也随之不断演化发展。账项基础审计的取证模式以会计账簿为取证切入点，制度基础审计的取证模式以传统会计账簿和内部控制制度为取证切入点，而风险导向审计的取证模式则以广泛的风险评估和内部控制制度为取证切入点。上述取证模式的共同特征表现为均以纸质凭证、账簿等为基础，通过检查纸质材料获取审计证据。在大数据时代，上述审计取证模式的有效性正面临严峻挑战。当政府部门和企事业单位全面实现信息化和数据化后，业务活动产生的证据更多以机器可读的形式存在，业务处理过程全部按照计算机发出的程序指令自动完成。传统审计线索在大数据时代逐步消失，或者很难被发现，审计取证模式需要进行重大变革，即对被审计单位的数据进行分析。

在大数据时代，被审计单位数据大规模和结构多样化的特征，使得审计取证方法必然发生变革。在过去，挖掘数据因果关系是审计人员关注的重点内容之一，因果关系对数据精确性的要求会耗费大量的人力、物力和财力，不利于审计工作效率的提高。在大数据时代，审计人员可获得的数据来源相当广泛，单一数据对整体数据准确性的影响相对较小，基本不会影响整体审计效果。仅仅挖掘数据与数据之间的因果关系在某种程度上是不经济的，而挖掘数据背后隐藏的相关关系可能会提供更多的审计线索。与此同时，由于数据具有结构多样化的特征，既有来自数据库的结构化数据，也有来自网站、办公自动化系统、文本、音频和视频等的半结构化数据和非结构化数据。常规数据分析方法和数据挖掘方法可以实现对结构化数据的有效处理，但面对半结构化数据和非结构化数据时，审计人员需要开发新的数据分析方法加以应对。

【拓展阅读 15 – 1】

勾稽关系：税收数据审计开启"诚信纳税时代"

无锡市审计局积极探索外部数据和税收数据的关联运用，通过 SQL 查询，比对国土部门提供的土地出让数据和税务部门提供的契税征收数据，发现有 17 家企业在变更土地容积率、补交土地出让金后，未缴纳契税近 1 000 万元。

通过探索税务部门各税种的勾稽关系，比对契税和土地使用税两个不同税种的土地面积，发现 100 多家企业在申报城镇土地使用税时填报的土地面积与申报契税时填报的土地面积不一致，8 家企业存在未缴纳或少缴纳城镇土地使用税情况，涉及金额 400 余万元。

资料来源：无锡市审计局。

为此，美国注册会计师协会于 2014 年发布的白皮书《在无线世界中重构审计》认为，审计中的数据分析是为执行审计计划、完成审计目标，对被审计单位数据进行数据发现、分析数据模式、识别异常、提取有用信息，或者进行相关分析、建模和可视化的科学和艺术。该白皮书强调数据科学领域的模式识别、数据建模和数据可视化等大数据分析方法在未来审计中的应用。2014 年，我国《国务院关于加强审计工作的意见》指出，要"探索在审计实践中运用大数据技术的途径，加大数据综合利用力度，提高运用信息化技术查核问题、评价判断、宏观分析的能力"。这标志着数据分析方法将开启审计取证模式的一个新时代。

（二）审计整体流程的变革：信息系统审计与电子数据审计

大数据时代的审计流程将变革为：运用现代信息技术手段，以被审计单位信息系统和底层电子数据为切入点，在对信息系统进行检查测评的基础上，通过对底层数据的采集、转换、清理、验证，形成审计中间表；运用查询分析、多维分析、数据挖掘等多种技术和方法构建模型进行数据分析，发现趋势、异常和错误；基于"把握总体、突出重点、精确延伸"的思想收集审计证据，最终实现审计目标。简言之，在大数据时代，首先，审计人员需要开展信息系统审计，验证信息系统的可靠性；其次，通过采集被审计单位底层电子数据构建数据审计平台，开展数据分析并撰写数据分析报告，即电子数据审计（electric data auditing）；最后，根据数据分析报告延伸取证，进而完成终结审计并出具审计报告。大数据时代的审计流程如图 15 - 2 所示。

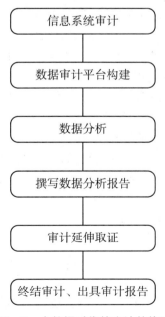

图 15 - 2　大数据时代的审计整体流程

由此可见，在大数据时代，审计整体流程中的关键是信息系统审计与电子数据审计。随着资源制造计划（Material Requirement Planning，MRP）、企业资源计划、政府资源规划等信息化手段的广泛应用，纸质审计对象逐步消失，信息系统审计和数据审计必将逐步替代原有的内部控制审计和传统的财务审计。

【拓展阅读 15 - 2】

全样本数据审计——违规低保户的"挖墓人"

2017 年，某省审计厅某审计部门在某市民政社会救助资金管理使用情况专项审计调查中，通过将低保享受对象与死亡人员、财政供养人员、住房公积金、养老金待遇领取、大型农机具购置等多部门数据做关联比对，查出违规发放 329 户。通过与死亡人员数据比对，审查发现存在已死亡人员截至 2016 年第三季度仍继续享受低保金的情况，查出 205 名已在 2015 年以及以前年度死亡的低保对象，仍违规享受低保金；通过与财政供养人员数据比对，审查财政供养人员在领取工资的同时，未如实申报收入状况，违规享受低保待遇；通过与住房公积金缴纳数据比对，审查低保享受对象同时缴纳住房公积金情况，查出 72 名低保对象在缴纳住房公积金的同时违规享受低保待遇；通过与养老金待遇领取数据比对，审查低保享受对象同时享受养老金待遇的情况，查出 27 名低保对象已享受养老金待遇又违规享受低保待遇；通过与大型农机具购置数据比对，审查低保享受对象在享受低保期间购置大型农机具情况，查出 8 户低保享受对象在享受低保期间仍购置大型农机具。

（三）审计作业模式的变革：多种作业模式并存的形态

总体而言，大数据时代的审计并没有改变审计的本质及其目标，仍然是对信息的可信性进行鉴证。因此，大数据时代的审计，在理论上继承了传统审计的合理内核，但在审计方法与作业模式上将产生重大变革。提高审计工作的效率和效果是审计发展的永恒主题。在大数据时代，为提高审计的效率和效果，审计人员必将引入区块链、互联网和人工智能等现代技术以改进或变革审计作业模式，未来将形成多种审计作业模式并存的局面。

未来审计将呈现多种作业模式并存的局面：（1）区块链分布式、去中心化、数据公开透明、不可篡改等特征迎合了审计发展的需求。为减少数据获取成本，提高数据分析的可靠性，区块链技术开始应用于审计领域，称为"区块链审计"（block chain audit）。（2）互联网技术的引入实现了对被审计单位的远程网上审计，即联网审计将应运而生。（3）无人机、智能机器人等人工智能技术的引入，将大幅提升审计的智能化程度，称为"人工智能审计"（artificial intelligence audit）。

综上所述，大数据时代的审计将在审计取证模式、审计整体流程与审计作业模式等方面发生重大而全方位的变革，这又将引发审计人员和审计职业的重大影响与挑战。我们预测：（1）在大数据时代发展前期，与审计计划、风险评估和终结审计相关的普通工作岗位将逐步被人工智能取代，从事基础审计工作的人员将面临失业风险，而审计职业判断和出具审计报告会被暂时保留下来；（2）到大数据时代发展中期，审计行业会兴起很多新的岗位或职业，如审计数据分析模型构建师、审计数据分析师等；（3）到大数据时代高度发达时期，审计行业可能仅仅需要电子数据审计和信息系统审计的规则制定者，以及应用于审计的新兴技术开发人员，绝大部分传统审计岗位将消失。

第二节　信息系统审计技术

一、信息系统审计的内容

如本章第一节中国际信息系统审计与控制协会 ISACA 关于信息系统审计的概念，可以将信息系统审计理解为根据公认的标准和指导规范，对信息系统从规划、实施到运行维护各个环节进行审查评价，对信息系统及其业务应用的完整性、有效性、效率性、安全性进行监测、评估和控制，以确认预定的业务目标得以实现，并提出一系列改进建议的管理活动。

由于系统的具体目标与要求不同，信息系统审计的内容也有所不同，但总的来说，信息系统审计的主要内容如表 15－1 所示。

表 15－1　　　　　　　　　　　　信息系统审计的主要内容

信息系统审计内容	审计事项子类
一般控制审计	IT 治理
	信息系统开发采购
	信息系统运营维护服务
	信息系统安全
	灾难恢复业务持续性计划
应用控制审计	参数控制
	应用程序的访问控制与职责分离控制
	输入控制
	处理控制
	输出控制
	接口控制

（一）信息系统一般控制审计

信息系统一般控制是除了信息系统应用控制以外的其他控制，它应用于一个单位信息系统全部或者较大范围的内部控制，其基本目标是为了保证数据安全、保护计算机应用程序、防止系统被非法入侵、保证在意外中断情况下的继续运行等。

一般而言，信息系统审计人员可采用如下步骤开展一般控制审计：

第一，全面了解被审计信息系统的整体架构，确定重要组件；

第二，识别可能的关键风险点，确定关键审计领域；

第三，实施相应的审计程序，记录测试结果；

第四，测试结果分析与评价，形成审计结论。

通常，一般控制审计采用访谈法、观察法、调查表法、文档查阅法、测试数据法等。一般控制的审计发现主要与被审计信息系统的管理缺陷有关，可预示应用系统数据处理的不正确与不完整。

一般控制审计主要有如下五个方面的内容。

1. IT 治理审计

评价信息系统的管理、计划与组织方面的策略、政策、标准程序和相关实务，评估 IT 治理结构的效果，确保董事会对 IT 决策、IT 方向和 IT 性能的充分控制；评估 IT 组织结构和人力资源管理；评估 IT 战略及其起草、批准、实施和维护程序；评估 IT 政策、标准和程序的制定、批准、实施和维护流程；评估 IT 外包战略和政策，以及合同管理实务；评估监督和审计实务，保证董事和执行层能及时、充分地获得有关的 IT 绩效信息。

2. 信息系统开发采购审计

对系统的开发与实施过程所采用的方法和流程进行评价，以确保其满足组织的业务目标。评估拟订的系统开发或采购方案，确保其符合组织发展目标；评估项目管理框架和项目治理实务，确保组织在其风险管理的基础之上，以成本效益为原则实现组织的业务目标；确保项目按项目计划进行，并有相应文档充分支持；评估组织相关系统的控制机制，确保其符合组织的政策；评估系统的开发、采购和测试流程，确保其交付符合目标；对系统实施定期检查，确保其持续满足组织目标，并受到有效的内部控制；评估系统的维护流程，确保其实现组织目标，并受到有效的内部控制。

3. 信息系统运营维护服务审计

评估组织的信息系统运行日常操作以及 IT 基础设施管理的有效性及效率，以确保其充分支持组织的商业目标。评估服务管理实务，确保内部和外部服务提供商的服务等级是明确定义并受管理的；评估运营管理，保证 IT 支持职能有效满足业务要求；评估数据管理实务，确保数据库的完整性和最优化；评估能力的使用和性能监控工具与技术；评估变更、配量和发布管理实务，确保被详细记录；评估问题和事件管理实务，确保所有事件、问题和错误都及时记录、分析和解决；评估 IT 基础架构（网络、软硬件）功能，确保其对组织目标的支持。

4. 信息系统安全审计

审计案例与
思政元素
H 会计师事务所
服务器遭到网络
攻击

对逻辑、环境与信息技术基础设施的安全性进行评价，确保其能支持组织保护信息资产的需要，防止信息资产在未经授权的情况下被使用、披露、修改、损坏或丢失；评估逻辑访问控制的设计、实施和监控，确保信息资产的机密性、完整性、有效性并经授权方可使用；评估网络框架和信息传输的安全；评估环境控制的设计、实施和监控，确保信息资产充分安全；评估保密信息资产的采集、存储、使用、传输和处置程序的流程。

5. 灾难恢复与业务持续性计划评价

灾难恢复与业务持续性计划是在发生灾难时，能够使组织迅速恢复并持续运行业务的计划。需要对这些计划的建立和维护流程进行评价，包括：评估备份和恢复准备的充分性，确保恢复运营所需信息的有效性和可用性；评估组织的灾难恢复计划，确保一旦发生灾难，IT 处理能力可以及时恢复；评估组织的业务持续性计划，确保 IT 服务中断期间，基本业务运营不间断的能力等。

（二）信息系统应用控制审计

应用控制是作用于具体应用系统的控制，一般结合具体业务进行设计，可以确保数据处理完整和准确。

一个应用系统一般由多个相关计算机程序组成，甚至还有可能是复杂的集成系统，涉及多个计算机程序和组织部门，与此相应，它的应用控制应包括内嵌在计算机程序中的自动化控制，以及与整体业务流程相关的人工控制。自动化控制应与人工控制结合使用，才能确保数据的准确性、完整性和一致性。

信息系统审计人员一般可以采用如下步骤开发应用控制审计：

第一，确定重要的应用系统，获取相关资料或与相关操作人员访谈，充分理解系统中的业务流程。

第二，识别业务流程中的关键点，开发合适的测试方案与模拟数据。

第三，实施业务流程中的关键风险点，开发合适的测试方案与模拟数据。

第四，分析控制缺陷，评价相关控制目标是否达到，形成相关审计结论。

应用控制审计常用的方法有测试数据法、平行模拟法、访谈法、观察法、流程图检查法、程序编程比较法、程序追踪法、快照和嵌入审计模块等。

应用控制审计主要有如下 6 个方面的内容。

1. 参数控制

参数控制主要涉及基本应用参数的设置与调整。常见的参数控制类型有参数设置的准确性、参数调整的审批与授权、参数调整日志等。

2. 应用程序的访问控制与职责分离控制

应用程序的访问控制与职责分离控制必须保证只有经授权的人才可以访问系统数据或执行授权范围内的程序功能；访问授权机制应保证不能使用其他人的口令访问系统；保证系统敏感数据的录入、修改与审核的职责分离。

3. 输入控制

输入控制必须保证每一笔被处理的事务能够被正确、完整地录入与编辑，确保只有合法且经授权的信息才能被输入，而且只被输入一次。在集成的信息环境中，一个系统的输出会是另一个系统的输入。

4. 处理控制

处理控制用来确保应用程序处理的准确性与可靠性。常见的处理控制类型有：

（1）自动计算。

例如，ERP 系统可根据物料单价、数量自动计算物料总金额；社保业务系统根据社保缴纳记录自动计算社保金的享受待遇。

（2）流程控制。

例如，在医院 HIS 系统中，无挂号不能进行处方、检查、取药等后续流程。

5. 输出控制

输出控制主要用于保证交付给用户的数据是符合格式要求的、安全的和可靠的。常见的输出控制类型有：在安全的地方登记和存储重要表单；输出报告保管；报告接受确认；报告分发控制，尤其当一个系统的输出是另一个系统的输入时，要重点检查报告分发是否建立了相应的人工控制环节（如安全打印、接收签名、只读和加密等），以防范非法篡改和信息泄露等。

6. 接口控制

接口是指为了实现企业整体控制目标，而在不同系统之间进行数据、业务交换的系统通道。接口控制是业务整合中的关键要素，是应用控制审计的重要内容之一。

二、信息系统审计的技术方法

审计准则
《第 2203 号内部审计具体准则——信息系统审计》

信息系统审计项目的实施过程就是审计师综合应用多种审计技术方法实现审计目标的过程。

（一）信息系统审计常用技术方法

2014 年发布的《第 2203 号内部审计具体准则——信息系统审计》第六章第二十三条指出，审计人员在开展信息系统审计过程中可以单独或综合应用下列审计技术方法：

（1）询问相关控制人员；

（2）观察特定控制的运用；

（3）审阅文件和报告及计算机文档或者日志；

（4）根据信息系统的特性进行穿行测试，追踪交易在信息系统中的处理过程；

（5）验证系统控制和计算逻辑；

（6）登录信息系统进行系统查询；

（7）利用计算机辅助审计工具和技术；

（8）利用其他专业机构的审计结果或者组织对信息技术内部控制的自我评估结果；

（9）其他。

信息系统审计人员可以根据实际需要利用计算机辅助审计工具和技术记性数据的验证、关键系统控制/计算的逻辑验证/审计样本选取等；内部审计人员在充分考虑安全的前提下，可以利用可靠的信息安全侦测工具进行渗透性测试等。

2011 年，审计署审计科研所"审计机关审计技术创新情况"课题组收集了 2006 年以来的创新性审计技术。在众多创新性审计技术中计算机审计技术占了很大比重，主要包括各类审计软件、数据采集/转换技术/数据查询和分析技术、联网审计技术、信息系统审计技术、多维分析技术、数据库技术、Office 系列软件、商业智能（BI）技术、MD5 码技术、数据挖掘技术、数据恢复技术、实时通信技术等。

综上，可将信息系统审计技术方法整理为如图 15-3 所示的体系。

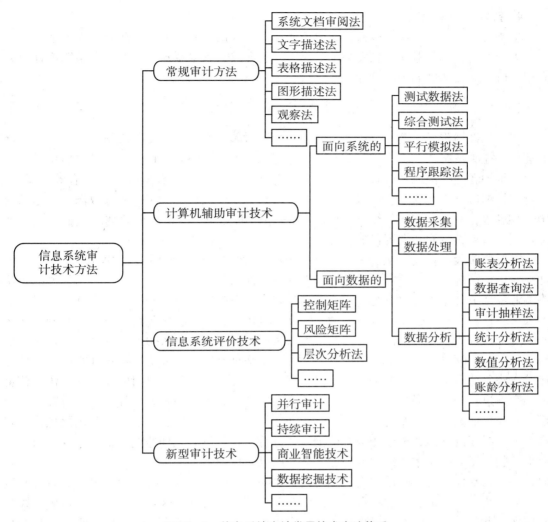

图 15 - 3 信息系统审计常用技术方法体系

1. 常规审计方法

主要用于对信息系统的了解和描述，包括访谈法，系统文档审阅法、文字描述法、表格描述法、图形描述法、观察法等。

2. 计算机辅助审计技术

可以进一步分成面向系统的计算机辅助审计技术和面向数据的计算机辅助审计技术。面向系统的计算机辅助审计技术是用于验证程序系统的，包括受控处理法、测试数据法、综合测试法、平行模拟法和程序跟踪法等；面向数据的计算机辅助审计技术主要用于对信息系统中的电子数据进行审计，包括数据采集、数据验证、数据整理和转换、建立审计中间表和数据分析等环节，采用的数据分析技术主要有账表分析法、数据查询法、审计抽样法、统计分析法、数值分析法、账龄分析法等。

3. 信息系统评价技术

主要用于信息系统的控制、风险和整体评价，如控制矩阵、风险矩阵、层次分析法等。

4. 新型审计技术

主要有并行审计、持续审计、商业智能技术、数据挖掘技术、数据恢复技术等。

审计人员在充分考虑信息安全的前提下，结合成本效益原则，根据信息系统审计业务类型，可以灵活选用恰当的审计技术方法。

（二）信息系统审计技术方法在审计过程中的应用

在审计计划阶段，要通过访谈、调查问卷等深入了解、分析业务流程，熟悉信息系统的运行和控制情况，寻找内控薄弱环节，确定审计重点。例如：首先，通过对信息系统操作者、维护者的访谈或者调查问卷，了解信息系统运行情况，分析控制是否有效；其次，进行穿行测试（审计人员可以模拟或者监督被审计单位人员，就某一业务数据在信息系统中进行录入，并查看其最终结果），评估信息系统的实现情况，根据评估结果适时调整审计重点；最后，编制切实可行的审计工作方案，进行合理的人员分工。

在实施阶段，首先，从报表开始追溯原始数据的来源，抽样核对原始数据的准确性，加强对信息系统中原始数据录入的准确性、完整性的抽查。信息系统中，所用数据都是从终端业务环节开始的，财务与生产、采购、销售、库存等环节紧密相连。审计过程中，审计人员对信息系统中原始数据录入的准确性的审核，成为信息化环境下审计的基础工作之一，可以在源头上控制错误和舞弊的发生。其次，对集成部分数据形成的报表进行对比分析，包括与上期、计划、上年同期、同业平均水平进行比较，准确地运用计算或分析性程序等方法确认审计证据。数据分析不能停留在某一环节，必须通过对物流、资金流、信息流的数据进行分析，通过大量的数字勾稽关系以及业务逻辑关系寻找异常，进行确认和验证。对非集成数据，从系统中导出相关凭证，抽样查阅原始凭证。然后，利用信息化环境提供审计线索的功能，查阅相关修改记录并进行追查。ERP软件适应现代审计的要求，具有充分的保留和提供审计线索的功能。在初始录入凭证时有一条记录记载，在改动、删除时，并不是在原记录上变动，而是另有记录反映。所以，在查询时，同一笔业务有哪些改动、何时改动、由谁操作、在哪项功能中改动，都留有痕迹，这就为审计工作提供了线索和方便。此外，要注重对保证信息系统稳定运行的数据资料的查验。之后，查阅信息系统运行前期调研报告、开工报告、业务流程图、重要业务的流程说明以及试运行阶段的工作记录，保证系统的设计缺陷最少。最后，根据审计结果形成审计工作底稿。

在报告阶段，首先，完成审计工作底稿的三级复核；然后，根据相关业务统计数据、审计结果，分析企业经营、管理方面存在的不足，编写审计报告，提出管理建议。

【拓展阅读 15 - 3】

大数据环境下的信息系统审计："电子数据审计处"

为推动信息系统审计工作的开展，广州市审计局于2015年率先成立电子数据审计处，负责组织实施信息化审计项目和信息系统审计，并从建立电子数据定期报送制度和运用大数据开展审计分析预警等方面，积极探索开展大数据环境下的信息系统审计。

1. 建立定期报送制度解决数据来源问题

自2016年3月起，广州市审计局着手建立电子数据定期报送制度，要求广州市、区两级行政事业单位和市属国有企业定期报送电子数据，同时上报信息系统建设和应用情况，并开通信息系统的查询权限。截至 2017 年底，广州市审计局已基本掌握广州市被审计对象信息系统概况，归集电子数据高达 150TB，基本形成覆盖公共资金、国有资产、国有资源方面的审计大数据。

2. 运用大数据开展审计分析预警

通过电子数据定期报送制度，广州市审计局基本掌握了全市被审计对象的数据资源，通过对实时的电子数据进行审计分析和挖掘，及时发现疑点和风险，以审计提醒函方式发送给有关部门和单位，有效地发挥预警和防范作用。以信息系统内部控制审计为例，广州市审计局通过对业务审批数据进行分析，查找出录入人、审核人、审批人是否为同一个人，发现信息系统在内部控制方面存在的重大缺陷。若存在缺陷，则以提醒函方式发送给相关部门或单位，要求其整改，以确保信息系统所产生的数据真实、可靠，夯实数据审计工作开展的基础。

资料来源：根据广州市审计局相关公开资料整理。

第三节　电子数据审计

一、数据审计流程

信息化条件下的审计流程较传统的审计流程有显著的不同。电子数据审计的过程中，审计人员经常要采集和转换被审计单位的原始数据以建立某种业务的审计中间表或者审计分析模型，并进行某种类型的数据分析。这些在传统的手工审计流程中都不存在，因此有必要研究电子数据审计的一般流程。根据目前的研究，可以将电子数据审计的流程归纳为7 个步骤（简称"七步流程法"），分别是：

第一步，开展审前调查，获取必要和充分的信息，对被审计单位的信息系统进行初步评价，评价信息系统的合法性、可靠性、安全性和有效性，并据此开展数据审计。在这一阶段要产生一个阶段性文档，即审前调查报告。报告包括两个独立的附件：一个是信息系统初步测评；另一个是数据需求说明书。

第二步，采集数据，全面收集资料，撰写数据采集报告。数据采集报告应包括下列内容：数据采集的信息系统名称及功能；数据采集的方法；数据采集的范围、内容、格式；其他需要说明的事项。

第三步，对采集的数据进行转换、清理和验证，并撰写转换、清理和验证工作报告。

第四步，创建审计中间表，以审计中间表数据为中心，涵盖与项目相关的人员组织、工作安排等相关管理信息和其他信息，构建审计信息系统，作为审计项目资源的共享和管理平台。撰写审计中间表使用说明，对审计中间表进行必要的说明和描述。

第五步，构建系统和类别分析模型，把握总体、锁定重点、选择突破口。分析的顺序是先进行系统分析，把握总体情况，接着进行类别分析，确定重点。在这一步要开始收集相关资料，开始数据分析报告的准备工作。

第六步，针对突破口，建立个体分析模型，内外关联、筛选分析，查出问题线索，形成数据分析报告。

第七步，对发现的问题线索逐一延伸落实，取得审计证据。

电子数据审计的流程如图15–4所示。其中前四步流程的主要目的是建立审计中间表，完善审计资源平台，并完成对信息系统的测评；后三步流程是在前四步流程的基础上，通过构建模型进行数据分析，找出趋势、异常和错误，把握总体、锁定重点、精确延伸。

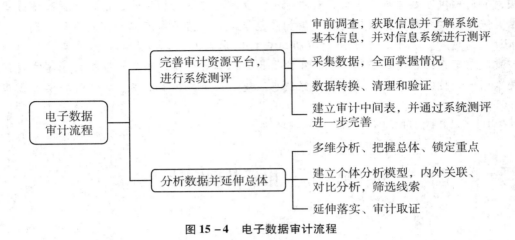

图15–4　电子数据审计流程

二、数据审计方法

数据分析是数据审计的重要组成部分。根据信息技术的应用程度，数据分析方法可以分为常规数据分析方法、数据挖掘方法和新兴大数据审计方法。

（一）常规数据分析方法

最高审计机关国际组织（International Organization of Supreme Audit Instations）和ACL公司专家戴维·科德尔（David G. Coderre）在其著作《使用数据分析技术检查舞弊》中对数据分析方法进行了概括性总结，提炼了17种数据分析方法，其中15项是关于数据审计的常规分析方法，具体如表15–2所示。

表15–2　　　　　　　　　　　　常规数据分析方法

序号	方法名称	作用
1	筛选	按照条件对数据进行检索或者选择，筛选出审计人员所需的数据
2	排序	检索出金额较大或者较小的经济业务；通过检索发现被审计单位数据存在的规律或异常特征
3	统计	用于检查数值型字段的平均值、方差、最小值、最大值和记录数
4	查询断号	检索出记录缺失的文档记录
5	查询重复	检索某个字段或者某个字段组织是否存在重复现象
6	时间间隔分析	对一笔经济业务不同阶段的日期相差天数进行分析

续表

序号	方法名称	作用
7	表达式与计算	利用被审计单位电子数据，使用工具软件提供的函数，运算计算生成新的字段
8	抽样	按照预先设定的条件检索出部分记录
9	分组计算	获取数据和业务运营的总体情况，以便进一步实施审计数据分析
10	分层	将单元划分为多个子总体，每个子总体由一组具有相同特征（通常为货币金额）的抽样单元组成
11	连接	将两个不同数据源或者相同数据源的数据信息进行排序，并将对应的记录匹配组合在一起，可以检索出一些关键信息
12	趋势分析	通过检查数据中存在的异常发现有问题的部分
13	数字分析	检查被审计单位不合理或不恰当的数字
14	比率分析	发现数据比率的异常情况
15	班福定律	发现异常数字

【拓展阅读 15－4】

会"说话"的指纹签到机

　　2018 年 3 月至 5 月，某市审计局在省审计厅统一安排下，对市下辖六县 2016~2017 年基础教育政策落实和资金绩效情况实施了审计调查。在审计过程中，审计人员将指纹机带回修理。经过维修还原，成功导出指纹机中的数据，运用统计和查询断号分析方法发现两名支教老师严重脱岗，其中：2017 年 9 月至 2018 年 5 月 8 日，某老师未出勤共 81 天；2017 年 9 月至 2018 年 5 月 8 日，某老师未出勤 73 天。

（二）数据挖掘方法

　　数据挖掘是从大量数据提取隐含、事先未知但又潜在有用的信息、知识的过程。常用的数据挖掘方法有聚类、分类、回归、关联分析、时间序列预测等（见表 15－3），这些数据分析方法有助于从"验证型"审计分析向"发掘型"审计转变。不同数据挖掘方法能够解决不同类型的问题，不同算法对数据有不同的结构要求。审计人员在实践中需要根据要解决的具体问题选择合适的方法。

表 15－3　　　　　　　　　　常见的数据挖掘方法

数据挖掘方法	概念	常见方法
聚类	依据样本特征将事例分到多个簇中，使得同一簇中的事例"相似"，而与其他簇中的事例"不相似"	K 均值、自组织图、层次聚类、谱聚类等

数据挖掘方法	概念	常见方法
分类	把一些事例映射到给定类别中某一类别的过程，特点是根据事例的某些属性，估计一个特定属性的值	朴素贝叶斯、决策树、K最近邻、神经网络分类、支持向量机等
回归	研究一个随机变量 Y 对另一个变量（X）或一组变量的相依关系的统计分析方法，在数据挖掘实践中常用来进行预测	单线性回归、多项性回归、多元线性回归、多变量回归、Logistic 回归、泊松回归、非线性回归等
关联分析	从大量事务数据中发现项与项之间的关联	Apriori、FP – Tree 等
时间序列预测	由历史的和当前的事件推测未来的事件	移动平均法、趋势外推法、自回归滑动平均模型等
其他方法		神经网络和遗传算法

（三）新兴大数据审计方法

在大数据的推动下，社会网络分析、数据可视化分析、文本挖掘分析等面向非结构化数据的分析方法将在审计领域得到广泛运用，面向结构化数据的数据挖掘等分析方法也将在审计领域中得到进一步深化。

1. 社会网络分析方法

社会网络分析方法是对数据中巨大的节点与节点之间共同构成的网络进行分析的方法。在信息化环境中，物理、计算机、通信、社会关系等领域包括各种类型的网络，分析多种数据构成的复杂网络有助于审计人员了解审计对象的网络特征，为挖掘其特征提供基础。基于关系的网络分析方法包括社团发现、节点影响力分析、子图检索等（见表 15 – 4）。

表 15 – 4 社会网络分析方法分类

序号	方法名称	作用
1	社团发现	有助于揭示网络结构，一个社区就是网络中的一个密集子网，社区内部的顶点连接相对紧密，但是社区与社区之间联系相对稀疏
2	节点影响力分析	有助于发现网络中有影响力的重要节点，可以通过中心度、介数等指标进行刻画
3	子图检索	利用审计经验发现子图、循环路径，有助于发现审计线索
4	其他网络分析方法	

2. 数据可视化分析方法

数据可视化是利用数据进行绘图的分析方法。在传统的数据分析中，存在大量的图形以表示数据，但随着数据量的增加以及应用场景的变化，传统图形已经不能完成相关任务。目前流行的可视化分析是一种通过交互式的可视化界面辅助审计人员对大规模复杂数据集进行分析推理的科学与技术方法。根据分析目的，数据可视化分析方法可分为探索性可视化和解释性可视化（见表15－5）。

表15－5　　　　　　　　　　　数据可视化分析方法分类

序号	数据可视化分析方法名称	作用
1	探索性可视化	审计人员对审计原始数据进行必要的转换、清理与验证后，再通过视觉编码和交互手段实现数据可视化，有助于审计人员更加轻松地把握数据结构及其分布规律，节省审计人员书写大量 SQL 语句的时间
2	解释性可视化	可视化图形具有简洁、美观、信息量大等优点，可以帮助审计人员将成果以最直观的形式展现在报告使用者面前，免去大段文字说明，增强报告内容的丰富性和多样性

3. 文本挖掘分析方法

文本挖掘属于典型的非数值分析方法。通过对文本挖掘技术的使用，能够对文本信息进行有效组合整理，实现对信息的准确检索与定位，最终为审计人员提供有用的审计线索。常用的文本挖掘方法包括中文分词、分类、聚类等（见表15－6）。

表15－6　　　　　　　　　　　文本挖掘分析方法分类

序号	文本挖掘分析方法名称	作用
1	中文分词	通过字典匹配、语义分析、概率统计模型等方法进行分词
2	分类	适用于识别文本语义主题，并将之归集到预先定义好的主题分类中
3	聚类	将类似文本进行聚合，根据目标文本自动生成聚类项并进行归集
4	其他	

除了上述大数据分析方法外，大数据和云计算的运用还将带来其他数据分析方法。在未来，合理选择大数据分析方法是达成审计目标的前提条件，也才能避免进入数据分析的误区，实现提高审计效率和效果的目标。

第四节　区块链审计与人工智能审计

一、区块链审计

区块链技术的研究始于2008年化名中本聪（Satoshi Nakamoto）的学者在密码学邮件组发表的比特币奠基性论文——《比特币：一种点对点的电子现金系统》。区块链是一种基于密码学技术生成的分布式共享数据库，其本质是通过去中心化的方式集体维护一个可靠数据库的技术方案。凭借该方案中的多个节点，形成点对点网络关系，再利用数学基础建立信任效果，成为一个不需要基于彼此信任，也不需要依赖单一中心化机构就可以运作的分散式系统。这套系统可以保证数据的真实性，并且用极低的成本实现了信任与价值的可靠传递，构建起一个更为开放共享、透明可信并且可核查追溯的系统。区块链技术通常被理解为"全民记账"，一般具有分布式、去中心化、透明、不可篡改和数字化等特征。

当前，我们处于一个信息泛滥的时代，各种数据充斥我们周围，然而，数据是否真实可信却不得而知。区块链技术因其特殊的机制，其中的数据具有"可信"的宝贵特征，这使得基于区块链数据分析具有重要的价值（陈伟利、郑子彬，2018）。目前，区块链的应用已从单一的数字货币应用开始延伸到经济社会的各个领域，包括审计行业。2015 年 12 月，中共中央办公厅、国务院办公厅印发的《关于实行审计全覆盖的实施意见》中提出，希望"探索建立审计实时监督系统"，而区块链可以在一定程度上推动联网实时审计的实现。相互验证的广播机制易于实时监督，可以赢得整个系统的公信力；智能合约的可编程性方便限定约束条件，可以设置某笔资金的去向，达到专款专用的目的；时间戳的不可逆性降低了财务舞弊和重大错报的风险；公私密钥的签名提升了内部控制中相关查验工作的可靠性。

二、区块链审计的应用趋势

（一）促进审计成本与审计风险的降低

区块链技术的分布式存储、共识机制等技术在审计业务中的应用，将降低审计成本与审计风险，主要表现为：第一，虚假交易和账目欺诈是重大错报风险的重点领域，而使用区块链记录交易和账目信息，因无法被篡改，且有共识机制要求数据库的修改需要得到整个系统中多数节点的认同，使得财务数据造假和欺诈难度大幅度提高。第二，可以提高审计工作效率。一方面，通过区块链网络获取审计需求信息更加便捷容易，如果企业能够在区块链开放 API（一种应用程序编程接口）数据接口，使审计请求实现分钟级甚至秒级响应，能够节省大量信息收集和整理时间，从而提高审计效率；同时，基于区块链的加密算法也解除了企业对数据隐私的担忧。另一方面，区块链技术的共识机制使所有数据在第一时间得到共同确认，保障数据的及时性和准确性。区块链审计平台也能够大幅度提升数据的真实性和完整度，省去大量询问和函证程序，从而提高审计效率，节约人力成本。第三，能显著降低审计数据被攻击的风险。传统的审计资料被存储在中心化的云服务器上，极易受到黑客攻击，导致文件丢失或者数据被篡改。而通过区块链技术将数据分布式存储，多个节点备份数据，即便单个节点遭到黑客攻击，也不会影响数据在全网的共识状态（工业和信息化部信息中心，2018）。

（二）推动区块链技术应用的新审计业务发展

任何一项现代信息技术在审计业务领域的应用都是一把"双刃剑"，区块链技术在审计业务领域的应用也不例外。随着区块链技术在审计领域的广泛应用，社会公众对区块链技术的安全性、可靠性以及合法合规性还存在疑虑，社会公众的疑虑将催生审计人员基于区块链技术应用的新审计业务的发展。在区块链设置方面，审计人员将对其合理性进行审计；在数据录入方面，区块链不可篡改性的特点保证了数据录入后的不可篡改，但共识机制并不能完全保障录入数据的准确性、及时性和可靠性，因此，审计人员需要对数据录入的准确性、及时性和可靠性进行审计；在区块链安全方面，审计人员将对区块链单个节点可能受到的攻击进行安全性审计，防止数据在录入节点存在安全隐患，以提升数据的安全性和可靠性。

（三）全民审计将得到大力发展

区块链技术透明和去中心化的特点，使得每个参与到区块链的网络系统中的人都可以看到交易或信息。只要掌握了数据资源和相关审计业务知识，人们都可以参与到审计过程中，都可以对相关单位的经济业务和财务活动发表审计意见。全民审计时代的来临，意味着社会公众对传统审计报告的市场需求减少，绝大多数传统审计人员将逐步退出审计行业，或实现转型。这无疑是对现有审计人员的一个巨大的挑战。

（四）推动"区块链 + 大数据"审计的发展

区块链是一种不可篡改的、全历史的数据库存储技术。随着区块链技术在社会经济各个领域的应用，数据规模会越来越大，不同业务场景的区块链数据的融合将进一步丰富数据内容和扩大数据规模。区块链提供的数据是完整的，但其统计分析能力相对较弱。大数据囊括海量数据存储技术和数据分析技术，区块链与大数据的融合将大大提升区块链数据的价值与使用空间。区块链分布式、去中心化、透明、不可篡改和数字化的特征，让更多存储于被审计单位的数据得到释放，推动数据呈几何级增长。而其可追溯性迫使数据获得很强的信任背书，在很大程度上保证了数据分析结果的正确性和数据挖掘的效果。数据在不同区块链节点之间的交易流通，有利于突破被审计单位信息系统与信息系统之间的"信息孤岛"现状，建立数据流通机制，推动企业和政府部门内部数据与关联方数据的整合。区块链与大数据的融合催生"区块链 + 大数据"审计业务的发展。通过区块链系统网络获取海量真实、可靠的被审计单位数据，运用云计算技术和数据分析技术对被审计单位的数据开展分析，精确锁定被审计单位的审计线索，为审计延伸取证夯实基础，而区块链与大数据的融合将进一步推动传统审计业务的消亡。

此外，云计算、物联网和人工智能与区块链的融合也将推动区块链技术在审计实务工作中应用的深化，审计实务工作将进一步面临前所未有的挑战。

三、人工智能审计

人工智能一词诞生于 1956 年在美国达特茅斯学院举行的"人工智能夏季研讨会"，此次会议标志着人工智能作为一个研究领域正式出现。人工智能审计突破传统审计所带来的新的技术手段和分析方法，以机器学习、深度学习神经网络等技术为基础，使审计数据分析能力实现每个月几何级增长。随着人工智能技术进步，审计算法、算力迭代速度加快，审计部门利用积累的海量审计数据，采用机器学习、深度学习神经网络等技术，顶层设计不同行业电子审计标准和规范，训练形成不同类别审计的模板，进而形成审计知识库，从而实现智能提取这些知识库的自然语言文本中的客户关键审核要素，结合风险审计业务规则和审计要素之间的关联稽查关系，识别出异常点，提示异常虚假信息的风险。

整个过程中，通过区块链、机器学习、深度学习等技术辅助审计，实现审计过程自动留痕、可追溯、防篡改，形成透明可信的审计链条，以此构建人工智能审计业务模式和管理体系。

四、人工智能审计的优势

2015 年中央办公厅和国务院办公厅印发的《关于完善审计制度若干重大问题的框架意见》及《关于实行审计全覆盖的实施意见》，要求对公共资金、国有资产、国有资源和领导干部履行经济责任情况实行审计全覆盖，需要在各领域大规模进行审计，这就对审计部门提出了新的要求。传统审计通常依靠审计人员经验，费时费力，需要大量人工，现在智能化审计还未普及，完成全覆盖审计任务压力很大。

而人工智能审计和传统审计、大数据审计等体系有着截然不同的手段和方式，具有独特性，其审计标准体系、审计组织体系架构、审计人员考核体系、信息化基础设施建设、网络信息安全等方面与时俱进，表现出人工智能审计应用的比较优势。

首先，通过人工智能审计，将进一步提高审计机关及其审计人员的审计效率和决策能力。由于未来审计数据接口、采集、标准、整理、分析等规范化，符合人工智能要求的审计体系将逐步建立。人工智能审计将替代一些按照现有审计规则、程序和作业模式进行的审计工作，特别是那些具有规范步骤和事务性的审计工作，并可以进行辅助审计决策。人工智能审计实现了替代和辅助决策相融合，依照审计全覆盖要求，对于政府和国有资产审计，可设立全新的符合人工智能审计的数字电子审计标准，该体系可以打破政府部门和行业划分，依照数字电子审计规则，建立人工智能审计框架，根据共性和个性依存原则，提取审计规则共性元素，然后依照不同行业和区域独特性，联网提供符合审计要求的数据接口和数据集，并参照国际审计先进标准，按照国家、行业审计标准和相应电子数据应用规则，进行人工智能审计。

其次，通过人工智能审计，将进一步完善现有的审计体系，实现审计流程全覆盖。在人工智能时代，技术性审计将趋于主导地位，审计组织会根据审计任务和审计对象差异进行灵活配置，采用网络状、扁平式、分布式等组织形态完成特定工作。应用人工智能技术颠覆传统的风控及审计方法，将风险融入监管过程，采用事前规则管控、事中指标管控、事后模型管控的三位一体监控模式，可有效解决风险管控落地难题。在审计流程全覆盖中，审计人员更多是承担审计对象咨询专家角色，可以全面参与审计及查看相关数据，对审计进度和审计结果随时调看，由此审计质量得到保证。审计资料及审计过程的透明化，减少了廉政风险和质量风险。同时主动审计，将职务犯罪控制在萌芽中。

最后，人工智能审计和传统审计等相比，让审计数据更安全，更难以扩散泄露，更可靠。人工智能审计需要逐渐完善现有的信息化基础设施和审计平台，对现有大数据审计体系进行升级，来实现大数据、算法和算力一体化。在机器审计替代程序化审计任务之外，将行为审计、财务审计、非财务审计纳入统一的人工智能审计范畴，采用自然语言处理、神经网络分析、区块链等技术对审计对象的会议纪要、语音记录、视频等各类文本文件进行统一化处理，并对审计数据依照安全保密等级进行分类和区别对待。低密级、公开、透明的审计数据，建立全国统一联网公开平台共享。反之，涉密等级高的审计数据，依据保密制度，根据政府政策规定逐渐公开，建立内部统一联网平台互享。两个平台互为补充，由此构建国家统一人工智能审计技术平台，服务国家治理需要。

拓展案例

<h2 align="center">数据审计让"虚列收入"无所遁形①</h2>

某集团公司属于生产销售企业，在行业整体利润下滑的情况下，该集团公司仍然保持40%以上的利润增长幅度。为确保企业损益的真实、完整和可靠，审计部门于2021年派出审计组对该公司2016～2020年的收入确认情况进行了审计。审计后发现，集团公司存在"虚列收入"的现象。具体审计过程如下：

1. 审计准备阶段

（1）开展信息系统调查研究。集团公司与O公司合作，全面引进并实施ERP系统，包括总账、应收、应付、资产、现金、采购管理、库存管理等模块。

（2）了解业务流程，确定审计重点。审计组通过查看业务流程图等，了解各业务模块的核心功能、各模块之间的关联关系、数据交互情况等，并通过座谈、查阅资料、进行控制测试等方式，对集团公司业务流程进行分析和讨论，最终确认把审计重点放在销售模块。在熟悉集团公司销售业务的基本流程后，审计组将审计关注点放在收入确认依据是否充分、是否存在财务造假的可能性等方面。

2. 审计实施阶段

（1）数据采集，数据整理，建立审计中间表。审计组采集的数据总量达到320G，涉及表空间620个、数据库用户150个、数据表36 000个。

（2）数据分析，数据验证。根据集团公司关于销售业务流程的规定，门卫放行是销售业务的必经环节。若商品提货单在门卫放行系统中标示为"已提货放行"，则可以判定商品已经发货，销售收入确认符合收入的相关规定。通过对比"销售模块中的已确认收入提货表数据"和"门卫放行系统中的未提货放行数据"，分析该集团公司是否存在虚列销售收入的情况。审计组从销售模块中提取"已确认收入提货表"，再从门卫系统中提取"成品放行表"，并将两个表进行关联，从中筛选出"已确认收入，而未在门卫系统中标识为放行"的记录。筛选出上述记录后，延伸取证落实，得出审计结论。

3. 审计结论

2016～2020年已确认收入的商品提货数据中，门卫放行系统无放行记录的达数百万元。审计抽查了2016年的92笔发货提货单，金额达420万元，其中32笔未见提货人签名确认收货记录，金额达230万元。

---

① 笔者根据相关资料整理。

本章思政元素梳理

随着信息技术在社会经济生活中的广泛使用，社会经济数字化已全面形成，这意味着大数据时代不可避免地到来了。在大数据时代的格局下，审计环境与审计客体都发生了深刻的变化，这必然会引发审计技术、方法与模式的重大变革。本章以大数据时代为背景，较为系统地探讨审计的未来变革趋势，包括信息系统审计技术、电子数据审计、区块链审计以及人工智能审计等。

引导案例"大数据审计护航现代金融体系构建"，表明审计部门将依法对金融监管部门、金融机构、金融市场开展全方位、多层次审计监督，推动建立安全高效的现代金融体系。在当前大数据背景下，互联网技术的快速发展催生了网络中各种可信任官方数据的呈现，将促使计算机审计进入大数据时代，大数据下的计算机审计必将带来审计技术和方法的革新，也将出现新的特点。面对新的任务和要求，审计部门更需要勇于创新，创新审计方式方法，注重运用信息化、大数据等现代科技手段提高审计效率。

拓展案例"数据审计让'虚列收入'无所遁形"则属于当前典型的数据审计，即先通过构建审计平台进行数据分析，然后实施精确延伸取证。在大数据时代，随着制造资源计划、企业资源计划、政府资源计划等信息化手段的全面应用，审计整体流程中的关键部分将变革为信息系统审计与数据审计，以逐步替代原有的内部控制审计和传统的财务审计。

通过学习本章，应该看到在大数据时代，学生还需掌握信息系统审计技术、电子数据审计、区块链审计以及人工智能审计等的相关知识。这就需要学生具备开天辟地、敢为人先的首创精神；随着大数据时代审计逐步透明化，学生更需明白作为一个审计人，要有崇尚社会主义法治精神、客观公正、忠于职守、脚踏实地、踏实肯干的审计精神。

本章中英文
关键词汇

习题演练

本章推荐
阅读书目

参 考 文 献

［1］林丽端，秦晓东，江婷婷．审计理论·实训·案例［M］．北京：经济科学出版社，2020.

［2］陈力生．审计学（第二版）［M］．上海：立信会计出版社，2012.

［3］陈汉文，韩洪灵．审计理论与实务［M］．北京：中国人民大学出版社，2019.

［4］秦荣生，卢春泉．审计学（第10版）［M］．北京：中国人民大学出版社，2019.

［5］赵保卿．审计学［M］．北京：清华大学出版社，2021.

［6］李晓慧．高级审计理论与实务［M］．北京：北京大学出版社，2021.

［7］李越冬．审计学［M］．北京：高等教育出版社，2020.

［8］李歆，陈丰．审计学［M］．北京：高等教育出版社，2021.

［9］阎达五，杨有红．内部控制框架的构建［J］．会计研究，2001（2）．

［10］刘明辉，张宜霞．内部控制的经济学思考［J］．会计研究，2002（8）．

［11］吴秋生．内部控制审计有关问题探讨［J］．中国注册会计师，2010（4）．

［12］余榕．根植于内部控制审计的战略管理框架研究［J］．审计研究，2013（6）．

［13］张龙平，陈作习．财务报告内部控制审计的历史回顾［J］．审计月刊，2008（9）．

［14］杨有红．企业内部控制［M］．北京：北京大学出版社，2019.

［15］彭俊英，陈艳芬，幸倞．审计实务教学案例［M］．北京：中国人民大学出版社，2018.

［16］陈涛．浅谈人工智能审计的内涵及优势［N］．中国审计报，2018－12－04.

［17］王会金，许莉．审计学基础［M］．北京：中国人民大学出版社，2020.

［18］陈伟．大数据审计［M］．北京：中国人民大学出版社，2021.

［19］宫义飞．审计学［M］．北京：清华大学出版社，2021.

［20］陈朝晖．审计学［M］．厦门：厦门大学出版社，2010.

［21］梁慧媛．审计基础模拟实训［M］．北京：中国人民大学出版社，2007.

［22］宋常．审计学［M］．北京：中国人民大学出版社，2018.

［23］张龙平，李璐．现代审计学（第二版）［M］．北京：北京大学出版社，2017.

［24］程腊梅，姬霖，纪晶华．审计学（第二版）［M］．北京：清华大学出版社，2016.

［25］李晓慧，韩晓梅．审计学——理论与案例［M］．大连：东北财经大学出版社，2013.

［26］张继勋，程悦．审计学（第二版）［M］．北京：清华大学出版社，2015.

［27］郭艳萍，傅贵勤，孟腊梅．审计学——原理与案例［M］．北京：清华大学出版

社，2017（4）.

[28] 杨昌红，赵凌云 . 审计学（第三版）[M]. 北京：清华大学出版社，2016.

[29] 耿建新，刘松青，黄胜 . 审计学（第五版）[M]. 北京：中国人民大学出版社，2017（7）.

[30] 郝振平，刘霄仑 . 审计学（第二版）[M]. 北京：北京大学出版社，2013.

[31] 陈汉文，杨道广，董望 . 审计（第 5 版）[M]. 北京：中国人民大学出版社，2022.

[32] 马春静，邓露露，董旗 . 审计：原理与实务（第二版）[M]. 北京：中国人民大学出版社，2021.

[33] 彭俊英，陈艳芬，幸惊 . 审计实务教学案例（第三版）[M]. 北京：中国人民大学出版社，2020.

[34] 审计专业技术资格考试研究组 . 审计理论与实务 [M]. 北京：世界图书出版社，2022.

[35] 崔君平，徐振华，刘桐，焦争昌 . 审计学 [M]. 北京：北京大学出版社，2020.

[36] 曲明，傅胜 . 审计习题与案例 [M]. 大连：东北财经大学出版社，2022.

[37] 斯尔教育 . 审计 [M]. 北京：民主与建设出版社，2022.

[38] 黄世忠，叶丰滢 . 美国南方保健公司财务舞弊案例剖析——萨班斯—奥克斯利法案颁布后美国司法部督办的第一要案 [J]. 会计研究，2003（6）.

[39] 刘明辉、史德刚主编，审计 [M]. 大连：东北财经大学出版社，2015.

[40] 卓继民 . 卷入证券欺诈案的会计师事务所 [J]. 经理人，2017（4）：42 – 49.

[41] 傅贵勤，马文静，韩长艳 . 审计程序、审计证据与工作底稿 [J]. 中国内部审计，2017（8）：87 – 89.

[42] 黄世忠，叶钦华，徐珊，叶凡 .2010 – 2019 年上市公司财务舞弊分析 [J]. 财会月刊，2020（14）.

[43] 陈子晗 . 海水养殖企业存货内部控制问题研究——以 A 公司为例 [D]. 北京：中国财政科学研究院，2016.

[44] 德里克·马修斯 . 审计简史 [M]. 北京：中国人民大学出版社，2020.

[45] 北京注册会计师协会 . 审计工作底稿指引（上下册）[M]. 北京：经济科学出版社，2012.

[46] 中国注册会计师协会 . 企业内部控制审计工作底稿编制指南 [M]. 北京：中国财政经济出版社，2011.

[47] 牛艳芳 . 审计数据分析：从 Excel 到 Power BI [M]. 北京：高等教育出版社，2021.

[48] 陆迎霞 . 审计学 [M]. 上海：上海财经大学出版社，2013.

[49] 阿尔文·A. 阿伦斯，等 . 审计学：一种整合方法（英文版第 16 版）[M]. 北京：中国人民大学出版社，2021.

[50] 企业内部控制编审委员会 . 企业内部控制基本规范及配套指引案例讲解 [M]. 上海：立信会计出版社，2022.

［51］企业内部审计编审委员会．企业内部审计实务详解：审计程序、实战技法、案例解析［M］．北京：人民邮电出版社，2019．

［52］企业会计准则编审委员会．企业会计准则详解与实务：条文解读、实务应用、案例讲解（2022 年版）［M］．北京：人民邮电出版社，2022．

［53］宋彦君．云审计在电商审计风险防范中的运用研究［D］．北京：北京交通大学，2019．

［54］陈丽燕，邢晨，赵婧宏．审计学［M］．北京：清华大学出版社，2020．

［55］陈汉文．审计（第 5 版）［M］．北京：中国人民大学出版社，2022．

［56］李晓慧．审计学实务与案例（第 5 版）［M］．北京：北京大学出版社，2021．

［57］严晖，廖阳．审计学（新形态教材）［M］．北京：高等教育出版社，2019．

［58］杨明增，武恒光．审计学（第三版）［M］．北京：清华大学出版社，2021．

［59］吴琼，李璐．中国注册会计师职业道德守则精讲与案例［M］．大连：大连出版社，2010．

［60］丁瑞玲．审计学［M］．北京：经济科学出版社，2015．

［61］刘明辉．审计［M］．大连：大连出版社，2021．